International
Commission on
Mathematical
Instruction

打好基础：小学整数教与学

——国际数学教育委员会第23届专题研究

玛利亚·G. 巴尔托利尼·布西　孙旭花　主编
孙旭花　巩子坤　黄兴丰　等译

上海教育出版社
SHANGHAI EDUCATIONAL
PUBLISHING HOUSE

会议合影

国际程序委员会会议（2014 年，德国柏林）

国际数学教育委员会第 23 届专题研究会议（2015 年，中国澳门）

中文版前言

由孙旭花老师和玛利亚·G.巴尔托利尼·布西(Maria G. Bartolini Bussi)教授主编的国际数学教育委员会(International Commission on Mathematical Instruction,简称ICMI)第23届专题研究(ICMI Study 23)报告的中文翻译版面世,孙老师邀请我撰写前言,我欣然答应。ICMI Study 23的完成在我2021年接任ICMI主席之前,但此专题开展之时,孙老师曾邀请我参与2015年在澳门举行的专题研讨会。虽然澳门与香港近在咫尺,但当时因为事务繁忙,且我研究的方向重点也不是整数的学与教,所以没有应邀。我没有参与ICMI Study 23的工作,并不表示我认为整数的学与教不重要。整数在数学体系中的重要性毋庸置疑。正如本书的几位作者指出,小学(及幼儿)阶段整数概念的形成,对学生将来的数学学习至为关键,整数可以视为所有数学的基础。

有人误以为基础等于简单,其实要透彻地理解貌似简单的概念,并以合乎学生理解程度的语言向学生讲解,涉及的问题殊不简单。正如本书各章所涵盖的范围,当中涉及数学中的数论,学习者的语言、文化,学习理论中的认知科学、脑神经科学,等等。

算学是我国历史传统的强项,中国老师教授整数算术也非常扎实。但整数算术的学与教作为一个研究领域,我们则相对较为薄弱。我国不乏数学名师,稍为欠缺的是教育理论的建设,这与我国传统重实际轻理论的实用文化有关。很多时候有关整数教学的讨论都流于经验的分享与总结,没有上升到教育研究理论的高度。这次ICMI Study 23的项目,正好为我国学者提供了一个与世界各国这方面的专家学者在理论建设层面的交流机会。正如本书第一章的题记所说,"他山之石,可以攻玉",希望ICMI Study 23报告中文版的出版,能够提升国内学者在整数算术教育领域研究的高度与深度。

专题研究系列是ICMI的重点项目之一,旨在突出在国际数学教育领域值得强调的课题。过往专题研究系列的报告,均能在数学教育领域引起重要的影响,估计 ICMI Study 23 也不例外。这是 ICMI 专题研究系列首次出版中文版，必定能够在国内以至国外的华人数学教育工作者中带来更大的影响。

我代表 ICMI 再次感谢孙旭花老师和布西教授、国际程序委员会（International Program Committee，简称 IPC）各成员以及本书各位作者在数学教育的这一重要领域所作出的贡献。也感谢负责翻译本书的孙旭花、黄兴丰和巩子坤三位老师及其团队，他们的努力使得这项研究成果能够更方便地供华人学者参阅。

这本书的出版标志着华人学者与各国学者交流的拓展，盼望其对教育理论研究的进深有所助益。

梁贯成（Frederick K. S. Leung，ICMI 主席）

2022 年 3 月

于中国香港

译者序

——写给华人读者

我们三位译者都从事数学教育研究，对整数算术教与学在华人世界的现状多少有些了解。在翻译之前、之中、之后，我们始终扪心自问：这本书不一样在哪里？华人读者为什么需要这本书？以下几点可能是这本书的亮点。

权威背景　这是国际数学教育委员会（ICMI）专题研究系列的献礼之作！ICMI 成立于 1908 年，是国际公认的数学教育研究权威机构，旨在世界范围内加强教育研究者、教育政策制定者、数学教育家和数学教师间的交流与合作，提高从小学到大学的数学教学质量，促进数学教育理论和实践的均衡发展。自 20 世纪 80 年代中期至今，ICMI 已经举办了二十余届专题研究，侧重于数学教育中的突出问题和最为关注的话题。每届会议在世界范围内遴选 10 位国际代表和 100 篇精品论文，进行学术研究和交流。本书英文原著基于国际程序委员会（IPC）会议（德国柏林）研究决定和第 23 届国际数学教育“小学整数教与学”专题研讨会（中国澳门）完成，从挑选作者、确立结构、组织撰写到审核出版，几乎用了五年的时间，并由菲尔兹奖获得者森重文（Shigefumi Mori）和 ICMI 主席费迪南多·阿萨雷洛（Ferdinando Arzarello）亲自作序，堪称数学教育研究权威经典作品。

一流作者　本书英文原著的作者来自世界二十多个国家和地区，且均是当今学界具有代表性和权威性的教授，包括一些数学教育专家、数学家，还有认知心理学家、特殊教育专家。中文翻译版基本上没有作删改、增添，原则上忠于英文原著，保留原汁原味。希望让读者看到世界各地优秀的学者是如何讨论整数算术教与学的。

经典作品　本书英文原著被 Scopus 数据库收录，是 ICMI 专题研究系列（国际数学教育最高层次的交流平台）的第一本全球免费下载书籍，2018 年由国际知名的施普林格(Springer，在科学、技术与医学领域，施普林格是最大的图书出版商)出版社出版，到 2020 年 12 月已经在全球范围下载超过 24 万次。ICMI 新闻稿(2018)称本书在内容和格式上都是新颖的，这也是 ICMI 首次授权将专题研究系列成果翻译成中文版。

华人小学数学教育理论的补充　华人世界的数学教育主要强调实践，大部分的数学教育停留在经验层面，而没有上升到理论层面，在理论的完善方面有着明显不足。世界各地的数学教育普遍关注中学阶段，这是 ICMI 组织编写的第一本聚焦小学数学教育的理论综述，因而是独一无二的、宝贵的。

跨文化的国际视角　我国小学阶段的数学教育工作者较少知道国际情形，本书首次提供了一个系统的国际透视。了解各自文化系统的长处与短处有利于反思和讨论，实事求是地了解西方的一些思想与做法，能够增加知己知彼的机会，避免盲目行动。这对华人数学教育是有大有裨益的，特别是在课程改革的当下。因此，本书的出版不仅推进了国际数学教育研究在华人世界的普及和联结，而且有助于将华人关于整数算术教与学的实践放到整个世界版图中去解读。

整体而言，我们相信由于文化传统和学术传统不同，世界各地观察整数算术的角度、兴趣、重点也不同，因此这本书在许多方面给人以耳目一新之感。苏轼曾说"不识庐山真面目，只缘身在此山中"，有时站在山外观望，会发现不一样的景致。由于教育及研究体制的差异，外国学者没有站在为课程改革服务的角度，其阐述的整数算术教与学，或许能打破自身固有的藩篱。从这个视角出发，就不难理解和反思本国的数学教育实践。各国不同的文化与经济背景孕育了多样的数学教育理念和实践，美美与共，和而不同，消除隔阂与偏见，互相尊重，相互学习，有助于取长补短，谋求自身教育的发展。

本书的翻译分工如下：孙旭花组织翻译序、前言、第 1～6 章和附录 1、2，巩子坤组织翻译第 7～13 章，黄兴丰组织翻译第 14～20 章、附录 3。协助参加翻译的还有：澳门大学的张石泉、倪永忠同学，杭州师范大学的赵雨晴、王敏、金晶、黄旭冉、张希、孙瑞、许佳敏同学，上海师范大学的张运吉、胡凌峰、陈聪、刘颖、姜琳、孔凡婼、沈隽怡同学。特此感谢！

此外，审译员仔细地审阅了全书，以确保翻译质量，ICMI 时任主席吉尔·阿德勒(Jill Adler)、秘书长亚伯拉罕·阿卡维(Abraham Arcavi)给予了大力支持，使得本书得以顺利出版，上海教育出版社的李达编辑做了大量出版协调工作，特此感谢！

此刻，新冠肺炎疫情正在全球蔓延。这一突如其来的危机，让整个世界被迫面临病毒的汹涌侵袭，为此各国需要共同战“疫”。“山川异域，风月同天”，疾风知劲草，岁寒见松柏。世界正在经历百年未有之大变局，充满希望，也充满挑战，在数学教育面前，全球教育工作者仍然是命运共同体，需要休戚与共，携手共进。

孙旭花(澳门大学)
黄兴丰(上海师范大学)
巩子坤(杭州师范大学)
2020年12月
于中国澳门、上海、杭州

序

1908年，国际数学教育委员会(ICMI)在罗马的第四届国际数学家大会上成立，旨在支持当时数学家中普遍存在的对于学校教育的积极兴趣。ICMI对国际数学联盟(International Mathematical Union，简称IMU)至关重要，因为数学教育和数学研究不能相互分离。ICMI和IMU就像推车的两个轮子，一起发挥作用：ICMI促进教育系统发展，使学习数学在社会上蔚然成风，而IMU通过纯数学和应用数学的发展为社会作出贡献。

自2015年1月以来，我一直在IMU担任主席。由于此前曾在IMU任职多年(1995—2002)，我注意到ICMI和IMU在共同努力建立合作关系，因为数学教育是当今大多数科学组织所关注的主要问题。

作为IMU主席，我第一次亲身经历ICMI的活动是2015年6月在中国澳门举行的国际数学教育委员会第23届专题研究(ICMI Study 23)会议。ICMI Study 23由两位联合主席共同策划和组织，并得到来自澳门大学的支持。ICMI Study 23的国际程序委员会(IPC)会议在柏林召开，当时也得到IMU秘书处的支持。我看到了一次自始至终的、至关重要的ICMI和IMU之间的相互支持与合作。

我很高兴地得知，这项研究是ICMI第一次关注小学(和学龄前)的数学教与学，我相信这个阶段的教育会对后来的数学学习产生重大影响。希望这本书能够支持整个数学教育的发展。

森重文(Shigefumi Mori，京都大学)
于日本京都

前言

我为国际数学教育委员会(ICMI)专题研究系列第23卷的出版而感到特别自豪,不仅是因为这意味着我们已经很愉快地完成了漫长的科学和组织工作,而且因为其内容的突出质量以及与主题绝对相关的意义。国际数学教育委员会第23届专题研究(ICMI Study 23)完全实现了ICMI所提出的“为从小学到大学的数学教学提供一个相互促进、合作以及思想交流与传播的论坛”这一目标。在世界各地的教育计划中的关键时刻,专注于小学整数算术代表了一个重要信号,即我们从来没有像现在这样,将研究真正聚焦于当代数学教育中这一具有特殊意义的(关键)主题。

本书的内容与整个ICMI计划完全一致。根据该计划,“ICMI致力于推动创建、改进和传播最新的研究成果以及可用于教学的资源(例如课程材料、教学方法、适当的技术等),其目的在于让教育研究人员、课程设计者、教育政策制定者、数学教师、数学家、数学教育者和全球其他对数学教育感兴趣的人士之间建立联系”。

这项研究致力于一个在学科和文化上都具有挑战性的课题。书中各章节及专题报告中的课题,著名学者的评论,以及两个附录包含的主题远超数学范畴,它们表明了如何透视整数的学与教是一项极为艰巨的任务,因为它除了涉及数学能力,还需要广泛的从语言学到民族数学、神经科学等领域的一般能力。孩子们学习和阐述整数及其特征的过程是非常复杂的,与其身处并借以言说和思考的文化交织在一起,同样交织在一起的还有他们的国家传统或最新技术允许其使用的工具(人工制品)。

从这个意义上说,本书建立了一幅关于整数算术的真实世界地图:尽管还远远不够完整,但它的确涵盖了世界上许多地区,从东到西,从北到南,包括许多非富裕国家。不同文化背景下作出的贡献诠释了小学数学教师的杰出魅力,他们一方面讲通用的数学语言,另一方面又可以将其与本国特定的语言和文化环境联系起来,使得学生能够接受。从本书描述的研究和实践中可以清楚地看到这一惊人的综合，这是一种非同寻常的能力，以数字在不同地区存在的极其不同的方式，将严谨的数学、语言学、认知科学等交织在一起。

尤为重要的是，这项研究和本研究卷的编写也邀请了 IMU-ICMI 另一个相关项目——能力与网络项目（Capacity and Networking Project，简称 CANP）的成员参加，目的是加强发展中国家的各级数学教育，使其民众有能力应对本国面临的挑战。这些成员的加入很重要，因为他们重点关注了这些（发展中）国家有关整数算术的特定教学问题，也提升了研究卷观点的丰富性和多样性。

本书共 536 页（指英文版原著），展示了这项研究的艰巨工作，从国际程序委员会（IPC）及两位联合主席在 2012 年底接受任命开始筹备和组织大会，到 2015 年 6 月大会在澳门召开，再到准备和编辑完成本书，历时近五年。正如通常的 ICMI 研究卷所呈现的，书中的内容不全是会议记录，而是会议讨论和合作的进一步成果。

我参与了所有这些阶段。我必须说的是，如果没有 IPC，尤其是两位联合主席玛利亚・G.巴尔托利尼・布西教授和孙旭花教授的出色工作，我们现在无法拥有如此优秀的成果集。这本书确实是所有数学教育领域的研究人员、从业人员和政策制定者的参考书，也是理论、研究和实践的灵感之源，特别是对于但不仅限于那些对小学数学教育感兴趣的人。

我谨代表 ICMI 执行委员会和 ICMI 大家庭，感谢他们为此所做的出色工作。我还要借此机会感谢澳门大学和澳门特别行政区教育暨青年局（Education and Youth Affairs Bureau），特别是赵伟校长、倪明选副校长、梁励局长、范息涛院长、张庆元副院长，以及全球事务总监冯达旋先生，他们慷慨地支持了这个会议的组织；感谢 IMU 主席森重文教授出席在澳门举行的会议，从而强调了这项研究对数学家群体的意义；感谢施普林格出版社所做的精准的编辑工作。

费迪南多・阿萨雷洛（Ferdinando Arzarello）
2016 年 12 月 31 日
于意大利都灵

ICMI Study 23：

小学整数教与学

召集人：

Xuhua Sun（中国，澳门大学）

Maria G. Bartolini Bussi（意大利，摩德纳·雷焦·艾米利亚大学）

国际程序委员会：

联合主席：Maria G. Bartolini Bussi（意大利），Xuhua Sun（中国）

成员：

Sybilla Beckmann（美国）

Sarah Inés González de Lora Sued（多米尼加）

Maitree Inprasitha（泰国）

Berinderjeet Kaur（新加坡）

Joanne Mulligan（澳大利亚）

Jarmila Novotná（捷克）

Hamsa Venkat（南非）

Lieven Verschaffel（比利时）

Abraham Arcavi（以色列，ICMI 秘书长）

Roger Howe（美国，ICMI 联络人）

Ferdinando Arzarello（意大利，ICMI 主席）

研究卷作者信息

姓名	单位(或身份)信息	国家
Ferdinando Arzarello	都灵大学	意大利
Mike Askew	金山大学/蒙纳士大学	南非/澳大利亚
Nadia Azrou	麦迪亚大学	阿尔及利亚
Anna Baccaglini-Frank	比萨大学	意大利
Maria G.Bartolini Bussi	摩德纳·雷焦·艾米利亚大学	意大利
Hyman Bass	密西根大学	美国
Sybilla Beckmann	佐治亚大学	美国
Brian Butterworth	伦敦大学学院	英国
Christine Chambris	塞尔吉-蓬图瓦兹大学	法国
Limin Chen	沈阳师范大学	中国
Alf Coles	布里斯托大学	英国
Jason Cooper	魏茨曼科学研究所	以色列
Sarah Inés González de Lora Sued	圣母天主教大学	多米尼加
Jean-Luc Dorier	日内瓦大学	瑞士
Lisser Rye Ejersbo	奥尔胡斯大学	丹麦
Ann Gervasoni	澳大利亚天主教大学	澳大利亚
Peter Gould	新南威尔士州教育与交流部	澳大利亚
Shengqing He	杭州师范大学	中国
Bernard Hodgson	拉瓦尔大学	加拿大
Catherine Houdement	鲁昂-诺曼底大学	法国

（续表）

姓名	单位(或身份)信息	国家
Roger Howe	耶鲁大学	美国
Maitree Inprasitha	孔敬大学	泰国
Berinderjeet Kaur	南洋理工大学	新加坡
Cathy Kessel	顾问(加州伯克利)	美国
Ulrich Kortenkamp	波茨坦大学	德国
Silke Ladel	萨尔兰德大学	德国
Caroline Lajoie	魁北克大学蒙特利尔分校	加拿大
Kerstin Larsson	斯德哥尔摩大学	瑞典
Liping Ma	独立学者	美国
Yunpeng Ma	东北师范大学	中国
Claire Margolinas	克莱蒙-奥弗涅大学 ACTé 实验室	法国
John Mason	开放大学	英国
Lynn McGarvey	阿尔伯塔大学	加拿大
Jasmina Milinković	贝尔格莱德大学	塞尔维亚
Shigefumi Mori	京都大学	日本
Joanne Mulligan	麦考瑞大学	澳大利亚
Pearla Nesher	海法大学	以色列
Yujing Ni	香港中文大学	中国
Jarmila Novotná	布拉格查尔斯大学	捷克
Andreas Obersteiner	慕尼黑工业大学	德国
Catherine Pearn	墨尔本大学	澳大利亚
David Pimm	西蒙菲莎大学	加拿大
Alessandro Ramploud	莱奥帕尔迪小学(雷焦·艾米利亚)	意大利
Nicole Roberts	金山大学	南非
Thomas Rottmann	比勒费尔德大学	德国
Veronica Sarungi	孔敬大学	泰国

（续表）

姓名	单位(或身份)信息	国家
Judy Sayers	斯德哥尔摩大学	瑞典
Nathalie Sinclair	西蒙菲莎大学	加拿大
Man Keung Siu	香港大学	中国
Sophie Soury-Lavergne	法国教育学院	法国
Xuhua Sun	澳门大学	中国
Eva Thanheiser	波特兰州立大学	美国
Marja Van den Heuvel-Panhuizen	乌得勒支大学	荷兰
Michiel Veldhuis	乌得勒支大学	荷兰
Hamsa Venkat	金山大学	南非
Lieven Verschaffel	鲁汶大学	比利时
Yanling Wang	东北师范大学	中国
Shu Xie	东北师范大学	中国
Yan Ping Xin	普渡大学	美国
Der-Ching Yang	嘉义大学	中国
Yuriko Yamamoto Baldin	圣卡洛斯联邦大学	巴西
Jenny Young-Loveridge	怀卡托大学	新西兰

2015 年 6 月

中国澳门研究会议参加者

Abraham Arcavi
Ferdinando Arzarello
Mike Askew
Nadia Azrou
Anna Baccaglini Frank
Deborah Loewenberg Ball
Maria G. Bartolini Bussi
Hyman Bass
Sybilla Beckmann
Aarnout Brombacher
Brian Butterworth
Christine Chambris
Narumon Changsri
Kin Chung Cheung
King Fai Cheung
Kwok-cheung Cheung
Limin Chen
Alf Coles
Jason Cooper
Shelley Dole
Jean-Luc Dorier
Lisser Rye Ejersbo
Anna-Lena Ekdahl
Adi Eraky
Ann M.Gervasoni
Peter John Gould
Raisa Guberman
Shengqing He
Marja Van den Heuvel-Panhuizen
Annette Isabel Hilton
Catherine Houdement
Maitree Inprasitha
Chunlian Jiang
Min Jing
Berinderjeet Kaur
Weerasuk Kanauan
Visa Kim
Ulrich Kortenkamp
Pierre Kouamé Koffi
Qiping Kong
Silke Ladel
Caroline Lajoie
Kerstin Larsson
Allen Leung

Mongkolsery Lin
Pi Jen Lin
Liping Ma
Lynn McGarvey
Yaxuan Meng
Alain Jacques Mercier
Jasmina Milinkovic
Joanne Mulligan
Oi-Lam Ng
Yujing Ni
Jarmila Novotná
Andreas Obersteiner
Catherine Anne Pearn
Andrea Peter-Koop
Chanhpheng Phommaphasouk
Francisco Roberto Pinto Mattos
Serge Quilio
Alessandro Ramploud
Nicole (Nicky) Roberts
Thomas Rottmann
Veronica Philemon Sarungi
Judy M. Sayers
Nathalie Sinclair
Gérard Sensevy
Sophie Soury-Lavergne
Man Keung Siu
Hannah Slovin
Xuhua Sun
Frédérick Tempier
Eva Thanheiser
Estela Aurora Vallejo Vargas
Michiel Veldhuis
Linda Venenciano
Hamsa Venkat
Lieven Verschaffel
Yanling Wang
Yi Wang
He Wei
Shu Xie
Yanping Xin
Mengling Xiong
Yuriko Yamamoto Baldin
Der Ching Yang
Jennifer Young-Loveridge
Juan Zhang
Qiaoping Zhang
Xiaoyan Zhao
Dahai Zou
Haode Zuo
Marianela Zumbado Castro

目　录

Contents

第三部分　论坛

第四部分　全体会议

附录

第一部分

引论

\ 第 1 章 /

建立小学阶段整数算术的坚实基础：编辑介绍

玛利亚·G.巴尔托利尼·布西，孙旭花
(Maria G. Bartolini Bussi and Xuhua Sun)

这不是关于比较哲学，也不是关于不同概念的平行讨论，而是关于一种哲学对话。在这种对话中，每个人在分享彼此的思考时，都会对自己未思考的部分进行质疑。

(Jullien, 2006, p. ⅵ)

他山之石，可以攻玉。

(《诗经·小雅·鹤鸣》)

1.1 引言

在整数算术(whole number arithmetic，简称 WNA)方面进行了超过五年的齐心协作后，我们聚焦于过程，总结了在 ICMI Study 23 中的经验，包括其中的优缺点、未来活动开展的可能性及针对不同类型受众的可能性。我们并不是独自工作的，博学而乐于助人的国际程序委员会(International Program Committee，简称 IPC)参与了本研究卷编写的全过程。感谢所有参与人员长达五年的合作(现尚未完成)；尽管，很显然，我们俩需要对一些微妙的选择和可能的错误与误解负责。

上面分别来自法国哲学家、汉学家弗朗索瓦·朱利安(François Jullien)和一句中国古代格言的两段题记，总结了我们现在的态度。这项国际研究为我们提供了增加知识并开始两个互补过程的机会：

——意识到自身文化的某些深层价值（我们的“未思考”部分），我们曾认为这是实现理想“人性”的唯一可能选择，或者至少是最合适的选择。

——考虑将创新过程引入我们自己的实践、信念和价值观（我们的“玉石”）的可能性，这些创新过程不是从其他文化的实践、信念和价值观简单复制，而是受其影响不断学习发展而来。

本研究卷为广大小学数学教育工作者（包括研究人员、教师、教师教育者和政策制定者）提供了与会者的集体记忆。它也是数学家和数学教育工作者之间富有成效的合作的产物。针对在小学阶段被广泛忽视的整数算术（WNA）问题进行系统研讨，这在ICMI历史上是第一次。本研究卷报告了会议中的所有活动，其开头列出了参与合著的作者的名单。

1.2 ICMI Study 23

1.2.1 研究理念

在所有国家，小学教育都是义务性的，并为儿童提供了不同的设施和机会。数学是小学教育的中心学科，所有国家都很重视数学课程的教授，因为不同类型的公民需要从中追求不同的能力。在一项由美国国家科学、工程和医学研究院（美国国家科学院）于2016年11月举办的研讨活动中，为了探索K-12（kindergarten to 12th grade）教育中社会行为科学（social and behavioural science，简称SBS）的存在及公众对它的认知，研究人员调查了美国国内1 000名有代表性的成年人（年龄和性别保持均衡）对公共知识以及自然科学和社会科学的态度，并进行了比较。除了有关SBS的问题，该调查还包括有关STEM（科学、技术、工程和数学）的问题。超过30%的受访者认为，数学和科学教育应从小学或更早阶段开始，幼儿园和小学阶段都应大力强调数学🔗。

整数算术及其相关概念构成了更高年级所涵盖数学内容的基础，小学的整数算术为中学奠定了基础。这是全民教育的目标之一，也是联合国全球教育优先倡议（UNESCO，2012）的一部分。本研究卷的标题为“打好基础：小学整数教与学”，旨在传达这样的信息，即强调尽早为进一步的数学学习奠定坚实的整数算术基础的重要性。

🔗 表示此处有网址链接或电子资源，可登录施普林格官网查询英文原著获取相关信息。下同。

1.2.2 研究启动

ICMI 执行委员会(任期:2010—2012 年)认为,对小学数学进行反思是时机适当的。当时界定的研究主题如下:

在各种不同的教育系统中,学校教育起始阶段(从学前至小学三年级或更高年级)整数学习的一些方法,包括运算和关系,以及解算术应用题等。

尽管这不是唯一与小学数学相关的主题,但整数算术被 ICMI 执行委员会选中,凸显了其在全世界小学数学课程中的共同核心地位。

ICMI 于 2012 年底启动该研究,并任命了 2 位联合主席和 10 位国际程序委员会(IPC)成员,由他们代表 ICMI 负责实施研究:

——联合主席:玛利亚·G.巴尔托利尼·布西,意大利;孙旭花,中国澳门特别行政区;

——IPC 成员:贝林德吉特·考尔(Berinderjeet Kaur),新加坡;哈姆萨·文卡特(Hamsa Venkat),南非;亚尔米拉·诺沃特娜(Jarmila Novotná),捷克;乔安妮·马利根(Joanne Mulligan),澳大利亚;利芬·韦尔沙费尔(Lieven Verschaffel),比利时;梅特·因普拉西塔(Maitree Inprasitha),泰国;茜比拉·贝克曼(Sybilla Beckmann),美国;萨拉·伊内斯·冈萨雷斯·德洛拉·苏埃德(Sarah Inés González de Lora Sued),多米尼加;亚伯拉罕·阿卡维(Abraham Arcavi),以色列,ICMI 秘书长;费迪南多·阿萨雷洛(Ferdinando Arzarello),意大利,ICMI 主席;罗杰·E.豪(Roger E. Howe),美国,ICMI 联络人。

1.2.3 讨论文件

2013 年,IPC 内部进行了密集的邮件交流,确立并共享了即将进行的研究理念、目标和步骤。2014 年 1 月,IPC 会议在位于柏林的国际数学联盟(International Mathematical Union,简称 IMU)秘书处举行,IMU 秘书处慷慨地支付了这笔费用。IPC 受到了魏尔斯特拉斯应用分析和随机研究所(WIAS,柏林)所长尤尔根·施普雷克尔斯(Jurgen Sprekels)教授以及 ICMI 主席费迪南多·阿萨雷洛教授的欢迎,阿萨雷洛教授自始至终出席了 IPC 会议及其后的 ICMI 研究会议。

柏林会议是在富有成效的合作气氛中举行的。

——编写了一份讨论文件(附录2),其中包括研究会议的论文征集,并宣布将于2015年6月在中国澳门特别行政区举行研究会议。该文件梳理了研究中需要重点讨论的问题,强调了文化多样性的重要性及其对早期引入整数的影响。为了加深对作者研究所处不同背景的理解,我们要求每位研究申请人填写特定的、包括有关其论文背景信息的表格(见第2章)。

——确定了五大主题(每个主题对应于大会的一个工作组),并将其分配给IPC的成对成员:

(1) 整数算术:为什么和是什么。

(2) 整数思维、学习与发展。

(3) 影响整数学习的方面。

(4) 如何教授和评估整数算术。

(5) 整数及其与数学其他部分的联系。

——确定了三个全体会议专题论坛:

(1) 整数算术传统,由费迪南多·阿萨雷洛主持。

(2) 整数算术研究和教学的特殊需求,由利芬·韦尔沙费尔主持。

(3) 整数算术和教师教育,由亚尔米拉·诺沃特娜主持。

——邀请了大会报告的三位发言人:海曼·巴斯(Hyman Bass)、布里安·巴特沃思(Brian Butterworth)和马立平(Liping Ma)。

IPC的意图是提供一个跨越国家和地区边界的,与整数算术相关的重要议题的版图,以引起与会者(以及读者)对自身文化背景的重视,并从会议代表所传递的各种地理和社会经济背景中获取大量信息。科尔(Cole,1998)在其著作《文化心理学》一书中提出了对这种视野的需求:

> 在最近几十年中,我讨论过许多学者的相关工作,他们都试图为包含文化的心理学提供依据。他们认为,假如人们不评估一项研究的心理过程可能产生的文化变异性,就不可能知道这种过程是普遍的还是针对特定文化环境的。例如,对人类发展具有长期兴趣的人类学家约翰·怀廷和比阿特丽斯·怀廷(John and Beatrice Whiting)写道:"如果在单一文化范围内研究儿童,那么许多事件将被视为自然的或理所当然的一部分,并且因此不被视为变量。只有在发现其他人不遵循这些一直被归因于人性的做法时,才会将其作为合理变量。"(p.2)

鉴于几百年来西方国家在数学、科学、工程和技术的发展方面所具有的巨大优势，狭隘和局部的视角也对数学教育构成了风险。本研究旨在通过短暂而充满生气的潜心钻研来挑战其中的一些信念，这种氛围需要进一步开放思想，至少在讨论早期数学以及数学与日常生活和文化传统的紧密联系时是如此。

1.2.4 研究会议

到论文筛选过程结束时，共接受了 67 篇论文并分到五个主题内。对于每篇被接受的论文，最多邀请两位共同作者参加研究会议。孙旭花、贝林德吉特・考尔和亚尔米拉・诺沃特娜编辑了论文集 (Sun et al.，2015)。

在澳门大学、澳门特别行政区教育暨青年局以及 ICMI 的大力支持下，ICMI Study 23 首次能够邀请发展中国家的观察员参加，尤其关照能力与网络项目 (Capacity and Networking Project，简称 CANP)[1]的代表参与了会议，这些与会者是国际数学家和数学教育机构的重点发展对象(见附录 1)，加上来自大湄公河次区域和中国的观察员，共有二十多个国家和地区的 91 人参加会议。

ICMI 研究会议于 2015 年 6 月 3 日至 7 日在澳门大学横琴校区举行。该地块 2009 年由中华人民共和国国务院租借给澳门特别行政区，用于新校区的建设。大会开幕式由澳门大学校长赵伟教授主持，澳门特别行政区教育暨青年局局长、研究与教育资源司司长黄健武(Wong Kin Mou)先生，IMU 主席森重文(Shigefumi Mori)教授，ICMI 主席费迪南多・阿萨雷洛教授以及此次会议的联合主席(本章的共同作者)分别致辞[2]。

1.2.5 研究卷

ICMI 研究会议是本研究卷的基础，本研究卷由两位联合主席编辑。讨论文件(附录 2)中确定的五个主题被分配给 IPC 的成对成员，他们参加了论文的筛选并承担了会议中五个工作组的组织。与 ICMI 研究的传统一样，领导工作组的 IPC 成员继续组织相应章节的撰写，并与随后的讨论进行综合和整合。不幸的是，由于健康原因，萨拉・伊内斯・冈萨雷斯・德洛拉・苏埃德无法参加会议。在撰写研究卷的过程中，克里斯蒂娜・钱伯斯(Christine Chambris)友好地接替了萨拉的角色。

本研究卷的简短摘要如下。

引论部分陈述一些背景问题。

---

[1] 能力与网络项目，关注于发展中国家的数学科学和数学教育。——译者注

[2] 会议照片存储在澳门大学官网🔗。

情境的多样性(第 2 章)陈述数学教学所处的社会和文化背景日益增长的重要性,报告了对每份由 IPC 建议提交的论文背景表格所收集信息的简短分析。这些背景信息对于理解作者看法背后的观念非常重要。

语言的多样性(第 3 章)陈述工作组研究和论坛中出现的一种(多语言)面貌。丰富的(语言)文化背景使参与者可以反思并讨论可能干扰学生数学学习和教师教育的语言支持或限制因素。工作组组长(酌情)通知与会者:联合主席将在编辑章中总结他们对语言讨论的贡献,并提及他们在会议论文集中的贡献。本章很大一部分是针对中国语言的案例,因为它与许多其他语言不同。

第 4 章是由该语言领域的知名学者大卫 · 皮姆(David Pimm)编写的评论文章。他无法参加会议,但友好地答应帮忙撰写评论篇。

工作组的部分共包含了十章内容,以成对方式出现。工作组的章节由领导该小组的 IPC 成员与出席会议的专家共同撰写,并且在写作过程中双方同意开展不同程度的合作。奇数章(第 5、7、9、11 和 13 章)按顺序报告了五个工作组的讨论结果。在每一章之后(偶数章)都有一篇评论文章,这篇评论由一位没有参加会议但在整数算术领域具有专长的知名学者撰写,因为他能从不同视角分析相应章节的核心主题。这些学者分别为:罗杰 · 豪,第 6 章;珀拉 · 内舍(Pearla Nesher),第 8 章;贝尔纳 · 霍奇森(Bernard Hodgson),第 10 章;克莱尔 · 马戈里纳斯(Claire Margolinas),第 12 章;约翰 · 梅森(John Mason),第 14 章。

论坛的部分包括三个论坛(第 15、16 和 17 章),旨在利用大多数 IPC 成员和其他一些受邀者,包括每一个论坛的讨论者的专业领域知识,来解决工作组聚焦的一些横向议题(传统、特殊需求和教师教育)。

全体会议部分包括三个演讲(第 18、19、20 章),旨在从三个不同的角度探讨整数算术。这些演讲者分别为:专业数学家、ICMI 前主席海曼 · 巴斯,从事发展性计算力障碍症研究的神经认知科学家布里安 · 巴特沃思,熟悉中美传统知识的数学教育学者马立平。

本书包含三个附录:第一个附录是 CANP 与会者的反思,第二个附录是有关 ICMI Study 23 的讨论文件,第三个附录是相关电子补充材料(视频)。

1.3 研究的优点

ICMI Study 23 从组织和科学角度都受益于以下几个优点:

研究会议选址于中国澳门特别行政区,诸多原因表明这是最好的选择。首先,近年来，在经济合作与发展组织（OECD）主导的 PISA 数学评估中，中国学生的杰出表现在世界范围内受到关注。尤其值得关注的是，中国澳门学生的成绩从 2009 年的第 15 位上升到 2015 年的第 3 位，几乎所有的数学教育工作者都对这种成绩的迅速提升充满兴趣。

此外，还有一个历史的原因。澳门被誉为是葡萄牙与中国、欧洲文化与东方文化进行对话的地方。亚洲与西方文明的接触始于丝绸之路，甚至可追溯至公元前。自 13 世纪以来，无数商人〔最著名的是意大利人马可波罗（Macro Polo）〕穿梭于东西方欧亚大陆之间。16 世纪（1552 年），纳瓦拉牧师、传教士、耶稣会联合创始人圣·方济各·沙勿略（St Francis Xavier）到达中国。几十年后，意大利耶稣会士利玛窦（Matteo Ricci）到达澳门。他向中国介绍了西方科学、数学、天文学和视觉艺术，并与中国学者，特别是儒家代表进行了重要的跨文化和哲学对话。

> 利玛窦（1552—1610）被称为天主教传教士在中国的先行者，也是耶稣会最早的成员之一。在他之前冒险前往中国的其他人没能成功地在那儿终其一生，更不用说得到中国人民的尊敬和钦佩，直至今天。利玛窦成功的根源在于他作为一个人与现实积极融合，这使得他有可能如此全面地进入另一种文化而不会迷失自己。澳门的耶稣会士一直为大众服务，给予他们教育或物质上的帮助，但始终源于文化发源的最深层的理想和希望。耶稣会的这一传统在澳门利氏学社（Macao Ricci Institute，利玛窦研究所）一直延续至今。

作为会议之余的节目，此次研究的与会者参观了澳门利氏学社，其间萧文强（Man Keung Siu）就有关利玛窦将欧洲数学元素引入中国所产生的作用进行了演讲，这其中包括《几何原本》的前六卷和第一本有关欧洲笔算的算术书。这些西方作品的引进改变了中国的数学教育，使中国人第一次接触西方数学的真实图景（第 15 章）。

这种中西文化间的碰撞在澳门处处体现得淋漓尽致：既体现在澳门旧城区的建筑上，如澳门博物馆的平行入口走廊及用中葡双语书写的澳门路标；又体现在澳门大学横琴校区（也就是此次会议的举办地）全新的建筑中。因而，与会者不知不觉地融入了跨文化的交流氛围中。我们相信，伴随着传统儒家教育的影响，这种中西混合的独特文化遗产能够为全球数学教育的发展提供新思路。

无论是在工作组还是在论坛中，大家都在热烈地讨论着，当中能明显感受到中华文化的存在：来自中国的同行们积极分享其有异于他人，但依旧与传统文化相关联的观点。有趣的是，所有与会者都得到了一份特殊的纪念品——著名的中国算盘（见图1.1），它在2013年被列入联合国教科文组织（United Nations Educational Scientific and Cultural Organization，简称UNESCO）的非物质文化遗产清单。

图1.1　ICMI Study 23会议礼物：中国算盘

会议之余的另一个主要活动是带领各与会人员去两个一年级教室听一节加减法的课。这是一节典型的具有中国传统的公开课，又称之为观摩课。这种课一般是事先经过精心组织与设计的，课上会有许多观察员（在我们的案例中是几十位）仔细观察课堂的方方面面，并且在课后与任课教师进行交流探讨，以期未来不断完善课堂设计。与会人员对观察这种生动活泼的中国课堂表现出极大的兴趣，本书的第11章中对此有详尽的描述；同时，第12章又从西方的视角对此进行了评论。与会者浸入了一种完全不同的文化，促进了一系列相异传统的某些特征的共享，从而提供了一个比文献中已知的要更加广阔与深入的文化氛围。中西文化的教育比较在国际文献中已变得相当常见（e.g. Gardner，1989；Stevenson and Stigler，1992），但是参与此次研究会议的大多数学者从未亲身体验过这种文化的交融。因此，在费迪南多·阿萨雷洛主持的一个专项论坛中，我们重新讨论了不同文化传统的碰撞与交流（第15章）。

我们对文化的集中关注还催生了一项创新：一些工作组与会人员展示了有关情节的简短视频，并同意为它们准备英文字幕。视频片段给课堂生活和隐形文化带来与书面论文中大为不同的生动信息。尽管视频片段的访问由于需要获得隐私和道德规范许可而受到限制（文化上也取决于不同国家或地区的法律和规范），并且其英文注解也需在国际会议背景下才能被理解，但我们仍旧准备了一个小型的视频片段库，这个视频片段库在日后还可以不断扩充。本研究卷将这些特定的视频片段作为电子补充材料引用(参见附录 3)，同时也可以在出版社网站上找到它们。

这项研究的主要创意之一是我们对不同背景及文化传统的关注，这可从前面提及的讨论文件(附录 2)中窥见。值得注意的是，我们越来越强调以前被视为“特殊兴趣”而不是核心特征的内容。例如，“欧洲数学教育研究与设计实践的文化背景”全体会议(Jaworski et al.， 2015)由 CERME 9(2015 年在布拉格举行的欧洲数学教育研究学会会议)主办，比尔 · 巴顿(Bill Barton)在 ICME 13 的全体会议上以 “数学教育和文化：当代道德要求”为题作了主旨发言。这种对不同文化传统的关注似乎方向正确，但路途还很遥远。

在不同的工作组中研究者考察了语言及其对整数算术的影响，并在特定章节(第 3 章)中进行了概述。第 5 章和第 6 章还讨论了与历史、语言和社会变革有关的整数算术观点。

在此过程中，IPC 认为，受整数算术的传统限制，人们并未充分认识到不同数学领域之间存在的联系，例如算术与代数之间的联系。有两章(第 13 章和 14 章)聚焦了这个问题。

在全体会议(第 17 章)中，与会者讨论了与整数算术有关的教师教育和发展这一议题，作为对 ICMI Study 15(Even and Ball，2009)的补充，从而填补了一项空白，因为较早的研究很少关注小学的情况。

还有一个论坛在第 7 章的基础上讨论了特殊需求(第 16 章)，并报告了神经认知、认知和发展的方法。它代表了来自不同领域的学者(数学教育家和神经认知学家)之间进行有益对话的第一步。整数算术一直是心理学领域的热门话题，然而从课堂教学角度进行的研究相对较少，目前绝大多数的研究都是在实验室进行，这不利于在实际教学中的应用与推广。因此，此研究引起了重要的讨论。

在有关观察研究(第 7 章)和干预研究(第 9 章)的章节中，作者考察了幼儿的环境问题。在早期教育的环境下，培养幼儿读写能力的重要性不言而喻；相反，从历史上来看，数学方面的训练却被不少人视作对幼儿学习经验无关紧要，或者不适合幼儿的发展。例如，目前美国州立幼儿教育标准中有关数学的内容仍较少(National Research Council，2009)。更普遍的是，许多幼儿计划很少关注数学训练，教学质量也低得令人担忧，因此不少幼儿失去了早期学习数学的机会。好在欧洲数学教育研究学会积极推动幼儿数学教育工作。自 2009 年起，该学会成立了一个专门负责早期数学的工作组，该工作组每两年召开一次会议〔利文森(Levenson) 等人正在准备中〕。ICMI Study 23 的 IPC 成员利芬·韦尔沙费尔在都柏林的 CERME 10 全体会议上作了关于建立一个更全面的儿童数感模型的演讲。

最后，本研究的另一个优点是让 CANP 代表以观察员的身份参与其中。该项目组已经认识到研究会议的重要性(附录 1)。在会议上，他们每个人都被分配到相应的工作组，以确保他们和其他与会者之间的对话。此外，ICMI 主席费迪南多·阿萨雷洛还与他们举行了正式会议，并首次共享了 CANP 代表们的经验。CANP4 代表韦罗妮卡·萨伦吉(Veronica Sarungi)在其感言(个人通信)中提到：

> ICMI Study 23 的主要贡献之一是使 CANP 能够在其所属地区之外建立网络。由于先前在澳门建立了联系，关于建立一个用于集中讨论 CANP 议题的讨论组的提案得以提交并被 ICME 13 接受。除了建立网络外，在澳门举行的会议还提高了代表们的个人能力，从而影响了其各自所属的机构以及国家和区域协会。

这种面向数学教育工作者国际社会的友好和支持性引荐，扩大了 ICMI 其他活动以及 CERME 等附属组织的区域性会议的参与面。

1.4 研究的影响

总的来说，这项研究具有积极意义。一些团体在研究会议开始前表达了他们的兴趣(e.g. Bartolini Bussi and Sun，2014；Beckmann，2015)。会议之后，报告(应邀)已在主要期刊〔《欧洲数学学会通讯》，英文；《数学教育学报》，中文；《CFEM 公报》，法文)〕和会议论文集(*Copirelem*，Bartolini Bussi and Sun，2015；*SEMT 2015*，Novotná，2015)上发表。《数学教学》(*L'Enseignement Mathématique*)发布了一份正式报告 (Bartolini Bussi and Sun，2016)。罗杰·豪在美国全国数学教师协会(National Council of Teachers of Mathematics，简称 NCTM)2017 年年会上发表了关于"ICMI Study 23：整数算术"的报告。2016 年，本研究卷的汇报工作也在汉堡 ICME 13 的一个特定时段进行。

对整数算术感兴趣的小学数学教育工作者之间的跨文化交流持续出现在国际

会议中,如每两年在布拉格举行一次的 SEMT 会议和 ICME 每四年组织一次的特别小组会议。此外,每四年召开一次的美洲数学教育会议(IACME)也有一个关于初等数学教育的专题,整数算术是其中的重要部分。

1.5 研究的限制

通过多元文化的途径,在研究会议和本研究卷中已部分实现了构建整数算术教与学主要版图的目的,其中一些主题已被深入研究,对另一些主题的探索则刚刚开始,目前仅能简单勾勒。在某些章节(第 9 章和第 11 章)中,作者已谈及整数算术教学的教科书问题,其实该问题值得单独研究(Jones et al.,2014)。

关于整数算术学习以及整数算术学习评估的问题也已涉及(第 11 章),但是该主题值得进一步探讨。关于 ICMI Study 6 的评估尚未更新(Niss,1993a, b),因为国际上的一些变化影响了国家和课堂层面的实践(参见 e.g. Suurtamm et al.,2016)。

有天赋的学生的需求仅在考虑有挑战性的数学任务时才被提及(第 9、10、14 章)。因此在这种情况下,也存在进一步发展的空间(参见 e.g. Singer et al.,2016)。

研究会议的参与程度值得一提。因会场的地理优势,中国人在会议上有很好的代表性不足为奇。尽管 IPC 成员竭尽全力,但该研究的局限性仍在于未能让来自更多国家和地区的数学教育工作者广泛参与(例如俄罗斯、印度、日本、韩国,以及非洲和拉丁美洲部分地区)。因此,尽管该研究的主题有来自发展中国家的数学教育工作者和决策者参与的潜力,但确保公平参与 ICMI Study 23 的目标仍未实现。我们发现的主要障碍包括:

——传播不足(国际邮件列表和期刊只能继续触及全球数学教育界的一小部分)。

——语言问题(尽管不可避免地选择了英语作为研究会议语言,但很可能妨碍了一些作者的申请)。

——成本(尽管机票价格与国家或地区之间的距离并不严格相关,但商业限制仍然存在)。

1.6 研究的意义

1.6.1 给实践者的启示

本研究卷的各章节考虑了多方面的问题,这有可能吸引来自世界各地的数学教师及教师教育者：这里整合了关于整数算术的任务、活动和人工制品等多方面的内容（见第9章和第10章）。该研究还广泛展示了教师教育与发展的方法和模型，并吸引了不少数学教育领域的知名学者加入。这使得该研究对小学算术研究人员极具吸引力。

我们从诸多案例中选择了一些：

——平衡数感的序数、基数和度量方面（以及方法）。

——将加、减和数这三个核心概念联系在一起。

——挖掘人工制品的潜力[例如算盘、第纳斯木块〔Dienes blocks，也称多位值算术块（multibase arithmetic blocks，简称 MAB）〕[1]、古氏积木（Cuisenaire rods）[2]、加法器（pascalines）、多点触控技术设备]。

——专注于早期数概念发展的结构方法。

——专注于20以内凑十加减法。

——借用某些文化中完全正规的数字名称，向存在不规则名称的地方的学生讲故事。

——强调图形和空间表征的重要性。

——促进身体的参与，例如用手指数，在数线[3]上跳舞或跳跃。

1.6.2 给课程开发者和政策制定者的启示

对社会和文化背景以及母语在数学学习中重要性的关注，有可能引起课程开发者和政策制定者的兴趣。在世界各地，有2.5亿儿童要么没有完成3年以上的基础教育，要么虽然完成了3年的基础教育，但缺乏继续学习所需的基本算术技能（Matar et al.，2013）。一项评估表明，在摩洛哥的一个地区，20%的二年级学生无法解决简单的加法问题，而44%的学生无法解决简单的减法问题（Matar et al.，2013）。此外，如果刚入学时学生对数字理解较差，那么此后该学生很可能会在学校中成绩表现不佳（Geary，2013）。弥合公认的需求和现有的教学计划之间的这一鸿沟应该是课程开发者和政策制定者的当务之急。

---

[1] 第纳斯木块（MAB）：10个构成一个长列，10个长列构成一个平面，10个平面构成一个块（正方体），它表明了1、10和100之间的关系。——译者注

[2] 古氏积木：由十种不同颜色及长度的积木所构成，相同颜色的积木具有相同的长度。例如，白色积木：一厘米长，红色积木：两厘米长。——译者注

[3] 数线实际上是数轴的“雏形”，利用数线既可以体会数的顺序和比较大小，又可以进行计算：“顺着数”相当于加法，“倒着数”相当于减法。——译者注

本研究提供的一些政策和方法建议包括：

——认真考虑早期教学对以后教育成功的影响。

——在学校推广幼儿数学。

——以辩证的方式考虑全球化以及数学在当地文化中的根源。

——考虑特定的语言和文化限制。

——解决将人工制品和认知要求高的任务用作教学辅助材料的问题。

——承认小学教师的专业地位。

——设计小学教师的教育和发展路径，使他们成为受过高等教育的专业人员。

1.7 结束语

我们希望 ICMI Study 23 对小学数学中整数算术的关注能够为进一步关注小学数学主题、课程和教学法奠定基础。这些主题也将在今后的研究及 ICMI 相关组织的会议中继续讨论，毕竟正如本研究卷标题所示，打好基础对于中学乃至更高阶段数学教学的发展至关重要。

来自不同国家和地区的与会者对此表现出极大的兴趣。他们对本书编写工作的参与和该研究产生的早期影响，预示着在未来组织后续研究的巨大潜力和机遇。作为 ICMI Study 23 的联合主席，我们将继续合作，确保在我们所处地区及更广泛的国际水平上长期开展这项研究。

ICMI 会议和研究是尝试改善不同社群间交流的范例。但是，声称 ICMI Study 23 具有共同的观点是某种误导。本研究卷没有呈现单一连贯性论述，与会的数学教育工作者及数学家也没有形成对整数算术教学趋于一致的共同论述。更优的表述是在以下意义上共享观点：给各界人士提供充分的机会来表达和阐述他们的观点，其他人则专注倾听；与会者抓住机会讨论共性与差异，以期获得新见解。这其实是说，每个人都可以自由地采纳、拒绝、修改，或将其他人的部分观点整合到自己关于整数算术的论述中。

在一个日益受到边界和跨界迁移问题困扰的世界中，本研究卷成功地收集了跨阶段和跨边界的数学教育者感兴趣的综述和讨论。本研究卷提供了在不同文化背景下共享干预和发展措施的例证，其中涉及扩大对基础数学思想的关注，这将有助于我们为进一步发展和参与更高层次的数学教育作出贡献。语言、人工制品和方法的多样性有助于扩大访问范围，进而增强在该领域实现此目标的能力。最后，我们对在这项工作中体现出的高水平的跨文化互动过程表示感谢。在本书出版之时,全球性言论都对此主题产生不少共鸣。该书证明了跨国(地区)和跨文化合作的力量——促成边界的瓦解。像以前的ICMI专题研究一样,该研究也通过国际合作来丰富与充实其内涵。

1.8 流程和感谢

IPC及联合主席对这些章节进行了内部审核。通过这一过程,尽可能开展交叉引用,并对所有重叠部分进行了仔细的检查。在不同的章节处理相似想法的地方,我们尽可能地尝试指出交叉引用。

特别感谢IPC的三位成员孙旭花、亚尔米拉·诺沃特娜和贝林德吉特·考尔,他们精心编辑了在线会议论文集(Sun et al., 2015),同时感谢乐于助人的哈姆萨·文卡特承担了本书不少章节的文字编辑工作。孙旭花作为澳门会议联合召集人负责会议相关的财务工作和实际事务,使得这项研究(会议)成为可能。感谢比尔·巴顿的鼓舞和支持,在提案被提交时他是ICMI的主席。此外,莉娜·科赫(Lena Koch)处理过许多ICMI事务。ICMI主席费迪南多·阿萨雷洛和秘书长亚伯拉罕·阿卡维参与了整个研究过程的各个阶段,从第一次在柏林召开的IPC会议到整个澳门会议,再到ICME 13的演讲。该过程经历了ICMI三位主席的任期:比尔·巴顿,费迪南多·阿萨雷洛和吉尔·阿德勒(Jill Adler)。感谢2017年1月1日起担任ICMI主席的吉尔·阿德勒,他投入了大量精力,以崭新的眼光仔细阅读了手稿,并与施普林格(Springer)签订出版协议,该协议首次使用Niss系列,方便读者免费下载该出版物。感谢施普林格出版社的纳塔莉·里博恩(Natalie Rieborn)和SPI全体员工,他们在本书漫长的准备过程中给予了极大的支持和耐心。感谢IMU主席森重文,他以多种方式表明了对小学数学教育的浓厚兴趣。

ICMI Study 23的联合主席和IPC成员非常感谢与会者,他们提交的书面论文出现在会议论文集(Sun et al.,2015)中,并为讨论作出了重要贡献,这极大地丰富了本研究的内容。特别感谢大卫·皮姆非常慷慨地合作完成了本书的最终编辑。

参考文献

Bartolini Bussi, M. G., & Sun, X. (2014). The twenty-third ICMI study: Primary mathematics study on whole numbers. *Educational Studies in Mathematics*, 86(3), 307 - 309.

Bartolini Bussi, M. G., & Sun, X. (2015). Learning from the world: The teaching and learning of whole numbers arithmetic in the ICMI study 23. In Copirelem (Ed.), *Actes du 42e Colloque International des formateurs de mathématiques chargés de la formation des maîtres* (pp. 39 - 51). Besancon: ARPEME.

Bartolini Bussi, M. G., & Sun, X. (2016). ICMI study 23: Primary mathematics study on whole numbers. *L'Enseignement Mathématique*, 61(3), 505 - 517.

Beckmann, S. (2015) . *The twenty-third ICMI study: Primary mathematics study on whole numbers*. Retrieved February 10, 2016, from http://www.stemeducationjournal.com/content/1/1/5.

Cole, M. (1998). *Cultural psychology. A once and future discipline*. Cambridge, MA: Harvard University Press.

Even, R., & Ball, D. L. (Eds.). (2009). *The professional education and development of teachers of mathematics. The 15th ICMI study*. New York: Springer.

Gardner, H. (1989). *To open minds. Chinese clues to the dilemma of contemporary education.* New York: Basic Books.

Geary, D. (2013). Early foundations for mathematics learning and their relations to learning disabilities. *Current Directions in Psychological Science*, 22(1), 23 - 27.

Howe, R. (2017). Report on ICMI study 23 on whole number arithmetic. *NCTM* 2017 *annual meeting and exposition* (April 05, 2017 — April 08, 2017). San Antonio, TX.

Jaworski, B., Bartolini Bussi, M. G., Prediger, S., & Nowinska, E. (2015). Cultural contexts for European research and design practices in mathematics education. In K. Kreiner & N. Vondrova (Eds.), *CERME*9. *Proceedings of the Ninth Congress of the European Society for Research in Mathematics Education* (pp. 7 - 35). Prague: Charles University in Prague, Faculty of Education and ERME.

Jones, K., Bokhove, C., Howson, G. & Fan, L. (2014). *Proceedings of the International Conference on Mathematics Textbook Research and Development* (*ICMT-2014*). Southampton: Education School, University of Southampton. http://eprints.soton.ac.uk/374809/1/ICMT-2014_proceedings150331.pdf.

Jullien, F. (2006). *Si parler va sans dire: Du logos et d'autres ressources*. Paris: éditions du Seuil.

Levenson, E., Bartolini Bussi M. G., & Erfjord I. (in preparation, 2018). *Early years mathematics*.

Matar, M., Sitabkhan, Y., & Brombacher, A. (2013). *Early primary mathematics education in Arab countries of the Middle East and North Africa*. Bonn and Eschborn: Deutsche

Gesellschaft für Internationale Zusammenarbeit (GIZ) GmbH.

National Research Council. (2009). *Mathematics learning in early childhood: Paths toward excellence and equity*. Washington, DC: National Academies Press.

Niss, M. (1993a). *Investigations into assessment in mathematics education: an ICMI study* (Vol.2). New York/Berlin: Springer.

Niss, M. (1993b). *Cases of assessment in mathematics education: an ICMI study* (Vol. 1). New York/Berlin: Springer.

Novotná, J. (2015). *Presentation of the ICMI study* 23. Retrieved February 10, 2016, from www. semt.cz.

Singer, F. M., Sheffield, L. J., Freiman, V., & Brandl, M. (2016). *Research on and activities for mathematically gifted students authors*. New York: Springer.

Stevenson, W., & Stigler, J. W. (1992). *The learning gap: Why our schools are failing, and what we can learn from Japanese and Chinese education*. New York: Summit Books.

Sun, X., Kaur, B., & Novotna, J. (2015). (eds.). *Conference proceedings of the ICMI study 23: Primary mathematics study on whole numbers*. Retrieved February 10, 2016, from www.umac.mo/fed/ICMI23/doc/Proceedings_ICMI_STUDY_23_final.pdf.

Suurtamm, C., Thompson, D. R., Kim, R. Y., Moreno, L. D., Sayac, N., Schukajlow, S., Silver, E., Ufer, S., & Vos, P. (2016). *Assessment in mathematics education large-scale assessment and classroom assessment*. Cham: Springer.

UNESCO. (2012). Challenges in basic mathematics education, by Michèle Artigue. Retrieved January 30, 2017, from http://unesdoc.unesco.org/images/0019/001917/191776e.pdf.

第 2 章

整数算术教学之社会及文化背景

玛利亚·G.巴尔托利尼·布西，孙旭花
(Maria G. Bartolini Bussi and Xuhua Sun)

2.1 绪论

2014 年 1 月，ICMI Study 23 的国际程序委员会(IPC)于柏林举行其第一次会议。本次会议就文化多样性在 ICMI 专题研究中的相关性达成了共识，其研究报告的讨论文件指出：

> 文化多样性及其如何影响整数的早期教学已被确定为研究的焦点之一。这次研究将尽可能多地鼓励不同国家的作者参与，尤其以文化特征较鲜为人知，然而影响其教学内容的国家为重。为促进对作者们开展研究所处不同文化背景的理解，要求会议申请人均需准备关于其社会及文化脉络的背景信息表(已提供特定表格)。(附录 2，ICMI Study 23：相关介绍及主办理念)

上述声明有两个基础：一方面是察觉到发展中国家的学者越来越多地参与国际会议，与此同时来自世界各地向国际期刊的投稿与日俱增；另一方面，国际数学教育委员会(ICMI)的目标正是提高全世界的数学教学质量。大多数 IPC 成员，包括本章的第一作者，皆有审查国际会议和期刊论文的经验：在诸多论文中都存在一种隐含的信念，即读者对所进行的研究之背景有着充分的了解(尤以涉及欧洲或北美国家为甚)，如果其理论框架及研究方法是足够合理的，那么相关研究结果从一个国家到另一个国家的转化是可能的，也是自然的。

然而，早在以“数学教育作为一个研究领域：身份认同”(Sierpinska and

Kilpatrick，1998）为主题的ICMI第8届专题研究（1992—1998）中，由苏珊·皮里（Susan Pirie）、汤米·德赖弗斯（Tommy Dreyfus）和杰里·贝克尔（Jerry Becker）领导的第四工作组就提出了关于结果及其有效性的问题。当中提及了一个有趣的问题：

> 一种环境或文化（如日本）之研究结果在多大程度上可以与另一种文化（如美国）之研究结果相联系，以及结果在多大程度上具有文化特异性？（p.27）

尽管这一问题在1994年于华盛顿举行的国际数学教育委员会专题研究会议上已经被提出，然而在主要国际期刊和会议中，研究者仍然很少重视文化背景问题（Bartolini Bussi and Martignone，2013）。为支持这一观点，只需从国际主要期刊提供给实证研究作者的信息中摘录一部分即可，例如《数学教育研究杂志》（*Journal for Research in Mathematics Education*，简称*JRME*）中有如下说明（NCTM，n.d.）：

> 《数学教育研究杂志》寻求能够增益数学教育领域知识的高质量文稿。为达到出版水准，作者提交的论文需要展现出高质量，体现出构思严谨、研究成果论述充分等良好报道之特征。兹详细说明如下：
>
> 适当的研究目的和基本原理；
> 明确的研究问题；
> 资料详尽的文献综述；
> 连贯的理论框架；
> 明确被描述的研究方法；
> 扎实的研究设计与实施方法；
> 对有数据支持的结果及影响所作的说明；
> 对数学教育领域的贡献；
> 解释清楚及使用得当的用语；
> 高质量的写作；
> 数学的精准度。

相同文件之节略版本亦出现在 PME 39(2015)实证研究的研究报告指南中。

> 观察、人种志、实验、准实验和个案研究皆可。实证研究报告应至少包含以下内容：
>
> 关于所提交论文的重点的说明；
>
> 研究的理论框架；
>
> 相关参考文献；
>
> 说明所用的研究方法及其理由；
>
> 数据和结果的样本(可在会议上提供其他数据,但申请中应附带一些数据)

上述两例均未明确提及社会和文化背景。因此,无论是文稿还是研究报告所允许的有限空间(研究报告更甚),都可能抑制作者在其所处背景下构建实证研究的意愿。此外,它还含蓄地传达了一种观点,即与之相关的每一项科学传播都必须遵循上述结构,其中不涉及社会和文化背景。这似乎是一种限制而非积极主动的说明。

例如,多年来对中日两国教师职业发展产生重大影响的课例研究,将课堂视为开放或公共空间,可以与西方传统中通常将课堂视为独立自主的空间形成对比(e.g. Sztein et al.,2010)。

反之,从欧洲数学教育研究学会先后两次会议的评审指南中,或许可以发现一些正在发生的改变的证据。CERME 8(2013)的指南如下：

> 研究报告(实证或发展)、调查、观察、人种志、实验或准实验研究,以及个案研究都是合适的。论文至少应包含以下内容：
>
> 关于论文重点的陈述；
>
> 说明研究的理论框架,包括相关参考文献；
>
> 说明所用的研究方法及其理由〔包括问题、目标和(或)研究问题,选择参与者或抽样的标准,数据收集的工具和步骤〕；
>
> 研究结果；
>
> 最后的评论或结论。

CERME 9(2015)的指南新增了以下指针:

> 说明本研究所嵌入之科学和文化背景(解释关键假设以及本研究与特定文化背景相关的可能性)

CERME 8和CERME 9的两份指南之间发生了什么?这次ICMI Study 23的两位联合主席皆出席了CERME 8,且本章的第一作者还被邀请对其中一个论坛作介绍,该论坛主要讨论了被忽视的社会和文化背景的重要性。CERME委员会对此印象深刻,并接受了因适应上述广泛传统所带来的挑战。CERME 9的科学委员会不仅对其指南(针对作者和审稿人)进行了细小改动,还决定举办一个由芭芭拉·贾沃斯基(Barbara Jaworski)主持的小组会议,以讨论欧洲数学教育研究与设计实践的文化背景(Jaworski et al.,2015),并于2015年2月在布拉格成功举行。从使国际社会明确认识到社会和文化背景在数学教学中的重要性来讲,这次小组会议无疑是一个里程碑。

另一个里程碑是ICMI Study 23明确要求提供研究背景的细节。国际程序委员会一致同意强调社会和文化背景的作用,并设计了一张特定的表格(见下文)用于收集有关这一背景的信息,以便根据常用格式可在有限的页数(8页)内完成科学报告。其目的是双重的:不仅收集相关信息以了解不同的背景(如讨论文件中所明确罗列),而且引导作者认识自身文化背景的相关性。

2.2 背景信息表:设计

无论对于实证研究还是理论反思,IPC所设计的表格旨在了解研究所处国家的一些基本情况。IPC意识到,除非作者已经知道某些现存的国家层面的文件(e.g. ICMI,2011),否则要求完整回答所有问题将是非常苛刻的,无异于再做一项研究。

IPC设计的表格如表2-1所示。

对此意料之外的任务,部分申请者表示惊讶并询问为何要填写这一表格,其中的信息应该早就为所有的数学教育工作者所了解。如果还有需要的话,这进一步证明了认识社会和文化背景的相关性与提供这些资料的必要性,在同行中的确有待被分享。

在中国澳门举行的会议、对澳门学校的访问以及对东西方数学传统间差异的揭示,进一步验证了这种对社会和文化背景的认识是真正需要和有用的,以便理解不同文化的背景并开展富有成效的对话。这一方面将在本章和全书中进一步阐述。

表 2-1 背景信息表

请尽可能完整地填写以下内容,以便我们了解您论文的背景。	
概况(客观数据)	请提供一个粗略的数字: 年满 11 岁的学生; 从事学前及小学教育的教师。
	请简短描述国家的教育体系(请将年级与学生年龄配对)。
	如适用,请说明该体系是从被殖民时期所继承抑或是与当地传统有关。
	您认为贵国教育体系的一个重要特色是什么?(例如寺院学校作为缅甸学校系统的重要部分)
融合教育	该教育系统是完全融合教育吗?
	是否存在专门为有感官障碍的学生(盲人、聋人)开设的学校/教室?
	是否存在专门为残疾学生开设的学校?
官方语言	请列出贵国的官方语言。
	请列出当地语言(少数族裔)。
	学前/小学教育是否使用当地语言?
移民/难民/边缘化学生	是否存在相当一部分移民学生(来自其他国家)、难民学生和边缘化学生?
	为照顾此类学生,学校是否有一些具体的规定?国家/地方政府有提供某些帮助吗?
学前教育概况	学前教育是否覆盖全国?
	预计接受学前教育的学生的占比是多少?
学前教科书	是否存在学前教科书?
	学前教科书使用的是什么语言(在有更多地方语言的情况下)?
	是否只存在一套国家教科书?抑或是有数种不同版本?
	是否只存在一套教师指引?抑或是有数种不同版本?
小学教育概况	小学教育是否覆盖全国?
	预计接受小学教育的学生的占比是多少?
小学教科书	是否存在小学教科书?小学教科书使用的是什么语言(在有更多地方语言的情况下)?
	是否只存在一套国家教科书?抑或是有数种不同版本?
	是否只存在一套教师指引?抑或是有数种不同版本?

（续表）

小学教师资格	通才抑或是专业数学教师？
评估	是否存在国家评估体系？
	学生在什么年龄/年级接受数学评估（针对学前阶段和小学）？
标准	是否存在政府/国家标准？
教师教育与发展	有什么相关的国家规定吗？
	是否有某些你认为相关的共享实践（例如日本的课例研究、中国的观摩课）？
	是否存在促进教师发展的远程学习形式？
教师教育与发展：学前教育	学前教师教育是怎样组织的？
	请写出（如果相关）政府规定与实际情况之间的差别？
教师教育与发展：小学教育	小学教师教育是怎样组织的？
	请写出（如果相关）政府规定与实际情况之间的差别？
内容（聚焦于整数）	本地语言
	位值制：是否存在不是以十为基的位值制传统？
	问题：哪一类问题是学校教学中的典型问题？（例如中国：变式问题）
	问题：解决问题的常见策略有哪些？（例如新加坡：模型法）
与论文背景相关的任何其他信息	

2.3 背景信息表：数据

本次共收集了66张涉及26个国家的背景信息表。表2－2详细罗列了按国家划分后的分布情况。

有三篇论文涉及跨文化研究（塞浦路斯—荷兰、德国—澳大利亚、英国—瑞典），其中填写了两个国家的背景信息（因此在表2－2中被计算了两次）。在另一个案例中，所提交论文涉及一项跨文化研究，其受世界银行委托对所有法语国家进行了研究分析：表格是针对所有法语国家填写的，参考了法国殖民体系的影响。

我们鼓励申请人根据自己的知识尽可能完整地填写表格。因此，在大多数情况下，信息并非根据客观数据，而是基于申请人对本国情况的了解。此外，这是一个简易样本，所选择的是最容易接近的受试者(Marshall，1996)，数据仅限于研究申请人所提供的信息，所以排除了一些主要地区(如印度、俄罗斯、拉丁美洲、非洲大部分地区、东南亚)的贡献。

表 2-2　不同国家表格数量的分布情况

国家	表格数量	国家	表格数量
阿尔及利亚	1	澳大利亚	5
比利时	1	巴西	1
加拿大	4	中国	13
塞浦路斯	1	捷克	1
丹麦	1	多米尼加	1
英国	1	法国	4
德国	4	以色列	3
意大利	4	约旦	1
荷兰	2	新西兰	2
塞尔维亚	1	新加坡	1
南非	3	瑞典	2
瑞士	1	泰国	1
美国	5	越南	1
所有法语国家	1		

下面简要叙述对所收集数据进行早期分析的主要结果。

2.3.1　早期数学教育系统之总体结构

申请人报告的数据与教育数据库(Education Database，n.d.)相匹配。尽管在一些国家(诸如澳大利亚、巴西、加拿大、塞浦路斯、德国、瑞士、美国)，不同州/省/区域/地区之间存在差异，但这些模型可概括如下：小学教育或基础教育是公认的措辞，但在某些案例中，学前学校的命名方式却不尽相同；学前教育通常并非强制性的，然而至少在上小学前的最后一年，许多学生(在某些情况下高达 95%)都会选择参加。

在某些案例中，小学被拆分为不同阶段，甚至包括其他地方称之为中学(middle school)的阶段。尽管我们的简易样本仅限于 26 个国家，但在入学时间和入学年龄方面已经可以划分为多个种类。不尽相同的模式在欧洲也存在。这种制度的多样性对本研究有一定的影响。例如，当入学年龄延后时，学生很可能在学前阶段已接触到整数算术，而当学龄期延长时(像在许多东方国家，小学一直持续至六年级)，很可能在中学前已培养准代数思维(pre-algebraic thinking)。由于无法消除这些制度差异，因此我们在本研究中选择关注学习内容而不是学生年级或年龄(表2-3)。

表2-3　小学(年龄)结构

4～6年 (6～10或12岁)	德国(取决于不同地区)				
5年 (6～11岁)	阿尔及利亚(受殖民所影响)	法国	意大利	越南	美国(复杂系统)
5～6年 (6岁起)	塞浦路斯(希腊族，6年；土耳其族，5年)				
6年 (5岁起)	英国(复杂系统)				
6年 (6～12岁)	澳大利亚	比利时	以色列(基于不同宗教之复杂系统)	泰国	
6年 (7～13岁)	新加坡				
6年 (6～12岁或7～13岁)	中国				
5～7年 (6岁起)	加拿大(取决于不同领地)				
7年 (7～14岁)	南非	瑞士(复杂系统)			
8年 (4～12岁)	荷兰				
8年 (7～15岁)	塞尔维亚				
9年 (6～15岁)	巴西(5+4)	捷克	多米尼加	新西兰	
9年 (7～16岁)	丹麦	瑞典			
10年 (6～16岁)	约旦				

报告指出部分国家的制度曾经受殖民所影响，其中有阿尔及利亚、澳大利亚、新西兰等。在某些案例中，这种影响也反映在所选择的学校语言与家庭语言不同。会议也报告和讨论了这一问题(见第 3 章)。

2.3.2 教育之融合性

对融合教育的关注在联合国教科文组织的文件(e.g. UNESCO，2009a；见第 9 页的历史摘要)中有着悠久的历史，可上溯至 1948 年的《世界人权宣言》，但它仍然是实际的议题(例如，参见比尔・巴顿在 ICME 13 中的全体演讲)。《千禧年发展目标(Millennium Developmental Goal)》文件考虑了融合教育(UNESCO，2010)，其中提到普及初等教育(Universal Primary Education，简称 UPE)，即千禧年发展目标 2。最新的《可持续发展之教育目标(Education for Sustainable Development Goals)》文件(UNESCO，2017)也考虑到了这一点，其在学习目标 4 中提到"优质教育：确保融合和公平的优质教育以及促进全民获得终身学习机会"(UNESCO，2017，p.18 ff.)。

联合国教科文组织(2009a)指出，融合教育不仅关注了有特殊需求的学生[1](例如残疾学生)，而且关注了具有不同(认知、种族和社会经济)背景的学生。因此，该问题与背景信息表中所提出的部分问题(即官方语言和学校语言，为移民、难民和边缘化学生提供帮助)有关。

这一广泛取向已被主持本届研究的国际程序委员会所吸纳，反映在背景信息表中，即包括三个不同的项目(见上文)，涉及有特殊需求的学生、学校语言不同于家庭语言的学生以及背景不同的学生。

申请人报告了不同官方语言及当地语言或方言的确存在。某些国家的官方语言(或多种官方语言)与母语不同。例如，在阿尔及利亚是阿拉伯语和柏柏尔-塔马塞特语(Berber-Tamazight)；在澳大利亚是澳大利亚英语和土著语言；在比利时是荷兰语、法语和德语；在加拿大是英语和法语；在中国是汉语普通话、广东话和少数民族语言；在塞浦路斯是希腊语和土耳其语；在以色列是希伯来语和阿拉伯语；在新西兰是英语、蒂雷欧毛利语(Te Reo Maori)和新西兰手语；在塞尔维亚是塞尔维

---

[1] 我们知道，放弃"特殊需求"一词并使用"特殊权利"或"受教育权利"的趋势正在增长。例如，朗斯维克-科尔和霍奇(Runswick-Cole and Hodge，2009)主张放弃英国的"特殊教育需求"一词，理由是它导致了排他性行为，并提到了意大利雷焦・艾米利亚(Reggio Emilia)开发的基于权利的方法，即采用《联合国儿童权利公约》(UNICEF，1989)中的表述"具有特殊权利的儿童"。然而，我们决定维持最常见的字眼"特殊需求"，因为它在文献中被广泛使用并能被数学教育工作者更好地了解。

亚语、匈牙利语和罗马尼亚语；在新加坡是英语、马来语、泰米尔语和华语；在南非是南非荷兰语、英语、祖鲁语(Zulu)、科萨语(Xhosa)、斯威士语(Swati)、茨瓦纳语(Tswana)、南索托语(Southern Sotho)、北索托语(Northern Sotho)、聪加语(Tsonga)、文达语(Venda)以及恩德贝莱语(Ndebele)；在瑞典是瑞典语、芬兰语、梅安克利语(Meankeli)、萨米语(Samic) 等；在瑞士是法语、德语、意大利语和罗曼什语(Romansh)；在泰国是泰语和依善语(Esann)；在美国是英语和西班牙语。在大多数情况下，教学语言(或学校语言)与家庭语言不同，会导致广为人知的重大后果(Barwell et al.,2016)。一些有少数民族的国家(如捷克、法国、意大利、新西兰)鼓励使用少数民族语言教学，并设立了专门基金和方案。例如，在新西兰，毛利人的学校非常发达，大约有15%～20%的学生在其中就读。

一些申请人提到了移民学生、边缘化学生和难民学生的问题，尽管只在少数国家(如澳大利亚、比利时、塞浦路斯、德国、约旦、荷兰、新西兰)有官方政府支持。在其他情况下(如法国、意大利、英国)，市政支持以及志愿者和慈善机构的参与亦被提及。

根据联合国教科文组织(2017)报告并得到一些与会者确认的数据，在确保普及初等教育之进程方面已经取得了重大进展，当前的对话已经从实现普及初等教育转向了实现优质普及初等教育的目标。

关于残疾学生或特殊需求学生的问题似乎提得不甚适当，或者可能是会议的申请者未能正确理解。在许多情况下，申请人回答“是”(即该教育系统是融合教育)可能意味着所有学生都被允许上小学，但在许多案例中，特殊学校是被提及的给予残疾人的唯一选项。

根据联合国教科文组织 (2009a)文件：

> 在大多数发达国家和发展中国家，实现残疾学生受教育权的步骤遵循一个共同模式，除却某些本土化的差异。其进展模式往往遵循以下步骤：
>
> 排除 (exclusion)在学校之外，以消极态度和权利剥夺为基础，其理由是认为残疾学生不能学习或从教育中获益。
>
> 隔离 (segregation)教育，反映了对“差异”的重视，并结合了以慈善工作为基础的方法。在这种方法中，独立的教育中心和学校仍是由当地、区域性和国际性的非政府慈善组织，以及最近重点发展的非政府组织所

提供。

回归(integration)主流,反映对残疾学生的有限接受度。根据残疾程度,允许其进入当地正规的公立学校;只要学生能适应学校,并且学校不必为他们作出重大调整。

融合(inclusion)教育,承认包括残疾学生在内的所有学生皆有受教育的权利,所有学校都有责任教育每个孩子,学校有责任作出必要调整以确保所有学生都能学习。(p.51)

按照这一定义,若一个国家的特殊学校制度甚是普及,则其为一种隔离模式,而非融合模式。

综上所述,大多数国家据报告只有特殊学校而已;一些国家(如澳大利亚、巴西、加拿大、捷克、丹麦、法国、德国、以色列、荷兰、新西兰)已经开始了回归主流教育的进程;另一些国家已通过法律规定了在主流教育中落实融合教育,且有支持特殊学生的教师。意大利是一个值得一提的相关案例。德·阿莱西奥(2011)重现了意大利回归主流教育政策的历史及立法背景,并提到意大利宪法(Senato della Repubblica,1947)的颁布,回归主流教育的精神与理念早已蕴含其中。

由于法西斯专政剥夺了个人自由,民主宪法的首要目标之一就是将个人尊严和少数族群的权利置于宪法宪章之中心。(D'Alessio,2011,p.6)

立法在接下来的数年里皆朝着这一方向发展。根据费里(Ferri,2008)的观点,对于意大利教师来说,融合教育被认为是一个"比法律授权更为重要的道德问题"(p.47)。布思和安斯考(Booth and Ainscow,2011)讨论了法律与实践之间可能存在的差距,并设计了一个工具来支持和协助发展融合教育。

在国际层面,融合教育被认为是:

这是确保人人享有平等受教育机会的关键手段。为了实现这一点,有必要建立一个系统,使所有人,包括残疾人士,能够与其所在社区的其他人在平等的基础上接受各级教育。他们不该因任何残疾而被排除在

外，而应得到他们所需要的支持。(EASPD，2012，p.6)

然而必须指出的是，在国际层面，关于排除—隔离—回归主流—融合(exclusion-segregation-integration-inclusion)的问题还远未达成共识。这不仅是一个明确定义的问题，更是一个道德共识的问题。赖因德尔(Reindal，2016)在最近一篇论文中总结了不同立场，重现了1994年于萨拉曼卡举行的“世界特殊教育大会”上关于融合教育之辩的历史，并提到：

> 联合国教科文组织文件中所提出的融合教育从一开始就没有明确其目标群体，负责为该群体实施融合教育的群体也没有被明确。研究综述也印证了数种对融合教育之责任与内涵的解读。戈兰松和尼尔霍尔姆(Goransson and Nilholm，2014a)在基于已有综述并搜索2004—2012年间数据库所做的最新研究中，发现了四种对融合教育的不同解读，从而形成了四种不同性质的定义。采用更严格的标准来衡量融合教育，这些定义在层次结构上相互关联，现陈述如下：
>
> (1) 从安置层面定义——将残疾学生安置在主流教室；
> (2) 具体个性化定义——满足残疾学生的社会/学术需求；
> (3) 一般个性化定义——满足所有学生的社会/学术需求；
> (4) 从社区层面定义——创建具有明确特征的社区。

赖因德尔(2016)建议从能力导向(Walker and Unterhalter，2007)的角度来解决这个问题，具体指：

> (能力导向)有可能强调融合教育的伦理方面，这不仅是因为它建立在将差异作为人类多样性的一个特定变量这一理解的基础上，而且因为它将人类尊严理解为能力之发展。能力导向为理解差异作为客观现实中人类多样性的一个特定变量提供了辩护。……如果特殊教育和融合教育的核心目标在于平等对待所有学生，同时以不同方式对待那些有特殊需求的学生，那么必须以一种可应对随之而来的挑战的方式来处理差异问题，尤其是发展中国家面对的那些问题。(Reindal，2016，p.6)

会议期间我们讨论了学校语言和家庭语言的差异问题，并将其置于本研究卷(如第3、4、9章)中。会议期间还讨论了有特殊需求的学生的问题，并且也在本研究卷部分章节(如第7、8、9、16及20章)中进行了报告。

能力导向是一种非常有趣的方法，然而在这项研究中并没有持续探索下去，但它可能预示着数学教育未来发展的方向。

2.3.3 教科书

大多数申请人在其报告中指出没有相应的学前教育教科书，不过存在一些可用的学习资源、工作表和教师指南。

尽管在某些情况下，使用教科书并非强制性的(如澳大利亚)，但就小学而言，教科书无处不在。大多数国家都有一个自由市场体系，没有官方的监督机构。在另一些国家，则只有一种或有限数量的经批准的教科书可用(例如中国、阿尔及利亚、德国、新加坡和泰国)。在越南，教科书是由教育部的专家所编写。在南非，针对所有官方语言均配有教科书，但在较小之语言群体中很难获得。中国也有针对全部少数民族语言的教科书。

在这项研究中，教科书的问题只是在第9和11章中略略带过，但应该为其单独进行研究。

2.3.4 国家课程标准与评估

在这次简易取样中，几乎所有国家都有其课程标准，仅阿尔及利亚没有，约旦则以唯一的国家教科书作为标准。这其中，美国是一个有趣的例子。美国没有国家课程，但NCTM的标准流传甚广。各地方、州、学区和国家协会建议采用一些课程标准来指导学校教学，共同核心标准(Common Core Standard)的发起正在进行中。几乎在所有国家，都有符合课程标准的国家评估体系(新西兰正在构建中)。然而，进行评估的年级并不相同。通常是每两年或三年一次，这也取决于教育体系的结构(见第2.3.1节)。

2.3.5 教师资格和教师教育与发展

几乎所有申请者都报告称本国小学教师教育的趋势是培养通才，但也有个别例外：德国鼓励教师获得进一步的德语或数学学历，意大利则在学校理事会的自主选择下对一些学校进行专业数学教师的测试。报告中只有丹麦和中国以培养专业数学教师为发展趋势。这种选择在中国的大城市中很常见，但在农村则未必如此。

在有专业数学教师的地方，通常会在学校里成立一个数学教研组，按照公开课的模式进行名为“观摩课”的在职培训，意思是“通过观察来研究课堂教学”，这与日本的课例研究有一定的相似之处(Sun et al.,2015)。

在我们的简易样本中，大学(或在某些情况下是教师学院)的职前教师教育似乎已经建立起来。在大多数情况下，攻读学前和小学教师教育(学位)课程的用时是相同的：

- 在比利时和新西兰是三年制学士；
- 在澳大利亚、加拿大、中国、南非和瑞士是四年制学士；
- 在意大利是五年制硕士；
- 在泰国是六年制硕士。

在另一些国家，攻读学前和小学教师教育学位课程的用时是不同的：

- 在新加坡(国立教育学院)是二至三年；
- 在丹麦、塞尔维亚是三至四年；
- 在瑞典是三年半至四年。

在某些情况下，攻读相应学位课程的用时并未被报告：

- 德国并无关于学前教师之大学课程的报告，而小学教师需要完成硕士水平的课程(五年)；
- 法国学前教育的相关资料并未提供，而小学教师需要完成硕士水平的课程(五年)；
- 美国各州有不同规定，对于小学教师则提到了学士学位课程；
- 在英国，不同的机构参与不同时长的课程(例如学校主导的教师培训、大学课程)。

实践(实习)的组织形式及持续时间也各不相同。例如，在意大利，在完成五年硕士学位课程的同时需要实习600小时；而在以色列，实习安排在大学课程结束之际。在澳门，在完成四年学士学位课程的同时还要进行为期一年的实习；在澳大利亚，学士学位课程规定必须进行80小时的强制实习。

对于在职教师的专业发展，申请者们特别提到了远程学习。然而对于在职发展，存在从督学引导计划到强制性计划(以色列要求每年60小时，瑞士要求每年5天)等不同模式。在澳大利亚，有一个按照明确专业标准实施的认证计划。在某些个案中，在职发展是由市政当局主持(如瑞典)。在许多个案中，报告称在职发展没有收效。

一般来说，似乎没有组织良好之模型。一个有意思的例外是中国的“公开课”模式（见第 17.3.5.3 节）。

对于教师教育与发展，除了教师教育小组所作的讨论（第 17 章）外，ICMI Study 15 中的研究成果也值得一提（Even and Ball，2009）。

2.4 结论

在本章中，我们主要探讨了教学体系的结构特征，其中包括融合性、课程设置、标准与评估以及教师教育与发展。我们只是简略地指出样本国家中存在的许多不同选择。

我们有限的分析表明，即使在欧洲这个小大陆，也存在许多不同的教育体系组织形式。教育系统是可供研究的文化人造物，一方面可以作为社会文化背景的产物，另一方面可以作为构建或采用它们的社会的信息来源。我们真诚希望，在未来的国际期刊和会议上，对文化背景的敏感态度能被传播开来。正如巴尔托利尼·布西和马蒂格纳（Bartolini Bussi and Martignone，2013）所述：

> 文化背景问题适用于数学教育中的每一项研究……有必要更深入地解释研究的设计和实施与文化背景之间的关系：项目的结果和成功（如果有的话）可能取决于隐含的价值观，而这一价值观在其他背景下可能并不存在。（p.2）

在这种理念下，对不同社会和文化背景的调查将贯穿整个研究，并反映在本研究卷当中。

参考文献

Bartolini Bussi, M. G., & Martignone, F. (2013). Cultural issues in the communication of research on mathematics education. *For the Learning of Mathematics*, 33(1), 32 - 38.

Barwell, R., Clarkson, P., Halai, A., Kazima, M., Moschkovich, J., Planas, N., Phakeng, M., Valero, P., & Villavicencio Ubillús, M. (2016). *Mathematics education and language diversity: The ICMI study 21st*. Cham: Springer.

Booth, T., & Ainscow, M. (2011). *Index for Inclusion: Developing learning and participation in schools* (3rd revised ed.). Canterbury: Centre for Studies on Inclusive Education.

CERME 8. (2013). http://cerme8.metu.edu.tr/#. Retrieved January 24, 2016.

CERME 9. (2015). http://www.cerme9.org/guidelines/. Retrieved January 24, 2016.

D' Alessio, S. (2011). *Inclusive education in Italy. A critical analysis of the policy of 'integrazione scolastica'*. Rotterdam: Sense Publishers.

EASPD. (2012). *Analysis of the use and value of the Index for Inclusion (Booth and Ainscow 2011) and other instruments to assess and develop inclusive education practice in P2i partner countries*. Brussels/Tilburg, Fontys OSO. http://www. icevi-europe. org/enletter/issue5109EASPD3.pdf. Retrieved December 27, 2016.

Education database. (n.d.). http://www.classbase.com/Countries. Retrieved January 24, 2016.

Even, R., & Ball, D. L. (2009). *The professional education and development of teachers of mathematics: The 15th ICMI study*. New York: Springer.

Ferri, B. (2008). Inclusion in Italy: What happens when everyone belongs. In S. L. Gabel & S. Danforth (Eds.), *Disability and the politics of education: An international reader* (pp. 41 - 52). New York: Peter Lang Publishers.

Göransson, K., & Nilholm, C. (2014). Conceptual diversities and empirical shortcomings: A critical analysis of research on inclusive education. *European Journal of Special Needs Education*, 29(3), 265 - 280. https://doi.org/10.1080/08856257.2014.933545.

ICMI (2011). *The ICMI database project*. Http://Www. Mathunion. Org/Icmi/Activities/DatabaseProject/Introduction/. Retrieved January 24, 2016.

Jaworski, B., Bartolini Bussi, M. G., Prediger, S., & Nowinska, E. (2015). Cultural contexts for European research and design practices in mathematics education. In K. Kreiner & N. Vondrova (Eds.), *CERME9. Proceedings of the Ninth Congress of the European Society for Research in Mathematics Education* (pp. 7 - 33). Prague: Charles University in Prague, Faculty of Education and ERME.

Jones, K., Bokhove, C., Howson, G., & Fan, L. (2014). *Proceedings of the International Conference on Mathematics Textbook Research and Development*. Southampton: University of Southampton. Retrieved June 2, 2016 from http://eprints.soton.ac.uk/374809/.

Marshall M. N. (1996) Sampling for qualitative research. *Family Practice*, 13(6), 522 - 525.

NCTM. (n. d.). *Characteristic of a high quality JRME manuscript*. http://www. nctm. org/publications/write-review-referee/journals/Characteristics-of-a-High-Quality-JRME-Manuscript/. Retrieved January 24, 2016.

PME 39. (2015). *Submissions: Research reports*. http://www. pme39. com/submissions/.

Retrieved January 24, 2016.

Reindal, S. M. (2016). Discussing inclusive education: An inquiry into different interpretations and a search for ethical aspects of inclusion using the capabilities approach. *European Journal of Special Needs Education*, 31(1), 1 - 12.

Runswick-Cole, K., & Hodge, N. (2009). Needs or rights? A challenge to the discourse of special education. *British Journal of Special Education*, 36(4), 198 - 203.

Senato della Repubblica. (1947). *Constitution of the Italian Republic*. https://www.senato.it/documenti/repository/istituzione/costituzione_inglese.pdf. Retrieved 10 December 2016.

Sierpinska, A., & Kilpatrick, J. (1998). *Mathematics education as a research domain: A search for identity, An ICMI study*. Dordrecht: Springer.

Sun, X.H., Teo, T., & Chan, T.C. (2015). Application of the open-class approach to pre-service teacher training in Macao: A qualitative assessment. *Research Papers in Education*, 30(5), 567 - 584.

Sztein, E., Olson, S., & Ferreras, A. (Eds.). (2010). *The teacher development continuum in the United States and China: Summary of a workshop*. Washington, DC: The National Academies Press.

UNESCO. (2009a). *Towards inclusive education for students with disabilities: A guideline*. Bangkok: UNESCO Asia and Pacific Regional Bureau for Education. http://unesdoc.unesco.org/images/0019/001924/192480e.pdf. Retrieved October 25, 2017.

UNESCO. (2009b). *Policy guidelines on inclusion in education*. Paris: United Nations Educational, Scientific and Cultural Organization. unesdoc.unesco.org/images/0017/001778/177849e.pdf. Retrieved April 24, 2017.

UNESCO. (2010). *Resolution adopted by the General Assembly*. 65/1. *Keeping the promise: United to achieve the Millennium Developmental Goals*. www.un.org/en/mdg/summit2010/pdf/outcome_documentN1051260.pdf. Retrieved April 24, 2017.

UNESCO. (2017). *Education for sustainable development goals*. Learning objectives. http://unesdoc.unesco.org/images/0024/002474/247444e.pdf. Retrieved April 24, 2017.

UNICEF. (1989). *Convention on the rights of the child*. www.unicef-irc.org/portfolios/crc.html. Retrieved April 25, 2017.

Walker, M., & Unterhalter, E. (2007). The capability approach: Its potential for work in education.

In M. Walker & E. Unterhalter (Eds.), *Amartya Sen's capability approach and social justice in education* (pp. 1 - 18). London/New York: Palgrave Macmillan.

\ 第 3 章 /

整数教与学的语言和文化议题

孙旭花　玛利亚·G.巴尔托利尼·布西
(Xuhua Sun and Maria G. Bartolini Bussi)

3.1 绪言

3.1.1 澳门会议前、中、后的语言文化反思

语言是用于交流和思考的“工具”(见第 9 章)。语言不仅在发音、词汇和语法方面有所不同,而且呈现出不同的“说话文化”。语言在传达学习和教学的数学概念以及数学思维发展方面起着普遍性的关键作用。语言的特征有助于使数字概念透明化,并支持学习交流中的理解。因此,对语言的跨文化考察能够帮助我们理解可能促进/阻碍学生数学学习与教师数学教学的语言支持和限制。本研究从跨语言和语言问题的视角,考察了与整数结构、算术运算和关键概念相关的数字命名与结构,因此对整数算术具有重要意义。

如第 2 章所述,本研究旨在提高人们对文化多样性在整数算术及相关内容的教与学中的相关性的认识。正如 ICMI Study 21 报告(Barwell et al.,2016,p.17)所述,“语言与文化密切相关,不可分割”。语言和文化是相互影响的。语言是文化的一部分,并在其中起着重要作用。语言不仅包含一个国家的文化背景,还反映了一个民族的生活观和思维方式。因此,不能将整数算术中对于语言问题的讨论与文化背景分开。

在本章中,我们根据与会者报告的不同案例,将语言和文化问题大致分为以下几种:

(1) 印欧语系中整数算术的语言;

(2) 非洲的殖民地(语言)个案;

(3) 中国(语言)个案。

此外,还考虑了一些教育问题。

我们为感兴趣的读者整理了关于中文数字语法的简短概述，以便其通过这种方式熟悉中国数学教育的一些背景知识。对中国语言和文化予以特别关注，是因为：

——日常中文算术与正规数学算术之间的"完美"契合(Sun,2015)。

——自古以来似乎不间断进行的有趣的中国课程组织(见第5章)。

——一些独特策略(例如变式问题)的存在(Sun,2011,2016)。

——中国学生和教师的表现(e.g. Geary et al.,1993;Ma,1999)。

——我们在澳门会议期间亲眼看到的中国一年级课堂的情况(见第11章)。

不同文化和语言传统的存在，使参与者和读者意识到整数算术的教与学在历史上作出的选择，这加深了我们对数学文化多样性的认识。这种多样性不允许简单地采用其他人开发的课程，除非经过一个细致的文化转移(cultural transposition)过程(见第13章)，本章末尾(第3.4.5.2节)的一个例子即说明了这一点。

3.1.2 数字理解中的一些日常语言问题

课程改革者和国际评估者倾向于强调整数算术具有普遍性的假设。所谓的印度-阿拉伯数字符号系统被认为是最有效的计算工具，因此在20世纪被世界各国采用。然而，在本章中，我们将讨论整数算术为何不具有普遍性，而是深深植根于当地语言和文化之中，并从语言和文化的角度呈现文化转移的内在困难。

在许多著作中可以找到关于语言如何与整数算术相关联的信息(e.g. Menninger,1969;Zaslavsky,1973;Ifrah,1981;Lam and Ang,2004)，但我们的目的不是总结其他地方容易找到的文献，而是系统地收集与会者(他们代表了不同的文化背景)之间共享的一些信息与思考，并论述其语言/文化的一些具有重要教育意义的特征。

在论述整数算术的主题之前，我们考察了在语言领域进行的一些研究，特别是在语用学领域。在同一文化中，我们尝试对比日常语言中的比喻意义与学校数学语言中的字面意义之间的不同。这些示例(Bazzanella,个人通信)来自非常不同的语言和文化，可见尽管具有不同的特征，但这种现象似乎是普遍存在的。

这种现象的根源可能出现在古代。在《诗学》(*Poetics*)中，亚里士多德引入了隐喻(metaphor)的概念，即赋予某事物一个属于其他事物的名称(以他物之名名此物)。在不同的例子中，有一个涉及数字："奥德修斯(Odysseus,古希腊神话中的英雄)做了上十千(ten thousands,万)件高尚的事情。"其中，"十千(ten thousands)"

指很多不同种类，在这里用来代替“很多(many)”这个词(Levin，1982，p. 24)。在中国古代，“万(ten thousands)”也用于一种比喻，如“万里长城(the Great Wall)”的名称，这个名称的字面意思是“万里的城墙”，其中“里”是一个古老的长度单位，用于突出城墙遥远的长度。

在过去的几十年里，语言学者开始研究在日常语言中如何使用数字(整数)。这其中涉及多个问题，例如不确定性和近似表达。语言的不确定性通常因为各种原因而被采用，并且表现为几种不同的形式(Krifka，2007；Bazzanella，2011)。在一些情形下，精确数字被系统地用于表示不定数量。这些用途与某些具体的数相关联，有时是相当小的数字(如 2、3、4、5)，有时是“按四舍五入的方式舍入的”大数(如 100、1 000；此处称约整数——编辑注)。这是一种夸张用法，在某种意义上所指的数不是真的；而且，一个词语(100、1 000、10 000 等)可能同时包含多种意义(Lavric，2010)。拉夫里奇(Lavric，2010)收集了欧洲语言(英语、法语、德语、意大利语和西班牙语)的几个例子，其中整数的含义与计算中的数字含义不同。某些语言中的某些表达必须以近似的方式解释。例如，意大利语中的句子“vuoi due spaghetti?”〔do you wish to have two (两个) spaghettis?〕意思是“你想要一些意大利面吗?”。因此，“两个”在这里不用作基数含义，而是表示“一些”事物的数量。约整数(即 10 的幂，如十、一百、一千、一万、十万、一百万)也用于夸张的含义，例如“我告诉过你一千次你必须要谨慎”。分数可以用来表示非常小的数量〔“half (一半)”有时也用于表示将原物品分成两个可能不相等的部分时的一部分〕，通常以“1”作分子，以一个大的约整数作分母表示最低程度(如“甚至百万分之一秒”)，而用两个非常接近的数作分子、分母表示最大限度(如“这件事百分之九十九点九地确定”)。除了欧洲语言，在汉语普通话中，数字的近似表达被分为两个主要类型，具有不同的含义：一类是用语气词“吧”表示近似数量，另一类则没有明确标记用以表示确切数量(Ran，2010)。在难以进行直译的情况下，从一种语言翻译至另一种语言所带来的影响成为语言学研究的重要方面。尽管它们对日常语言和学校用语之间的联结(连续，抑或不连续)很重要，但这些信息通常不会被纳入数学教育文献中。

3.2 不同学校语言和文化中的位值(概念)

3.2.1 位值理解的困难

日常语言中数的命名如何与学校数学中数的结构相关联？数学课堂上学生如

何识别数概念？近似表达的认知基础是什么？它们对认知过程有何影响？我们接下来讨论与位值理解相关的这些语言问题。

位值是所谓印度-阿拉伯语系统中最重要的概念，因为它对理解数的结构和计算具有深远影响。它表示数字的值取决于数字的数位或位置。一个数中每一位的位值都是其右边一位位值的十倍。在中国文献（语境）中，位值被强调为对不同单位的计算，即计数单位。记录不同单位的量级在英语社会称为“位值”，而在法语社会称为“位值记数法”。位值制有两个不可分割的原则（Houdement and Tempier, 2015）：

——位值原则，其中写数时每个数字的位置对应一个单位（例如，百位数字位于右起第三位）；

——十进制原则，其中每个单位等于进阶过程中低一阶的十个单位（例如，一百等于十个十）。

然而，一系列研究表明，位值/计数单位的教与学是困难的。例如，唐皮耶（Tempier，2013）在针对104名法国三年级学生（8～9岁）的研究中发现，他们在涉及单位间关系的任务中成功率很低：1个百＝（　　）个十，成功率是48%；60个十＝（　　）个百，成功率是31%；764个一是多少个十，成功率是39%。即使在四年级和五年级，也只有不到一半的学生能够指出“25”中的“5”代表5个物体，“2”代表剩下的20个物体（Kamii，1986；Ross，1989）。

巴尔托利尼·布西（2011）提到了与之类似的困难（见第9.3.2节）：

> 当要求7岁的学生写数时，在从数字的单词到印度-阿拉伯数字的转换中，出现了一个常见的错误：一些学生写的是“10013”，而不是“113”，100右边的零没有被十位和个位覆盖。

这些学生无法掌握多位数的加法和减法，也就不足为奇。西方的许多课程仅将位值制列为关于位置的知识。例如，罗杰·豪（2010）对美国的基础课程提出了批评：

> 位值制……被视为词汇问题：个位、十位、百位，这是在程序上而不是在概念上去描述它。

根据位值的概念，巴斯（见第 19 章）借助对一个大集合进行计数的问题来发展学生利用多个单位进行分组的能力。杨-洛夫里奇和比克内尔（Young-Loveridge and Bicknell, 2015）建议通过同时提供有意义的乘除法来支持对位值制的理解。位值制本质上是关于乘法的（Askew, 2013; Bakker et al., 2014），但很多课程一般是在儿童未曾经历有意义的乘除法之前，作为多位数加减法的一部分引入。在第 9 章中，我们将介绍人工制品的设计和使用，以克服在位值引入中的一些困难。根据已有的研究，在数学教育领域关于位值的探讨很少从语言的视角切入。在本章中，我们希望重建位值概念发展的部分历史，并从语言角度重新审视位值概念。

3.2.2 数字语言的透明度[1]和规律性：一些欧洲案例

在欧洲，位值是在 13 世纪通过阿拉伯传统引入的，并与之前的传统发生了冲突（Menninger, 1969; Lam and Ang, 2004）。这就解释了为什么位值原理仍是学校课程的一个特定部分（Fuson, Briars, 1990）。在欧洲传统中，百和千的单位总是明确的，但一和十的单位总是隐含的，并且在口语中经常缺失。例如，在“thirty-one（三十一）”中看不到一和十的单位。

上述例子表明，欧洲语言中出现了许多不规则的表述形式：它们依赖于更古老的非十进制基数表示或其他语言属性的存在，其中两个单词的组合是强制缩写的。此外，单位的顺序（例如一和十）可以不同。[2]

在英语、法语和德语中，1 至 12 的数字都有独立名称。在意大利语中，后缀“deci”出现在 11 中，而在法语的 17 中它变成了前缀。英语和德语中数字 13 到 20 的单词是相似的（后缀为“teen”或“zehn”，意思是 10）。但是从 21 到 99，德语中个位与十位的阅读顺序与英语恰好相反。在法语中有基数 20 的记忆（痕迹），例如 70 是“soixante-dix”，80 是“quatre-vingts”。丹麦语中存在类似但更复杂的不规则性，涉及 10～20 的数字名称，个位和十位的反转（如同德语）以及基数 20 系统的记忆（痕迹）（见第 5 章，也可参考 Ejersbo and Misfeldt, 2015）

例如，当表达 76＋83 时，不同的语言使用不同的单词，这使得列式计算或多或少地变得困难。

- 英语：seventy-six plus eighty-three;

---

[1] 透明度：例如语义透明度，这是一个认知心理语言学的概念，最早出现于国外的语言学界。国内学者将其引入并应用于分析汉语作为第二语言的习得研究上。举例说明：“马虎”一词的意思和“马”“虎”意思不同，则语义模糊；“处理”一词的意思和“处”“理”两个字意思一致，则语义透明。——译者注

[2] 丰吉（Funghi, 2016）准备了一份对许多不同语言的综述。

- 法语：sixty-sixteen plus four-twentys-three；
- 意大利语：seventy-six plus eighty-three；
- 丹麦语：three-and-a-half-twenty-six plus four-twenty-three；
- 中文：七十六加八十三(seven tens six plus eight tens three)。

中文名称的(概念)透明度可能会促进学生对位值制的理解。

3.2.3 后殖民地(语言)案例:非洲和拉丁美洲

扎斯拉夫斯基(Zaslavsky,1973) 写了一本关于非洲数学传统的基础读物,以与门宁格(Menninger,1969)著作中对非洲描述的缺失部分(如果有的话)进行对比。在后来的一项研究中,韦兰(Verran,2001)介绍了约鲁巴人(Yoruba)学习整数算术的方法。在澳门会议上,来自非洲北部法语国家的纳迪亚·阿兹鲁(Nadia Azrou)和非洲东南部英语国家的韦罗妮卡·萨伦吉(Veronica Sarungi)分别汇报了其所在的后殖民地区学校中的整数算术教学情况。

3.2.3.1 阿尔及利亚(语言)

阿兹鲁(2015)介绍了阿尔及利亚的语言情况,人们在不同的情形下使用多种不同的语言:古典阿拉伯语、柏柏尔语、法语以及许多不同的当地方言(见第5章和第15章)。除了表示数的不同词语,阿兹鲁还报告了“数字(digit)”与“数(number)”的不同含义。请看以下示例:

A:1,2,3,…,9。

B:2781。

C:用作电话号码、车牌和地址的一串数字,例如ICMI的联系电话是49 30 20 37 24 30…。

在英语中,A被称为“digits”,B和C被称为“numbers”。

在阿拉伯语中,A被称为“رقم raqm”(digit)或“أرقام arqam”(digits,复数)。

在法语中,A被称为“chiffres”, B被称为“nombres”,C被称为“numéro”。

在柏柏尔语(人类最古老的语言之一)中,只有一个词“numro”,用于表示一切数和数字。

法语方言和柏柏尔语(日常生活中使用的语言)之间的关系是一个问题。方言和柏柏尔语保留了一个词“numro”来表达一切。对于学生而言,这是一个问题,他们会将在学校学习的数学概念(阿拉伯语和法语)与柏柏尔日常生活中使用的“街道数学”相混淆。

3.2.3.2 **危地马拉(语言)个案**

危地马拉的官方语言是西班牙语,土著人口占总人口的41%。有25个语言社区分布在4个不同的群落中,分别是拉地诺(Ladino)、玛雅(Maya)、格里福纳(Grifúna)和辛卡(Xinka),每一个都有其独特的身份、文化和语言。玛雅人占土著人口的81%,并有4个语言社区。1996年通过的"和平协议"正式承认该国复杂的种族构成,并且承认公民拥有文化认同的权利。因此,教育部制订了一个双语计划,要求必须采用双语进行教学,尊重土著人的文化和价值观。2005年,双语学校达到3 800所,许多教师都可以说土著语言,但是他们不会读或写。基于这个国家的特点,小学使用两个数字系统:玛雅数学的二十进制(基数为20)和常见的十进制。学生根据这两个系统及各种语言读数和写数。玛雅计数系统使用三个符号:圆点代表一个单位(·),条块代表五个单位(—),第三种符号代表零,也称为贝壳或者可可豆(⬭)。通过这三个符号的组合,使用三项规则来编写前19个数。首先,一到四可通过点的组合得到;其次,五个点形成一个条块;第三,组合时最多不超过三个条块。

3.2.3.3 **坦桑尼亚和其他东非国家**

萨伦吉(个人通信)报告了曾被英国殖民的非洲地区(东非国家)的复杂局势,学习者第一语言的多样性使得使用这些语言教数学变得困难。例如,坦桑尼亚有120多个拥有自己语言的民族部落,尽管这些部落属于班图语(Bantu)、尼罗语(Nilotic)和库希特语(Cushitic)等主要语言群体。与此同时,斯瓦希里语混合了班图语、阿拉伯语和其他语言如葡萄牙语和英语,已成为沿海和桑给巴尔岛部落的第一语言。事实上,斯瓦希里语是坦桑尼亚和肯尼亚的国家语言,在布隆迪、卢旺达、乌干达及刚果民主共和国等其他东非和中非国家被广泛使用。

在坦桑尼亚,语言政策是以斯瓦希里语作为学前教育和初等教育的教学媒介(MOEVT,2014),尽管斯瓦希里语对于许多儿童不是第一语言,特别是农村地区的儿童(Hala and Karuka,2013),他们在进入学校时才正式学习。在乌干达,政策是在小学前三年使用种族或地方语言,但在有各种各样当地语言的情况下,学习者便使用英语(National Curriculum Development Centre,n.d.)。在非洲背景下进行的研究指出了在某些情况下使用学习者甚至教师都不容易掌握的语言所面临的挑战,而在数学课堂中使用第一语言已被证明可以有效促进学习者和教师之间的互动(Sepeng,2014)。

除了提升参与度的好处之外,(非洲)民族语言中的数字名称通常指向以十为基的结构(参见Funghi,2016)。大多数非洲语言中10至20的数字结构是类似的,即

“十”和“数字”,其中“数字”代表从1到9的数。而且,从20到90的整十数也具有一定的逻辑结构,其用词的构成中要么用“tens digit”(tens+数字),要么用“decade digit”(decade+数字)来表示其中包含了几个十,如在辛比蒂(Simbit)语言中。因此,在非洲民族语言中34这个数字面上由“tens three and four”组成,数学上则表示“三个十和一个四”。许多孩子在他们开始上学之前以非正式的方式接触到30以下的数的名称。因此,用民族语言学习整数可以帮助学生理解数字的结构。然而,在利用这些优势方面仍存在诸多挑战。首先,由于不熟悉当地语言及其数学语域,教师可能无法帮助学习者(Chauma,2012)。此外,语言政策可能不利于促进少数民族语言的使用,就像在坦桑尼亚,当局鼓励使用斯瓦希里语以实现国家团结。

当在社区中被广泛使用时,斯瓦希里语可以弥合多种语言之间的隔阂,尽管将其用于学习整数可能成为概念混淆的潜在根源,即使它是儿童的第一语言。这是由于数字名称在阿拉伯语和班图语中有着不同的起源,导致整十数的命名不一致(关于斯瓦希里语和阿拉伯语之间的比较,参见Funghi,2016)。

对于说班图语的人来说,1到20的数几乎没有问题,除了6、7和9的名称。然而,非班图语使用者必须学习大部分名称,尽管他们对11到20的结构是熟悉的。对于大多数学习者来说,在学习整数的名称时还有另外的认知需求,这些名称不再遵循班图语或其他民族语言的结构,而是借用阿拉伯语中的用词。例如,30和3的名称几乎没有关联。实际上,儿童必须在斯瓦希里语中学习20、30、40和50的新名词。只有60、70、90分别与6、7、9相关联。因此,要求孩子用单词写出给定的两位数可能会导致混淆。例如,孩子需要记住30的名称(thelathini),但无法从其名称作推断,因为名称中未体现其值(三个十)的信息。还有一个相关的问题,在坦桑尼亚的私立学前学校中英语的使用问题更加复杂,因为11至19的数字结构不符合班图语和斯瓦希里语的已知结构。最终,即使学习者和教师所使用的语言都与教学语言一致,我们仍须着重考虑在学校教育的早期阻碍或者促进整数学习的共同语言的一些特征。

3.2.4 趋向透明:中国(语言)的方法

中国幼儿在基本算术,例如理解基数和序数的名称(Miller et al.,2000),理解以十为基的系统和位值的概念(Fuson and Kwon,1992),使用分解作为解决简单加法问题的主要备选策略(Geary et al.,1993)以及计算(Cai,1998)等方面表现更好。一项比较研究(Geary et al.,1992)表明,中国学生的加法计算得分是美国学生的三倍。具体而言,中国学生使用更先进的策略,并展现出更快的检索速度。美国学生比中国学生更频繁地使用“数数”策略（例如数手指或者口头数），中国学生比美国学生更频繁地使用（高级的）检索策略（He，2015）。然而，大多数研究为这些发现提供了各种不同的解释，例如父母对教育的高期望、学生的勤奋和教师的效能。倪（Ni，2015）认为，小学课程、教科书、课堂教学以及与数学学习相关的文化价值观等有助于提升中国儿童的算术熟练度，促进算术作为社会文化系统的建立。

2013 年 PISA 数学测试结果（基于 2012 年的测试）显示，表现最好的是亚洲国家和地区，排名如下：(1)中国上海，(2)新加坡，(3)中国香港，(4)中国台湾，(5)韩国，(6)中国澳门，(7)日本。这些国家和地区所使用的语言（结构）具有相同的古代中国数字构造传统。

在过去的几十年里，一些作者研究了数学教育中的中国语言和文化。例如，ICMI Study 13（Leung，Graf and Lopez-Real，2006）首先关注东亚和西方的比较，接下来关于中国数学教育传统的研究成为一种趋势（Fan et al.，2004，2015；Li and Huang，2013；Wang，2013）。许多作者如加利根（Galligan，2001），吴和饶（Ng and Rao 2010）讨论了语言的特定问题，其他作者如富森和李（Fuson and Li，2009）以及谢和卡斯皮肯（Xie and Carspecken，2007）对比了中国和美国的教材。

这些现象影响到大量的师生。此外，中国古代文献在位值概念传统方面影响了大多数东亚国家（如日本、韩国、越南）的数学发展（Lam and Ang，2004）。

3.3 中国的算术方法

3.3.1 古代历史

中国人对数字的处理方法（小学阶段）显示了汉语的特征、数字的名称与表示数字和计算所使用工具的一致性（第 5 章），这可以追溯到公元前 14 世纪中国数字教学的传统（Guo，2010）。这一悠久的传统反映在一系列中国古代算术典籍中，例如科举考试使用的官方数学文本：

- 《算数书》
- 《周髀算经》
- 《九章算术》
- 《海岛算经》
- 《孙子算经》
- 《张丘建算经》

- 《五曹算经》
- 《夏侯阳算经》
- 《五经算术》
- 《缉古算经》
- 《缀术》
- 《数术记遗》

在本节中，我们将简要概述蓝丽蓉和洪天赐（Lam and Ang，2004）的著作《雪泥鸿爪溯数源》（*Fleeting Footsteps*），作者根据一部重要的文献（《孙子算经》）追踪了算术发展的悠久历史。

在数字的一般历史中，中国传统的重要性并不总是得到承认，伊弗拉（Ifrah，1981）声称位值是印度的发明。道本（Dauben，2002）严肃批评了这个错误：

> 伊弗拉显然不知道的一个中国来源是公元400年左右成书的《孙子算经》。（p.37）

自1992年以来，该典籍的英文翻译本可从《雪泥鸿爪溯数源》这本书中找到。书中有大量的注解，后来又出版了一个扩展版本（Lam and Ang，2004）。该书不仅给出了中国算筹数字的完整描述，还详细描述了算术运算的古老程序。蓝和洪的研究中最有野心的部分是认为印度-阿拉伯数字系统起源于中国古代的算筹数字系统。蓝和洪提供的最有说服力的证据是，该系统复杂而循序渐进的乘除法运算程序与后来西方使用印度-阿拉伯数字做乘除法的方法相同，如阿尔-花剌子模（al-Khwārizmī）、阿尔-乌格利迪西（al-Uqlīdisī）和拉班（Kūshyār ibn Labbān）在阿拉伯文献中所述（更多评论参见 Lam and Ang，2004）。郭（Guo，2012）解释说，中国（筹算）系统通过丝绸之路在5至9世纪传播到印度，10世纪传播到阿拉伯帝国，然后在13世纪传播到欧洲。1853年，基督教传教士伟烈亚力（Alexander Wylie）驳斥了"中国人的数字是长篇大论"这一看法，并指出在古代中国，计算是通过算筹进行的，而且"书面文字显然是对这些过程的粗略表示"，其数字系统中的算术程序和十进位值制表示法在算筹的运用中得以体现。伟烈亚力认为，古代中国人发明的这种算术方法在所有相关计算领域的进步中发挥了至关重要的作用。在介绍了算筹之后，他写道：

这样就获得了一个简单而有效的数字系统，我们发现中国人实际上是根据位置理论（即位值）来运用一种记录的方法，这种理论在被欧洲人理解之前的几个世纪已经有了，而当时阿拉伯人仍未开始理解数字的科学。（Wylie，1853，p.85）

沃尔科夫（Volkov，1996）在《国际科学史档案》（*Archives internationals d'histoire des sciences*）中发表了其对第一版《雪泥鸿爪溯数源》的评论，指出这本书"可能引起欧洲数学历史学家的强烈反应"。然而，沃尔科夫强调了这本书的一大优势：

作者强调了研究中国工具性计算的方法以及中国数学的数值和算法的重要性，否则这些方法无法被正确理解。（p.158）

尚拉（Chemla，1998）建议对这一争议采取审慎的态度：

《九章算术》和印度现存最早的数学典籍（公元 6 世纪）中涵盖一些共同的基本常识，其中就包括十进位值制数字系统的使用。这些证据无法得出关于这些知识来自何处的结论，现有原始资料的状况可能使我们永远无法回答这一问题。反而，它表明从早期开始，这两个地域之间一定已经建立了坚实的交流。（p.793）

这个历史渊源可能有助于理解为什么中国人（东方人）如此容易理解位值这个概念，为什么它在欧洲发展得这么晚，数字传统是如何形成的，以及为了增强对位值的理解，我们能够针对数字（教学）的实践或工具使用提出怎样的建议。接下来，我们以中国作为东亚地区的代表，详细阐述其算术方法。我们首先考虑中国数字和计算方法的一些要素，然后讨论一些教育意义。

尽管中国古代数学家并未发展出演绎的方法，但他们在归纳算法和代数发展方面却取得了进展（Guo，2010）。《周髀算经》是公元前 100 年至公元 100 年之间编写的现存最古老的完整数学文本，其中包含一段强调中国传统"类比"特性的陈述：

关于数字，你还不能概括类别，这表明有些事情是你的知识所未触及

> 的，并且有些事情超出了你的能力。现在，在（我所教的）方法中，尽管言词简单但应用范围很广，这就是阐明类别的知识。当你查究一个类别即能够理解众多问题时，就叫作悟“道”。[则子之于数，未能通类。是智有所不及，而神有所穷。夫道术，言约而用博者，智类之明。问一类而以万事达者，谓之知道。]…… 这是因为一个人通过类比获得知识，也就是说，在理解了一个特定论证方式之后，他可以作出各种相似的推理［是故能以类合类］…… 谁可以从一个实例中得出关于其他实例的推论，谁就可以概括。（引自 Cullen，1996，pp.175－176）

自古以来，中国数学的主要焦点一直放在数和计算上，类似于现代算法中对策的集合。“Mathematics”在汉语中称为“数学”（“数”的意思就是“number”）。在中国古代文献中（Martzloff，1997，p.179）有关于结绳计数的记载，紧接着还提到了乘加规则（见第 9.2.2 节）。中国人使用算筹进行计数（参见第 9.2.2 节中有关计数算筹的资料），这些活动促进了系统地表示数的方法的构建。由算筹构成的前 9 个数字如图 3－1 所示。

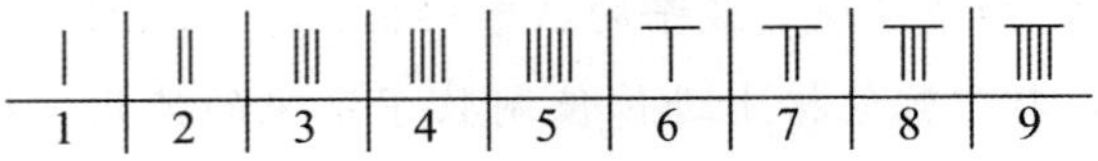

图 3－1　前 9 个数字的算筹表示

根据蓝和洪（Lam and Ang，2004）的观点，数字表示原理最初是按如下方式被引入：

> 数字按照十、百、千并排，相邻的数字旋转以作区分。例如，1 由一个竖直算筹表示，10 由一个水平算筹表示，100 由一个竖直算筹表示，1 000 由一个水平算筹表示，以此类推。零用空格表示，于是 84 167 和 80 167 的算筹表示方法见图 3－2。尽管大多数有关数学早期历史的书籍，尤其是最近出版的书籍都提到了中国的算筹数字，但它们未能使人们注意到一个非常重要的事实，那就是古代中国人发明了位置记数法。任何一个数，无论多么大，我们只需要借助 9 个符号，就可以通过位值制表示法将其表示出来。我还要补充一点，在当前更复杂的书面形式中，零作为第十个符号是必需的。（Lam and Ang，2004，p.1）

图 3-2 多位数的算筹表示

计算规则的转换最初被介绍如下：

> 凡算之法，先识其位。一从十横，百立千僵，千十相望，万百相当。(Lam and Ang，2004，p.193)

中国古代数学的一个特点是在计数板上使用算筹(图 3-3)。计数板用于进行计算(算术运算、开方)和求解方程。蓝和洪(Lam and Ang，2004)仔细描述了使用计数板的规则，着重介绍了运算步骤的成对特征：减法步骤与加法步骤相反，除法步骤与乘法步骤相反。尚拉(1996)强调计数板上的位置是稳定的(参见第 3.3.4 节，该节报告了算术运算原理的术语)。

3.3.2 位值的中国语言基础

位值的概念主要体现于算筹或算盘，以及书面数字表达(Sun，2015)。此外，位值可以追溯到以十为基的使用、测量单位的换算率以及当地语言中量词的语法特征和汉字具有偏旁部首与局部—局部—整体结构等特征。这种语言的起源可以帮助理解为什么西方学生难以掌握位值的概念，并从语言的角度理解这一概念在欧洲为何形成得如此之晚。

3.3.2.1 以十为基和测量单位的换算率

中文系统中有以十为基来表示数量的惯例(Lam and Ang，2004；Martzloff，1997；Sun，2015)。这与公元前 3 世纪统一整个中国的第一个皇帝秦始皇引入公制进行测量有关，其与长度和容积单位之间的换算率是一致的[1]。除了重量单位，长度和容积单位的换算率也是 10。例如，长度单位的换算率表示如下(Lam and Ang，2004)：

1 引＝10 丈＝100 尺＝1 000 寸＝10 000 分＝100 000 厘＝1 000 000 毫

重量单位的换算率为：

---

[1] 将中国的情况与欧美进行比较可能很有趣。欧洲是在 18 世纪末引入了公制，而美国和英国使用公制的情况仍存在争议。例如，英寸、英尺、码和英里的换算率不为 10：12 英寸＝1 英尺，3 英尺＝1 码，5 280 英尺＝1 英里。又如，1 美盎司等于$\frac{1}{16}$品脱、$\frac{1}{32}$美跨脱、$\frac{1}{128}$美加仑。

1两＝10钱＝100分＝1 000厘＝10 000毫＝100 000丝

容积单位的换算率为：

1斛＝10斗　　1斗＝10升

西周以前时间单位的换算率是100：

1时＝100刻　　1夜＝5更

中国古代货币的第一个兑换率为10：

1朋＝10贝

除了度量单位体系，中文系统在使用数字字符和相应的数字单位表示数时也有以十为基的惯例(Zou，2015)。这可以归因于6世纪甄鸾的著作《五经算术》中提及的黄帝(Guo，2010)。前五个计数单位个、十、百、千、万始终分别代表1、10、10^2、10^3、10^4，其他计数单位随计数系统的不同而不同。

东汉徐岳撰写的《数术记遗》记录了早期的数字命名规则：下数，即标准数的进率是10；中数，即大数的进率是10 000；上数，即最大的数的进率是计数单位的平方。

反观十进制小数和分数，以下口头计数单位在中国古代的《孙子算经》中被用来表示数量级(Lam and Ang，2004)，其在日常口语中表示10的负数次幂：丝(10^{-4})、毫(10^{-3})、厘(10^{-2})、分(10^{-1})。

3.3.2.2　**量词**

中文里所有的数量单位都称为量词。在英语中，用量词来描述不可数名词的数量(即确定一个具体单位以使之可数)是很自然的。例如，在描述1米布(1 m of cloth)、1毫升水(1 ml of water)和1千克肉(1 kg of meat)时，分别需要米、毫升和千克作为测量单位。但是，通常不使用量词来描述可数名词的数量〔例如，一个苹果(one apple)，五只鸭子(five ducks)和三张书桌(three desks)〕。有数百种不同的量词，它们全部用于表示所计数的对象的单位。在中文里，描述不可数名词和可数名词都需要借助数量单位，也就是量词。在一个苹果、五只鸭子和三张书桌中，“个”(水果的单位)、“只”(动物的单位)和“张”(物体的单位)发挥的就是以量词为单位的作用。这是一种中文语法，描述事物数量时需要用到数字和量词。量词被称为数字单位(Zou，2015)、计算单位(Houdement and Tempier，2015)、数量等级(Lam and Ang，2004)或计数标识(Martzloff，1997)。

图3－3所示算盘左边部分的单位从左到右依次为：

万，千，百，十，两（重量单位，1 两 $=\frac{1}{16}$ 斤），钱（10 钱＝1 两），分（重量单位，10 分＝1 钱）。

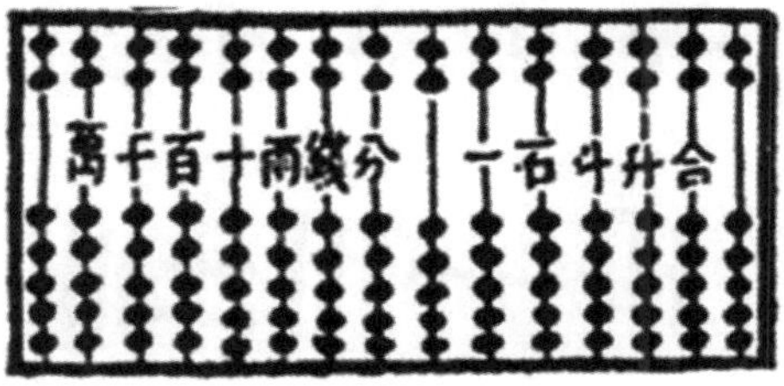

图 3－3　包含测量单位的古代算盘

图 3－3 所示算盘右边部分的单位从左到右依次为：

一，石（容积单位，10 斗＝1 石）；斗，升，合（1 斛＝10 斗，1 斗＝10 升，1 升＝10 合）。

这些单位被用作纵列单位。重量、体积和计数单位在计算操作中处于同等地位。这表明计数单位与计量单位在中文表达中起着相同的作用（Martzloff，1997）。

按照阿兰（Allan，1977）所说，世界上大约有 50 种具有这种功能的语言，其中一些在东亚地区，世界其他地区也存在一些。我们将详细讨论中文的情况，其在系统地使用这些数量词。根据森夫特（Senft，2000）的描述，数量词按以下方式定义：

> 在计量无生命和有生命的指称物时，数字（强制性地）与一定的词素连接在一起，这就是所谓的“量词”。该词素根据语义标准对相应的名义指称物进行分类和量化。（p.15）

中文里有许多量词，因为每种计数对象都有与其对应的量词。不过有一条较一般的规则，即用通用量词“个”代替更具体的量词通常是可以接受的。通用量词“个”在英文中没有对应的词汇，但可以被视为一种单位（a ‘one’）。这一通用量词可以被认为是位值表示形式中单位的原型。

除了通用量词“个”之外，中文里还有其他一些较高值的单位也用于表示数：十、百、千、万。《永乐大典》（1408 年）中给出了一个非常有趣的古代汉语示例。如图3－4 所示，数 71 824 的表示形式中指明了数字和计数（或度量）单位。在本例中，单位是“步”（古代长度单位）。

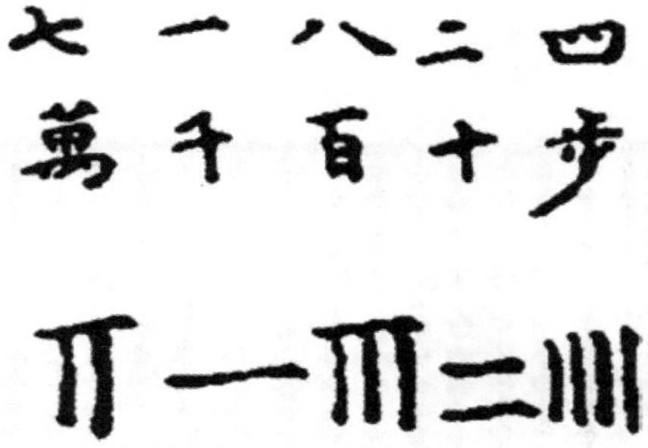

图 3－4　宋代(960—1279)数学家贾宪所写的数 71 824 包含单位“步”

具体来说：

- 第一行中“七一八二四”代表数值“71 824”。
- 第二行代表单位万、千、百、十和步。
- 第三行使用古老的算筹代表数字，暗示了前面讨论的算筹。数量单位与度量单位（步）的地位是等同的。

在对物体进行计数时，量词也用于叙述计数单位，因此口头和书面数字保持了一致性（不同于英语）。

一个，二个，……；一十一个，一十二个，……；二十个，二十一个……

图 3－5　中文里的口头计数

在图 3－5 中，一十二(12)中暗含 10＋2 的加法，而二十(20) 中暗含 2×10 的乘法。因此，印度-阿拉伯数字 24 被翻译成中文是“两个十和四个一”，即二十四个。

这个图例显示了（数字和量词）直译成英文的结果。在翻译中，作为数字的“one”和作为量词的“one”之间存在歧义，其在中文里分别写为“一”和“个”，读音为“yī”和“gè”，能够被明确区分。对于数字 10，情况也是一样的，其在英语中既是数字也是单位。

在其他语言（如意大利语）中，情况可能不那么模棱两可，因为“uno”和“dieci”（数字 1 和 10）与“unità”和“decina”（单位）不同，但是读数时像后者那样使用词语仅限于在学校实践中（将给定数字分解为个、十、百等）。

在中文里，量词也用于疑问句，例如“多少”意思是“How much/How many”，且必须有正确的量词跟在后面。当将此术语用于算术应用题，例如加法问题时，相同的量词在(已知)数据和问题中均被使用。例如,如果 5 只鸭子在河中游泳,然后有 2 只鸭子加入其中,那么总共有多少只鸭子?此示例表明“只”必须同时用在(已知)数据和问题中。

通过确认数量词,可以将具有相同名称的单位(相同的量词)的具体数量定义为同名数(见第 18 章)。此外,还以日常用语建立起同名数之间进行算术运算的原则(见第 18 章)。

加减法原则:只有同名数才能直接加或减。例如,2 只鸭可以和 3 只鸭相加,但 2 只鸭不能和 3 打鸭或者 3 组鸭直接相加。

乘法原则:只有非同名数才能直接相乘。例如,3 组鸭子在河里游泳,每组包括 4 只鸭子,总共有多少只鸭子?答案是 4 只×3 组=12 只鸭子。

除法原则:

- 同名数(包含除)。例如,12 只鸭子在河里游泳,每组包括 4 只鸭子。在这种情况下,12 和 4 是同名数。总共有几组?答案是 12 只/4 只=3 组。
- 非同名数(等分除)。例如,12 只鸭子在河里游泳,我们计划把它们分为 3 组。在这里,12 和 3 是非同名数。每组有多少只鸭子?答案是 12 只鸭子/3 组=每组 4 只鸭子。

量词是解决应用题所需的最重要元素之一。通常,中国的数学课程不需要另设章节以区分等分除和包含除,因为量词的语法足以说明其中的差别。

3.3.2.3 (中文)部首与局部—局部—整体结构

(中文)部首是基本的汉字书写单位。大部分汉字(80%~90%)是语音、语义的混合物,结合了语义根和语音根。中文单词具有复合或部分—部分—整体的结构。这种复合可以在中文数词的结构中看到。例如,如前所示,中文将数 12 称为“ten-two”,而不是诸如“twelve”之类的单个单词。

部分—部分—整体结构的想法以更通用的方式出现在数的计算中。一个数(一个整体)可以以不同的方式被视为两个部分的和(见图 3-6)。

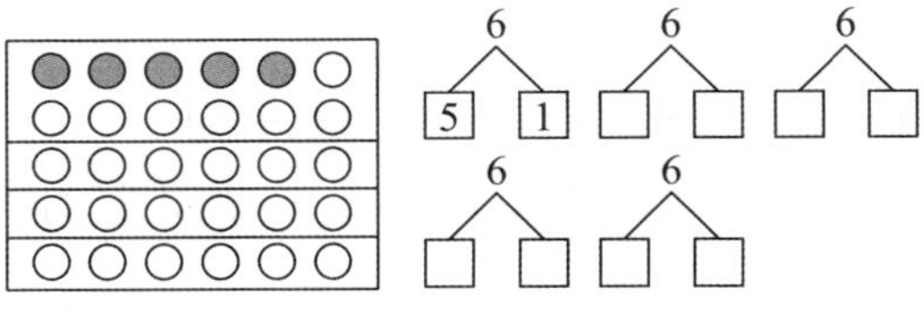

图 3-6 6 以 5+1,4+2 等多种方式被分解
(人教版《数学》一年级上册)

这个想法可能与工具（带有算筹的计数板或算盘）的使用相关。例如，在算盘中，如果要计算以下式子，同时要探索加法的结合和交换性质，那么用十位上的一颗珠子替换个位上的两组五颗珠子来“凑成十”是很重要的：

$$15+7=(10+5)+(5+2)=10+5+5+2=10+10+2$$

组合/分解数的实践是进行快速计算的重要基础（有关教学示例参见第11.2节）。

3.3.3 分数的概念命名

《九章算术》在公元前10世纪至公元前2世纪经几代学者增补修订，最后成书最迟约在公元2世纪。根据郭(2010)的说法，它给出了世界上第一个分数理论。其中提到以下运算程序：合分（加法：问题7—9）、减分（减法：问题10—11）、课分（比较：问题12—14）、平分（算术平均：问题15—16）、乘分（乘法：问题19—25）和经分[1]（除法：问题17—18）(Sun and Sun，2012)。

马茨洛夫(Martzloff，1997)注意到：“迄今为止，在中国数学中，分数最一般的概念源于将一个整体平均分成若干相等的部分（共享）这一概念”(p.192)。他引用了三分之二这个例子。“分”一词暗含了共享的概念，从词源上讲，上半部分的“八”表示共享之义，而下半部分则代表一把刀。读（和写）的顺序是先分母，后分子，可以按字面意思理解为“三份中的一份”。马茨洛夫（1997）继续指出：

> “denominator”和“numerator”分别称为分母（母亲的母）和分子（儿子的子）。这些表述的发明者联想到一个怀孕母亲和她的孩子，从而突出了这两个术语的大小差异和密切关系。(p.103)

根据李约瑟和王铃(Needham and Wang，1959)以及郭（2010）的说法，十进制分数被中国的刘徽称为微数(tiny numbers)，其在公元3世纪首次提出并使用这一概念(Guo，2010)。

3.3.4 算术运算

这里，我们将解释加减法是如何被引入中国传统的。加法和减法之间的联系在古代教科书中得到了强调。杨辉在1274年提出：“有加则有减。”（引自Siu，2004，p.164）。

---

[1] 在《九章算术》中“经分”与“径分”同义。在古代，“径”和“经”被视为同一个词。

这种严格的联系在运算用语中十分明显。在以下列表中，强烈的规律性显而易见：

加 — addition；

加数 — addend；

减 — subtraction；

减数 — subtrahend，按字面意思即“subtracting number”；

被减数 — minuend，按字面意思即“subtracted number”；

乘法 — multiplication；

被乘数 — 按字面意思即“multiplied number”；

乘数 — 按字面意思即“multiplying number”；

除法 — division；

被除数 — dividend，按字面意思即“divided number”；

除数 — divisor，按字面意思即“dividing number”；

被（bèi）是中文里用来建立被动语态动词形式的最常见的单词。

这种规律性是有意义的，特别是在与西方语言的措辞相比时。施瓦茨曼(Schwartzman，1994)指出，许多英文的数学术语是从希腊语借鉴过来的，而拉丁语衍生的术语没有内在的含义。例如，英语单词“minuend”和“subtrahend”来自拉丁语，因此今天对于说英语的孩子而言，其意义不大(在别的西方语言中也是如此)。相比较而言，中文里被减数和减数的措辞直接体现了减法关系(主被动关系显而易见)，且不满足交换律。

加减法是借助算筹(见第 9.2.2 节)通过简单地组合或解组来进行，见图 3－7 和图 3－8（引自人教版《数学》一年级下册，2005 年版）。

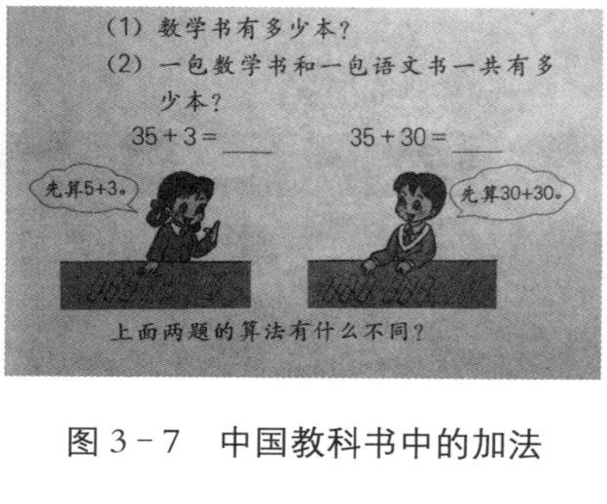

图 3－7　中国教科书中的加法

图 3－8　中国教科书中的减法

当引入算盘(图 3－9)时，打算盘(图 3－10)是比较复杂的，说法可能也会变得不同(图 3 - 11)：

进一 — 向前(朝较高值的单位)。例如,当 10 个一变成 1 个十。

退一 — 向后(朝较低值的单位)。例如,当 1 个十变成 10 个一。

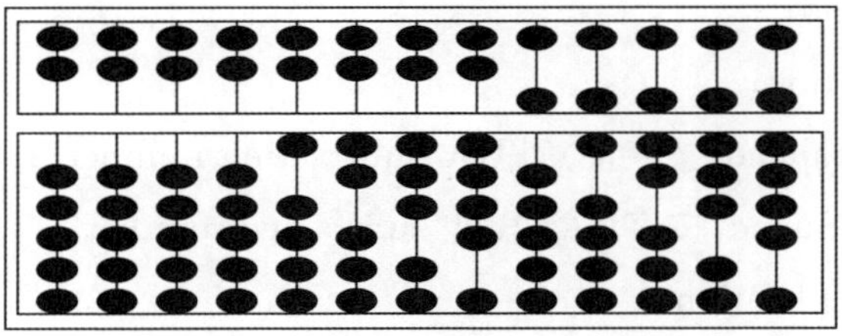

图 3 - 9　算盘中 1、2、3、4、5、6、7、8、9 的表示(Kwa,1922,p.6)

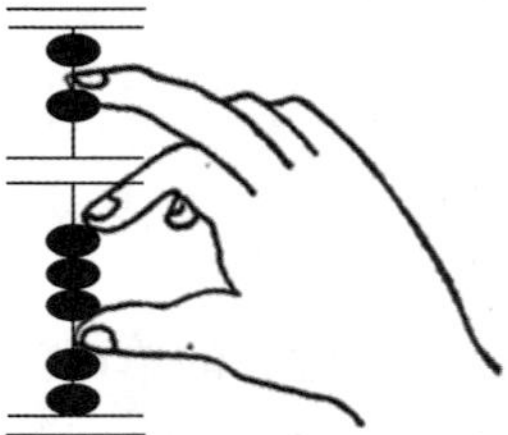

图 3 - 10　打算盘的指法：移动算珠的正确方式(Kwa,1922,p.8)

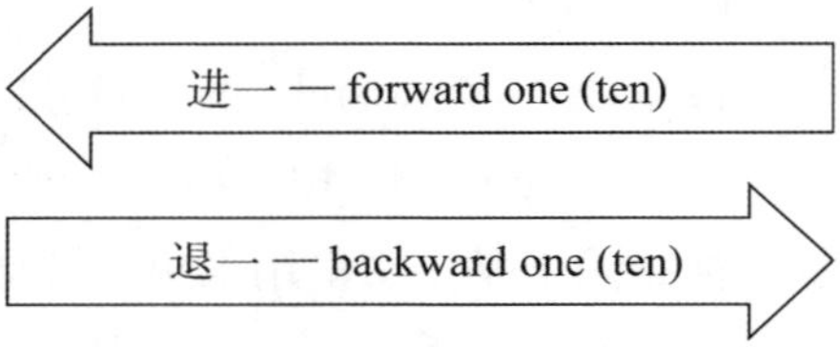

图 3 - 11　算盘的语言：进位和退位

以上图片取自柯(Kwa,1922)所撰写的一本古老的关于中国算盘——作为礼物赠与澳门会议的参与者——的手册。

这些特征很有趣,因为在两种情况下它们都强调加法和减法之间的互逆关系,这两种运算是通过相反的动词来描述的。除法是基于乘法的,因为它是乘法的逆运算,在算筹中除法所运用的算法相对于乘法是对称的,如表 3 - 1 所示(改编自 Martzloff, 1997, p.217)。

表 3 - 1　《孙子算经》中的(筹算布算的)对称结构

乘法	乘法	除法	(筹算布算的)位置
被乘数	乘数	商(商)	上
积	积	被除数(实)	中央
乘数	被乘数	除数(法)	下

以上我们分析了中文与西方语言的区别。在西方语言中,(逆运算)关系没有被凸显。

3.3.5 数学的关系思维：相等

已有的许多研究建议，不仅要强调数值计算，也要强调数量关系（Ma，2015；Bass，2015；另见第 6 和第 9 章）。相等的关系思维构成方程和代数思维的核心（Cai and Knuth，2011）。相等是一个关键概念，但在西方课程中有时会出现问题。李等人（Li et al.，2008）指出，中国课程在关系中引入等号，并将其解释为“平衡”“相同”或“等价”。在下文中，我们将回顾等号的历史，并探讨使用等号和等价关系的方法。

3.3.5.1 等号“＝”在欧洲的历史

等号“＝”于 1557 年由威尔士数学家罗伯特·雷科德（Robert Recorde）在他的著作《砺智石》（*The Whetstone of Witte*）中发明（并在关系意义上使用），因为他厌倦了在等式中书写“is equal to”。他之所以选择这两横（“＝”），是因为“没有别的两样东西比这更平等了”（Cajori，1928，p.126）。

“equal”一词的词源来自拉丁语“aequalis”〔意为“均匀（uniform）”“相同（identical）”或“相等（equal）”〕和“aequus”〔意为“水平（level）”“平均（even）”或“公平（just）”〕。

符号“＝”并没有立即流行。一些人使用符号“‖”表示相等，而由拉丁语“aequalis”（意为“等于”）延伸出的“æ”（或“œ”）在 1700 年代被广泛使用。

3.3.5.2 等号“＝”在中国的历史

在中文里似乎没有代表“＝”的古代符号，但是表示关系意义的汉字“等”和表示程序意义的汉字“得”在古代文本中被广泛应用。相等与阴阳平衡法则以及《易经》中的不变原理有关。算筹/算盘的基本替代程序如下：用 5 个一代替 5，用 2 个五代替 10，用 1 个十代替 10，用 10 个十代替 100，用 10 个百代替 1000，等等。这反映了平等的精神在某种程度上被更广泛、灵活地使用。

这就是古代中国数学的基本精神。“方程组”出现在《九章算术》的其中一章（Guo，2010）。相等的精神还体现在刘徽的《九章算术》注疏中用以处理分数的“齐同原理”，以及解决有关面积体积的几何问题时使用的“割补原理”中（Guo，2010）。

《九章算术》中有 256 个“得”字和 11 个“等”字。“方田”（方形土地）的第五个问题如下：

> 约分术曰：可半者半之，不可半者，副置分母子之数，以少减多，更相减损，求其等也。以等数约之。（Guo，2010，p.99）

3.3.5.3 中国人对平等关系意义的理解

倪(2015)报告说,中国教师不能容忍"="的关系(或概念)含义被程序(或操作)含义所替代这类错误,而美国教师则认为此类错误无足轻重。她提到中国教科书从一开始就使用一一对应的关系,以帮助学生更好地理解等号、大于号和小于号,在与"<"和">"的对比中增进对"="关系意义的认识(见图3-12)。

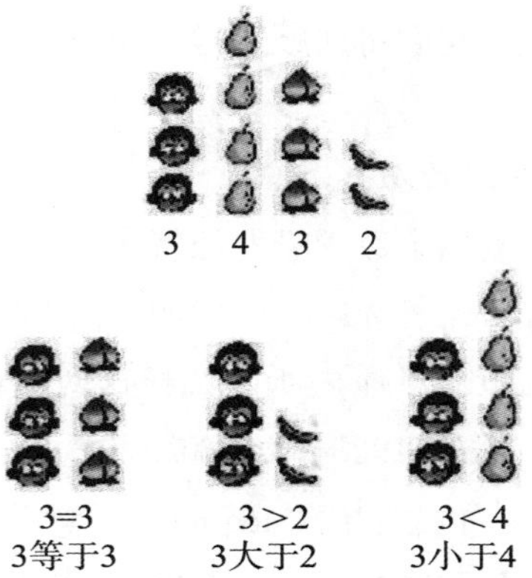

图3-12 数的大小比较:(学习计算前的)准备内容(人教版《数学》一年级上册,2005,p.5)

这种比较策略在其他国家也被普遍运用(Alafaleq et al.,2015)。

通常,英语中的"how many"被翻译为中文里的"多少"(more or less),它暗示了关系含义,表示(与想象的数)进行大小比较。此表达在算术应用题中十分常见。像数一样,此类表达也需要量词(见第3.3.2.2节),以凸显数据与未知量之间的明确联系。

对应用题采用的变式方法提供了另一种处理中国相等概念意义的方法。变式是一种被广泛使用的方法,旨在识别一组问题背后的变与不变以及相通性,被视为代数思维和方程的基础(Sun,2011,2016)。这种方法也与中国语言的特征密切相关。中文是一种象形的形声语言,其中每个字符都有多重含义(一词多义),并且每个单词在其上下文中都扮演着多重角色。变式教学与汉语教学的(内在)要求是一致的,要学会写中文并提高对拼写的认知,学生必须区分一些通常看起来彼此相似的汉字(例如大、太和犬)之间的异同(Marton et al.,2010)。

由于变式问题(策略)加强了对变与不变以及相等关系的洞察,以有效解决数学课程中的应用题,因此成为中国最重要、最明确的任务设计框架之一(Sun,2016)。这是中国教师普遍接受的"日常"做法(Sun 2007, 2011; 另见Cai and Nie,

2007)。继孙旭花(2011)之后,巴尔托利尼·布西等人(2013, p.550)描述了这些问题的典型特征:

> 应用题的一个显著特征是发展了一种识类和归类的能力,即从问题之间的变异元素中识别出不变的元素,并分辨出每个问题具体属于哪一类。这种教学法在中文里通常称为变式,其中“变”代表“changing”,“式”解释为“form”,在英语中可以宽泛地翻译为“variation”(Sun,2011)。变式的某些类别如下:
>
> OPMS(One Problem Multiple Solutions,一题多解),例如,解决问题的运算操作以不同的方式执行,并且有不同的分组和解组策略:8+9=(8+2)+7,8+9=7+(1+9),以此类推。
>
> OPMC (One Problem Multiple Changes,一题多变),见下文意大利的变式问题 (Bartolini Bussi et al.,2013),其在相同情境下引入了一些变化。
>
> MPOS (Multiple Problem One Solution,多题一解),其中的相同运算操作可用于解决不同的问题,如在总结练习中所示(Sun,2011)。

西方课程使用各种模型(例如拿走和比较模型)来介绍加减的含义以及解决应用题的策略。相反,在中国的课程中,问题变式使得他们无需使用多个模型就能以整体的方式引入上述内容,而不必对应用题作单独处理(Sun,2015)。蔡和聂(Cai and Nie,2007,p.467)基于对 102 位教师的调查报告了中国课堂使用变式教学的频次(见表 3-2)。

表 3-2 中国课堂使用变式教学的频次

	经常使用	偶尔使用	从不使用
OPMS(n=102)	84	18	0
OPMC(n=102)	69	33	0
MPOS(n=100)	52	48	0

第 11 章中给出了一个关于两位数加法的一题多解的示例。第 3.4.5.2 节则讨论了将加法变式问题“移植”到意大利所呈现的状况。

3.4 教育意义

以上观察清楚地呈现了中国算术传统的一些特征：

- 归纳的方法，数的表示和计算的一般原理（在不同数位间）保持了一致性并且都可以从个位这一特例出发推衍出来（例如，十位、百位上数的运算规则与个位上数的运算规则是类似的）；
- 使用和语言相一致的特定文化工具（如算盘）进行计算的传统；
- 应用题的变式传统。

这些特征具有重要的教育意义。马立平（1999）发现，中美教师的学科内容知识是不同的。特别地，扎实的数学内容知识与对基础数学的深刻理解有关。根据马立平（1999）的说法：

> 美国教师倾向于将重点放在运算的具体方法上，例如退位（需要重组的）减法的算法、多位数乘法的算法以及分数除法的算法。与之相对照，中国教师则对运算本身及其相互关系更感兴趣。特别地，他们对使用简便方法完成给定计算，四则运算之间如何关联以及四则运算的意义和关系在不同数集（整数、分数和小数）中如何体现等方面很感兴趣。在教授退位减法时，中国教师是从进位加法开始的。（p.112）

类似的反思可能适用于其他西方课程。中国课程没有像美国或欧洲课程那样单设"位值"一章；相反，位值一个作为首要的原理出现在所有章节，以及读数和写数的活动中。位值隐含了古代文献（Zou，2015）和中国课程（Sun，2015）中有关计数单位的核心知识，这与美国法定课程实践中有关章节涉及的计算术语或扩展计算程序有所不同（Howe，2011，2015）。

3.4.1 位值和整数运算

就位值表示而言，计数时的中文口头语言（概念）是透明且完全规则的。但是，在西方，位值可能被视为出于写数的目的而人为构造的规定，因为在社区日常对话中人们不会使用它。对于西方学生来说，这可能是一个需要学习的概念，而不是本土的概念。英文和其他欧洲语言中以"-teen"结尾的数（13 至 19）无法轻松地根据十进制译成十位数加个位数，这阻碍了对多位数计算中以十为基进行重组的理解，即进位加法/退位减法。这与霍和富森(Ho and Fuson,1998)的发现是一致的,他们认为英语的结构使人们更难于理解由一个十和几个一组成的“十几”的数。这也令他们难于理解一位数加减法中较为先进的“凑十法”,这一方法见之于中国和其他东亚国家一年级的课堂(Fuson and Kwon,1992; Geary et al.,1993; Murata,2004; Murata and Fuson,2001, 2006)。实际上,自公元前 3 世纪以来,第 5 章提及的位值和十进制原则已自然地嵌入中文读数和日常语言中。一些学者(e.g. Butterworth,1999)认为,这恰恰解释了中国学生从一开始就能轻松应对大数的位值的原因。从远古时代到现在,汉语中整数的口语表达与书面表达相一致,这意味着数字的书面形式可以直接反映其发音,因此不会偏离口语。位值是一项未经学习的内容,但它像母语一样,是一种继承而来的观念,而说母语的人通常不会意识到自身语言的复杂性。这或许解释了为什么中国当前所有的课程都没有设置“位值”这一主题(相关讨论参见第 15.3 节)。

3.4.2 基数和度量的数

从数概念的角度,巴斯(参见第 19 章)指出,数和运算包含两个方面:概念方面(数是什么)和名义方面(我们如何命名和表示数)。整数的发展至少存在两种可能的(认知)途径:计数和度量。从概念上讲,数源于对不同种类客体数量感的体验:计数(集合的大小)、距离、面积、体积、时间、速率等。为了形成概念上的理解,巴斯支持使用数量及其度量的一般概念来发展数概念的方法,其中度量的“单位”是至关重要的,在用一个量度量另一个量的过程中,明确所给定的量由多少个单位构成。西方语言中的基数和度量的数看起来彼此非常不同,因为度量的数需要选择合适的单位。在中文里则不是这样,因为两者的用法相同。

3.4.3 分数名称

西方语言中读写分数的顺序是“先分子,再分母”,而分母通常用序数词(而非基数词),例如“two thirds” $\left(\frac{2}{3}\right)$ 从字面上理解即两个三分之一(在中文命名中,从三份中取走两份则暗含了部分与整体的关系)。在学习部分—整体关系时,这种分数命名方法会引起一些认知困难。西方语言中的分数名称不是很清晰(和中文相比较),巴尔托利尼·布西等人(2014)以及皮姆和辛克莱(Pimm and Sinclair,2015)分析了这一难题并提出了解决方案。

3.4.4 算术运算

研究发现，西方学生在算法上遇到了一些困难。例如，富森和李(2009)指出，在竖式计算中许多美国学生会犯用较大数字减去同一列中较小数字的错误，即使较小的数字在上面：

$$\begin{array}{r} 3\ 4\ 6 \\ -\ 1\ 5\ 7 \\ \hline 2\ 1\ 1 \end{array}$$

语言上的模糊可能会加剧这一错误，因为英文名称"minuend"(被减数)和"subtrahend"(减数)并不强调它们之间的被动关系(参见上文)。但这似乎只是故事的一部分。13 世纪列奥纳多·斐波那契(Leonardo Fibonacci)将加减法的书面算法引入欧洲，其中暗含了各种算盘(中国算盘、日本算盘、罗马算盘或类似的算盘；参见 Menninger，1969)上所进行的操作。最近，计数器(the spike abacus)被引入教学(参见第 9 章中的图示)。在英语和其他西方语言中，图 3－7 和图 3－8 的操作用"carring"(进位)[1]和"borrowing"(借用)[2]这样的术语来描述。在古代教科书中引入算法时，情况并非如此。例如，《计算之书》(*Liber abaci*)中就没有使用"borrow"(借用)一词，而是建议采用一种抵消或不变性策略：将被减数增加 10 个单位，将减数也增加 10 个单位。在此过程中，添加到减数中的"10"，必须暂时"握在手中"(kept in hands，即先不添加至减数里参与运算，拉丁语原文为"reservare in manibus")。至少在 1930 年以前，许多意大利小学教师使用的教科书中都采用了这种策略。

罗斯和普拉特-科特(Ross and Pratt-Cotter，2000，2008)重建了北美关于"借用"一词的故事。他们在奥斯本(Osborne)于 1827 年编写的教科书中首次发现了这种情况，但注意到"'借用'一词可能使用不当，因为它暗示了需要返还某些东西"(p.49)。富森和李 (2009)对这个使用了一个多世纪的词提出了批评，而富森在数学表达项目(Math Expression project)中使用了"grouping"(分组，用于加法)、"ungrouping"(解组，用于减法)和"regrouping"(重组，在两种情况下有必要时使用)等词语。

在中国，情况截然不同。在通过重组进行减法教学时，大多数接受马立平

[1] 意大利语是"riporto-riportare"，德语是"Übertrag"，西班牙语是"llevar"，法语是"retenue"。
[2] 意大利语是"Prestito"，德语是"anleihe"，西班牙语是"prestar"，法语是"retenue"。

(1999)采访的教师都将算法中所谓“借用”的步骤描述为“分解一个较高值单位的过程”,而不是说“从十位借一个十”(p.8)。一位三年级的教师解释了为什么她认为“分解一个较高值的单位”在概念上是准确的:

> “借用”一词无法解释为什么你可以把10带到个位上,但是“分解”可以。当你说分解时,意味着较高位的数字实际上是由较低位的数字组成的。它们是可以交换的。“借用”一词根本不意味着组成—分解的过程。(Ma, p.9)

英文术语“carrying”(进位)和“borrowing”(借用)彼此无关。在法语中,两种运算都使用“retenue”一词。“retenue”的字面意思是“谨记”(keep in mind),因此暗示着记忆,而不是具体的行动。这一表述的起源可以追溯到中世纪算术中的术语“reservare in manibus” (to keep in hands,意思同前文)。使用相同的术语描述不同的行为会给学生带来许多困难(Soury-Lavergne, 个人通信)。这个简单的例子表明,不同的文化/语言可能会促进或者阻碍对意义的理解。

3.4.5 数学关系思维:相等还是相同

3.4.5.1 理解相等的一些困难

为了考察数学教育中等号“=”的使用情况,学者们已经开展了数项研究。基兰(Kieran,1981)研究了低年级学生对等号的解释。在学龄前儿童中,出现了两种直观的含义:第一种(概念或关系含义)涉及具有相同基数的两个集合之间的关系(根据历史起源,因此具有等价关系),第二种则涉及两个集合的并集。第二种(过程或操作含义)理解与运算过程中对“+”和“=”的解释有关。后一种观点因袖珍计算器的使用以及显示屏上加法及其结果的转录方式而得到加强。例如,(要求学生)在笔记本上将下面几个数相加:

$$15+31+18,$$

通常会看到以下内容:

$$15+31=46+18=64。$$

下面的讨论是在意大利的一间三年级的教室进行的,这里仅摘录其中一些片断。教师罗萨·圣雷利(Rosa Santarelli)提出了以下问题:

> 师:去年夏天假期有多少天?

有两名学生解答如下:

30－10＝20＋31＝51＋31＝82＋15＝97。

师:你认为这个计算过程正确吗?

STE:是的,它是正确的。他们考虑了假期所包含的几个月。每个月有很多天,因此他们把这几个月的假期放在一起。六月我们在学校待了10天,因此是“30－10”。……然后他们写了等号及“20”,并且从“20”开始计算所有的假期。他们写了“＋31”,然后等于“51”,再“＋31”等于“82”,再“＋15”(9月的天数)等于“97”。最后他们理解了结果并记录下来。他们所做的是正确的。

许多学生同意这一解释的过程。

师:但是,数学中的“＝”是什么意思呢?

GIO:等号表示如果你要计算“20＋30”,那么放上等号,然后得到结果。等号告诉我们一个运算的结果……

CAR:如果要在运算中使用这个符号,就必须将其放在最后。如果你要计算“5＋5＝”,那么接着就写“10”。

其他学生复述了相同的观点。

师:在数学上“等于”是什么意思?

ILA:它意味着你得到了结果。

SAM:在数学里“等于”常用在运算中,它用于获得结果。

……

师:写“8＝8”是否正确?

GIO:不正确。你必须写上“＋0”,否则别人不能理解。您需要放点什么上去。

师:因此,如果我写“8＝8”,就犯了一个错误?

GIO:是的。你应该写“8＋0＝8”或“8－0＝8”。(译自Zan,2007,p.79 ff.)

这段简短的摘录证实,等号的程序性理解在小学中通常占主导地位,且以关系性理解的削弱为代价。倪(2015)认为,学生的错误,例如将等号视为“做某事”以得到答案的指令,可能会导致他们后续学习代数时遇到困难;学生不是将代数方程视为表示数学关系,而是表示“做某事”以获得答案的指令。到了中学阶段,当代数表

达式处于显著位置时,这可能会产生非常严重的影响。学生无法根据概念意义解释以下方程:

$$x+3=4。$$

当教师没有注意到这个问题时,他们会默认并强化等号的程序意义。

3.4.5.2 **中国和意大利的变式问题**

巴尔托利尼·布西等人(2013)报告了一个属于 OPMC(一题多变)类型的变式问题的案例,其中所有的问题都收集在一张 3×3 的表格中(另请参阅 Sullivan,2015, p. 88)。在中国,二年级学生在学年末复习总结时,会面对一系列变式问题,包括在学年中出现的各种不同类型问题的示例。基于学生的背景知识,预计该任务将在仅仅一堂课中解决。巴尔托利尼·布西等人在意大利一些学校中使用了此任务(表 3-3),但是需要经过一个文化转移的过程(参见第 13 章)。

表 3-3 一个属于 OPMC(一题多变)类型的变式问题的案例

(北京教育科学研究院,北京基础教育教学研究中心,1996,vol.4,p.88)

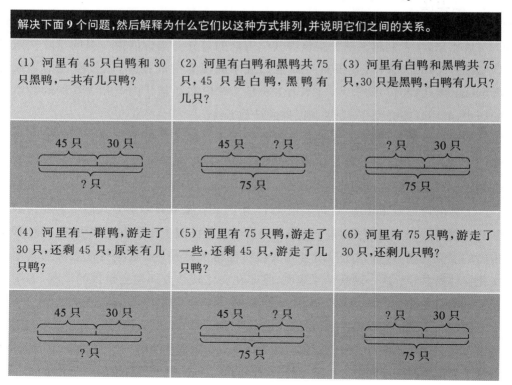

解决下面 9 个问题,然后解释为什么它们以这种方式排列,并说明它们之间的关系。		
(1) 河里有 45 只白鸭和 30 只黑鸭,一共有几只鸭?	(2) 河里有白鸭和黑鸭共 75 只,45 只是白鸭,黑鸭有几只?	(3) 河里有白鸭和黑鸭共 75 只,30 只是黑鸭,白鸭有几只?
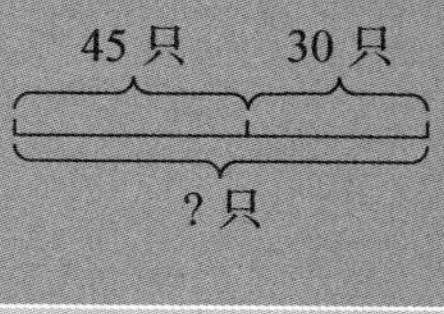	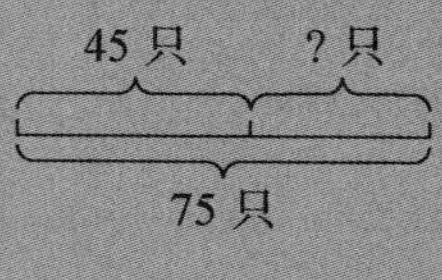	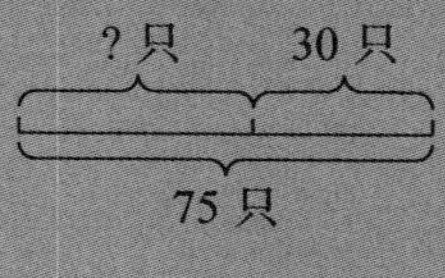
(4) 河里有一群鸭,游走了 30 只,还剩 45 只,原来有几只鸭?	(5) 河里有 75 只鸭,游走了一些,还剩 45 只,游走了几只鸭?	(6) 河里有 75 只鸭,游走了 30 只,还剩几只鸭?
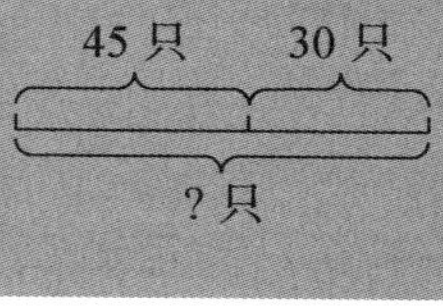	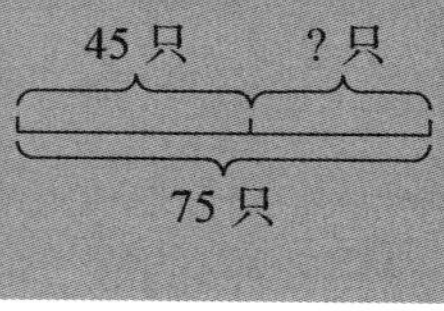	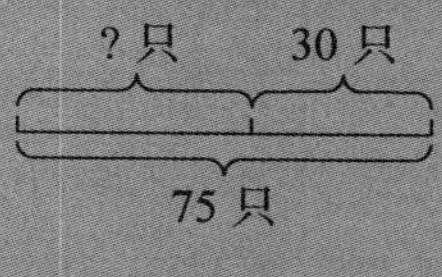

（续表）

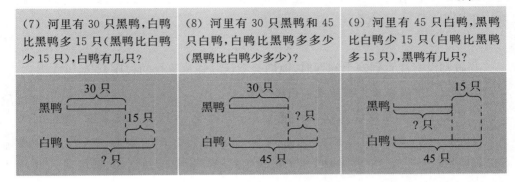

(7) 河里有 30 只黑鸭，白鸭比黑鸭多 15 只（黑鸭比白鸭少 15 只），白鸭有几只？	(8) 河里有 30 只黑鸭和 45 只白鸭，白鸭比黑鸭多多少（黑鸭比白鸭少多少）？	(9) 河里有 45 只白鸭，黑鸭比白鸭少 15 只（白鸭比黑鸭多 15 只），黑鸭有几只？
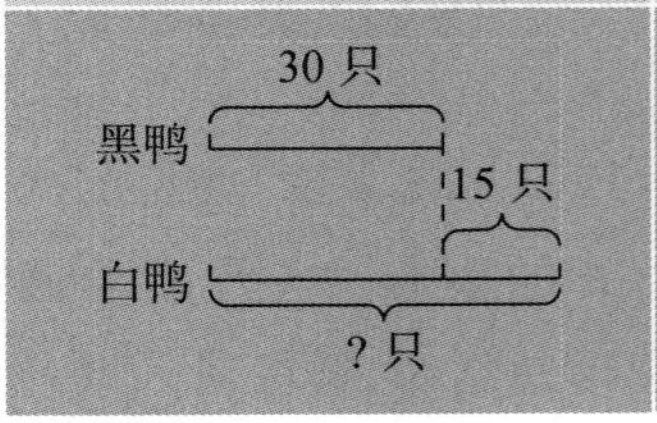	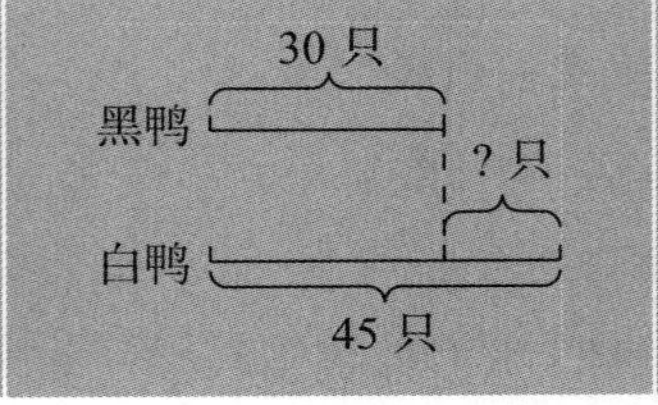	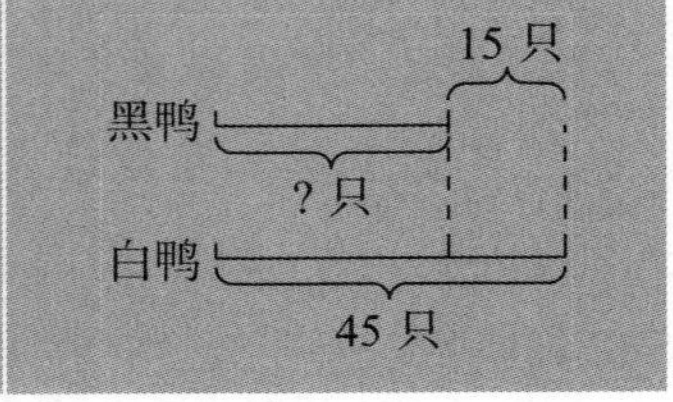

此转移（把表 3－3 中的问题放到意大利的课堂上）最显著的影响是所需要的时间，仅一堂课不可能解决。这一任务是一个较长过程的源头，学生必须熟悉这种令他们惊讶，同时考虑多个问题并使用模型来找到/呈现解决方案的方式。在此过程中，学生开始关注运算之间的关系，而不是运算本身的执行，因此开始进行代数推理。进一步的实验目前正在进行中（Mellone and Pamploud，2015）。

3.5 结束语

近年来，学者们越来越关注整数教学方法的差异。至少值得一提的是欧文斯（Owens，2015）的著作，其中有一章聚焦数字的视觉空间推理，以及欧文斯等人（Owens et al.，2017）的合著，这本书主要是关于巴布亚新几内亚和大洋洲的数字的历史，其中详细介绍了 10 进制以外的计数系统。

本章讨论的案例表明，在整数算术教学中语言在传达概念时起着共同的关键作用。因此，对语言进行跨文化考察有助于我们理解语言上的支持和限制，这些支持和限制可能会促进或阻碍学生的学与教师的教。

上面的讨论着重指出，在许多情况下，中国发展整数算术的方式似乎为建构数学意义提供了优势，其对数学一致性和连贯性的关注似乎比西方课程更甚。然而，中国的案例表明，这种差异与语言和文化特征密切相关，而这些特征无法为其他文化群体所共享。这一观察结果表明，除非在文化转移方面建立审慎的流程，否则在尝试将某些中国方法应用于其他国家时，必须十分谨慎。

致谢 不同的工作组〔主要是第一工作组（第 5 章）和第三工作组（第 9 章）〕对这些语言和文化问题进行了辩论。我们认为在本章中以更系统的方式整理他们所作的贡献十分重要。感谢两个工作组中的所有参与者，他们提供了有趣的讨论和示例。

参考文献

Allan, K. (1977). Classifiers. *Language*, 53(2), 285 - 311.

Askew, M. (2013). Big ideas in primary mathematics: Issues and directions. *Perspectives in Education*, 31(3), 5 - 18.

Bakker, M., van den Heuvel-Panhuizen, M., & Robitzsch, A. (2014). First-graders' knowledge of multiplicative reasoning before formal instruction in this domain. *Contemporary Educational Psychology*, 39, 59 - 73.

Bartolini Bussi, M. G. (2011). Artifacts and utilization schemes in mathematics teacher education: Place value in early childhood education. *Journal of Mathematics Teacher Education*, 14(2), 93 - 112.

Bartolini Bussi M. G., Sun X., & Ramploud A. (2013). A dialogue between cultures about task design for primary school. In C. Margolinas (Ed.), *Task design in mathematics education: Proceedings of ICMI study* 22 (pp. 549 - 558). Retrieved 20 Jan 2016 from https://hal.archivesouvertes.fr/hal-00834054.

Bartolini Bussi, M. G., Baccaglini-Frank, A., & Ramploud, A. (2014). Intercultural dialogue and the history and geography of thought. *For the Learning of Mathematics*, 34(1), 31 - 33.

Barwell, R., Clarkson, P., Halai, A., Kazima, M., Moschkovich, J., Planas, N., Phakeng, M., Valero, P., & Villavicencio Ubillús, M. (Eds.). (2016). *Mathematics education and language diversity: The 21st ICMI study*. New York: Springer.

Bazzanella, C. (2011). Indeterminacy in dialogue. *Language and Dialogue*, 1(1), 21 - 43.

Butterworth, B. (1999). *The mathematical brain*. London: Macmillan.

Cai, J. (1998). An investigation of U.S. and Chinese students' mathematical problem posing and problem solving. *Mathematics Education Research Journal*, 10(1), 37 - 50.

Cai, J., & Knuth, E. (2011). *Early algebraization: A global dialogue from multiple perspectives*. Heidelberg: Springer.

Cai, J., & Nie, B. (2007). Problem solving in Chinese mathematics education: Research and practice. *ZDM Mathematics Education*, 39(5 - 6), 459 - 473.

Cajori, F. (1928). *A history of mathematical notations*. London: The Open Court Company.

Chauma, A. (2012). Teaching primary mathematical concepts in Chitumbuka: A quest for teacher education. *South African Journal of Higher Education*, 26(6), 1280 - 1295.

Chemla, K. (1996). Positions et changements en mathématiques *à* partir de textes chinois des dynasties Han à Song-Yuan. Quelques remarques. In Extrême-Orient, Extrême-Occident, n° 18. Disposer pour dire, placer pour penser, situer pour agir: Pratiques de la position en Chine (pp. 115 - 147).

Chemla K. (1998). History of mathematics in China: A factor in world history and a source for new questions. *Doc. Math. J. DMV extra volume ICM III* (1998), 789 - 798.

Cullen, C. (1996). *Astronomy and mathematics in ancient China: The zhou bi suan jing*. Cambridge: Cambridge University Press.

Dauben, J. (2002). Book review: The universal history of numbers and the universal history of computing (part 1). *Notices of the AMS*, 49(1), 32 - 38.

Fan, L., Wong, N. Y., Cai, J., & Li, S. (Eds.). (2004). *How Chinese learn mathematics: Perspectives from insiders*. Singapore: World Scientific.

Fan, L., Wong, N. Y., Cai, J., & Li, S. (2015). *How Chinese teach mathematics: Perspectives from insiders*. Singapore: World Scientific.

Funghi, S. (2016). Tables of numerals and others mathematical terms in different languages. Free download from http://www.umac.mo/fed/ICMI23/doc/tabels%20of%20numerals%20in%20different%20languages.pdf.

Fuson, K. C., & Briars, D. (1990). Using a base-ten blocks learning/teaching approach for first and second-grade place value and multidigit addition and subtraction. *Journal for Research in Mathematics Education*, 21(3), 180 - 206.

Fuson, K. C., & Kwon, Y. (1992). Korean children's understanding of multidigit addition and subtraction. *Child Development*, 63(2), 491 - 506.

Fuson, K. C., & Li, Y. (2009). Cross-cultural issues in linguistic, visual-quantitative, and writtennumeric supports for mathematical thinking. *ZDM Mathematics Education*, 41(6), 793 - 808.

Galligan, L. (2001). Possible effects of English-Chinese language differences on the processing of mathematical text: A review. *Mathematics Education Research Journal*, 13(2), 112 - 132.

Geary, D. C., Bow-Thomas, C. C., Fan, L., & Siegler, R. S. (1993). Even before formal instruction, Chinese children outperform American children in mental addition. *Cognitive Development*, 8(4), 517 - 529.

Geary, D. C., Fan, L., & Bow-Thomas, C. C. (1992). Numerical cognition: Loci of ability differences comparing children from China and the United States. *Psychological Science*, 3(3), 180 - 185.

Guo, S. (2010). *Chinese history of science and technology*. Beijing: Science Press. [In Chinese].

Halai, A., & Karuka, S. (2013). Implementing language-in-education policy in multilingual mathematics classrooms: Pedagogical implications. *Eurasia Journal of Mathematics, Science & Technology Education*, 9(1), 23 - 32.

Ho, C. S. H., & Fuson, K. C. (1998). Children's knowledge of teen quantities as tens and ones: Comparisons of Chinese, British, and American kindergartners. *Journal of Educational Psychology*, 90(3), 536.

Howe, R. (2010). *Three pillars of first grade mathematics.* On the web at e. g: http://commoncoretools.me/2012/02/08/article-by-roger-howe-three-pillars-of-firstgrade-mathematics/.

Howe, R. (2011). *The greatest calamity in the history of science.* Editorial, ICMI Newsletter 18.

Ifrah, G. (1981). *Histoire Universelle des Chiffres.* Paris: Editions Seghers/CNRS.

Kamii, C. (1986). Place value: An explanation of its difficulty and educational implications for the primary grades. *Journal of Research in Childhood Education*, 1(2), 75 - 86.

Kieran, C. (1981). Concepts associated with the equality symbol. *Educational Studies in Mathematics*, 12(3), 317 - 326.

Krifka, M. (2007). Approximate interpretation of number words: A case for strategic communication. In G. Bouma, I. Krämer, & J. Zwarts (Eds.), *Cognitive foundations of interpretation* (pp. 111 - 126). Amsterdam: Koninklijke Nederlandse Akademie van Wetenschapen.

Kwa, T. M. (1922). *The fundamental operations in bead arithmetic. How to use the Chinese abacus, Manila* 1922. Retrieved April 25, 2016, from http://www.google.it/url? sa=t&rct=j&q=&e src=s&source=web&cd=1&ved=0ahUKEwj_pODQ2qnMAhXGWxo KHc2NDgUQFggdMA A&url=http%3A%2F%2Fpyramidal-foundational-information.com%2Ffile_download%2F41 5%2FChinese%2Babacus.pdf&usg=AFQjCNFC58zR0pYviS9Q L9jU67WY0VO5mQ&sig2=ptok1mRe6gfMfug5bSmkBw

Lam, L. Y., & Ang, T. S. (1992/2004). *Fleeting footsteps: Tracing the conception of arithmetic and algebra in ancient China* (Revised edition). Singapore: World Scientific.

Lavric, E. (2010). Hyperbolic approximative numerals in cross-cultural comparison. In G. Kaltenböck, W. Mihatsch, & S. Schneider (Eds.), *New approaches to hedging* (pp. 123 - 164). Bingley: Emerald.

Leung F. K, Graf K. D., & Lopez-Real F. J. (Eds.) (2006). *Mathematics education in different cultural traditions — A comparative study of East Asia and the West: The 13th ICMI study.* New York: Springer.

Levin, S. R. (1982). Aristotle's theory of metaphor. *Philosophy & Rhetoric*, 15(1), 24 - 46.

Li, Y., & Huang, R. (Eds.). (2013). *How Chinese teach mathematics and improve teaching*. New York: Routledge.

Li, X., Ding, M., Capraro, M. M., & Capraro, R. M. (2008). Sources of differences in children's understandings of mathematical equality: Comparative analysis of teacher guides and student texts in China and the United States. *Cognition and Instruction*, 26(2), 195 - 217.

Ma, L. (1999). *Knowing and teaching elementary mathematics: Teachers' understanding of fundamental mathematics in China and the United States*. Mahwah: Lawrence Erlbaum Associates.

Marton, F., Tse, S. K., & Cheung, W. M. (2010). *On the learning of Chinese*. Rotterdam: Sense Publishers.

Martzloff, J. C. (1997). *A history of Chinese mathematics*. Berlin/Heidelberg: Springer Verlag.

Mathematics Textbook Developer Group for Elementary School. (2005). *Mathematics*. Beijing: People's Education Press. [In Chinese].

Menninger, K. (1969). *Number words and number symbols: A cultural history of numbers*. Cambridge, MA: The MIT Press. (Translated from the German edition of 1958).

Miller, K. F., Major, S. M., & Shu, H. (2000). Ordinal knowledge: Number names and number concepts in Chinese and English. *Canadian Journal of Experimental Psychology*, 54(2), 129 - 139.

Ministry of Education and Vocational Training. (2014). *Education and Training Policy*. (in Swahili). Retrieved from http://www.moe.go.tz/index.php?option=com_docman&Itemid=617.

Murata, A. (2004). Paths to learning ten-structured understanding of teen sums: Addition solution methods of Japanese grade 1 students. *Cognition and Instruction*, 22(2), 185 - 218.

Murata, A., & Fuson, K. (2001). Learning paths to 5- and 10-structured understanding of quantity: Addition and subtraction solution strategies of Japanese children. In R. Speiser, C. S. Maher, & C. Walter (Eds.), *Proceedings of the Twenty-third annual meeting of the North American Chapter of the International Group for the Psychology of Mathematics Education: Vol*. 2 (pp. 639 - 646). Columbus: ERIC Clearinghouse for Science and Environmental Education: Mathematics.

Murata, A., & Fuson, K. (2006). Teaching as assisting individual constructive paths within an interdependent class learning zone: Japanese first graders learning to add using 10. *Journal for Research in Mathematics Education*, 37(5), 421 - 456.

National Curriculum Development Centre. (n.d.). *The national primary school curriculum for Uganda: Teachers' guide primary* 1. Kampala: The Author.

Needham, J., & Wang, L. (1959). *Mathematics and the sciences of the heavens and earth. The science and civilization in China series* (Vol. III). Cambridge: Cambridge Press.

Ng, S. S. N., & Rao, N. (2010). Chinese number words, culture, and mathematics learning. *Review of Educational Research*, 80(2), 180 - 206.

Owens, K. (2015). *Visuospatial reasoning: An ecocultural perspective for space, geometry and measurement education*. New York: Springer.

Owens, K., & Lean, G. with Paraide, P., & Muke, C. (2017). *History of number: Evidence from Papua New Guinea and Oceania*. New York: Springer.

Ran, Y. (2010). Approximative expressions and their loose uses in Chinese. In G. Kaltenb.ck, W. Mihatsch & S. Schneider (Eds.), *New approaches to hedging* (pp. 165 - 180). Bingley: Emerald.

Ross, S. H. (1989). Parts, wholes, and place value: A developmental view. *The Arithmetic Teacher*, 36(6), 47 - 51.

Ross, S., & Pratt-Cotter, M. (2000). Subtraction in the United States: An historical perspective. *The Mathematics Educator*, 8(1), 49 - 56.

Schwartzman, S. (1994). *The words of mathematics: An etymological dictionary of mathematical terms used in English*. Washington, DC: Mathematical Association of America.

Senft, G. (Ed.). (2000). *Systems of nominal classification*. Cambridge: Cambridge University Press.

Sepeng, P. (2014). Learners' voices on the issues of language use in learning mathematics. *International Journal of Educational Sciences*, 6(2), 207 - 215.

Siu, M. K. (2004). Official curriculum in mathematics in ancient China: How did candidates study for the examination? In L. Fan, N. Y. Wong, J. Cai, & S. Li (Eds.), *How Chinese learn mathematics: Perspectives from insiders* (pp. 157 - 185). Singapore: World Scientific.

Sun, X. (2007). *Spiral variation (Bianshi) curricula design in mathematics: Theory and practice*. Unpublished doctoral dissertation, Hong Kong: The Chinese University of Hong Kong. [In Chinese].

Sun, X. (2011). Variation problems and their roles in the topic of fraction division in Chinese mathematics textbook examples. *Educational Studies in Mathematics*, 76(1), 65 - 85.

Sun, X. (2013). *The fundamental idea of mathematical tasks design in China: The origin and development*, paper presented in ICMI STUDY 22: Task design in mathematics education, University of Oxford, 22/07/2013-26/07/2013.

Sun, X. (2016). *Spiral variation: A hidden theory to interpret the logic to design Chinese mathematics curriculum and instruction in mainland China*. Singapore: World Scientific. [In

Chinese].

Sun, X. & Sun, Y. (2012). *The systematic model LǙ (率) of Jiu Zhang Suan Shu and its educational implication in fractional computation*, Paper presented at the 12th International Congress on Mathematics Education Seoul, Korea 08/07/2012-15/07/2012.

Sullivan, P., Knott, L., & Yang, Y. (2015). The relationships between task design, anticipated pedagogies, and student learning. In A. Watson & M. Ohtani (Eds.), *Task design: The 22nd ICMI study* (pp. 88 - 114). Cham: Springer.

Tempier, F. (2013). La numération décimale de position *à* l'école primaire: Une ingénierie didactique pour le développement d'une ressource. Thèse. Univ. Paris 7.

Verran, H. (2001). *Science and African logic*. Chicago: University of Chicago Press.

Volkov, A. (1996). Review of *Fleeting Footsteps*. *Archives Internationales d'Histoire des Sciences*, 46(136), 155 - 159.

Wang, J. (2013). *Mathematics education in China: Tradition and reality*. Singapore: CENGAGE Learning.

Wylie, A. (1853). Jottings on the sciences of the Chinese. *North Chinese Herald*, Shanghai.

Xie, X., & Carspecken, P. F. (2007). *Philosophy, learning and the mathematics curriculum: Dialectical materialism and pragmatism related to Chinese and American mathematics curriculums*. Rotterdam: Sense Publishers.

Zan, R. (2007). *Difficoltà in matematica: Osservare, interpretare, intervenire*. Milano: Springer.

Zaslavsky, C. (1973). *Africa counts: Number and pattern in African cultures*. Boston, MA: Prindle, Weber & Schmidt.

Cited Papers from Sun, X., Kaur, B., & Novotna, J. (Eds.). (2015). Conference proceedings of the ICMI study 23: Primary mathematics study on whole numbers. Retrieved February 10, 2016, from www.umac.mo/fed/ICMI23/doc/Proceedings_ICMI_ STUDY_23_final.pdf

Alafaleq, M., Mailizar, L., Wang, Y., & Fan, L. (2015). How equality and inequality of whole numbers are introduced in China, Indonesia and Saudi Arabia primary mathematics textbooks (pp. 392 - 398).

Azrou, N. (2015). Spoken and written arithmetic in post-colonial countries: The case of Algeria (pp. 44 - 51).

Bass, H. (2015). Quantities, numbers, number name, and number line (pp. 10 - 20).

Ejersbo, L. R., & Misfeldt, M. (2015). The relationship between number names and number concepts (pp. 84 - 91).

Houdement, C., & Tempier, F. (2015). Teaching numeration units: Why, how and limits (pp. 99 - 106).

Howe, R. (2015). The most important thing for your child to learn about arithmetic (pp. 107 - 114).

Ma, L. (2015). The theoretical core of whole number arithmetic (pp. 34 - 38).

Mellone, M., & Ramploud, A. (2015). Additive structure: An educational experience of cultural transposition (pp. 567 - 574).

Ni, Y. (2015). How the Chinese methods produce arithmetic proficiency in children (pp. 339 - 345).

Pimm, D., & Sinclair, N. (2015). The ordinal and the fractional: Some remarks on a trans-linguistic study (pp. 354 - 361).

Sun, X. (2015). Chinese core tradition to whole number arithmetic (pp. 140 - 148).

Young-Loveridge, J., & Bicknell, B. (2015). Using multiplication and division contexts to build place-value understanding (pp. 379 - 386).

Zou, D. (2015). Whole number in ancient Chinese civilisation: A survey based on the system of counting-units and the expressions (pp. 157 - 164).

\ 第 4 章 /

关于数的语言：第 3 章述评

大卫·皮姆
(David Pimm)

4.1 绪论

我将从一个与前一章完全无关的政策声明开始。我总是有点吃惊地看到学校成绩单中出现的数字或其他数学符号(例如“7”而不是“七”,“+”而不是“加”),这可以说是为所述之内容提供了一个书面描述。所述之一切都是由某人以某种自然语言〔或自然语言的混合——可与代码转换作比较(Setati,1998)——例如某些双语者可能只知道如何用一种语言说出大数的单词〕说出来。(无论何种类型的)非口语数字符号都不是任何自然语言的一部分[1],所以它们需要以某种方式被大声朗读成为这种语言的一部分。因此,我认为十分明确地标记这种区别是非常重要的。例如,我在一篇文章(Pimm,1987)中,对我所说的书面数学的“拼写”阅读和“解释性”阅读作出了区分。例如,《圣经》中“野兽的数量”(666)是被称为“六六六(six six six)”抑或“六百和六十六(six hundred and sixty-six)”(英式英语),还是“六百六十六(six hundred sixty-six)”(北美版本)? 然而,它不是“六百[复数](和)六十六〔six hundreds (and) sixty-six〕”,我之后会回到这一点[2]。

“六六六”(six six six)是一个口头的数,抑或只是一个忽略位值结构、按事件排序依次列出的数字串呢(与“6,6,6”而非“666”的英语读法没什么不同)? 在法语中,一些数字(如电话号码)因其基数值很少引起关注,经常被读(和写)成两位数的

[1] 克里斯马里斯声称,“从公元前 3500 年到现在,已知有超过 100 个结构不同的数字符号系统在使用……。与数字不同的是,它们以跨语言的方式表示数,并且不遵循任何特定语言的术语或词汇。与计数不同的是,它们代表完整的枚举,并且与计算技术不同的是,它们创建了数字的永久记录”(Chrisomalis,2009, pp. 506 - 7)。

[2] 注意当用英语念小数时不是这样,“666.66”可以被说成“六百(和)六十六和六十六百分之一〔six hundred (and) sixty-six and sixty-six hundredths〕”。十的负整数幂总是以复数标记的单位来表示。

序列:02 65 47 23 46。在考察任何语言的数字系统是否反映了位值〔或者更准确地说是(与口语有关的)“暂时的值”〕时,我也将回到这一点。我的更广泛的观点是,数字的说和写之间存在显著差异,特别是在涉及数学的书面符号(尤其是数字)时,忘记这些差异,便得自担风险。

正如数字人类学家斯蒂芬·克里斯马里斯(Stephen Chrisomalis)所说,“数字单词、计算技术和数字符号之间的联系是复杂的,理解它们各自具备(和不具备)的功能将有助于说明全部数学背后的认知和社会系统之间的变异范围”(Chrisomalis,2009, p. 496)。

4.2 写了什么和说了什么

我首先响应第 3 章早先的说法,即“整数算术不具普遍性,而是深深植根于当地语言和文化之中,使得相关的文化转移工作充满了内在困难”(第 3.1.2 节)。正如数学家勒内·汤姆(René Thom)所观察到的那样:

> 在学习说话之初,一个婴儿以全世界各种语言的音素咿呀学语,但在听完母亲的回答后,很快就学会了用母语的语音呢喃(引自 Ziman,1978, p.18)。

另外,第 3 章开头的“说话文化(cultures of speaking)”这一表达让人联想到“书写文化(cultures of writing)”同样存在(例如一个分数中两个数字的书写顺序,参见 Bartolini Bussi et al.,2014),而且两者在同一个“文化”中可能并不完全一致(稍后将给出另一个例子,其中涉及如何根据读数将大数中的数字分组)。这些与计数和计算所涉及的行为和手势相互影响(不妨用一个历史和地理术语“手势文化”来记录这一事实,例如各种形式的手指计数和手指计算[1];更多例子及其分类体系,参见 Bender and Beller,2012)。重要的是要记住,在很多时候和地方,这两种数学行为(计数和计算)几乎没有联系。例如,将罗马数字互不相关地组合在一起来保存数,并借助计数板来计算(参见 Tahta,1991; Chrisomalis,2010)。

---

[1] 有一个例子记录在诺森布里亚僧人比德(Bede,公元 674—723 年)的著作,如《论计时》(*De temporum ratione*)中。欧达利(O'Daly,2014) 写道:“手,最便携的设备,是中世纪用于符号表征、计算和心算的有力工具。并且,历史表明存在一套全面但难以捉摸的手势词汇,我们只能猜测其完整含义。”

呼应巴尔托利尼·布西等人(2014)关于分数书写顺序的文章，我写道：

> 当用手写分数时，复合符号按照给定的时间顺序生成。这种手势顺序与所说之内容或所说之内容如何用传统写法记录有着怎样的关系？在英语中，按顺序第一个说出的词是分子。任何语言都是如此吗？当从左往右用英语写下一个分数时，分子又是第一个写下的词。(对于其他语言有同上的问题)然而，当分数的复合符号产生时，可能存在变化，来自中国和缅甸的两个极好的例子证明了这一点。但是，这两个例子都指出了手工符号形成的任意性〔在休伊特(Hewitt，1999)的意义上使用该词语〕以及这样一个事实，即一旦形成，该符号(几乎)没有留下有关其形成过程的痕迹(尤其是它的顺序)。(Pimm，2014，p.15)

关于数的多种文化是迷人和错综复杂的，语言有时间和地点的特殊性，与计算技术设备(已经存在了至少5 000年)相关联，这提供了一个值得深切关注的最有价值的焦点。与最近可被称为“有形技术手势”的工作相关(参见Sinclair and de Freitas，2014；尤其应关注Jackiw and Sinclair，2014)，有时语言本身编码产生特定的手势形式，其具有自己的透明性和不透明性，具有自己的普遍性或个性，这些构成了所有孩子生来便面对的复杂符号世界的一部分。

对于维特根斯坦(Wittgenstein)来说，语言最初且从根本上是交互反应的，而文字不是起源：

> 语言游戏的起源和原始形式是一种交互反应；只有这样才能形成更复杂的形式。语言的形成——我想说——是一种改进过程，“太初有为”(im Anfang war die Tat)。(Wittgenstein，1937/1976，p.420)[1]

回到计数行为，计算实践的具体教学语言〔例如，在加法中英语“borrowing”(借用)和“paying back”(偿还)的算术隐喻〕带来了一种可能性，即曾经一度从字面上理解其意思。第3章中有一个潜在的例子涉及中世纪拉丁语表达“reservare in manibus”(握在手中)与更现代的法语表述“à retenir”(要记住)之间的联系。我突

[1] 关于这一点，请参阅兹维基(Zwicky，1992)的相关研究。

然意识到,前者与算盘和计数板有关,可能字面上指的是手必须做的事情。在别处,维特根斯坦还评论说,"记住好的建筑给人的印象,那是在表达一种思想。它让人想要用一个姿势作出回应"(Wittgenstein,1932, p. 22e)。这个观察让我想起古埃及象形文字中的"百万"(),似乎是一个人面对大数时做出的全身姿势。

语言不能脱离文化,也不能脱离手势(特别是在计数的背景下)。手势可能已经发展了很长一段时间,也许已经在语言上留下痕迹[1]。还有一种可能性是,一个系统与另一个系统的发展存在时间错位,这与拉科夫和努涅兹(Lakoff and Núñez,2000)在微积分方面所确定的并无二致,即(静态)语言发生在 19 世纪中期,而相关的(动态)手势在本质上是 17 世纪的(更适合运动变量的概念和语言,这种语言将带出动态几何环境)。

特别地,拉斐尔·鲁涅兹(Raphael Núñez)研究了盖尔雄·哈雷尔(Guershon Harel)提出的手势和言语的联合产生,后者通过实分析证明了相关结果。鲁涅兹观察到:

> 对手势产生及其时间动态的研究特别有趣,因为它揭示了思维和意义等方面。这些方面毫不费力、极其快速,并且超越了意识知觉(因此无法用于内省)。(2009, p.319)

但是,我们也知道手势是在计数时共同产生的(在某些情况下它就是计数本身),这一现象与数学中的其他高深学问一样值得研究。然而,本章及前面章节的重点是数字语言,而不是数字手势,尽管我不想将后者视为附带现象,但是标记它们为"副语言"的方式却会使之被忽视。

4.3 关于位值制

关于第 3 章中心主题之一的位值制,我有三个主要的观察:

首先,我要考虑位值制的现象是否仅仅与书面数字(即书面标记,现在通常但

---

[1] 计数系统是现存语言系统中最稳定的系统之一:将原印欧语系中的发音分别标记为"centum"和"satem"两类(分别是拉丁语和阿维斯陀语中表示"百"的单词),就是其表面上的一个反映。罗特曼(Rotman,1987)给出了一个引人入胜的有关零的叙述,参见相关文献。

并非总是采用所谓的印度-阿拉伯数字[1]）有关，而与来自自然语言的书面文字或符号无关，以及它是否也可用于描述自然语言中口语数字词汇的某些方面（甚至是手势语言，进而思考：英国、美国或中国手语中数字符号的结构是什么？）。这个问题反映了我对位值制到底是什么越来越不确定，同时呼应塔赫塔（Tahta，1991）关于西方数学教学中过分强调位值制的明智断言。而第3章对中国数字的讨论与此有关，作者声称，"中文（数字）名称的透明度可能会促进学生对位值制的理解"（第3.2.2节）。但正如我将要论述的那样，位值制仅仅是一种惯例，这就引出了一个重要的问题：它是否适合被"理解"，而不是简单地被遵守（参见Hweittt，1999）。

我的疑问起源于第3章。作者声称，痕迹（他们形象地称之为"记忆"）存在于自然语言的许多口语数字系统中。但这些顶多是序数痕迹，涉及如何以常规的顺序表示数字名称〔在英语中是按照十的幂的降序表示，尽管仍然存在像"four-and-twenty"（24）这样的例外；在德语中，先念个位上的数字再念整十数，如54是"vier-und-fünfzig"（四和五十）〕。这引出了两个子问题：探问书面（或口头）自然语言的数字系统是否具备位值制特征真的有意义吗？对于不具备位值制特征的书面数字系统（如古埃及系统），其口语计数系统是什么样的呢？

关于第一个问题，我的（固然强大、也可能过于强烈的）猜想是基于口语的数字系统都是非位值制的（即使作为最有可能的竞争者的亚洲数字系统也不例外）。这是因为数字形成的结构确保它们的十进制值被编码为字符串的一部分，所以改变书面顺序（页面上的特定语言符号）或数字各个部分的（时间上的）口述顺序不会改变合成的整体。它可能会违反惯例〔如"four-and-twenty "（24）就是这样〕，但是不会产生不同的数。〔当然，简单地在"sixty-seven"（六十七）和"seventy-six"（七十六）中交换"six"（六）和"seven"（七）会改变数值，但忽略了"six"（六）是"sixty"（六十）的一部分这一事实。〕因此，位值可能只是一种书面的、基于非语言计算系统的现象，无论使用哪种自然语言都无法解决这个问题。

我的第二个对位值的观察与第一个相关，像第纳斯木块（参见第9.3.1.2节）这样的教具（通过操作它来帮助理解数学概念），因其细节及特点，经常被宣传用作辅助学习位值概念的工具，所以我的观察具有特别的意义。见图4-1。

---

[1] 克里斯马里斯（2009）的发现很有帮助，他指出："我用'西方'一词，而不是'阿拉伯'和'印度-阿拉伯'来指代0、1、2、3、4、5、6、7、8、9等符号，并非否认这项创新是通过阿拉伯中间人从印度教祖先引入的，只是为了避免与迄今广泛使用的印度和阿拉伯数字符号混淆。通过命名法将后一种表示法'隐藏'起来会起到相反的效果，并且有可能走向民族中心主义。"（p.496）

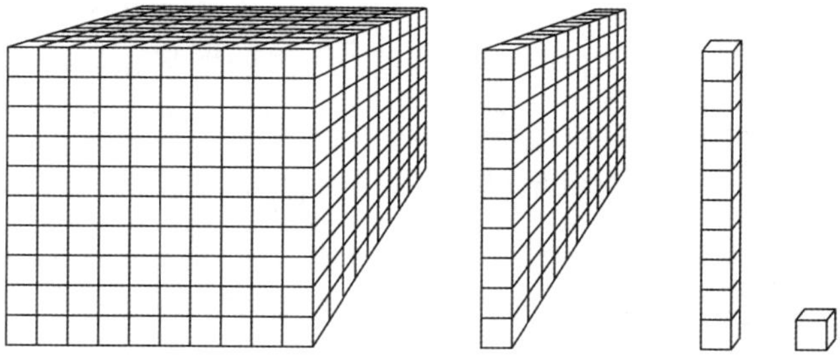

图 4-1　第纳斯木块(1 000、100、10 和 1)

在以英文作为教学语言的小学里,使用大张纸并(从左到右)以千(或 Th)、百(或 H)、十(或 T)和个(或 U)来标记列,是一种常见的教学行为[1]。将这些木块收集起来并放置在相应的列中,然后使用印度-阿拉伯数字来记录每一列的数量,很大程度上巧妙地掩盖了是纸上的列而非数块本身"保存"这些位置,因而也具有"位值"特征这个事实。

然而,正如第 3 章中提到的实例,其中一个 7 岁的孩子写了 10 013 而不是 113,从相应的第纳斯木块的书面结构中得出的正确答案(非传统意义上的正确写法)是 1H,1T,3U=100,10,3=100 103。数量与位置的问题是一个复杂而人为规定的问题(这里仍然按照 1999 年休伊特文章中的意义),并且没有充分的理由说明为什么在一列中不能有任意大小任意数量的木块(算盘掩盖了这回事,其中的每一串相对于珠子的直径具有固定的、一致的高度)。实际上,一个更高的(受到线性代数影响的)数学观点涵盖了由 10 的幂组成的基所产生的任何整数(并且包括十进制小数,如果允许 10 的负数次幂的话),其系数是 0 至 9。部分由于这个原因,我在本评论的开头段落中提到了"666"读作"六六六"〔并且联系到大卫·福勒(Fowler,1987)的历史重建,即通过辗转相减(anthyphairesis)的算术过程,重建了欧几里得之前对于比率(ratio)所下的功能性定义〕。

在提出进一步的学习困难之前,我还想对第纳斯木块本身提出三点评论。首先,它们实际上可以被修改以显示任何整数或小数。例如,要得到一个万,只需要将十个大的立方体(一千)粘在一起;十万即由一百个大的立方体(一千)组成的方阵;百万即由一千个大的立方体(一千)组成的立方体阵。对于十进制小数的组成,

[1] 还可以继续拓展,以 TThs 标记数万,HThs 标记数十万,Ms 标记数百万等。请注意 TThs 和 HThs 中的两个单词均是复数,但在英文记法中,只有后者标记计数单位。有关这方面的更多信息,请参阅第 4.4 节关于"单位"的讨论。

只需要重新命名其中一个较大的组块（例如较大的立方体组块或所谓的“木块”组块、“平面”组块）为“一”[1]。其次，这种每隔 10^3 倍的视觉几何重复完全符合国际单位制（Système Internationale）所强调的将整数数字按“三位分级”的原则，也反映了度量领域标准的公制命名结构（尽管当我们想用它来指代千××、毫××或微××的东西时，我们需要一个单词来表示标准计量单位，而不仅是“计数单位”）。我的第三个观察是直截了当的：在 10 的每个次幂和下一次幂之间，存在一种“自然的”、可以直接观察到的十进制等价感知。

然而，令我印象深刻的是，第纳斯木块至少与埃及象形文字的计数系统（它使用重复的垂直线条、箍、卷轴、荷花等，其中表示 1、10、100、1 000 等的符号之间没有任何联系，不论是用于记数还是用作计算）中以十为基的特点完全相符[2]（见图 4－2）。而且，这种计数系统绝对不具备位值制特征。

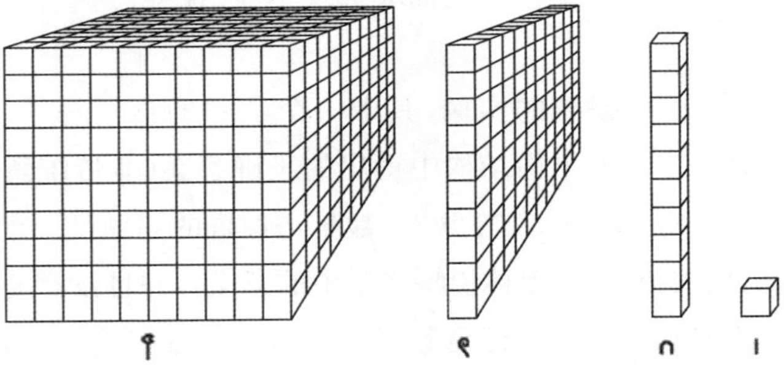

图 4－2　第纳斯木块的描述（附有 1 000、100、10 和 1 的古埃及象形文字）

通常有两种用于为数字生成单词或其他符号的原则：重复（与计数相关）和编码化（即每个数字使用不同且独立的符号）。许多较老的符号系统使用重复作为主要原则。例如，图 4－3 描绘了一个使用古埃及计数系统的例子：左边是传统的顺序，右边是乱序。（整数加法完全没有问题，因为符号本身只是组合在一起，并且任何一位上个数超过 9 时，会被转换成下一位中的高值 1。）

[1] 事情往往如此发生，正当我自己想出了这个，我便遇到了金和艾伯特（Kim and Albert, 2014）的论文，其意图是对十进制方块（blocks）的历史进行说明和解释。虽然我对他们所解释的东西深表不同意，但他们确实提醒了我，在我 1972 年读到的第纳斯（Dienes, 1963）的《数学学习的实验研究》一书—— 这是大卫・托尔（David Tall）在华威大学（the University of Warwick）数学系早期所教授的数学教育课程的一部分——中，作者在第 28 页给出了同样的观点。

[2] 历史上并非总是如此。例如，使用罗马数字，人们完全有能力记数。然而，由于各种原则的结合（加法和减法，使用 5、50、500 等作为中间静止位置，有时称为子基等），它们不易用于计算（特别是乘法和除法）。但是，与算板配套使用时就完全足够了。

图 4－3　古埃及数字(按传统顺序和乱序)

“完全”编码化意味着每个初始数字(其个数比基数少 1)具有不同的符号(想想 1、2、3、4、5、6、7、8、9)。中国的算筹(在第 3 章中讨论过)反映了非常有限的编码(纵式算筹和横式算筹)的巨大灵活性,类似于罗马数字Ⅰ和Ⅴ,只是没有后者的减法原理[1]和多次重复,可能是因为它们成了算板上实际使用的成堆的棒子的痕迹,其中板的属性(线、位置)表征了位值。同样,古巴比伦数字系统只包括两个以刻写笔做成的不同标记(其中一个旋转了 90°,除此之外都是相同的),以及混合基系统(十和六十)、重复原则、一种位值形式和基于上下文的“浮点”。

对任何书面系统可以做这样一个关于其是否具备位值特征的实用性测试(假设它重复使用同一组符号或对象),即是否可以一般地打乱符号的顺序,而不影响它们所表示的数值:这对第纳斯木块和古埃及数字是可行的。顺便说一下,早期希腊语(爱奥尼亚语)数字也是如此(今天仍用于描述序数),其中 1 的数字符号与 10 或 100 的数字符号无关,分别是字母表中的不同字母。埃及数字(与希腊语一样)保留了其特定的十进制值,即使重新排列时也是如此,参阅皮姆(Pimm,1995)的文章以了解更多关于符号/对象的复杂操作。因此,第纳斯木块不能“包含”位值。那么,如果它们“可行”,它们如何“可行”呢?它的“值”在那里,但是“位置”却不在那里。

加泰尼奥(e.g. Gattegno,1974)在使用不同欧洲语言的小学中多次提出系统化处理基于语言的计数系统,以便通过更接近标准的西方书面计数系统,使之更易于学习。特别地,在英语中,他希望十(ten)被称为“one-ty”,十一(eleven)被称为“one-ty-one”,十二(twelve)被称为“one-ty-two”[2],然后二十被称为“two-ty”,三十被称为“three-ty”,以此类推。随着后来对几十(六十、七十、八十、九十)的学习,这些变化与实际的经验系统结合起来。在英语国家(特别是在英国,但在北美和西欧也有)的数学教育中有一个非正式社群,他们广泛实践加泰尼奥的想法(并使用加泰尼奥数表等教具),以支持在数字命名中获得结构化的优势(最近的一个例子

---

[1] 例如,用Ⅳ＝Ⅴ－Ⅰ代替ⅠⅠⅠⅠ,使用 XL＝L－X 代替 XXXX,但这种缩短形式只发生在中世纪时期。

[2] 十一和十二的词源非常奇特,源于古挪威语“einlief”和“twalief”,分别表示“余一”和“余二”(大概是在减去十之后,这是减法原理的一种痕迹,也可以在罗马数字中看到)。

请参见 Coles,2014)[1]。第 3 章详细介绍的中文计数系统已经具有这些属性(在其他几种亚洲语言中也有出现)。

我的第三个对位值的观察涉及第 3 章中使用的语言/概念透明度等概念,10 的幂数术语的生成以及它们如何与国际单位制(SI)使用印度-阿拉伯数字书写大数的方法相关联。在中文里,千(qiān[2])是表示“thousand”的字符,基于只有当相同的两个术语彼此相邻时才需要新的十次幂名称这样的原则,根本不需要这个字符,在英文中也一样。“十倍十”会产生“百”,但“十倍百(千)”不会造成任何困难(在命名世纪时也不会,例如“the seventeen hundreds”表示 17 世纪)并且无须存在,而“百倍百(hundred hundreds)”则是下一个应该产生的新术语。在中文里,这个字符是万(wàn),而讲英语的人只会说“十千”。(再强调一下,请注意并不是因为传统的英语复数规则的要求而把它说成“ten thousands”——虽然下一部分会讲到不可数名词和可数名词[3]之间的区别。)正是这相同的原则性问题引起了对“十亿(billion)”的不同解释(至少在历史上,北美称为“hundred million”,英国称为“million million”)。此外,“万亿(trillion)”也有相同的情况。但是,这些表示 10 的幂数的新单词的生成,使得人们可以通过组合使用数字 1 到 9 的单词来命名每个整数。

SI 记数惯例声明:

> 以小数点为基准,无论向左还是向右,当一侧的数字多于 4 位时,则使用小而固定的空位,将该侧的数字分成三位一组。将数字分成三位一组时不使用逗号[8]。

例如,213 154 163 这个数应该如此书写。然而,就语言内部的数字词汇结构而言,这个惯例对于地球上的每一种自然语言都作了一项(错误的、普遍的)假定,因为正如我在开头提到的那样,书面数字符号不是任何自然语言的一部分。

因此,述及透明度和第 3 章声称的中文算术与正规数学算术的“完美”契合,至

---

[1] 这个社群还更加强调计数方法中获取序数元素的价值,参见塔赫塔(Tahta,1998)或科尔斯与辛克莱(Coles and Sinclair,2017)的文章。

[2] 在本章乃至全书中,汉语拼音(标准的罗马字)用于表示汉字(普通话系统)。

[3] 希腊语中表示一万的词语 “myriad”在英语中被用作一个大数的约整数(更多关于约整数的语言学解析,参见 Channell,1994)。

少这是中文数字系统与SI不一致的地方，即如何给超过四位数字的数分级（无论是通过逗号、句号或空格的方式）。例如，"twelve thousand"用中文写是"一万两千"，这与12 000的国际通行分级方法不一致。符号形式可能有助于或干扰相应的特定语言的口语形式的生成。

在一篇关于这种特殊的不一致现象的文章中，阿瑟·鲍威尔（Arthur Powell）进行了如下解释：

> 1984年5月和6月，在中国首都北京举办的一系列数学教师教育研讨会中，我了解到中文命数法的一些教学问题，涉及如何使用印度-阿拉伯数字书写，以及教授和学习如何流利地用中文读数。当中国学生尝试读超过四位数字的数时，这些问题的一个显著特征就会显现出来。例如，在读6 721 394这个数时，即使是高中毕业生，也要先从右往左指画，并确认每个数字的位值，然后才知道如何读百万位上的"6"以及其余的数字（Powell，1986，p.20）。

鲍威尔在该文中提出了纾解这种困难的方法，涉及加泰尼奥关于修改命数系统的某些元素以强调结构的教学建议：

> （鲍威尔提出的替代方法）促使学习者意识到中文命数法的规律性。它还有助于学习者制订策略，避开因使用与中文语言结构相矛盾的数字分级规则而导致的阅读困难。（p.20）

所以，通过在每四个数字（而不是三个）之后加上一个空格或逗号，并将分隔符读作万，就能正确按照普通话念出剩下的数字，而不是必须要记住[1]。但这确实提出了一种特定的语言在应用于这样的数学场景中，在哪里"停顿"的问题。

最后，我不禁思考：如果位值在一些系统中如此透明，那么基数的变化是否会变得难以考虑？但我无法在此讨论这个问题。本评论的下一个核心要素涉及数字单位这一复杂问题。

---

[1] 为了说明这是多么令人吃惊，今天我注意到我所购买的温哥华空中列车票上有一串二十位的识别号码，以四位一组呈现：0001 1570 5839 8568 8326。如果我把它按单个数字一口气大声读出（我关心的是它的基数意义），而不是简单地将其处理为空格处有停顿的一串数字，我将会变得很无语。

4.4 可数名词(count nouns)和不可数名词(mass nouns):单位问题

探讨本节问题的动机部分来自第3章对中文数量词的有趣而重要的讨论,也包括我对于为什么在很多情形下英语数字词汇既用作单数形式也用作复数形式的简单好奇心。例如,在(英语)日常表达中既有“hundreds and hundreds”(复数形式),也有“two hundred (and) fifty-three”(单数形式)。抑或,“ninety-nine(九十九)”之后的口述数字是“one hundred(一百)”或者“a hundred(一百)”,而“one hundred ninety-nine(一百九十九)”之后的数字是“two hundred(二百)”。为什么以十的幂的形式当作单位使用时,“hundred(百)”是以单数形式出现(例如,二百四十二为什么是“two hundred and forty-two”,而不是复数形式“two-hundreds and forty-two”)?为什么在英语中要对数字词汇作直接的单数/复数区分?这种区分在可数名词的单位中是如何体现的?这些单位本身就是数字吗?

正如维特根斯坦所观察到的那样,“语法指出了任一事物属于何种类型”(Wittgenstein,1953, p.116)。因此,这种不确定性(也存在于动词的单数或复数形式中)可能反映出(英语)数字核心在本体论意义上的不稳定性。

之前关于第纳斯木块和数位表的讨论中也有列标题,称为“thousands(千)”“hundreds(百)”“tens(十)”和“units(个)”。然而,一旦使用数字代替(多个)块,有区别的复数形式在相应的口头和书面英语中都消失了。〔关于英语中分数的单词,尤其像“three-fifths(五分之三)”是单数还是复数名词的问题,以及它在语法上与“three fifths”的区别,请参阅下一部分。〕

为了应对上一节中提到的一些挑战,我想考察英语中数字单词的某些语法学特征。英语语法的一个广泛区别(至少从20世纪初开始已有文献对此作出评论[1])是可数名词和物质名词之间的区别(后者有时被称为不可数名词,尽管这两个类别并不完全一样;请参阅 Laycook, 2010),尽管这种区别目前正在以有趣的方式减弱(如约整数的情况)。

爱德华·维希涅夫斯基(Edward Wisniewski)在关于这种区别的潜在认知基础这一章的开头写道:

[1] 这种区别当然不仅限于英语,但也远未涵盖所有的语言。特别地,中文的各种形式不区分这些类别,而是使用第3章中描述的量词。

英语及其他一些语言在可数名词和不可数名词之间进行了语法上的区分。例如,"dog(狗)"主要用作可数名词,"mud(泥土)"主要用作不可数名词。与不可数名词不同,可数名词可以是复数的,并且前面可以有数字〔如可以说"three dogs(三只狗)",但没有"three muds"这种表述〕。而且,只有可数名词可以与限定词中的不定冠词"a"连用(如可以说"A dog ate a chicken",但没有"A mud covered the chicken"这种表述)。另一方面,不可数名词可以用不定量词,如"much(大量)"或"little(少量)"修饰(如"much mud",而不是"much dog");而可数名词可以用不定量词,如"many(许多)"和"few(一些)"修饰(如"many dogs",而不是"many muds")[1]。(2010, p.166)

关于这种区别,有很多东西要说明。一个关键的观察涉及在某些情况下,任何英语名词都可以从可数或不可数两方面同时考虑,而非如上所述是两种不相交的名词类别。fewer(可数)或 less(不可数)之间的区别逐渐衰退也印证了这一点,many 和 much 亦同。在数学语境中,这种灵活性可以从 19 世纪对"algebra(代数)"和"geometry(几何)"这两个术语的使用中看到,彼时数学取得了长足发展(非欧几何、布尔代数),随后允许"an algebra(一个代数)"或"two geometries(两个几何)"这种表述(并涉及对基础数学认知的显著变化)。20 世纪后期,"technology(技术)"这个词已经拓展,允许使用"a technology (一种技术)"或"digital technologies (数码技术)"等表述。传统不可数名词的所有实例都拥有可数的可能性和特征,反之亦然[2]。

第二个观察与不可数名词的量化方式有关。传统上,这是通过使用含"a unit of(一个单位的)"结构的各种实例来实现的〔如"一片(a slice of)"或"一条(a loaf of)"面包、"一粒(a grain of)"米等〕,其中的单位总是可以量化的,即单位本身就是

---

〔1〕 针对这一点,维希涅夫斯基在这一章节中有一个脚注,开头提及"某些语言,如量词语言(classifer language)(例如日语),并没有区分可数(count)和不可数(mass)名词。尽管如此,它们确实有表明某个实体是否个体化的机制"。正如第 3 章详细探讨的那样,汉语也是一种量词语言。

〔2〕 举一个名词在另一方向上(即可数名词拥有不可数特征——编辑注)使用的潜在例子,如"I returned to the car and there was bird all over the windshield(我回到了车上,整个挡风玻璃上都有鸟)",虽然这也可以被视为使用整体作部分的一个反喻用法。

一个可数名词。〔相反地，将“四”视为一个四部分的集合(a quartet of)”[1]允许所有的可数名词被看作不可数名词(虽然是复数形式)，其中数字单词本身可以量化，如“two quartets of(两个四重奏)”“three septets of(三个七重奏)”等[2]。〕

然而到目前为止，这一区别与本章和前一章有关的最具教育意义的事情是当数字单词(在英语或其他语言中)作为名词起作用时(就像在算术中一样)，在多大程度上可以作为不可数或可数名词。这与我到目前为止反复提及的应该是“hundred (单数百)”，还是“hundreds(复数百)”的评论有核心关联。

然而，在本章的具体背景下，我关注英文数字单词本身的名词形式(一、二、三等)和相应的序数〔第一、第二、第三(可能作为名词使用，也可能不作为名词使用)〕，以及在某些语言中序数和分数术语之间令人困惑的关联(参见 Pimm and Sinclair，2015，以及下一节)。对于所有这些数字单词，问题是：它们是可数还是不可数的？

考虑英语数字单词的序列“一、二、三等”。在英语中有一个含糊的地方是关于乘法，四个二 (four twos) 是八(eight)中间应该用 “is” 还是 “are”[3]。请注意，“二”明显是复数，将其标记为可数名词，数词“四”也是一样的，“are”与复数的名词形式“twos”相一致。可数名词的存在使得“how many(多少)”这样的问题允许被提出(关于这一点，请参阅 Sinclair and Pimm，2015a)。然而，在计数序列中，一、二、三等数字单词却更像是不可数名词。那么，与往常一样，这种语言不确定性背后有什么认知转变或断层呢？

看一下序数术语：第一、第二、第三、第四等。虽然可以想象一个可能是可数名词视角的场景(例如在运动会上，询问跑步者：How many firsts, and how many seconds? 意思是询问有多少个第一名和多少个第二名)，但这些更像是用作不可数名词，而不是可数名词。但是，请注意当我们转换到相关的分数形式时会发生什么：我们得到 two sevenths(七分之二)和 three tenths(十分之三)，这是复数且可数的名词〔而且这会鼓励诸如“two sevenths are bigger than three tens(七分之二大于十分之三)”这类句法的使用〕。不过，统一连字符可能会出现〔two-sevenths(七

[1] 谈及古希腊，戴维·福勒(David Fowler)称“arithmoi(数点)”为基数，但有益地观察到，“对希腊数点的具体意义的印象更为忠实，其依次为：二个，三个，四个，五个……”(Fowler 1987，p.14)。

[2] 参见艾略特(T. S. Eliot)的《四个四重奏》(*Four Quartets*)以及早先提到的福勒和数点，特别是前一个脚注。

[3] 尽管考虑到计算器按下“=”按钮时所说的内容，此处问题也许是：这里的动词不应该是“is(are)”，而是“make(s)”或“give(s)”。

分之二)、three-tenths(十分之三)〕,这会使这些复合的形式变为单数[1]。

再次强调,这部分仅仅包括对一些特定情境下的数字语言的简要评论和观察。在下一节,我将转到一系列数词系统的若干方面。

4.5 基数、序数和分数:三个紧密相扣的语言子系统

整数不是大众唯一的游戏。语言同样有用于命名(召唤、催生)序数和分数(小数或其他)的系统方法。以下大部分内容都与英语有关,尽管在皮姆和辛克莱尔(Pimm and Sinclair,2015)的文章中可以找到更多样化(涉及约 20 种不同的语言)的讨论,其分析了在各种语言和语系中这三个数词集合之间的变异。这样做的动机来自期刊《为了数学学习》(*For the Learning of Mathematics*)中的两篇文章(Bartolini Bussi et al.,2014; Pimm,2014),尤其是关于序数和分数词如何构成(以及为什么会这样)及其密切联系(在某些语言中几乎相同)的讨论。

为了尝试总结一些发现,这里给出了四个图示,它们反映了基于我的数据所得到的,在特定语言中基数(C)、序数(O)和分数(F)之间的不同关系。箭头表示将后缀"添加"到前面的数词集合以形成新的集合。图 4-4 中,(1)体现了比如说挪威语的情况,(2)举例说明了一种常见的关系(例如德语),(3)是(2)的"退化"情况,适用于某些西欧语言(例如英语、法语、意大利语和西班牙语),(4)则反映了匈牙利语的情况。

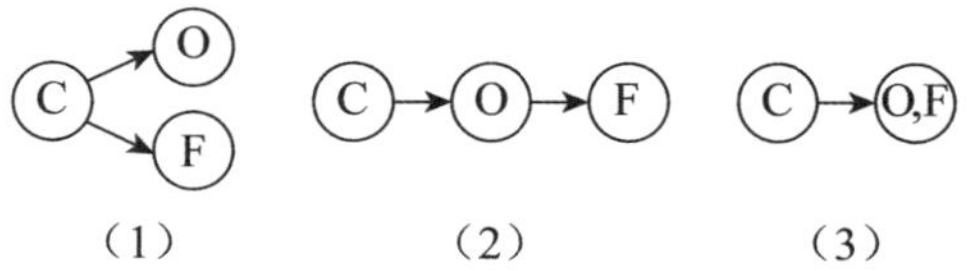

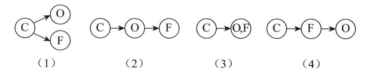

图 4-4 单个自然语言中数词集合〔基数(C)、序数(O)和分数(F)〕之间的各种关系

正如我一开始所提到的,我要研究的一个问题是,在既定的语言中这些命名系统是如何相互关联的,以及一方面它们是如何与手势相互关联的,另一方面它们是如何与跨语言的书面数字符号相互关联的。序数主要涉及整数的顺序方面,而不是其定量(基数)方面。一个关键和基本的问题是先有基数还是序数?〔请参阅

---

〔1〕 休伊特(Hweitt,2001,pp.47-48)从教育学的角度探讨了分数运算,主要基于发明的非数字名词(他给出了复合名称模式,如"flinkerty-floo"或者"zipperly-bond")和数字名词之间的语言相似性,不仅询问"how many twenty-fourths are there in one?"及"how many four-hundred-and-twentieths are there in nine?",同时也问"how many flinkerty-flooths are there in one?"以及"how many flinkerty-flooths are there in zipperly-bond?"注意自始至终他对于"How many?"这类问题以及数量名词和动词复数形式的使用。

Seidenberg(1962)，Sinclair and Pimm(2015a)以获取更多信息〕但是口语中的序数词与基数词有着显著的区别，因为核心问题变成了哪一个在另一个之前或之后出现，而不是哪个大或小。因此，序数与时间密切相关，而不是与大小密切相关。

以下是两个小的观察。首先，有一种常用的混合书写符号，它既能将印度-阿拉伯数字转换成特定的语言，又能使基数优先于序数 1st（第一）、2nd（第二）、3rd（第三）、4th（第四）、5th（第五）等（尽管在法语中是 1er，2ième，3ième，4ième，5ième，等等）。第二个是英语中特有的现象，与约定的整十数的基数词有关："三十(thirty)" 和"五十(fifty)" 的英文单词中序数的痕迹比基数更明显——"三十(thir-ty)"作为第三个"十(-ty)"，"五十(fif-ty)"作为第五个"十(-ty)"——这是一个可见（可听）的痕迹，不仅仅是因为英语单词"three（三）"和"third（第三）"，以及"five（五）"和"fifth（第五）"之间的区别（来自英语中基数词和序数词这两个密切相关的子系统），然而"four（四）"和"fourth（第四）"则与"forty（四十）"并不完全符合（因为"forty"中没有"u"）。

在英语中，五之后有一个有序的规律性，既包括由基数词来构成序数词，也包括假定的经济性原则（和更方便发音），即从历史上可能存在的"sixthty""seventhty""eighthty"和"ninethty"中去掉后缀"-th"，变为"sixty（六十）""seventy（七十）""eighty（八十）"和"ninety（九十）"。但是关于我在文章(Pimm，2014)"第五部分"（关于古埃及算术中奇特的单位分数）的讨论，仍隐含着一些明显的特殊性，即"the sixthty"〔被看作第六个 "十(-ty)"〕是唯一正确的表述，"a sixthty"或者"two sixthtys"则是不可行的。

4.6 结束语

这篇评论文章的主要焦点是引起人们对数字语言的某些特征的注意，包括特定语言的特征（主要是关于英语）和跨语言类别的特征（是否存在某些特定的差别，比如不可数/可数或量词），其在学习数字和计数方面可能具有一定的相关性或重要性。但这背后也是一种尝试，即试图保持耳朵和眼睛的灵敏度以追寻数的实践和形式如何逐步发展成今天的模样，在过去或途中（包括个体和文化层面）留下了哪些"痕迹"（第三章中的术语"记忆"）。

特别地，我试图将位值从自然语言中分离出来，并主要定位到书面符号系统中〔尽管重要的是不要忘记其物理表征，例如奇普(khipu 或 quipu)是古代印加人的一种结绳记事的方法，参见 Chrismomalis，2009〕，并努力区分语言、符号和世界这个相互联系的系统。在数学教育方面,更普遍地说,基数作为在算术和数学教学中被假定的主导形式一直被高估,这就带来一些严重后果,即轻视了序数及其在学习计数方面所发挥的重要作用(参见 Tahta,1991, 1998; Sinclair and Pimm 2015a, b; Coles,2017)。

在图 4-5 中,我首次尝试描述这一点(尽管我已经发现了过度简化、遗漏和错误等问题)。该图表达了隐喻关系和转喻关系之间的区别,如塔赫塔(Tahta,1991, 1998)所述,他将其分别与(中世纪时代的)算盘家 (abacist) 和算法家(algorist) 联系在一起:前者使用实物(作为数字的隐喻),而后者"操作"数字。

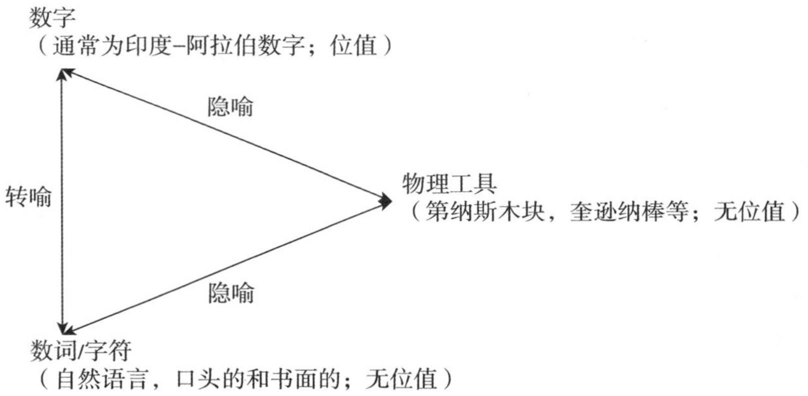

图 4-5 自然语言、符号和世界相关联系统中的隐喻和转喻

塔赫塔写道:

> 隐喻和转喻不一定是截然不同的两极分化,而更像是可以根据需要强调或忽略的方面。我们在算术教学中的一个问题是从强调隐喻转向强调转喻。我们给儿童提供筹码和小棒等,以模拟我们最终希望他们借以转换至书面或口头数字符号的过程。(1998,p.6)

随着一个人对数字越来越熟练,数字单词和数字符号之间的区分越来越少,但这并不意味着这些区别和分离不再留下痕迹。

最后一个观察:克里斯马里斯(Chrisomalis,2010)关于数学符号历史的著作非常引人入胜,且有超过 500 页的篇幅。关于整数的世界及其(语言)历史是一个非常复杂和精密的混合,但有时也是很有趣,甚至很有吸引力的。

参考文献

Bartolini Bussi, M., Baccaglini-Frank, A., & Ramploud, A. (2014). Intercultural dialogue and the geography and history of thought. *For the Learning of Mathematics*, 34(1), 31 - 33.

Bender, A., & Beller, S. (2012). Nature and culture of finger counting: Diversity and representational effects of an embodied cognitive tool. *Cognition*, 124, 156 - 182.

Channell, J. (1994). *Vague language*. Oxford: Oxford University Press.

Chrisomalis, S. (2009). The cognitive and cultural foundations of numbers. In E. Robson & J. Stedall (Eds.), *The Oxford handbook of the history of mathematics* (pp. 495 - 517). Oxford: Oxford University Press.

Chrisomalis, S. (2010). *Numerical notation: A comparative history*. Cambridge: Cambridge University Press.

Coles, A. (2014). Transitional devices. *For the Learning of Mathematics*, 34(2), 24 - 30.

Coles, A. (2017). A relational view of mathematical concepts. In E. de Freitas, N. Sinclair, & A. Coles (Eds.), *What is a mathematical concept?* (pp. 205 - 222). Cambridge: Cambridge University Press.

Coles, A., & Sinclair, N. (2017). Re-thinking place value: From metaphor to metonym. *For the Learning of Mathematics*, 37(1), 3 - 8.

Dienes, Z. (1963). *An experimental study of mathematics learning*. London: Hutchinson.

Fowler, D. (1987). *The mathematics of Plato's academy: A new reconstruction*. Oxford: Oxford University Press.

Gattegno, C. (1974). *The common sense of teaching mathematics*. New York: Educational Solutions.

Hewitt, D. (1999). Arbitrary and necessary part 1: A way of viewing the mathematics curriculum. *For the Learning of Mathematics*, 19(3), 2 - 9.

Hewitt, D. (2001). Arbitrary and necessary: Part 3 educating awareness. *For the Learning of Mathematics*, 21(2), 37 - 49.

Jackiw, N. & Sinclair, N. (2014). *Touch counts* [software application for the iPad]. https://itunes.apple.com/ca/app/touchcounts/id897302197? mt=8.

Kim, R., & Albert, L. (2014). The history of base-ten-blocks: Why and who made base-ten-blocks? *Mediterranean Journal of Social Sciences*, 5(9), 356 - 365.

Lakoff, G., & Núñez, R. (2000). *Where mathematics comes from: How the embodied mind brings mathematics into being*. New York: Basic Books.

Laycock, H. (2010). Mass nouns, count nouns, and non-count nouns: Philosophical aspects. In A. Barber & R. Stainton (Eds.), *Concise encyclopedia of philosophy of language and linguistics* (pp. 417 - 421). Amsterdam: Elsevier.

Núñez, R. (2009). Gesture, inscriptions, and abstraction: The embodied nature of mathematics or why mathematics education shouldn't leave the mathematics untouched. In W.-M. Roth (Ed.), *Mathematical representation and the interface of body and culture* (pp. 309 - 328). Charlotte, NC: Information Age Publishing.

O'Daly, I. (2014). *Talk to the hand: Finger counting and hand diagrams in the Middle Ages*. https://medievalfragments.wordpress.com/2014/03/14/talk-to-the-hand-finger-counting-and-hand-diagrams-in-the-middle-ages/.

Pimm, D. (1987). *Speaking mathematically: Communication in mathematics classrooms*. London: Routledge and Kegan Paul. (To be reissued in 2017.)

Pimm, D. (1995). *Symbols and meanings in school mathematics*. London: Routledge.

Pimm, D. (2014). Unthought knowns. *For the Learning of Mathematics*, 34(3), 15 - 16.

Powell, A. (1986). Economizing learning: The teaching of numeration in Chinese. *For the Learning of Mathematics*, 6(3), 20 - 23.

Rotman, B. (1987). *Signifying nothing: The semiotics of zero*. London: Macmillan.

Seidenberg, A. (1962). The ritual origin of counting. *Archive for History of Exact Sciences*, 2(1), 1 - 40.

Setati, M. (1998). Code-switching in a senior primary class of second-language mathematics learners. *For the Learning of Mathematics*, 18(1), 34 - 40.

Sinclair, N., & de Freitas, E. (2014). The haptic nature of gesture: Rethinking gesture with new multitouch digital technologies. *Gesture*, 14(3), 351 - 374.

Sinclair, N., & Pimm, D. (2015a). Whatever be their number: Counting on the visible, the audible, and the tangible. In M. Meletiou-Mavrotheris, K. Mavrou, & E. Paparistodemou (Eds.), *Integrating touch-enabled and mobile devices into contemporary mathematics education* (pp. 50 - 80). Hershey, PA: IGI Global.

Sinclair, N., & Pimm, D. (2015b). Mathematics using multiple senses: Developing finger gnosis with three-and four-year-olds in an era of multi-touch technologies. *Asia-Pacific Journal of Research in Early Childhood Education*, 9(3), 99 - 110.

Tahta, D. (1991). Understanding and desire. In D. Pimm & E. Love (Eds.), *Teaching and learning school mathematics* (pp. 221 - 246). London: Hodder and Stoughton.

Tahta, D. (1998). Counting counts. *Mathematics Teaching*, 163, 4 - 11.

Wisniewski, E. (2010). On using count nouns, mass nouns, and *pluralia tantum*: What counts? In F. Pelletier (Ed.), *Kinds, things, and stuff: Mass terms and generics* (pp. 166 - 190). Oxford: Oxford University Press.

Wittgenstein, L. (1932). *Culture and value* (P. Winch, Trans.). Chicago: University of Chicago Press.

Wittgenstein, L. (1937/1976). Cause and effect: Intuitive awareness. *Philosophia*, 6(3 - 4), 409 - 425.

Wittgenstein, L. (1953). *Philosophical investigations* (G. Anscombe, Trans.), Oxford: Blackwell.

Ziman, J. (1978). *Reliable knowledge: An exploration of the grounds for belief in science*. Cambridge: Cambridge University Press.

Zwicky, J. (1992). *Lyric philosophy*. Toronto: University of Toronto Press.

Cited papers from Sun, X., Kaur, B., & Novotna, J. (Eds.). (2015). Conference proceedings of the ICMI study 23: Primary mathematics study on whole numbers. Retrieved February 10, 2016, from www.umac.mo/fed/ICMI23/doc/Proceedings_ICMI_ STUDY_23_final.pdf.

Pimm, D., & Sinclair, N. (2015). The ordinal and the fractional: Some remarks on a trans-linguistic study (pp. 354 - 361).

第二部分

工作组研究及述评

\ 第 5 章 /

是什么和为什么:来自历史、语言和社会变革的整数算术的基本思想

孙旭花,克里斯蒂娜·钱伯斯
(Xuhua Sun, Christine Chambris)
朱迪·塞耶斯,萧文强,贾森·库珀,让-吕克·多里耶,萨拉·伊内斯·冈萨雷斯·德洛拉·苏埃德,伊娃·坦海泽,纳迪亚·阿兹鲁,林恩·麦加维,凯瑟琳·霍德蒙特,利塞尔·赖伊·艾耶斯伯
(Judy Sayers, Man Keung Siu, Jason Cooper, Jean-Luc Dorier, Sarah Inés González de Lora Sued, Eva Thanheiser, Nadia Azrou, Lynn McGarvey, Catherine Houdement, and Lisser Rye Ejersbo)

5.1 绪论

数学的学习和教学深深地根植于历史、语言和文化中(e.g. Barton,2008)。然而,为了帮助学生做好对数学学习的充分准备,在学校的早期阶段需要什么样的历史、语言和文化基础呢?为了解决这个问题,我们总结了关于整数算术在以上三个方面的工作来建构本书,并确定学习、教学和评估的其他方面所基于的历史、语言和文化基础。本章对整数算术的历史、语言和社会变革的基础进行了元层次分析与综合,从而为判断任何差距和遗漏提供了一个有用的基础。这个基础也提供了一个学习不同时代和语言的习惯以及社会变化的机会。

5.1.1 会议报告:概述

来自 11 个国家和地区的作者针对主题一撰写了 13 篇论文。为方便报告和讨论,这些论文被分为四组,探讨整数算术是什么和为什么等重叠的几个方面:整数算术的历史背景,整数算术的语言基础,整数算术的基础思想以及对整数算术教与学的社会变革的支持。

5.1.1.1 历史背景

邹(Zou,2015)总结了中国古代算术历史研究的发现,包括古代中国人如何得出和命名数字单位,以及如何用算筹和算珠等计算工具以及符号来表示数。萧(Siu,2015)研究了《同文算指》(1614 年)一书,并回顾了中国如何用笔算逐渐取代了算筹和算盘。孙(Sun,2015)也讨论了中国算术的早期发展,介绍了高级数字名称和计算工具(算筹和算盘)的使用,并根据中国的语言习惯强调了位值制是整数算术的最重要的原则,如今在许多国家的当代核心课程实践中仍然可以找到这种影响的痕迹。

5.1.1.2 整数算术的语言基础:规律、语法和文化认同

阿兹鲁(Azrou,2015)报告了阿尔及利亚历史和语言上的殖民化对学习整数算术的影响,并提出了教师教育的初步干预措施,也可以促进学生的文化认同。钱伯斯(Chambris,2015)展示了法国"新数学运动"(New Math,1955—1975)引入位值时的变化如何在今天持续发挥影响力。霍德蒙特和唐皮耶(Houdement and Tempier,2015)报告了两个在法国开展的加强十进制(基数为十)计数原理的实验,计数单位的使用在其中起着关键的作用。在课程学习和开放式教学的背景下,昌斯里(Changsri,2015)探索了两所泰国小学的一年级学生对加法的认识,发现学生使用了各种不同的表征形式来表达加法的概念。

5.1.1.3 整数算术潜在的基础思想

多里耶(Dorier,2015)概述了数的发展,展示了如何在这种历史背景下运用布鲁索(Brousseau)的理论,并利用数概念来开发教学序列的关键阶段。坦海泽(Thanheiser,2015)还研究了教师教育,采用了变异理论的观点,并以历史上的记数系统作为工具,发现准教师通过检查、比较和对比这些记数系统的不同方面,制定了一个更复杂的以十为基础的位值系统的概念。艾耶斯伯和米斯费尔特(Ejersbo and Misfeldt,2015)描述了在丹麦的小学中引入一组常规数字名称的研究。塞耶斯和安德鲁斯(Sayers and Andrews,2015)总结了一个称为基础数感(FoNS)的八维框架,该框架为幼儿提供了必要的学习经验。他们通过分析五种欧洲背景下一年级学生的学习机会展示了该框架的使用方式。

5.1.1.4 整数算术不同的预期学习和教学目标

库珀(Cooper,2015)讨论了一位大学数学家和一群小学教师如何在一个专业发展课程中共同努力,揭示出带余除法的新见解。麦加维和麦克菲特(McGarvey and McFeetors,2015)指出了加拿大公众对整数算术目标以及学生达到目标所需要的支持的关注。

5.1.2 工作组的讨论

八场一小时的会议以不同的方式组织起来。在研究整数算术跨历史和语言以及在不同群体的差异时,第一工作组讨论了关于整数算术是什么和为什么的不同看法对教学和教师教育的影响。工作组会议广泛讨论了所谓的印度-阿拉伯系统中的位值。除了讨论背景和文件(附录 2)中提出的问题外,主题一的论文还可以促进对以下问题的讨论:

(1) 位值概念在数字符号系统中是如何发展起来的?

(2) 整数算术中的语言和文化问题是什么?

(3) 不同的群体如何改变过去/当前的整数算术教学?

5.1.3 本章的结构

本章在考察整数算术跨历史、语言和文化变化的基础之上,介绍数字表示法及其基本思想。随着世界变得更加统一,先前不同的文化相互作用并开始融合,不兼容现象变得明显,不同传统和实践之间也出现了分离。在整数算术中可以看到许多不兼容的情况。特别值得注意的是,当使用几乎通用的十进制位值系统进行命名和计算时,传统语言需要一段时间适应。正如本章所述,这些不兼容性会影响教学和教师教育的方法。

在科学领域历史的演进可以为过去和现在提供更深刻的理解,从而巩固和澄清一些基础(e.g. Jankvist,2009)。我们首先对前数字符号系统知识和数字符号系统概念的发展作出一个历史考察,接着从历史中追踪其在认识论和教育学上的基本见解。第 5.2 节重点介绍文化习惯(尤其是语言)与整数算术通用的十进制特征之间的差异和关联。我们亦会探讨后殖民时期的矛盾,包括口头和书面数字之间的不一致以及计数和计算之间的不兼容。第 5.3 节讨论历史上在尝试进行改革时社会中多个群体所带来的影响。在特定的社会中,不同的利益相关群体可能为整数算术设定不同的目标,从而产生不同的期望和支持。我们给出了各种示例并进行了关键性的比较,尤其是为了理解课程改革的方式和原因。

在数学教学的全球化成为一种趋势的同时,教师和研究人员最近通过研究数学的历史、传统和文化,对数学的本质有了共同的认识。所谓"文化",是指经过历史构造,在社会上传播和不断加以修改,并在我们的符号和语言中体现的一系列含义(e.g. Barton,2008)。通过这一系列含义,人们可以交流、延续和发展他们对生活的认识和理解(另请参阅第 3 和第 9 章)。历史和文化不仅影响数字的命名和概念,而且影响它在测量和运算中的使用。不同的语言具有各自的语法和语义,它们强调数字的不同方面;这些可能会促进或阻碍对其概念的深入理解,尤其是有关基数十、位值和运算的概念。当教育的一个目的是支持一种文化特有的结构和功能的连续性,并保持文化认同(e.g. Leung et al.,2006)时,本土文化也需要与普世文化联系起来,以避免在全球化发展中被孤立。因此,一个关键的问题是一个文化系统如何根据其历史、语言和文化作出深思,确定自身的弊端和优势,并克服弊端、提升优势。那么,我们从这些深思以及基于此的干预措施中汲取了哪些教训呢?

5.2 源于历史的基本观念

5.2.1 简介:印度-阿拉伯数字符号系统

一些历史学家认为,印度-阿拉伯数字符号系统(e.g. Lam and Ang,2004)源于中国。与之相关的不同历史视角请参阅尚拉(Chemla,1998)的文章,欲知更多细节,请参阅本书第3章。《孙子算经》中系统地介绍了中文数字系统及其用法,其后沿着丝绸之路在公元5至9世纪通过印度传播,在10世纪时传播到阿拉伯帝国,然后在13世纪时传播到欧洲(Guo,2010)。多年以来,数学史学家一直在争论印度-阿拉伯数字符号系统的起源。例如,法国数学史学家伊弗拉(2000)认为,由于前九个整数的婆罗米(Brahmi)符号是土生的,并且不受任何外部影响,因此十进制位值系统必定起源于印度,并且仅仅是印度文明的产物。相比之下,蓝和洪(Lam and Ang,2004)认为,没有相关的早期文本或证据表明该系统在印度的使用早于中国。早期的文本和证据表明,中国人在近2 000年的时间里连续使用算筹数字符号系统。由于对印度-阿拉伯系统中位值概念传播的历史研究有限,这个历史事实对于西方或东方的数学教育家而言都不是众所周知的。

根据蓝和洪(Lam and Ang,2004)的研究,在西欧,印度-阿拉伯数字符号系统出现之前很少有数学家能进行乘法运算。相反,在古代中国,乘法运算早在战国时期(约公元前475年—公元前221年)就在数学家、官员、天文学家、商人和其他人中广泛流传,这可能是因为中国算筹系统中广泛使用了位值的概念。正是由于以先进的十进制位值系统为基础,《九章算术》包含常见的分数、面积、三分法则、最小公倍数、平方根和立方根的运算、体积、比例和反比例、相对距离和相对速度、盈不足、假借法、矩阵概念、负数、联立线性方程和直角三角形等内容也就不足为奇(Chemla,2007)。

一种文化中的算术发展可能会受到其所用的数字符号系统的限制或促进。例如，一个简单进位计数系统不能很好地支持大数的乘法运算。印度-阿拉伯数字符号系统比其他系统复杂得多：它包含一套命数原理，该原理是以十为基数的，且包含多个计数单位，加法和乘法的关系内隐地嵌入其中，仅仅通过（十个）数字来记录数量。它在世界上是通用的，因为每一个数（无论多大）都可以轻松地被表示出来，并且能够轻松实现计算。

根据讨论文件（附录 2），历史重建是整数算术的核心关切。为了更好地理解该系统，我们研究了数字符号系统[1]简要的概念发展，并在下文进行了相关的认识论和教学分析。这项研究有两个动机：通过研究历史渊源（过程）来了解已建立的整数算术（产物）的基础，通过研究认识论障碍为现代数学教学提供见解（第 9 章，特别是第 9.3.2 节）。扬克维斯特（Jankvist，2009）认为，"历史不仅可以帮助发现这些障碍，还可以帮助克服这些障碍：对历史观念发展的认识论反思，可以通过提供必要的线索来丰富教学分析，以指明所要教授的知识的性质，并探索获取该知识的不同途径"（p.237）。

我们没有描述所有的历史事实，仅研究了数字表示法发展的基本思想。根据概念发展的过程，数字符号系统的概念发展可以分成四个类型：一进制系统（单符系统），加法系统，乘-加系统和十进制位值系统。在每种情况下，人们发明了实现运算的不同策略，这些将在下文说明。相关研究进展能够更好地反映数字结构的发展以及历史/学习中的一些认识论障碍（e.g. Jankvist，2009）。

5.2.2 前数字符号系统的知识

5.2.2.1 早期计数实践

许多人类学家（e.g. Ifrah，2000；Menninger，1969）发现某些古老文化根本没有发明数字。有些只给一和二命名，有些最多只命名至三或四，较大的数字就用"很多"来描述。在许多古代语言中，表示二或三的词存在于单数和复数之间用以区分一个和多个，这是计数发展的起点。

有组织的词语列表（即数字名称列表）与一个组合的单位之间一一对应的关系通常被认为是计数的基本过程，它是最基本的阶段。在许多文化中（e.g. Menninger，1969），人体的某些部分已被用来进行一一对应，通常从手指开始。尽管数字名称集是有限的，但某些文化中出现了超过最大可用数量的定量实践，例如

---

[1] 数字符号系统是一种用于表征数字的书写系统，即用数字或其他符号一致地表示给定集合所基于的数学符号。

使用计数系统,并将大量的物品分成较小的可数数量(Baxter,1989)。一个社会的早期数字实践根植于其计数系统的发展历程,该系统建立在序数、基数和计数原理(即一一对应关系)的基础上(Seidenberg,1962)。除了单符计数系统以外,各种文化还发展了不同的计数系统,但它们都有表示一(个级的单位)的符号和表示其他数量(单位一的集合)的符号(May,1973)。

5.2.2.2 计数原理的发明

对于许多古代部落人而言,了解数量是增加还是减少可能是一个关键的问题。为了认识到多了或少了,最早的方法之一——使用一堆石头作为中间物(代替所数物品),直接促进了一一对应的发明(Dorier,2015)。在表示和命名数字之前,人们发展了几种方法来评估数量,而不是粗略估计。例如,我们可以想象当牧羊人晚上从田野归来时,他们担心失去绵羊的可能性。我们只能推测在一一对应方式演变的过程中石头的使用如何逐渐被标记所取代,但是也有明确证据表明,在使用“装有代表集合内物体数目的筹码的封套”时,这些标记被用于一一对应(Schmandt-Besserat,1992,p.190)。人工制品的绘图被用来记录标记所代表的数量。其他一些人工制品,例如可追溯到旧石器时代(公元前15 000年)的刻痕和骨头,是与建立相应的集合并以特定基数记录其数量有关的人类活动的标志。这可能是计数原理发明的开始。

5.2.2.3 数字命名的预结构

由于口语发音的节奏要求,没有任何一种语言通过将同一个音重复发音两次以上来表示数字。也就是说,没有像“一一一一”代表四或者“三三三”代表九这样的已知例子。单词有时会重复,但不会重复多于一次(Cauty, 1984; Guitel, 1975)。这意味着数字名称不是基于一进制计数系统(一种通过使用单个笔画来表示被计数的对象,从而记录数量和金额的计数系统)的原理(请参阅第5.2.2节及第9和第10章)。如果某种语言中存在数字名称,那么其中那些最小数字的名称是一系列或长或短的单词,并且这些单词往往是独立的。相反,如果某种语言要表示超过某个阈值的大数的名称,那么它往往会使用乘法结构,而这个阈值几乎总是低于100(Cauty,1984; Crump,1990; Menninger, 1969)。在中文以及其他一些语言(例如Chunka)中,这个阈值是10(González and Caraballo,2015)。

我们之所以考虑阈值之前的序列,是因为它的结构很重要。考蒂(Cauty, 1984)在口语中发现了以下几种类型的序列:

(1) 序数——彼此独立的一串单词。

(2) 带基准的序数——如前所述,它以一串单词开始,其后是一定规模的基准。例如,Panare 语言以 5、10、15、20 为基准,基准之间从 1 到 4 计数(Cauty,1984)。

(3) 带加运算的基数——一个数由并置的数字名称表示,它们的和就是给定的数(例如在罗马数字中,XXIII 表示两个 10 和三个 1)。

(4) 带乘运算的基数——一个数由各数字与相应单位的乘积之和来表示(例如在中文口语和书面数字表达中,302 表示三乘一百加二)。

奥克萨普明(Oksapmin)人使用身体部位来识别数字,从右手手指移动到右眼——第一个手指为 1,眼睛为 13;鼻子为 14,然后对称地从左眼移动到左手手指,表示 15 到 27(Saxe,1981)。这可以被视为一长串序数。根据考蒂(1984)的说法,上述带基准的序数类型经常与带加/乘运算的基数类型混淆。两者之间的区别在于语法,其表明了相对于基准的变化方式。基准和加法命数可能是基的概念的开始(如在以 10 为基数的情形中)。但在某些语言中,较大数的名称可能用较小数及算术运算来表示,这可能是探索数字结构的开始,例如 $3=2+1$,$5=2+2+1$,甚至乘法形式,如 $6=2\times3$,$18=3\times6$。然而,很少有人将 2 表示为 $1+1$(Crump,1990)。在尼日利亚,约鲁巴数字符号系统以 20 为基数,其他数可以用减法表示,例如 $35=(20\times2)-5$。这也可以在罗马数字中看到,例如 CX 表示 110,而 XC 表示 90。

为了满足计数的需要,不同的文化逐渐形成了计数原理和一一对应的关系,并以一定的规律性来命数,有时使用加法和(或)乘法来指定数量。从这些实践中,我们可以了解数字符号系统的概念发展,因为命名和运算(加法/乘法)是同时发展起来的。发展正式的数字符号系统需要计数原理、发明的数字名称和书面的数字符号。然而,基数和序数之间的协调可能被认为太琐碎,太容易在许多课程和课堂中明确设计。这些可能是后来在数的发展和运算方面长期导致学习困难的原因。

5.2.3 数字符号系统的概念发展

5.2.3.1 一进制计数系统(Tally Systems)

伊尚戈骨(Ishango bone)[1]上的刻痕(约公元前 20000 年至公元前 18000 年)、中国古代的绳结和泥板上的苏美尔标记,显示了几乎所有古代文化记录数量的可能样态,即“早期石器时代或农业时代”数字符号的滥觞(Mainzer,1983,1991)(另见第9.2.2节)。伊弗拉(2000,p.64)指出,一进制计数系统“至少在四万年

[1] 凯勒(Keller,2016)最近对伊尚戈骨的算术解释进行了对比,声称需要作进一步的研究并参考考古发现。

前首次使用”，可能是早期有系统地计数的滥觞。这些可能是罗马数字或伊特鲁里亚(Etrurian)数字的起源(Ifrah，2000，pp.191－197)。这些标记清楚地表明了古代书面数字表示法的发展。一进制计数系统是最原始的记录数量的方法(Hodgson and Lajoie，2015)。向上数和向下数可能是计算和与差的自然而然的方法。作为最简单的(一元)数字符号系统，其在建立对象与名称之间的一一对应关系，形成一串升序的数字等基本计数动作中起着重要作用。这可能反映了一组数字符号如何初步系统概念化的发展过程。一进制计数系统直接反映了计较小的数的基本思想——一一对应。一旦单符计数成为一种惯例，下一步可能是为较小的数建立一组标准名称，因为它提供了基数和序数的概念，并允许描述按照特定顺序排列的对象的集合。上面的分析表明，计数原理可能是数字符号系统概念发展的关键。没有它们，可能会导致死记硬背地计数、跳数、随意计数以及对同一对象进行两次或多次计数。

5.2.3.2 *加法系统*

随着对大数(量)的计数需求的增加，记住大量数字名称所带来的困难导致许多社会中的人们产生了分组的想法，通过使用特殊的缩写来重复符号并发明一个新的对象或符号来表示该数量(Groza，1968)。这种分组可能是有条理地组合不同记录的第一步，使各个计数器共享一个具有结构的组织方法(Bass，2015)。它意味着计数系统的数学抽象性，其中用书面数字符号表示的数就是每个数字表示的值的总和。它还需要新的符号来表示不同的群组以及枚举新集合的新策略。不同规模的群组可能是多个(计数)单位这一概念的开始。这种分组——或重新计算不同的基数集合——在所有古代文明中逐渐发展起来，以记录大数(e.g. Bass，2015)。苏美尔人(约公元前3500年)最初使用的计数系统由一堆小圆锥体组成，代表物品的集合(Schmandt-Besserat，1992)。随着时间的推移，他们用一个小球代替10个小锥体，用一个较大的锥体代替6个小球(或60个小锥体)，用一个中心有圆洞的同样大小的锥体代替10个较大的锥体，从而混合使用了基数10和60。起初这些物品被装在一个球形黏土容器中，必须打破它才能确认数量。后来，这些物品的表面上带有标记。最终，这些物品被丢弃，仅使用它们的标记。利用楔形文字的特征，将楔形和拐角标记(具体来说，一个垂直楔形表示1，一个拐角表示10)记载于黏土板上。这最早可追溯到公元前3300年，并且可能是第一个已知的书面加法数字符号系统。使用一组称为数字的符号以及一套用于表示数的书写规则，构造了一个更新的计数系统。

公元前1500年左右，埃及人以10为基发明了一种象形文字的加法数字符号系统。公元前 14 世纪左右，在龟甲和兽骨上发现的甲骨文字中，大多数中文数字所使用的主要概念就是分组，其在一定程度上形成了加法系统。有趣的是，二和三的数字符号仍在日常语言中使用。古罗马数字（如 CXXXV 表示 1 个百、3 个十和 1 个 5）也使用分组和重组为更高级单位的概念来记录数字。尽管在每个步骤使用不同的分组方法，但许多文化（苏美尔、巴比伦、埃及、希腊、罗马、阿拉伯、中国、玛雅以及阿兹特克等）基于连续分组的原理，发展或使用了多级加法数字符号系统。因此从历史上看，许多数字符号系统是经由一进制系统演进到加法（分组）系统而发展起来的，在这一过程中具有加法关系（无乘法关系）的多个（计数）单位也得以形成。上面的分析表明，处理大数时，了解多个（计数）单位是必要的，并且由于一进制系统中的单位和单位转换的不同，因此在计数学习中可能面临困难。

5.2.3.3 **乘-加系统**

上面的加法系统是一个相当普遍的发明。许多历史案例表明，乘法概念（最开始通常是不规则的形式）也是一个用更简单的方法表示较大数的普遍发明。以加法形式计算符号，然后命名符号的值，大致就得到了乘-加系统。例如，罗马数字 CCC（300）在拉丁语中称为“trecentī”，来自“trēs”（三）和“centum”（一百）。它是这样一个计数系统，其中数的值应为单位乘积的总和，这意味着要考虑每个单位的数量，并且融入了乘法的概念。在这里，C 是加法系统中的一个单位而不是一个数字。在这样的系统中，对于十的不同次幂，以及从 1 到基数减一的每个数字，都有不同的符号与之对应。

在商代晚期（公元前 14 世纪）的兽骨和龟甲上发现的中国古代数字符号系统，是第一个基于十进制的乘-加系统，并且具有加和乘的双重性质。图 5－1 呈现了一些商代甲骨文数字（Martzloff，1997；Needham，1959）。

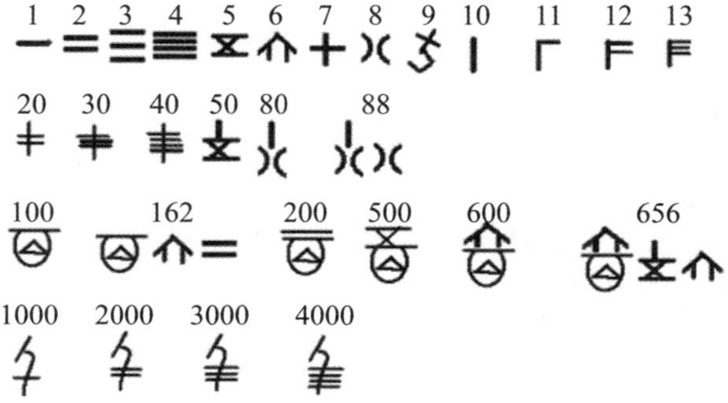

图 5－1 公元前 14 世纪的商代甲骨文数字

在这里,用2的符号和100的符号组合起来表示200,用3的符号和1 000的符号组合起来表示3 000,等等。系统的可加性意味着将符号并置以表示加法,因此4 359由4 000的符号,以及紧随其后的300的符号、50的符号和9的符号组合起来表示(图5-2)。由于这不是一个位值系统,因此不需要零(图5-3)。

图5-2　4 359的表示

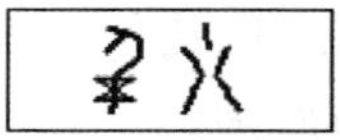

图5-3　5 080的表示

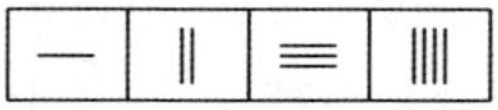

图5-4　横式算筹上1234的表示

吉特尔(Guitel,1975)将其归类为混合系统。许多加法系统演变成乘-加系统(中文、玛雅语等),但大多数仍为加法系统(例如罗马书面数字、埃及文、希腊文)。乘法系统提高了计算速度。但是,乘法和加法之间的差异可能会导致概念混淆和学习困难,并且同时使用乘法和加法进行数字命名可能会造成认识论上的障碍。

5.2.3.4　十进制位值系统

十进制数字符号系统和位值表示法(或者位置表示法),都可以进一步简化算术运算,这是由于对不同的数量级(例如个位、十位、百位)使用相同的数学符号(0～9)。通过使用1、10和100作为计数单位(不是加法系统中的数字名称)以及乘法与加法的概念,一种更高级的数字符号系统——十进制位值系统被发明出来,在该系统中一个数可以用多个十进制单位来表示。数字本身及其所在的计数单位决定一个数字所代表的值。符号占用的计数单位决定了该单位的值,符号本身决定了要表示的数量中有多少个这样的单位(Groza,1968)。由于使用了计数单位,十进制位值系统中的计算与一进制系统和加法系统中的计算完全不同。计数单位及其转换是计算的关键。具有相同计数单位的两个数字才能直接相加,不同单位的数应该转换成相同的单位(再相加),转换率为:1千=10(个)百,1百=10(个)十(1在第三位),1十=10(个)一(1在第二位),等等。

中国的算筹系统和印度-阿拉伯数字符号系统是十进制位值系统,日本、韩国和泰国引入了中国的十进制位值系统(Lam and Ang,2004)。大约在公元前4世纪(东周时期),第一个基于算筹的位值系统开始使用(Guo,2010; Martzloff,1997)。用竹子做的小算筹被用来表示数(Zou,2015),并在算板上使用(第3章)。一个数被排成一行,个位在最右边的一列,向左的下一列是十位,再向左的下一列是百位,以此类推(图5-4)。

算筹上的零只是一个空白位,现存最早的算学论著之一《孙子算经》(约公元

400 年)描述了如何在算板上执行算术运算,并给出了使用算筹进行乘除法和开平方的说明。尽管人类一直都明白"没有"或"无"的概念,但直到阿拉伯数字符号系统才第一次使用零的符号来代表"零"。这是世界上第一次将零视为一个独立的数字,既作为一种观念又作为一个符号(Martzloff, 1997)。两种位值表示法在零的处理上体现出相同的理念,且在两种不同的环境中出现,目的是为了更高效地表示任何数。《夏侯阳算经》(约公元 500 年)不仅对 10 的正整数幂作了说明,而且将十进制小数解释成 10 的负整数幂(Martzloff, 1997),把位值表示法应用于小数。因此,十进制位值表示法成为一种更有效地计算整数和分数的系统。

5.2.3.5 现代(数)理论方法

为了描述书面的位值系统,研究者提出了两种关于位值数字符号系统的方案或"理论"。第一种是古典理论,它属于传统的算术论著,例如伯祖和雷诺(Bezout and Reynaud,1821)以及瑞安(Ryan,1827)的相关著作。在法国,这种理论用于教授位值符号已经有几个世纪的历史了。第二种理论属于学术数学理论。

计数中使用的单位——即"个位""十位""百位"等——此后被称为计数单位(numeration units)。计数单位是按照以下方式一个接一个地构建的:(1)前十个数是一个接一个地建立的,从单位一开始,然后依次在前一个数字上加 1,形成了数字 1、2 等。(2)十个一一组,构成了一个新的数位——十位。(3)十位上数字的编排方式和先前个位上数字的编排方式相同,从一十到十十:一十、二十等等。(4)然后将数字 0~9 依次加到前述九个整十数的个位上:十、十一、十二、……、二十、二十一,以此类推,形成前 99 个数。(5)十个十一组,又构成了一个新的数位——百位,以此类推。数字名称是根据单位名称(改编自法文)的直译形式呈现的:"先说十位数,再说个位数。"例如,因为三个十 (three tens) 表示三十(thirty),四个一 (four ones) 表示四,所以三个十和四个一表示三十四(thirty-four)。但是,规则也有例外。例如,十一 (ten-one) 通常被称为"eleven"。最后,在建立数字之后,进一步对位置表示法作规定。写数字而不写单位名称,只需将各个数位上的数字按顺序并置,个位在最右边,然后每个位置对应的单位比与其紧邻的右边的单位大十倍。哪一位上"没有"要表示的数量,则用符号 0 标记。

当前学术数学中关于位值的参考知识是,给定基数 r 对整数 n 进行多项式分解:$n=\sum a_i r^i$,$0 \leqslant a_i < r$。这是对经典理论更为概括的表达,体现了现代数学特有的形式抽象。分解的存在性和唯一性的规范化证明涉及欧几里得除法(Euclidean division)。位置表示法被定义为多项式系数的并置。此理论属于高等

代数，此后被称为学术理论(Bezout and Reynaud，1821)。

上面介绍的两种方法都提供了位置表示法的乘法描述。当使用诸如算盘之类的计算设备(参见第9.2.2节)时，由于设备本身已体现了这一约定，因此不需要乘法描述或求助于指数。

总而言之，十进制位值系统和计算是我们的祖先传承给我们的，并且随着时间的推移得到了改进。探明哪些方面作了改进以及变化的原因是有价值的。(以上)我们描述了几个步骤，每个步骤都需要概念和关系的发展。从一进制计数系统演进到加法系统的过程中，多单位的概念(即单位的重组)至关重要。单位重组仅表示使用较大的单位进行重新计数，该过程中还必须重建低级单位的乘法关系。乘法还进一步简化了重复性的加法关系，从而促进了计数的抽象过程。这种精妙的十进制位值系统的发展经历了漫长的时间。因此，理解数(系统)是复杂的这一事实也就不足为奇。如果没有这种计数法，人们将遭遇与古代人在大数与分数的发展中所遇到的同样的困难。

5.2.4 从历史中得到的认识论见解和教学启示

5.2.4.1 *从数字的史前历史得到的教学启示*

数字的史前历史和小数字的发明过程有助于我们深入了解数字教学及幼儿学习数字的初始样态。一一对应关系可能是向数字概念迈进的重要一步：将数量视为集合的一种属性。如前所述的历史显示了一一对应关系的双重角色：物品的中间(对应/替代)集合(例如石头)和词语的中间(对应/替代)集合(例如数字名称)。正如多里耶(2000)所建议的那样，历史可以用来重构认识论所控制的起源，其中要考虑到教学内容的特定限制(难点)。艾尔(El Bouazzaoui，1982)和布鲁索(Brousseau，1997)所设想的数字的基本情况属于这种方案。它与量(还不是数)有关，可以表示为对给定集合构建相同的基数集合。通常任务是这样的："看，这里有一些兔子。要求去拿若干胡萝卜，这样每只兔子都能吃到。那就表示：每只兔子应该只吃一根胡萝卜，不能多也不能少。"可以观察到，自然而然地，幼儿并不去数(就知道所需胡萝卜的数量)，即使他们知道一串数字名称。从这种一般情况出发，基于对教学变量的考虑，可以设想几个步骤(Brousseau，1997)。也就是说，所要完成任务的条件可能会改变儿童的学习内容。例如，有纸和笔吗？如果有，孩子们可以画胡萝卜，从而列出需要的东西，这是一个中间(对应)集合。集合的大小——如2～6，6～12和12～100——与孩子对数字名称顺序的了解有着怎样的关系？从胡萝卜所在的地方可以看见兔子吗？孩子们可以以特定的方式绘制和排列胡萝卜，例如在模具上或在纸上的不同区域，以促发如这里三个一组，那里两个一组等（分组）概念（Briand et al.，2004；Margolinas and Wozniak，2012）。

5.2.4.2 **了解数字的用途：写、算、谈**

并非所有的计数系统都遵循相同的发展轨迹。例如，中国从未见加法系统的相关记录。有趣的是，在西方，书面的罗马数字体现的是加的（关系），而相应的口语数字名称体现的是乘的（关系）。例如，XXX在拉丁语中是“trīgintā”，其中“trēs”是三，“decem”是十（读作三乘十）。口头数字，特别是大数，属于“前乘-加系统”。但是，相比口语，书写的数因为用于计算，其概念则强调位值（关系）。

古巴比伦（约公元前2000年至公元前1600年）的位值原则是以60为基数。小于60的数采用以10为基数的书面加法系统。在南美索不达米亚（约公元前2000年至公元前1800年）的抄写学校，位值计数法仅用于计算，从不表示量，而量仅使用相当小的数字以加法形式书写，并与已发展的单位制相关联（Proust，2008，2009）。古罗马人和中世纪的欧洲人没有书面形式的位值数字系统，而是使用罗马数字的加法系统，尽管他们用位值算盘进行计算，后者体现了希腊人、古巴比伦人（Høyrup，2002）和中国人（Fernandes，2015）所使用的位值原理。位值算盘数中每个数字的位置（值），表示乘以该数字的乘数（10的幂）。这些工具是根据类似于算盘的原理构造的：将若干相同对象分置于一块板的不同纵列，纵列中的所有对象代表相同的值，通常是加法系统中的一个数字（如果是计数单位系统，则是一个单位），其中相邻列所包含的对象由两个连续的数字（计数单位系统中两个连续的单位）表示。一个关键的特征是，如果两个相邻列之间的数字之比（右边一列的数较小）为 n，那么右列中的 n 个对象可以用相邻左列中的一个对象替换，而无须更改数字。如果相邻两列之比为 n（因此将其称为系统的基），那么只需将相邻左列中的对象移动并乘以 n。

印加人的情况是书面数字和计算之间不兼容。玛雅人和阿兹特克人开发了以20为基的数字符号系统，而安地斯地区的大多数文化都开发了以10为基的系统。印加文明使用绳索系统，通过字母数字符号来编码信息，并解决数字问题。奇普是具有不同颜色和绳结的串绳系统。绳索的位置、打结的类型和线的颜色是其数字逻辑性质的要素（Ascher and Ascher，1981）。但是，印加人用于计算的算盘尤帕纳（yupana）[1]运用了十进制系统（González and Caraballo，2015）。

---

[1] 尤帕纳：一种类似于算盘的计算工具，印加人在其中放入玉米或其他植物种子、小石子等，用于做数学运算。——译者注

使用计数板时，所进行的连续的计算步骤即刻消失。在古巴比伦（约公元前2000年至公元前1600年）的个案中，如同中国一样，位置表示法似乎未被用于记录数量。在古巴比伦尼普尔（Nippur，抄写学校）的黏土板上，位置表示法似乎被用来指示算法（Proust，2009）或在工具上记录计算的步骤（Høyrup，2002；Proust，2008）。在中国古代典籍中，位置表示法的书写形式被用来解释算筹或算珠在工具上的位置，尤其是用于解释算法（Chemla，1996；Lam and Ang，2004）。

从上面的调查中，我们得出令人惊讶的结论，在许多西方文明中，要表示大数，其书面系统是加的（关系），口头系统是乘的（关系），用于计算的工具则体现了位值原则（关系）。换句话说，以加法的方式“书写”的大数经常以乘法的方式“说出”，并且在计算中，通过使用物理结构而非书面符号，以“位值”的方式表示（关系）。印度-阿拉伯系统的发明及后来的广泛采用改变了这一点，因为这个独特的系统既使用位值原则，也使用乘加关系进行书写和计算。

5.2.4.3 了解十进制位值系统发展中的概念变化

(1) 记忆乘法表

由于使用了加法系统，古埃及、古印度和古罗马没有发展出乘法表。然而，古代中国、古希腊和古巴比伦出现了乘法表（Høyrup，2002；Menninger，1969）。可以合理地想象，在当前的西方课程中乘法概念可能很难理解（Beckmann et al.，2015）。美国全国数学教师协会在1989年制定了新的标准，建议教学中减少对死记硬背乘法表的传统方法的重视。但是，2012年美国《共同核心州数学课程标准》（Common Core State Standards Initiative，2012）明确指出，必须重视学习基本的乘法事实。从历史上看，在中国，乘法表一直是十进制算筹和算盘计算课程中较为稳定的部分，并且人们对记忆乘法表没有任何异议（Cao et al.，2015）。它被视为竖式乘法/除法计算（笔算）的基础，并且在快速准确计算中起着重要作用（Cao et al.，2015）。它包含了竖式乘法的基本事实，类似于命名数字1～9之于加减法的功能。因此，记忆乘法表对于乘法/除法计算（笔算）课程的发展和教学的重要性不容小觑。

(2) 单位换算

根据以上分析，加法系统中相邻单位类型的一一对应关系，需要更改为位值制中十对一的关系。在简单的加法系统中，每个符号都有固定的值，但在以十为基的位值制系统中，数字代表的值是由两个因素（数字自身的值及其所在位置对应的计数单位）共同决定的，一个符号可以根据其所在数位的变化表示不同的值。因为使用了计数单位,位值制系统中的计算与一进制系统和加法系统中的计算完全不同。计数单位及其转换是计算的关键。两个具有相同单位的数才能直接相加。不同单位的数要转换为相同的单位再进行计算,转换率为:1 千=10 百(1 在千位),1 百=10 十(1 在百位),1 十=10 一(1 在十位)。因此,高级单位的组成和分解是加法/减法的关键过程,在一进制系统和加法系统中无法通过数数的方法实现这一过程。坦海泽(2015)设计了一种干预方法,该方法基于计数方法逐步演进的历史过程——一进制系统、加法系统、十进制位值系统,然后在计算操作中还原这一历史过程,以增强教师教育中对位值的理解。坦海泽(2015)认为单位转换可能很困难,因为它不是在加法系统的计算实践中自然发展起来的,后者主要采用顺着数、倒着数以及加倍的方法。

5.3 语言和文化的基础观念

数字符号语言是一个人在数学中遇到的第一种文化符号,它比整数算术中的其他教与学的因素显得更加突出。数字的概念最早是通过数数语言常规化,表示数字名称的数数语言实现了知识的符号化表征,因而被视为文化符号系统(Goswami, 2008)。但是关于数字命名、文化认同与通用十进制特征之间的冲突,以及如何将本地语言与通用的印度-阿拉伯数字联系起来的研究是很少的。下面,我们将讨论这两个问题。

5.3.1 整数命名:通用性和文化性

这种冲突的一个明显的例子是整数命名,其中历史和文化不仅影响数字名称与概念,而且影响其在度量与运算中的使用。分析这种现象时,会出现两种情况:第一种情况是远古时代留下的,它在口头语言层面上"污染"了一个较现代且组织连贯的文化体系,例如丹麦的口头数字语言;第二种情况与活跃的殖民过程有关,政治和社会交互的情形多年来不断发展,语言的使用不可避免地受其影响,例如阿尔及利亚和危地马拉后殖民地区的口语与书面数字。得益于工作组提供的报告,我们能够对这两种情况作出分析,并且可以为初等算术的历史演变,以及它是如何影响数字命名并导致学习困难提供有趣的见解。重要的是,如果教师处理得当,这两种情况可能会在一定程度上提升数的教与学,并有助于提高人们对文化特性的认识。

5.3.1.1 *丹麦个案:丹麦数字名称的历史*

如艾耶斯伯和米斯费尔特(2015)所述,一个典型情况下,在丹麦口语数字命名的影响已导致许多儿童出现问题。一些数字标记源自古代名称,反映了原始的非十进制系统。一百年前,"eighty"(八十)被称为"four times twenty"(四乘二十);但在日常用语中,它变成了"firs",这与丹麦语中的"fire"(火)或"four"(四)接近。大约五十年前,这个缩写被正式使用,因为"times twenty"(乘以二十)已不用于数数,尽管它仍被保留用作序数词。丹麦语中的"seventy"(七十)被称为"half four"(半四),之前被称为"half four times twenty"(半四乘以二十)。"半四"实际上是(从三开始)向四多拿半个,所以它表示"三和半个"〔就像德国的时间计数一样,"half four"(半四)表示"half past three"(三点半)〕。因此,随着丹麦人对13到99之间的口语数词进行溯源,七十三在字面上被称为"three and half-four"。由于大多数学生都不知道这些古老的根源,因此几十到一百的数的名称都是通过死记硬背的方式来教学,其根本的规则没有予以说明。这给丹麦学生带来了困难,他们中的许多人在上学的头3年或4年内对于阅读和书写两位数没有把握(Ejersbo and Misfeldt,2015)。

三十年前,从文化层面解决这些困难是一种普遍的做法,即为教师和儿童提供机会来反思数学概念的根源。一些案例在认知和教学水平上被使用,以突出相关特征,例如当前的十进制位值系统(将以10为基与以20为基的情况进行对比),以及给定基数的表示法所蕴含的加法性质。如今这些机会在小学初段没有得到利用,这是因为几乎没有证据支持对数字名称的学习(可能是由于教学组织方式的原因)。丹麦学生继续为某个数及其基数值与数字表示的单词组合而挣扎。因此,尽管语言会随着其在日常生活中的使用而发生变化,但由于文化的连续性,更改数字名称是很困难的,即便这样做能够帮助学生更好地理解数学。

5.3.1.2 阿尔及利亚个案:后殖民时代的语言多样性

许多以前被殖民的国家保留了其旧殖民统治的影响,这些影响往往会在其教育体系中得到体现,例如在学校的组织、课程的内容以及特定学科所使用的语言等方面。幼儿学习用母语数数,在开始正规教育之前,这种做法一直是被鼓励的。因此,在早期当教师寻求发展和强化学生的数感时,学生会发现以一种"外来"语言学习整数算术具有挑战性。陌生的词语和新的概念常常导致儿童的认同问题。

阿兹鲁(2015)研究了阿尔及利亚的情况。在过去的五十年中,随着法国和阿尔及利亚之间权力和文化关系的变化,当局就不同层次的数学教学作出了一系列决定。例如,在大学阶段,所有数学课程均以法语讲授;但在中小学阶段,数学术语是以阿拉伯语写和念的(从右至左),尽管公式是以拉丁字母书写,从左至右阅读。

在阿尔及利亚的环境中幼儿所经历的学习困难具有典型性。阿尔及利亚有四种语言(古典阿拉伯语、方言、柏柏尔语和法语),不同社会群体在口头和书面语的使用上也有所不同。例如,尽管学校里使用古典阿拉伯语教数字,但是来自特定社区的一些孩子只会说方言和/或柏柏尔语。在上学的这一阶段,由于角色的转换,孩子们在写数时被要求从最低位写到最高位,即像写字那样从右向左书写。这种要求在三年级时会发生变化,届时所有儿童既要用阿拉伯语,又要用法语进行数字学习,其单词都是从左向右书写,并且在 16 岁以上这种情况不会出现反转。有些孩子会根据两种语言的单词书写方向从最低位向最高位书写数字。

对上述两种情况的分析,可为初等算术的语言发展,以及它如何影响数字命名并导致学习困难提供一些见解。显然,在通用命名、文化命名和殖民地命名之间关于整数的语言冲突,可能会导致元层次的学习困难。因此,有必要在课程和教学之间架起一座桥梁,以将当地语言与通用的印度-阿拉伯数字联系起来。

5.3.2 100 以内口语数字、书面数字和数字单位之间的不兼容性

当以英语为母语的人学习如何说出数量,然后(用数字)写出“他们听到的内容”时,他们面临两种由数字结构变化带来的困难:11 和 12 的单词不以“-teen”结尾;13～19 的口语命名(首先说的是个位数,而不是十位数)中使用了倒置结构〔thirteen(十三),fourteen(十四),fifteen(十五),sixteen(十六),seventeen(十七),eighteen(十八),nineteen(十九)〕。对于英语数字符号系统中的一种强大模式,这种干扰似乎没有逻辑。因此,必须学习并记住这些单词。相反,中文系统提供了一种合乎逻辑的阅读方式:11、12 和其他十几的数字有着相同的结构〔ten-one(十一),ten-two(十二),ten-three(十三),ten-four(十四),ten-five(十五),ten-six(十六),ten-seven(十七)等〕,只需要以同样的方式学习和记忆。另一个困难是口语数字(例如,14 在口语中是先念个位数再念十位数)与书面数字(例如,14 在书写时是先写十位数再写个位数)之间倒置的结构(如上文阿尔及利亚和丹麦个案所示),这可能会导致学习困难。长期以来,人们一直认为学习 11～19 的认知挑战是以“-teen”结尾的这些数带来的麻烦(Miller and Zhu,1991)。这可能与西方课程中颇具争议的位值或(总体)量值有关,例如,在什么阶段应该将 38 中的 3 看作 3 个 10 而不是量值 30 (Askew and Brown,2001)?

霍德蒙特和唐皮耶(2015)指出了在认数过程中的三种数字符号系统:书面数字(写成 56,显示面值)、口头数字(说成“fifty-six”,显示量值,以个为单位)和计数单位数字(5 个十和 6 个一,显示位值,以计数单位来表示)。通常口语数字系统根

植于本地口头语言，并且自然遵循本地语言的语法，因此直接显示出文化特征。在西方语言中(数的口头表述)通常是不规则的〔72 在法语中是“soixante-douze”，也就是“sixty-twelve”(六十和十二)〕。它主要是作为一种继承的母语在家习得。口语名称以发音的形式逐渐发展，且与集合中对象的数量有关。书面数字主要在学校作为第二语言学习。与其他两个系统进行关联，并明确地、循序渐进地讲授第三个系统(计数单位数字，显示位值)，可能有助于理解以下三个方面：

(1) 以 10 为基的位值系统(Tempier，2013)；

(2) 计算算法(Ma，1999)；

(3) 有理数的十进制形式。

在英语中，数字的名称是基于单位的，但在法语中不是这样。后者在日常语言中不使用整数的第二、第三和第四个十进制计数单位(即十、百、千)(Chambris，2015)。

在东亚和世界其他地区的许多语言中(例如有些非洲语言)，口语数字类似于计数单位数字。书面数字不直接显示计数单位，但按照计数单位编码(例如，阿拉伯数字 234 中计数单位百、十、个并不出现)，因此它们之间的关系比欧洲的更为简单。在印欧语系中，学生必须记住许多口头、书面和计数单位名称，而不能在逻辑上将它们与书面名称联系起来(在 11 至 16 的口头表达中听不到“十”这个单位)。一种建立逻辑联结的方法是将书面名称转换为计数单位名称，反之亦然。在许多国家，这与计数单位在课程中的作用有关。例如，在美国，富森、史密斯和洛 · 西塞罗(Fuson, Smith and Lo Cicero，1997)考察了英语中的“tens and ones”以及西班牙语中的“decenas and unidades”，但不是指“单位”(units)，而是指“十几的单词”(tens-and-ones words)和西班牙语中的“位值”。在法语教科书中，计数单位名称(如百、十、个)从 1970 年代的课程中消失了；它们可作为位值名(即百位、十位、个位)保留下来。在当前法国二年级和三年级的教科书中，常常找不到1(个)百＝10(个)十的关系(Chambris，2015)。唐皮耶(2013)观察了 3 位三年级教师，发现尽管 3 位教师都使用单位名称来描述位置，但其中只有一位明确提及单位之间的关系。计数单位用作单位的功能在 1980 年代已经完全消失，但它们仍然保留了作为位值名(即百位、十位、个位)的功能，并且自 1995 年以来可能以其他形式和惯例重新出现。

5.3.3 计数与计算之间的联系和不兼容

在西方口头语言中，位值名百或千似乎比个和十扮演了一个更可见的角色，因为后者(个和十)无法作为许多口头语言(一百以内的数)的单位。因此,这样就失去了一个建立对计数结构的理解的机会。如上所述,中文强调口头计数,会根据量词的语言类别,同时唤起数字名称和计数单位(Sun,2015),这以更清晰的方式说明了数字的值。相应的数与计算的教和学,也强调了如何通过使用合成或分解的方法(例如,1 十=10 个)来组成/分解计数单位。与许多西方课程相比,中文系统强调了计数和记忆数字事实,尤其是在一位数和两位数计算的教与学中。在中文系统中,8+7 的结果被说成十五。数字名称本身促进了凑十法的使用:八加二,十加五,在过程中就得到了这个结果。以同样的方式,在计算 40+10 时,会说四十和一十是五十。如果某种语言不强调单位十,孩子就会得到多种答案。例如,在法语中,8+7 可以是 7+7(两倍)得到十四再加一。年幼的孩子很快就记住了"两倍",然后只剩下一个(简单的)步骤,就可以得到 15。要使用凑十法计算 8+7,需满足以下条件:(1)用 8(和 2)形成十;(2)从 7 中拿走 2(剩下 5);(3)将 10 和 5 转换成 15。最后一步在中文里是不需要的,但在那些不使用十来组成 11~19 的数字名称的语言中确实需要。在许多欧洲语言中,通常使用加倍(再往上数不多于 3 个)的方法计算 20 以内的加法,其认知成本可能比使用凑十法的认知成本低。例如,葡萄牙语教科书建议在加法计算中使用"两倍""两倍加一""补偿"(如 6+8=7+7=14)和"参考数字"(6+7=5+1+5+2=10+3=13)等方式,以及在减法计算中使用"倒着数""加减法运算表"和"将减法视为加法的逆运算(想加算减)"等方式(Sun et al.,2013)。中国课程则不同,凑十法是 20 以内加减法的核心概念,通常被认为是十位的位值的基础(Sun,2015)。它通过保持两位数与多位数加/减法之间的连贯性,奠定了多位数计算(进位)的基础。在大多数西方课程中可能不是这种情况,因为十几的数中的"十"不在十位上发挥作用,而是作为量值的角色〔例如,10+3 的结果被称为"thirteen"(十三)〕。大多数欧洲语言打破了十进制位值系统中明显的规律性,尤其是 11~19 和 19~99 的数(Ejersbo and Misfeldt,2015)。富森等人(1997)发现说英语的孩子在凑十法的使用中表现不佳,但建议在教学材料中凸显十几的数(teen numbers)中的"十"(ten)可能会富有成效。

中国课程在一年级时使用"凑十法"来发展位值的概念,通常需要至少 30 小时(第一学期的一半时间)以分组作为构建加减法概念基础的核心实践。具体来说,"凑十法"是针对十位的单位构成进行严格设计的,这也是位值概念的重要方面(Ma,1999),并且是理解加法和进位概念的重要方面,后者继承自珠算传统的(进位加的一部分)原理(Sun,2015)。与许多西方学者一样,鲁思文(Ruthven,1998)认为,仔细研究儿童在四个基本操作中使用的心算策略,表明没有证据显示他们可以理解方法中所用的位值。汤普森(Thompson,1999)认为(英文)心算策略利用了位值的量值的方面〔56(fifty-six) 被视为 50(fifty) 和 6(six)〕,而标准的书面计算则需要了解"列值"的方面〔56 被视为 5 个十(tens) 和 6 个一(ones)〕。这种微妙但重要的差异会对教学产生影响,因为它可能提供了一个与美国同行相比,中国教师在分解更高值的单位时,对进位减法表现出更好的概念性理解的原因(Ma,1999)。

5.3.4 如何解决不兼容性:一些干预措施

由于多种语言中的数字名称存在许多(理解和学习上的)困难,采取一些措施来改善口语数字、书面数字和计数单位数字之间的不兼容性至关重要。在许多东方国家和地区,计数单位数字语言已经直接使用了位值概念,是计算的基础。那么,对整数算术我们可以使用哪种教学语言,以更好地支持数和计算等概念的发展呢?

澳门会议上报告了对这一问题的几种干预措施:

1. 艾耶斯伯和米斯费尔特(2015)引入了一种教学语言的发明:规律的数字名称。这些更合乎"逻辑"的数字名称由 10 的幂的名称构成,这是丹麦语中的单位的名称,如同中文里的情形。这增强了对数字结构/规律性的认识,并改善了对数字名称和计算的机械式学习。一项类似的发明(Fuson et al.,1997)"允许所有孩子在他们中的一部分完全掌握 1 到 100 的英语数字单词序列之前,进入关于位值含义和使用重组进行两位数加法的对话"(Fuson,2009,p.346)。

2. 孙(2015)引入了中国的方法,通过在课程中将加、减和数这三个核心概念联系在一起,来增强(概念与运算)推理。在加法和减法的所有章节中都使用此方法。(1)将一个数加一得到其相邻的数。(2)从相邻数中减去一个即可得到原始数。这种方法不仅将加、减和数这三个概念紧密地联系在一起,而且在它们之间形成了联结,并且发展了逆运算和方程的概念。这不仅促进了操作和记忆,还促进了推理。相反,在某些西方课程中,数字、加法和减法的概念在彼此分开的三个单独的章节中介绍,这可能会在一开始便影响学生对数学的学习态度。

3. 考虑到法语课程,霍德蒙特和唐皮耶(2015)提出了一个侧重于计数单位的完整系统,借助这个系统所有的数(整数和小数)都可以关联起来。除了其他任务外,他们介绍了各种计数的方法,包括一个一个地数和十个十个地数。

4. 对教师教育课程情况的意识较弱。阿兹鲁(2015)提出了一项干预计划的第一步,该计划将困难作为教育资源。例如,通过将 11 到 16 之间的法语数字措辞,与阿拉伯语或柏柏尔语中对应的词进行比较，学生可以更好地了解法语口语数字的反常性质。通过分析以20为基的数60到100之间的结构，他们可以参与趣味盎然的换算练习。从教学的角度看，对这些学习数字的模式形成清晰的理解并认识到它们的不同特征，将有助于教师和学生之间进行有效且有意义的交流，从而帮助教师应对课堂中的多样性，并更有效地支持儿童的学习。

最后，塞耶斯和安德鲁斯(2015)通过对数感相关文献的系统梳理，开发了一个简单的八维框架。英语国家的教师经常提到在小学整数算术中发展学生良好数感以便为成人世界做好准备的重要性(McIntosh et al.,1992)。但是，心理学家认为数感是所有人天生拥有的(Ivrendi,2011)，这表明人与生俱来的资质和小学需要教的能力之间存在差距。塞耶斯和安德鲁斯(2015)开发并测试了一个新的弥合这一差距的理论框架，他们称其为基础数感，并确定了在入学第一年需要教授的关键的整数概念。

简而言之，源自语言和文化的基本思想表明，可以使用本地数字命名来建立文化身份认同。但是，这也导致本地语言与通用的印度-阿拉伯数字之间的冲突，并导致学习困难。因此，课程和教学中必须将当地语言与通用的印度-阿拉伯数字和计算联系起来。弥合口语数字、书面数字和计数单位数字之间的不兼容对于解决方案至关重要，尤其是将计数单位数字和口语数字、书面数字以及100以内的凑十法相结合，这对相关干预措施而言可能是最根本的。

5.4 受多个社群影响的基本思想

在前面的章节中，我们从历史和语言的角度提供了对整数算术的见解。我们着重介绍了整数算术是如何从远古时代发展而来的，以及传统文化的渊源如何影响当今数学教与学的过程甚至与之发生冲突。根据莫里什(Morrish,2013)的观点，当代教育一旦失去优势，就必须积极寻求变革，以实现经济、科学和技术的快速发展。变革的尝试通常是由数学学业成就的国际比较研究引发的，其反应和后果各不相同(Feniger et al.,2012)。决策者和教育者所引领的这种变革，通过一系列以各种原则和实践为框架的过程来诠释和协商(Kanes et al.,2014; Leung,2014; Wiseman,2013)。

数学教育被嵌入到经济与商业、学术数学、科学与技术，以及公共与私人利益相关者等四种主要的情境中，它们的影响不容忽视。在下文中，我们聚焦整数算术的教学和概念化如何被学术数学、科学与技术以及公共与私人利益相关者所改变。

第一个个案涉及经济与商业以及古代中国的影响,其他个案分别涉及以色列、法国和加拿大近代学术数学、科学与技术以及公共与私人利益相关者的影响。这些个案旨在了解课程改革的方式和原因,并侧重于基本的得失。实例的选择基于澳门会议参与者的报告。

5.4.1 经济与商业的影响:古代中国个案

孙(2015)讨论了早期中国人如何发明数字名称和计算工具(算筹以及后来的中国算盘),其中位值是体现整数算术精神的总体原则(Lam and Ang,2004),这推动了中国数学的发展。大(数)额计算通常是计算市场上的劳动力、资本和产品时所必需的,然而算筹的计算速度慢且不便于进行大(数)额计算。为了满足经济和商业发展的效率需求,中国算盘取代了古老的算筹,提高了计算速度和效率(Sun,2015)。这一变化导致从筹算开始所形成的计算原理(理解)的显著恶化(Lam and Ang,2004),因为筹算的分步程序被珠算的"计算歌诀"所替代。

《同文算指》(意指文化相通的算术规则)由明朝的官方学者李之藻(1565—1630)与意大利耶稣会士利玛窦(Matteo Ricci,1552—1610)合作编写,把从16世纪起在欧洲流行的书面计算引入中国系统。与传统的珠算方法相比,笔算的主要优势在于记录了中间的步骤,便于以后进行检查。它允许查看过程,从而有助于理解基本推理,且不必记住计算过程,而这很难在算筹或算盘的计算中实现。萧(2015)认为,在一个人的一生中至少要学习笔算的原理,这似乎是在获得对算术基本运算原理的理解,其对将来的学习至关重要。他进一步提醒说,当前小学中使用电子计算器,类似于使用算筹计算,其中间的计算原理被遮蔽了,"具有讽刺意味的是,如果我们过于依赖电子计算器,那么从某种意义上说,我们将倒转历史的车轮回到过去"(p.137)。为了满足问题解决中快速分析和定量方法的需求,改变计算工具是需要的。但是,相关的计算原理(理解)变得越来越弱,因此这需要(学校教育)解决。

5.4.2 学术数学的影响:以色列数学家的个案

考虑到数学家对数学的深入理解,我们假设他们应该在小学教师的专业发展中扮演一定的角色是很自然的事情。然而,数学家几乎没有教授整数算术的经验。此外,大学数学及其教学的论述与小学数学有很大的不同。如果这些不同社群的成员见面并互动,会发生什么?研究者在以色列在职小学教师的专业发展课程中对这一问题进行了调查,该课程由一位数学教授构思和讲授。

库珀(Cooper,2015)分析了与一项特定的数学主题——带余除法(division with remainder,简称 DWR)——相关的数学与教学对话。在学校数学中,带余除法是暂时的:一旦学生熟悉有理数域,它就会变得多余。在高等数学中,有余数的除法被推广到欧几里得整环。余数部分作为环 $\mathbb{Z}/n\mathbb{Z}$ 的代表也是很重要的。考虑到这种差异,库珀问道:数学家与在职小学教师的会谈如何促进彼此的专业发展呢?

导师里克(Rick)对标准表示法的问题感到震惊。符号"="表示相等,应该具有传递性。如果我们写 25∶3=8(1)和 41∶5=8(1),等号的传递会要求 25∶3=41∶5,里克认为这"完全是胡言乱语"(明显 $25\times5\neq41\times3$),他提出的解决方案是更改表示法:

以色列的标准表示法:25∶3=8(1)(25 除以 3 得 8 余 1)

里克建议的表示法:25∶3=8(1∶3)

新的表示法读作"商为 8,余数为 1 且需要被 3 除"。为了证明新的表示法的合理性,里克声称当除数未知时,8(1)作为数量没有意义。但是,一些教师对此提出质疑,声称 8 和 1 是"数量",并且等式 25∶3=41∶5 体现了等价关系。确实,8(1)代表了一类有余数除法的运算,它们具有相同的结果(商和余数),所以这种等价关系本质上没有错。因此,说上述等式"完全是胡言乱语",仅仅是因为它与分数的数学性质不一致,其中$\frac{25}{3}=\frac{41}{5}$确实不正确。尽管不同意里克所指出的关于标准表示法不足之处的观点,但老师们仍对新的表示法给予了认可,因为它在教学层面提供了从整数到分数的平稳过渡。里克强调了将余数部分表示为拥有(继续)被除的潜力这一方式的教育功能。这种潜力可以在公平分配的情况(单位可以被拆分)下实现,并且可以在分数算术中实现(即表示为分数)。其教学启示也被进一步研究。一位参与过教学过程的教师赞赏这种新的表示法,因为它有助于顺利过渡到小数的长除法,在小数除法情形下,学生经常忽略对其余数部分进行分割。她认为这种表示有余数除法的新记法将有助于克服这一困难。这一场景是库珀(2015)所描述的若干场景之一,展示了两个对有余数除法及其表示法存有争议的社群,如何共同探索数学表示法的数学和教学方面,并共同努力以加深对这个异常复杂的话题的理解,从而获得对所有参与者而言耳目一新的见解。这样,学术数学社群为小学教师的专业发展做出了贡献，同时也加深了自己对学校数学及其教学的理解。

5.4.3 科学与技术的影响：法国新数学改革的个案

科学技术也影响整数算术。史泼尼克危机发生后，为促进科学教育、技术发展和民众的数学能力，新数学运动在许多国家兴起。钱伯斯(2015)报告了法国的新数学改革。这种(新数学改革)国际现象(ICMI，2008；Kilpatrick，2012)影响了1960年代和1970年代各个层次的数学教学，并产生了持续的影响。它有两个主要的焦点：(1)教授“新”数学，包括更新教学的数学基础(e.g. Griesel，2007)；(2)考虑与学习和儿童成长有关的心理特征。在整数算术中引入了两个著名的主题：集合论(当代数学的一个方面)和除了10以外的计数基数(以下称基)(用于教授十进制原理)，后者是心理学的一个方面(Kilpatrick，2012；Bruner，1966)。这种现象可以从教学转换的建构这一角度来解释(Chevallard，1985)——将科学界创建的知识进行转化和适应性改造，使其适合用作学习对象。这种转化发生在1970年代末期。

在法国，从1900年到1960年，经典理论(上面有关历史方面的介绍)在经过精心改编(以切合的文字表述)后被写进教材。诸如“写数：3百4十5个(3H4T5O)”以及“将300转换成几个十”之类的任务——两者都使用计数单位符号——曾经一度很流行，也是基本的形式。当基数出现时，这些任务便消失了。学生将基于“基数”的位置表示法解释成一种(运算)过程，包括分组与解组，并且当没有借助(具体)实物操作时，他们会表现得有些挣扎(ERMEL，1978；Perret，1985)。过程如下：$\sum r_i a^i$变为$\sum r_i 10^i$；然后表示为$a\times1\,000+b\times100+c\times10+d$或者$a000+b00+c0+d$的形式。还出现了40+7+50+43+25这样的“作品”。“关键的问题是使孩子熟悉直接的书写”(我们的翻译；ERMEL，1978，p.17)：1、10、100和1 000等的作用越来越大。几年之内，“写数：3百4十5个(3H4T5O)”被“计算3×100+4×10+5”或者“计算300+40+5”所取代。单位转换没有被取代，一个新的符号系统——以数字表示十的幂——已出现，并且数字1成为唯一要教的单位了。

在转换的学术理论中，从3×100+4×10+5×1得到位置表示法的技术是“并置3、4和5”。目前要得到它的隐性规则是：(1)3乘100(4乘10)〔在3右边写两个0(在4右边写一个0)〕；(2)把得到的数加起来(用“列算法”)。也就是说，将它们按右侧对齐，一个放另一个下方。在1995年，基于计数单位的分解又开始流行起来，实现的方法是3H=300(由于处在百位)，4T=40，5O=5；然后，计算300+

40+5,即345。因此,在当代,转换的学术理论中的单位存在一种多重结合现象。但是,计数单位仅表示数字的位置及其单位,在当前二年级和三年级的教科书中通常找不到一百=10个十的关系。这提供了位置表示法的三种解释:它概括了后一种情况下的加法关系,古典理论中数的单位,并在转换的学术理论中用作多项式的代数关系。

在学术理论的运用中,学术数学的影响显而易见。与前面的个案一样,学校数学与学术数学之间出现了两种紧张关系:(1)不同的需求(单位 vs 高等代数);(2)对共享符号(位值表示法)的不同观点。

5.4.4 公共与私人利益相关者的影响:加拿大当前课程改革的个案

公共与私人利益相关者也影响着整数算术。国际学业成就测试(如1995年的TIMSS和2000年的PISA)的实施推动了广泛的课程改革,而课程改革通常侧重于整数算术。包括教育工作者、学校工作人员、商业领袖和父母在内的多个利益相关群体,经常表露出相互冲突的算术目标和教学期望(Brown and Clarke,2013)。这些冲突被称为"数学大战",在北美(e.g. Klein,2007)、欧洲(e.g. Prenzel et al.,2015)和中国(Zhao,2005)都出现过。

尽管加拿大在国际测试中表现良好,但当前课程的公共与私人利益相关者已经引发了公众辩论。例如,学生需要通过使用补偿方法(例如54-37=54-40+3)以及数与运算的性质(例如8×6=8×3×2)来发展灵活的心算策略。通过分析网络上对加拿大PISA成绩不理想的相关报道的评论,麦加维和麦克菲特(2015)试图了解公众的观点。以下引用一个在线评论的例子,该评论是对一篇全国性的新闻报道所作的回应,该新闻报道由一位反对当今基础教育课程的数学家所撰写。

> 我在小学时通过死记硬背来学习,后来在高中时,我学会了如何在诸如代数之类的课题上解决抽象问题。据我了解,该系统不必要地使孩子们的思维复杂化,叫他们应该强记基本的乘法运算,或学习如何做长除法及如何进位。我看不出这些有什么用(McDonald,2013)。

评论中的关键词,例如"死记硬背""强记""长除法"和"进位",往往会引起数学教育者的负面反应,就像"理解数学""基于策略的学习"和"以学生为中心的方法"等表述通常会引起公众的负面反应一样。

该分析未将论证一分为二,而是揭示了两组共同的目标:(1)学生需要有达到预期数学目标的机会(例如发展计算能力和解决问题的能力);(2)必须提供必要的支持,以帮助学生达到数学学习的目标(例如知识渊博的教师、编写清晰的教学资源)。将批评转变为共同关心的问题,这为对话提供了一个起点,使不同社群从儿童数学学习的众多观点中看到共性。简而言之,加拿大和其他国家(地区)的公共与私人利益相关者,通过改变政策和目标影响了整数算术(教学)。

5.4.5 基础思想摘要:理解变化的不可预测的长期影响

以上四份报告描述了经济与商业、学术数学、科学与技术、公共与利益相关者的影响,以及整数算术及其教学概念的各种变化。例如,紧随新数学运动之后,将学术数学作为基础知识纳入学校数学,可能会导致包括计数单位在内的各种要素的根本丧失。相比之下,库珀的例子说明了数学家的观点必须如何进行教学转换,才能适应整数算术的教与学。因此,为了促进变革,应该将学校数学和学术数学结合起来。库珀所描述的专业发展可以被视为实现这种转换的重要一步。但是,在整数算术课程设计中考虑数学家的观点是一件复杂的事情。尽管这些示例可能无法在其特定情境之外应用,但它们可能导致我们重新思考为整数算术定义和实施新目标的方式。然而,在整体上考虑这四种情况时,会出现一些主题,这些主题与在定义、实施和传达整数算术的新目标时可能出现的问题有关。

深层的变化似乎发生得很缓慢,这可能是因为先前实践的某些特征仍然存在,但是变化一旦开始,似乎就不可能停止。在新数学运动明显失败后很长一段时间内,挥之不去的影响就证明了这一点。在新数学课程中引入基的论据来自心理学。然而经过改革的动荡期,在所谓的"反改革"时期,"新"数学(此处以学术理论为代表,实际上并不是那么新)成为位值教学的数学基础。变革带来的影响可能既没有预料到,也不在掌控中。中国的课程改革似乎也是如此,尤其是用算珠代替算筹所产生的影响。在实施变革时,教育者和决策者需要意识到,在有所收获的同时,曾经被视为理所当然的元素也可能会遭受根本性的损失。认识到这一点很重要,因为复杂系统的一些关键方面对于观察者而言几乎是不可见的,并且在进行改革时可能会被丢失。

新数学运动在一定程度上受到与西方社会对工程师和科学家日益增长的需求相关的经济问题的影响。经济合作发展组织的 PISA 研究旨在确定 15 岁学生在多大程度上准备好面对他们将要生活的社会的需求。社会是否需要全球化的数学教育?如果是,它将如何体现出来?PISA 是否正在测试当代的"同文算指"?与社会经济需求有关的变化将在哪里显现(Siu,2015)？可能有人会认为，在重新设计整数算术课程时，历史将会重演，因为它必须考虑到经济社会需求的演变，从而造成如上所述的紧张局势。

在上述示例中，一个或多个社群进行了真正的尝试，以理解另一方的观点并促进有效沟通。尽管数十年来一直在努力解释整数算术中当前方法的好处，但对于许多利益相关者而言，这些论据并不令人信服。寻求确定共同目标的方法并解决当前方法所不能解决的问题，是使父母和社区重新参与儿童学习的重要一步。尽管数学家、心理学家、数学教育工作者和教师之间进行了一些合作，但新数学改革的失败是公认的(Kilpatrick,2012)。失败的原因通常被认为是教师教育的缺乏、资源的匮乏以及学术数学与学校数学之间的不兼容。最后，作为实现变革的手段，如下主题反复出现：联结不同社群，在利益相关者之间共享目标和手段，并使教师教育和资源适应新的目标。

5.5 整数算术是什么和为什么：迈向认知领域

本章所述整数算术的历史、文化和语言基础影响了一个教育系统如何发展其整数算术。在接下来的章节中，我们将聚焦学生如何发展有关整数算术的基本思想，以及教师需要借助什么来培育此类思想。但是，本小组中的几篇论文研究了教师如何在儿童发展的不同阶段呈现整数算术的一些不同表示形式。这些论文中的讨论为理解不同社群基于不同视角所发起的变革过程提供了重要洞见。其他一些重要的方面，例如人类先天的认知能力，将在第 7 章中详细介绍，而教师使用的语言、人工制品和任务将在第 9 章中进行举例说明。第 17 章将讨论教师教育的微妙问题。

参考文献

Ascher, M., & Ascher, R. (1981). Ethnomathematics. In A. B. Powell & M. Frankenstein (Eds.), *Ethnomathematics: Challenging Eurocentrism in mathematics* (pp. 25 - 50). Albany: State University of New York Press/SUNY Press.

Askew, M., & Brown, M. (2001). *Teaching and learning primary numeracy: Policy, practice and effectiveness*. Nottingham: British Educational Research Association.

Barton, B. (2008). *The language of mathematics: Telling mathematical tales*. New York/Berlin: Springer.

Baxter, W. T. (1989). Early accounting: The tally and checkerboard. *Accounting Historians Journal*, 16(2), 43-83.

Bezout, E., & Reynaud, A.-A.-L. (1821) *Traité d'arithmétique à l'usage de la marine et de l'artillerie*, 9e édition.

Briand, J., Loubet, M., & Salin, M.-H. (2004). *Apprentissages mathématiques en maternelle*. Paris: Hatier.

Brousseau, G. (1997). *The theory of didactical situations in mathematics* (*Didactique des mathematiques*, 1970—1990) (N. Balacheff, M. Cooper, R. Sutherland, & V. Warfield, Eds. and Trans.). Dordrecht: Kluwer Academic Publishers.

Brown, T., & Clarke, D. (2013). Institutional contexts for research in mathematics education. In M. A. Clements, A. J. Bishop, C. Keitel, J. Kilpatrick, & F. K. S. Leung (Eds.), *Third international handbook of mathematics education* (pp. 459-484). New York: Springer.

Bruner, J. S. (1966). *Toward a theory of instruction*. Cambridge, MA: Harvard University Press. Cauty, A. (1984). Taxinomie, syntaxe et économie des numérations parlées. *Amerindia*, 9, 111-146.

Chemla, K. (1996). Positions et changements en mathématiques *à* partir de textes chinois des dynasties Han *à* Song-Yuan. Quelques remarques. *Extrême-Orient*, *Extrême-Occident*, 18, 115-147.

Chemla, K. (1998). History of mathematics in China: A factor in world history and a source for new questions. *Documenta Mathematica*, *extra volume ICM* 1998, *III*, 789-798.

Chemla, K. (2007). Observing mathematical practices as a key to mining our sources and conducting conceptual history: Division in ancient China as a case study. In L. Soler et al. (Eds.), *Science after the practice turn in the philosophy*, *history*, *and social studies of science* (Vol. 14, pp. 238-276). London: Routledge.

Chevallard, Y. (1985). *La transposition didactique*. Grenoble: La Pensée sauvage. Crump, T. (1990). *The anthropology of numbers*. Cambridge: University Press.

Dorier, J.-L. (2000). Use of history in a research work on the teaching of linear algebra. In V. Katz (Ed.), *Using history to teach mathematics — An international perspective*, *MAA notes* (Vol. 51, pp. 99-110). Washington, DC: The Mathematical Association of America.

El Bouazzaoui, H. (1982). *Étude de situations scolaires des premiers enseignements du nombre et de la numération. Relations entre divers caractères de ses situations et le sens*, *la compréhension de l'apprentissage de ces notions*. Doctoral dissertation. Bordeaux: Université de Bordeaux 1.

ERMEL. (1978). *Apprentissages mathématiques à l'école élémentaire. Cycle élémentaire. Tome 2*. Paris: SERMAP-Hatier.

Feniger, Y., Livneh, I., & Yogev, A. (2012). Globalisation and the politics of international tests: The case of Israel. *Comparative Education*, 48(3), 323 - 335.

Fernandes, L. (2015, January 11). *The Abacus: A brief history* [Blog post]. Retrieved from http:// www.ee.ryerson.ca/~elf/abacus/history.html.

Fuson, K. C. (2009). Avoiding misinterpretations of Piaget and Vygotsky: Mathematical teaching without learning, learning without teaching, or helpful learning-path teaching? *Cognitive Development*, 24(4), 343 - 361.

Fuson, K. C., Smith, S. T., & Lo Cicero, A. (1997). Supporting Latino first graders' ten-structured thinking in urban classrooms. *Journal for Research in Mathematics Education*, 28 (6), 738 - 766.

Goswami, U. (2008). *Cognitive development. The learning brain*. Hove/New York: Psychology Press.

Griesel, H. (2007). Reform of the construction of the number system with reference to Gottlob Frege. *ZDM: Mathematics Education*, 39(1 - 2), 31 - 38.

Groza, V. S. (1968). *A survey of mathematics: Elementary concepts and their historical development*. New York: Holt, Rinehart and Winston.

Guitel, G. (1975).*Histoire comparée des numérations écrites*. Paris: Flammarion.

Guo, S. (2010).*Chinese history of science and technology*. Beijing: Science Press. [In Chinese].

Høyrup, J. (2002). A note on old Babylonian computational techniques. *Historia Mathematica*, 29(2), 193 - 198.

ICMI. (2008). *The first century of the International Commission on Mathematical Instruction. History of ICMI* by Furinghetti, F., & Giacardi, L. http://www.icmihistory.unito.it.

Ifrah, G. (2000). *The universal history of numbers: From prehistory to the invention of the computer*. New York: Wiley.

Ivrendi, A. (2011). Influence of self-regulation on the development of children's number sense. *Early Childhood EducationJournal*, 39(4), 239 - 247.

Jankvist, U. T. (2009). A categorization of the 'whys' and 'hows' of using history in mathematics education. *Educational Studies in Mathematics*, 71(3), 235 - 261.

Kanes, C., Morgan, C., & Tsatsaroni, A. (2014). The PISA mathematics regime: Knowledge structures and practices of the self. *Educational Studies in Mathematics*, 87(2), 145 - 165.

Keller, O. (2016). *l'invention du nombre*. Paris: Garnier.

Kilpatrick, J. (2012). The new math as an international phenomenon. *ZDM: Mathematics Education*, 44(4), 563 - 571.

Klein, D. (2007). A quarter century of US 'math wars' and political partisanship. *BSHM Bulletin*, 22, 22 - 33.

Lam, L. Y., & Ang, T. S. (2004). *Fleeting footsteps: Tracing the conception of arithmetic and algebra in ancient China*. Singapore: World Scientific.

Leung, F. K. (2014). What can and should we learn from international studies of mathematics achievement? *Mathematics Education Research Journal*, 26(3), 579 - 605.

Leung, F. K., Graf, K. D., & Lopez-Real, F. J. (Eds.). (2006). *Mathematics education in different cultural traditions: A comparative study of East Asia and the West: The 13th ICMI study*. New York: Springer.

Ma, L. (1999). *Knowing and teaching elementary mathematics: Teachers' understanding of fundamental mathematics in China and the United States*. Mahwah: Lawrence Erlbaum Associates. Mainzer, K. (1991). Natural numbers, integers and rational numbers. In H.-D. Ebbinghaus et al., *Numbers* (with an introduction by K. Lamotke; H.L.S. Orde, Trans.; J.H. Ewing, Ed.) (pp. 9 - 26). New York: Springer. (Original work published 1983)

Margolinas, C., & Wozniak, F. (2012). *Le nombre à l'école maternelle: Une approche didactique*. Bruxelles: De Boeck.

Martzloff, J.-C. (1997). *A history of Chinese mathematics*. Berlin-Heidelberg: Springer.

May, K. O. (1973). *Bibliography and research manual of the history of mathematics*. Toronto: University of Toronto Press.

McDonald, M. (2013, September 13). Frustrated professors convince elementary schools to step back from 'new math' and go 'back to basics'. *The National Post*. Retrieved from http://news. nationalpost. com/2013/09/13/frustrated-professors-convince-schools-to-step- back-from-new-math-and-go-back-to-basics/.

McIntosh, A., Reys, B., & Reys, R. (1992). A proposed framework for examining basic number sense. *For the Learning of Mathematics*, 12(3), 2 - 8.

Menninger, K. (1969). *Number words and number symbols: A cultural history of numbers*. Cambridge, MA: The MIT Press. (Translated from the German edition of 1958)

Miller, K. F., & Zhu, J. (1991). The trouble with teens: Accessing the structure of number names. *Journal of Memory and Language*, 30(1), 48 - 68.

Morrish, I. (2013).*Aspects of educational change (RLE Edu D)*. London: Routledge.

Needham, J. (1959). *Science and civilisation in China. Vol. 3: Mathematics and the sciences of the heavens and the earth*. Cambridge: Cambridge University Press.

Perret, J.F. (1985). *Comprendre l'écriture des nombres*. Bern: P. Lang.

Prenzel, M., Blum, W., & Klieme, E. (2015). The impact of PISA on mathematics teaching and learning in Germany. In K. Stacey & R. Turner (Eds.), *Assessing mathematical literacy: The PISA experience* (pp. 239 - 248). Cham: Springer International.

Proust, C. (2008). Quantifier et calculer: Usages des nombres à Nippur. *Revue d'histoire des mathématiques*, 14(2), 143 - 209.

Proust, C. (2009). Numerical and metrological graphemes: From cuneiform to transliteration. *Cuneiform Digital Library Journal*, 1.

Ruthven, K. (1998). The use of mental, written and calculator strategies of numerical computation by upper primary pupils within a 'the calculator-aware' number curriculum. *British Educational Research Journal*, 24(1), 21 - 42.

Ryan, J. (1827). *An elementary treatise on arithmetic, in theory and practice*. New York: Collins & Hannay.

Saxe, G. B. (1981). Body parts as numerals: A developmental analysis of numeration among the Oksapmin in Papua New Guinea. *Child Development*, 52(1), 306 - 316.

Schmandt-Besserat, D. (1992). *Before writing* (Vol. 2). Austin: University of Texas Press.

Seidenberg, A. (1962). The ritual origin of counting. *Archive for History of Exact Sciences*, 2(1), 1 - 40.

Sun, X., Neto, T. B., & Ordóñez, L. E. (2013). Different features of task design associated with goals and pedagogies in Chinese and Portuguese textbooks: The case of addition and subtraction. In C. Margolinas (Ed.), *Task design in mathematics education. Proceedings of ICMI study 22, July 2013, Oxford, United Kingdom* (pp. 409 - 418). Retrieved from https://hal.archivesouvertes.fr/hal-00834054v3.

Tempier, F. (2013). *La numération décimale de position à l'école primaire: une ingénierie didactique pour le développement d'une ressource*. Doctoral dissertation. Paris: Université de Paris Diderot — Paris 7.

Thompson, I. (1999). Implications of research on mental calculation for the teaching of place value. *Curriculum*, 20(3), 185 - 191.

Wiseman, A. W. (2013). Policy responses to PISA in comparative perspective. In H.-D. Meyer & A. Benavot, *PISA, power and policy. The emergence of global educational governance* (pp. 303 - 322). Oxford: Symposium Books.

Zhao, Y. (2005). Increasing math and science achievement: The best and worst of the east and west. *Phi Delta Kappan*, 87(3), 219 - 222.

Cited papers from Sun, X., Kaur, B., & Novotna, J. (Eds.). (2015). Conference proceedings of the ICMI study 23: Primary mathematics study on whole numbers. Retrieved February 10, 2016, from www.umac.mo/fed/ICMI23/doc/Proceedings_ICMI_ STUDY_23_final.pdf

Azrou, N. (2015). Spoken and written arithmetic in post-colonial country: The case of Algeria (pp. 44 - 51).

Bass, H. (2015). Quantities, numbers, number name, and number line (pp. 10 - 20).

Beckmann, S., Izsák, A., & Ölmert, I. B. (2015). From multiplication to proportional relationships (pp. 518 - 525).

Cao, Y. Li, X., & Zuo, H. (2015). Characteristics of multiplication teaching of whole numbers in China: The application of the nine times table (pp. 423 - 430).

Chambris, C. (2015). Mathematical foundations for place value throughout one century of teaching in France (pp. 52 - 59).

Changsri, N. (2015). First grade students' mathematical ideas of addition in the context of lesson study and open approach (pp. 60 - 67).

Cooper, J. (2015). Combining mathematical and educational perspectives in professional development (pp. 68 - 75).

Dorier, J.-L. (2015). Key issues for teaching numbers within Brousseau's theory of didactical situations (pp. 76 - 83).

Ejersbo, L., & Misfeldt, M. (2015). The relationship between number names and number concepts (pp. 84 - 91).

González, S., & Caraballo, J. (2015). Native American cultures tradition to whole number arithmetic (pp. 92 - 98).

Hodgson, B. R., & Lajoie, C. (2015). The preparation of teachers in arithmetic: A mathematical and didactical approach (pp. 307 - 314).

Houdement, C., & Tempier, F. (2015). Teaching numeration units: Why, how and limits (pp. 99 - 106).

McGarvey, L., & McFeetors, J. (2015). Reframing perceptions of arithmetic learning: A Canadian perspective (pp. 115 - 123).

Sayers, J., & Andrews, P. (2015). Foundational number sense: The basis of whole number arithmetic competence (pp. 124 - 131).

Siu, M. K. (2015). Pedagogical lessons from Tongwen Suanzhi (同文算指) — transmission of Bisuan (笔算 written calculation) in China (pp. 132 - 139).

Sun, X. (2015). Chinese core tradition to whole number arithmetic (pp. 140 - 148).

Thanheiser, E. (2015). Leveraging historical number systems to build an understanding of base 10 (pp. 149 - 156).

Zou, D. (2015). Whole number in ancient Chinese civilisation: A survey based on the system of counting-units and the expressions (pp. 157 - 164).

第 6 章

反思整数算术是什么和为什么(内容和原因):第 5 章述评

罗杰·豪
(Roger Howe)

6.1 绪论

整数算术是世界各地数学教育的基本组成部分,而且现在有一种趋势,即认为它是“容易”或“简单”的,特别是在数学家中,我相信在数学教育工作者中也是这样,与后面的课程——分数、代数等——相比较,这种态度有一定的合理性。

但是,即使是整数算术也并不简单!至少,如果历史可以指导(我们)什么是简单的、什么是困难的,那么第 5 章告诉我们,当前基本上通用的十进位值制的算术表达方式其实并不简单。这是一个非常漫长的历史发展的产物,人们对它的其中某些部分仍然知之甚少。全球范围内许多人都接受和使用位值制,不是因为它简单,而是因为它给计数和计算带来的(强大)功效。因为一旦你理解了它,或者至少可以使用它,那么其他的事情就会很简单。尽管位值制具有一个伟大思想的典型特征——当你学会了它之后,你无法想象你不知道它,但是它也给学习者带来相当大的障碍,许多学生只能部分掌握它。位值制并非显而易见,第 5 章给了我们一些关于它为何如此(难学)的解释与观点。

6.2 位值制的问题

就像我们在第 5 章学习到的,那些古老或者说经典的文明——美索不达米亚(苏美尔、巴比伦等)、埃及、中国、印度河流域、希腊和罗马——尽管使用了大量的数学,也做了一些复杂的计算,但它们并没有发明位置计数法(虽然从某种意义上说,中国人接近做到了)。可能直到纪元初期位置计数法才在南亚或东南亚出现,作为中国商人与各邻国之间交流的结果，更具体地说，是试图将中国的计算方法改成书面形式。中国人的确有高度发展的十进制算术，而且其中已经有很多位值制的组成部分，特别是嵌入到他们的计算工具中，他们的书面数字包含了十进制单位的明确字符。对于数字0他们没有设置字符，若表达给定数字所需的特定单位的倍数为0，则该单位在写入时被省略（即空白）。罗马人使用的是没有数码（概念）的十进制系统，但是其计数法在第5.2.3.2节多少被指定作为“加法类型”的系统。他们为每个十进制单位设计了单独的符号，五个相同单位组合起来又用一个新的符号表示，并且使用加减法来表示数。尽管我们认为古希腊人是厉害的数学家，其在几何上做出了杰出的成果，但是他们对数概念的掌握并不那么领先。希腊的计数系统是相当特设和受限的。他们用顶多三个字母的组合来表示数，而且最多只能表示到999（正如第5章所述，希伯来语和早期阿拉伯语系统是相似的，可能是因为它们都继承于腓尼基人的语言实践，就像它们的字母一样）。因此，位值表示法的后期发展，以及在它被发明后计算方法的逐步演变提供了令人信服的历史证据，表明位值制远非显而易见。

高斯（Carl Friedrich Gauss，1777—1855）通常被认为是文艺复兴后欧洲最出色的数学家。虽然如今许多纯数学家特别推崇他缘于其对数论的贡献，但他同时也是一位杰出的应用数学家。高斯能徒手做大量计算，包括在仅仅观察了几次谷神星（曾被认为是太阳系已知最大的小行星）的位置后，便能确定它的运动轨迹。他对此行星在空中何处能被再次找到进行了预测，这让谷神星重新被发现，并成为太阳系中值得注意的一员。

高斯关于计算方面的经历，使他对于位值制的优点非常敏感。他的如下论述曾被引用（Eves，1969；Newman，1956，p. 328）：

> 科学史上最大的灾难是阿基米德未能发明位置计数法。

这里需要重点指出的是，即使是阿基米德，或许是古希腊最优秀的数学家，也未能提出位值制这一想法。这不是因为阿基米德没想过大数的问题。他曾写过名为《数沙者》（*The Sand Reckoner*）的文章，其主题恰恰是如何表示大数（比如说世界上所有沙滩的沙粒的数目），并讨论了构建和命名这些数的方法。尽管如此，像位值制所提供的那样，建立一个高效、通用、无限制地写数的系统的相关概念，并未出现在他的构想中。人们可能会想到，是不是古希腊人普遍使用非常受限的特设系统(如上所述)，特别是缺乏对乘法的使用，在某程度上抑制了阿基米德的思想发展？

6.3 代数结构和位值制的功能

如果位值制被人们，甚至连高斯也如此高度重视，说明了它还是值得仔细研究的。如第5.2.1节所述，位置表示法利用了许多概念，包括几乎所有的基本多项式代数，以服务于写数功能。此外，它提供的计算效率归功于它与代数结构的兼容性。为了正确解读十进制数，读者还必须理解十进制的众多惯例。第5.2.3.4节提到了位值制的三种不同的解释或阐述，近几年在法国的学校中教过相关内容(除了新数学运动推广的"学术理论"以外)。我在向这次学术会议提交的文章(Howe, 2015)中描述了一个更详细的解释序列，共五个步骤，包含在一个单独的发展计划中，该计划可被视为位值理解的五个阶段，并且可以通过精心设计的算术课程来描述学习者的进度。这里通过以下等式序列予以说明：

$$456=400 \quad +50 \quad +6 \quad (\text{第一阶段})$$
$$=4\times100 \quad +5\times10 \quad +6\times1 \quad (\text{第二阶段})$$
$$=4\times(10\times10) \quad +5\times10 \quad +6\times1 \quad (\text{第三阶段})$$
$$=4\times10^2 \quad +5\times10 \quad +6\times10^0 \quad (\text{第四阶段})$$

第5.2.3.6节提到的"456"的第一种解释，或多或少与这个数如何用英语念出来相关(显然，这种惯例在不使用十进制单位的法国是不同的)。第二种和第三种解释(见第5.2.3.6节)与上面的第二阶段和第三阶段是一致的。

第二阶段将数分成几个部分的总和。就位值制而言，这里的每一个部分仅牵涉一个非零数字。这一步显示了给定基数后进行扩展的基本策略：每一个数都能被表示成一类特定项的总和。值得注意的是，对于这些特定项，在数学或数学教育文献中似乎没有标准的简称。出于当前的目的，我们将它们称为十进制部分。

因此，456的十进制部分是400、50和6。这种将一个数明确分解成十进制部分之和的形式，在美国的课堂上通常被称为展开式(expanded form)。

数的十进制部分本身有着坚固的结构，这可以从乘法的角度来理解。(上面)位值制的第三至第五阶段显示了这种乘法结构的连续特征。

这种结构的第一方面是，每一个十进制部分都是一个更特殊的数——一个十进制单位——的倍数，十进制单位中的非零数字只有1。一般的十进制部分是十进制单位的倍数，非零数字则告诉我们倍数是多少。例如，400＝4×100，50＝5×

10,6=6×1。在这里,十进制单位分别是 100、10 和 1。

有了这个术语,我们可以说:

每一个十进制部分是一个数字乘一个十进制单位。

这就是第三阶段告诉我们的,它可以被称为“第二展开式”。

我们不应该在这个阶段止步。十进制单位本身具有乘法结构,这一结构是十进制展开思想发挥有效性的关键,应该明确指出。

每一个十进制单位本身就是一个积,即若干个 10 相乘的积。十进制单位 1 是整个十进制系统的基础单位,它代表任何需要计数的数量。正如史前的一进制计数系统所揭示的那样,所有的整数都是通过对基本单位进行足够多次的重复运算得到的。下一个十进制单位 10 是整个系统的关键,它揭示了基或是组合的比率(10∶1):每一个后继的十进制单位都是由 10 个先前单位的组合得到的。因此,10=10×1 是第一个超出单位一的单位(十进制单位),下一个十进制单位是 10×10=100,再下一个是 10×100=1 000,只要我们需要,就可以不断继续。对于大多数日常用途,我们不需要计算太多步:因为每一个十进制单位是下一个较小单位的 10 倍,所以这些数很快就会变大!在我们的例子中,我们仅仅需要前三个单位——1、10 和 100。标准的希腊、希伯来和阿拉伯符号系统只满足于表示 999 以内的数,罗马数字在某种程度上能表示更多的数,但是也没有多多少。

最后一个表达式(第四阶段)对前一个表达式进行了概括:通过用指数形式表示 10 与其自身的迭代积。这是特别适用于十进制的“学术理论”(见第 5.2.3.6 节)。该表达式与代数中多项式的写法极为相似,实际上可以认为,它将给定的多项式表示为“10”的展开,前提是“多项式”的“系数”,即第一个表达式中的数字都是小于 10 的整数。

从教育的角度来看,认识位值(概念)的五个阶段的一个关键点是,尽管对于成熟的理解而言,所有这些表达或多或少都是等同的,但每一个阶段与前一个阶段相比都代表了实质性的智力进步。例如,指数表达是用乘法的结合律来证明的,可以说这是算术规则中难度最大的。相应地,指数表达通常要等到小学后期才引入——不在初小阶段——在学生已经在三至五位数或更多位数的情形中使用过位值制之后(然而,这样迟的引入也可能没有做,以致无法对定义指数表示法时结合律所起的作用进行原则性讨论!)。综上所述,理解这五个阶段意味着一个漫长的智力发展过程，学生需要经历整个基础阶段才能完全实现这一目标。

6.4 可能的教育课程

尽管所有这些对于数学教育者来说都是熟知的，但由于以下原因，我们有必要将其再次温习一遍。

首先，它可以帮助我们了解在教育讨论和整数算术教学中可能存在的疏忽。第一个例子是在讨论位值表示法的基本组成部分时缺乏一个简称，在这里我们称其为"十进制部分"。一个简称将有助于讨论它们以及它们在位值制中的作用，从而促进对位值制的概念性理解。

更进一步，我们还应该问，学生在多大程度上清楚地了解了第五个表达式中显示的完整结构，即位值制中隐含的代数结构。一些证据表明，在美国，即使是第三阶段，即"第二展开式"，也不会成为大部分学生思想的一部分(Thanheiser，2009，2010)。我们应该考虑如何组织课程，以便学生能够掌握体现在位值表示五阶段中的思想，以及它背后的代数结构。这才符合21世纪教育的"高阶思维"准则。

其次，当用指数表示法把十进制部分表示为 $d\times10^k$(其中 k 是任意整数)时，我们就能认识到位值制的无限性。我们从前几个世纪继承下来的整数算术课程可以描述为"以小数目为中心"〔它适用于许多主要场景，例如"店主(买卖)算术"〕。从一位数开始，接着是两位数，然后是三位数和四位数，接着或许稍微注意一下五位数和六位数，然后就会认为这项工作已经完成了。如果教学的主要目标是使人们能够用中等大小的数正确计算，这可能是没有问题的，但是它并不能传递(表达)计数系统的整体性。这种对小数目的关注，可能是许多人对一百万(a million)和十亿(a billion)之间的差异缺乏了解的原因之一，他们认为这两个数只不过是"非常大的数"而已。

但可以说，当今社会，理解一百万和十亿之间的差别是一项重要的公民技能。例如，理解一个亿万富翁相当于一千个百万富翁[1]。如果一个亿万富翁花1 000万美元在一套房子上，并且每年花100万美元去度假(以40年计——编辑注)，他还剩下9.5亿美元可用于做其他事情。当比尔·盖茨(Bill Gates)建造他的房子时，每个人都为他花了4 000万美元而兴奋不已。但是当时盖茨的净资产为400亿美元，因此他仅仅花了个人净资产的0.1%在房子上。你能以自己的净资产的

[1] 这是在美国的说法。在英国，"billion"(十亿)表示"million million"(百万个百万)。

0.1%买到什么样的房子？在这种情况下，还应该考虑到富人们不是把钱藏在枕头底下，而是拿来投资：他们的钱能创造更多的财富。如果盖茨的财富以每年1%的速度增长（事实上，增长速度要快得多），那么他在支付房款时比签订建造合同时更加富有。

除此之外，要明智地讨论国民生产总值等经济结构，数十亿是不够的，至少需要数万亿（trillion）。例如，美国2015年的国内生产总值约为18万亿美元。

关于气候变化等问题的讨论涉及比这大得多的数的比较。例如，地球大气层有多重？大气的重量大约是15磅/平方英寸（大气压力）乘地球表面积（以平方英寸为单位），那么是多少磅？像这样的计算也说明了一点，试图计算一个大数中的所有数，不仅会很麻烦，而且浪费时间。

通过一些努力，我们可以手工计算出1平方英里有4 014 489 600平方英寸（这种计算并未超出许多袖珍计算器的计算能力，所以现在的孩子只需敲击几下键盘就能搞定——如果她/他知道该怎么做的话）。接下来我们要做的就是用它乘地球表面积（以平方英里为单位）。但我们怎样才能准确地知道这一点呢？我们要试着在所有壮丽而不平的山河中，找出地球表面积的真实数据吗？这似乎是没有意义的。地球表面的大部分是水，水不断被风吹动形成波浪，波浪改变了水的表面积，有时变化是很大的（想想葛饰北斋的木版画《神奈川冲浪里》，有些人会把它作为具有无限表面积的分形的例子）。一个更简单的方法可能是，假设地球是一个球体，并使用公式 $A=4\pi r^2$ 计算其面积。要实施这一策略，你必须面对以下事实：地球实际上不是一个球体，特别是，其“半径”并未完全确定。事实上，对“地球半径”的估计可能难以精确到±5英里之内[1]，因为它大约有4 000英里长，这意味着我们所知的地球半径只有不到三个有效数字。记住一个原则，即乘积的准确程度取决于其中最不准确的那个因数的准确程度。在描述地球的面积或大气的重量时，报告除三个最大的十进制部分之外的数据是没有意义的。因此，我们上面计算的每平方英里所包含平方英寸的数量，可以（也应该）被“大约40亿”所取代。地球表面积的相应数据，若以平方英寸为单位，用800 000 000 000 000 000〔用美国的计数方式表示，是800个千万亿（quadrillion）〕来表示就足够了。

为了成功地教会孩子们理解和使用这么大的数，我们必须摆脱对数字的关注，努力理解“部分”的大小：更多地关注十进制部分，尤其是十进制单位及其相对大

［1］ 造成这种现象的原因有几个：扁率（在两极处变平）、北太平洋的隆起、山脉和海沟等。

小。此外，学生需要知道，就像在“地球半径”的例子中一样，在现实世界中描述某些数量时，我们很少需要知道，或者甚至不太可能知道除2个或3个最大的十进制部分之外的数据信息。出于大多数实际的目的，一个数通常表示成一个两位数或三位数与10的幂(次数可能较大)相乘的形式。这可能是21世纪整数算术的一个目标。

人们不禁揣度，为什么20世纪60年代的新数学运动没有像上述五个阶段的描述那样，完整地阐明学习位值的过程？也许是因为参与其中的数学家缺乏教育学的洞察力，或者更准确地说，是因为他们没有认识到从一个阶段到下一个阶段所需的智力进步与多年发展。一些数学家可能对十进制有些残余的轻蔑态度，因为它涉及任意选择，特别是基数的选择并没有明确的数学原因。这或许可以解释在新数学运动中引入任意基的原因。也许是因为他们过度关注集合论在建立数学基础上的成功，所以普通的课堂问题(如算术)没有引起他们的注意。不管其背后的原因是什么，这种失败可以作为一种佐证，即数学专业知识不是理解和积极影响数学教育的唯一先决条件。

6.5 对第5章特定小节的评论[1]

6.5.1 对第5.3.1节的评论

教授十进制位值系统的语言问题可能是整数算术的特点，关于这一点可以从国际比较中得到诸多启示。在美国，我们已经意识到相关问题，自从有文章(Miller & Zhu，1991)指出中文口语数字名称与位值制的严格兼容性，和以英语为母语的人在学习位值制方面的相对劣势，因为他们在一开始就被数字命名的不规则性弄糊涂了，如以“-teen”结尾的数，之后(稍好一点)是以“-ty”结尾的数。然而，我们在第5.3.1.1节中了解到，英语存在相对轻微的问题，一些欧洲语言，如法语和丹麦语在这方面情况要更糟糕一些。我很同情丹麦学校的孩子们，他们要从“三和半四(three and a half four)”的表述中弄懂那是数字70(应为73——译者注)！

6.5.2 对第5.3.1.2节的评论

在第5.3.1.2节我们了解到，阿尔及利亚的孩子需要在几种不同的方言之间尝试进行翻译，而这些方言有着相互矛盾的惯例，此外翻译上也有含糊之处，这给他们增加了额外的学习负担。

也许帮助儿童克服这种语言障碍的一种方法是，像几乎所有国家的情况一样，

[1] 章节编号参见第5章。

把十进制系统视为一种外语的舶来品，并将传统的数字名称翻译成“结构名称”或“数学名称”，明确地描述每个数的十进制结构，把这视为一个学习主题。这将包括明确讨论十几（以“-teen”结尾的数）是由一个10和几个1组成，并确保学生能够在传统名称和结构化（按照十位和个位）表述之间进行转换。同样地，以“-ty”结尾的整十数（20，30，…，90）将被明确地标识为由若干个十组成，而一般的两位数则是由几个10和若干个1组成。富森的研究工作（e.g. Fuson and Briars, 1990; Fuson et al., 1997）为这种方法提供了支持。

除了帮助孩子们在两位数或三位数的传统名称与其数量含义之间进行转换，这种方法还有一个优势，那就是允许对十进制部分，以及十进制结构如何促进计算（笔算）给予明确关注。我们可以阐明（下面的）一般规则来描述相加或相乘要做些什么：

> 两个十进制数相加，我们把（两个数的）个位数（1s）加在一起，把十位数（10s）加在一起，把百位数（100s）加在一起，以此类推。然后，如果任何一个十进制单位的数量超过10，我们就把其中的10个转换成更高位上的1个（即满十进一）。
>
> 两个十进制数相乘，我们用其中一个因数的每个十进制部分，乘另一个因数的每个十进制部分，然后对所有这些乘积求和。
>
> 两个十进制部分相乘，可以先将计数单位上的数字相乘，再将十进制单位相乘，最后取它们的乘积。

这些规则可以根据上下文进行简短或更完整的描述。除了以浓缩的形式概括十进制计算的主要原理外，这些一般规则的优点还表现在：它们可以被逐步教授，从两位数的加法和一位数与两位数的乘法开始，并且随着学生处理更大的数的运算逐渐推广至一般。纸笔计算的标准竖式程序可以用简单机械的方式呈现，以实现如上所述的加法和乘法原理。这种方法也便于我们讨论算术规则在确保上述一般规则的有效性方面所起的作用。所有这些反过来又会为学生学习上面给出的位值表示五阶段作准备，并让他们有机会理解整个系统，这在目前看来是一项罕见的成就。

6.5.3 对第5.4.2节的评论

库珀（2015）提到了大学数学家里克和一些K－12数学教师之间的误解，这是他对另一位数学家所做的一项有趣的研究。在对“数值表达式”的解释中,可能出现了误解。里克的意思可能是“这个符号 8(1)表示一个数吗”,然而老师们可能把它理解为“这是一个包含数字的定义良好的表达式吗”。

由于频繁使用“除法”一词来表示通常意义上的有理数的除法或带余数的除法(division with remainder,简称 DWR),这种情况就容易引起混淆。

尽管都是对整数的运算,但带余数的除法和整数加法或乘法不在同一个意义上。也就是说,带余数的除法不是一对整数运算后得到一个整数:它产生了一对整数,其在带余数的除法过程中起着不同的作用,一个数是带余数的除法的“商”,另一个数是余数。如此考虑,带余数的除法定义了一个从整数对到整数对的比较复杂的函数。它是一种与有理数除法(rational number division,简称 RND)相当不同的东西,有理数除法取一对有理数作运算,并且只得到一个有理数。

当我们使用符号 25∶3(与通常的分数符号 25/3 非常相似,并且可能就是出于相似的目的!)时,这会非常容易混淆。符号 25/3 表示(有理)数 x,使得 $3x=25$。然而,符号 25∶3 代表一对整数 q 和 r,使得 $3q+r=25$,这里 r 可以理解为满足 $0\leqslant r<3$。这里 q 和 r 分别是 8 和 1。

为了强调带余数的除法和有理数除法运算的区别,我们可以尝试强调其差异,使带余数的除法看起来不同于有理数除法,而不是写成 25∶3=8(1)的形式,使之看起来尽可能像实际的有理数除法。为此,我们可以定义“DWR 函数”,对数对 (q,r),取一对整数 (n,d),使得 $n=qd+r$,其中余数 r 可理解为满足关键条件 $0\leqslant r<d$。因此,我们写出

$$\mathrm{DWR}(25,3)=(8,1)$$

来强调 DWR 的函数方面(然而,这个符号可能不太适合于学生!)。DWR 函数不是一对一的(事实上,它是无穷对一的),它不是有理数除法,而且确实与有理数除法或者与整数乘法不兼容,因此我们不应该仅仅因为 DWR(25,3)=(8,1)=DWR(33,4)=DWR(41,5)=DWR(49,6)=DWR(57,7)等,就期望得出 25/3=41/5=57/7 等这样的结论。但是,符号 DWR(25,3)=25∶3 试图使有余数的除法看起来像有理数除法,并由此带来里克及那些数学教师所经历的困惑。

在根据等式 $n=qd+r$ 而作的 DWR 关系的定义外,还有另一种传统的表示法可以充分表示 DWR 中涉及的关系——带分数的表示法。这样我们可以写

$$\frac{25}{3}=8\frac{1}{3}。$$

对右边部分的传统解释是将其视作一个和：

$$8\frac{1}{3}=8+\frac{1}{3}。$$

这种记法或多或少相当于里克向教师提议的表示方法，但避免了复杂的符号，对后者（复杂符号）的解释正是引起困惑的核心部分。理解 25∶3=8(1)意味着 $\frac{25}{3}=8\frac{1}{3}$，同时41∶5=8(1) 意味着 $\frac{41}{5}=8\frac{1}{5}$，这有助于防止人们想要从左边算式相等得出右边算式也相等的结论。需要明确的一点是，尽管将 8(1)称为“数值表达式”可能是合理的，但它不是一个数。

6.6 结论

在这些评论中，我试图强调第 5 章的主题，即整数算术并不简单。这一点可以从十进位值制的历史发展中看出来，早期大量使用数学的文明都未必能完全实现这种位值制。我们也可以从概念结构上看出这一点，许多国家在整数算术的概念教学上都做得很不充分。寻找更好、更有效和概念上更完整的整数算术教学方法，应该是研究的重点。最后，许多当前重要的问题（国家预算、气候科学、大数据）都涉及大数的处理，但往往只需要知道大约数值。这一事实表明，教学的重点应更多放在对十进制结构的整体理解上，尤其是对一个数的各个十进制部分及其相对大小的理解。

参考文献

Eves, H. (1969). *In mathematical circles*. Boston: Prindle, Weber & Schmidt.

Fuson, K. C., & Briars, D. J. (1990). Using a base-ten blocks learning/teaching approach for first and second grade place-value and multidigit addition and subtraction. *Journal for Research in Mathematics Education*, 21(3), 180 - 206.

Fuson, K. C., Smith, S. T., & Lo Cicero, A. (1997). Supporting Latino first graders' ten-structured thinking in urban classrooms. *Journal for Research in Mathematics Education*, 28 (6), 738 - 766. Miller, K. F., & Zhu, J. (1991). The trouble with teens: Accessing the structure of number names. *Journal of Memory and Language*, 30(1), 48 - 68.

Newman, J. R. (1956). *The world of mathematics*. New York: Simon and Schuster.

Thanheiser, E. (2009). Preservice elementary school teachers' conceptions of multi-digit whole numbers. *Journal for Research in Mathematics Education*, 40(3), 251 - 281.

Thanheiser, E. (2010). Investigating further preservice teachers' conceptions of multi-digit whole numbers: Refining a framework. *Educational Studies in Mathematics*, 75(3), 241 - 251.

Cited papers from Sun, X., Kaur, B., & Novotna, J. (Eds.). (2015). Conference proceedings of the ICMI study 23: Primary mathematics study on whole numbers. Retrieved February 10, 2016, from www.umac.mo/fed/ICMI23/doc/Proceedings_ICMI_ STUDY_23_final.pdf.

Cooper, J. (2015). Combining mathematical and educational perspectives in professional development (pp. 68 - 75).

Howe, R. (2015). The most important thing for your child to learn about arithmetic (pp. 107 - 114).

\ 第 7 章 /

整数思维、学习和发展：认知神经、认知和发展的视角

乔安妮·马利根，利芬·韦尔沙费尔
(Joanne Mulligan, Lieven Verschaffel)
安娜·巴卡利尼-弗朗克，阿尔夫·科尔斯，彼得·古尔德，何声清，马云鹏，亚斯米娜·米林科维奇，安德烈亚斯·奥伯施泰纳，妮科尔·罗伯茨，纳塔莉·辛克莱，王艳玲，解书，杨德清
(Anna Baccaglini-Frank, Alf Coles, Peter Gould, Shengqing He, Yunpeng Ma, Jasmina Milinković, Andreas Obersteiner, Nicole Roberts, Nathalie Sinclair, Yanling Wang, Shu Xie, and Der-Ching Yang)

7.1 绪言

7.1.1 会议概述

第二工作组的与会者介绍了来自 11 个国家和地区的团队关于整数学习的研究成果，共包括 11 篇论文，具体如下。

两项大型的横向研究重点关注低龄儿童数字学习的发展，为重新审视数字习得的“传统”特征提供了一个新的视角。范登赫费尔-潘休曾与埃利娅(Elia and van den Heuvel-Panhuizen, 2015)合作提交了一份关于幼儿园儿童数字能力的跨文化研究，主要集中于计数、加法思维和乘法思维。第二项研究中，米林科维奇(Milinković, 2015)考察了塞尔维亚 3～7 岁儿童初步理解整数表征和计数策略的发展过程，研究发现儿童创造出的形式化表征，如集合和数线，是有局限性的。

罗伯茨(Roberts, 2015)在南非进行了一项关于早期计数和加法的研究，她提供了一个框架，以此来帮助教师理解低龄学困生在做整数加法时所使用的数字表征，从而引起对教师角色的关注。

有些论文表明了神经科学理论和方法在整数算术学习与发展中日益重要的作用。例如，辛克莱和科尔斯(Sinclair and Coles，2015)利用神经科学的研究强调了符号间的关联以及使用手指和触摸计数(如iPad中的应用程序*TouchCounts*)的重要作用。

古尔德(Gould，2015)报告了澳大利亚的一项大规模研究，该研究旨在改善一年级学困生的识数和识字能力。其中的一个案例研究举例说明了如何依靠利用位置来检索数字名称的心理数线来识别数字，这引出了德阿纳(Dehaene)关于神经科学的论文以及其他关于大脑加工数字的个体差异的论文中所提出的问题。

意大利的PerContare项目[1](Baccaglini-Frank，2015)是由认知心理学家和数学教育家合作完成的，旨在通过开发教学策略以预防和解决早期算术低成就的问题。项目采用了一种培养数感的新方法，即基于部分—整体关系的动觉和视觉—空间方法。

马利根和沃尔科特(Mulligan and Woolcott，2015)提供了一篇讨论数字本质的论文。他们提出了更加宽泛的观点，即把数学学习(包括整数算术)与空间和环境的互动联系起来，其核心是概念间联结的建立以及潜在的模式和结构关系的发展。

还有一组论文介绍了整数算术的其他方面，如关于计数、心算、笔算、估算和应用题的表征及其策略的多样性、有效性和灵活性。奥伯施泰纳及其同事(Obersteiner et al，2015)针对小学低年级学生的整数算术学习建立了一个连贯的五级能力模型。在另一项研究中，韦尔沙费尔及其同事(Verschaffel et al.，2015)比较了减法的两种心算策略[2]。另有三项不同的研究对初中生在整数算术心算、笔算方面的策略和错误提出了新的见解：何声清(He，2015)专注于研究加减运算问题的认知策略；杨德清(Yang，2015)强调了学生在判断整数算术结果的合理性时存在困难；马云鹏等人(Ma et al.，2015)分析了学生进行三位数乘法时的常见错误，并给出了相应的教学策略。虽然这些聚焦整数算术有关的计算过程的研究引发了一系

[1] PerContare项目由Fondazione ASPHI onlus协调，得到了圣保罗银行基金会(Compagnia di San Paolo)的支持以及其下的学校基金会(Fondazione per la Scuola)的运营支持。

[2] 两种心算策略包括：(1)间接减法策略。用加法运算来解决减法问题，如计算75－43时，先计算43＋30＝73，73＋2＝75，所以答案是30＋2＝32。(2)直接减法策略。计算75－43时，先计算75－40＝35，再计算35－3＝32。——译者注

列讨论，但这些研究并不是本章的重点。本章旨在阐明 ICMI Study 23 主题二（整数思维、学习和发展）的论点。

7.1.2 工作组的讨论

与大多数其他工作组一样，第二工作组组织了八场时长 1 小时的会议并以两种不同的形式开展。其中，前五场会议专门介绍和讨论了所选取的与会者的论文，后三场全体会议对以下两个议题展开讨论。第一个议题：当前具有影响力的认知神经领域的观点，如巴特沃思（Butterworth）在受邀报告中所阐述的，在什么情况下可以作为分析早期数学发展（及促进这一发展）的恰当理论，或者这个观点是否需要经由其他观点作进一步的细化与丰富？第二个议题：主要讨论第二工作组（及其他工作组）提出的关于儿童整数学习与发展的研究中所用方法的潜力和局限性。更具体地说，主要探讨以下两方面内容：一是旨在探查儿童如何发展整数算术能力的一些横向研究、纵向研究和干预研究的研究设计；二是许多研究中涉及的用来测量学生对数字大小理解能力的任务设计，如数字大小的比较和数线上数字大小的估计。

从本章接下来将要呈现的大量交叉引用文献中可以清楚地发现，第二工作组负责的主题与其他工作组及相关小组负责的主题有关。但是，第二工作组试图从心理学和方法论两个视角来阐述这些相关的议题。

7.1.3 本章概述

本章聚焦主题二的两个重要方面（如讨论文件中所示，参见附录 2）：整数学习的认知神经方面，以及认知和发展方面，旨在认可神经科学的相关研究成果，基于数学教育的视角并采用批判性的方法，从而将上述两个方面的观点纳入到我们的讨论中。本章的结构和内容是我们综合第二工作组的主要观点的结果。因此，本章将介绍、讨论和阐释与认知神经研究互补的各种观点，以及在研究儿童整数学习与发展中所使用的方法。

本章由以下五个部分组成：

第一部分（第 7.1.1 节和 7.1.2 节）主要概述了 ICMI Study 23 的会议介绍和第二工作组的讨论。

第二部分（第 7.2 节）聚焦认知神经的两个视角：其一，根据巴特沃思的大会报告（见第 20 章）以及本工作组提出的意见，讨论了巴特沃思提出的“初学者工具包”（starter kit）；其二，呈现了德阿纳及其同事有关三重编码模型的研究成果

(Dehaene et al., 2003;Dehaene, 2011)。古尔德(2015)紧接着提供了如何实现量与数的转换与表征的几个研究案例。

第三部分(第7.3节)从认知角度概述了相关研究,这些研究影响了第二工作组的讨论。韦尔沙费尔和马利根对相关文献进行了综述,以补充第二工作组成员所提供的案例,并凸显了这些案例与其他主题案例之间的联系。

第四部分(第7.4节)描述了向第二工作组提交的一些相关研究实例,以及第7.3节中所呈现的相关观点的应用:序数(Sinclair and Coles,2015),部分—整体关系(Baccaglini-Frank, 2015),加法关系(Roberts,2015),数字能力(Elia and van den Heuvel-Panhuizen, 2015),以及计数与表征结构(Milinković, 2015)。

第五部分(第7.5节)讨论了基于儿童整数算术的认知神经学中常见的方法论问题研究,以及认知和发展的分析研究。基于探查儿童整数算术能力的目的,讨论了横向研究、纵向研究与干预研究的适切性。在这一部分中,我们还讨论了与数字学习相关的认知神经学研究中的任务设计。

第六部分(第7.6节),我们得出了一些初步结论,并给出了针对教学和进一步研究的相关建议。

7.2 认知神经学视角

7.2.1 早期数字学习所需的基础知识(初学者工具包)

巴特沃思提出的早期数字学习的"初学者工具包"(Butterworth, 2005)主要关注基数及其对之后数学能力发展的重要性。在大多数认知神经学的研究中,儿童的基本认知能力与其一般的数学学业成绩相关,后者是通过关于数字和计算的标准学业测试成绩来衡量的,与数学能力发展的其他方面(如空间感知能力)并不相关。

从很小的时候起,人类就继承了数字处理的核心能力,如感数(subitising)[1],指个体不需要通过枚举的方式,即可直接而准确地估计出1~4范围内的物体数量。另一个核心能力是在心理数线上表征非符号数量。符号表征$\left(3,100,\frac{1}{2},3.17\cdots\right)$则逐渐映射到这些非符号表征上。这些数量表征通过感数、数

[1] 感数:指在小数范围内,个体通过感数即可快速而准确识别1到4的数量;而在大数范围内,个体需要借助计数或估数两种策略识别大于4的数量。——译者注

字大小的比较和数线上数字大小的估计来进行综合评估,如图 7 - 1 和图 7 - 2 所示。

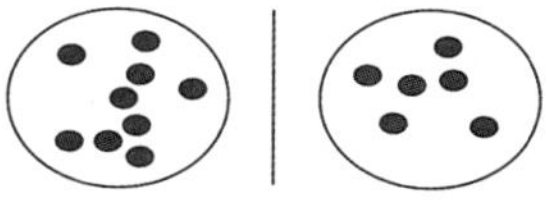

图 7 - 1 哪边的点数更多?

图 7 - 2 数线从 0 开始,到 10 结束。数字 6 在哪里?

巴特沃思(见第 20 章)介绍了两个基本的“核心系统”,而这两个核心系统中所存在的缺陷可能导致学生的计算能力低下。一个是对象跟踪系统(object tracking system,简称 OTS),该系统的局限是只能跟踪三四个物体的运动轨迹,这是感数的基础。另一个是模拟数字系统(analogue number system,简称 ANS)。在心理数线实验中,我们通常通过大量点(或其他类似物体)进行测试,这些点通常多到无法在有限的时间内进行精确计数,且学生对不同数字大小的心理表征的测试结果呈现高斯分布[1](p.480)。

巴特沃思对澳大利亚土著儿童进行了研究,发现他们可以利用已有的直观表征来准确地解决非标准的算术任务,在这些任务中,他们不用数字来描述数量,而是用匹配两个加数的空间模式来描述(Butterworth and Reeve, 2008)。研究结果表明,可以有各种各样的数字模式,这些模式不一定像心理数线那样是一维的,它们本质上也可以是二维的。

巴特沃思的研究中有如下重要发现:(1)数字大小的理解与一般的数学学业成绩呈正相关,并且可以预测一般的数学学业成绩;(2)可以通过游戏干预来提高学生比较数字大小的能力,尽管从干预游戏到更广泛的数学学习的迁移效果仍然不明显(见第 20 章)。

7.2.2 神经心理学和三重编码模型

神经心理学家试图了解大脑功能如何影响对数学和整数学习的认知(Dehaene, 2011),目前已经提出并测试了与数字处理相关的简单模型,并对大脑在数字处理过程中被激活的主要区域作了进一步细化。

德阿纳等人(Dehaene et al.,2003)提出了一个由语言、视觉(数字符号)和数值三个部分组成的关于数字处理的三重编码模型。该模型假设了数字的三种主要表

[1] 高斯分布一般指正态分布,正态曲线呈钟形,两头低,中间高,左右对称。——译者注

征形式：

（1）语言编码，用一系列经过分析的语言单词来表征数字；

（2）视觉编码（阿拉伯数字），用确定的数字串来表征数字；

（3）模拟的数量或数值编码。

该模型的每一部分都与大脑特定部分的活跃有关。例如，顶内沟的水平部分被认为是数值编码的模拟表征区域(Dehaene et al，2003)。

7.2.3 将数字符号转换为数字单词

德阿纳等人(Dehaene et al.，2003)提出了两种将数字符号转换为数字单词的主要协同路径：一种是将书面数字符号转换成口头表达的直接非语义路径，另一种是数量处理的间接语义路径。替代的语义路径是指在转换过程中需要经历用相应的数量来表示目标数字这一中间步骤。

在第二工作组的论文汇报和讨论中，古尔德提出了一个问题：将书面数字符号转换成口头表述的数字单词，是否只有间接语义和直接非语义这两种路径？古尔德(2015)以一个7岁儿童〔杰德(Jed)〕在数线上寻找和命名数字的案例来说明其他的策略。通过对杰德的采访视频(电子辅助材料：Gould，2017)进行分析，古尔德发现将数字符号转换为数字单词的路径并不局限于那两种路径。杰德没有使用直接非语义路径将书面数字符号转换成口头表达，而是使用了一种更费力的转换途径来识别数字。他从1开始，试图在一列有序的数字中更为直观地标注出目标数字的位置。杰德识别数字的过程是目的明确且耗时的，却显然不是非语义的。古尔德所呈现的这一案例表明，与数字相关的编码转换路径可能比目前提出的认知神经三重编码模型更复杂。尽管以前人们认为阿拉伯数字本身具备自动表征数字大小的功能，但其他研究表明，事实并非如此(Rubinsten and Henik，2005)。古尔德提出，识别数字是一个学习过程。对大多数学生来说，将阿拉伯数字转换成数字单词是一个非语义的过程，但对一些学生来说，它可以依赖于一个非即时的过程。例如，弗雷德里克(Frederick)是一个7岁的二年级学生，他经常会混淆12和20。经过10周的学习，他可以正确辨别12和20。然而，为了识别出12，弗雷德里克需要从1默数到12，才能在看到12时说出“twelve”。

已有的对低龄儿童计数能力的评估表明，儿童需要依赖从1开始的计数(通常是默数)，作为“数到”目标数字的策略。他们不能灵活地从一列有序数字中的任意位置向前或向后计数。当儿童的计数策略由在一列有序数字中从1开始计数转变为理解基数意义时，他们对数量的理解被称为计数到基数的转换(Fuson，1988， p.266)。这里重要的一点是,儿童是否对数量有基数或序数的理解,抑或两者都有,如"12"。辛克莱和科尔斯(本章)强调了这一点,并进一步提出了关于序数的问题:杰德能解释数字在序列中是如何排序的吗?另一个重要的发现是,与学习阿拉伯数字相关的言语过程似乎对 6~7 岁儿童算术能力的发展至关重要(e.g. Göbel et al, 2014)。

7.3 超越认知神经学方法:数量关系、自发关注数量关系与对模式和结构的认识

本节对当前研究进行概述,为第二工作组的研究视角提供信息支持。具体而言,我们将讨论数量关系推理的重要性、儿童自发的推理倾向以及他们对模式和结构的认识。

7.3.1 儿童早期认识数量关系的能力

很明显,对儿童早期数学相关能力的分析主要聚焦在儿童数字能力的测量上,即测量他们的感数技能(Schleifer and Landerl, 2011)、计算技能(Geary et al., 1992)、比较数字大小的能力(Griffin, 2004)和在空白数线上找到目标数字的能力(Siegler and Booth, 2004)。这些测量结果为低龄儿童早期数字能力的多元性和重要性提供了实验证据(Dowker, 2008),但对儿童早期数学能力及对后期数学发展的重要性的支撑是有限的。基于皮亚杰(Piaget)的逻辑运算框架(e.g. Piaget and Szeminska, 1952),关于儿童数量推理技能的研究最近重新受到关注,包括探究儿童对数字加法运算的理解,儿童的乘法推理技能,以及数量推理技能对之后学校数学学习的重要性(Clements and Sarama, 2011; Nunes et al., 2008, 2012)。

一些研究者探讨了这两种数量推理形式的出现及早期发展情况。就加法推理而言,对包括数的合成、加法交换律($a+b=b+a$)、加减抵消($a+b-b=a$)和加减互逆($a-b=\square \rightarrow b+\square=a$)等在内的多种法则均已进行了深入研究(Baroody et al., 2009; Bryant et al., 1999; Gilmore and Bryant, 2006; Robinson et al., 2006),有时这些法则也与儿童在心算中的实际运用有关(Baroody, 1999; Peters et al., 2010)。然而,只有少数研究明确指出了儿童对这些法则的理解是如何影响他们(后来)在整数算术方面的成就的。从这几项研究中获得的有限证据表明,这种数量推理能力对整数算术方面的成就有着特定的贡献。这些研究强调应该将关注数量推理能力的相关方面作为关键原则。这一点非常重要,因为它有助于增强

学生心算的灵活性。

7.3.2 自发关注数量(SFON)和自发关注数量关系(SFOR)

第7.3.1节回顾了对儿童数量推理能力的早期发展的研究。这些研究从典型的认知视角出发，所关注的数量推理能力通常与乘法思维有关，几乎不涉及儿童对数量关系的关注和感受。因此，研究人员最近开始探索儿童对数量关系的自发关注(spontaneous focusing on quantitative relations，简称SFOR)，作为他们对儿童自发关注数量(spontaneous focusing on numbers，简称SFON)研究的后续。有关SFON的研究已经证明，SFON对儿童后来的数学成就具有预测作用(Hannula and Lehtinen, 2005)。麦克马伦(McMullen)、汉努拉-索尔穆宁(Hannula-Sormunen)和莱赫蒂宁(Lehtinen)将SFOR描述为"自发地(即无需指令地)专注于数量关系并在推理中使用这些关系"(McMullen et al., 2014, p.218)。

这些关于SFON和SFOR的研究趋势背后蕴含的一个中心思想是：学习者不仅在数学推理能力上存在个体差异，在学习或测试中使用数字技能(引导个体发现情境中的数学元素或数学关系)存在个体差异，而且在引发他们自发地关注非日常情境中的数学方面也存在个体差异。在这些情况下，对数量方面的认识和使用是由儿童自己主动进行的，因此是无需指令的、自发的(e.g. Hannula and Lehtinen, 2005; McMullen et al., 2013, 2014)。所以，关于SFON和SFOR的研究并不是探查儿童是否能够识别数字或准确计算，而是探查他们是否能在没有明确指导或指示的情况下自发地使用已有的数字识别能力或数量推理技能。

7.3.3 关注模式和结构的综合视角

马利根和米切尔莫尔(Mulligan and Mitchelmore, 2009)超越了对早期算术和单一数学内容领域(如计数)的研究，以确定和解释数学发展的共同基础。他们基于对乘法推理和数字表征的开创性研究，通过对儿童概念结构的评估来研究数学认知发展。大量关于模式、早期代数思维和空间结构在数学表征中的作用的研究支持了他们的理论方法，即低龄儿童可以发展出对数学概念的复杂认知。基于对4～8岁不同样本儿童的一系列相关研究，马利根和米切尔莫尔确定并呈现了一种新的结构——对数学模式和结构的认识(awareness of mathematical pattern and structure，简称AMPS)。AMPS对数学概念和加工过程进行了概括，并且可以进行可靠的评估(Mulligan and Mitchelmore, 2013; Mulligan et al., 2015)。另外，正如马利根等人讨论的那样(见第7.3.2节)，在对AMPS进行概念化的过程中，马利根和米切尔莫尔(2009,p.39)也研究了儿童发展早期数字技能的能力,并指出AMPS可能包括两个相互依存的组成部分:一个是认知部分(结构的知识);一个是元认知部分,即“自发”(寻求和分析模式的倾向)。根据这些论文的观点,这两个部分都有可能是儿童对环境的感知和反应的一般特征。第五工作组讨论的结构与AMPS的结构一致,也提到了数学能力结构的概念和约翰·梅森(John Mason)的研究(见第五工作组的报告,第13章)。

数学模式包括任何涉及数字、空间或度量的可预测的规律,如数字序列和几何模式。数学结构是指各种元素进行组织和关联的方式,如迭代一个单一的“重复单元”(Mulligan and Mitchelmore, 2009)。AMPS包括基于识别相似性、差异性和关系的结构性思维,也包括对关系和结构如何联系的深刻认识。空间建构能力帮助学生认识基本结构的组织特征,以支持学生的数字处理过程,如对数量多少的估计、对阵列的乘法感知、重复单元的迭代、数线上的等距分割。

马利根等人开发并验证了基于访谈的评估工具:用模式和结构评估早期数学能力(pattern and structure assessment - early mathematics, 简称PASA)(Mulligan et al., 2015),它涵盖了广泛的概念,包括模式、空间可视化和图形表征。被试的反应方式包括对模式和关系进行书面表征与口头解释。PASA确定并描述了五个结构发展水平:前结构水平(prestructural)、初期结构水平(emergent)、部分结构水平(partial)、结构水平(structural)和高级结构水平(advanced structural)(Mulligan and Mitchelmore, 2013)。进一步的验证研究表明,高水平的AMPS与低龄学生在数学标准化成就测试中的高学业成就相关(Mulligan et al., 2015)。PASA生成一个总的AMPS评分以及五个独立结构〔序列(sequences)、形状与排列(shape and alignment)、等间距(equal spacing)、结构化计数(structured counting)和分块(partitioning)〕的评分。所有这些结构都是高度相关的。重复模式序列、等间距和结构化计数都包含等组或等单位的思想;形状与排列通常考虑等组;分块则需要构造相等的组或部分。为了找出数学学习困难(mathematics learning difficulties,简称MLD)儿童通常缺乏的AMPS的共同特征,本书第16章对这五个结构群进行了说明。

为了与AMPS的评估相一致,研究者在幼儿园(澳大利亚正规教育的第一年)开发了一种创新的、极具挑战性的替代学习方案,即“模式和结构:数学认识方案”(pattern and structure mathematics awareness program,简称PASMAP),并对儿童进行纵向评估。这项研究提供的实验证据表明,即使是在初期发展水平上,低龄儿童依然能够表征并概括数学模式和关系(Mulligan et al., 2013)。这些研究结果表明，将早期学习限制在基本计数、简单算术及非形式化的度量和几何概念上会限制AMPS的发展。该研究还跟踪并描述了儿童数学发展的个体概况，且分析表明，核心的、基本的数学概念是基于AMPS的，具有高水平AMPS的学生比其他学生更容易以复杂的方式发展这些概念。

PASMAP项目开发综合学习体验，旨在促进视觉记忆，提升抽象和概括能力，且适合低龄学生。每个PASMAP学习路径主要针对上述五个核心结构群中的一个或多个。初始路径包括单位迭代的模式、网状结构、二维与三维关系、十进制的建构、分块与共享、等分组、测量单位的统一、对称与变换。初始路径之后是更具挑战性的任务，这些任务与之前的路径相关联，并扩展到乘法模式、统一的度量、数据与角度的模式、方向与视角的选取。很明显，学习路径中蕴含着一个空间结构的建构过程。

总之，本节讨论的理论方法之间存在紧密联系，它们都强调了把数量关系、模式和结构作为整数算术基础的重要性，认识到儿童对数量的自发关注可能与AMPS的发展有关，AMPS也关注儿童在形成数量关系时寻求结构的自然倾向。有意思的是，这指向了塞耶斯和安德鲁斯(Sayers and Andrews, 2015)发表的论文。该论文虽然是在第一工作组中提出，却以一种更一般的方式解决了学生数感基础的问题。通过总结这一领域最近的研究工作，研究者得到了一个多维框架——基础数感(FoNS)，包括以下八个维度：数的识别、系统计数、对数与量之间关系的认识、数量辨别、对数的不同表征的理解、估计、简单算术能力、对数的模式的认识。该框架在某种程度上向我们呈现了对儿童早期数字能力研究的综合图景，这一点也在第二工作组中展开过讨论。此外，第二工作组还讨论了该框架(即AMPS、SFON和SFOR)中一些不明显的特征。

7.4 认知视角下的课堂研究范例

本节我们将呈现提交给第二工作组的关于干预研究的一些相关案例，以及第7.3节中所述观点的其他应用，主要包括：序数(Sinclair and Coles, 2015)，侧重于算术中的结构关系的意大利PerContare项目(Baccaglini-Frank, 2015)，通过加法关系改善早期计算(Roberts, 2015)，关于幼儿园儿童数字能力的跨文化研究(Elia and van den Heuvel-Panhuizen, 2015)，以及计数与表征结构(Milinković, 2015)。

7.4.1 数字学习中的序数意识

对于序数的研究，我们借鉴了辛克莱和科尔斯(2015)的论文，提出了一个由早期数字学习理论假定的关于典型发展序列的重要问题：入学第一年的教学重点是训练儿童的计数能力以及将数字与集合(该集合所包含对象的数量和数字相等)联系起来的能力。辛克莱和科尔斯的论文提出了这样一种假设：在学习数字(以及更普遍的数学)时，重要的不是以一种容易理解的或自然的方式将符号与物体对应起来，而是能够将符号与符号对应起来。

辛克莱和科尔斯(2015)区分了序数和基数。他们将儿童对序数的认知定义为按顺序排列数字单词和数字的能力。例如，知道自然数序列中，4 在 5 之前，在 3 之后。还有关于序数认知的其他方面，如序数名称和符号的使用(例如法国传统中常见的"first"和"1st")。辛克莱和科尔斯将儿童对基数的认知定义为将数字符号和集合相对应的能力。例如，知道"4"表示一个集合里有 4 个对象。辛克莱和科尔斯断言，当前只强调基数学习是错误的(Coles, 2014)。并且，他们一直在探索发展更强的序数意识涉及哪些方面，以及潜在的好处是什么。

最近的神经科学研究(e.g. Lyons and Beilock, 2011)对数字认知研究中占据主流的基数观点提出了质疑。莱昂斯(Lyons)和贝洛克(Beilock)发现了一种持续存在于各组点的顺序比较中的"距离效应"。特别地，当判断数字的顺序时，距离效应是相反的。换句话说，当被试被问及三个数是否有序时，如果这三个数越靠近，被试就能越快地作出判断。他们通过这种距离效应表明，相对于基数比较(数字或点的基数比较)和点的序数比较，在进行数字的序数比较时，大脑会呈现出不同的反应模式。

在学校中教学序数的一种常见方法是练习数字歌曲，即教儿童数到 5 或 10，接着是 20，然后是 100。作为用语言和声音向儿童介绍数字的第一种方式，辛克莱和科尔斯认为尽管这种做法很有价值，但只运用整数的后继数功能并不能完全发挥序数意识的潜力。这在加泰尼奥(Gattegno，1974)的论文中已经有所体现。加泰尼奥关于早期数字的学习课程建立在对不同长度之间关系的认识基础上，即用符号表示物体之间的关系(大于、小于、两倍、一半)，而不是用数字来标记集合中有多少个对象。加泰尼奥介绍位值时，将其作为一种语言上的"专有技术"，而不是需要"理解"的东西。同样，在第一工作组(第 5 章)和第 3 章的讨论中也提到了用语言标注数字的重要作用。加泰尼奥还广泛使用手指(教师的和儿童的)，将其作为触觉符号装置来处理数字关系问题，重点是对应和互补的关系。辛克莱和科尔斯认为,在该课程中,数字意识的产生既不强调也不要求关注计数集合,而是依赖于语言技能和对关系(用符号表示物体)的认识。

辛克莱和科尔斯聚焦于研究序数的重要性,在早期数字学习的背景下使用一款创新的 iPad 应用程序——*TouchCounts*(Sinclair and Jackiw, 2011),第 9 章中的讨论还提到将 *TouchCounts* 作为学习工具使用。*TouchCounts* 最初被设计成一个计数环境,以帮助儿童学习一一对应。每当手指触摸屏幕时,就会出现一张标有数字的黄色圆盘,同时数字会被大声朗读出来。接下来的每一次触摸都会出现相应的带有数字的黄色圆盘。打开重力模式时,儿童在屏幕下方的敲击会消失,就像翻页会让页码消失一样。如果在屏幕上轻敲一下,黄色圆盘就会被"捕捉到"并留在屏幕上。因此,如果之前的五次敲击都在屏幕下方,就有可能在屏幕上只看到标有"6"的黄色圆盘。请注意,这个任务需要儿童知道 5 在 6 之前,但不需要任何对基数的认识。在时间维度上,这种枚举方式也缺乏基数参考而只强调了顺序。根据莱昂斯的建议(Sinclair and Pimm, 2015),通过使用听觉反馈和数字符号,语言和符号也受到了高度重视。

我们借用辛克莱和科尔斯关于 *TouchCounts* 的案例,旨在探查儿童学习序数的潜力(第 9.3.5.3 节)。在幼儿园里,儿童坐在地毯上,投影仪连接着 *TouchCounts* 的画面。教师要求儿童五个五个计数,即:用四个手指同时敲击屏幕下方,紧接着敲击屏幕上方一次,使得 5 的倍数留在屏幕上。接下来,儿童轮流按照"4+1"的模式敲击,但在开始敲击之前他们被要求读出屏幕上的数。请注意,此时儿童听到的不是"5、10、15……",而是"4、5、9、10、14、15……"。

教师本打算只增加到 25 左右,但儿童想继续学习。到达 125 时,他们开始预测屏幕上会出现什么数,并且一起读了出来,最后一直增加到 200。此时,教师和卡姆(Cam)之间发生了以下互动:

> 卡姆:我以为 200 正好在 100 后面,但事实并非如此。
> 教师:是的,那么 200 离 100 有多远?
> 卡姆:它……它的距离比 100 还远。

在这一过程中,有意义的是,儿童参与了一个跳跃计数活动,这个活动与实物没有明确的联系。儿童没有把五个物体看作基数,而是只看到标有数字 5 的物体,就像所有 5 的倍数一样。这使得儿童的注意力聚焦在数字的结构上,并开始数出 5

的倍数。当数到200时,数字单词和具体数量(如200个物体)之间没有联系。事实上,卡姆对200和100之间关系的认识并不是基于基数的认识;相反,他对这种关系的理解是基于这样一种观察,即为了从100数到200,5的倍数都要被数一次。从这个意义上来说,随着读出100到200之间所有数字所花费的时间的增加,这种关系似乎与时间的联系是非常密切的。这种关系还与*TouchCounts*的规则联系在一起。如果儿童以前从未听过这些数(如100、147、200),那么也就无法根据这些数字的符号形式识别出数字,但现在也可以通过这种形式来识别数字。

以上的讨论表明,在小学阶段平衡数感发展的两个方面——序数和基数——是很重要的。这需要教师对现在常见的基数的学习方式进行反思,并进一步创造性地探索如何利用序数来促进学生其他数字相关意识的发展,如位值。

7.4.2 部分—整体关系与结构感

意大利PerContare项目(Baccaglini-Frank and Scorza,2013;Baccaglini-Frank and Bartolini Bussi,2015)建立在认知心理学家和数学教育家合作的基础上,旨在开发出一套预防和解决学生早期算术低成就的教学策略(也可参看Young-Loveridge and Bicknell,2015;Gervasoni and Parish,2015)。该项目采用一种创新的方法来培养学生的数感,即基于动觉和视觉—空间方法来处理部分—整体关系。

PerContare项目侧重于感知部分—整体关系和理解结构的重要性(Baccaglini-Frank, 2015;电子补充材料:Baccaglini-Frank, 2017a)。部分—整体关系源于雷斯尼克(Resnick)及其同事(Resnick et al., 1991)所描述的原型定量的部分—整体图式,该图式旨在帮助儿童建构关于如何重组身边材料(对其进行分解和组合)的知识(p.32)。例如,部分—整体思维有助于学生认识到数字是抽象的单位,可以被分割,并以不同的方式重新组合,以方便数字计算(Britt and Irwin, 2011)。此外,部分—整体思维是高等数学推理的基础。例如,关于预代数的研究强调,如果注意到部分—整体关系的发展,加法和减法就不再作为单独的运算出现,而是作为由数量间的部分—整体关系而产生的相互辩证联系的活动(Schmittau, 2011,p.77)。

巴卡利尼-弗朗克(Baccaglini-Frank,2015)将部分—整体关系称为一种结构,与AMPS的研究高度一致(Mulligan and Mitchelmore, 2009, 2013)。她指出,AMPS的关键特征是儿童将群体结构化以表示数量,这一过程中涉及部分—整体关系。同样,第五工作组讨论了构建数量的能力(见第13章),该工作组的重点在于教学,即需要提供机会使结构关系与基本属性相关联。

下面的案例将阐明手和手指在结构表征方面的用途,以及分块在乘法背景中的使用。

7.4.2.1　**手和手指：一种重要的具身结构**

目前有各种研究强调了感觉运动、知觉和动觉—触觉是数学概念形成的基础，甚至是高度抽象的概念形成的基础。例如，手指在数感发展中的关键作用与具身认知框架高度一致。手指和手自然体现了关于 5 和 10 的部分—整体关系[1]，因此可以而且应该用来培养这种意识。其实，早在正式学校教育开始之前，手和手指的教学潜力就可以通过许多不同的方式加以利用(e.g. Baccaglini-Frank and Maracci, 2015)，如多点触摸技术(e.g. Baccaglini-Frank, 2015)。

7.4.2.2　**使用人工制品促进结构感的发展：共享策略的重要性**

数学教育领域的各种研究都聚焦在教学活动的设计和实施上，这些教学活动主要基于自身经验和对具体对象的操作，目的是促进特定的数学意义的发展。例如，在第 9.2.1 节中，巴尔托利尼·布西(Bartolini Bussi)及其同事从符号学的角度描述了学生在解决数学问题时是如何通过使用特定的人工制品来帮助发展数学意义的。相对于教学活动中亟欲表达的数学意义而言，这种发展是“连贯的”(Bartolini Bussi and Mariotti, 2008)，其中一个重要的组成部分是学生对策略的共享、比较和优化(这可以通过多种不同方式来实现)。并且，他们认为在促进数学意义发展的过程中，牢记这一点很重要。当然，这些数学意义包括结构感，它可以通过各种不同的数学内容来发展。

例如，巴卡利尼-弗朗克(2015)展示了意大利 PerContare 项目中 7 岁儿童如何思考和计算乘积(最大到 10×10)的学习过程。儿童需要了解什么是矩形图，即用卡纸裁出矩形，再将矩形等分为面积是 1 cm^2 的正方形网格，长和宽分别代表要相乘的数字，矩形的面积即网格的数量[2]。教学中设计关于矩形的各种活动，旨在培养学生使用他们已经知道的数字事实来计算乘积，从而促进关于乘法的视觉和动觉—触觉操作策略的形成。通常，二年级实验班的学生已经知道 1 的前 10 个倍数(通过计数)、2 的前 10 个倍数(通过加倍)、5 的前 10 个倍数(通过手的叠加)和 10 的前 10 个倍数(通过数出一捆捆稻草的数量，其中每捆稻草的数量为 10)。所以，这些活动旨在发展基于上述知识的分解—合成策略。例如，为了计算 7×3，儿童可以把 7 看作 5+2，用已知的矩形 5×3 和 2×3 来构建一个完整的矩形，如图

[1] 5 和 10 的部分—整体关系体现在一只手有 5 根手指，两只手合起来就有 10 根手指。——译者注

[2] 长为 a 个 1 cm，宽为 b 个 1 cm，共有 a 行 b 列，代表要相乘的数字，即矩形的面积为 $a\times b$。——译者注

7-3所示。

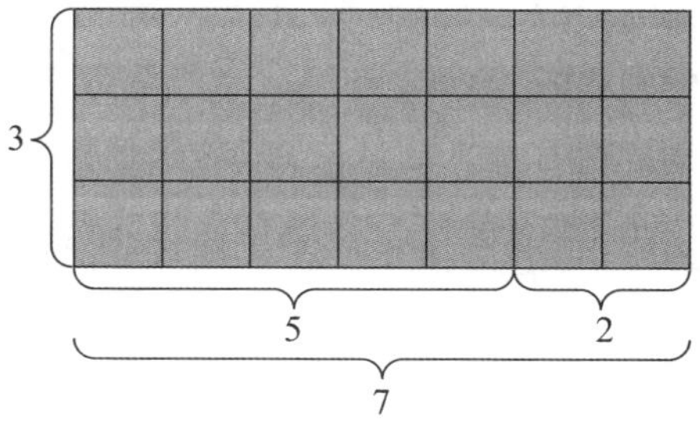

图7-3 将7×3分解为5×3+2×3

研究者对儿童使用的不同策略进行了比较和讨论。到学年结束时，许多儿童不再需要借助矩形图就能进行计算。例如，下面是马尔科（Marco，7岁8个月）对自己计算7×8时的心算过程的口头描述：

教师：不画7×8的“建筑物”（矩形图）[1]，你能告诉我你是怎么分解并计算的吗？

马尔科：呃，7×8……我把7分成5和2。先数5的倍数：5、10、15、20、25、30、35、40……已经有40了。接着数2的倍数：2、4、6、8、10、12、14、16。然后，我对40做加法，并把16分成10和6，40加10等于50，再加6就是56。

教师：哇！你太棒了！

马尔科说话的时候经常抬头看空中，好像他能看到正在分解与合成的矩形图。马利根等人（2013）将此视为可视化结构，它是AMPS的核心组成部分。

巴卡利尼-弗朗克（2015）提供的案例将我们的注意力转向人工制品的关键作用以及低龄学生解释和构建表征的方式。以马尔科为例，他已经内化了矩形图的可视化结构，因此我们可以推断他已经内化了网格结构。这个案例中嵌入了结构感的使用，通过观察儿童对矩形图的分解及诸如“我分解成……的部分”的表达，可以看出分解数字的能力与儿童的计算策略直接相关。这个过程的关键不是逐一计数或重复做加法，而是通过将数字分块或分解实现结构化。十进制结构的一些知

[1] 在这堂课中，教师采用学生的想法，将矩形图称为（公寓）“建筑物”，可以拆分并复原。

识在这里也很明显。在这里，我们看到了与扬-洛夫里奇（Young-Loveridge）和比克内尔（Bicknell）的研究的相似之处，该研究讨论了结构在位值和分解—合成方面的作用（见第三工作组的报告，第9章）。

7.4.3 加法关系

罗伯茨（Roberts，2015）的论文补充了巴卡利尼-弗朗克（2015）对部分—整体关系和结构感的研究工作。罗伯茨向第二工作组提供了一个用于解释儿童早期对整数加法关系的外部表征的概念框架（Roberts，2015），该框架建立在对南非课堂研究所获得的大量证据的基础上。这些证据表明，阻碍学习者数学进步的主要因素之一是持续使用逐一计数策略进行数学计算。这一问题不仅仅存在于对南非教师和低龄儿童的研究中，扬-洛夫里奇在对新西兰儿童的研究中也提到了同样的问题（第13章）。

罗伯茨研究了低龄学习者对加法关系的表征，并提供了与分组相关的潜在结构的见解。她针对计数到计算表征方式的转变提出了一个适用的框架，并基于恩索尔等人（Ensor et al.，2009）的研究，构建了如下五个维度：（1）具体实物；（2）无序的图像排列；（3）有序的图像排列；（4）基于数字的抽象符号；（5）具有逻辑结构的抽象符号。研究表明，在10天的干预期内，当不同的表征模式用于不同的任务和不同的阶段时，这些维度内的进展是不同的。罗伯茨提出的观点是：教师在解释学习者关于加法关系的表征时，也要关注在特定表征模式下的结构和行为。

罗伯茨的方法阐明了儿童灵活运用多种表征方式的必要性（因为特定的表征类型不会自动映射到特定的计算策略）并阐述了各种表征模式之间的相互作用，以及如何将正在发展的结构感和当前任务结构特征的复杂性相关联。然而，我们在这里看到的是试图将结构发展的复杂方面与从具体思维到抽象思维这一更传统、更广泛的发展水平相结合，以及对具身行为的考虑。但是，难以评估结构维度是否直接影响或主导着其他维度。这里显然强调了共线性（左右、上下）、线性方向和分块的使用。采用这种复合交互影响模型的方法提出了一个研究问题：随着时间的推移，结构特征是如何在四个维度之内和之间发生内化的，以及它如何在发展算术关系（如等价性或交换性）时促进抽象和一般化。

7.4.4 对数字能力的跨文化研究

埃利娅和范登赫费尔-潘休曾探查了来自荷兰（$n=334$）和塞浦路斯（$n=304$）的幼儿园儿童的数字能力。这项研究结果证实了幼儿园儿童数字发展的多维性的存在。虽然这项研究没有包括数字和运算领域的全部评估项目,但发现以下四个方面对儿童数字能力的发展至关重要:计数、感数、加法推理和乘法推理。在这四个组成部分的能力表现上,荷兰儿童比塞浦路斯儿童表现得更好,塞浦路斯儿童的数字能力表现为拓展的计数和加法推理这两方面。对两国儿童出现这种能力差异的可能原因进行讨论后,有研究者认为可能是因为塞浦路斯幼儿园的数学课程和教学实践局限于计数和加法推理,而较少关注感数和乘法推理,导致计数策略可能主导了塞浦路斯儿童的策略选择。很明显,尽管乘法问题的难度较大,但是幼儿园儿童可以通过把乘法和除法过程联系起来以解决乘法问题。这与提交给第二工作组的其他研究相一致。

马利根和他的同事报告了与荷兰样本的研究结果相似的发现,他们使用基于访谈的模式和结构评估(PASA)对澳大利亚的幼儿园儿童进行了关于计数、感数和乘法推理的评估。罗伯茨和米林科维奇的论文中也提到了儿童可能存在过度依赖计数的情况。这里我们参考了杰尔瓦索尼和帕里升(Gervasoni and Parish, 2015)的研究,他们使用个人访谈的方法来评估 2 000 多名澳大利亚一至四年级小学生的数字能力。在这一过程中,计数、位值、加法和乘法任务是随着能力的逐渐提高而展开的,但研究发现,即使是四年级学生也会出现过度依赖计数策略的情况。第二工作组还指出了一些早期能力评估项目的局限性,他们质疑这些项目被限制在计数和加法处理等问题类型,并主张进行更多关于探索心算策略的评估。

7.4.5 整数的计数和表征

米林科维奇在一项针对 661 名 3～7 岁儿童的大规模横向研究中,考察了塞尔维亚儿童对整数表征和计数策略的初步认识的发展情况。基于 24 项任务对被试进行了个别访谈,以确定基于年龄分组的行为发展模式。尽管这些任务的设计有许多参考了传统的方法,如集中于计数、集合表征和一一对应,但也有一些任务将对象划分为以不同空间形式排列的组,以聚焦于结构。此外,还有一些任务要求儿童通过二维绘图(矩形图)来表示数量,并用不含等分点的数线来扩展数量,以帮助完成这一过程。

尽管这个研究报告仅限于整个样本的行为数据,但与第二工作组讨论的其他研究相关的一些任务存在一些固有的关键特性。米林科维奇着重分析了儿童对不同图形表征(矩形图和数线)的理解,并给出了一些相关的案例。并且,研究发现集合和数线等表征形式具有局限性;而在进阶的任务序列中,使用等间距或复合单位(相等尺寸)来表示数字似乎是最困难的。

7.5 方法论问题和建议

在这一节中，我们考察了关于儿童整数学习和发展的研究中所使用的不同方法。显然，这些方法并不能涵盖整数算术领域中所使用的所有研究方法。与其提供对这一主题的综述，我们更侧重于以下两个问题：(1)讨论研究设计（旨在了解儿童如何发展整数能力）及其潜力和局限性，讨论内容仅限于横向研究、纵向研究和干预性研究；(2)讨论认知神经科学研究中与数字学习相关的任务设计，重点关注任务的效度，这些任务是与评估数字大小比较能力的研究所共用的。这些讨论呼应了 2014 年 ICMI Study 22 会议中提出的一些问题（Watson and Ohtani，2015）。另外，为了说明方法论问题，我们提到了影响学生整数学习的关键因素，如策略使用、生长发育和教学方法的有效性。最后，我们对整数学习的进一步研究提出了一些建议。

7.5.1 研究设计

7.5.1.1 用横向研究评估策略使用

整数学习需要学习越来越先进的策略。例如，低龄儿童最初可能使用计数策略来解决加法任务，但是他们后来可能使用逐步相加的策略，或者通过回忆数学事实（从记忆中检索结果）来解决任务。横向研究可以洞察儿童在特定时刻的表现和策略使用情况，还可以探查特定类型的任务是如何影响学生的表现和策略使用的，以及在不同教育和社会文化背景下学生的表现和策略使用有什么不同（e.g. He，2015；Ma et al.，2015；Milinković，2015；Verschaffel et al.，2015；Yang，2015）。第 3 章关于语言方面的论述、第 5 章中第一工作组的讨论和第 4 章中大卫·皮姆（David Pimm）的评论文章，都提到了语言和文化的作用，也从历史的角度分析了整数算术的发展。这里，我们关注第一工作组的讨论，该讨论呈现了不同文化中数字名称的差异是如何导致学生学习和教师教学策略的巨大差异的。

关于研究策略使用的一个重要问题是个体策略使用、个体能力和特定任务情境之间的相互作用。例如，如果简单策略对当前的特定任务更有效，那么多数时候，学生可能不会使用复杂策略。另一方面，学生可能无法根据特定的任务从已知的策略中选择更适用的一个。因此，研究人员认为，如果在评估时允许学生选择他们喜欢的策略，那么就难以得出关于策略效率的有效结论（Siegler and Lemaire，1997）。所以，为了得出有效结论，有必要将学生在有选择条件下的行为表现与他们在被迫使用某种特定策略的非选择条件下的行为表现进行比较。许多研究者使用这种“选择/非选择”方法来研究策略效率和策略灵活性(e.g. Verschaffel et al., 2015)。这一系列研究已经产生了有趣的甚至令人惊讶的结果。例如,学生似乎并不总是使用他们通过学校教学而获得的最有效的策略,他们也会使用一些在学校教学中没有学过的策略,甚至可能发明他们自己的策略。

一系列丰富多样的研究考察了早期算术发展过程中的策略发展及策略使用情况〔例如何声清(2015)关于中国学生对加减问题的认知策略的论文和杨德清(2015)关于学生判断计算策略合理性的论文〕。许多关于策略使用的研究侧重于改进算术课程或框架。然而,迄今为止,研究者还没有完全理解影响整数算术任务策略使用的因素之间的复杂相互作用。

横向研究的一个重要局限是,不能得出关于学生个人发展的结论,也不能确定学生的先天基本能力或后天习得能力与数学学习之间的因果关系。为此,我们需要纵向研究、干预研究以及那些可以从源头跟踪个人整数算术策略发展的研究。

7.5.1.2 **用纵向研究追踪个体发展**

纵向研究的开展依赖于受长期评估的儿童个体的数据。在儿童数字能力不断发展的情况下,这样的研究可以识别那些在发展早期被评估的变量,而这些变量最能预测学生以后的算术成就。虽然关于算术能力发展的纵向研究在二十年前相对较少,但自那以后这类研究已经越来越多(e.g. Sayers and Andrews, 2015)。许多这样的研究已经产生了趋同的结果。例如,有几项研究发现,在学龄前,计数能力和将数量与数字单词联系起来的能力是小学低年级学生数学成就的重要预测因素(Aunio and Niemivirta, 2010; Krajewski and Schneider, 2009)。其他研究人员将学生对数的基本理解与数感的概念结合起来,发现在学校教育开始时测得的数感水平可以预测一年级和三年级学生的数学成就(Jordan et al., 2010)。另外,在一项为期六年的纵向研究中,里夫、雷诺、亨伯斯通和巴特沃思(Reeve, Reynolds, Humberstone and Butterworth, 2012)根据儿童的基本数字能力(如点计数和数字大小的比较)对他们进行了分组。他们发现,在研究期间聚类相对稳定,聚类的有效成分是五年后算术能力的稳健预测因素。

虽然纵向研究有助于我们理解算术能力是如何随着时间发展的,但这些研究大多聚焦在与数学相关的认知变量上,而较少关注一般认知变量(如智商和工作记忆)或环境变量(如学校环境、课堂教学或社会经济变量)(Skwarchuk et al., 2014)。从数学教育的视角来看,这是有问题的,因为这些更一般的变量可能会对儿童的发展产生强烈影响。

对数学教育而言,识别与算术能力最相关的早期预测因素有利于我们开发专门针对这些因素的教学方法。然而,我们需要开展进一步的研究,以评估所开发的教学方法是否真正有效,并确定众多教学方法中最有效的方法,而干预研究就可以达成这一目的。

7.5.1.3 用干预研究评估教学方法

干预研究的优势在于,如果设计得当,在其他非相关因素高度相似的情况下,可以将实验结果归因于特定的因素(干预条件)。在设计干预研究时,一个重要的问题是如何设计对照组的条件。研究者面临的挑战是:我们希望实验条件与什么相比较这一问题并不总是显而易见的。以一个基于游戏的干预研究为例,实验组使用一个含有精心设计的数字任务的电脑游戏。作为控制条件,研究者可能想要改变教学方法(基于计算机的与不基于计算机的)、特定任务(创新任务与传统任务)、教学的娱乐性(游戏与非游戏)、教学环境(合作与个人)或其他因素。然而,通常不可能在同一项研究中改变所有这些因素。此外,从数学教育的视角来看,将某些因素结合起来是不合理的,这可能有理论上的原因。例如,当学生从事解决问题的任务时,合作学习可能比他们试图记忆算术事实更合理。此外,教学因素之间往往彼此密切相关,因此控制一个因素会影响另一个因素。

尽管严格控制干预条件对于得出特定因素的因果效应是必要的,但这样做可能会降低研究的外在效度和内在效度。这是因为控制条件下的教学方法的有效性可能不会转移到常规的、更复杂的学习环境中。理想情况下,我们既需要严格控制的干预研究,也需要不那么严格控制的课堂评价研究,以弥补各自的不足。这将需要在多种环境下结合多种研究方法进行重复研究(Schoenfeld, 2007; Stokes, 1997)。

7.5.2 任务设计

正如本章第一节中所讨论的,认知神经科学研究探讨了数字处理背后的大脑运作机制,该研究领域的一个主要结论是:人脑可以对数字进行处理。早在神经科学研究确定活动相关的大脑区域之前,研究人员就已经对数字大小比较进行了研究,但这一结论增强了研究人员对数字大小比较的处理过程的关注。同样,尽管研究人员对数学能力与其他认知能力之间的关系已经研究了很长时间,但顶内沟是大脑中处理数字大小比较和进行空间思维的区域这一事实,依旧影响了许多解决数字和空间能力之间关系的研究(Mulligan and Woolcott, 2015)。

毫无疑问，理解数字大小是整数算术能力的一个重要方面，但它对于学生发展算术能力的特殊作用还没有被完全阐明。其中一个原因是，先前的研究中用于评估数字大小理解的任务可能不如许多人认为的那样有效。大多数研究都使用数字大小比较任务（即判断两个数中哪一个数更大）或数线估计任务（即判断目标数字在空数线上的位置）来评估学生对数字大小的理解。被试在数字大小比较任务和数线估计任务中的行为表现已被证明对数学学习具有高预测性（e.g. Booth and Siegler，2008）。许多研究人员发现，理解数字大小对于数字学习至关重要，且已经使用这两个任务中的任意一个来评估学生对数字大小的理解。但令人惊讶的是，针对不同评估任务之间关系的研究，对这些不同任务依赖于相同认知机制这一假设提出了质疑。研究表明，数字大小比较任务和数线估计任务之间的相关性非常小（Sasanguie and Reynvoet，2013），学生在符号和非符号数字大小比较任务中的表现几乎是不相关的（Gilmore et al.，2011）。同时，有证据表明，符号化测量中数字大小比较和运算能力之间的联系要比非符号化测量中强得多（Sasanguie et al.，2014；Schneider et al.，2017），这表明数字符号的熟练使用与算术能力有很强的关联性。

最近的研究对“数字大小比较和数线估计的评价可以‘完全’衡量学生对数字大小的理解水平”这一假设提出了质疑。一种可能的解释是，根据所涉及的具体数字，这些任务可以采用不同的策略来解决，且这些策略在对数字大小理解水平的要求上存在差异。例如，为了比较两位数的大小，可以依靠数位的逐位比较，而不需要考虑数字本身的大小。同样，研究人员认为，非符号数字大小比较任务不仅可以评估学生对数字的理解，还可以评估学生识别并规避无关视觉线索的能力（Clayton and Gilmore，2015），或者将焦点转移到可靠线索上的能力（Gebuis and Reynvoet，2012）。对于数线估计任务，可以使用的策略也很大程度上取决于具体的数字。在0～100的数线上找到50的正确位置很容易（因为通过直观视觉找到线段中点是一项简单的任务），而找到83的正确位置就比较困难，因为没有可以使用的明确基准。最近的研究表明，二年级的学生已经可以使用各种策略来解决数线估计任务，这些策略取决于表征模型和比较基准的可用性（Peeters et al.，2015）。

更一般地说，大多数认知神经科学研究都使用比较简单的任务。例如，关于心算的神经基础的研究经常使用一位数加法任务。这些简单任务是数学学习中重要的第一步，且学生在这些任务中的行为表现可能与以后的数学成就有关，但研究这些任务并不足以解释数学思维,因为数学思维通常要复杂得多。因此,我们应该谨慎地从教育意义上来解释神经科学的发现,尤其是,我们不应该认为神经科学数据比行为数据更有说服力或更具教育性(Beck, 2010; De Smedt et al., 2011)。

7.5.3 结论:方法论问题

从上一节的讨论中可以得出一些初步的结论和启示。旨在为数学相关能力提供预测因素的研究,可能需要考虑更广泛的变量所产生的影响,如智商、工作记忆和社会背景因素等。对诸如数线估计等具体任务的分析并没有反映出儿童自己选择的策略在任务解决过程中的巨大差异。例如,儿童选择的解决策略可能取决于数字的类型和大小,也可能取决于表征模型和比较基准的可用性。大多数认知神经科学研究都使用仅限于一个能力领域的非常简单的任务。但是,鉴于与数学学习和思维相关的概念与加工过程之间更为复杂的关系,研究者应该认识到这些研究结果的局限性。此外,我们需要纵向研究来更好地理解数字能力是如何随着时间发展的。

7.6 一般性结论和启示

7.6.1 一般性结论

本章回顾了在数字学习和数字能力评估中所采用的认知神经、认知和发展方法,并强调了其必要性。虽然整数算术的关键组成部分可能因学科而异,但在不同方法之间还是发现了一些重要的共同点。巴特沃思的研究(2015)侧重于数字的"初学者工具包",也反映了从认知—数学教育视角对早期数字研究的本质的关注。关于数学教育的心理学研究中,采用感数和数字估计的任务很常见,但研究方法不同。虽然这些认知神经研究提供了关于早期数字发展特征的可靠证据,但它们仅限于在临床研究中对数字大小和基数的评估。在认知神经科学领域,对早期数字能力和一般数学能力的认知研究没有得到足够的重视。

已有研究从各种认知视角描述了数学学习中与整数算术相关的关键组成部分和处理过程,如空间推理与空间感、数量关系推理、SFON 与 SFOR、AMPS、序数、分块和数字关系表征。这些研究共同证明了低龄儿童从小就有数量推理的能力。特别地,第7.3节强调了近期关于儿童数量关系推理能力及自发进行数量关系推理的研究。这一系列研究表明,这些关注 AMPS 的早期数字发展的结构性方法有很强的协同效应。在对 AMPS 的概念化中,马利根和米切尔莫尔也对早期数字能力的概念作了进一步探讨。他们认为 AMPS 由两个相互依赖的部分组成:一个是认知部分(结构的知识),一个是元认知部分(寻找和分析模型的倾向)。数学中,数量关系推理、SFON 与 SFOR、AMPS、序数、分块和数字关系表征似乎都与结构发展有关。

第 7.4 节中提出的研究范例均反映了对早期整数算术发展的研究应当采取更综合的方法的必要性。这些研究提出了一种共同的方法,试图揭示数字概念发展中深层联系的结构特征。巴卡利尼-弗朗克和他的同事将研究的注意力转向人工制品的关键作用以及低龄学生解释和构建表征的方式,其中的大多数例子都嵌入了结构感的使用。米林科维奇及其同事的研究中也体现了学生对数学表征进行分类的能力。这几项研究表明,采用不同表征模型来支持学习过程中的复杂性思维十分重要,而在关于学习进阶的简易理论框架中往往缺乏这种复杂性思维。第 7.5 节中对方法论问题的讨论为未来的研究和实践提供了方向。

该工作组中有几篇论文关注了有特殊需求的学习者:巴特沃思(2015)提请注意计算障碍的患病率和诊断方式,巴卡利尼-弗朗克(2015)报告了意大利的一项干预研究,该研究旨在引导有计算障碍风险的学习者,古尔德(2015)的研究聚焦在一个使用非典型计数方式的儿童身上,罗伯茨(2015)研究的背景是南非 10～12 岁儿童普遍使用低效的逐一计数策略(在适时发展这种计数策略很长一段时间后仍采用)。这些论文描述了那些与同龄人或国家统一数学课程相比,在数学上进步不如预期的群体和个人。关于有特殊需求的学习者的问题将在第 16 章作进一步讨论。

7.6.2 对进一步研究和实践的启示

本章强调了可以进一步研究的三个问题。

第一,我们需要纵向研究来更好地理解数字能力是如何随着时间发展的。这些研究不仅应考虑数学方面的相关变量,还应考虑对发展有重要影响的其他变量,如智商、工作记忆以及社会经济因素、学校环境等背景变量。这将有助于发现特定的、与数学相关的预测因素之间的关联性。虽然横向研究可以暗示特定能力之间的相关关系,但只有纵向研究支持关于儿童个体发展的结论,以及与数学相关的基础能力和在校学习的整数算术之间的因果关系的结论。

第二,我们需要进行干预研究,以开发基于证据的教学任务、工具和技术。这不仅有助于加强教育实践,也有助于我们更好地理解算术发展的因果效应。将受严格控制的实验研究和不太受严格控制的教育实践研究结合起来,我们就可以克服两者各自的缺点(Schoenfeld, 2007)。

第三,我们需要更多的研究来系统地评估认知神经研究中常用的简单数字任务的有效性。多方法研究(e.g. Peeters et al., 2015)有望实现这一目标。一旦有了合适的任务和方法,未来的认知神经科学研究就可以解决更复杂的数学思维问题。

减少认知神经心理学方法的主导性、采用更多的跨学科方法可能会带来一个更广泛、更平衡的视角:既考虑了基于经验的研究,也考虑了整数算术的认知和发展观点下,以课堂为导向的研究。课堂干预研究不易得到一般性的结论,也不具备认知神经研究所要求的高度受控的实验环境,但它对进一步的研究、数学教学实践和课程开发等方面至关重要。

本研究卷有几章聚焦于整数算术学习的教学实践和教学工具。例如,第三工作组(第9章)讨论了人工制品和数学任务,第四工作组(第11章)讨论了教学实践和评估方法。本章探究了与数字概念发展相关的认知和认知神经基础,这显然与教学方法之间存在协同作用。

第二工作组向教师传达了一些重要信息,以便他们发展专业知识,提高对整数学习复杂性的认识。认知和认知神经方法可以使新的见解融入教学实践。同时,需要开发与新见解相一致的有效的专业学习方案,以便教师能够实施和审查他们所采用的新方法、新任务或评估实践。于教师而言,应更好地理解学生在策略选择上的巨大差异,以及他们在习得数字概念时遇到的困难。这对于全面提高学生的数学学习能力至关重要。

本章讨论的研究内容可以在一定程度上对一些实验结果作出解释,并提供一些干预措施,以帮助教师关注数学核心基础,如数字表征和心理数线,数感发展中的结构和关系,促进乘法思维而不是仅仅关注计数和加法运算,以及数字学习的空间起源的作用。学生的表征和对这些表征的解释所展现出的作用已经得到了例证,这些例证可以帮助教师选择合适的表征工具和教学任务,以促进学生更好地理解整数关系。总之,本章从认知神经和认知的视角提出了一些新的问题,但都指向一个共同目标,那就是为低龄学生整数学习的复杂性和动态性提供新的见解。

参考文献

Aunio, P., & Niemivirta, M. (2010). Predicting children's mathematical performance in grade one by early numeracy. *Learning and Individual Differences*, 20, 427 - 435.

Baccaglini-Frank, A., & Bartolini Bussi, M. G. (2015). Buone pratiche didattiche per prevenire falsi positivi nelle diagnosi di discalculia: Il progetto PerContare. *Form@re-Open Journal per la formazione in rete*, 15(3), 170 - 184.

Baccaglini-Frank, A., & Maracci, M. (2015). Multi-touch technology and preschoolers' development of number-sense. *Digital Experiences in Mathematics Education*, 1(1), 7 - 27.

Baccaglini-Frank, A., & Scorza, M. (2013). Preventing learning difficulties in early arithmetic: The PerContare Project. In T. Ramiro-Sànchez & M. P. Bermùdez (Eds.), *Libro de Actas I Congreso Internacional de Ciencias de la Educatiòn y des Desarrollo* (p. 341). Granada: Universidad de Granada.

Baroody, A. J. (1999). Children's relational knowledge of addition and subtraction. *Cognition and Instruction*, 17(2), 137 - 175.

Baroody, A. J., Torbeyns, J., & Verschaffel, L. (2009). Young children's understanding and application of subtraction-related principles. *Mathematical Thinking and Learning*, 11(1 - 2), 2 - 9.

Bartolini Bussi, M. G., & Mariotti, M. A. (2008). Semiotic mediation in the mathematics classroom artefacts and signs after a Vygotskian perspective. In L. English (Ed.), *Handbook of international research in mathematics education* (2nd ed., pp. 746 - 783). New York: Routledge.

Beck, D. M. (2010). The appeal of the brain in the popular press. *Perspectives on Psychological Science*, 5, 762 - 766.

Booth, J. L., & Siegler, R. S. (2008). Numerical magnitude representations influence arithmetic learning. *Child Development*, 79, 1016 - 1031.

Britt, M. S., & Irwin, K. C. (2011). Algebraic thinking with and without algebraic representation: A pathway for learning. In J. Cai & E. Knuth (Eds.), *Early algebraization: A global dialogue from multiple perspectives* (pp. 137 - 160). Berlin: Springer.

Bryant, P., Christie, C., & Rendu, A. (1999). Children's understanding of the relation between addition and subtraction: Inversion, identity and decomposition. *Journal of Experimental Child Psychology*, 74, 194 - 212.

Butterworth, B. (2005). The development of arithmetical abilities. *Journal of Child Psychology and Psychiatry*, 46(1), 3 - 18.

Butterworth, B., & Reeve, R. (2008). Verbal counting and spatial strategies in numerical tasks: Evidence from indigenous Australia. *Philosophical Psychology*, 21, 443 - 457.

Clayton, S., & Gilmore, C. (2015). Inhibition in dot comparison tasks. *ZDM Mathematics Education*, 47(5), 759 - 770.

Clements, D. H., & Sarama, J. (2011). *Tools for early assessment in math (TEAM). Teacher's Guide*. Columbus: McGraw-Hill Education Series.

Coles, A. (2014). Ordinality, neuro-science and the early learning of number. In P. Liljedahl, C. Nicol, S. Oesterle, & D. Allan (Eds.), *Proceedings of the Thirty-eighth annual conference of the International Group for the Psychology of Mathematics Education* (Vol. 2, pp. 329 - 336). Vancouver: PME.

De Smedt, B., Ansari, D., Grabner, R. H., Hannula-Sormunen, M., Schneider, M., & Verschaffel,

L. (2011). Cognitive neuroscience meets mathematics education: It takes two to tango. *Educational Research Review*, 6, 232 - 237.

Dehaene, S. (2011). *The number sense: How the mind creates mathematics*. New York: Oxford University Press.

Dehaene, S., Piazza, M., Pinel, P., & Cohen, L. (2003). Three parietal circuits for number *processing. Cognitive Neuropsychology*, 20, 487 - 506.

Dowker, A. (2008). Individual differences in numerical abilities in preschoolers. *Developmental Science*, 11, 650 - 654.

Ensor, P., Hoadley, U., Jacklin, H., Kuhn, C., Schnitte, E., Lombard, A., & van den HeuvelPanhuizen, M. (2009). Specialising pedagogical text and time in Foundation Phase numeracy classrooms. *Journal of Education*, 47, 5 - 30.

Fuson, K. C. (1988). *Children's counting and concepts of number*. New York: Springer-Verlag. Gattegno, C. (1974). *The common sense of teaching mathematics*. New York: Educational Solutions Worldwide Inc..

Geary, D. C., Bow-Thomas, C. C., & Yao, Y. (1992). Counting knowledge and skill in cognitive addition: A comparison of normal and mathematically disabled children. *Journal of Experimental Child Psychology*, 54, 372 - 391.

Gebuis, T., & Reynvoet, B. (2012). The interplay between nonsymbolic number and its continuous visual properties. *Journal of Experimental Psychology: General*, 14, 642 - 648.

Gilmore, C., & Bryant, P. (2006). Individual differences in children's understanding of inversion and arithmetical skill. *British Journal of Educational Psychology*, 76, 309 - 331.

Gilmore, C., Attridge, N., & Inglis, M. (2011). Measuring the approximate number system.

Quarterly Journal of Experimental Psychology, 64, 2099 - 2109.

Göbel, S. M., Watson, S. E., Lervåg, A., & Hulme, C. (2014). Children's arithmetic development: It is number knowledge, not the approximate number sense, that counts. *Psychological Science*, 25(3), 789 - 798.

Griffin, S. (2004). Teaching number sense. *Educational Leadership*, 61(5), 39 - 42.

Hannula, M. M., & Lehtinen, E. (2005). Spontaneous focusing on numerosity and mathematical skills of young children. *Learning and Instruction*, 15(3), 237 - 256.

Jordan, N. C., Glutting, J., & Ramineni, C. (2010). The importance of number sense to mathematics achievement in first and third grades. *Learning and Individual Differences*, 20, 82 - 88.

Krajewski, K., & Schneider, W. (2009). Early development of quantity to number-word linkage as a precursor of mathematical school achievement and mathematical difficulties: Findings from a four-year longitudinal study. *Learning and Instruction*, 19(6), 513 - 526.

Lyons, I., & Beilock, S. (2011). Numerical ordering ability mediates the relation between numbersense and arithmetic competence. *Cognition*, 121(2), 256 - 261.

McMullen, J., Hannula-Sormunen, M. M., & Lehtinen, E. (2013). Young children's recognition of quantitative relations in mathematically unspecified settings. *Journal of Mathematical Behavior*, 32, 450 - 460.

McMullen, J., Hannula-Sormunen, M. M., & Lehtinen, E. (2014). Spontaneous focusing on quantitative relations in the development of children's fraction knowledge. *Cognition and Instruction*, 32(2), 198 - 218.

Mulligan, J. T., & Mitchelmore, M. C. (2009). Awareness of pattern and structure in early mathematical development. *Mathematics Education Research Journal*, 21(2), 33 - 49.

Mulligan, J. T., & Mitchelmore, M. C. (2013). Early awareness of mathematical pattern and structure. In L. English & J. Mulligan (Eds.), *Reconceptualizing early mathematics learning* (pp. 29 - 46). Dordrecht: Springer.

Mulligan, J. T., Mitchelmore, M. C., English, L., & Crevensten, N. (2013). Reconceptualizing early mathematics learning: The fundamental role of pattern and structure. In L. English & J. Mulligan (Eds.), *Reconceptualizing early mathematics learning* (pp. 47 - 66). Dordrecht: Springer.

Mulligan, J. T., Mitchelmore, M. C., & Stephanou, A. (2015). *Pattern and Structure Assessment (PASA): An assessment program for early mathematics (Years F-2) teacher guide*. Melbourne: ACER Press.

Nunes, T., Bryant, P., Burman, D., Bell, D., Evans, D., & Hallett, D. (2008). Deaf children's informal knowledge of multiplicative reasoning. *Journal of Deaf Studies and Deaf Education*, 14, 260 - 277.

Nunes, T., Bryant, P., Barros, R., & Sylva, K. (2012). The relative importance of two different mathematical abilities to mathematical achievement. *British Journal of Educational*

Psychology, 82, 136 - 156.

Peeters, D., Degrande, T., Ebersbach, M., Verschaffel, L., & Luwel, K. (2015). Children's use of number line estimation strategies. *European Journal of Psychology of Education*. (Online first) doi: https://doi.org/10.1007/s10212-015-0251-z.

Peters, G., De Smedt, B., Torbeyns, J., Ghesquière, P., & Verschaffel, L. (2010). Using addition to solve subtractions in the number domain up to 20. *Acta Psychologica*, 133, 163 - 169.

Piaget, J., & Szeminska, A. (1952). *The child's conception of number*. London: Routledge. (Original work published 1941).

Reeve, R., Reynolds, F., Humberstone, J., & Butterworth, B. (2012). Stability and change in markers of core numerical competencies. *Journal of Experimental Psychology: General*, 141, 649 - 666.

Resnick, L. B., Bill, V. L., Lesgold, S. B., & Leer, N. M. (1991). Thinking in arithmetic class. In B. Means, C. Chelemer, & M. S. Knapp (Eds.), *Teaching advanced skills to at-risk students* (pp. 27 - 53). San Francisco: Jossey-Bass.

Robinson, K. M., Ninowski, L. E., & Gray, M. L. (2006). Children's understanding of the arithmetic concepts of inversion and associativity. *Journal of Experimental Child Psychology*, 94, 349 - 362.

Rubinsten, O., & Henik, A. (2005). Automatic activation of internal magnitudes: A study of developmental dyscalculia. *Neuropsychology*, 19, 641 - 648.

Sasanguie, D., & Reynvoet, B. (2013). Number comparison and number line estimation rely on different mechanisms. *Psychologica Belgica*, 53, 17 - 35.

Sasanguie, D., Defever, E., Maertens, B., & Reynvoet, B. (2014). The approximate number system is not predictive for symbolic number processing in kindergarteners. *The Quarterly Journal of Experimental Psychology*, 67, 271 - 280.

Schleifer, P., & Landerl, K. (2011). Subitizing and counting in typical and atypical development. *Developmental Science*, 14, 280 - 291.

Schmittau, J. (2011). The role of theoretical analysis in developing algebraic thinking: A Vygotskian perspective. In J. Cai & E. Knuth (Eds.), *Early algebraization: A global dialogue from multiple perspectives* (pp. 71 - 86). Berlin: Springer.

Schneider, M., Beeres, K., Coban, L., Merz, S., Schmidt, S. S., Stricker, J., & De Smedt, B. (2017). Associations of non-symbolic and symbolic numerical magnitude processing with mathematical competence: A meta-analysis. *Developmental Science*, 20(3), p. 16.

Schoenfeld, A. H. (2007). Method. In F. K. Lester (Ed.), *Second handbook of research on mathematics teaching and learning* (pp. 69 - 107). Charlotte: Information Age Publishing.

Siegler, R. S., & Booth, J. L. (2004). Development of numerical estimation in young children. *Child Development*, 75, 428 - 444.

Siegler, R. S., & Lemaire, P. (1997). Older and younger adults' strategy choices in multiplication: Testing predictions of ASCM using the choice/no-choice method. *Journal of Experimental Psychology: General*, 126, 71 - 92.

Sinclair, N., & Jackiw, N. (2011). *TouchCounts*. Application for the iPad. https://itunes.apple.com/ca/app/touchcounts/id897302197? mt=8??

Sinclair, N., & Pimm, D. (2015). Whatever be their number: Counting on the visible, the audible, and the tangible. In M. Meletiou-Mavrotheris, K. Mavrou, & E. Paparistodemou (Eds.), *Integrating touch-enabled and mobile devices into contemporary mathematics education* (pp. 50 - 80). Hershey: IGI Global.

Skwarchuk, S. L., Sowinski, C., & LeFevre, J. A. (2014). Formal and informal home learning activities in relation to children's early numeracy and literacy skills: The development of a home numeracy model. *Journal of Experimental Child Psychology*, 121, 63 - 84.

Stokes, D. E. (1997). *Pasteur's quadrant: Basic science and technical innovation*. Washington, DC: Brookings.

Watson, A., & Ohtani, M. (2015). *Task design in mathematics education: The 22nd ICMI Study*. New York: Springer.

Cited papers from Sun, X., Kaur, B., & Novotna, J. (Eds.). (2015). Conference proceedings of the ICMI study 23: Primary mathematics study on whole numbers. Retrieved February 10, 2016, from www.umac.mo/fed/ICMI23/doc/Proceedings_ICMI_ STUDY_23_final.pdf.

Baccaglini-Frank, A. (2015). Preventing low achievement in arithmetic through the didactical materials of the PerContare project (pp. 169 - 176).

Butterworth, B. (2015). Low numeracy: From brain to education (pp. 21 - 33).

Elia, I., & van den Heuvel-Panhuizen, M. (2015). Mapping kindergartners' number competence (pp. 177 - 185).

Gervasoni, A., & Parish, L. (2015). Insights and implications about the whole number knowledge of grade 1 to grade 4 children (pp. 440 - 447).

Gould, P. (2015). Recalling a number line to identify numerals (pp. 186 - 193).

He, S. (2015). How do Chinese students solve addition/subtraction problems: A review of cognitive strategy (pp. 194 - 202).

Ma, Y., Xie, S., & Wang, Y. (2015). Analysis of students' systematic errors and teaching strategies for 3-digit multiplication (pp. 203 - 211).

Milinković, J. (2015). Counting strategies and system of natural number representations in young children (pp. 212 - 219).

Mulligan, J., & Woolcott, G. (2015). What lies beneath? Conceptual connectivity underlying whole number arithmetic (pp. 220 - 228).

Obersteiner, A., Moll, G., Reiss, K., & Pant, H. A. (2015). Whole number arithmetic: Competency models and individual development (pp. 245 - 250).

Roberts, N. (2015). Interpreting children's representations of whole number additive relations in the early grades (pp. 245 - 250).

Sayers, J., & Andrews, P. (2015). Foundational number sense: The basis for whole number arithmetic competence (pp. 124 - 131).

Sinclair, N., & Coles, A. (2015). 'A trillion is after one hundred': Early number and the development of symbolic awareness (pp. 251 - 259).

Verschaffel, L., Torbeyns, J., Peters, G., De Smedt, B., & Ghesquière, P. (2015). Analysing subtraction-by-addition in the number domain 20—100 by means of verbal protocol vs reaction time data (pp. 260 - 267).

Yang, D-C. (2015). Performance of fourth graders in judging reasonableness of computational results for whole numbers (pp. 268 - 276).

Young-Loveridge, J., & Bicknell, B. (2015). Using multiplication and division contexts to build place-value understanding (pp. 379 - 387).

第8章

整数思维、学习和发展:第7章述评

珀拉·内舍
(Pearla Nesher)

8.1 绪言

前一章中讲述了许多理论,这些理论丰富了我们对学生早期算术技能获得的理解,随后呈现了教师可以在课堂上实施的具体措施。在本章中,我主要对两个问题作评论:(1)基数和序数;(2)模式和结构。此外,我将加入一些超出上一章范围的评论,但这些评论与算术学习早期的整数及其运算的研究相关。

8.2 基数和序数

8.2.1 哲学思考

辛克莱和科尔斯(Sinclair and Coles,2015)对当前教学中强调学习数字的基数意识提出质疑,并建议教师关注序数的发展。他们假定,在数字学习中(更一般地说,在数学中),重要的不是能将符号与对象联系起来,而是能将符号与其他符号联系起来。他们对在一年级教学时强调把数字符号与对象的集合联系起来(即强调基数)表示质疑。接下来,我将从哲学和儿童发展两个视角讨论这些观点。

从哲学的视角看,基数是基于集合的,它的基本概念涉及"一一对应"(Fraenkel, 1942)。一一对应的局限在于它可以表示两个集合的元素个数是否相等,但不能显示集合中的元素的个数(Russell, 1919)。事实上,一个集合中元素的确切个数是基于计数的,而计数又是基于顺序的(这将在后面详细说明)。

序数的基础是由皮亚诺(Peano)提出的。他提出了三个原始概念——"0""自然数"和"后继数",以及五个公理:

1. 0是自然数。

2. 任何自然数的后继数都是一个自然数。

3. 没有两个自然数有相同的后继数。

4. 0不是任何自然数的后继数。

5. 如果0有某一属性，而且每一个有此属性的自然数的后继数也有此属性，那么所有自然数都有此属性。(Russell, 1919,1971,p.5)

然而，正如罗素(Russell,1919)所写，这些公理可以适用于任何连续的序列，而不仅仅局限于自然数序列。这就引出了辛克莱和科尔斯(2015)提出的另一个重要观点：

在我们的假设和加泰尼奥(Gattegno,1961)、达维多夫(Davydov, 1975)的研究之间存在一个有趣的相似之处(也许是被忽略的)，他们的早期数字课程都是基于对长度之间关系认识的发展(Dougherty, 2008)，在这种情况下，数字象征的是对象之间的关系(大于、小于、两倍、一半)，而不是用来标记一个集合中对象的"多少"(Sinclair and Coles, 2015, p.253)。

通过罗素的评论，我们注意到加泰尼奥(Gattegno,1961)的论文和他使用的古氏积木(第9.3.1.1节和第10.3.3节)提供了皮亚诺公理的一个类比(Nesher, 1972)。古氏积木是一种教学工具，是一堆不同颜色、不同长度的积木，相同颜色的积木长度相同，其中两个连续的不同颜色的积木的长度差正好是白色积木(单位积木)的长度，儿童可以通过颜色区分这些彩色积木。如果让"白色积木""古氏积木"和"后继"(后继的积木比前一种颜色的积木多一个单位积木的长度)成为原始概念，那么对皮亚诺公理的类似解读如下：

1. "白色积木"是"古氏积木"。

2. 任何"古氏积木"的"后继"都是"古氏积木"。

3. 没有两根不同颜色的"古氏积木"有相同的"后继"。

4. "白色积木"不是任何积木的"后继"。

5. 如果"白色积木"有某一属性，而且每一个有此属性的"古氏积木"的"后继"也有此属性，那么所有"古氏积木"都有此属性。

当然，我们不会把这些公理直接教给儿童，但是意识到古氏积木和自然数公理之间的同形异义性，能保证自然数的所有性质都可以通过有形的物体精确地呈现出来。

古氏积木还有另外一个重要属性。回到哲学视角，弗雷格(Frege, 1884, 1980)详细阐述了“数”(number)的定义，并得出结论：“数”是一个一般化的概念，单独的数字(如“4”“9”等)是属于这个概念的单个对象。我们很难想象数字“4”是一个对象，而不代表四个对象的集合。但是，作为一个数学对象，数字“4”代表所有包含四个对象的集合(Russell, 1919)。

有趣的是，在自然语言中(在英语以及许多其他语言中，包括希伯来语)，人们说“4‘is’偶数”，而不是“4‘are’偶数”，这表达了单数的概念。我们经常在自然语言和数学应用题中听到诸如“桌子上有 4 个苹果”(4 apples are on the table)这样的表达。然而，这里数字“4”被用作句子主语苹果的量化数字，而在句子“4‘is’偶数”中，“4”处于主格位置，指的是一个数学对象。

8.2.2 关于数字和计数的一点说明

计数的发展本质上依赖于不同水平的提升，例如，第一个水平是形成一个固定的数字列表[1]，第二个水平是通过“一一对应”来标记集合中的对象，最终达到将数字作为数学对象的水平。通过完成这一过程，儿童就可以进行符号化的数学运算，掌握更复杂的数学概念。

因此，早期算术学习的困难不在于教授了太多基数方面的含义，而在于将计数与基数混淆。数学文献常常将案例中的儿童计数(数出两个集合中的“所有”元素，从第一个集合中的元素开始数到第二个集合)描述为加法运算，但实际上这只是计数的拓展。数字之间符号“＋”的使用(如 5＋3)象征着把两个数字相加的数学运算，而数字本身就是运算的对象。我们经常观察到儿童通过计数来计算“5＋3”。有些人解释说这是因为“儿童还没有掌握‘数字事实’”。我想指出的是，儿童还不能将数字概括为数学对象，也不能理解“加法结构”中符号的数学解释在原则上与计数是不同的。我将在下一节中说明这一点。

学习数学是一个漫长的过程并且是以个人的方式实现的。我不建议强迫那些还没有学会计数的人进入下一个阶段。然而，我认为教师应该意识到计数和基数作为数学对象的区别：说计数得到的最后一个数字是基数，这只是事物的一方面；

---

[1] 数字列表是指 1(one)，2(two)，3(three)…。——译者注

将基数从计数中分离出来并将其概括为数学对象是数学学习上的一大进步。当然，这与皮亚杰(Piaget，1941，1965)提出的数字和加法的概念始于运算是一致的：

> 运算是思维的本质，而运算的本质是不断创造新事物。因此，如果1+1+1=3，那么任意的三个单位相加与那个3相同，意思是说，可以通过枚举给出三个单位，相加得到总数3。这样通过加法运算，创造了一个新的数，即总数3。(p.202)

为了避免给对数字的哲学基础(或语言学)不感兴趣的儿童或成人带来烦恼，我们把每个古氏积木看成一个有形的连续物体，一个掩盖计数本质的物体(尽管可以通过测量每根古氏积木的长度来进行计数)，这样就能帮助学生实现从计数到基数的转变。由于低龄儿童使用具体的材料作为例证，因此辛克莱和科尔斯(2015)所推荐的这些材料的优点是使得已经可以准确计数的儿童能够把数字作为数学对象。

8.2.3 心理学思考

在过去的二十年里，大量的心理和认知神经科学研究致力于解决这样一个问题：自然数的计数表征是进化的产物还是人类文化的产物(Butterworth, 2005, 2015; Dehaene, 1997; Feigenson et al., 2004)。虽然所有人都同意数字处理是人类的一种核心能力〔例如感数(参见第7.2.1节)，表征非符号的数字大小等〕，但低龄儿童(婴儿和蹒跚学步的儿童)所具备的核心天赋是本质上的类比(Dehaene, 1997)，还是以通过感数证明的对象差异为特征，这一点在理论上存在分歧(Carey, 2004; Le Corre and Carey, 2007)。

德阿纳、皮亚扎、皮内尔、科昂(Dehaene, Piazza, Pinel and Cohen, 2003)在认知神经科学研究中，将大脑的不同区域对应到三种不同的数字能力(即视觉的阿拉伯数字编码、模拟数值编码和语言编码)。勒科尔和凯里(Le Corre and Carey, 2007)探查了儿童的首次计数活动并进行了跟踪研究，虽然他们的研究主要是考查儿童的基数能力，但他们指向了数字概念中儿童的序数能力的发展。

在讨论凯里(2004)的理论之前，让我们回顾皮亚杰(1941，1965)的开创性研究——《儿童的数字概念》(*The Child's Conception of Number*)。在这本书中，他深入研究了序数和基数的详细层次，并对形成类(也就是基数)的对称关系和形成次序(也就是序数)的不对称关系进行了阐述。皮亚杰写道：

> 序数和基数之间存在关联，这一点毫无疑问……因此，有限的数必然可以同时作为基数和序数，因为数在本质上既是类的关系，又是不对称的关系，这种关系融合在一个运算的整体里。(Piaget, 1965 ed., p.157)

回到凯里(2004)的论文，大多数研究人员都同意感数的范围(1至3或4个)，在这个范围内，对一个集合所包含的对象数量的感知是快速的，而且不需要计数。凯里研究了基数是如何出现的，她描述了如下过程：当要求低龄儿童拿出一个物体时，他会拿出一个；但当要求儿童拿出两个物体时，他会拿出一堆物体。她称这些儿童为“one-knowers”。六个月后，儿童可以区分“一”和“二”，她称这些儿童为“two-knowers”(儿童只能拿出一个或两个物体，不能准确拿出其他数量的物体)。凯里认为，在儿童的感数范围内，儿童学习数字的方式和他们学习其他量词意义的方式是一样的，比如英语中的“many”和“all”，超过感数范围的数字就被认为是“many”。根据她的理论，超出感数范围后，如数量达到7或12，儿童学习数字的方式和他们学习其他量词意义的方式就不一样了(Carey, 2004; Nesher, 1988)。

凯里(2004)指出，儿童最初学习计数时，这些数字对他们而言是没有意义的，只能死记硬背。富森和霍尔(Fuson and Hall, 1983)的论文详细描述了儿童学习计数的过程以及在掌握数字顺序方面是如何取得进步的。在每个阶段，儿童都会习得一些关于数字作为一个固定有序列表的知识，一些数字是按照正确的顺序背诵出来的，但也有一些数字是跳跃的、不连续的。然后，由于不知道正确的顺序或遗漏了较大的数字，儿童开始重复前面的数字。这个过程是动态的，而儿童掌握的数字范围会随着年龄和经验的增长而扩大。类似地，格尔曼和加利斯泰尔(Gelman and Gallistel, 1978)描述了计数的基本原理：学会一个固定有序的数字单词列表，将数字单词与每个计数对象(不重复或省略对象)一一对应，并且知道数到的最后一个数就是这个计数集合所含对象的基数，而集合里计数对象的顺序并不重要。

然而，凯里认为，掌握固定有序的数字单词列表是学习“后继”概念的关键。“后继原则”的可操作性定义是将一个对象添加到集合(该集合包含 n 个对象)后，计数列表中恰好增加一个单位(该集合中的对象变为 $n+1$ 个)。正是这种映射使得有序的单词列表和通过枚举得到的集合之间能够一一对应，从而建立起基数的概念。

值得注意的是，这一固定的数字单词串在词与词之间保持着不对称的关系，并且在计数时必然促进了学生对序数的理解。根据研究人员所述，在儿童获得基数概念之前，的确会发生上述情况，比如富森和霍尔(1983)以及格尔曼和加利斯泰尔(1978)的论文中就提到了这一点。一旦儿童正确标记了集合(即掌握有序的数字单词和对象之间的一一对应关系)，他就已经处于序数模式，这种模式被嵌入基数的概念中。

总之，尽管辛克莱和科尔斯(2015)指出“在小学阶段平衡数感发展的两个方面(序数和基数)很重要”，但他们似乎更关注数学中的模式方面，而忽略了结构方面，因此也忽略了加泰尼奥(1962)关于古氏积木的研究这一重要方面。

8.3 结构

8.3.1 数学中的结构

结构指的是各种元素组织和联系的方式，以及数字之间运算的本质。在关于结构的一节(第7.3.3节)开头，作者提到了加法法则，如交换律($a+b=b+a$)和加减消元法($a+b-b=a$)。这些法则和其他法则源自许多研究者强调的加法关系结构(e. g. Mulligan and Mitchelmore, 2009; Nesher, 1989; Roberts, 2015; Schmittau, 2011; Vergnaud, 1982)。结构的概念是数学的核心，在高等教育中也很受重视(如群、域、环的学习)。近年来，随着教授预代数(pre-algebra)的尝试愈发提前，小学生逐渐对结构产生兴趣。(Cai and Knuth, 2005;另请参阅第13和第14章)。

这引起了人们对达维多夫(1975)论文的关注。达维多夫(1975)采取的方法如下：从用长度表示数量开始，由一个测量单位推导出数量的概念。儿童能用字母来表达量与量之间的关系，会表达量与量之间的部分—整体关系，能把不等式转化为等式，用加减运算找到缺失的整体和部分，在用数量表达之前给出整体—部分之间的加法关系。

加泰尼奥(1962)也采用了类似的方法，他用彩色积木探究加法结构。正如达维多夫(1975)使用字母区分长度，加泰尼奥使用颜色来区分长度。由于一组(最多10根)积木是在“后继”的概念下构建的(它为儿童提供了单调的步骤)，这些积木可充当一个容易操作的具体装置，并且与数字同构，只不过它更强调的是结构和关系。

下面来看加泰尼奥(Gattegno, 1971;图8-1)提出的以下例证：将积木“首尾相连”作为加法的例证，符号为“+”(图8-1中的A)；将积木“并排”作为减法的例证，符号为“—”(图 8-1 中的 B)；将三根积木摆成两行，使上、下长度相等，用于解释符号“=”(图 8-1 中的 C)。

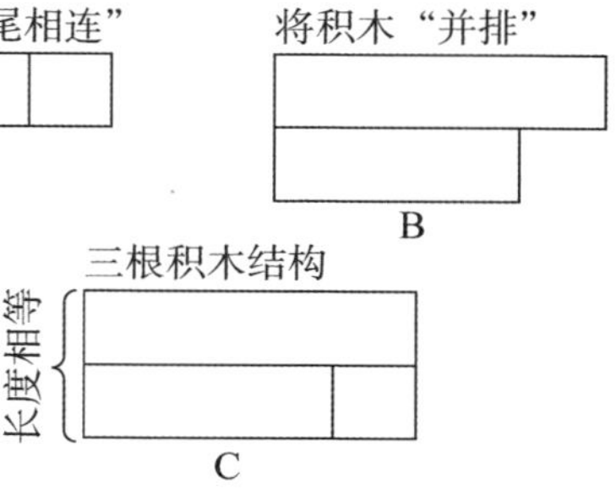

图 8-1　加泰尼奥详细阐述的例证：根据加法关系的方法(Gattegno, 1971, p.24)
(注：这是原始图的简化版本)

因此，“A+B=C”这句话有一个完整的具体类比，儿童可以理解像“+”“—”和“=”这样的符号在一个结构中有不同的含义，即使当下对其理解还比较模糊，但是在今后会更清晰和丰富。儿童能很好地理解语言指令之间的交替使用(如“首尾相连”“长度相等”等)，能用具体材料举例说明，并将算术符号通过类比引入这些结构中，这些都支持了算术语言的学习。在某种程度上，图 8-1 的范例代表符号“+”“—”和“=”的语义(将在下一节中讨论)。

8.3.2　学校实践

下面讲述的这种方法与许多学校的做法完全不同。布鲁恩、迪亚兹和戴克斯(Bruun, Diaz and Dykes, 2015)建议以独立的方式教授数学语言和数学运算的含义。儿童在他们的课堂上学习定义数学词汇，并给出一个正例和一个反例。例如，定义加法如下：“一种计算两个或两个以上数字之和的数学运算，通常用加号(+)”；再给出一个反例“9—3”(p.532)。然后，给出减法的定义：“用‘—’找出两个数的差的运算或过程”；再给出一个反例“2+2”(p.533)。

与教授加法关系的完整结构不同，“+”运算和“—”运算是不相关的，甚至互为反例。那么，当面对如下的开放式句子“3+□=9”时，学生会做什么？这是“加”还是“减”？事实上，通过“3+9=12”来回答这个问题是最常见的错误——这清楚地表明了学生对加法结构和“+”“—”符号含义的误解。许多儿童还把“=”解释为非对称命令“do it”，而不是等价的对称符号。

古氏积木不是唯一可以用来习得数学符号语义的工具。人们还可以用离散的数字模型来开发可操作的材料,如矩形网格、圆的集合或数线。

例如卡拉赫和施利曼(Carraher and Schliemann, 2015)提出的方法,他们建议并且曾经尝试让三至五年级学生学习预代数。卡拉赫和施利曼认为学生之前所学的四种基本运算是函数,并建议将"+3"作为一个函数,可以用在开放式句子中,如"$n+3$",其中"n"可以是任何数字。卡拉赫和施利曼认为该方法使得儿童能够将算术与代数、几何结合起来,其主要的具体例证是数线,但他们也在别的场景试行了这种想法,如一盒糖果或者一组高度。该方法也不同于计数,而是像达维多夫(1975)的做法一样,把数字作为度量单位。他们认为"+"是表示"增加"或"前进"的一元函数,而"="表示两个函数的比较(Carraher and Schliemann, 2015)。

8.3.3 具体材料

这里要强调的是,仅仅介绍表征数字的具体材料是不够的,一个健全的教学法还应支持对数学符号的语义进行学习,如"+""−"和"=",因为这些符号是有语义的,理解它们意味着理解相关的结构。我所说的早期算术学习中数学符号的语义是指以下内容:

除了具体材料之外,"+"两边的数字指的是部分(称为"加数"),而"="后面的数字指的是与之相等的总量(称为"和")。在减法中,数字的角色不同,"−"左边的数字指的是和,"−"右边的数字是其中一个加数,"="右边的数字是另一个加数。但是,"+"和"−"指向的是同一个基本结构。

用积木表征的加法结构(图 8-1)及其语言游戏给低龄儿童提供了一个微观模型,这个模型揭示了部分—整体关系,这种关系类似于自然数的加法结构的语义。一个按照既定规则学习的儿童可以意识到符号"+""−"和"="的部分含义,但是对儿童来说,像"3=4+="这样的一串符号是没有意义的。本书第7章提到的所有关系,如交换律($a+b=b+a$)和加减消元法($a+b-b=a$),以及达维多夫(1975)论文中的 $c>a$ 和 $b<a$ 等,在模型中都可以看得见,并且是可以理解的。

8.4 结束语

综上所述,我们应该意识到,从用自然语言学习计数转变到用算术语言学习,对儿童来说是艰巨的一步,但是大多数人没有意识到这种转变的难度。

有时,儿童通过非算术手段,如计数,也能进行正确的加减运算,于是我们就错误地认为儿童已经理解了算术中的加法运算。但是,加法运算是在数字之间进行的，只要儿童没有掌握基数，那么他基本上就没有习得“+”的含义，而加法的真正含义只有在加法结构的背景下才能获得。

从计数到算术运算转变的本质是语义化和本体论的，尽管我们还没有完全理解这一点。但是，我们可以也应该让低龄儿童接触有形的物体，作为真实参照来代替数学的抽象对象，从而为从用自然语言学习计数转变到用算术语言学习铺平道路。这些例证应该代表算术对象和算术关系的本质。

数学符号体系的发展是表达自然语言中的模糊概念和表征先进新思想的需要。数学符号体系的独特之处在于它是一种浓缩的语言，一种有严格解释的符号语言。此外，数学语言能够作出自然语言无法作出的更微妙的区分（在不涉及语调的情况下）。让我们看下面的书面短语：“A fifth of a number decreased by 4。”它的意思到底是$\frac{1}{5}x-4$还是$\frac{1}{5}(x-4)$？但是，如果用数学符号，就可以明确区分这两种解释（意义）。

另一个例子是“is”这个词的解释。在自然语言中，它的解释来源于给定的语境。然而，在数学和逻辑的形式语言中，这个词可以得到进一步的区分（Ayer，1936，1972）：

> “is”表示相等的意思：A=B。
> “is”表示归属关系：$a\in B$。
> “is”表示包含关系：$A\supset B$。
> “is”表示存在性：$\exists X$。（p. 63）

这就是形式语言相对于自然语言的力量。它在所有科学领域和许多应用中都是如此强大，在算术及其简单运算中也是如此，我们不应该低估这些表达式的精确程度。

诚然，将严谨的算术符号转换成自然语言是一项困难的任务。用“首尾相连”“放在一起”或“前进”解释“+”，用“拿走”“并排放置”“后退”或“下降”解释“−”，都不能完整而准确地表达这两个运算符号所代表的数学加法关系的语义。重要的是，教师必须理解整数的符号以及它们在算术中的运算和关系，那不只是过去在日常环境中学到的概念的一种新语法，而更是一个过渡到新的符号领域的艰难飞跃。掌握符号语言之后，可以通过自然语言或其他调查项目中给出的应用题，在日常语境中丰富和应用它们。

我坚信，帮助儿童完成这一转变，并设计新的学习环境来缩小儿童之间的现有差距，将会避免许多儿童在小学低段学习数学时感到困难而逃避数学学习。

参考文献

Ayer, A. J. (1972). *Language, truth & logic*. London: Victor Gollancz.

Bruun, F., Diaz, J. M., & Dykes, V. J. (2015). The language of mathematics. *Teaching Children Mathematics*, 21(9), 530 - 536.

Butterworth, B. (2005). The development of arithmetical abilities. *Journal of Child Psychology and Psychiatry*, 46(1), 3 - 18.

Cai, J., & Knuth, E. J. (Eds.). (2005). Algebraic thinking. *ZDM*, 37(1).

Carey, S. (2004). Bootstrapping and the origin of concepts. *Daedalus*, 133(1), 59 - 68.

Carraher, D. W., & Schliemann, A. D. (2015). 6 Powerful ideas in elementary school mathematics. In L. D. English & D. Kirshner (Eds.), *Handbook of international research in mathematics education* (3rd ed., pp. 191 - 219). New York/London: Routledge.

Davydov, V. V. (1975). Logical and psychological problems of elementary mathematics as an academic subject. In L. P. Steffe (Ed.), *Soviet studies in the psychology of learning and teaching mathematics* (Vol. 7, pp. 55 - 107). Chicago: University of Chicago Press.

Dehaene, S. (1997). *The number sense: How the mind creates mathematics*. New York: Oxford University Press.

Dehaene, S., Piazza, M., Pinel, P., & Cohen, L. (2003). Three parietal circuits for number processing. *Cognitive Neuropsychology*, 20, 487 - 506.

Dougherty, B. (2008). Measure up: A quantitative view of early algebra. In J. Kaput, D. Carraher, & M. Blanton (Eds.), *Algebra in the early grades* (pp. 389 - 412). Mahwah: Lawrence Erlbaum. Feigenson, L., Dehaene, S., & Spelke, E. S. (2004). Core systems of number. *Trends in Cognitive Science*, 8(7), 307 - 314.

Fraenkel, A. (1942). *Introduction to mathematics*. Tel-Aviv: Masada. (in Hebrew).

Frege, G. (1884/1980). *The foundations of arithmetic*. Evanston, Northwestern University Press.

Fuson, K. C., & Hall, J. W. (1983). The acquisition of early number word meanings. In H. Ginsburg (Ed.), *The development of mathematical thinking* (pp. 49 - 107). New York: Academic.

Gattegno, C. (1961). *A teacher introduction to the Cuisenaire-Gattegno method of teaching arithmetic*. Cuisenaire Company of America.

Gattegno, C. (1962). *Modern mathematics with numbers in colours*. Reading: Lambert Gilbort Co. Ltd..

Gattegno, C. (1971). *Now Johnny can do arithmetic: A handbook on the use of colored rods*.

New York: Educational Solutions Worldwide Inc..

Gelman, R., & Gallistel, C. R. (1978). *The child's understanding of number*. Cambridge, MA: Harvard University Press.

Le Corre, M., & Carey, S. (2007). One, two, three, four, nothing more: An investigation of the conceptual sources of the verbal counting principles. *Cognition*, 105, 395 - 438.

Mulligan, J., & Mitchelmore, M. (2009). Awareness of pattern and structure in early mathematical development. *Mathematics Education Research Journal*, 21, 33 - 49.

Nesher, P. (1972). *From ordinary language to arithmetical language in the primary grades: A dissertation*. Cambridge, MA: Harvard University.

Nesher, P. (1988). Precursors of number in children: a linguistic perspective. In S. Strauss (Ed.), *Ontogeny, phylogeny and historical development* (pp. 106 - 124). Norwood: Ablex Publishing Corporation.

Nesher, P. (1989). Microworlds in mathematical education: A pedagogical realism. In L. B. Resnick (Ed.), *Knowing, learning, and instruction: Essays in honor of Robert Glaser* (pp. 187 - 226). Mahwah: Lawrence Erlbaum.

Piaget, J. (1965). *The child's conception of number*. New York: Norton Company.

Russell, B. (1919/1971). *Introduction to mathematical philosophy*. New York: The MacMillan company/Simon and Schuster.

Schmittau, J. (2011). The role of theoretical analysis in developing algebraic thinking: A Vygotskian perspective. In J. Cai & E. Knuth (Eds.), *Early algebraization: A global dialogue from multiple perspectives* (pp. 71 - 86). Berlin: Springer.

Vergnaud, G. (1982). QA classification of cognitive tasks and operations of thought involved in addition and subtraction problems. In T. P. Carpenter, T. M. Moser, & T. A. Romberg (Eds.), *Addition and subtraction: A cognitive perspective* (pp. 39 - 50). Hillsdale: Lawrence Erlbaum.

Papers cited from Sun, X., Kaur, B., & Novotna, J. (Eds.). (2015). Conference proceedings of the ICMI study 23: Primary mathematics study on whole numbers. Retrieved February 10, 2016, from www.umac.mo/fed/ICMI23/doc/Proceedings_ICMI_ STUDY_23_final.pdf.

Butterworth, B. (2015). Low numeracy: From brain to education (pp. 21 - 33).

Roberts, N. (2015). Interpreting children's representations of whole number additive relations in the early grades (pp. 245 - 250).

Sinclair, N., & Coles, A. (2015). "A trillion is after one hundred": Early number and the development of symbolic awareness (pp. 251 - 259).

\ 第 9 章 /

影响整数学习的因素:文化人工制品和数学任务

玛利亚·G.巴尔托利尼·布西,梅特·因普拉西塔
(Maria G. Bartolini Bussi, Maitree Inprasitha)
费迪南多·阿萨雷洛,海曼·巴斯,乌尔里希·科尔滕坎普,西尔瓦·拉德尔,卡罗琳娜·拉乔伊,倪玉菁,托马斯·罗特曼,韦罗妮卡·萨伦吉,索菲·苏里-拉韦涅,珍妮·杨-洛夫里奇
(Ferdinando Arzarello, Hyman Bass, Ulrich Kortenkamp, Silke Ladel, Caroline Lajoie, Yujing Ni, Thomas Rottmann, Veronica Sarungi, Sophie Soury-Lavergne, and Jenny Young-Loveridge)[1]

9.1 绪论

9.1.1 会议概述

本章将从两个互补的角度讨论社会文化是如何影响学生的整数学习的:

(1) 促进学生学习的角度(教师充分利用社会文化时);

(2) 阻碍学生学习的角度(教师没有充分利用社会文化时)。

主题 3 接收了 13 篇论文,这些论文的作者来自 10 个不同国家和地区。为了便于汇报与讨论,根据接收的论文的主要思想,我们把这些论文分成了小组。因为分类中有几处重叠,所以不可能明确地把这些论文分成不同组。但为了小组讨论内容的聚焦,我们可以基于论文的主要思想来安排不同的(讨论)时间段。

9.1.1.1 语言和制度背景

身处不同文化背景的与会者所写的论文为研究提供了难得的机会,因为这是关于促进或者阻碍数学意义建构议题的第一手报告。

---

[1] 本章的在线版本包含补充材料。前两名作者在与其他工作组成员的合作下编写了这一章。

(1) 透明度和模糊性。一些论文讨论了汉语(Ni,2015)、泰语(Inprasitha,2015)和毛利语(Young-Loveridge and Bicknell,2015)的语言透明度,这与法语和德语等欧洲语言的模糊性形成了对比(Peter-Koop et al.,2015)。皮姆和辛克莱(Pimm and Sinclair,2015)分析了20种不同的语言中关于分数的语法,并探讨了每一种语言所传达的信息。

(2) 制度背景。梅西耶和奎利奥(Mercier and Quilio,2015)分析了4个讲法语的国家小学教育中整数算术的差异,发现在探讨教育系统的运行原则时,语言只是需要考虑的变量之一。

9.1.1.2 **人工制品**

一组论文中讨论了不同种类的人工制品:

- 数线(Bartolini Bussi, 2015;电子补充材料:Bartolini Bussi, 2017)。
- 单个记数符号与记数序列(Hodgson and Lajoie,2015)。[1]
- 第纳斯木块、算术架(或斯拉夫算盘)(Rottmann and Peter-Koop, 2015;电子补充材料: Rottmann, 2017)。
- 古氏积木(Ball and Bass, 2015, 2005),它可能给家庭经济条件不佳的五年级学生带来困难。
- 日常生活中的人工制品(Inprasitha, 2015)。
- 电脑游戏(Bakker et al., 2015)
- 虚拟教具(Soury-Lavergne and Maschietto, 2015; Ladel and Kortenkamp, 2015)。

9.1.1.3 **教师教育**

在整数算术学习的准备工作中,首要问题是教师教育以及教师教育对他们未来学生学习过程的影响。从某种意义上说,上述所有论文都暗示了有效使用语言或人工制品对教师教育的重要性。

下面是两个有关教师教育的具体方案:

一个方案是加拿大魁北克的拉瓦尔大学针对职前小学教师提出的,其目的是建立整数算术的基础。这个方案强调了数学家在培养数学教师时的作用,也强调了数学家和数学教育工作者在这种尝试中的互补作用。(Hodgson and Lajoie,2015)。

---

[1] 单个记数符号与符号序列:古老的表示数的方法,通常以小正方形、线段等表示数字。以小正方形为例,记数序列□□□表示3,□□□□表示4。——译者注

另一个方案是泰国研究者提出的，其目的是使日本的课例研究适用于泰国的情况（Inprasitha，2015；电子补充材料：Inprasitha，2017）。

9.1.2 工作组的讨论

工作组以不同的方式组织了 8 次时长 1 小时的会议。会议前，工作组成员分成了两个小组：（1）语言组，侧重于研究“十”在不同国家语言中的不同表述；（2）人工制品组和数学组，侧重于研究认识论与人工制品的选择或设计之间的关系。

语言组讨论了用于分组的语言，并将其细分为单位和组。在一些国家（如英国），“unit”一词既指个体，也指不同组的通用术语（如个、十、百）。在某些语言（如法语、德语、意大利语）中，有专门表示特定组的单位的术语（如 dizaine、zehner 或 decina 代表 10）。相反英语中同时用“ten”来表示数量和单位名称。此外，语言组还讨论了分数、基数和序数名称的语言表述。

人工制品小组既讨论了传统性的人工制品，又讨论了现代信息技术的人工制品。他们认为有必要根据以下问题来解释术语：什么是表征？什么是模型？什么是人工制品？什么是教具？此外，他们还讨论了根据不同意图设计并使用的人工制品。他们强调了（教师）指导和学生探索人工制品的重要性。

在最后一次会议中，只有数学任务组参加了讨论。

CANP 观察员韦罗妮卡·萨伦吉（Veronica Sarungi）提供了一份关于非洲东南部问题的生动报告，表明了在大多数情况下，地方语言与学校语言相冲突（另见第 3 章）。此外来自大湄公河次区域的三名年轻观察员〔韦拉苏克·卡娜乌安（Weerasuk Kanauan）、维萨·金（Visa Kim）和占鹏·彭马帕苏（Chanhpheng Phommaphasouk）〕录制了所有会议过程，并编写了小组讨论的报告。

最后，与会者一致认为，可以与其他工作组成员一起讨论语言问题，因为利用不同的语言背景可以使讨论更为丰富（见第 3 章）。但与会者更倾向于把重点放在人工制品（这是工作组讨论的真正核心）和数学任务上，因为对任务和人工制品的选择可能会促进或阻碍学生整数算术的学习。关于人工制品，他们希望收集其他工作组展示的人工制品的例子。我们根据与会者的共同选择（全体会议报告中也包含了这个选择）确定了本章的结构。

9.1.3 本章结构

本章核心是人工制品的概念，我们首先讨论了文献中该词的意义，进而分析了与会者报告和文献中的文化人工制品。然后讨论了将文化人工制品作为教具的问题。其中有一节专门讨论了由技术创造的人工制品（教具）。

数学任务这个议题只是掠过,如果不考虑如何将人工制品用于适当的数学任务,那么讨论人工制品就没有意义。我们不打算与ICMI 22的讨论内容(Watson and Ohtani, 2015)重复,ICMI 22的一些与会者(包括联合主席)也参加了ICMI 23(在会议期间只使用了ICMI 22会议记录的内容)。在会议中,与会者报告了一些可能促进或阻碍整数算术学习的任务的例子。这表明人工制品和数学任务是密不可分的,应在文化和体制制约的系统内加以考虑。

在本章结束语中,概述了一些富有挑战性的问题,以便应对这一复杂的局面。

9.2 文化人工制品

9.2.1 含义相似(但不相同)的术语的使用

9.2.1.1 *历史文化学派*

文献中有许多不同描述人工制品的词,因为文献是用不同的语言写成的,所以翻译面临着各种各样的挑战。将维果茨基(Vygotsky)最初的论文翻译成俄文就是一个典型的例子。维果茨基是历史文化学派的创始人,在该学派中,有一个重要的观点:文化人工制品是一个中介。根据俄罗斯学者〔安娜·斯捷岑科(Anna Stetsenko)的私人通信〕的说法,维果茨基在论文中表达"符号"的主要术语是"sign"(或"symbol"),而在俄语中是"знак"(音译:znak),所以符号中介是以"znakovaya kulturaya mediatsija"(знаковая, культурная медиация)表达的,意为符号文化中介。在翻译成英文时,译者使用了一些含义相似但不同的术语。

1930年,维果茨基在克鲁普斯卡娅共产主义教育学院发表了关于心理学中工具方法的演讲,他的讲稿后来被收录在不同的读物中。文稿如下(根据英文版记录翻译):

> 在人类的行为中,我们会遇到许多能掌握人类心理变化的人工设备。类似于技术设备,有理由依照惯例把这些设备称为心理学工具或仪器。……心理学工具是人为制造的。从本质上讲,它们具有社会性,而不是官能或个人的。它们的目标是掌握自我或他人的(心智)变化,就像技术设备的目标是掌握自然的发展一样。下面是一些心理学工具及其复杂系统的例子:语言、不同形式的计算和计数、记忆技术、代数符号、艺术作品、写作、方案、图表、地图、蓝图、各种传统符号等。(Rieber and Wollock, 1997, p.85)

在这个译文中，有许多种不同的术语：（心理学）工具、仪器、人为制造或人工设备。伊星·恩格斯特伦（Yrio Engeström，1987）和M.科尔（Michael Cole，1996）使用了“人工制造的设备”（artificial device）的概念，因而有“人工制品”（artefact）这个简称。M.科尔主张使用“人工制品”作为更通用的术语（1996，p.108）。M.科尔将人工制品中介与杜威（Dewey）对工具和艺术作品的分析联系起来，声称杜威的作品“在俄罗斯教育家和心理学家中很有名”（p.109）。杜威和维果茨基观点间的直接科学联系是有意义的，正如M.科尔所说：“关注点是制定一种结合两国观点的心理学方法”（p.115）。这使维果茨基的观点更接近美国学者的观点，但并不是每个人都赞同这两个国家传统的心理学方法有一致性。例如，斯捷岑科（2008）写道：

> 杜威和皮杰亚（Piaget）（以及在他们提出关系本体论方法后的当代追随者）都认为人类与其他生物没有区别，因此符合达尔文主义的“自然没有大幅度的飞跃”的观点，而维果茨基和他的追随者们则认为有这种飞跃，并开始探索它的含义。在这一过程中，这些学者遵循马克思主义的辩证唯物主义观点，认为“……人类思维的基础正是*人类改变自然*，而不是自然本身，思维随着人类如何改变自然而发展”（维果茨基引用恩格斯的话，1997，p.56；斜体字原文就有）。（p.482）

同样地，谢和卡斯普肯（Xie and Carspecken，2007）在对中美数学课程的比较分析中，将杜威和马克思分别提出的异于黑格尔唯心主义的不同思想进行了比较，并指出这两种思想都对教育发展方向有重要的影响。

人工制品的概念在活动理论方法中得以阐明（e.g. Engeström，1987），并被其他学者应用在数学教育研究中（Bartolini Bussi and Mariotti，2008）。

在更多关于工具方法的文献中，人工制品被当作“一种可以使用的工具，通常是具体的实物，也可以不是”（Hoyles and Lagrange，2010，p.108），然而对于特定类型的任务，工具（的使用）依赖于人工制品和用户之间的关系。除了人工制品之外，工具还包括用户在使用人工制品时开发和应用的技术以及心理计划。我们可以用某种简化的“公式”来表述：对于给定类型的任务，工具＝人工制品＋心理计划和技术。（p.108）

在这种情况下，需要参考拉巴德尔（Rabardel，1995）的工具方法。

在这一章中，我们不会严格区分。因为数学教育工作者、人类学家和历史学家并不总是遵循上述某一种理论框架，所以在大多数情况下，我们将以一种更通用的方式描述人工制品。

9.2.1.2　**符号中介理论：教师方面**

巴尔托利尼·布西和马里奥蒂(Bartolini Bussi and Mariotti，2008)认为人工制品的概念(根据维果茨基的观点)是符号中介理论的核心。这一理论框架有两个重点：文化人工制品的功能；教师作为文化中介的作用。

教师主要负责两个过程：活动设计与活动开展。在活动设计的过程中，教师根据课堂内容，合理地选择在课堂中要使用的人工制品、确定要提出的任务和要传授的数学知识。这意味着，在这个框架下，教学知识不同于学术知识(Chevallard and Bosch，2014)。在活动开展的过程中，教师利用、关注和管理儿童的可观察学习过程，决定如何与他们互动，以及如何巩固个人和群体记忆。设计过程如图9-1左边三角形所示，这幅图体现了人工制品的符号潜力。这种符号潜力涉及人工制品所定义的双重符号学联系，一是用人工制品完成任务，二是与人工制品及其使用相关的数学意义。[1] 该设计的其他部分涉及课堂的功能。当教师给学生一项任务时，学生开始开展一项丰富而复杂的符号活动，并在活动中作出痕迹(手势、图画、口头描述等)。教师的工作首先是(通过观察和倾听学生)收集这些痕迹，然后对它们进行分析，从而结合有关的数学知识设计数学教材，使其在教学中发挥作用。在这个过程中，教师组织个人或小组(在教学周期中)交替使用人工制品和符号来解决任务，并组织集体讨论。

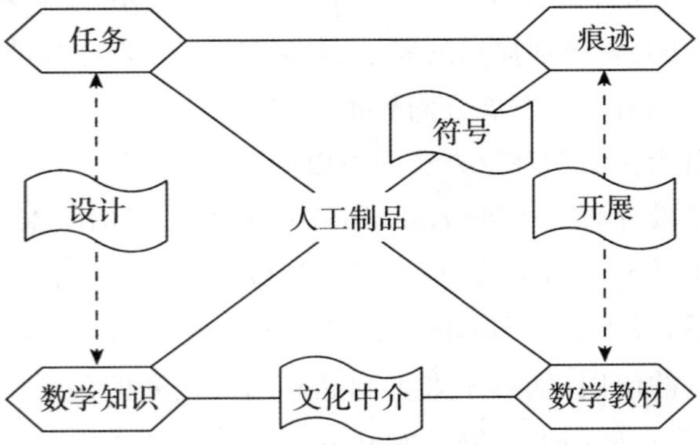

图9-1　符号中介

[1] 双重符号学联系：一方面，一个人工制品与一项特定的数学任务相关；另一方面，同一人工制品与一个特定的数学知识相关。于是，一个人工制品与一项数学任务和一个知识之间就构成双重符号学联系。——译者注

在这种情况下，因为可以用人工制品传播知识（例如在学校），所以人工制品被当作教具使用。据文献记载，经常有一些教具被称为可操作的教具，以此强调在建构数学意义的过程中可以操作它们（Bartolini Bussi and Martignone，2014；Nührenbörger and Steinbring，2008）。现在，由于信息技术的日益普及，已经产生了许多虚拟教具，但人们还没有仔细研究直接操作和间接操作产生的认知差异，例如鼠标的意义。对于一些例外的情况，参见第 9.3.4 节。

9.2.1.3 **人工制品和表征：学习者方面**

当人工制品发挥作用时，最引人注目的不是数学概念本身，而是它的外部表征（或模型）。从这个意义上说，人工制品"让学生将日常经验与他们幼稚的数学概念和符号之间建立起联系"（Uttal et al.，1997，p.38）。然而，人工制品作为一种表征对儿童而言不一定明显。在这方面，乌塔尔等人（Uttal et al.，1997，p.43）提出了"双重表征假说"：任何人工制品都可以被看作其他事物的表征或者一个独立的对象。这个假说可能是学生学习困难的一个原因：

> 具体的对象要能帮助儿童掌握概念、经历学习过程，否则这些都可能无从得到。然而，使用具体的对象也有缺点：学生可能不容易理解使用教具是为了代表某种别的东西，也就是说教具只是一种符号。如果这样，那么使用教具将会产生相反的效果。（Uttal et al，1997，p.52）

对于教具的使用，纽亨伯格和施泰因布林（Nührenbörger and Steinbring，2008）也表达了类似的担忧，同样的问题也出现在虚拟教具上（参见第 9.3.4 节）。

莫纳汉、特鲁什和博温（Monaghan，Trouche，and Borwein，2016）提出了一个耗费时间和精力的解决方法，该方法要涵盖所涉领域过去到未来会涉及的所有内容，主要侧重于现代技术，以及课程、评估和政策制定等方面。

在简要回顾了数学教育文献中所述的人工制品的作用后，有必要借鉴与会者的报告，列举一些文化人工制品的例子。

9.2.2 整数算术中的文化人工制品

在数学史上，人们创造了大量的人工制品，有些传播到世界各地，而有些则与特定的文化有关。因此，文化人工制品对于数学的发展历史及其地理分布都很重要。文化人工制品揭示了创造和使用它们的文化背景，以及在这种文化中数学的形象。其中，一些文化人工制品可能被用于重建学生的文化认同感或构建学生的数学概念。

根据第 9.2.1 节中引用的维果茨基的例子，语言是第一个用于了解心理过程的人工制品。语言在日常生活和学校环境中都发挥着作用，语言和数字（包括整数算术）之间的联系绝不是自然的或普遍的。在本书（第 3 章和第 5 章）中，我们参考整数算术的发展历史和地理分布，探讨了不同形式的计算和计数的变化。在某些情况下，语言可以促进（学生）学习；在某些情况下，语言会阻碍（学生）学习。我们将在本章分析一个典型的、由语言（和文化）所造成的学习差异的例子（参见第 9.3.2 节认识论障碍的例子）。当用语言表征任务且学生也用语言回答时，语言和其他人工制品一起融入了活动中。我们把一些人工制品示例划分成以下几类：

（1）表示数字和计算的古代文化人工制品（记数、算筹、奇普和尤帕纳）；

（2）算盘；

（3）用于乘法运算的人工制品〔精简表（pithy tables）、纳皮尔骨（Napier bones，又称纳皮尔棒）[1]、“杰洛西亚”格子（“gelosia” scheme）〕；

（4）数线；

（5）歌曲、诗歌和舞蹈；

（6）游戏；

（7）日常人工制品；

（8）教科书和电子书。

9.2.2.1 表示数字和计算的古代文化人工制品

根据历史学家的描述（Menninger, 1969），单符记数（第 5.2.3.1 节和第 10.4.1 节）是最古老的数字表示方法（图 9－2）。

单符记数现在仍然用于选举投票（图 9－3）。

图 9－2 伊尚戈骨（Ishango bone）

图 9－3 用于计票的记数

[1] 纳皮尔骨是一种用来计算乘法和除法的工具，类似于算盘。由一个底座及九根圆柱（方柱）组成，可以把乘法运算转为加法，也可以把除法运算转为减法。——译者注

多个世纪以来，单符记数被用在双重记数棒中(Menninger，1969，p.223)进行商业交易：

> 将一根木棒纵向切割，切口接近末端；较大的木棒部分是“原料”(主棒)，由债权人保存；分离的部分是“嵌入物”(附在“原料”上的部分)，由债务人保存。在付款完成时，债务人将他的“嵌入物”插入债权人持有的“原料”中，并立即在这两截木棒上刻上凹痕；当交货时，在两截木棒上去除凹痕。然后双方收回他们自己的部分，并保留至最终交易结束。这种极其简单的“双重记账”的方式使得任何一方都不能欺骗对方。(p.231)

根据门宁格所说(Menninger，1969，p.233)，汉字的“契”是非常有意义的。

汉字“契”的上部由两个字符组成，一个表示记事符棒(有刻痕的竹木)、一个表示刀，下部表示“大”。因此，汉语里的“契约”或“协议”实际上是一根“大记事符”。

加拿大魁北克的拉瓦尔大学为培养职前小学教师开设了一门算术课程，其中记数序列是课程的基本内容之一(第 10 章)。在这门课程中，教师通过记数：认识自然数和自然数的运算；掌握相等的概念；证明一些基本性质，如加法的交换性等(Hodgson and Lajoie，2015)。

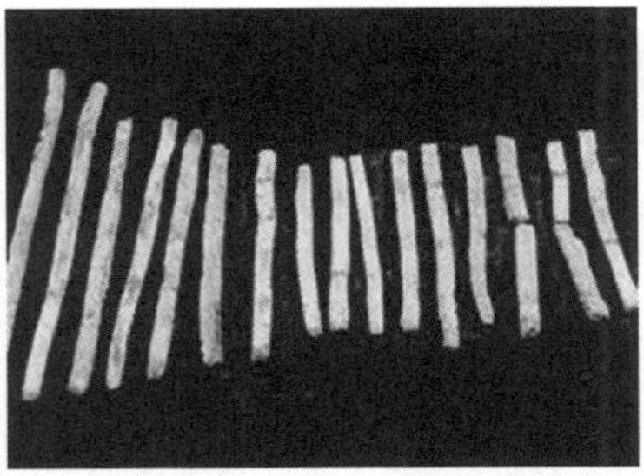

图 9－4　挖掘出的中国算筹

在中国古代，人们用算筹(第 3 章和第 5 章)(Zou，2015)区分正数(红色)和负数(黑色)(图 9－4)，当时也产生了表示数字的古代汉字(第 3 章)。

后来算筹被传播到世界各地，它是通过捆绑的方式引入位值制的，这是最有效的策略之一。图 9－6 是 1920 年在意大利出版的写给教师的关于古代方法的教科书。从图 9－5 和图 9－6 可以看出，中国的算筹由竹子制成，而意大利的算筹是由欧洲的其他树木制成。

图9-5　中国算筹(第一作者的个人收藏)

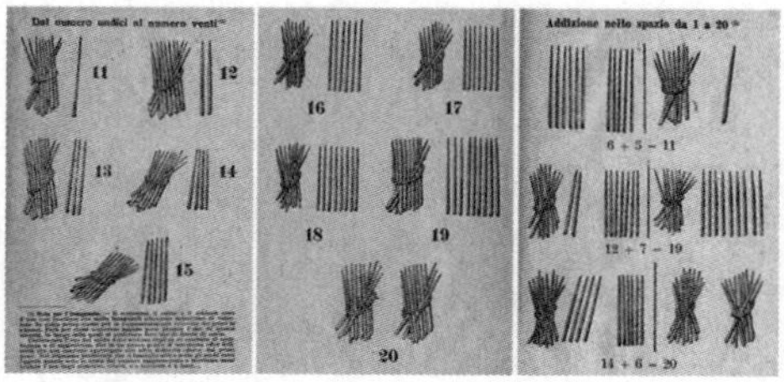

图9-6　康蒂(Conti)书中的算筹(Conti,1920)

奇普(González and Caraballo,2015)是印加人使用的结绳记数方法(图9-7),它由不同颜色的绳和不同类型的结构成,结的位置和绳的颜色决定了要表示的数字。根据雅各布森(Jacobsen,1983)所说:

> 据文献记载,早期夏威夷人和古代中国人比印加人更早使用奇普。将奇普当作一种会计工具而不是书写过程中的一个要素来研究,可能会为解决这个人工制品的谜题提供有价值的贡献。通过了解奇普在东方和西方以及在夏威夷(太平洋地区的"相会处")的使用情况,可以深入了解人类在太平洋地区的发展史。(p.53)

图9-7　利马拉科博物馆的印加奇普

在图9-8中,除涉及奇普之外,还有尤帕纳。根据冈萨雷斯和卡拉巴洛(González and Caraballo,2015)所说,尤帕纳采用十进制,印加人使用它做算术运算。在秘鲁的跨文化教育方案中,人们仍然将尤帕纳作为一种教具使用。

图 9-8　奇普和尤帕纳(Felipe Guaman Poma de Ayala 著)

9.2.2.2　**算盘**

在算术发展历史中,不同地区有许多不同类型的算盘。罗马算盘(Roman abacus)、中国算盘、日本算盘(soroban,日语为そろばん)和俄罗斯算盘(schoty,俄语为 счёты)都含有珠算的一些特征:

(1) 在每一列中,一个珠子等同于右边相邻列的十个珠子;

(2) 每列由两部分组成:顶部的每个珠子等同于底部的五个珠子。

中国算盘和日本算盘的结构相似,但是珠子数量不同(Sun, 2015;另见第 5 章)。

俄罗斯算盘不是按列而是按行排列的,其中一个珠子等同于下面相邻行的珠子,只有一行例外(这一行代表四分之一戈比——一种古代硬币)(图 9-9 至图 9-12)。

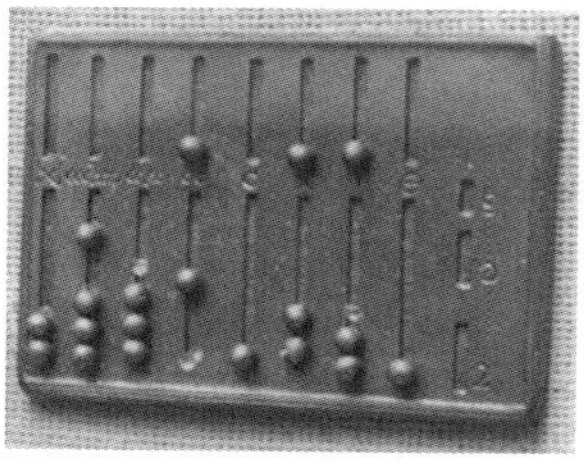

图 9-9　罗马算盘

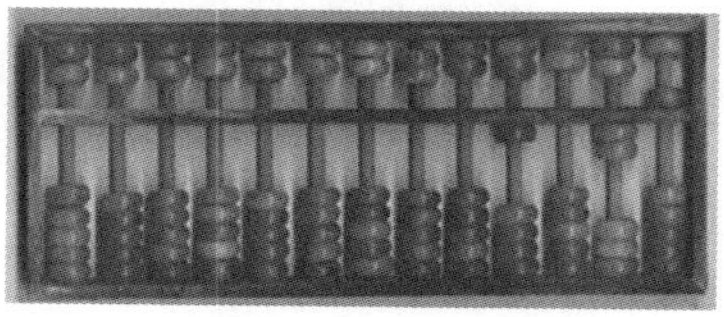

图 9-10　一块珍贵的中国古玉算盘(第一作者的个人收藏)

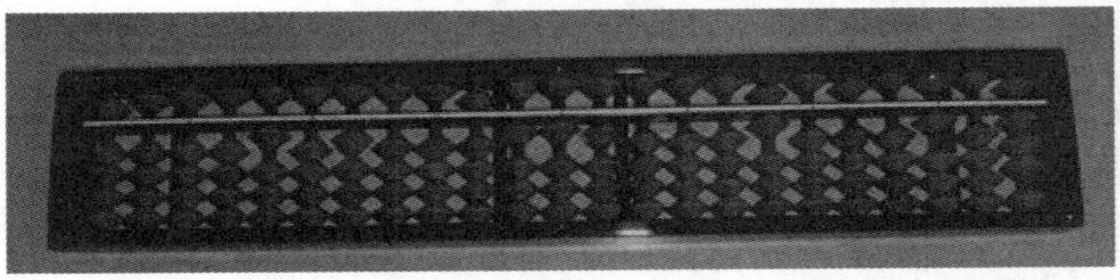

图 9－11　日本算盘(第一作者的个人收藏)

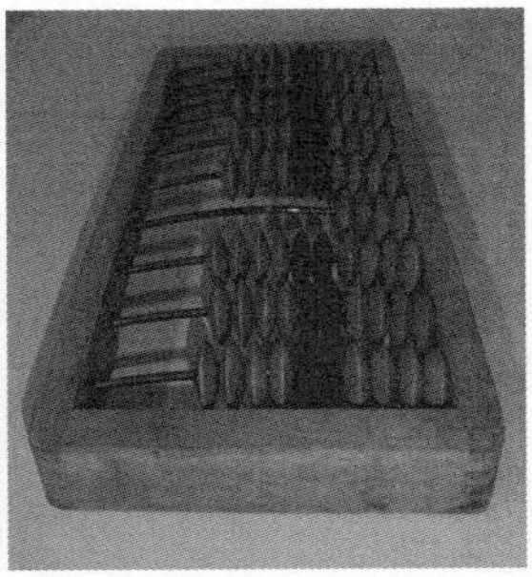

图 9－12　俄罗斯算盘
(第一作者的个人收藏)

受俄罗斯算盘的启发，凯宾斯基(Kempinsky, 1921)将斯拉夫算盘(或算术架)(Slavonic abacus or arithmetic rack)引入欧洲，并将其命名为俄罗斯计算器(Russische Rechenmaschine)(Rottmann and Peter-Koop, 2015)，参见第 9.2.3 节。

在这期间，位值制即每行分别代表个、十、百、千等，被另一种规定代替，即无论是列还是行，每个珠子都代表一个单元(另见第 9.4.1 节)(图 9－13)。

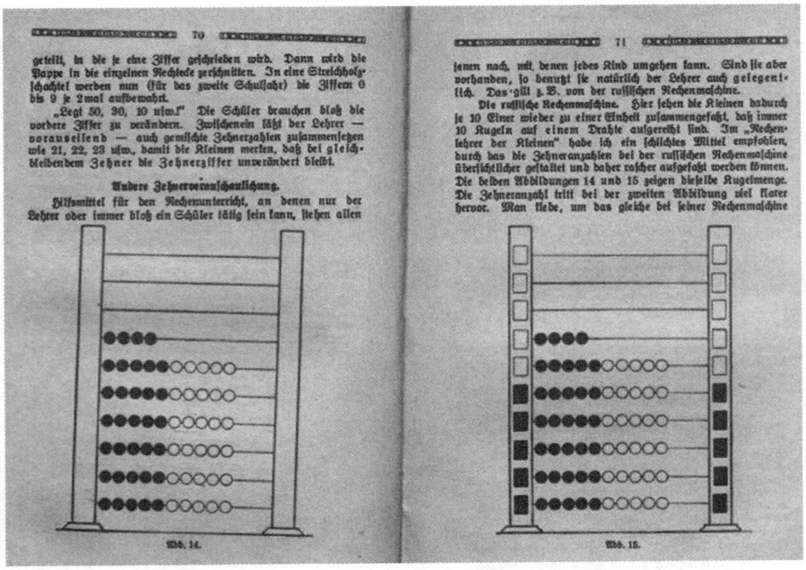

70

geteilt, in die je eine Ziffer geschrieben wird. Dann wird die Pappe in die einzelnen Rechtecke zerschnitten. In eine Streichholzschachtel werden nun (für das zweite Schuljahr) die Ziffern 0 bis 9 je 2mal aufbewahrt.

„Legt 50, 30, 10 usw.!" Die Schüler brauchen bloß die vordere Ziffer zu verändern. Zwischenein läßt der Lehrer — vorauseilend — auch gemischte Zehnerzahlen zusammensetzen wie 21, 22, 23 usw., damit die Kleinen merken, daß bei gleichbleibendem Zehner die Zehnerziffer unverändert bleibt.

Andere Zehnerveranschaulichung.

Hilfsmittel für den Rechenunterricht, an denen nur der Lehrer oder immer bloß ein Schüler tätig sein kann, stehen allen

Abb. 14.

71

jenen nach, mit denen jedes Kind umgehen kann. Sind sie aber vorhanden, so benutzt sie natürlich der Lehrer auch gelegentlich. Das gilt z. B. von der russischen Rechenmaschine.

Die russische Rechenmaschine. Hier sehen die Kleinen dadurch je 10 Einer wieder zu einer Einheit zusammengefaßt, daß immer 10 Kugeln auf einem Drahte aufgereiht sind. Im „Rechenlehrer der Kleinen" habe ich ein schlichtes Mittel empfohlen, durch das die Zehneranzahlen bei der russischen Rechenmaschine übersichtlicher gestaltet und daher rascher aufgefaßt werden können. Die beiden Abbildungen 14 und 15 zeigen dieselbe Kugelmenge. Die Zehneranzahl tritt bei der zweiten Abbildung viel klarer hervor. Man klebe, um das gleiche bei seiner Rechenmaschine

Abb. 15.

图 9－13　算术架(Kempinsky, 1921)

9.2.2.3　用于乘法运算的人工制品

在世界各地，精简表(或九九乘法表、乘法表)有不同的名称，但被广泛使用。例如，在意大利，精简表被命名为"毕达哥拉斯表"(图 9－14)，直到 50 年前它仍然被印刷在笔记本的最后一页，但不清楚为什么命名时提到毕达哥拉斯。

TAVOLA PITAGORICA

1	2	3	4	5	6	7	8	9	10	11	12
2	4	6	8	10	12	14	16	18	20	22	24
3	6	9	12	15	18	21	24	27	30	33	36
4	8	12	16	20	24	28	32	36	40	44	48
5	10	15	20	25	30	35	40	45	50	55	60
6	12	18	24	30	36	42	48	54	60	66	72
7	14	21	28	35	42	49	56	63	70	77	84
8	16	24	32	40	48	56	64	72	80	88	96
9	18	27	36	45	54	63	72	81	90	99	108
10	20	30	40	50	60	70	80	90	100	110	120
11	22	33	44	55	66	77	88	99	110	121	132
12	24	36	48	60	72	84	96	108	120	132	144

图 9－14 意大利笔记本中的“毕达哥拉斯表”（约 1960 年，第一作者的个人收藏）

根据历史学家（Lam and Ang，2004，p.73ff）的研究，在中国，从公元前 7 世纪（第 15.5 节）开始，九九乘法表就是计数基础的一个组成部分。当时的学生为了记忆这个表，采用吟唱的方式来背诵，后来这首歌以“九九歌 ”著称。在中国教科书中利用交换律（Cao et al.，2015）得到了该表的简化形式（图 9－15）。

一一得一（1×1=1）								
一二得二（1×2=2）	二二得四（2×2=4）							
一三得三（1×3=3）	二三得六（2×3=6）	三三得九（3×3=9）						
一四得四（1×4=4）	二四得八（2×4=8）	三四十二（3×4=12）	四四十六（4×4=16）					
一五得五（1×5=5）	二五一十（2×5=10）	三五十五（3×5=15）	四五二十（4×5=20）	五五二十五（5×5=25）				
一六得六（1×6=6）	二六十二（2×6=12）	三六十八（3×6=18）	四六二十四（4×6=24）	五六三十（5×6=30）	六六三十六（6×6=36）			
一七得七（1×7=7）	二七十四（2×7=14）	三七二十一（3×7=21）	四七二十八（4×7=28）	五七三十五（5×7=35）	六七四十二（6×7=42）	七七四十九（7×7=49）		
一八得八（1×8=8）	二八十六（2×8=16）	三八二十四（3×8=24）	四八三十二（4×8=32）	五八四十（5×8=40）	六八四十八（6×8=48）	七八五十六（7×8=56）	八八六十四（8×8=64）	
一九得九（1×9=9）	二九十八（2×9=18）	三九二十七（3×9=27）	四九三十六（4×9=36）	五九四十五（5×9=45）	六九五十四（6×9=54）	七九六十三（7×9=63）	八九七十二（8×9=72）	九九八十一（9×9=81）

图 9－15 中国教科书中的简化表

每一行只写 $a \times b$ 中 $a \leqslant b$ 的情况。

2014 年，在 PerContare 项目中，巴卡利尼 · 弗朗克等人（Baccaglini-Frank et

al.,2014)基于毕达哥拉斯对形数[1]的研究和欧几里得对几何代数的研究，独创了一种处理乘法表的图形方法（第7章）。在表中，数字 $a\times b$ 的结果用边长为 a 和 b 的矩形表示。用空间的方法来证明乘法表的构造以及乘法的一些性质（例如交换律、分配律）是容易理解的。

纳皮尔骨是一种关于乘法的人工制品，它基于九九乘法表计算。它的每根棒子都以木头、金属或厚纸板为原料。一根棒子的表面有十个正方形：第一个正方形内填有一个数字，而剩下9个正方形沿对角线被分成两部分。每个正方形内的数字是最上面的数字的倍数。图9－16是一个纳皮尔骨和应用实例。[2]

在没有棒子的情况下，利用纸和铅笔，也有一种类似的方法即杰洛西亚乘法（又称格子乘法）(Gelosia multiplication or lattice multiplication)(Siu, 2015；见图9－17)。这种算法可能起源于阿拉伯文化，后来传播到意大利并在欧洲广泛流传。在课堂上运用这种方法的优势在于：首先利用九九乘法表分别得到结果，然后将这些结果合起来，这样计算过程的每个步骤都能清晰呈现。

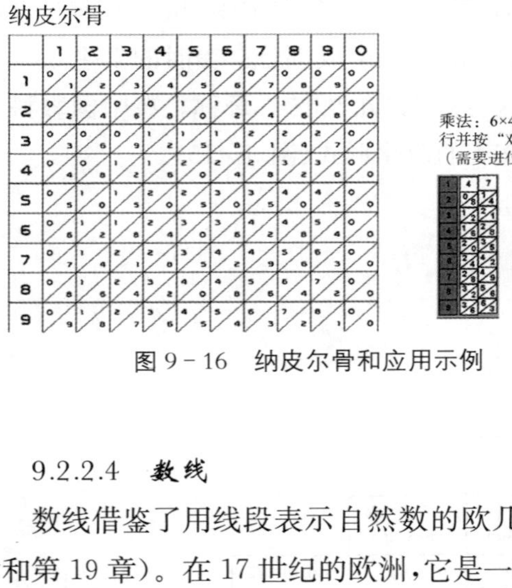

图9－16 纳皮尔骨和应用示例

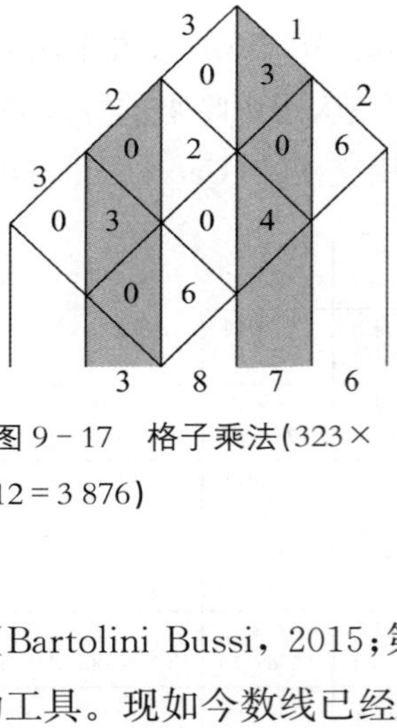

图9－17 格子乘法(323×12＝3 876)

9.2.2.4 **数线**

数线借鉴了用线段表示自然数的欧几里得传统(Bartolini Bussi, 2015；第15章和第19章)。在17世纪的欧洲，它是一种教学辅助工具。现如今数线已经成为人们日常生活的一部分，有在游戏中的（例如南欧特别流行的 The Goose Game)，也有在日常工具中的（例如测量仪器中的分级标尺或刻度）。[3]

---

[1] 形数：有形状的数，例如用一些小石子摆成三角形或正方形，就产生了三角数和正方形数。可参见《几何原本》第七卷。——译者注

[2] 例如6×47，先算6×4＝24，6×7＝42，将24和42结合，得到最终的答案282。——译者注

[3] The Goose Game：一款卡片棋牌类游戏。玩家投掷骰子，根据骰子的点数移动相应步数。——译者注

9.2.2.5 **歌曲、诗歌和舞蹈**

前文提到把九九乘法表当作一首歌来背诵。世界上许多地方，常常采用背诵来学习数学。例如，在印度(Karp and Schubring, 2014)：

> 如果要学会根据经文中音节的组合来吟诵吠陀经文，那么首先需要按顺序背诵，然后颠倒经文或音节来倒着背诵，可以将这样的背诵视为是“数学组合”的一种应用。(p.71)

非洲也有类似的文化，跳舞和唱歌是背诵和学习数字的一种方式(电子补充材料：Sarungi, 2017；另见 Zaslavsky, 1973，第 10 章)。

米尼、特林克和费尔霍尔(Meaney, Trinick, and Fairhall, 2012)报告了一项关于整数算术的活动，该活动借助卡帕・哈咔(Kapa Haka)开展，灵感来源于新西兰的一个电视节目。[1] 卡帕・哈咔是一种传统的团体舞蹈，使用身体作为传递的工具，其中的动作表示歌唱或吟诵的词语。

在意大利一年级课堂(第 15 章)的视频片段中(电子辅助材料：Arzarello, 2017)，肢体语言的作用也很明显。学生根据不同于意大利语的汉语结构的规则来学习和背诵数字，他们会一边背诵“九，十，十一，十二，十三……”，一边大动作挥动手臂，以助于他们保持节奏。

9.2.2.6 **游戏**

许多游戏都体现了数字的属性。例如：

(1) 传统游戏(例如 The Goose Game；见上文)；Mancala(图 9－18)是一种可以用种子作为工具的非洲游戏(Zaslavsky, 1973，第 11 章)。[2]

(2) 幻方(在亚洲的中国，非洲和欧洲的某些国家或地区)。

(3) 有特殊模式的扑克牌(图 9－19)，它有助于提高学生的感数能力(见第 7.2.1 节)。

(4) 趣味数学游戏。

---

[1] 卡帕・哈咔(Kapa Haka)：新西兰土著毛利人的一种传统舞蹈和歌唱表演艺术。卡帕(Kapa)在毛利语里的意思是“原始的”，哈咔(Haka)是一种团体舞蹈，一般通过配有叫嚷和哼声的拍打、动作来呈现。毛利人通过表演哈咔舞来展示自己的民族传统与艺术。——译者注

[2] Mancala：一种棋类游戏，游戏过程中不断搬移棋子逐一洒进棋具的各小洞中，棋盘中棋子多的一方获胜。——译者注

图 9-18　Mancala(第一作者的个人收藏)

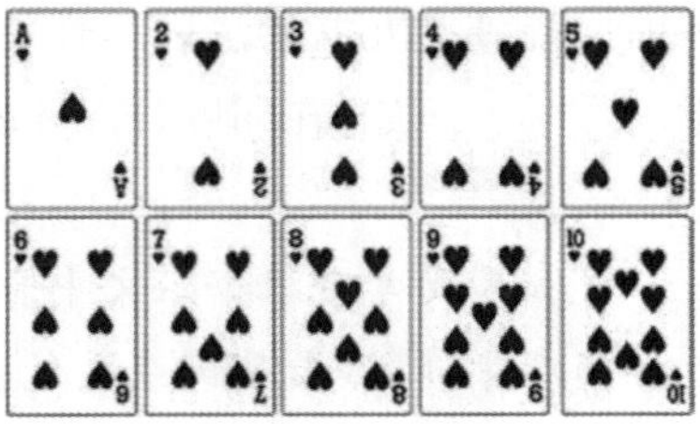

图 9-19　扑克牌(第一作者的个人收藏)

自古以来，趣味数学在世界各地都很流行(Zaslavsky, 1973；第 9.4 节)。辛马斯特(Singmaster)收集了大量资料，其中许多与整数算术有关。加德纳(Gardner)在《科学美国人》和其他刊物上发表了数百篇文章，已有一些著名的趣味数学题集在苏联(Kordemsky, 1992)和拉丁美洲一些国家和地区出版。朱利奥·塞萨尔·德梅洛·索萨(Júlio César de Mello e Souza)在以马尔巴·塔汉(Malba Tahan)为笔名出版的著作中(1996)，虚构了一位 14 世纪阿拉伯数学家的一系列天方夜谭式故事，这些故事均与数学难题有关。这本书在巴西很受欢迎，并被翻译成多种语言版本，包括阿拉伯语。

作为电脑游戏(Bakker et al., 2015)和多点触控技术应用程序(见第 9.3.4 节)，一些游戏已在计算机技术设备中得以实现。[1]

9.2.2.7　**日常人工制品**

日常人工制品也反映了某些数学思想。例如：

(1) 纸币和硬币；

(2) 具有规则位置的蛋糕盒(类似于在濠江小学使用的那些，见第 11 章)或鸡蛋盒；

(3) 邮票册(一页十行，每行十枚)(Inprasitha, 2015)。

9.2.2.8　**教科书和电子书**

几个世纪以来，数学教科书一直是世界上最普遍的人工制品。在本书的其他章节会进行详细的讨论(第 11 章)。在第 9.3.5.4 节我们仅讨论电子书。

[1] 多点触控技术：通过一个触摸屏(屏幕、桌面、墙壁等)或触控板，在没有传统输入设备(如鼠标、键盘等)下可进行人机交互操作。多点触控技术与单点触控不同：单点触控只能识别和支持每次一个手指的触控、点击，若同时有两个以上的点被触碰，就不能作出正确反应；而多点触控技术能把任务分解为两个方面的工作，一是同时采集多点信号，二是对每路信号的意义进行判断。——译者注

9.3 人工制品作为教具:数学意义的建构

当文化人工制品被应用于教学时,它就成了一种教具。在前一节中,我们展示了很多人工制品的例子,其中大部分是数学史中的。我们还简要提及了它们的教学用途,在本节我们将深化这一点,讨论一些与教学及学习过程有关的问题。

9.3.1 现代人工制品

教师或数学教育工作者可以设计一个具有特定意图的原创人工制品。在数学教学史上也有一些例子,具体如下。

9.3.1.1 古氏积木

古氏积木(第 8 章和第 10 章)是以不同长度的彩色积木表示数字,这种趋势福禄贝尔(Froebel)和蒙台梭利(Montessori)早已介绍过。古氏积木是在 20 世纪 20 年代由比利时教育家乔治斯·古辛纳(Georges Cuisenaire)的妻子设计的,目的是让算术变得直观。几十年后,凯莱布·加泰尼奥(Caleb Gattegno)将它们命名为古氏积木,并开始推广。借助古氏积木,人们可以通过测量来表示数字。内舍(Nesher)基于皮亚诺公理对它们进行分析(第 8 章)。这些积木也可以用来创造具有挑战性的任务(Ball and Bass, 2015)。古氏积木还推动了一些应用软件的产生,比如黛安娜·拉瑞兰德(Diana Laurillard)研发的 number bonds[1]。

9.3.1.2 第纳斯木块

第纳斯木块是一种最受欢迎的引入位值的教具(第 4 章)。它为基数提供了具体的表征(Dienes, 1963),用指向不同维度的物体来模拟数字(见 Ladel and Kortenkamp, 2015; Rottmann and Peter-Koop, 2015)。尽管它的应用比较广泛,但在认知的角度上,第纳斯木块还是受到了批判(Stacey et al., 2001),人们建议使用线性算术块 (Linear Arithmetic Blocks) 来显示数线上数字的位置。

9.3.1.3 计数器(Spike abacus)

计数器的创造灵感来自于过去的算盘,计数器上有不同的、串有珠子的金属棒,每根金属棒对应着个、十、百等(图 9 - 20)。在一些传统的方法中(e.g. Baldin et al., 2015),人们通常用不同颜色表示个位、十位等,并用不同颜色的笔抄写一个

---

[1] number bonds:一款帮助 3～6 岁孩子理解数学基础的应用程序。孩子们帮助旅行者在宇宙旅行中与他所遇到的生物交流。游戏让孩子们脱离了一些已知的属性(比如大小和颜色),并逐步将这些属性简化为更抽象的数字。——译者注

多位数，目的是使差异更加明显。但这种做法似乎不可取，因为人们的注意力集中在颜色和交换规则上，而不是顺序和位置上。

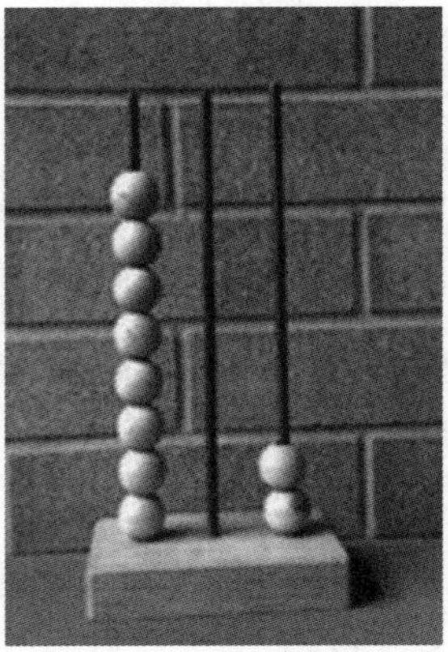

图 9－20 单色计数器（第一作者的个人收藏）

9.3.2 表示位值的人工制品：认识论障碍的文化根源

前文所列举的一些例子解决了整数算术中的一个关键问题——位值（第 3 章和第 5 章）。例如，算筹和算盘均与位值制密切相关。正如本书所讨论的，至少在西方文化中，位值制揭示了一种认识论障碍，它会影响教与学的过程。

参考布鲁索（Brousseau）和巴舍拉尔（Bachelard）的说法，认识论障碍可以描述如下：

> 布鲁索的方法是基于如下假设：知识的存在和意义只是因为它代表了一个约束系统中的最佳解决方案。……在布鲁索看来，知识不是一种心智状态，而是问题的解决方案，与解决问题的主体无关。（Fauvel and van Maanen，2000，p.162）

通常认识论障碍与人类建构数学知识的历史过程有关，因此认识论障碍可能会在数学课堂上重现。但正如我们下文所要展示的，这个想法必须从文化相对主义和语言相对主义的视角来仔细分析。谢尔平斯基（Sierpinska，1996）和拉德福德（Radford，1997；另见 D'Amore et al.，2016）讨论了认识论障碍的文化根源。在一项关于语言对数学学习影响的研究中，东－中等人（Dong－Joong，2012）注意到：

……更一般地说,这项研究让教师意识到通过独特的、具有语言特性的话语引导学生的重要性。教师需要认识到话语中那些可能促进和阻碍学生参与学习的特定的语言的特征。因此,为了促进说英语的课堂上有意义的学习,在讨论无限这个概念时,教师可能有意识地利用学生的日常谈话和正规数学语言之间现有的词汇联系。但是教师也应该记住,这种联系也有缺点,因为它可能会阻碍必要的转变:在不同水平上,相同的单词有不同的使用方式,对学生而言,有些必要的转变可能难以实施,甚至难以理解。(p.106)

这是一项关于美国和韩国中学生学习无限概念的研究,但在整数算术的位值制中,这一观察结果也适用。从西方的视角看,在大多数情况下(Menninger, 1969, p.39ff),整数的早期表征是基于加法规则的(第5章)。数字的表征和计算是完全不同的问题:数字以加法的形式表示,而算术问题的计算则是在记录之前就可以通过人工制品解决。在前一节中提到的罗马算盘,是根据位值制操作的,而数字是根据加法系统书写的。

在中国,情况则不同(第3章和第5章),整数(词和符号)的表示和用于计算的人工制品(如算筹和算盘)从一开始就紧密相连,二者之间没有断裂。

在欧洲,采用非位值制的(加法)系统表示自然数时,是不需要用"零"来表示算盘上空着的位置的。而当"零"和印度-阿拉伯数字一起通过阿拉伯文化从东方传入欧洲时,这种表示的优越性并没有迅速得到认可。

中世纪的意大利手稿(图9-21)显示了从罗马符号转换到新符号时存在的问题(Fauvel and van Maanen, 2000, p.151)。

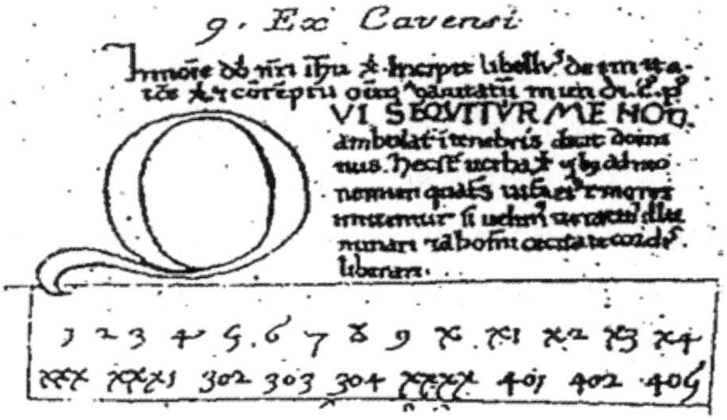

图9-21 一份古老的意大利手稿

现如今，西方的数学课堂里发生了什么？

> 当要求7岁的学生写数字时，在从自然数的单词转换到印度-阿拉伯数字的过程中，会有一个常见的错误：一些学生写的是“10 013”，而不是“113”，100右边的零没有被十位和个位覆盖。……这个错误是根深蒂固的，阻碍了位值的直接教学。……学生似乎并没有使用位值制的规则，仅仅是写下了口头表达的自然数。(Bartolini Bussi，2011，p.94)

在西方，认识论障碍需要借助特定的活动来克服，因此有必要重建数字的口头表达和书面表达之间的联系，但在中国课堂上这种转换却非常自然(第15章)，可以通过人工制品和数学任务来完成转换。例如，可以使用文化人工制品，如算盘或算筹(源自数学史，并与位值制发展密切相关)或日常生活中的人工制品。扬-洛夫里奇和比克内尔(Young-Loveridge and Bicknell，2015)在一项研究中报告了最新成果，他们断言“位值的理解本质上是具有乘法性质的”“乘法思维涉及两个变量(组的数量和每组的项目数量)，并且它们的比值固定(多对一的关系)”(p.379)。这意味着“位值制发展的一个关键特征是数字思维方式从一元转变为多元，例如个位和十位”(p.381)。基于这些结果，研究者设计并实施了一项研究，让35名5岁儿童解决涉及乘法、除法和位值制的应用题。儿童通过使用日常人工制品(例如，含有十个鸡蛋的鸡蛋纸盒，五指手套)来表示位值制。可以发现，在研究项目结束后，大多数儿童能用五和十解决问题了。

在这两种情况下，人工制品都是作为教具使用的：在前一种情况下，它们源自数学史；在第二种情况下，它们源自日常生活。这种选择取决于隐含的价值体系和数学背景：根据当地的数学史建立文化认同感或强调算术与日常生活之间的联系。在某些情况下这两类人工制品并没有严格的区分，源于数学史的文化人工制品依然可以在日常生活中使用，例如中国和日本的算盘。

教学中也可以使用其他非常简单的人工制品，如位值表或可折叠条。可折叠条展开时，会显示个位、十位、百位、千位的求和；合上时，会显示一个四位数，因为零被覆盖了(图9-22)。

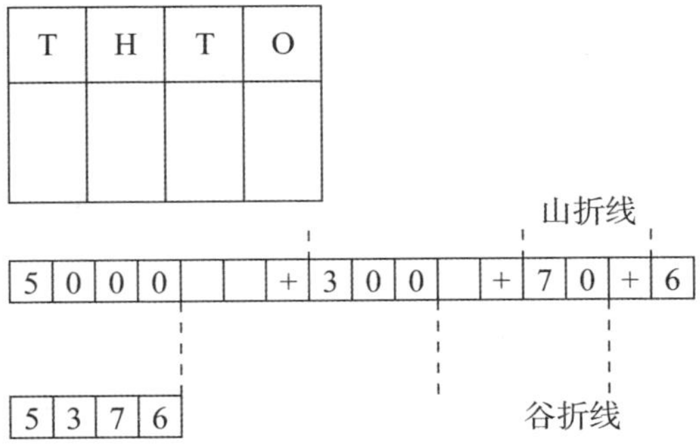

图 9－22　位值制图表和代表 5 376 的可折叠条(合上时显示四位数;展开时显示了个位、十位、百位和千位的求和)

9.3.3　针对学困生的人工制品:文化差异的另一个例子

前文提到的数线是一种文化人工制品。在欧洲的历史上,它可以追溯到古典时代,它在几何学中有重要作用(Bartolini Bussi, 2015)。在西方数学教育中,教师经常通过在数线上前后移动来教授加减法,但这种方法在中国并不常见(第 15 章)。

图 9－23 是从一个视频中截取的画面(电子辅助材料:Bartolini Bussi, 2017),地板上有一条大尺寸的数线,一名学生在其上跳跃并探索学习。

图 9－23　一名学生在地板上的数线上跳跃

在纸上画较小尺寸的数线(Bartolini Bussi, 2015)可以帮助学困生(如有计算障碍的学生)初步学习加法和减法。以下是一名学困生和教师之间的典型(一对一)对话。该学生能读数字,但不能回忆起简单的算术事实。一条数线上标着从0到10的数字,要移动的棋子叫作“崔弟”,任务是计算4+3。

教师:“把‘崔弟’放在4的位置。”(学生完成)
教师:“保持‘崔弟’不动,用手指再数3个数字。”(学生完成)
教师:“读出号码。”
学生:“7。”
教师:“做得好! 4+3=7。”

该活动旨在构建一个简单的流程,首先让学困生在引导下使用数线,然后让学困生独立使用数线计算数学问题(本例中为加法)。数线两端的符号“+”和“-”提示加法和减法的方向(图9-24)。

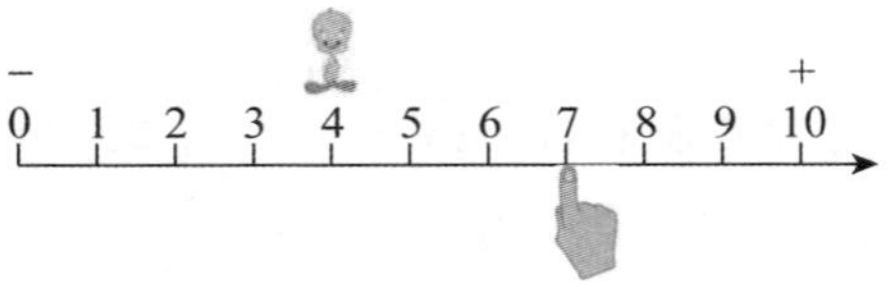

图9-24 在数线上移动“崔弟”

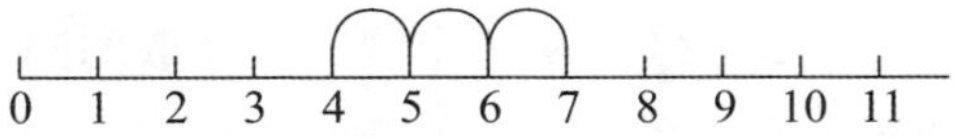

图9-25 数线上绘制的拱门

我们可以将这种活动与更常见的在数线上绘制小拱门的活动进行比较,如图9-25所示。

教师报告了学困生在绘制小拱门过程中遇到的一些困难,如无法协调计算和绘制小拱门的关系,有时学困生会对指向每个数字(上下)的垂直分段计算两次,并对此感到困惑。

9.3.4 人工制品和数学意义

人工制品从来都不是中立的。它总是“包含”着设计者的目的和知识。无论是源自数学史的人工制品(其设计者有时会“迷失”在时间的迷雾中)还是现代人工制品,人工制品的设计均带有特定的教学意图。如何设计一个人工制品取决于设计者的数学背景知识以及使用意图。进一步,在课堂中如何使用人工制品取决于教师的背景知识和教学意图。

9.3.4.1 **珠串和算术架**

意大利的学前教育有一个传统，即在墙上悬挂几根带有可以移动的珠子（类似于希腊的忧虑珠）的绳子，以此记录时间的流逝（如一周 7 颗珠子）或出席与缺席学生的情况（如全班 28 颗珠子）。绳子上珠子的数量取决于情境：一周 7 颗珠子，一个班级 28 颗珠子等。这使人联想到算术架（斯拉夫算盘）：在操作时，移动珠子来计数。但是两者有一个区别：珠串依赖于情境，而算术架是脱离情境的，可以用它对每个小集合计数。（算术架中）珠子的数量取决于抽象出来的数字，并基于十进制来计数。换句话说，它是一种文化人工制品，这里的文化指的是数学文化。甚至，在介绍位值制之前，学生就已经会使用每行有十颗珠子的算术架了（见第 9.4.1.1 节）。因此，在练习计数并数到下一行时，学生能够注意到某种语言规律：21，22，…，31，32，等等。这种方法不需要用十颗珠子替换另一根线上的一颗珠子（如在其他算盘中，见第 9.2.2.2 节），这里每颗珠子代表的数一样。换句话说，珠子的集合类似于单符组合（见第 9.2.2.1 节）。

9.3.4.2 **人工制品与学生的学习过程**

每种人工制品都推动着使用者行为的发展，同时使用者也推动着人工制品的发展。这种同时作用会改变使用者的思维。这与第 9.2.1 节所引用的维果茨基的观点是一致的。因此，人工制品的设计也会影响学生的使用方式、学生使用人工制品时获得的知识以及数学在学生心目中的印象。事实上，不仅人工制品的设计，数学任务和活动也会影响学生的学习过程（见第 9.3 节）。

人们可以根据特定的数学目标改进算术架。设计者知道人们通常能够同时准确识别五个数字，并且几乎同时可以识别更多的数字，所以他以 5 个为一组给算术架上的球着色，并且还添加了黑白标签（图 9－13）。这种设计的改进已经经过了几十年的完善，在一些现代人工制品中仍然可以看到。

只把人工制品作为“一件物品”使用，可能会导致学生直接进行建模活动或只使用计数策略，而不是利用人工制品的结构特征（如由 5 个或 10 个组成的结构）学习更复杂的心算策略。

以算术架为例。算术架的使用应该帮助学生用更先进的算术策略取代计数策略。让学生可以一个接一个地滑动球数数，也可以同时移动几个球数数。学生至少要大致了解人工制品是为了什么而设计的，进一步尝试了解设计者的意图。设计者的意图对学生如何使用人工制品起着重要作用，教师有责任指导学生正确地使用人工制品。因此，教师在数学和数学教育方面应具备较强的能力，这是至关重要的。教师有责任选择一个合适的人工制品，并向学生展示如何使用。为了能创造性地使用人工制品，学生必须熟悉人工制品及其结构（参见第9.4.1.1节关于学前教育中大尺寸斯拉夫算盘的例子）。（至少对一些学生而言）为了推动学生对数学意义和策略的理解与发展，教师的指导是必不可少的，所以教师在数学内容传播上起着文化中介的作用。

9.3.4.3 *从具体实物到思维实验*

虽然可以很容易通过人工制品或实物表示“较小”的数字（特别是100以下的数字），但数字变大（如123 456）时，情况会发生根本变化。随着数字范围的扩大，人工制品表征数字的作用越来越小。而从心理层面扩充的人工制品将被频繁使用。例如，如果用以10为基的第纳斯木块表示1 000 000，将会发生什么？（Schipper et al.，2000）

在这种情况下，人工制品逐渐成了一种参考，很少被用作解决计算问题的材料或辅助工具。例如，在数线上表示58＋37和12 358＋37时，前行步数是相同的。计数器可以复制到数千甚至数百万根（图9－26）。

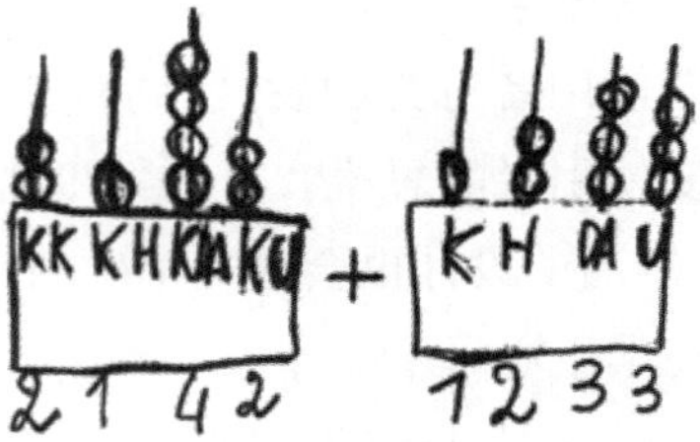

图9－26　一名二年级学生将两个计数器样本绘制在一起，以表示一个八位数

教学过程的成功取决于专注于动作“相关”方面的能力，从而可以将符号表征和动作表征（如教具的具体操作）联系起来。

罗特曼和彼得-科普（Rottmann and Peter-Koop，2015；参见Wartha and Schulz，2012）报告了一个四阶段模型（表9－1），该模型可以将客观实体逐渐转变为心理图像，从而推动数学概念和心理策略的发展，特别地，可以帮助学困生完成内化过程。随着水平的提高，心理图像和表征应该逐渐取代借助实物的运算，尽管在某特定阶段我们仍然需要游走于客观实体和心理图像之间（Roberts，2015）。

表9－1　基本计算思想发展的四阶段模型

第一阶段	掌握教具的具体用法并能口述操作流程。
	教师指导学生使用材料，并口述操作的流程和意义。当熟悉材料后，学生会独自操作并口述操作流程。

（续表）

第二阶段	观察教具想象其用法，并口述操作流程。	
	学生看着教具向教师或同学描述操作流程，然后教师或同学按照该学生的描述进行相应的操作。	
第三阶段	脱离教具仅通过想象来口述操作流程。	
	遮挡住教具后，学生向教师或同学描述操作流程，然后教师或同学按照该学生的描述进行相应的操作。	
第四阶段	口头描述心理活动。	
	教具不以任何形式出现，学生仅凭想象口述操作流程。以符号表征的形式给出任务。	

> 该模型参考了布鲁纳（Bruner）的最初想法和瑞士心理学家艾伯利（Aebli，1976）对布鲁纳理论的进一步发展。布鲁纳（1973）将表征分成三种类型：动作表征、形象表征和符号表征。动作表征是基于行为的，形象表征包括图片和心理图像，符号表征涉及数学符号（如书写数字或操作符号）和语言。布鲁纳强调将学习过程与各表征间的转变联系起来。此外，艾伯利还描述了从外部行为逐渐内化为心理活动的过程，这一过程也侧重于各表征间的转变。
>
> 为了强调对外部行为和心理活动的口头描述，四阶段模型通过逐步去除教具来揭示外部行为和心理活动的相关性，由此推动心理图像的发展。（Rottmann and Peter-Koop，2015，p.366）

这个四阶段模型认可在进行具体操作中以及从客观实体到心理活动的转变过程中都需要口头描述。转变过程可以激发心智概念，而心智概念能促使儿童在解决加减法问题时想象所需的操作（电子补充材料：Rottmann，2017）。

9.3.4.4 **不只是计数**

尽管上面的例子有意识地转向心理策略，但主要还是基于计数。根据周和佩弗利（Zhou and Peverly，2005）的观点，“在这个年龄，学生过度依赖计数策略会阻碍抽象的数学推理能力的发展”（p.265）。虽然计数会有让度量黯然失色的风险（第 13 章和第 19 章），但这还不是计数可能带来的唯一风险。

在中国，幼儿园和小学低段的课堂中有一种有趣的活动（Ni et al.，2010；

Cheng，2012）。给学生布置一个多重分类任务：将2、3、4、5、6、7、8、9个头像分类。例如，向学生展示四个头像，并要求他们根据头像的特征分类。这四个头像有三个特征：一个头像有帽子，三个头像没有；三个头像是快乐表情，一个头像是愤怒表情；两个头像是黄色，两个头像是红色。

首先，教师要求学生观察并分析这四个头像的特征和关系。然后，教师指导学生使用黑白珠子模拟4以内的加减法（例如1＋3＝4，3＋1＝4，2＋2＝4；4－1＝3，4－3＝1，4－2＝2）。接着，学生通过对这些数字的分类，发展对其他数字（从2到10）的部分与整体关系的理解。这样，学生就可以在加法和减法中练习分解，他们要在10×10的网格上做笔记。

这个例子涉及组合思维和推理（第13章）。其中，使用10×10网格的方法与本书中（第7章）讨论的模式和结构方法是一致的。

因普拉西塔（Inprasitha，2015）也描述了数字的分解—合成活动，如图9－27所示。“看不见的地方（图中灰色部分）有多少个（球）？”这是一年级学生学习分解参与的活动。他们把球扔进盒子里，思考“未隐藏的有多少个？”“隐藏的有多少个？”，然后在卡片上写出正确的个数。例如，在盒子里放五个球，分别在卡片上填写3和2（Inprasitha，2015）。这与中国一年级学生的活动相似（图9－28）。

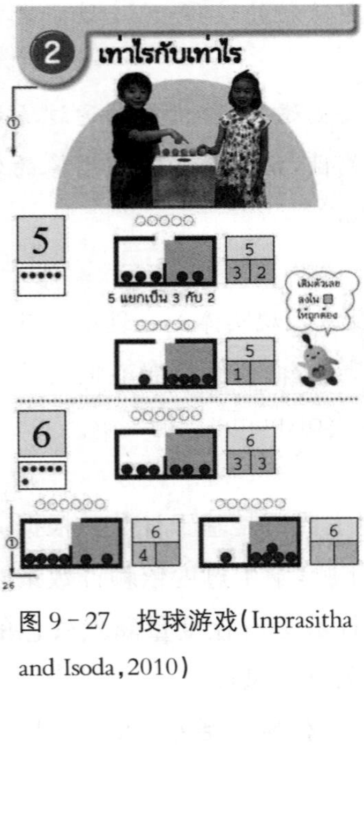

图9－27　投球游戏（Inprasitha and Isoda，2010）

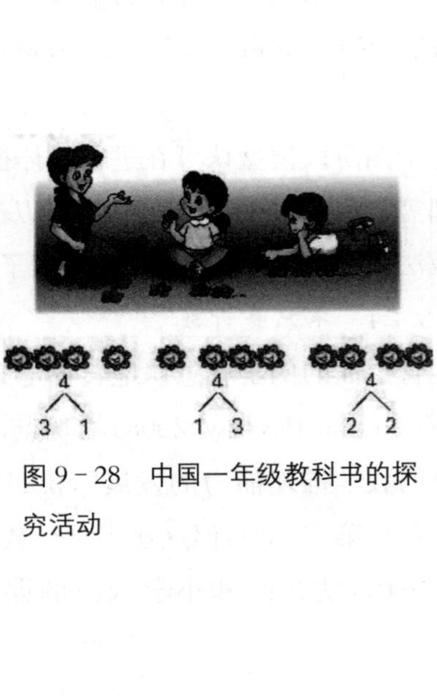

图9－28　中国一年级教科书的探究活动

9.3.5 实物教具和虚拟教具

9.3.5.1 **一个可能的对比**

前面几节介绍了不同的人工制品，侧重介绍了可具体操作的人工制品。几十年来，信息技术的发展促进了虚拟教具的产生。萨拉马和克莱门茨(Sarama and Clements，2009)分析了几项研究，对比了实物人工制品和虚拟人工制品。他们认为实物教具和虚拟教具之间不存在可比性：

> 只有针对学生的学习活动和思维而言，教具才是有意义的。实物教具和虚拟教具都是有用的，在教学中要根据具体情况合理选择教具，这样教学效果会更好。教具的外观、材质等并不重要，它们的可操作性与本身的意义才对教育有巨大的贡献。此外，一些研究表明，虚拟教具能促使学生理解得更好，……但是还没有进行严格的因果关系论证。因此，必须开展随机对照试验，以确定实物教具和虚拟教具对数学教学的具体贡献。(pp.149－150)

在 ICMI Study 17(Hoyles and Lagrange，2010)中，只展示了一个小学科学技术的项目，即 SYL 项目(Sketchpad for Young Learners，p.66)。这是一项适用于三至五年级学生的跳远活动：学生沿着屏幕上的数线跳远；对于跳远的次数和距离，可以设置不同的参数。该项目旨在促进现有课程的学习，使关于数线的教学实践具体化。

类似地，美国创建了一个虚拟教具图书馆🔗。在虚拟教具图书馆网站的主页上，人们可以看到：

> 美国虚拟教具图书馆(NLVM)是美国自然科学基金资助的一个项目，始于 1999 年，旨在开发一个独特的具有交互性的网络虚拟教具库或概念教程库，主要以 Java 小程序的形式呈现，可用于数学教学(重点是 K－12 年级)。……每一个学习和理解数学的阶段，都需要学生的参与。正如之前所述，数学学习不是一项观赏性运动。目前大部分教学活动缺乏学生的积极参与，解决这个问题的一个方法是在教学中引导学生使用教具，教具可以帮助学生直观地了解关系。现在可以通过计算机创建虚拟的学习环境来实现同样的目标。

虚拟教具与实物教具能达到“相同的目标”的观点是有争议的。首先,实物教具不同于中介教具(如鼠标);其次,随着科技的发展,人们可以生产一些全新的人工制品(不是模仿实物的),这些人工制品有明确的设计意图。示例如下。

9.3.5.2 *加法器和电子加法器*

苏里-拉韦涅和马斯基耶托(Soury-Lavergne and Maschietto,2015)报告了一项在法国和意大利进行的国际实验,实验中人们使用了两个人工制品:一个是实物的(加法器 pascaline),另一个是虚拟的(电子加法器 e-pascaline)。加法器(图 9-29,左)是一个由齿轮组成的算术机器,以布莱士·帕斯卡(Blaise Pascal)发明的历史机器命名;而电子加法器(图 9-29,右)是由“Cabri Elem”开发的,它与加法器非常相似,因此两者的使用方法相差不多(图 9-30)。

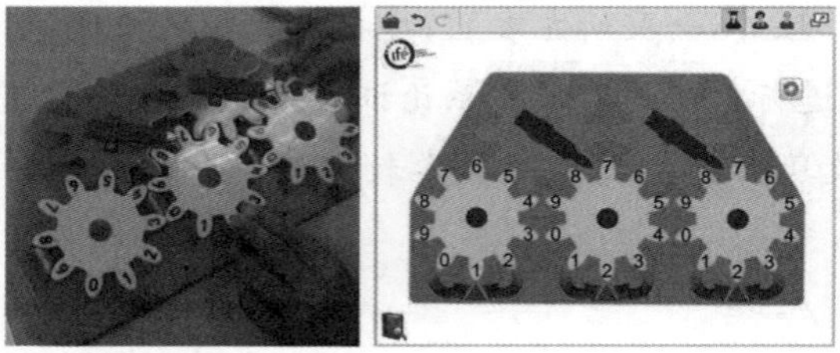

图 9-29 加法器(左)和电子加法器(右),显示的数字均是 122

图 9-30 平板电脑上的电子加法器

加法器可以显示一个三位数,且能实施算术运算。它有五个齿轮,每个齿轮都有十个齿,并且可以向两个方向旋转。下面三个齿轮的齿上均分别标有从 0 到 9 的数字,并且从右到左分别表示个位、十位和百位。当使用位值制表示法时,在旋转齿轮的过程中,上轮会自动带动下轮,每次移动一个齿,重复操作就能调整数字。沿顺时针旋转时增加“1”,沿逆时针旋转时减少“1”。此外,加法器能将加法和减法作为逆运算联系起来。

电子加法器与加法器非常相似,因此两者的使用方法相差不多,但也有一些不同,电子加法器可能实现加法器无法达成的一些操作(详见 Soury-Lavergne and Maschietto, 2015)。例如,电子加法器可以展示加法的合成过程到分解过程的变化。将这两个人工制品结合起来,有助于学生克服某些局限,还可以为学生提供丰富的学习经验,从而使学生灵活地理解数学概念。电子加法器也可以用于带有触摸屏的平板电脑。在平板电脑上使用电子加法器(图 9-30)时,学生可以通过箭头来直接控制轮子的转动(Soury-Lavergne and Maschietto, 2015)。这一操作引导我们讨论多点触控技术。

9.3.5.3 **多点触控技术**

多点触控技术为虚拟教具的设计带来了新的可能性。辛克莱和巴卡利尼-弗朗克(Sinclair and Baccaglini-Frank,2015)认为:

> 有了多点触控技术,人们可以用手指直接敲击屏幕或摆出手势接触屏幕,这使互动变得更加直接。此外,屏幕可以同时被多个用户接触,从而产生了与计算机或笔记本电脑中不同的多种活动。(作者参考了大量的神经科学文献,指出手指在数感发展中的重要性,如下)多点触控技术可以促进基本能力的发展:(1)感数;(2)在"类比形式"的数字与放在屏幕上的手指或同时举起的手指或用于计数的手指之间建立一一对应关系;(3)手指精密操作的能力;(4)部分—整体的概念。(p.670)

下面的一些例子也表明了多点触控技术的功能。

TouchCounts 是一款应用程序(由辛克莱设计)。儿童通过手指、眼睛和耳朵来学习计数和加减法。通过简单的手势创建数字,可以在早期阶段培养儿童良好的数感能力。TouchCounts 旨在使用手指影响数感的形成,从而发展计算技能。TouchCounts 有两种用法:一种是计数(1,2,3,…),另一种是运算(加法和减法)。第一种用法中,第一次敲击会产生一张包含数字"1"的光盘,随后敲击就会产生包含相应编号的光盘。第二种用法中,儿童可以创建任意整数,并通过将数推到一起(变成新的、更大的数)或把数分开(变成新的、更小的数)来探索数的加减运算。因此,当用手指敲击形成数字时,儿童可以不通过视觉辨别数字(Sinclair and Pimm,2014)(图 9-31)。

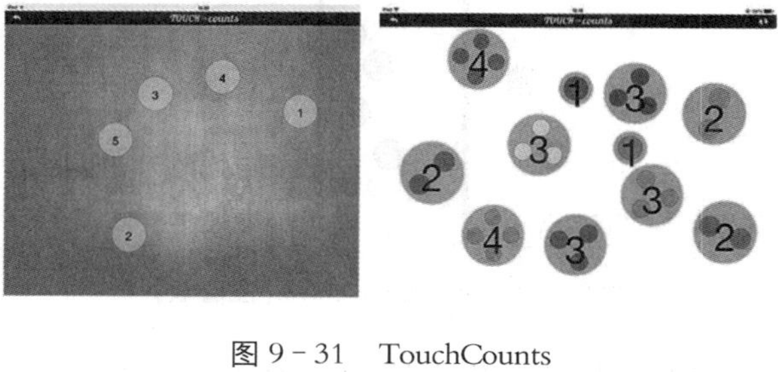

图 9-31 TouchCounts

为了促进学生感数能力的发展,巴卡利尼-弗朗克和马拉奇(Baccaglini-Frank

and Maracci，2015）根据一项针对意大利北部公立幼儿园的研究，分析了其他的应用程序：Ladybug Count 和 Fingu 。他们分析了儿童与应用程序的互动，发现这项活动有利于培养学生的感数能力，即无须计数就能快速识别一个小集合中的元素数量。

Ladybug Count（手指模式）展示了一只瓢虫在叶子上的俯视图，游戏的目标是让瓢虫离开叶子。当儿童将手指放在屏幕上（任何位置）时，只要手指的数量和瓢虫背部的点一样多，瓢虫就会离开叶子。Fingu 展示了一个房间，房间里面会出现飘浮着的不同种类的水果。水果以一组或两组的形式出现，它们是独立飘浮的，但每一组水果的排列保持不变。儿童必须在给定时间内，在屏幕上放置与飘浮水果的数量一样多的手指。通过这些活动，培养了儿童通过类比的方法用手指表示数字的能力（图 9－32）。

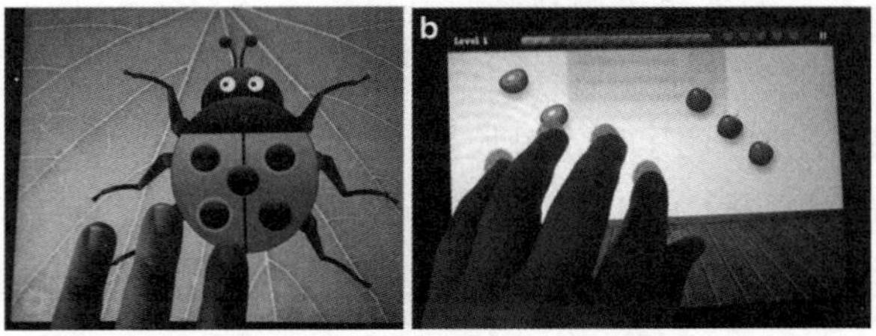

图 9－32　Ladybug Count（左）和 Fingu（右）

Stellenwerttafel（位值表）是一种动态的位值表，由乌尔里希·科尔滕坎普（Ulrich Kortenkamp）设计 ，是一款应用程序。使用时，儿童可以在位值表中创建标记，并能在位值之间移动标记。将标记从一个地方移动到另一个地方时，位值表能自动拆分和捆绑，同时在标题栏中显示标记的数量（图 9－33）。

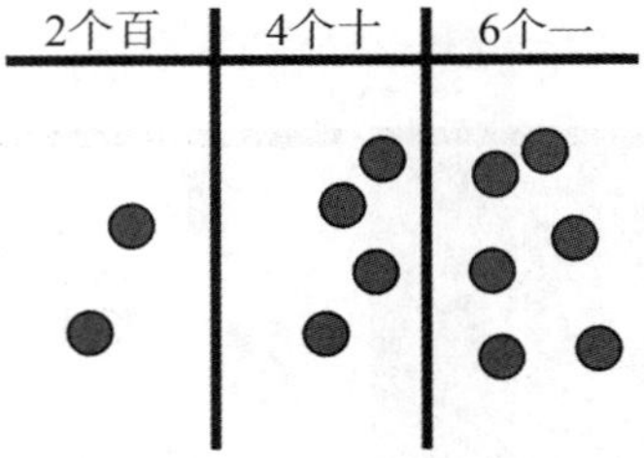

图 9－33　Stellenwerttafel（位值表）

需要说明的是，虚拟教具的操作和第纳斯木块的操作之间没有对等性（见第 9.3.1 节）。对第纳斯木块而言，个位和十位是不同的对象（一个小立方体和一列十个小立方体)。

在第纳斯木块和位值表之间建立一个教学流程能使学生更灵活地理解位值制,拉德尔和科尔滕坎普(Ladel and Kortenkamp,2015)进行了多次测试。测试目的是以不同方式将一个整体分割成多个部分,且每个部分都是十的倍数。这个过程包括以下三个步骤:

> 第一步,儿童通过合成和分解十个小方块,学习一和十,以及10个一等于1个十。第二步,在标题栏中引入带有小方块的位值。一和十的数量必须用相同的标记来表示,如单符记数标记或点。儿童能明白如果标记是同一数位的,想要改变位值就必须合成或分解。通过这种方法,儿童可以在位值表中建立起合成和位值之间的联系。[1] 第三步,儿童只移动计数器,通过计数器的自动进位来体验合成和分解。这种自动化只能在虚拟教具上操作(Ladel and Kortenkamp, 2015,p.325)。(表9-2)

表9-2 步骤示例

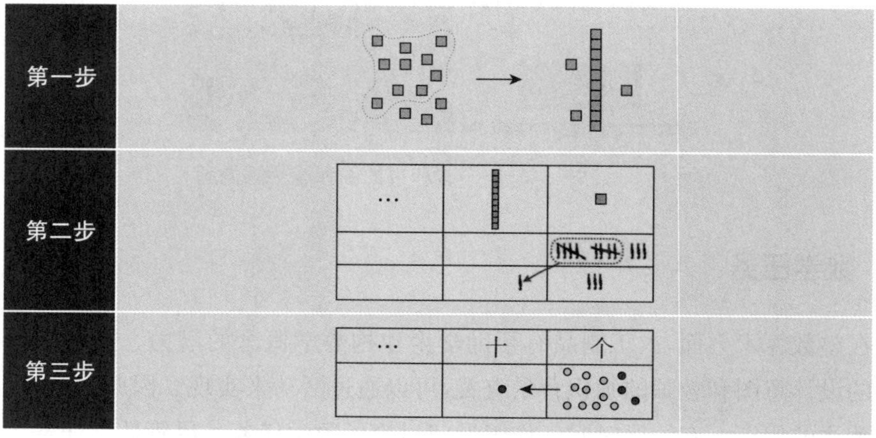

(注:本表格为译者新增,以便读者理解上述步骤)

这里只列举了一小部分例子。虚拟教具确实可能提供一条新的途径,且对学困生而言可能很有用。

9.3.5.4 **电子教科书**

不久的将来,数字技术将进一步发展。例如,筑波大学为亚太经合组织课程研

[1] 合成和位值:合成意味着确定对应数位下的数字。位值意味着给定数字中数的位置。——译者注

究项目研发了电子书（电子教科书）。通过将现有教科书转化为图像的方式可以创建电子教科书。此外，交互式绘图工具也可以应用于电子教科书，从而在课堂中，教科书中的数据和绘图工具都可以交互使用。因普拉西塔和贾伊-翁（Inprasitha and Jai-on，2016）列举了一个小学的例子，如图 9－34 所示。

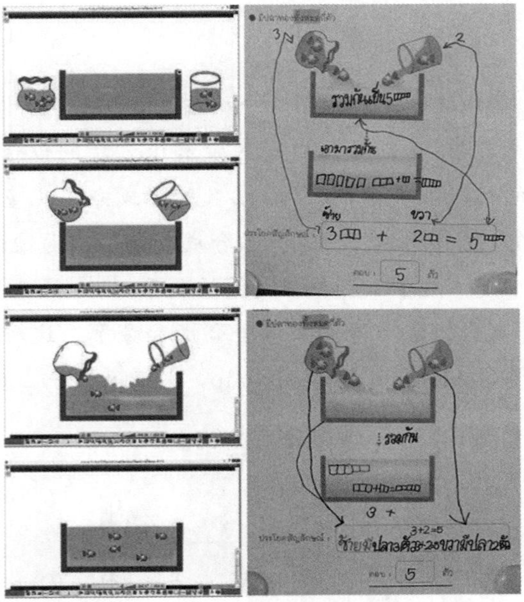

图 9－34　电子教科书的图和学生画的图

9.4 数学任务

在整数算术方面，人工制品有帮助学生建构数学概念的潜力。这种潜力与设计者的设计意图和教师的知识背景有关，可以通过活动来实现。因此，数学任务是需要关注的焦点。有一段时间工作组专门讨论了数学任务。尽管数学任务主题的范围很大，但研究者已经完成了对任务设计的整体研究（Watson and Ohtani，2015）。本节只展示部分例子。

9.4.1 针对认知水平的任务

多伊尔（Doyle，1988，于 2010 年被 Shimizu 和 Watanabe 引用）认为不同认知水平的任务适用于不同类型的学习。数学任务是课堂教学的重要载体，旨在提高学生的学习能力。为了实现高质量的数学教学，发挥数学任务在激发学生认知过程中的作用至关重要（Hiebert and Wearne，1993）。

考尔(Kaur,2010)根据斯泰因和史密斯的观点(Stein and Smith,1998,表 9-3),对数学任务中的认知水平进行了分类。

表 9-3 数学任务的认知水平

认知水平	任务特征
水平 0—[非常低]记忆任务	复述事实、规则、公式
	不需要作解释
水平 1—[低]无联系的程序性任务	本质上是算法
	任务旨在得出正确的答案
	教科书中典型的应用题
	不需要作解释
水平 2—[高]有联系的程序性任务	本质上是算法
	含有真实或有意义的情境的任务
	需要作解释
水平 3—[非常高]问题解决/做数学任务	本质上与算法无关,需要理解数学概念并应用
	含有真实的情境和数学结构的任务
	需要作解释

最高的认知水平是问题解决,这是数学的核心,也是美国的 NCTM 标准中的基本过程之一[8]。在日本,实现数学目标的首选方法就是解决问题(Isoda,2012)。下面是一些关于问题解决任务的例子,这些任务涉及不同种类的人工制品,有实物的(如大尺寸斯拉夫算盘)和文本的(带有图像和文字的)。

9.4.1.1 **示例:大尺寸斯拉夫算盘**

我们从一个简单的例子谈起,讲述学龄前儿童对一个人工制品(一个大尺寸斯拉夫算盘)的探索。

在 Bambini che contano 项目(关于儿童计数,见 Bartolini Bussi, 2013)中,意大利摩德纳的 20 多所幼儿园配备了有 40 颗珠子的大尺寸斯拉夫算盘(如图 9-35,另见第 9.2.2.2 节)。教师认为:为探索大尺寸斯拉夫算盘需要设计一些任务,并且要求学生从不同的角度思考每一个任务。具体任务如下:

图 9 - 35　儿童数着巨型斯拉夫算盘的珠子

任务 1：第一印象（叙述者视角）。它是什么？你以前见过吗？它叫什么名字？

任务 2：人工制品的结构（构造者视角）。它是由什么构成的？如果想再造一个，我们需要什么材料？需要完成哪些步骤？

任务 3：当开展玩保龄球游戏或数当前儿童人数等类似活动时，使用人工制品完成此类任务（用户视角）。如何用它来计分？如何在计数活动中使用它？

任务 4：使用的理由（数学家视角）。为什么可以用它来记分？以及其他类似问题。

任务 5：新的问题（问题解决的视角）。斯拉夫算盘只有四行（40 颗珠子），如果我们需要更多，该怎么办？

最后一项任务表明：即使任务要求超出了人工制品当前的能力，人们也可以使用它。人们可以通过思维实验来想象一些假设的人工制品，它们可以将数学意义转移到原有的人工制品无法触及的领域。[1] 特别地，在上述示例中，如果需要，可以在地上画一条带有小珠子的线来模拟额外的线，从而能计算到 50。

9.4.1.2　**示例：古氏积木的组合任务**

鲍尔和巴斯（Ball and Bass，2015）描述了一项针对学困生的高要求的组合任务，“将五个数字 1、2、3、4 和 5 不重复地排列，把相邻的数字相加，结果包含了从 1 到 15 的每个数”（例如，当排列为 23145 时，相加后最大的结果是 15，即将所有数加

[1] 思维实验是科学实验的一种重要形式，是通过产生灵感、逻辑推理、数学演算等方式发现科学规律的过程。——译者注

起来；也可能得到 6，即 2＋3＋1＝6）（p.292）。参与实验的五年级学生大多数家庭经济条件较差。实验时，将这个抽象的任务通过一个名为“列车问题”的故事呈现给学生。在故事中，用古氏积木（见第 9.3.1.1 节）来表示“列车”的车卡。这个任务不同于传统任务，它没有标准答案，它的目的是培养学生解决整数算术问题时的毅力，因为这种毅力对学困生和弱势学生而言非常重要。其他研究也表明了学习动机和学习策略是影响学生成长的因素（Murayama et al.，2013）。

9.4.1.3　示例：数字组合任务

巴斯提出了一个数字组合任务：组合数字 1、3 和 4，每个数字都只使用一次：

- 找出你能找到的所有三位数。怎么确定你都找到了？
- 哪个数最大？哪个数最小？你是怎么判断的？
- 在这些数中，哪两个数最接近？你是怎么判断的？
- 算出这些数字的总和（或平均值）。你能用简便方法解决吗？

9.4.1.4　示例：借助纸笔的组合任务

巴斯提出了另一个组合任务。在图 9－36 的 3×3 的正方形网格中，将其中三个小正方形涂成蓝色，使得每行和每列都刚好只有一个蓝色正方形。共有多少种方法？怎么确定你已经找到全部方法了？

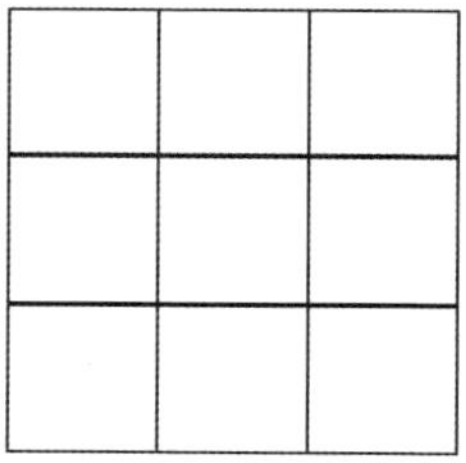

图 9－36　3×3 正方形网格

9.4.1.5　示例：日历上的模型

2015 年 10 月的日历如图 9－37 所示。图中阴影部分我们称之为“平方日”。任何一组“平方日”，都可以计算 $bc-ad$ 的值。[1] 尝试计算几个，你发现什么规律了吗？这总是正确的吗？如果是，你能解释原因吗？其他月份也如此吗？

---

[1] 图中阴影部分用字母表示，则有 $a=14$，$b=15$，$c=21$，$d=22$。——译者注

星期日	星期一	星期二	星期三	星期四	星期五	星期六
				1	2	3
4	5	6	7	8	9	10
11	12	13	14	15	16	17
18	19	20	21	22	23	24
25	26	27	28	29	30	31

图 9-37 日历

上述这些例子都不是单纯记忆的程序性任务，而是高水平的任务，可以在学前阶段和小学阶段使用。在趣味数学中也存在与认知水平相关的其他任务（见第 9.2.2.6 节）。

9.5 制度和文化背景下的人工制品和数学任务

前面我们分别讨论了人工制品（第 9.2 节和第 9.3 节）和数学任务（第 9.4 节），显然它们是有密切联系的。人工制品通常被用来解决数学任务；数学任务需要借助一些人工制品（包括语言、文本、实物教具或虚拟教具）来完成。在符号中介理论中（第 9.2.1.2 节），人工制品和数学任务以及数学知识，是设计课堂活动过程中的要素，也是课堂活动的出发点。但是在很大程度上，人工制品和数学任务受到了文化和制度的约束，这些约束决定了所要教授的数学内容（Chevallard and Bosch，2014）。

9.5.1 制度约束：数的范围

在学校，数的范围有助于确定整数算术中的任务的特征。国际上共同的做法是从较小的数开始学习，再逐步扩大范围。然而，在细节和实际运用上，各国间存在相当大的差异。表 9-4 列举了五个位于不同洲的国家的例子（MOEST，2002；MSW，2008；CCSSO，2016；MOE，2011a，b；ACARA，2013）。

表 9-4 一至四年级学习的数的范围

年级	亚洲:中国	非洲:肯尼亚	大洋洲:澳大利亚	欧洲:德国	美洲:美国
一	100	99	100	20	100
二	10 000	999	1 000	100	1 000
三	>10 000	9 999	10 000	1 000	1 000
四	100 000 000	99 999	>10 000	1 000 000	1 000 000

当其他国家的儿童学习到 100(或 99)时,德国的重点是理解 20 以内的数,并学习这个范围内的加减法。虽然一年级涉及了更大的数,但在一些国家,计算策略的学习会放在以后,或者主要集中在 20 及以内的数字上,或者至多集中在略大的数的特殊问题上(例如澳大利亚和美国;参见 Peter-Koop et al., 2015)。相比之下,德国更倾向于在计算或其他活动(如表示、组合和拆分数字)中使用相同的数的范围。教科书和教学中的任务通常是根据数的范围来设计的。肯尼亚和澳大利亚的教科书中各年级使用的数字(大约)是前一个年级的十倍。

一些研究表明,在不同国家,儿童完成一年级学习后,在整数知识方面存在相当大的差异。彼得-科普等人(2015)在对澳大利亚和德国 7 岁儿童的对比研究中指出,澳大利亚儿童对计数和位值的概念有更深入的了解,而德国儿童似乎掌握了更高等的计算策略。然而,在二年级结束后对这些儿童再次进行对比测试时,发现他们的知识水平相近,尤其是在理解位值制方面。

9.5.2 文化约束:语言透明度

表 9-4 显示了中国和其他国家之间长期存在令人难以置信的差距。低年级数的范围以对立统一的方式与常见的人工制品(包括算盘和语言)联系在一起。例如,前文描述的表征数的位值制的大多数人工制品最多只能表示三(或四)位数,但算盘中的线数更多(即能表示多位数)。因此,在中国,数的范围增长更快。汉语里用位值制表示数字(第 2 章)的透明度、小学所学数的范围的快速增大、表示数字和计算的人工制品,这三者之间很可能存在某种联系。

低年级学生熟悉大数,却不一定意味着解决高难度数学任务的能力就高。倪玉菁(Ni,2015)指出:

> 中国儿童数学能力的优势与不足是并存的。例如,从数学思维的基本方法考虑,课程体系可能存在固有的问题。诸如试错、归纳、想象和假

设检验等因素在数学课程和教学中都不占重要地位，这可能导致：中国学生在数学课堂上不太容易接受不确定的想法；在解决数学问题时不太愿意冒险。随着年级的升高，中国学生学习数学的兴趣和信心也逐渐降低。(p.343)

语言透明度可能不是唯一重要的变量。扬-洛夫里奇和比克内尔（2015）在完全不同的背景下研究了一个类似的问题，他们在新西兰做了一项关于位值制的研究，发现毛利族学生的表现不如其他任何一个群体：[1]

虽然毛利语中使用的计数数词有清晰的十进制结构，但只有通过毛利语学习的儿童才能流利地说毛利语并从毛利语的语境思考问题。但事实上，许多教师和学生只是把毛利语作为第二语言，而不是真正的双语教学。(p.383)

进一步的研究（Theodore et al.，2015）得到了更多结果：

我们发现，毛利族毕业生中女性多于男性。先前的研究还表明，与毛利族女性和非毛利族的学生相比，毛利族男性获得高等教育和入学资格的可能性较小，这表明毛利族男性和女性在受教育方面的差距很早就产生了。已确定的阻碍教育发展的因素包括：对文化反应冷淡、难以适应从小学到中学的过渡以及学生的学习期望值较低。此外，毛利族男性与女性在学习内容（如商业）和学习方式（如全日制）方面也存在差异。(p.10)

上述研究表明，仅仅关注语言透明度不足以解释研究结果。

9.5.3 文化约束：双语教学

在 ICMI Study 21 中已经探讨了有关语言学的问题（Barwell et al.，2015），其中专门有几章讨论了学校语言与日常语言不同的学生的问题。韦罗妮卡·萨伦吉（个人交流）在小组讨论中对类似的问题进行了直接说明，她曾报告了坦桑尼亚和其他邻近国家的情况（关于这一问题的更深入的讨论，见第 3 章）：

[1] 毛利族是新西兰的少数民族，使用毛利语。——译者注

> 坦桑尼亚和其他东非国家的语言和整数学习问题很复杂。学习者第一语言有多种，这使得难以用学习者第一语言进行数学教学。例如，坦桑尼亚有120多个拥有自己语言的民族部落，尽管这些部落属于几个主要的语言群体，如班图语、尼罗河语和库希特语。

有时口语并不是课堂上最好的人工制品。一项分析了澳大利亚学困生（多数情况下以英语为第二语言）表现的研究（Miller and Warren, 2014）表明，通过具有丰富图形表征的特定数学语言的项目，有助于提高儿童在国家算术测试中的表现。巴特沃思（Butterworth）还在全体会议上说明了图形表征对澳大利亚儿童的重要性（另见 Butterworth et al., 2008；第20章）。

9.6 结束语：未来的挑战

在小组讨论中，我们分析了不同的设计者或教师的意图，以解释或确认人工制品和任务的匹配性。下面的讨论倾向于积极的方面，关注可以促进学习的每一个问题，而不关注可能会阻碍学生学习的问题。这里绝对没有全部列举，只是展示了小组讨论中与会者一致认同的观点。

认识论问题　在该问题下，数学的一致性很重要：增强学生自己对小学算术的重构能力；鼓励学生参与有意义的数学活动；提高学生在不同表征方式之间的灵活性；提升洞察力。

认知问题　在该问题下，学生的学习过程很重要：让数学更常见，更容易接触；协助学生进行数学探索、研究、定义和证明；鼓励肢体参与，如用手指计数或在数线上跳动。

情感问题　在该问题下，学生的动机和信念很重要：创造积极的学习环境；鼓励、支持学生，培养毅力。

在这一章中，我们讨论了影响整数学习的一些问题，列举了一些可能促进或阻碍整数算术学习的人工制品和数学任务的例子。我们收集了丰富的（虽然不完整）文化人工制品和教具，包括一些通过虚拟技术实现的，我们还提供了一些关于整数算术的数学任务的例子。在特定的文化和制度背景下，人工制品和数学任务必须看成是不可分割的。

我们已经提到了语言和文化的一些特征，这些特征有时隐藏了数学意义，并且可能带来教学障碍。对位值制的发展而言，我们以经典的加法体系为例，讨论了认识论障碍的文化根源。

这种关系非常复杂。由此可推测，未来的挑战在于教师教育。工作组讨论了学前和小学教师教育的两个具体方案（见第 9.1.1.3 节），一个来自加拿大，一个来自泰国。这两个方案中处理认识论和文化问题的方式充实了工作组的讨论，促使与会者思考教师要如何在课堂教学中更好地设计和实施整数算术教学，同时还要考虑到特殊的语言和文化的约束。尽管有一个小组专门讨论了教师教育及其发展问题（第 17 章），但这个问题一直是本工作组讨论的背景。

参考文献

Aebli, H. (1976). *Psychologische Didaktik-Didaktische Auswertungen der Psychologie von Jean Piaget*. Stuttgart: Klett-Cotta.

Australian Curriculum Assessment and Reporting Authority. (2013). *The Australian curriculum: Mathematics v2.4*. Retrieved March 17, 2013, http://www.australiancurriculum.edu.au/Mathematics/Curriculum/F-10.

Baccaglini-Frank, A., & Maracci, M. (2015). Multi-touch technology and preschoolers' development of number-sense. *Digital Experiences in Mathematics Education*, 1(1), 7 - 27.

Baccaglini-Frank, A., Hoyles, C., & Noss, R. (2014, September 21 - 26). From notable occurrences to situated abstractions: A window for analysing learners' thinking-in-change in a microworld. In *Proceedings of the 12th international conference of the mathematics education into the 21st century project: The future of mathematics education in a connected world*. Montenegro.

Bartolini Bussi, M. G. (2011). Artefacts and utilization schemes in mathematics teacher education: Place value in early childhood education. *Journal of Mathematics Teacher Education*, 14(2), 93 - 112.

Bartolini Bussi, M. G. (2013). Bambini che contano: A long-term program for preschool teachers' development. In B. Ubuz, et al. (Eds.), *CERME 8. Proceedings of the eight congress of the European Society of Research in Mathematics Education*, (pp. 2088 - 2097). Ankara: Middle East Technical University.

Bartolini Bussi, M. G., & Mariotti, M. A. (2008). Semiotic mediation in the mathematics classroom: Artefacts and signs after a Vygotskian perspective. In L. English, M. Bartolini Bussi, G. Jones, R. Lesh, B. Sriraman, & D. Tirosh (Eds.), *Handbook of international research in mathematics education* (2nd ed., pp. 746 – 783). New York: Routledge Taylor & Francis Group.

Bartolini Bussi, M. G., & Martignone, F. (2014). Manipulatives in mathematics education. In S. Lerman (Ed.), *Encyclopedia of mathematics education* (pp. 365 – 372). Dordrecht: Springer.

Barwell, R., Clarkson, P., Halai, A., Kazima, M., Moschkovich, J., Planas, N., Setati, M., Valero, P., & Villavicencio Ubillús, M. (2015). *Mathematics education and language diversity. The 21st ICMI study* (New ICMI Studies Series). New York/Berlin: Springer.

Bruner, J. S. (1973). *The relevance of education*. New York: Norton.

Butterworth, B., Reeve, R., Reynolds, F., & Lloyd, D. (2008). Numerical thought with and without words: Evidence from indigenous Australian children. *Proceedings of the National Academy of Sciences of the United States of America*, 105(35), 13179 – 13184.

Cheng, Z. J. (2012). Teaching young children decomposition strategies to solve addition problems: An experimental study. *The Journal of Mathematical Behavior*, 31, 29 – 47.

Chevallard, Y., & Bosch, M. (2014). Didactic transposition in mathematics education. In S. Lerman (Ed.), *Encyclopedia of mathematics education* (pp. 170 – 174). Dordrecht: Springer.

Cole, M. (1996). *Cultural psychology. A once and future discipline*. Cambridge, MA: The Belknap Press.

Conti, A. (1920). *Aritmetica per la prima classe elementare*, Firenze: Bemporad e Figlio. Retrieved from http://www.indire.it/archivi/dia.

D'Amore, B., Radford, L., & Bagni, G. (2016). Obstáculos epistemológicos y perspectiva sociocultural de la matemática. In B. D'Amore & L. Radford (Eds.), *Enseñanza y aprendizaje de las matemáticas: Problemas semióticos, epistemológicos y prácticos* (pp. 167 – 194). Bogotá: Editorial Universidad Distrital Francisco José de Caldas.

Dienes, Z. P. (1963). *An experimental study of mathematics learning*. London: Hutchinson.

Dong-Joong, K., Ferrini-Mundy, J., & Sfard, A. (2012). How does language impact the learning of mathematics? Comparison of English and Korean speaking university students' discourses on infinity. *International Journal of Educational Research*, 51/52, 86 – 108.

Engeström, Y. (1987). *Learning by expanding: An activity-theoretical approach to developmental research*. Helsinki: Orienta-Konsultit.

English, L. (Ed.). (1997). *Mathematical reasoning: Analogies, metaphors, and images*. Mahwah: Lawrence Erlbaum Associates.

Fauvel, J., & van Maanen, J. (Eds.). (2000). *History in mathematics education. The ICMI* study. Dordrecht: Kluwer.

Hiebert, J., & Wearne, D. (1993). Instructional tasks, classroom discourse, and students' learning in second-grade arithmetic. *American Educational Research Journal*, 30 (2), 393 - 425.

Hoyles, C., & Lagrange, J. B. (Eds.). (2010). *Mathematics education and technology-rethinking the terrain. The 17th ICMI study*. New York: Springer.

Inprasitha, M., & Isoda, M. (eds). (2010). *Study with your friends: Mathematics for elementary school 1st grade*. Khon Kaen: Klungnanawittaya. (In Thai).

Inprasitha, M., & Jai-on, K. (2016). *The potential of dbook Pro to teach whole number arithmetic*. [Online]. Retrieved on March 16, 2016, from: http://www.crme.kku.ac.th/The potential of dbookPro Exemplar 3+2.

Isoda, M. (2012). Problem-solving approach to develop mathematical thinking. In Isoda, M. & Katagiri, S. (Eds.), *Monographs on lesson study for teaching mathematics and sciences — Vol. 1: Mathematical thinking-how to develop it in the classroom*. (pp. 1 - 28). Singapore: World Scientific.

Jacobsen, L. E. (1983). Use of knotted string accounting records in old Hawaii and ancient China. *The Accounting Historians Journal*, 10(2), 53 - 62.

Karp, A., & Schubring, G. (Eds.). (2014). *Handbook on the history of mathematics education*. New York: Springer.

Kaur, B. (2010). A study of mathematical task from three classrooms in Singapore. In Y. Shimizu, B. Kaur, R. Huang, & D. J. Clarke (Eds.), *Mathematical tasks in classrooms around the world* (pp. 15 - 33). Rotterdam: Sense Publishers.

Kempinsky, H. (1921). *So rechnen wir bis hundert und darüber hinaus. Eine Anleitung für den Rechenunterricht besonders des zweiten Schuljahres*. Leipzig: Verlag der Dürr'schen Buchhandlung.

Kordemsky, B. A. (1992). *The Moscow puzzles: 359 mathematical recreations*. New York: Dover.

Lam, L. Y., & Ang, T. S. (2004). *Fleeting footsteps: Tracing the conception of arithmetic and algebra in ancient China*. Singapore: World Scientific.

Meaney, T., Trinick, T., & Fairhall, U. (2012). *Collaborating to meet language challenges in indigenous mathematics classrooms*. New York: Springer.

Menninger, K. (1969). *Number words and number symbols: A cultural history of numbers*. Cambridge, MA: The MIT Press. (Translated from the German edition of 1958).

Miller, J., & Warren, E. (2014). Exploring ESL students' understanding of mathematics in the early years: Factors that make a difference. *Mathematics Education Research Journal*, 26(4), 791 - 810.

Ministerium für Schule und Weiterbildung des Landes Nordrhein-Westfalen (MSW NRW). (2008). *Richtlinien und Lehrpläne für die Grundschule in Nordrhein-Westfalen. Mathematik*. Frechen: Ritterbach.

Ministry of Education Science and Technology (MOEST). (2002). *Primary education syllabus: Volume two*. Nairobi: Kenya Institute of Education.

Monaghan, J., Trouche, L., & Borwein, J. (2016). *Tools and mathematics. Instruments for learning*. New York: Springer.

Murayama, K., Pekrun, R., Lichtenfeld, S., & vom Hofe, R. (2013). Predicting long-term growth in students' mathematics achievement: The unique contributions of motivation and cognitive strategies. *Child Development*, 84(4), 1475 - 1490.

Ni, Y. J., Chiu, M. M., & Cheng, Z. J. (2010). Chinese children learning mathematics: From home to school. In M. H. Bond (Ed.), *The Oxford handbook of Chinese psychology* (pp. 143 - 154). Oxford: Oxford University Press.

Nührenbörger, M., & Steinbring, H. (2008). Manipulatives as tools in teacher education. In D. Tirosh & T. Wood (Eds.), *Tools and processes in mathematics teacher education. Volume 2 of The international handbook of mathematics teacher education* (pp. 157 - 182). Rotterdam: Sense Publishers.

Rabardel, R. (1995). *Les hommes et les technologies. Approche cognitive des instruments contemporains*. Paris: Armand Colin.

Radford, L. (1997). On psychology, historical epistemology and the teaching of mathematics: Towards a socio-cultural history of mathematics. *For the Learning of Mathematics*, 17(1), 26 - 33.

Rieber, R. W., & Wollock, J. (1997). The instrumental method in psychology. In R. W. Rieber & J. Wollock (Eds.), *The collected works of L. S. Vygotsky: Problems of the theory and history of psychology* (pp. 85 - 89). Boston: Springer.

Sarama, J., & Clements, D. H. (2009). 'Concrete' computer manipulatives in mathematics education. *Child Development Perspectives*, 3(3), 145 - 150.

Schipper, W., Dröge, D., & Ebeling, A. (2000). *Handbuch für den Mathematikunterricht, 4. Schuljahr*. Hannover: Schroedel.

Shimizu, S., & Watanabe, T. (2010). Principles and processes for publishing textbooks and alignment with standards: A case in Japan. Paper presented at the *APEC conference on replicating exemplary practices in mathematics education* 2010, Koh Samul: Suratthani.

Sierpinska, A. (1996). *Understanding in mathematics*. London: Falmer Press.

Sinclair, N., & Baccaglini-Frank, A. (2015). Digital technologies in the early primary school classroom. In L. English & D. Kirshner (Eds.), *Handbook of international research in mathematics education: Third edition* (pp. 662 – 686). Taylor and Francis.

Sinclair, N., & Pimm, D. (2014). Number's subtle touch: Expanding finger gnosis in the era of multi-touch technologies. In P. Liljedahl, C. Nicol, S. Oesterle, & D. Allan (Eds.), *Proceedings of the 38th conference of the International Group for the Psychology of Mathematics Education* (Vol. 5, pp. 209 – 216), Vancouver BC: PME.

Stacey, K., Helme, S., Shona Archer, S., & Caroline Condon, C. (2001). The effect of epistemic fidelity and accessibility on teaching with physical materials: A comparison of two models for teaching decimal numeration. *Educational Studies in Mathematics*, 47 (2), 199 – 221.

Stetsenko, A. (2008). From relational ontology to transformative activist stance on development and learning: Expanding Vygotsky's (CHAT) project. *Cultural Studies of Science Education*, 3(2), 471 – 491.

Stein, M. K., & Smith, M. S. (1998). Mathematical tasks as a framework for reflection: From research to practice. *Mathematics Teaching in the Middle School*, 3(4), 268 – 275.

Tahan, M. (1996). *O omem que calculava*. Rio de Janeiro: Grupo Editorial Record.

The Council of Chief State School Officers (CCSSO). (2016). National Governors Association Center for Best Practices and Council of Chief State School Officers. *Common core state standards for mathematics*. Retrieved March 20, 2016. http://www. corestandards. org/ Math/.

The Ministry of Education. (2011a). *Syllabus for the teaching of primary mathematics of the nineyear compulsory education*. Beijing: Beijing Normal University Press. (in Chinese).

The Ministry of Education. (2011b). *Guidelines of mathematics curriculum for 9-year compulsory education*. Beijing: People's Education Publishing. (in Chinese).

Theodore, R., Trustin, K., Kiro, C., Gollop, M., Taumoepeau, M., Taylor, N., Chee, K. S., Hunter, J., & Poulton, R. (2015, November). Maori university graduates: Indigenous participation in higher education. *Higher Education Research & Development*, 2015, 1 – 15. https://doi.org/10. 1080/07294360.2015.1107883.

Uttal, D. H., Scudder, K. V., & DeLoache, J. S. (1997). Manipulatives as symbols: A new perspective on the use of concrete objects to teach mathematics. *Journal of Applied Developmental Psychology*, 18(1), 37 – 54.

Watson, A., & Ohtani, M. (Eds.) (2015). *Task design in mathematics education. The 22nd*

ICMI study. New York: Springer.

Wartha, S., & Schulz, A. (2012). *Rechenproblemen vorbeugen*. Berlin: Cornelsen.

Xie, X., & Carspecken, P. F. (2007). *Philosophy, learning and the mathematics curriculum dialectical materialism and pragmatism related to Chinese and American mathematics curriculums*. Rotterdam: Sense Publishers.

Zaslavsky, C. (1973). *Africa counts: Number and pattern in African cultures*. Chicago: Lawrence Hill Books.

Zhou, Z., & Peverly, S. (2005). Teaching addition and subtraction to first graders: A Chinese perspective. *Psychology in the Schools*, 42(3), 259 - 272.

Cited papers from Sun, X., Kaur, B., & Novotna, J. (Eds.). (2015). Conference proceedings of the ICMI study 23: Primary mathematics study on whole numbers. Retrieved February 10, 2016, from www.umac.mo/fed/ICMI23/doc/Proceedings_ICMI_ STUDY_23_final.pdf.

Bakker, M., van den Heuvel-Panhuizen, M., & Robitzsch, A. (2015). Learning multiplicative reasoning by playing computer games (pp. 282 - 289).

Baldin, Y., Mandarino, M. C., Mattos, F. R., & Guimarães, L. C. (2015). A Brazilian project for teachers of primary education: Case of whole numbers (pp. 510 - 517).

Ball, D. L., & Bass, H. (2015). Helping students learn to persevere with challenging mathematics (pp. 379 - 386).

Bartolini Bussi, M. G. (2015). The number line: A 'western' teaching aid (pp. 298 - 306).

Cao, Y., Li, X., & Zou, H. (2015). Characteristics of multiplication teaching of whole numbers in china: The application of nine times table (pp. 423 - 430).

González, S., & Caraballo, J. (2015). Native American cultures tradition to whole number arithmetic (pp. 92 - 98).

Hodgson, B. R., & Lajoie, C. (2015). The preparation of teachers in arithmetic: A mathematical and didactical approach (pp. 307 - 314).

Inprasitha, M. (2015). An open approach incorporating lesson study: An innovation for teaching whole number arithmetic (pp. 315 - 322).

Ladel, S., & Kortenkamp, U. (2015). Development of conceptual understanding of place value (pp. 323 - 330).

Mercier, A., & Quilio, S. (2015). The efficiency of primary level mathematics teaching in Frenchspeaking countries: A synthesis (pp. 331 - 338).

Ni, Y. J. (2015). How the Chinese methods produce arithmetic proficiency in children (pp. 341 - 342).

Peter-Koop, A., Kollhoff, S., Gervasoni, A., & Parish, L. (2015). Comparing the development of Australian and German children's whole number knowledge (pp. 346 - 353).

Pimm, D., & Sinclair, N. (2015). The ordinal and the fractional: Some remarks on a trans-linguistic study (pp. 354 - 361).

Roberts, N. (2015). Interpreting children's representations of whole number additive relations in the early grades (pp. 243 - 250).

Rottmann, T., & Peter-Koop, A. (2015). Difficulties with whole number learning and respective teaching strategies (pp. 362 - 370).

Siu, M. K. (2015). Pedagogical lessons from *Tongwen Suanzhi* (同文算指) — Transmission of *bisuan*(笔算 written calculation) in China (pp. 132 - 139).

Soury-Lavergne, S., & Maschietto, M. (2015). Number system and computation with a duo of artifacts: The pascaline and the e-pascaline (pp. 371 - 378).

Sun, X. (2015). Chinese core tradition to whole number arithmetic (pp. 140 - 148).

Young-Loveridge, J., & Bicknell, B. (2015). Using multiplication and division contexts to build place-value understanding (pp. 379 - 386).

Zou, D. (2015). Whole number in ancient Chinese civilisation: A survey based on the system of counting-units and the expressions (pp. 157 - 164).

第 10 章

从数学家角度谈小学数学教师培训工作中的人工制品和数学任务：第 9 章述评

贝尔纳·R. 霍奇森
(Bernard R. Hodgson)

10.1 绪言

本章重点是小学数学教师在小学整数算术教学方面的准备工作[1]。我的评论主要是基于我自己作为一名职前教师教育的数学工作者的经验和思考，以及我在在职教师培训中受到的偶然启发。

因此，本章的主要目的不是探究实际教学中学生在课堂上学习算术时可能发生的状况，而是聚焦于“成人的数学经验”，即为了更好地成为指导者，更好地让学生学习与整数算术相关的概念并掌握相应的技能，未来的教师需要知道的数学。

霍奇森和拉乔伊（Hodgson and Lajoie，2015）简要介绍了两门数学课程的背景，这两门数学课程是我就职大学的数学系专门为培养未来小学教师而开设的，其中一门课程致力于研究算术。这里简单说明一下，这两门课程开设至今已有四十多年，并且我校认为教育学院应当与数学系共同承担起培养未来数学教师的责任。因此在教育学院，师范生要学习三门数学教育课程。很显然，在这样的教学环境中，课堂的教学情况和学生的学习需求会更紧密地结合在一起。因此，霍奇森和拉乔伊（2015）强调了数学家和数学教育家在这一尝试中所发挥的互补作用。然而，正如贝德纳茨（Bednarz，2012，表 1 和表 2）的研究中所指出的，在加拿大，我校在这方面所采用的模式是比较罕见的。

---

[1] 小学数学教师对于整数算术教学必须有一定的准备，例如需要对数的概念有一定的理解，对整数如何定义与表示有一定的理解，对教学中有哪些人工制品有一定的理解，对教学中有哪些数学任务有一定的理解。——译者注

为了深刻理解我们为小学数学教师开设的算术课程，并明确其主要意图，我希望在本章中探讨这个算术课程的本质和相关组成部分。这使我思考了第9章（影响整数学习的因素：文化的人工制品和数学任务）的两个核心主题：(1)支持学生学习整数算术的人工制品（通常具有文化性和历史性）的重要性和多样性；(2)数学任务所发挥的作用，其中数学任务的目的是丰富介由人工制品传递的“数学信息”。我将在这里讨论从我们的算术课程中选取的具体例子，目的是说明在第9章着重强调的一个重要结论，即人工制品和数学任务是不可分割的。在此之前，我将首先对小学教师在整数算术方面的教学培训工作提出一些一般性的建议。

10.2 为算术教学做好数学准备

人们不应该……过于延迟把抽象化作为整体教学的内容的时间：为每一位学生和每一次学习，探索从直观形式向抽象形式转变的恰当时机是一位真正的教育家伟大的技能。(Buisson, 1911)

我们设计的算术课程的基本理念基于如下信念：充分发挥教师的指导作用，以及使教师成为高效的沟通者。小学教师应该达到如下数学能力水平，即确保自己完全掌握将来在教学中所需的数学工具。换句话说，教师自己对于小学算术的数学判断是“自主”的。因此，我们为师范生提供了一个机会，让他们以数学方式重构自身的小学算术知识，从而使他们能够阐明并发展小学算术教学中的基本概念。对于未来教师而言，这项工作可以说是揭开了数学的神秘面纱，使它明白易懂，特别是算术。

希望这样的经历能让他们对自己的数学专业知识（这种专业知识具有非常特殊的性质）充满信心，施之于小学教育。

著名数学家欧拉（Leonhard Euler）的一句名言很好地说明了我们与师范生在算术这一主题上所达成的部分目标。值得一提的是，欧拉出版了许多有影响力的教科书。1738年，在圣彼得堡科学院出版的一本俄罗斯小学算术教科书（《计算的艺术》）的序言中，欧拉写道：

仅仅学习一些没有基本原理的计算既不足以解决所有可能发生的情况，也不足以使头脑变得敏锐，后者应该成为我们的具体目标。……因

> 此，如果一个人既掌握了计算规则，又能清楚理解它们的原理和起源，那么在某种程度上，他将能够制定自己的新规则，并能利用这些新规则解决原有的规则解决不了的问题。与没有解释的原始规则相比，算术的学习不会更加困难，也不需要更多时间。因为人们更容易理解和记住已知原理和起源的规则。(Euler，1738，pp.3－4)

我从不认为我们的算术课程的目标或方法是新的或者是具有革命性的。很长一段时间，许多研究者认为需要改进职前数学教师的教学培训工作，并且提出了各种各样的方法，其中有的方法极具创新性。一个典型的例子是ICMI第一任主席(任期：1908—1920年)克莱因(Felix Klein)在20世纪初为教师开展了一系列著名的讲座(Klein，1932)。尽管当时克莱因讲座的主要对象是中学数学教师，但他的一些评论，特别是在第一章"用自然数计算"中，是与小学算术直接相关的，他认为小学教师应该熟悉数学知识背景，从数学的视角看问题。另一个例子是在"新数学运动"时期，我校数学系的威滕伯格(Wittenberg)等人(Wittenberg et al.，1963)抵制了当时相当著名的有关数学教学的"布尔巴基运动"，同时，他们反思了当时的许多改革，他们指出：

> 有时，一些人似乎把自己困于一个令人惊讶而天真的信念里，认为在一个领域里，深思一个人的思想就足够了(这个人的思想是世代相传，并且是千真万确的)，而且认为凡是读过布尔巴基(Bourbaki)的人，就什么都读过了。(Wittenberg et al.，p.11)

他们提出了一种"遗传学方法"(genetic approach)，让实习教师和未来教师用新的眼光看小学数学，也就是说，站在学生的角度看并反思其内部结构(p.13)。

我们为教师开设算术课程的目的虽然不是要呈现整数相关基本概念的完整"起源"，但也希望尽可能遵循原始的概念。为了达到这个目的，我们的算术课程在很大程度上依赖于一个基本但有效的人工制品：记数序列，利用它能够有效处理数字方面的一些问题(第10.4节)。这使我们能够逐步建立一个关于(一组)整数的知识体系，其重点是在一定程度上严格地确定一些基本属性。因此，我们向师范生提出了一种关于小学算术的结构性观点，这使讨论上升到抽象水平。对一些师范生而言，这可能是新颖而又陌生的观点，但是正如法国著名教育家费迪南多·比松

(Ferdinand Buisson)在20世纪初所表达的，这样一个抽象的观点是整个教学过程的核心。

在算术课程中所谈到的数学方法与当前或近期的几项研究有明确的联系，例如格罗斯曼、威尔逊和舒尔曼(Grossman，Wilson and Shulman，1989)的研究强调了教师具有良好数学知识内容的重要性。这与马立平(Ma，1999)的著名研究中所涉及的“对数学的深刻理解”有关，也与鲍尔和巴斯(Ball and Bass，2003)关于“教学中的数学知识”的研究有关。在这种情况下，我认为从数学家的角度来评论在算术教学中使用的一些人工制品和数学任务是非常有意义的。

10.3 走进数的概念

“数是如何产生的?”，这是ICMI的第八任主席(任期：1967—1970年)弗赖登塔尔(Hans Freudenthal)在他的著作《作为教育任务的数学》(1973，p.170)的第11章(“数的概念：客观的形成途径”)开头所提出的问题。他从数学和教学的角度出发，依次讨论了数作为计数的数、数量的数、度量的数和计算的数的概念的产生，提出了数的概念的四重特质。

克莱因(1932)在一篇标题为“整数运算的逻辑基础”的文章中，对弗赖登塔尔提出的问题作出了另一种解释，特别是在文章的第11～13页，正如那一节的标题所示，当有关心理学和认识论的问题亟待解决时，克莱因基于一系列逻辑观点和论点，提出了一种数学思考，其中包括了一个纯形式化的数字理论。

虽然弗赖登塔尔对数的概念进行了各种丰富的讨论，但由于篇幅所限，我不能全面论述这些讨论的细微差别。不过我想将他的框架作为思考的基础，并与为小学教师开设的算术课程中的一些核心要素建立联系。

10.3.1 计数的数

弗赖登塔尔将计数的数的概念描述为“一口气说出一串自然数”(1973，p.170)。他注意到，儿童掌握“数字是无穷的连续序列”这个概念并不像学习颜色和字母那么容易(1973，pp. 170 - 171)。这里的关键是“后继”的概念，它是皮亚诺(Giuseppe Peano)结合数学归纳法原理所提出的算术公理化方法的核心。这种“后继”概念所产生的结果实际上是引入了一种顺序，因此便有了序数的一般概念。

计数的数的概念或许可以通过单符记数序列这一人工制品来呈现。实际上，单符记数序列在我们的课堂中起着基础性作用。“后继”的概念很容易被理解为在给定记数序列后面简单添加一个新的符号，而且“显然”可以无限次重复累加（至少在原则上是这样），我将在第10.4节中谈论这种特殊的人工制品。

儿童早期在学习计数表时，就已经接触过计数的数，比如用数字书写或者用母语表达连续的项，儿童还常借助童谣来背诵常用的口语计数表。在这方面，或许可以向教师布置一个任务：检查一首诗或一首歌是否真的可以用来计数。一首好的“计数歌曲”（或列表）应该具备哪些特性呢？比如，为了计算教室里的学生人数，可以用一首像《月光下》（Au clair de la lune）这样的歌曲做到吗？（在第9.2.2.5节讨论了用于算术的歌曲和诗歌的其他内容。）

在第一天的算术课程中，我会给师范生布置一个特别的任务：用一些给定的字母表中的符号建立一个书面的计数表（为了让大家意识到字母在符号表中有一个特定的顺序）。在未讨论位值记数系统之前，我提议将可用的数字作限制，例如0、1、2和3（以这个顺序），利用它们建立一个计数表，类似于通常的数字表，但仅使用这些符号。虽然有些人可能会建立一个相当新颖的表，但大多数人会建立一个类似于十进制列表的“四进制”列表。如果给定由A、B、C和D组成的字母表，那么典型的答案是

A，B，C，D，AA，AB，AC，AD，BA，BB，…，DD，AAA，AAB，…

这清楚地表明人们非常熟悉的计数表（十进制）使用了一个特别的符号：0。

学习常用的口语计数表可能会引入一些语言特性，通常是针对某一特定的语言而言的。例如用法语计数时，一个有趣的文化任务是观察十个十个计数中“有规律”的读法

cinquante(50)，soixante(60)，septante(70)，octante(80)，nonante(90)

和比较常见的读法（取决于国家）

cinquante(50)，soixante(60)，soixante-dix(60+10)，
quatre-vingts(80)，quatre-vingt-dix(80+10)

之间的区别。从后一种读法中的一部分数中，可以看出二十进制计数的残余痕迹（见第3.2.2节）[1]。

10.3.2 数量的数

弗赖登塔尔甚至用动物能够识别小数作为案例，指出“也许从遗传学上说，数

[1] 例如，或许会联想到莫里哀（Molière）的《吝啬鬼》（L'Avare）(1668)，当阿巴贡（Harpagon）的一个仆人奉承他将是一个长寿的人时，对他说：“老实说吧，刚才我不是说一百岁吗？哼，您得活过一百二十呢！”（Par ma foi，je disais cent ans，mais vous passerez les six-vingts。）（第二幕第五场）

量的数比计数的数要早”(1973，p.171)。他的评论指出了如下事实：不需要计数一眼就可以认出对应于四个点(即使是随机放置的)的数字是“4”，这是一项简单的任务(这种能力被称为感数，见第7.2.1节)，即人们可以立即“看到”四个点。但是对于大多数人而言，当观察图10-1(1)中的点时，可能并不能快速识别出点的数量。然而，人们却能对于图10-1(2)中点的数量一目了然〔与图10-1(2)所示结构特征有关的人工制品的评论，请参见第9.3.4.2节〕。

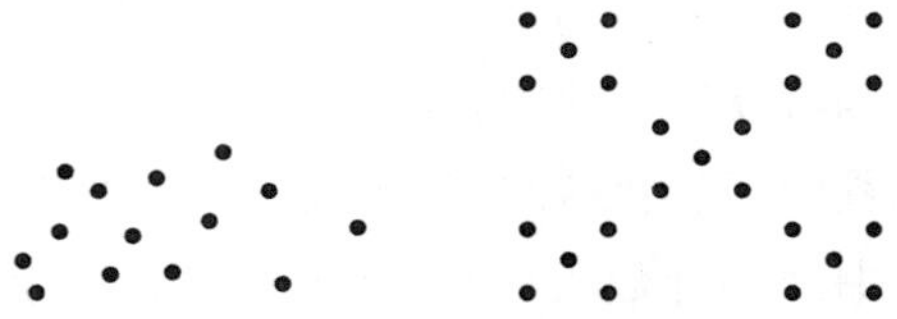

(1) 随机排列的点　(2) 有规律排列的点

图10-1　点的聚集度

数量是基于在不对物体一一编号的情况下，确定与某一情形相对应的“自然数”的可能性。其思想是将给定情形与另一情形联系起来分析，因而这时的问题不是“有多少”，而是“是不是有那么多”。弗赖登塔尔认为，虽然这种处理整数的方法所依据的等势(或一一对应)的概念很自然(它将在第10.4节讨论记数序列时发挥重要作用)，但是借助于康托基数(cardinal number *à* la Cantor)的一般概念将其形式化是有问题的〔或许我们还可以注意到，克莱因(1932，p.12)对康托提出的这种“近代”的方法持相反态度〕。弗赖登塔尔(1973，p.181)非常强烈地表达了他的意见：

> (1) 从数学角度，认为数量的数，即“势”，足以成为自然数的基础是错误的。
>
> (2) 在自然数中，数值与计数是不相关的。
>
> (3) 对于自然数的教学，只谈数量的数是不够的。

然后，弗赖登塔尔用了超过15页的篇幅阐述了他的反对意见。

霍奇森和拉乔伊(2015，p.309)提到，在20世纪70年代早期开设的算术课程以集合论为背景，将自然数作为有限集的基数来引入，并通过集合论运算来定义数的运算。从1971年由UNESCO组织、ICMI资助的研讨会的报告中的“小学数学”一章中可以看出，这种课程的设定符合当时的时代精神：

> 所有经过改革的现代课程都把集合的学习引入到数学教学当中。这也许是小学数学教学变化中最明显的特征。……使用集合来详尽阐述基数或自然数的概念，以及自然数的四种有理运算是一种普遍的趋势。(UNESCO, 1973, pp.5－6)

最终，我们的课程决定不采用之前基于集合的想法来介绍整数，而是更本质地，把整数自身视为“原始”对象，将整数以及定义在整数上的运算一起来介绍，这样我们就引入了记数序列。

10.3.3 度量的数

弗赖登塔尔讨论了在一般情况下度量的数的概念。当要度量一个量时，我们会用给定的单位去度量这个量，有时能完全量尽，有时又不能。如果不能完全量尽，那么就产生了带余除法（最恰当的称呼是欧几里得除法），或者是将单位等分，形成分数。最终，产生古希腊意义上的可公度和不可公度。

自然数的基本理论（古希腊，αριθμητική arithmētikē[1]）的核心概念可以通过度量的概念凸显出来：这正是欧几里得的《几何原本》中引入整除概念的方法。这里使用的两个有效的人工制品是古氏积木（第 8.2.1 节和第 9.3.1.1 节）和数线（第 9.2.2.4 节）。

虽然在大多数人的印象中，古氏积木随着“新数学运动”的开展出现，但它本身也有优点，因此未来的教师应该熟悉这个人工制品。然而，令人遗憾的是，许多师范生在学校里从来没有接触过它（就仿佛成堆成箱的古氏积木被留在学校的地下室里“睡觉”）。观察一列长度为 18（一根橙色积木和一根棕色积木）的“火车”如何以五种不同的方式（18 节白色、9 节红色、6 节浅绿色、3 节深绿色、2 节蓝色）分成一系列相同的“车厢”，这毫无疑问是解决因数问题的一种具有启发性的方法（图 10－2）。

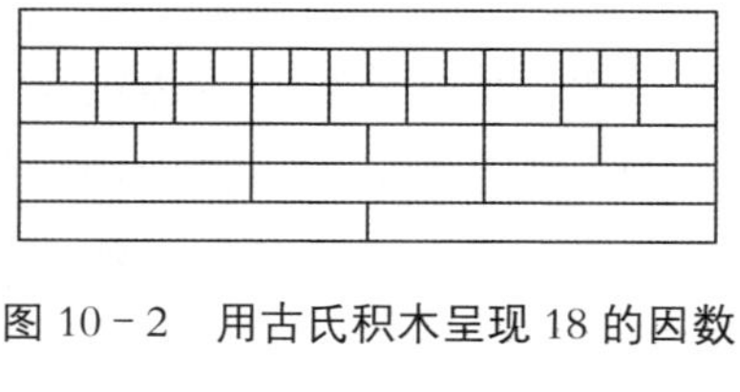

图 10－2　用古氏积木呈现 18 的因数

[1] Arithmētikē 即 arithmetic，今译“算术”。在古希腊是指研究自然数的学问，类似于今天的“数论”。——译者注

在这里我们可以举一个相关例子。例如，对 18 进行因数分解：$18=2\times9$，可以认为“把 2 看作一个单位整体”重复 9 次与“把 9 看作一个单位整体”重复 2 次是有区别的。

更一般地说，将问题转移到数线上是瞬间的事。如第 9.2.2.4 节中所强调的，欧几里得用线段“看”数字，包括整数。那么数字“可度量”或“不可度量”的问题就可以很容易地通过数线上的线段来解决。

为了研究初等数论，我想在这里强调另一个来自古希腊的人工制品：形数，即用几何方式把一堆点排列起来。正如之前所讨论的，这种关于整数的观点并不强调度量的概念。毕达哥拉斯学派就提供了一个动态的情境，来揭示给定数之间的关系。例如，将一个给定的边长为 n 的正方形变成一个边长为 $n+1$ 的正方形，需要加上一个“拐尺形”(gnomon γνώμων)，它由两个长为 n、宽为 1 的长方形和一个单位正方形组成。图 10－3(1)通过形数呈现了 $n=4$ 的情况，而图 10－3(2)使用了更加传统的面积图。这里需要指出后一种人工制品有很长的历史，基本上它存在于所有的古代数学传统中。图 10－3 中的两种人工制品都可以作为 $(n+1)^2=n^2+(2n+1)$的直观证明。

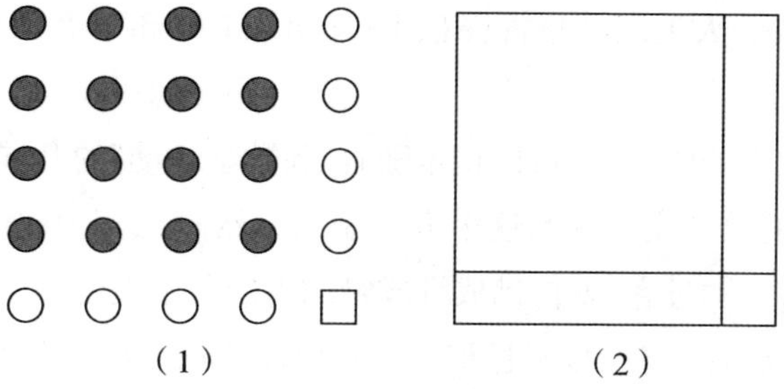

图 10－3　$n^2\to(n+1)^2$

10.3.4　计算的数

弗赖登塔尔(1973，p.171)使用计算的数的表达式来强调与整数运算相关的算法。这是古希腊的算术(logistikē λογιστική)，即在计算过程中涉及小学算术运算，尤其是“四则运算”。我们现在的看法和前文所提及的欧拉在教科书中所写的是一致的。

在为教师开设的算术课程中，我们可以从两个不同的角度来考虑计算过程。经过约一个月的教学，我们介绍了算术基本法则，并且对位值制的计算(以 10 为基数)进行了全面的复习，那么就有可能对运算法则的功能进行全面的讨论和论证。

针对标准的运算法则，教师的一项具体任务是分析算术法则在给定算法中的作用方式。例如，关于乘法 23×15，我们提供了一个详细的计算过程（图 10 - 4），其中呈现了 21 行解答过程的前 10 行，而学生的任务就是识别出每一行的数学基本事件。

$$
\begin{aligned}
23\times 15 &= (2\times 10+3)\times(1\times 10+5) && (1)\\
&= [(2\times 10+3)\times(1\times 10)]+[(2\times 10+3)\times 5)] && (2)\\
&= [(2\times 10)\times(1\times 10)+3\times(1\times 10)]+[(2\times 10)\times 5+3\times 5] && (3)\\
&= [(2\times 10)\times 10+3\times 10]+[(2\times 10)\times 5+3\times 5] && (4)\\
&= [(2\times 10)\times 10+3\times 10]+[5\times(2\times 10)+3\times 5] && (5)\\
&= (2\times 10\times 10+3\times 10)+[5\times(2\times 10)+3\times 5] && (6)\\
&= (2\times 10\times 10+3\times 10)+[(5\times 2)\times 10+3\times 5] && (7)\\
&= (2\times 10\times 10+3\times 10)+(10\times 10+15) && (8)\\
&= (2\times 10^2+3\times 10)+(10^2+15) && (9)\\
&= (2\times 10^2+3\times 10)+(1\times 10^2+15) && (10)
\end{aligned}
$$

图 10 - 4　23×15 的计算片段（详细样式）

当然，我们不会要求学生这样去计算，因为这并不是一个真正需要学生投入精力和时间的任务。我们也不认为教师以后会对自己的学生有如此严格的要求。但对于教师而言，我们相信准确地观察（一生中至少一次）算术基本法则在标准的运算法则中的作用方式是一次宝贵的经历。

另一个任务是让我们的学生去寻找、观察和理解四则运算中的非标准的运算法则。我们还向他们展示了其他具有历史意义的人工制品，如用于乘法的格子乘法、纳皮尔骨（见第 9.2.2.3 节）、埃及算法（Egyptian algorithm）。

在第一天的计算课程中，我们会引出另一个关于计算的观点：给学生布置一个任务（要求在下一节课之前完成），利用他们的四则运算的算法知识——让这些运算法则知识充当人工制品——完成不基于十进制的计算。我们和学生一起开始这项任务，并简要回顾了十进制的计算方法，然后问他们如果使用八进制的方法进行计算会怎样。我们需要确保他们产生一种合理的直觉，即知道一个数字以一个非常规的基数（比如八进制）表示意味着什么，这样剩下的任务就是利用已经掌握的基本运算法则进行计算。一路走来，我们让学生意识到，为了在八进制的情况下完完全全地做好这个任务（而不是通过十进制来"作弊"），他们需要获得一位数的加法和乘法的信息。因此,一个额外任务是让学生自己在这种新情境中构建用于计算的人工制品,即基于八进制且用于加法和乘法的毕达哥拉斯图(从人工制品的角度对毕达哥拉斯图进行评论,参见第 9.2.2.3 节)。而下一节课的内容将取决于他们在此期间的完成情况。

最终,我们明确告诉学生,这项任务背后的目的其实是在某种程度上"动摇"他们对基本算术技能的看法,这些技能在他们初看时好像"轻而易举"。通过这种方式,就创造了一种情境,使学生进入到对算法的深度思考模式,即他们已经知道如何运用这些算法,但可能无法作出清楚的解释或证明。在此之后,许多学生认识到这项"非十进制计算"的任务是真正发人深省的。

10.4 整数的定义和表示

在一些供教师阅读的关于基本算术法则的文献中,通常会以等式的形式表示加法交换律,例如 345＋67＝67＋345。虽然用等式可以很好地解释加法交换律,但这种方法的运用也引起了有关数的许多方面的混淆,特别是在阐述自然数的性质或本质(或定义在自然数上的运算)和通过数字系统表征数字之间关系的时候——无论这种表征方式在实践中是否重要,我们都不能忽视这种混淆。

对我们而言,在为教师开设的课程中,至关重要的是把自然数作为"本身"引入,而不提及表示自然数的系统。在早期课程中,自然数是作为(有限)集合的基数被引入的。然而,基本算术的学习方法已经发生了重大转变。我们决定把集合限定为用于交流的"语言"工具,而不是构建整个算术体系所基于的原始概念(第 10.3.2 节),并且我们决定使用(历史上原始的)记数概念来引入整数(第 9.2.2.1 节)。

10.4.1 记数:一个对整数而言有效的人工制品

除了在棍子上刻道道儿计数,所有的书写都可以丢掉。

——莎士比亚(Shakespeare,1594),《亨利六世》,第二部分第四幕第七场(Oxford English Dictionary,2016)。

如前所述,可以直接将自然数视为计数的数(参见第 10.3 节中弗赖登塔尔的评论）。在书面表达中，这种设想可以通过基本的人工制品来具体呈现，即记数[1]和记数序列。

自然数被“自然地”定义为一个有限的记数序列。接受一个空的序列并不是一件困难的事情（特别是对成人而言），同时加法出现时 0 的引入是重要的。自然数集由所有有限的记数序列组成，这可以作为未来教师在工作中一直使用的定义。

如果暂时不考虑空的记数序列（可以先用一个特殊的符号来表示，如倒三角形），那么计数的（无穷的）序列就这样开始了

$$|\quad ||\quad |||\quad ||||\quad |||||\quad ||||||\quad \cdots$$

“后继”的概念在这一人工制品中得到了充分体现。

为了获得必要的概括性，可以使用符号

$$\overline{||\cdots||}^{\,n}$$

表示任意长度为 n 的记数序列。

在对自然数构建了这样具体的模型之后，我们要讨论的一个基本概念就是两个给定自然数的相等性，这可以通过验证相应的记数序列是否相同来证明。验证这一想法的最自然的方式是在这两个序列之间建立双射连接[2]。在目前的情况下，这种记数序列之间一一对应的方案似乎是最自然的人工制品，并且不需要复杂的集合论来支持。当进行一一对应时，其中一个序列的记数比另一个早用完的情况，引导了自然数之间顺序的定义。

类似地，我们也可以通过对记数序列进行运算来引入自然数的运算。在这种情况下，我们认为记数序列是自然而又原始的。例如，将两个给定数字 n 和 m 的相加定义为相应的记数序列的并置：

$$\overline{||\cdots||}^{\,n+m} = \overline{||\cdots||}^{\,n}\ \overline{||\cdots||}^{\,m}$$

（根据定义二者是相等的），$n+m$ 的和很容易被视为自然数。同样，可以将 n 和 m 的乘积定义为重复地用 m 的记数序列替换 n 的记数序列中每个记数的结果。为

[1] 传统意义上，记数（tally）也可以使用具有相同含义的刻度（notch）、记分（score）或笔画（stroke）来表示。记数被简单地认为是一个标记，通常可以用短线段来表示，在我们的课程中，用棍子（bâton）（法语）来表示。

[2] 双射即一个映射，从 A 到 B，若这个映射既是单映射，又是满映射，则这个映射是双射。——译者注

了方便起见，$n\times m$ 的结果可以表示为一个记数序列的矩形数组（或矩阵）：

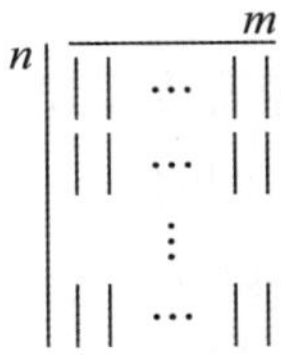

从这些定义（也考虑空的记数序列的概念）可以立即得出两个基本的算术事实：当 $n+m$ 的和为 0 时，m 和 n 都为 0；当 $n\times m$ 的积为 0 时，m 和 n 中至少有一个为 0。

值得注意的是，还有一个类似的用于计数的人工制品是库兰特和罗宾斯（Courant and Robbins，1947，p.2ff）在研究整数算术规律时使用的对齐点盒模型。在这一人工制品下，加法相当于“将相应的盒子首尾相连放置并移除分隔线”（p.3）：

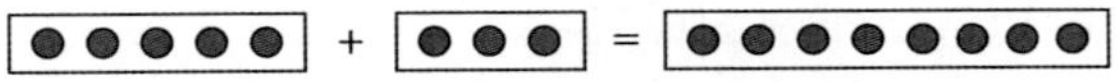

而乘法 $n\times m$ 是通过具有 n 行和 m 列的点构成的盒子来定义的（最终重组为一个对齐点盒）。

10.4.2 建立算术基本法则

记数这种人工制品有一个优点，那就是可以证明算术基本性质，而不仅仅是陈述或说明。例如，在本节开头提到的加法交换律，就相当于如下内容：给定两个任意记数序列 n 和 m，其并置的顺序并不重要，因为它取决于明确的一一对应关系，序列 $n+m$ 中 m 的最右边的记数与 $m+n$ 中 m 的最左边的记数相对应，依此类推。序列 $n+m$ 和 $m+n$ 的数将同时对应完。

继而，可以用同样的方法证明加法和乘法的其他基本性质，这也就确定了“算术基本法则”（加法和乘法的结合律和交换律，单位元，等式中加法和乘法的兼容性，加法和乘法的化简，乘法对加法的分配性，有关运算顺序的法则）〔参见克莱因（1932），第 8 页，其中简单地陈述了这些规则〕。对于教师而言，重要的是要强调这些性质说明了数字本身的表现方式和定义在它们上面的某些运算，并且这些性质独立于数字，即在给定的系统中“写下”数字的方式与数字本身无关。

可以注意到，记数的人工制品（作为整数的具体模型）在使用上有局限性。例如，给定两个序列——1 000 个记数和 1 001 个记数，通过寻找可能的一一对应来比较它们的大小是相当麻烦的。但这并不是这个人工制品背后的重点，真正关键的是我们对任何给定的自然数“是什么”有一个明确的共识。这种独立于任何记数系统的观念是教师的基本意识。

感兴趣的读者会注意到这种记数方法非常接近数学归纳法的原理和完整的皮亚诺公理。需要说明的是，我们并不认为在为小学教师开设的课程中坚持这样一个抽象的观点是恰当的。

10.4.3 整数的表示

当然，在我们为教师开设的算术课程中，先前记数定义中出现的数的概念应该与标准的算术练习相联系，特别是与常用的十进制的位值记数系统相联系。经过历史演变流传下来的许多表征数字的载体和变体都是非常有用的人工制品，在书写或记录数字时，要区分好如下两个基础问题：用于记忆或交流，用于计算。

关于数字的记忆或交流载体，我们可以见到许多有趣的人工制品，而且它们通常具有强烈的文化特性，例如，记数、埃及数字、罗马数字、奇普等。当重点放在便于计算的载体上时，我们可能会想到一些不同的人工制品，尤其是算盘，位值的概念是这些人工制品的一部分（有关历史上用于整数算术的人工制品目录参见第 9.2.2 节）。

当从计算的角度考虑时，我们不应该低估位值在数字系统中的作用[1]，而且强调位值的人工制品在这方面起着至关重要的作用。在第 9 章中，我们已经讨论了许多这样的人工制品，特别是在第 9.3.1.2 节（第纳斯木块）和第 9.3.1.3 节（计数器）。对于第纳斯木块而言，位值是通过第纳斯木块的体积大小来表示的；而对于计数器而言，它是通过算盘上给定的细杆来表示位值的。

在第 9.3.1.3 节中提到了或许可以把不同颜色的珠子堆积在算盘的不同细杆上，以便更明显地区分珠子所表示的位值的不同。随后人们观察到，“使用颜色似乎是不可取的，因为大家会更关注颜色和变换规则，而不是顺序和位置”。

我完全同意在学习位值时强调顺序和位置的重要性，而且我仍认为一件引入颜色甚至强调通过颜色代码进行交换的人工制品，可能本身更有趣，至少在教师使用过程中是这样。

---

［1］ 这一点与格雷戈尔·赖施（Gregor Reisch）的《哲学珠玑》（*Margarita philosophica*）（1503）中的一幅著名版画有异曲同工之处，表明了位值在过去和现在地位的变化（Swetz and Katz，2011）。

我想在这里再简单描述一个人工制品，它基于古氏积木，通过积木的长度和颜色来推动位值系统的发展，勒迈(1975)称它为“货运方法”。这个人工制品促使了一种机械化交换方式的产生，即在不用计算的情况下，就可以用一根特定的积木来替换一组特定的积木。

我们首先选定一根特定的积木作为数的基础——这里所说的“基础”一词是真正物理上的意思。以图 10－5 为例，我们使用粉色积木(长度为 4)作为基础，并将其水平放置。交换过程遵循以下规则：如果多个相同颜色的积木可以并排直立且可以完全覆盖它，那么这个整体可以换成高度与整体总高度相同的积木(仍然直立)。图10－5(1)显示了一些白色积木被一根红色积木替换，图 10－5(2)显示了一些红色积木被一根浅绿色的积木替换。

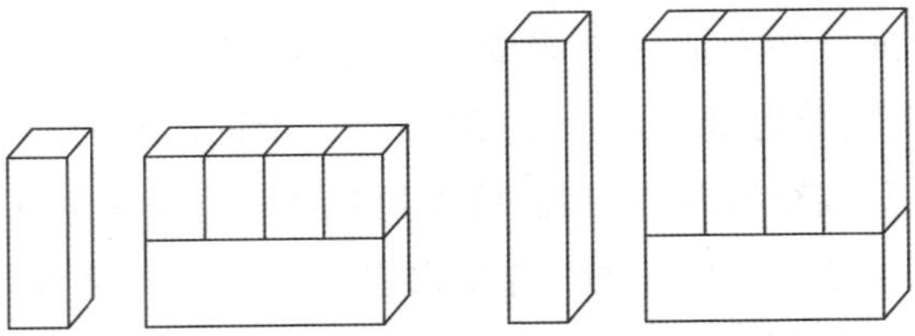

(1)　　(2)

图 10－5　勒迈的“货运方法”

这种方法显然产生了一种完全成熟的位值记数系统(在本例中是以 4 为基数)，即连续的积木的长度对应于给定数字的值。

这种人工制品与严格涉及颜色代码的人工制品有关，而古氏积木只是用颜色标记来替换。这种人工制品的替换规则要求对给定颜色的标记进行分组(例如，通过计数)，以便用一种颜色的标记来替换另一种颜色的标记。尽管听上去可能比较抽象(因为颜色本身并不能表示一个数字的位置)，但是这种系统毫无疑问是重要的。通过这个人工制品，我们可以联想到历史上两个重要的人工制品：埃及和罗马的(加法)数字系统。在罗马的(加法)数字系统中，符号 L 对应于 50，伊弗拉(Ifrah，2000，pp.187－200)明确指出，虽然罗马字符的历史非常有趣，但是这种对应并没有(直接的)物理联系。

因此，上述人工制品传达了如下理念，即某一特定元素的价值可能严格取决于人们的一种认同，而不是其物理性质。尽管位值很重要，但就这个问题而言，第纳斯木块并不能表示出数字的整体含义。非实物的(或者可以说是抽象的)交换代码也存在于具体的人工制品(和日常情况)中，比如货币系统。例如，在加拿大的货币系统中，10 ¢的硬币比 5 ¢的硬币小，但是孩子们却能够认同 10 ¢硬币的价值大于 5 ¢硬币的价值。（在加拿大以 1 ¢硬币为单位，不过最近它从加拿大的实物货币交易中消失了。而这一事实也引起了其他有趣的数字问题，例如 5 ¢硬币并不是由 5 个 1 ¢硬币堆在一起构成，而是从抽象认同中取定它的价值。）

10.4.4 记数的历史、逻辑和教学背景

霍奇森和拉乔伊（2015）考察了从石器时代早期到近几个世纪以来，使用记数进行计数的人工制品的悠久而多样的历史。他们也从伊弗拉（2000）的文章中了解到这种数字处理方法在众多文化中是如何体现的。

记数序列也可以被看作是古代的一种实用的人工制品，即使在今天，当计算量不太大时，它仍然被大量使用。记数序列经常是以“五”进行分组来实现的：

| || ||| |||| ~~||||~~   ~~||||~~| …

在现代，与逻辑相关的著作中经常出现有关自然数“一元”的概念。可能是在谈论认识论的背景时，作为“自然数的一种原始符号形式”（Steen，1972，p.4）；还可能是在通过图灵机（Kleene，1952，p.359）（Davis，1958，p.9）定义的可计算性概念中[1]。在后一种情况下，需要注意的是，为了获得 0 的简单符号，会在图灵机的“无限长的纸带”上用含 $n+1$ 个记数的记数序列表示自然数 n。斯蒂恩（Steen）强调了记数序列的生成情况，即从由单个记数组成的序列开始，将其他记数不断加入给定的序列，以此作为构造规则。〔参见洛伦岑（Lorenzen，1955，p.121ff）在“具体数学”一章中的内容[2]〕

举一个最近的教学应用的例子。洛伦岑提出的“自然数的建设性（或可操作性）基础”，特别是之前提及的“计数运算”，被维特曼（Wittmann，1975，p.60）所认可，他认为他提出的关于自然数教学的反思就基于此。

---

［1］ 图灵机指一个抽象的机器，它有一条无限长的纸带，纸带分成了一个一个的小方格，每个方格有不同的颜色。有一个机器头在纸带上移来移去。机器头有一组内部状态，还有一些固定的程序。在每个时刻，机器头都要从当前纸带上读入一个方格信息，然后结合自己的内部状态查找程序表，根据程序输出信息到纸带方格上，并转换自己的内部状态，然后进行移动。可计算性是指一个实际问题是否可以使用计算机来解决。——译者注

［2］ 值得注意的是，在逻辑上出现的另一个自然数的人工制品具有更高阶的性质，是冯·诺依曼序数（von Neumann，1923）。相当于将每个序数定义为先前的序数集合（空集合被作为起点，即序数 0）。例如，在这种情况下，$3=\{0,1,2\}$，即 3 是具有三个元素的特定集合。这样定义的优点是能轻松转移到超穷序数。但这超越了小学算数水平。

10.5 小学算术中的一些人工制品和数学任务

现在,我简要地说明我们在课程中使用的一些与小学算术有关的其他人工制品和数学任务。

10.5.1 聚焦余数的人工制品:时钟算术

今天是星期二,从今天算起的18天后是星期几? 或者:现在是15:30,从现在起1 000个小时后是什么时间? 这些问题与日常的基本算术相关,强调了如下事实:在许多与除法相关的情境中,余数可能比商更有意义。熟悉12小时制(和24小时制)计时是重要的学习基础。这可能是支持一般模算术的主要思想的起点,即使用时钟算术作为人工制品。

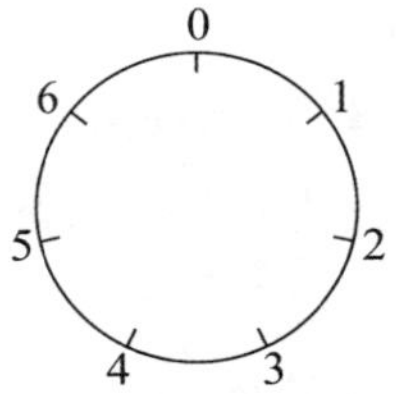

图10-6 7小时制

图10-6显示了一个稍微特殊的时钟,即“7小时”时钟(用0代替7,与标准时钟不同)。在这种环境下,可以很容易定义基本的“时钟运算”,例如,加法:$2+18=6$(可以理解为今天是星期二,18天后是星期六)。减法和乘法也很容易实现:我们在整数环($\mathbf{Z}/n\mathbf{Z}$)内展开[1]。

10.5.2 寻找质数的人工制品:六列筛

埃拉托色尼筛(The sieve of Eratosthenes)是一个著名的寻找质数的人工制品。经验表明,学生经常将自然数列为十列,以便寻找质数。然而,用六列筛作为人工制品(图10-7),只要去掉前两个质数的倍数,就可以发现一个很好的现象:除2和3外,所有质数的形式都是$6k+1$或$6k-1$。这是一个很好的直观证明的例子:人工制品本身“就是”这个结果的证明。筛的形式使得筛分过程变得相当容易。

[1] $\mathbf{Z}/n\mathbf{Z}$表示一个集合(群),它的元素也是集合,这些集合是:属于$\mathbf{Z}$且除以n余0的所有数,属于$\mathbf{Z}$且除以n余1的所有数,属于$\mathbf{Z}$且除以n余2的所有数,……属于$\mathbf{Z}$且除以n余$n-1$的所有数。——译者注

(详见 Hodgson,2004,pp.334－335)。

2	3	4	5	6	7
8	9	10	11	12	13
14	15	16	17	18	19
20	21	22	23	24	25
26	27	28	29	30	31
32	33	34	35	36	37
38	49	40	41	42	43
44	45	46	47	48	49

图 10－7　六列埃式筛(质数不超过 50)

与此相关的一个关键任务是:为什么是六列呢?尽管一些初等数论——使用 6 小时时钟算术,或者是与其两个相邻的数 $p-1$ 和 $p+1$ 一起检查质数 p——有助于揭示如下事实:除了 2 和 3 之外,"我们知道"任何质数都与 6 的倍数相邻。但是,这个人工制品本身值得在小学教育中研究。

10.5.3　寻找因数的人工制品:墙上的砖

前面已经提到(见第 10.3.3 节)古氏积木是如何呈现一个给定数的因数的。同样,可以用它寻找两个数的公因数,这样也就可以"看到"两个数的最大公因数。类似的方法也适用于寻找两个数的公倍数和最小公倍数。

10.5.4　应用于因数的人工制品:长廊酒店问题

据卡西迪和霍奇森(Cassidy and Hodgson,1982)所说,对小学教师而言,在文献中一个众所周知的问题便是"长廊酒店问题"。其中蕴含的人工制品如下:沿着一条有 n 个房间的长廊走,n 个客人依次连续地"开或关"门,其中客人 k 改变门号为 k 的倍数的门的状态(从门 k 开始)。问在这个过程结束后,哪些门是开着的,哪些门是关着的。这个问题可以归结为识别给定门号数的因数,准确来说是确定该门号数的因数个数的奇偶性:完全平方数在这里会显得格外有趣[1]。

10.5.5　应用于最大公因数和最小公倍数的人工制品:圆形酒店问题

卡西迪和霍奇森(1982)将前面的问题作了一个变式,在提出问题时使用了"如果不是这样便如何"的策略,并将其过程应用到一个环形走廊上。而"圆形酒店问题"提供了一个很好的观察时钟算术作用方式的情境。在这种情况下,只有一扇门

[1] 完全平方数的因数个数一定是奇数。——译者注

在过程结束后仍然是开着的,具体门号数取决于 n 的奇偶性。

在这种情境中,可以提出各种额外的问题,例如,求客人 k 在停下来之前(即再次碰到同一扇门之前)绕过的走廊的次数或客人 k 在此过程中碰到的门的数量。这些问题的答案与 n 和 k 的最大公因数和最小公倍数有关,并且与几十年前的一个著名的人工制品——万花尺(繁花曲线)相关。图 10-8(1)为一个万花尺产生的图像,该万花尺中,一个 30 颗齿的小轮在一个有 105 颗齿的大轮内滚动,这与圆形酒店有 30 位客人、105 间客房时的情境相对应。

作为人工制品,万花尺本身就具有特殊的意义,因为它生成的优雅而美丽的图案可以"吸引人们注意力",促使人们进行下一步研究。例如,关于星形多边形族 $\{n/d\}$ 的研究〔图 10-8(2)〕,这些(广义上的)多边形是通过在标有 n 个等距点的圆上,每相隔 d 个点用线段依次连接而得。霍奇森的研究(Hodgson, 2004, pp.324-328)讨论了这些问题。

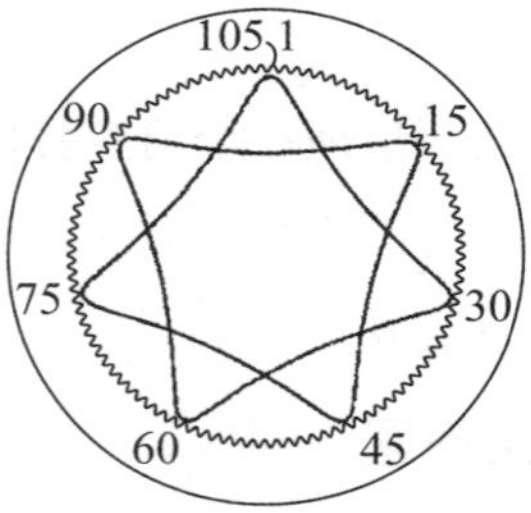

(1)

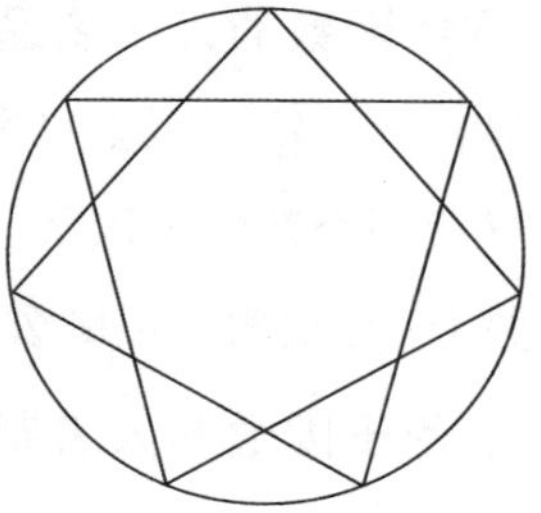

(2)

图 10-8 繁花曲线{105/30}和星形多边形{7/2}

10.5.6 用于算法的人工制品:欧几里得算法

理解和应用欧几里得算法来寻找两个数的最大公因数可以看作是一个适合未来小学教师的任务。欧几里得算法有非常积极的影响,因为这个算法对大多数师范生而言是全新的。这个算法提供了一个很好的学习机会,因为未来教师与他们未来的学生在第一次接触这一特定算法时的情况是一样的。

通过伯祖(Bézout)等式,这个算法成为解决"常见"问题的一个很好的人工制品,例如是否有可能使用容量已知的两个桶量得一定量的水。

10.5.7 直观的人工制品:无言的证明

使用图案来说明——甚至以其自身来"证明"——一个给定的算术等式已经有很长的历史了。例如,在欧几里得的《几何原本》中蕴含着大量的视觉元素(但这当然不是欧几里得方法的精髓)。一个经典的例子是关于边长为 $a+b$ 的正方形的面积〔命题Ⅱ.4,附有一个类似于图 10-3(2)的图形〕[1]。欧几里得的另一个结果(命题Ⅱ.1)涉及一个大矩形的面积,这个矩形被分割成更小的矩形〔图 10.9(1)〕[2]。用现代术语来说,这种情况可以解释为乘法对加法的分配性。

类似地,克莱因(1932, p.26)也提出了图 10.9(2)作为公式 $(a-b)(c-d)=ac-ad-bc+bd$ 的证明材料。

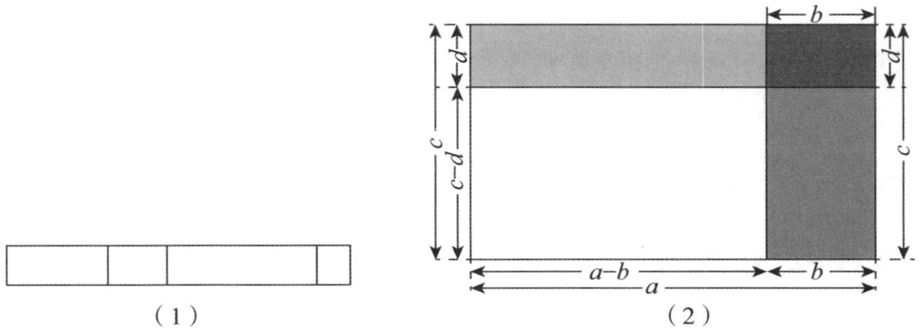

图 10-9 算术基本规则的直观证明

再补充一个例子,希望可以供读者思考。利用一个棱长分别为 a、b 和 c 的直角棱柱,证明乘法结合律:$a(bc)=(ab)c$(提示:一种方法是垂直切割,另一种方法是水平切割)。

10.5.8 支持位值的数学任务

最后,我介绍一些旨在增进对位值记数系统(特别是十进制的系统)理解的任务,以此结束对其他人工制品和数学任务的简要研究。

10.5.8.1 进制转换

当遇到基数不是 10 的数字系统时,自然而然就要考虑如何将给定的数字(基数是 10)转换到新的基数上,反之亦然。最终,这个问题可以通过使用任意基数 a 和基数 b 解决:从一个系统直接转换到另一个系统,不用经过十进制的变换。毕达哥拉斯图是非常有必要的人工制品。经验表明,师范生独自面对这项任务时,往往会经历如下三个步骤:

---

[1] 如果一条线段被截成两段,以该线段为边的正方形的面积等于分别以两条小线段为边的正方形的面积之和再加上以两条小线段为边所构成的矩形面积的两倍。——译者注

[2] 两条线段,其中一条被截成若干小线段,那么以这两条线段为边构成的矩形的面积等于分别以各小线段与未截的那条线段为边所构成的矩形面积的和。——译者注

步骤 1：将给定的数字除以目标基数(在最初的基数上计算)。

步骤 2：用目标基数对给定的数作带余除法(也在最初的基数上计算)。

步骤 3：在目标基数中计算数(在目标基数上计算)。

为便于理解，我们以十进制的“12”转变成二进制的“1100”为例来说明(译者加注图 1)：

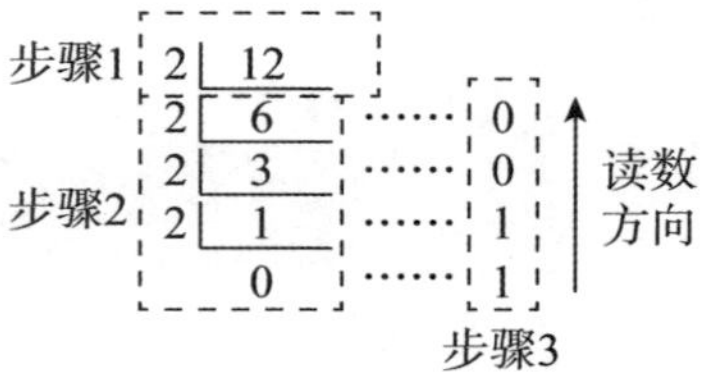

译者加注图 1　十进制的“12”转变成二进制的“1100”

理解每一步骤背后的原理有助于理解计算的重要方面。

10.5.8.2　书籍分页

以下是关于问题解决的任务，为计算提供了很好的视角：

- 给一本 789 页的书加上页码共需要用到多少个数字(即印刷字符)?
- 反过来，如果用 n 个字符给一本书加上页码，那么这本书有多少页?
- 类似地，当写下从 1 到 99 999 的所有数字时，用了多少次数字 7?

10.5.8.3　阶乘和分数

强调基数中素因数所起作用的两个问题：

- 77！末尾有多少个 0?
- 拓展到有理数，人们可能会问：分数 $\frac{a}{b}$(以最简形式)何时与十进制有限小数相对应?

10.5.8.4　舍九法

一个有着悠久历史的很好的人工制品就是“舍九法”，它可以测试某个给定计算的合理性，例如乘法的计算。在时钟算术的基础上检验这个算法的功能，为我们了解数字系统的功能提供了很大的帮助。关于这个测试可以提出一个好的问题：“假阳性”的问题[1]。那“舍三法”或“舍十一法”如何呢?

更一般地，理解可除性准则是一项促进对位值理解的任务。

[1] 即通过测试也可能是计算错了。——译者注

10.6 结论

我们向未来小学教师提出了算术课程的一个中心目标，即帮助他们发展扎实的“概念理解”，让他们知道数学不仅是一堆需要记忆的事实，而且是一个协调的思想体系。我们希望这种方式有助于培养他们自主性和批判性的分析技能。

这篇论文集中讨论了教师在数学（尤其是基础算术）方面的能力，这是他们培训中的一个重要方面（但不是全部）（参见第 9.3.4.2 节）。感兴趣的读者可以阅读霍奇森和拉乔伊（2015）的简短评论，其中描述了整数算术方法是如何作为其他数集（整数集和有理数集）的基础的，以及小学教师如何利用诸如记数序列之类的人工制品来准备教学内容。

在第 9 章多次提出了一个重要的观点：人工制品和数学任务紧密地联系在一起。虽然人工制品有利于学生在整数算术学习中建构数学概念（第 9.4 节开始），但从教育学的角度来说，它们并不独立存在，而是一定与一些数学任务有关。反之，正如本章反复指出的，给定的数学任务通常是基于确定的人工制品，无论是物理工具、算法，还是诸如记数序列的工具，都具有可具体实施的一面和作为抽象概念的一面。

尽管绪言中有一个评论，即实际教学中学生对算术的学习不是我们与师范生一起合作的直接目标，但我坚持认为，我们的算术课程以及本章讨论的许多人工制品和数学任务可以转移到学生身上，但是需要进行必要的调整，因为我们的目标对象既包括已经具有丰富（即使有时是薄弱的）数学知识的教师，又包括对这些概念不熟悉的学生。

致谢　我要感谢卡罗琳娜·拉乔伊和弗雷德里克·古尔多（Frédéric Gourdeau），他们就本章的主题进行了极富启发性的讨论。我还要感谢拉瓦尔大学的会期讲师（sessional lecturer）琳达·莱萨尔（Linda Lessard），35 多年来，我一直与她密切合作，为未来小学教师教授算术和几何。

本章也是为了纪念威廉·S.哈彻（William S. Hatcher，1935—2005）。他是我在数理逻辑领域的导师，也是我以前的同事，他在很大程度上影响了我们在小学教育课程中发展起来的关于算术的基本观。

参考文献

Ball, D. L., & Bass, H. (2003). Toward a practice-based theory of mathematical knowledge for teaching. In E. Simmt & B. Davis (Eds.), *Proceedings of the 2002 annual meeting of the Canadian Mathematics Education Study Group/Groupe canadien d'étude en didactique des mathématiques* (pp. 3 - 14). Edmonton AB: CMESG/GCEDM.

Bednarz, N. (2012). Formation mathématique des enseignants: état des lieux, questions et perspectives. In J. Proulx, C. Corriveau, & H. Squalli (Eds.), *Formation mathématique pour l'enseignement des mathématiques: pratiques, orientations et recherches* [*Mathematical preparation for the teaching of mathematics: Practices, orientations and researches*] (pp. 13 - 54). Québec: Presses de l'Université du Québec.

Buisson, F. (1911). *Nouveau dictionnaire de pédagogie et d'instruction primaire*. Entrée: Abstraction [*New dictionary of pedagogy and primary education*. Headword: Abstraction]. Paris: Hachette. Retrieved from www. inrp. fr/edition-electronique/lodel/dictionnaire-ferdinandbuisson/document.php? id=1971.

Cassidy, C., & Hodgson, B. R. (1982). Because a door has to be open or closed… *Mathematics Teacher*, 75(2), 155 - 158. (Reprinted in S.I. Brown & M.I. Walter (Eds.), *Problem posing: Reflections and applications* (pp. 222 - 228). Hillsdale: Lawrence Erlbaum, 1993.)

Courant, R., & Robbins, H. (1947). *What is mathematics? An elementary approach to ideas and methods*. New York: Oxford University Press.

Davis, M. (1958). *Computability and unsolvability*. New York: McGraw-Hill Book Company.

Euler, L. (1738). *Einleitung zur Rechen-Kunst zum Gebrauch des Gymnasii bey der Kayserlichen Academie der Wissenschafften in St. Petersburg*. [*The Art of Reckoning*.] St. Petersburg, Russia: Academischen Buchdruckerey. Reprinted in Euler's *Opera Omnia*, ser. Ⅲ. vol. 2 (pp. 1 - 303). Leipzig, Germany: B. G. Teubner, 1942. Retrieved from www.math.uni-bielefeld.de/~sieben/euler/rechenkunst.html.

Freudenthal, H. (1973). *Mathematics as an educational task*. Dordrecht: D. Reidel Publishing Company.

Grossman, P. L., Wilson, S. M., & Shulman, L. S. (1989). Teachers of substance: Subject matter knowledge for teaching. In M. C. Reynolds (Ed.), *Knowledge base for the beginning teacher* (pp. 23 - 36). Toronto: Pergamon Press.

Hodgson, B. R. (2004). The mathematical education of school teachers: A baker's dozen of fertile problems. In J. P. Wang & B. Y. Xu (Eds.), *Trends and challenges in mathematics education* (pp. 315 - 341). Shanghai: East China Normal University Press.

Ifrah, G. (2000). *The universal history of numbers: From prehistory to the invention of the computer*. New York: Wiley.

Kleene, S. C. (1952). *Introduction to metamathematics*. Amsterdam: North-Holland Publishing Co.

Klein, F. (1932). *Elementary mathematics from an advanced standpoint: Arithmetic, algebra, analysis*. New York: Macmillan. [Translation of volume 1 of the three-volume third edition of *Elementarmathematik vom höheren Standpunkte aus*. Berlin, Germany: J. Springer, 1924—1928.]

Lemay, F. (1975). L'expression numérique du plural (méthode des orbites). [The numerical expression of the plural (the method of orbits).] Laboratoire de didactique, Faculté des sciences de l'éducation (Monographie no. 8). Québec: Université Laval.

Lorenzen, P. (1955). *Einführung in die operative Logik und Mathematik*. Berlin: Springer.

Ma, L. (1999). *Knowing and teaching elementary mathematics: Teachers' understanding of fundamental mathematics in China and the United States*. Mahwah: Lawrence Erlbaum Associates.

OED (2016). *Oxford English Dictionary* (online version). Headword: Score—Ⅱ ('Notch cut for record, tally, reckoning'), 9.a.

Steen, S. W. P. (1972). *Mathematical logic with special reference to the natural numbers*. Cambridge: Cambridge University Press.

Swetz, F. J., & Katz, V. J. (2011). *Mathematical treasures*—Margarita philosophica *of Gregor Reisch*. Convergence. Retrieved from www. maa. org/press/periodicals/convergence/mathematical-treasures-margarita-philosophica-of-gregor-reisch.

UNESCO. (1973). *New trends in mathematics teaching* (Vol. Ⅲ). Paris: UNESCO.

von Neumann, J. (1923). Zur Einführung der transfiniten Zahlen. *Acta scientiarum mathematicarum*, 1, 199 - 208. English translation in J. van Heijenoort (Ed.) *From Frege to Gödel: A source book in mathematical logic*, 1879—1931 (pp. 346 - 354). Cambridge, MA: Harvard University Press.

Wittenberg, A., Soeur Sainte-Jeanne-de-France & Lemay, F. (1963). *Redécouvrir les mathématiques: exemples d'enseignement génétique*. [*Rediscovering mathematics: Examples of genetic teaching*.] Neuchâtel: Éditions Delachaux & Niestlé.

Wittmann, E. (1975). Natural numbers and groupings. *Educational Studies in Mathematics*, 6(1), 53 - 75.

Cited papers from Sun, X., Kaur, B., & Novotna, J. (Eds.). (2015). Conference proceedings of the ICMI study 23: Primary mathematics study on whole numbers. Retrieved February 10, 2016, from www.umac.mo/fed/ICMI23/doc/Proceedings_ICMI_ STUDY_23_final.pdf.

Hodgson, B. R., & Lajoie, C. (2015). The preparation of teachers in arithmetic: A mathematical and didactical approach (pp. 307 - 314).

\ 第 11 章 /

整数算术的教学和评估:国际视角

亚尔米拉·诺沃特娜,贝林德吉特·考尔
(Jarmila Novotná, Berinderjeet Kaur)
安·杰尔瓦索尼,迈克·艾斯丘,米希尔·维尔德休斯,凯瑟琳·皮尔恩和孙旭花
(Ann Gervasoni, Mike Askew, Michiel Veldhuis, Catherine Pearn, and Xuhua Sun)[1]

11.1 绪言

11.1.1 章节概述

基于在澳门举行的 ICMI Study 23 会议中的主题 4,本章着重介绍用于探寻整数学习、教学和评估之间复杂关系的各种理论和方法,其目的是将这些不同的理论和方法用于有关会议的论述中。

主题 4 是关于学生全面学习和数学理解能力的培养,其重要性是显而易见的。在会议讨论文件(本书附录 2)以及本书的其他章节中强调了该主题的重要性。国内外有许多关于整数算术教学和评估的方法,但是在一章中呈现所有的方法是不可能的。因此,我们基于澳门一所小学的 ICMI Study 23 的与会者观察的课例,来探讨关于整数算术的教学、学习和评估的问题。

本章分为 8 节(包括本节关于主题 4 的概述),每节的重点是在整数算术学习的过程中,教师如何促进学生元认知策略的发展。每节各讲述了主题 4 的一个重要方面。第 11.2 节介绍了澳门小学的课例,这为除了聚焦于教科书的第 11.7 节外(因为在该课例中没有明确地使用教科书)的后续各节提供了背景信息。我们用变易理论(第 11.4 节)和教学情境理论(第 11.5 节)阐释了这节课例。第 11.3 节讨论

[1] 电子补充材料:本章的网络版本包含了补充材料。

了教师的知识是如何与教学方法相联系的,第11.6节和第11.7节分别关注课堂评估和教科书,这些是整数算术教与学的重要范畴。

本章讨论的每个专题对教师教育都有重要影响[1],其影响将在第16章中具体讨论。此外,第四工作组在会议期间商讨了会议讨论文件(本书附录2)中提到的几个问题,并将讨论结果整合成与主题4相关的文章发表在《国际数学教育委员会第23届研究论文集》(*ICMI Study 23 Proceedings*)中。为了展示第四工作组与会者讨论的丰富性,在第11.1.2节中概述了有关专题的所有论文,对详细内容感兴趣的读者可以在《国际数学教育委员会第23届研究论文集》中找到相应的论文。

11.1.2 会议概述

主题4提出了整数算术教学和评估的一般方法和具体方法。主题组考虑了能够呈现整数学习、教学和评估之间复杂关系的理论和方法。主题4的所有文章的研究问题与本章的研究问题相同:在整数算术学习的过程中,教师如何促进学生元认知策略的发展。

基于来自13个国家和地区的作者写的关于主题4的14篇论文,第四工作组从不同角度讨论了整数算术的教学和评估。这些来自不同国家和地区与会者的论文为整数算术教学和评估的不同方法的比较,提供了一个难得的机会。

为了便于介绍和讨论,我们根据论文主旨,将主题4所涉及的论文分为五组。接下来的概述就按照上述分组来展开。同样,我们意识到当关注论文主旨时,将这些论文分成没有交集的小组是不可能的。注意:组别之间没有等级之分。

11.1.2.1 教学方法

艾斯丘(Askew,2015)研究了南非二年级教师对位值的教学。他认为,在班级授课中,让学生不仅仅是再现教师的演示(算法)来学习数学,仍是有可能的。

曹一鸣等人(Cao et al., 2015)特别强调了乘法表的教学,从内容、组织、教学安排、呈现方式和认知需求水平等方面展示了中国传统教学方法的特点。

11.1.2.2 教师知识

埃克达尔和鲁内松(Ekdahl and Runesson,2015)调查了三名南非三年级教师在教授加法缺项填空问题[2]的部分与整体关系时,对学生错误答案的反应的变化,并对调查结果展开了讨论。

---

[1] 教师教育是指对教师教学进行培训指导。——译者注
[2] 加法缺项填空问题是指如5+?=8等的计算问题。——译者注

林碧珍(Lin,2015)关注了多位数乘法标准运算的教学结构,认为猜想是教授多位数乘法的一个有效教学方法。

巴里等人(Barry et al., 2015)探讨了决定加法问题难度的变量,他们发现决定难度的变量因教师而异。他们认为这些差异源于教师教学观念的不同。

11.1.2.3 **课程**

这一组的论文并不完全相同,其中包括关注不同国家整数算术课程的论文、关注应用课程的结果的论文以及关注使用不同类型教科书的影响的论文。

考尔(Kaur,2015)介绍了新加坡的小学数学课程,并重点介绍了模型方法(一种表征和关系可视化的工具)。在新加坡,这是一种学生用来解决整数算术问题的主要探索工具。

翁等人(Wong et al., 2015)报告了 1999 年后的 15 年里中国澳门的小学数学教育经验。他们认为,没有一个教育体系能够为中国澳门提供现成的课程模式。

申塞文等人(Sensevy et al., 2015)分析了设置法国一年级整数算术课程的原则和基本原理。

布隆巴赫尔(Brombacher, 2015)在约旦开展了一项(旨在提高小学数学成绩的全国性研究)活动。他认为,每天有意识、有结构地关注基础整数(运算)技能可以帮助儿童发展数学理解能力。

11.1.2.4 **教科书**

阿拉法勒克等人(Alafaleq et al., 2015)考察了中国、印度尼西亚和沙特阿拉伯的小学数学教科书是如何引入整数的相等和不等关系的[1]。

张侨平等人(Zhang et al., 2015)对中国香港使用的四套小学数学教科书中的内容进行了分析。

11.1.2.5 **对整数算术的评估和评价**

赵晓燕等人(Zhao et al., 2015)讨论了中国小学教师在应用课堂评估技术时所面临的挑战。

杰尔瓦索尼和帕里什(Gervasoni and Parish,2015)展示了对 2 000 名澳大利亚小学生进行一对一评估的结果。他们强调(教学中)满足每个学生的学习需求是一种挑战,并说明了课堂教学的复杂性。

皮尔(Pearn,2015)对比了一所学校(课程相同)的四年级教师对他们的学生在

---

[1] 通过判断两个集合的物体个数是否一一对应来说明是等式还是不等式。——译者注

整数算术测试中结果的反应。

11.1.3 工作组的讨论

工作组组织了八场以小组讨论和集体讨论两种形式召开的会议，每场会议时长1小时。前五场会议专门讨论了接收的与会者的论文，根据论文所涉及的主旨将其进行分组（分为教学方法、教师知识、课程、教科书、对整数算术的评估和评价）。后三场会议讨论的专题是：教师对学生的理解能力、学习行为和性格特征的了解，有助于教师制定有效的教学策略；方法和整数算术教学的多元文化传统；教科书和教具在整数算术教学中的作用；为整数算术教学专门设计课程对提高学生整数算术学习的能力的作用。这项工作中的部分工作是由小组讨论和集体讨论共同完成的。

哥斯达黎加的玛利亚娜拉·孙巴多·卡斯特罗（Marianela Zumbado Castro）的文章（CANP）丰富了 ICMI Study 23 会议中主题 4 的讨论。她的报告包括哥斯达黎加数学课程中数字意义的重要发展。她强调了精确计算和估算的方法以及使用多重表征的方法解决问题。这些内容从实际应用的视角强调了学生行为。她强调数字在一年级到六年级的数学中占据了很重要的位置，为了促进学生数学学习和积极态度的培养，要关注到数字与生活以及其他学科有着密切的联系。

很明显，第四工作组研究的主题与其他工作组包括研究教师教育的工作组的研究主题是有关联的。每个工作组从不同的角度讨论了共同的主题，它们是互补的。

11.2 澳门小学的一节两位数加法运算的数学课

11.2.1 绪言

中国澳门小学教师与世界各地的小学教师一样，在努力改变他们自己的数学教学方法。他们非常重视学生在学习数学时对概念的深刻理解和创造性思维的发展。在本章中，我们将 2015 年 6 月在澳门濠江中学附属小学观察到的一节数学课作为课例来探讨整数算术教学中的问题。我们所观察的一年级学生都很活跃，并且全神贯注于整个课堂中的活动和学习。我们了解到，这所学校的教学宗旨是培养学生养成良好习惯、享受生活、发展创造性思维。校长认为由 14 名教师组成的数学团队是具有进取心和创新精神的。他们每周至少进行一次不同级别的研讨，研讨的主要内容是他们的教学目标和教学活动。除此之外，他们还参与以学校为单位，旨在促进教师教学和学生学习积极变化的教研活动。每位教师在一学年里都必须上一节示范课，并且听 20 节课，这样数学教师之间可以相互学习。学校还为从幼儿园到九年级的参加数学竞赛的学生所组成的队伍提供培训，该培训旨在提高学生的逻辑思维能力和基于项目的实践能力。

11.2.2 课例

我们观察的一年级学生每周有五节数学课和一节数学阅读课(数学阅读课包括带有故事情境的问题解决、数学游戏、项目活动和实践活动)。课例的教学从学生进行 3 分钟心算练习开始，然后学生探索了一系列两位数加法运算的情境和策略。在整个课堂中，教师巡视观察，与学生讨论，并挑选个别学生向全班学生描述和解释他们的运算策略。在课堂的某一环节中，四人小组使用模型来表示运算过程和答案，并且调查、解决和讨论了各种生活实际运算和纯数学运算问题[1]。我们观察的一年级学生都非常活跃，并且全神贯注于整个课堂中的活动和学习(电子补充材料：Sun，2017b)。

课例的设置和活动顺序见表 11－1。

表 11－1 课例的设置和活动顺序

课前座位安排	
一年级 22 名(6 岁)学生成对坐在课桌前。(图 11－1)	图 11－1 座位安排
介绍和欢迎	
这节课以教师热情的问候和学生恭敬的鞠躬开始。(图 11－2)	图 11－2 介绍和欢迎

[1] 纯数学运算就是如 2＋3 等的运算，生活实际运算是指带有生活情境的运算。——译者注

（续表）

第一阶段（引入）：熟练掌握数字事实

这节课的第一项活动注重于让学生练习数字事实问题（和为10的数字组合）。教师给学生展示了一组要解决的数字事实问题（图11－3），并记录他们的答案和完成时间。在此过程中教师四处巡视，观察学生的作答情况。

将（学生）答错的（题）归为一组，（再次让他们进行练习），目的是让学生缩短作答时间并且提高正确率。教师鼓励学生自我评估，是否已经缩短了作答时间并且提高了正确率。

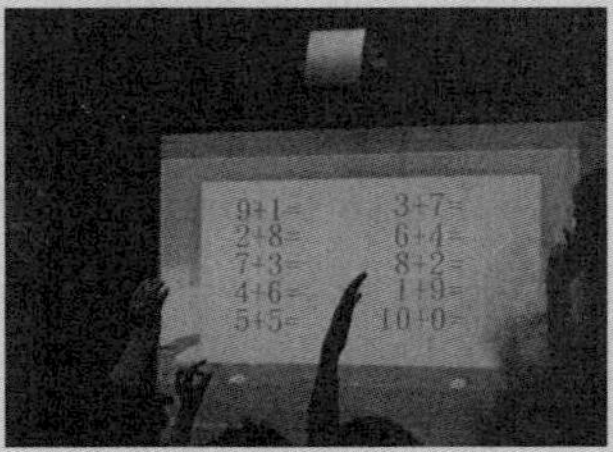

图11－3　引入：快速准确计算数字事实

第二阶段（创设情境）：利用真实情境的图示计算两位数和一位数的非进位加法

在本节课的这一环节，教师呈现了一个可供学生探索的真实情境。第一个问题是根据呈现的放糖果的图示：4包糖果（每包10颗）和3颗糖果（图11－4），学生需要计算出糖果总数，即40＋3＝43。

图11－4　创设的第一个情境

接下来呈现的是另一种放糖果的图示：每个托盘上有10颗糖果，托盘旁还有一些零散的糖果，计算结果是25＋2＝27。教师在学生得到结果后引导学生讨论在运算过程中所使用的策略。图11－5显示了把25颗糖果分成10颗一组和一颗一颗零散的。

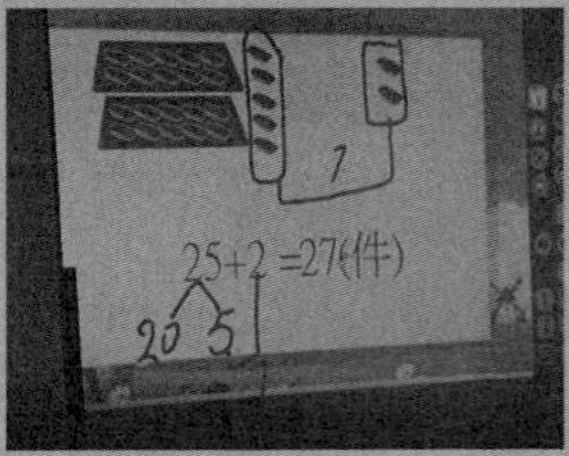

图11－5　创设的第二个情境

最后，学生考虑了一种情境：每个盒子中有10支铅笔，还有一些零散的铅笔（图11－6）。25＋20的计算涉及两位数加法运算。教师和学生讨论的解决方案是将有10支铅笔的盒子组合在一起，再加上零散铅笔的数量。

25＋20＝45

20＋20＋5＝45

图11－6　创设的第三个情境

（续表）

第三阶段（小组合作计数和展示）：两位数和一位数的进位加法	
在这一阶段，教师希望学生进行讨论、概念化和探究。 接下来是“讨论时间”：用糖果表示 24＋9＝33 的情境和运算策略。四人一组讨论计算的可能策略。在这一过程中，教师负责观察、倾听和与学生讨论，并挑选学生到教室的前面用投影仪和交互式白板解释他们的运算策略。教师和全班学生一起探讨了三种不同的策略，她在上课前预设了这些策略，并准备了展示这些策略的材料。（图 11－7）	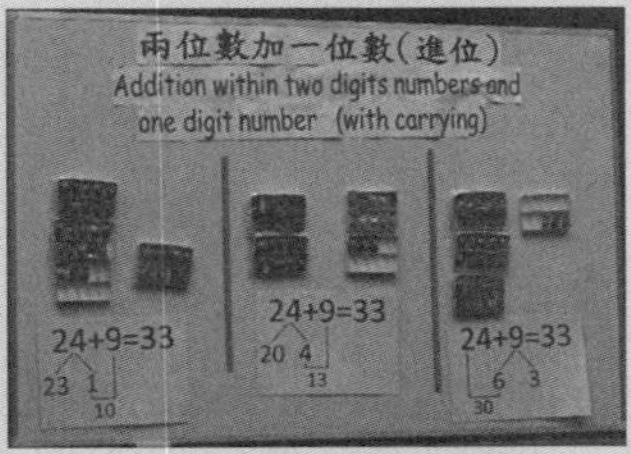 图 11－7　小组合作计数和展示
23＋(1＋9)＝33	
20＋(4＋9)＝33	
(24＋6)＋3＝30＋3	
第四阶段（练习阶段）：速算比赛	
这一阶段由三部分组成。 练习阶段 1：当教师四处巡视并与学生讨论策略时，学生找到了不同的解决问题的方案。教师又挑选了几个学生到前面来解释他们的计算策略，并仔细强调了不同策略的使用情境（图 11－8）。然而，在学生仅仅完成了黑板上四个计算题中的一个后，就进入了第二阶段。 练习阶段 2：两人一组，每人从信封中选择他们最喜欢的数字，组成一个新的两位数。之后，教师给了他们另一张卡片，上面有加法符号（＋）和一个数字（9 或者 7），要求学生将一位数和两位数相加。全班学生展示了几个不同的运算策略。	 图 11－8　练习阶段 1
一个学生解释了一个和超过 100 的运算：95＋9＝104。她向全班展示运算策略时遇到了困难，教师帮助了她。（图 11－9）	 图 11－9　练习阶段 2

（续表）

练习阶段3：学生继续（练习阶段1）速算比赛，教师鼓励学生展示他们的答案和运算策略。（图11-10）	 图11-10 练习阶段3
课堂小结	
这一阶段是教师对学生在课上所展示的运算策略和学习内容的总结。教师强调学生可以使用“凑10”法来计算一位数和两位数的加法。	

11.3 教师的教育学、学习策略、关于数学和学生（认知、社会、情感、语境等）的知识对学生学习整数算术的影响

11.3.1 绪言

许多日常计算涉及一位数和两位数的加法运算。无论是在购物、剪裁、建筑工程中，还是在分析雨量图中的数据时，都是如此。这也部分说明了为什么一位数和两位数的加法运算是小学数学教学的重点。然而，这类运算的教学方法在一个国家内部和不同国家之间各不相同。现在，许多国家的教学方法强调学习各种运算策略，这样学生就可以成功且有效地进行心算。其中一些方法倾向于借鉴教科书中的方法，即让学生学习运算的标准笔算方法。教师必须理解各种教学方法对学生学习整数算术的作用和局限。

11.3.2 对学生已有整数算术知识的处理

上一节介绍的澳门课例的插图给出了一个计算一位数加两位数计算方法的例子。这种方法在许多国家（如新加坡、德国、澳大利亚、加拿大、泰国）都得到了认可。教师利用她现有的教育学知识和对学生现有的数学知识的评估，选择了具有（适当）挑战水平并符合课堂期望的任务。

她鼓励学生积极参与课堂活动、努力提高知识水平、努力学习。教师给学生提

供了自主学习和小组讨论(想法与解决方案)的时间,并预留了观察和聆听学生提出的策略的时间。这表明她在设计课堂时可能受到了社会文化视角的影响(e.g. Vygotsky, 1980)。当然,这也可能是她所任职的学校的教学模式。关于任务,教师在纯数字的计算任务和与生活情境相关的计算任务之间找到了平衡。在课堂中,让学生有机会使用材料和图片来模拟他们的解决方案,以支持他们的数学推理。让学生理解他们正在使用或聆听的策略是重中之重。然而,这与考尔(2015)和布鲁纳(Bruner,1960)所倡导的方法相反,他们很少使用材料来帮助学生从基于具体表征的运算推理发展到基于图形和抽象表征的运算推理。相比之下,中国澳门数学课例中的方法是要求全班学生在课堂的特定时刻接触具体表征、图形表征和抽象表征。教师没有利用形成性评估为个别学生基于他们的现有知识选择具体、图形或抽象表征方式,或者鼓励学生自己选择不同的表征方式。

这节课的一组任务是让学生进行如 25+9 这样的计算。用一盒零食(十个装)的图片和散装零食的图片来表示数量,并利用图片模拟教师预设的各种解决策略。这些解决策略是基于学生本身引出的,以小组讨论的形式促进学生的理解,并且为学生提供了他们可能没有自发考虑到的策略。这使得在课堂中学生能够讨论所涉及的与数字相关的各种策略的优点。这种邀请学生展示和讨论各种解决策略的教学方法在日本(Murata and Fuson, 2006)、荷兰(RME; van den Heuvel-Panhuizen and Drijvers, 2014)、德国(Selter, 1998)和澳大利亚(Clarke et al., 2002)等国家广泛流传。

全班学生计算相同题目的一个优点是他们都可以参与关于所使用的各种运算策略的讨论。然而,像 25+9 这样的任务对培养学生的创造、挑战或坚持能力没有什么帮助。另一种方法是使用开放式任务,让学生能够创造和讨论一系列解决策略。例如,“如果两个数字相加的和大于 32,那么这两个数字是什么?”这种开放式任务鼓励学生提出一系列具有创造性且复杂的解决方案,从而促使他们深入思考。然后,可以把解决方案和运算策略作为一个类别来讨论,从而扩展学生对所有问题的理解。苏利万等人(Sullivan et al., 2015)更提倡这种方法。

在前面所描述的课堂中,教师所面临的挑战是设计分层的学习内容以及如何培养学生创造性的数学思维,这是澳门濠江中学附属小学规定的目标,也是许多国际环境中数学教育的重要目标。在观察的课堂中,似乎所有学生都能够成功完成计算。但是,显然有些学生更有信心,如果有机会,这些学生也许能够解决更复杂的问题。虽然教师在观察或与学生讨论的过程中收集了一些形成性评估数据,但是教学任务和教学行为并未有所调整。在考虑高效的整数算术教学时,分配任务和培养学生的创造性思维是重要的影响因素。此外,在一些国家和地区,当班级规模很大时,学生知识的差异可能会给教师带来挑战。因此,在学生学习整数算术时,教师的重要任务是任务分层和个别指导。

11.3.3 基于学生现有知识的差异化教学

关于学生的加法和减法运算探索性策略发展,已经有了很好的描述(e.g. Steffe et al., 1988; Murata and Fuson, 1997)。这类研究为描述六个加减策略增长点奠定了的基础,六个增长点建立在描述学生在算术领域学习行为的"早期算术研究项目"中(Clarke et al., 2002)。在教师使用详细的访谈文件对学生进行一对一访谈评估后,最终确立学生在该领域学习策略的增长点(Clarke et al., 2002),这是在澳大利亚和新西兰常用的评估方法(Bobis et al., 2005)。访谈评估的一个特点是教师能够直接观察学生解决问题的情况,以确定学生使用的策略或错误的理解(Gervasoni and Sullivan, 2007),教师也能够通过思考性提问(Wright et al., 2000)和观察倾听(Mitchell and Horne, 2011)的方式,探究学生的数学理解能力。

在"缩小计算能力差异项目"(Bridging the Numeracy Gap Project)期间,(Gervasoni et al., 2011),研究者收集了近2 000名一至四年级学生的增长点(图11-11),结果表明每个年级学生的加减策略增长点分布广泛。这些数据表明,在澳大利亚,96%的一年级学生、75%的二年级学生、46%的三年级学生和30%的四年级学生在计算(例如,4+4,10-3)时使用基于计数的策略。事实上,仍然有很多四年级学生依赖于计数和具体的计算模型,几乎没有四年级学生可以通过心算解决两位数和三位数的运算(增长点6),这与四年级教科书中的更大数字计算的要求不匹配。这些数据表明教师需要通过观察学生的计算策略来了解他们的现有知识,了解该领域典型的发展途径,了解针对学生个人需求的教学策略,以便能够合理分配任务。教师不可能只使用书面测试题或一本教科书来进行无差异教学(Clements and Ellerton, 1995)和扩展学生理解。相反,如果教师观察到学生使用了全部计数策略(增长点1)并将其应用到学习框架中,那么教师就会意识到学生转向了使用向后计数策略(增长点2)或基础策略(增长点4),这时教师需要隐藏一些具体模型,以促使学生在脑海中产生一个形象,从而能够进行抽象计算或推理。

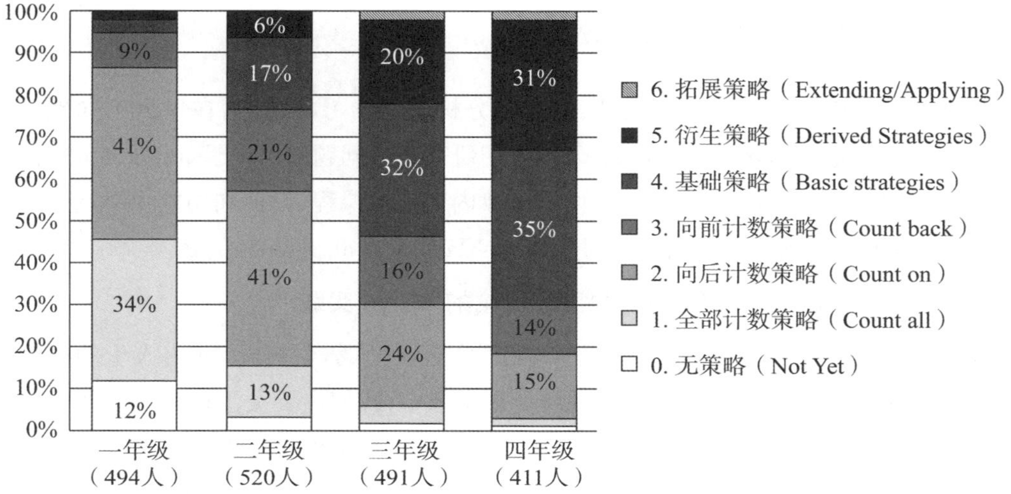

图 11－11　一～四年级学生的加减策略增长点分布

译者对图 11－11 的说明：

0. 无策略（Not Yet）；

1. 全部计数策略（Count all）；

2. 向后计数策略（Count on）：指在加法运算中，7＋2 是在 7 的基础上往后数 2 个；

3. 向前计数策略（Count back）：指在减法运算中的一种策略；

4. 基础策略（Basic strategy）：指选择“凑十”等已知的事实做运算；

5. 衍生策略（Derived strategy）：指选择学过的方法做加减法；

6. 拓展策略（Extending/Applying）：指运用所学的知识拓展到两位数的加法。

总之，没有单一的“公式”可以用来描述学生现有的整数算术知识或特定年级学生的学习需求。为满足学生多样化的学习需求，教师需要了解每个学生现有的数学知识，从而进行针对性教学。这需要丰富的初始评估工具和形成性评估工具。要利用各类工具来揭示学生的整数算术知识和运算策略所处的水平，发现能够指导教师课程和教学决策的相关增长点框架。协助学生学习数学的过程是复杂的，如果教师具备必须的教学知识和执行力，就可以满足学生多样化的学习需求，并能向学生传授经验、为学生提供机会，使他们能够学好数学。

11.4 从变易理论的视角看课例[1]

近十年来,变易理论作为设计、描述和分析课堂学习的视角,在世界不同地区逐渐受到重视 (Huang et al., 2006)。我们研究变式问题的“本土”(indigenous)方法(Sun, 2011a, 2011b, 2016),以便给出业内人士对课程(设计和功能)的看法,并用所观察的澳门的课例作为国际讨论(e.g. Marton et al., 2004)的案例。

11.4.1 业内人士的视角:“变式”理论的“本土”实践

在本节中,我们用“变式”理论的“本土”实践(变式教学)作为业内人士的视角来审视课例,以增强对课例的全面理解。在本节中,我们主要关注糖果盒问题。为了理解课堂过程,首先需要描述学生过去的经历(按照中国教科书中描述的中国课程);其次我们必须强调教科书在中国课堂中的重要性,因为在课堂教学过程中,中国教师非常严谨地遵循(根据课标编写的)教科书的指示。课例内容的上课时间接近学年末,因此学生已经对这节课之前的内容非常熟悉。

11.4.1.1 *学生现有知识*

学生现有的关于不同加减法运算的知识已经得到了发展:按照中国传统教学中的分组、重组和解组[2]。图 11－12 是从一年级教科书的前面的章节中选取的活动的例子。

图 11－12 中国教科书中 “分解 10”的例子(人教版《数学》一年级上册,2005)

图 11－12 的左图描述的明确的变式是一个很好的例子。在第一行中,有“分

[1] 本章及以后的课例专指第 11.2 节中所观察的澳门数学课堂。——译者注

[2] 可以将进位加法概括为 $a+b=(a_1+a_2)+b=a_1+(a_2+b)=$结果。——译者注

解 10”的不同方式。在下面每一行中，运用上述一种分解（问题情境，以图标形式给出）。根据变式教学（OPMC，即一题多变，Sun，2011b），每个问题都可以用不同的方式（加法或减法）来解释。对于同样的问题，可以同时关注不同的解释方式，从而在加减法之间建立非常严格的联系，并且侧重于代数思维（理解数字之间的关系）。

在图 11－12 的左图中，另一个明显的变式表示的是：增加了缺失项并改变它们在数学表达式中的位置。这两种变式教学预期在一节课中完成，这种教学安排与一些西方国家的安排非常不同，在那些国家，加法和减法是分开教授的（Sun et al.，2013；Bartolini Bussi et al.，2013）。

图 11－12 的右图为利用 10 进行分解来解决问题，从而可以用不同的方式解决 9＋5 的重组计算（OPMS，即一题多解，Sun，2011b）。

除此之外，课例中，学生已经知道整十的运算和不进位的两位数加法的运算策略。因此，学生知道这节课的重点是利用糖果盒解决如 24＋9 的进位加法运算。

11.4.1.2　*关于整数进位加法的教学设计*

根据中国公开课的设计（第 16 章），（教师）会提前几天给国际观察员提供教学设计。教学设计包含课堂相关的详细信息：教学主题（两位数和一位数的进位加法）、学习目标和学生现有知识等（Bartolini Bussi and Sun，2015）。

这节课的教学情境是糖果盒问题：在教学设计（摘录）中，详细描述了这一情境（表 11－2）。

表 11－2　教学设计（摘录）

创设情境	（1）教师为全班学生创设情境：今天我们学校来了很多客人，阿曼达小姐为他们准备了一些食物。同学们能快速地帮她计算食物的数量吗？	15 分钟
问题解决	（1）学生分小组讨论。	
	（2）给每个小组提供一些糖果，让他们计算糖果总数。	
小组讨论并分享（交流、概念化、探究）	（1）请一些小组报告他们如何计算糖果总数。	
	（2）让小组发表意见，并使用多媒体展示三种不同的计算糖果总数的方法。现在左边有 24 颗糖果，右边有 9 颗糖果。 第一种放糖果的方法： 学生移动左边的 4 颗糖果和右边的 6 颗糖果来“凑 10”。最后，30 颗糖果加 3 颗糖果总共等于 33 颗糖果。	

（续表）

	第二种放糖果的方法： 学生移动左边的 1 颗糖果和右边的 9 颗糖果来“凑 10”。最后，23 颗糖果加上 10 颗糖果总共等于 33 颗糖果。 第三种放糖果的方法： 学生移动左边的 4 颗糖果与右边的 9 颗糖果加起来等于 13 颗糖果。然后，13 中有一个“10”。最后，20 颗糖果加上 13 颗糖果总共等于 33 颗糖果。	

表 11－2 中的三种放糖果的方法隐含了不同的“凑 10”的方法：

——24 增加到 30（三个十）；

——9 增加到 10（一个十）；

——24 减少到 20（两个十）。

教师预计到一部分学生在操作过程中可能会遇到困难，因此她准备引导学生使用“凑 10”的方法，并要求学生利用分解—合成策略进行计算。

11.4.1.3　**课堂实录**

虽然预设的解决问题的时间非常短（15 分钟），但是学生成功地解决了问题，并在较短的时间内找到了教师期望学生发现的三种解决方案。这个过程可以在课堂实录中观察到。课堂第三阶段的图中（图 11－7）显示了各组最终发现的解决方案。

00：00　现在有一些糖果，我们要算出总共有多少颗糖果（每组都有放在桌子上的糖果盒供计算使用）。想一想如何利用糖果算出结果。你们可以将糖果分开，并在左右两边的糖果盒之间移动。

……

学生进行小组学习。

02：14　你完成了？很好！你呢？你完成了吗？你呢？很棒！

02：32　非常快！非常好！

02：39　让我们一起看白板。

……

第一种方法：24＋9＝23＋(1＋9)＝33

03:07　让我们看看她是怎么做的(把小组解答投放在白板上)。告诉他们你是怎么做的,为什么这么做。拿走1个并放在另一个盒里,为什么这么做?我明白了,这样你右边的总和是10,一共是三组10,共30,对吗?那么总共是33。

04:00　还有不同方法吗?还能继续思考其他方法吗?举手回答。你们还有其他方法吗?来,带着你的盒子上来。

……

第二种方法:24+9=20+(4+9)=33

06:05　做得很好!还有其他方法吗?还有其他不同的思考吗?

……

第三种方法:24+9=(24+6)+3=33

08:03　现在我们已经有许多不同的方法了,还有不同的方法吗?你是怎么移动糖果的?和第一种方法一样。其他方法呢?你是怎么做的?都一样的,你也是。还有其他方法吗?告诉我。

09:00　数学中只有一个解决方案吗?

(大家回答:不是)

我们可能有许多不同的解决方案。你们已经对这个问题提出了不同的解决方案。为了将两位数和一位数相加,我们可以使用不同的方法进行分组和移动,得到正确的结果。

……

31:43　数学中只有一种解决方案吗?不是。我们可以使用任何方法,只要得到正确的结果,而且我们可以找到最快的方法。

(电子补充材料:Sun, 2017a,2017b)

除了分解—合成策略之外,值得关注的是教师对变式的强调,这似乎是这节课的主线。在最后总结用口算或笔算解决问题(31:43)时,教师强调了在这节课的其他环节中使用的不同的"凑10"的解决方案。这节课的教学设计与实际实施的教学过程之间的一致性非常高。根据一些学者的观点(Wang et al., 2015),"近年来数学教育国际研究发现,教学的高度一致性是中国教学的显著特征。"(p.112)在整个课堂中,教师的话语表现出高度的一致性,显然,学生也对正在学习的内容产生了一种感觉并且能对某些问题给出统一答案。

11.4.1.4 简短总结

本节中,我们试图从专业角度介绍"本土"实践。这种实践,即问题变式,在中国数学课程中被广泛称为"一题多解"(多种解答)、"一题多变"(改变条件和结论)和"多题一解"(改变表现形式)。我们给出了前两种类型的例子,关于这类变式问题的更全面的总结见第3章,对马顿(Marton)的变易理论的完整的讨论和比较参见孙旭花(Sun,2011b)的相关研究。变式教学旨在发展学生的抽象能力和概括能力,侧重于让学生发现数字之间的关系而不是练习运算,这与发展代数思维的目标是一致的(Cai, 2004; Sun, 2016)。这种"本土"实践具有明确的界限,能够使人们明白在中国课堂中如何使用问题变式,以及将其转移到其他背景下使用的真实效果可能如何(Bartolini Bussi et al.,2013)。本书第3章讨论了将中国的变易理论用于意大利课堂的例子。

11.4.2 西方人的视角:马顿的变易理论

必须强调,下面是对这节课例的一种特殊的"解读",尤其是对给学生思考的例子的选择及其背后意图的解读。这种事后对选择意图的解读并不意味着"解读教师的心思"——很可能选择背后的实际理由与这里提出的解读并没有相关之处。事实上,解读的目的并不是明确地说明教学设计中所蕴含的教学意图,而是将课堂作为思考变易理论(由马顿提出)的起点,说明变易理论在教学设计中可能是有用的,能够给学生提供学习整数算术的良好机会并使教师明白在教学设计中需要考虑哪些数学知识的教学。

最初的观点源于沃森和梅森(Watson and Mason,2006a)提出的"练习"的定义,即"练习"是"程序性问题或任务的集合"。与其分别审视学生在课堂上做的每道题目,不如把它们看成是一个大致具备数学及教学结构的集合,一个"练习"。因此,课堂观察的重点在于练习,其中包括一些非连续的问题,这些问题都是基于一个一位数和一个两位数的加法,并且这个"练习"的选择、排序和解题方法确保了课堂的连贯性,使教学效果更优于由单个问题合起来的总和。

为了对此进行研究,我们将详细介绍这节课中的两个特定例子:24颗糖果加9颗糖果的问题和学生自己选择两位数进行计算的问题。研究核心是探讨教师如何使用高度相关的示例序列(Watson and Mason, 2006a)以及如何同时处理示例中的水平变式和示例中的垂直变式[1](Watson and Mason, 2006b)。

11.4.2.1 **变易理论**

由马顿及其同事(Marton et al.,2004)提出的变易理论是一种学习理论,而不是一种包罗万象的教育学理论。例如,虽然研究变易理论的学者认为学习环境的特征很重要,但是变易理论不能说明集体学习是否优于个人学习,或者实体材料是否比图片或图像更有用。由马顿及其同事提出的变易理论的总体目标是关注学生学习的各个方面,侧重于特定的数学内容。变易理论与其他学习理论有所不同,其他学习理论是独立于学习的实际内容去说明学习是如何发生的。一群在中国香港从事"学习研究"的教师和研究人员利用变易理论来研究在多元化的课堂中学生是如何学习特定内容的:

> 我们认为一个人不能脱离思想的对象而独立地发展思想,这与一些教育理论家的观点有所不同。学习是指对某些东西的学习,我们不能只谈论学习而不关注正在学习的对象。(Lo et al., 2005, p. 14)

本章的中心论点是对研究对象建构的学习、辨别和变化,并不涉及变易理论的所有细节。

变易理论承认教学的指向性:教学总是指向特定的学习目的。或者用变易理论的用语来说,指向特定的对象。教学目标从来都不是单一的:任何教学活动总是不可避免地指向至少两个学习目标。学习者通常最关注学习的直接目标——在这节课中就是两个数的加法。正如别人问"你今天学到了什么",回答"如何做加法"所揭示的那样。除此之外,每一个教学活动包含一个或多个比直接目标更广泛的一般能力目标,如解释能力或概括能力,这些能力就是间接学习目标(Marton et al., 2004)。

鲍登和马顿(Bowden and Marton,1998)认为,我们学到的是我们所能够辨别和区分的结果。但是,只有当经历发生变化时,我们才能区分事物:

> 当某个现象或某个事物的一方面发生变化,而其他方面保持不变时,

[1] 水平变式是学生能区分问题表面形式特征变化背后的结构特征变化,不增加认知负荷;垂直变式是问题表面变化部分,可按问题结构的变化分成不同层级,增加了认知负荷。——译者注

变化的方面需要被识别出来。因此,变化以识别为前提。(Bowden and Marton, 1998,p.35)。

变化是能够辨别的关键。正如沃森和梅森(Watson and Mason,2006a)所认为的,如果希冀学习者能区别任务或情境的某个方面(学习的对象),那么"相对于其他不变的特征,强调这个方面的变化,它更有可能被识别出来"(p.98)。换句话说,没有变化的方面和有变化的方面一样重要。因此,教师可以通过构建"范式"(Watson and Mason, 2005),即发挥特定功能的例子(Zazkis and Leikin, 2007),来控制"实施的学习内容"。同样,如果变化太多,那么可能什么也看不到或者注意到不适当或不相关的特征。正如鲁内松(2005,p. 72)所注:"研究表明,接触变化对学习的可能性至关重要,所学内容反映了学习情境中存在的变化模式"。

11.4.2.2 **课例中的变易**

第一个例子是在课堂教学的主要环节中开展的一位数和两位数的加法运算。这个例子是围绕着教师创设的情境中的"24 颗糖果上加 9 颗糖果的问题"展开的。每组学生都分到四盒糖果,其中两盒,每盒中有 10 颗;另外两盒,一盒中有 4 颗,一盒中有 9 颗。当小组成员努力解决问题时,教师四处巡视,关注学生采用的不同方法,并邀请某些小组与全班分享他们的方法。正如报告中所指出的,教师已经为展示三种策略准备了材料,并且在寻找策略与她预期相符的小组。

教师要求每个小组展示他们的解决方案。首先在白板上呈现两个糖果盒(一个糖果盒里有 10 颗糖果,另一个有 4 颗糖果),然后让学生利用糖果模拟他们的解决方案。通过这种方式,引出了三种对其中一个数字进行分解的策略。其中一种是将 24 分解为 23+1,并进行有效运算 24+9=(23+1)+9=23+(1+9)=23+10。类似地,有 24+9=(20+4)+9=20+(4+9)=20+13 和 24+9=24+(6+3)= (24+6)+3=30+3(虽然方法不同,但是三种解决方案均涉及分解策略)。

在第一个例子中,我们看到有微小变化的方面和没有变化的方面。没有变化的方面是指定数字的计算和分解策略,其策略是"凑"整十来加另一个数字。因此,虽然学习的直接目标是计算总和,但间接目标包括加法、结合律以及通过"凑"整十来简化计算。我们建议对一个例子进行水平变式,并且通过仔细确定该变式中的变化来确定计算策略。因此,从变易理论的角度来看,教师的引导对于学生发现解决方案是至关重要的,虽然可能有人认为,教师预先确定她所寻求的解决方案限制了其他方面发展(如学生的创造力)的机会。

第二个例子是让学生使用两张数字卡片构成自己的两位数(个位和十位的数字可以调换),教师假装随机选择一个数字,学生将这个数与自己的两位数相加。但是从教师的动作来看,她选择 9 并不是完全随机的。同样,当学生在计算时,教师四处巡视,并选择了三个学生展示他们的计算过程(学生通过投影仪展示他们的计算过程,而不仅是计算结果)。第三个学生展示的 95+9 的计算让全班学生都很兴奋。这一情况再次表明,教师经过仔细思考,选择了展示计算过程的三个学生并确定了展示顺序。从变易理论的角度来看,有变化的是两位数的选择,但加 9(或加 7)保持不变。另外,选择 9,不仅是因为它接近 10(可能会鼓励学生关注凑 10 的倍数),也是根据三种仍然显示在白板上的 24+9 的计算方法做了一个小的垂直变式。因此,这是鼓励学生在刚刚完成的练习的基础上再接再厉,而不是立刻将两个数字都进行变化。

虽然在这节课中,教师占据主导地位,但是这种教师主导的实质是在一个精心建构的例子中,通过一个精心设计的练习,帮助学生掌握有效的计算方法。

11.4.3 理论比较

对第 11.4.1 节和第 11.4.2 节中的两种变易理论的方法进行比较,会发现它们有许多相似之处,但也有一些实质性的差异。产生差异的根本原因可以简单概括为:马顿的理论是一种学习理论(Kullberg, 2010),而“本土”实践(变式教学)是一种教学任务设计方法。关于变易理论的更多信息可以参见第 3 章。黄和李(Huang and Li,2017)出版了一本关于变式教学的综合性书籍。

11.5 从教学情境理论的视角看课例

布鲁索(Brousseau,1997)的教学情境理论是分析教学片段的一个有效工具。在教学情境理论中,有两种类型的知识:认知知识(connaissance)和学科知识(savoir)。在这一节中,我们将布鲁索(1997,p.72,编者注)介绍的法语术语解释翻译成:“前者指的是个体的智力认知结构,通常是无意识的;后者指的是社会共享和公认的认知结构,必须明确表达出来。”

11.5.1 教学情境

我们总结了在教学设计中创设的教学情境的主要特征(Brousseau, 1997; Brousseau and Sarrazy, 2002)。在教学情境中,教师设计并实施行动计划,例如,明确表明她将为学生修正或创造一些知识,并将通过活动表达自己。有一些教学情境，即所谓的非教学情境（a-didactical situations），（有意地）被部分从教师的直接干预中解放出来。非教学情境是学生个人或集体活动的自主部分；学生对这种情况的适应表明了他的认知（knowing）。

该理论根据情境的结构（活动的、表述的、验证的等）对情境进行了分类，这种分类决定了知识的类型（隐含模型、语言、定理等）。图11－13显示了教学情境的结构。

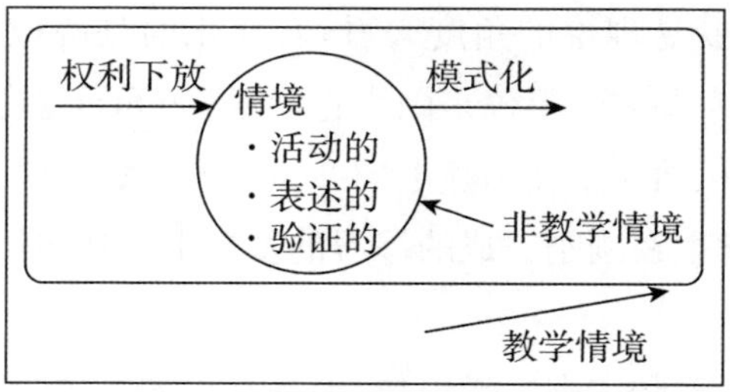

图11－13　教学情境的结构

在活动的非教学情境中，认知是通过对环境（milieu）[1]的决策和正规且有效的活动表现出来的，学生是否能识别、明确或解释必须的知识与环境的相互作用不重要。

表述的非教学情境需要至少两个参与活动的学生与环境建立联系。他们的共同成功需要其中一方为另一方表述有关知识，以便将其转化为关于环境的有效决策。

在验证的非教学情境中，解决方案要求学生共同确定这种情境的特征知识的正确性。

知识的模式化通过将某种知识从解决活动的、表述的或验证的情境的角色转变为一种新的角色（即作为未来个人或集体使用的参考角色），并成为一种知识而得以展现。

权力下放是指教师在非教学情境中让学生自己处于非教学情境中且成为一个简单活动者的过程[2]。

11.5.2　课例中教学情境要素

为了描述课例中教学情境理论的特征，我们对课例的第三阶段（小组合作计数

[1] “环境”（milieu）一词指的是作用于学生的一切活动和（或）学生所从事的一切活动。
[2] 权力下放即学生在创设的教学情境中自主发现的过程。——译者注

与展示：两位数和一位数的进位加法）进行分析，该阶段是在学生已经熟练掌握两位数和一位数的非进位加法运算后进行的（图 11－14）。

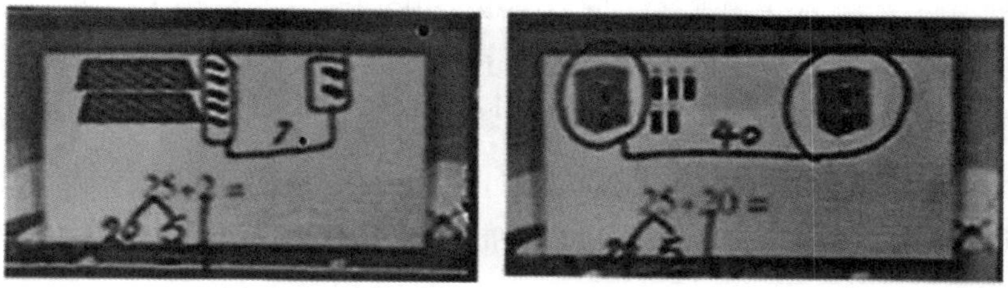

图 11－14　电子白板上的图示

第三阶段的教学目标是通过计算 24＋9 来实现的。教师在教室前面的电子白板上对预设的活动进行了解释。“十”用一个装有 10 颗糖果的糖果盒来表示，并按图 11－15 上的方案表示 24＋9（重组或转移）。

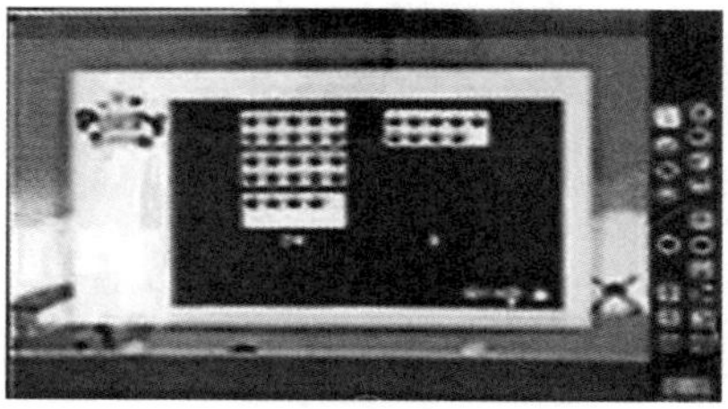

图 11－15　计算 24＋9

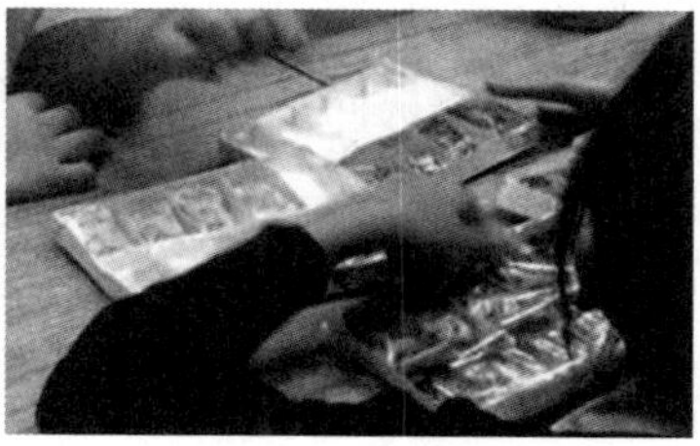

图 11－16　糖果盒

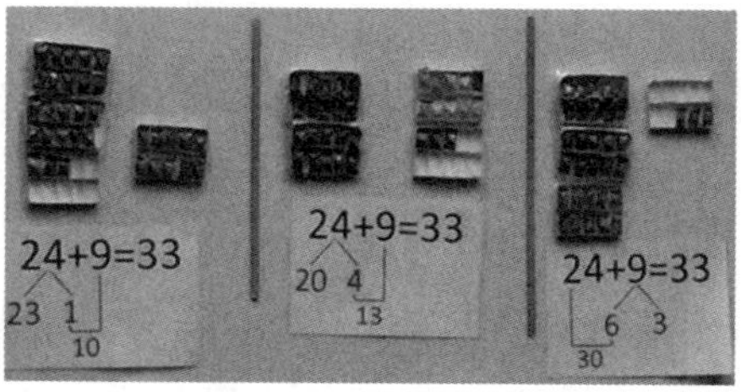

图 11－17　24＋9 的不同表示

全班小组学习：每组学生都分到了可以装 10 颗糖果的糖果盒。24 颗紫色糖果装满两个盒子后，在第三个盒子中放 4 颗紫色糖果，还有 6 个空格（图 11－16）。在另一个盒子里，放了 9 颗黄色糖果。在计算糖果总量时，学生试图在一个没有装满的糖果盒中放更多的糖果装满它（可以是两种颜色的糖果）。因此，有三种装满糖果盒的方法（图 11－7）。教师在教室里四处巡视，并记录各个小组采用的方法，有时会参与一个小组的讨论。通过三种方法的展示,学生获得了重组 24+9 并计算其和的知识。这种非教学情境部分的教学相当有限,不能给学生提供太多的自由来与环境打交道(甚至填充盒子的方案也是预先设定的,给小组提供给定数量的盒子,并以某种确定的方式将糖果放入盒子中)。

在教师主导的课堂活动中,对现有知识的表述和验证是一起的。教师要求小组代表到教室前面操作糖果盒来展示他们的解决方案。与此同时,教师投影了一个展示过程的示意图,并在固定在白板上的盒子下方添加了解决方案的符号记录(图 11 - 17)。

知识的模式化是通过解决类似问题实现的。课例中,学生在练习册上练习,随后个别学生展示了他们的计算结果(投影学生练习册,并且学生解释了结果)。教师没有结束一个环节的演示,而是引出了其他环节。她敦促学生尽快完成计算(解题速度似乎是中国课堂上的一个重要因素)。教师坚持让学生独立描述和解释他们解决问题的每个步骤。

从使用模型解决问题到使用数学"抽象"符号解决问题的过程,对学生而言是顺畅的并且是可理解的。

11.6 整数算术课堂评估

数学教师需要评估学生在整数算术方面的学习进展,以便在学习过程中提供恰当的指导。教师需要了解学生已有知识,这是必要的,否则教学甚至无法进行。因为教师的教学应该建立在学生已有知识的基础上,并与学生已有知识相联系。换句话说,教师需要洞察体现学生数学思维的方法(Gearhart and Saxe, 2005)。数学教师在课堂上提供的指导对于帮助学生理解是有效的,有效性多少取决于他们在教学中是否理解学生的需要和进一步发展的可能性(Butterworth, 2015, p.28:进行正确的评估是适当干预措施的基础)。在不断努力向学生提供尽可能好的解释的过程中,几乎每个时刻,教师都需要了解班里每个学生在课堂上的理解情况。这与舍内费尔德(Schoenfeld,2014)的说法相似,即教师要在学生需要的时候提供"有效的指导",使他们有进步的机会(p.407)。教师可以通过定性评估和整体评估了解学生的整数算术能力,如在课堂上观察学生的学习情况并给他们安排开放式任务,为了解学生发展提供机会 (Black, 2014)。这种形成性评估为教师提供了充分评估学生理解能力的可能,从而直接影响他们的整数算术教学。教师可以利用课堂形成性评估的结果作教学决策,例如,决定是否调整教学以适应学生当前的数学理解水平，是否重复进行特定的练习或解释。如果学生已经具备令人满意的数学理解能力，那么继续原教学计划。课堂形成性评估完全掌握在“教师的手中”(van den Heuvel-Panhuizen and Becker，2003，p. 683)。

11.6.1 对澳门课例中适于评估的片段的思考

在澳门课例中，有些情况下教师似乎是在评估学生的技能，然而她似乎没有充分利用从学生的回答中收集的信息。这节课的引入阶段可以看作是一个使用形成性评估的过程，通过学生对和为10的数字组合的回答，教师可以发现学生是否记住了这些数字事实。她可以基于这些信息来决定如何继续下一步的教学。正如她在这节课中所做的那样，检验学生对10的数字组合的了解是一个非常有见地的起点，因为这种了解是这节课后期进行更复杂计算的先决条件，即通过重新组合(10)做100以内的加法。然而作为形成性评估的片段，它只能提供有限的有用信息，因为只能收集确证的信息：给出所有不同的组合，从9＋1，8＋2……到2＋8，1＋9和10＋0，学生必须尽可能快地在组合列表的每一项旁边写出每个“计算”的结果，即10。显然，可以通过几种方法完成这些问题，但这些方法中真正涉及的只有先前所记忆的数字事实。其他方法对于一年级学生来说相当容易，例如，不计算只识别问题中的微小变化，从而得出所有答案必须是10，或逐个快速计算所有组合。速算比赛是一个有趣的练习，学生可以自己记录计算花费的时间，可以发现加法和减法之间建立了非常严格的联系并且着重关注代数思维(数字之间的关系)。这一活动有其优点，但如果教师考虑形成性评估的目的，就可能提供更多的信息。因此为了进一步给予指导，教师不能忽视速算比赛的记忆和速度目标，但也有必要从只关注正确率转变为评估学生。对学生进行评估的目的是更好地利用学生的技能、理解水平和数字事实知识来调整教学。

11.6.2 使用课堂评估代替课堂引入

在相同背景下，可以将以下活动作为课堂评估的任务：为了确定学生是否真正掌握了10的数字组合并把它们作为数字事实进行记忆，可以采用一种信息丰富的互动技术作为课堂活动。所有的学生都有一张红色和一张绿色的卡片，他们可以用卡片来表示对一系列陈述的判断。陈述可以是“这些数字加起来是否超过10，是(绿色)或不是(红色)，如2和7，5和4……”等。所有的学生都能立即作出判断，并出示一张红色或绿色的卡片(参见荷兰三年级教师使用这种评估技术的经验，Veldhuis and van den Heuvel-Panhuizen，2014；Veldhuis and van den Heuvel-

Panhuizen, 2015)。这种课堂评估技术为教师提供了学生理解的基本情况，不仅是他们回答的正确性或速度，还包括他们是否能够毫不犹豫地展示答案，或者他们在看同学展示的卡片时是否改变选择（同伴反馈）。此外，这一活动的互动性质为学生创造了课堂讨论的空间，学生可以讨论判断陈述是否正确时所采用的策略，从而使教师能够向学生提供关于这些策略的反馈。这种评估技术提供了另一种可能性，即可以用同样的方式评估学生关于100甚至1 000的组合的理解或知识。通过这种方式，教师会更具有评估意识，这意味着教师可以区分让学生练习和对学生评估。课例中，教师只要略调整引入活动，并使用形成性评估，就可以更好地根据学生的需求调整教学。当然，在不改变课堂引入的情况下，采取不同的方法，更多地关注个别学生也是可行的。澳大利亚采用的方法是(Gervasoni and Parish,2015)：教师进行客观的个人评估访谈，这些访谈可以提供学生整数算术学习需求的有价值的额外信息。类似地，数字日志（Sensevy et al., 2015)要求个别学生定期写下他们在以前的课堂中所学到的数学知识，这可以帮助教师进一步加深对学生理解水平的了解。

11.6.3 课堂评估和教学设计

为了有效地使用收集的评估信息，教师需要灵活地使用教学设计。当将教师预先制定的教学设计与我们观察到的课堂进行比较时，发现她设计的活动内容、顺序和类型与实际课堂所采用的似乎是一一对应的，从具体的实物材料、白板上的展示材料到幻灯片投影上不同问题的隐藏答案，一切都准备得很好。教师提出的问题似乎主要集中于引导学生回答出教师事先准备好的答案。学生要解决的所有问题都有且只有一个正确的答案，证据就是教师揭示问题答案的方式，即正确的答案隐藏在演示的幻灯片中，显然她预先确定了一个答案。因此，教学和学习是专注于获得唯一正确的答案，而不是关注对问题的不同解释和问题的不同解决方案。

在南非也观察到教师在整数算术教学中的类似行为，如基本忽略学生的错误答案，很少将正确和错误的答案看得一样重要（Ekdahl and Runesson, 2015)。对于照本宣科的示范课而言，这种方法相当合理，但与形成性评估的思想相悖。在形成性评估中，教学设计必须具备适应性，因为教师收集的关于学生理解的信息是用来对学生评估后调整实际教学的。这次观察的中国澳门课例所使用的教学设计映照了中国南京(关于除数教学)的一项发现（Zhao et al., 2015)：中国数学教师的除法教学设计占主导地位，不会随着教学中学生的反馈而改变。中国教师确实使用了(形成性)课堂评估技术，但他们似乎无法灵活地改变教学设计，因此没有使用形成性评估的信息。

11.7 教科书在整数算术教学中的作用

研究者普遍认为教科书在教学中起着主导和直接的作用。罗比塔耶和特拉弗斯(Robitaille and Travers,1992)指出,对教科书的依赖"可能是数学学科相较于其他学科的一个特点"(p.706),这是由于数学课程的权威性所决定的。教师对教学内容和教学策略的选择通常直接由他们所使用的教科书决定(Freeman and Porter, 1989; Reys et al., 2004),因此教科书在很大程度上决定了学生的学习机会(Schmidt et al., 1997; Tornroos, 2005)。这意味着如果在特定课程中使用的教科书不同,学生将得到不同的学习机会(Haggarty and Pepin, 2002)。一些研究还证实了所使用的教科书与学生的数学成绩之间有密切关系(e.g. Tornroos, 2005; Xin, 2007)。

毫无疑问,教科书对教师教授整数算术是有影响的。不同教育体系下的教科书中关于整数算术的知识可以为教师如何教授整数算术提供深刻的参考。整数算术的课程因教育体系而异,教科书中的课程与官方文件中规定的课程相融合的程度也因各地的教育体系而异。例如,在中国(Ni, 2015)和新加坡(Kaur,2015),教科书和相应的教学材料是用于实施全国性课程的最重要工具。教科书的编写和出版受到政府部门的密切监督,只有少数官方指定的出版商可以编写教科书和教学手册。然而,荷兰(van Zanten and van den Heuvel-Panhuizen, 2014)和法国(Chambris,2015)等一些国家的情况并非如此,这些国家的政府只规定要教授的内容,出版商可以不受任何限制编写教科书。同样,在澳大利亚和德国,课程由各州遵循商定的框架自行制定,教科书由出版商自行编写,没有任何规定课程设置的教育当局参与(Peter-Koop et al., 2015)。有时,当出版商在没有指导的情况下编写书籍时,可能会出现不匹配的情况,正如杨(Yang,2015)发现的那样,尽管中国台湾的课程强调数感,但在其小学教科书中很少发现与数感相关的活动。

此外,在一些教育体系中,教师确实比其他人更经常使用教科书。在教育当局参与教科书编写的大多数地方,例如,新加坡(Kaur, 2015)、中国香港(Zhang et al., 2015)和中国内地(Cao et al., 2015),在小学阶段教师使用教科书教授整数算术课程。在其他教育体系中,例如澳大利亚,学校里可能使用各种各样的教科书,但教师通常不用教科书教学,而是自己设计任务或利用各种资源(资源可能包括教科书)。在德国,绝大多数教师使用小学可选用的主要教科书中的一种来教整数算术（Peter-Koop et al.，2015）。泰国也是如此（Inprasitha，2015）：昌斯里（Changsri，2015）和因普拉西塔（Inprasitha，2015）指出，泰国教师使用只注重常规练习的教科书，这可能是导致泰国学生数学成绩差的原因。

教授整数算术所使用的教科书中不可避免地存在一些传统文化和观点。在中国，《同文算指》〔一部由中国学者李之藻和意大利人利玛窦（Matteo Ricci）翻译的关于笔算的书〕对运算教学和教科书的设计产生了重大影响（Siu，2015）。同样地，教科书中出现的数线似乎是西方教授整数算术的辅助手段，并且在大多数西方国家的早期教学实践中可以找到使用数线的痕迹（Bartolini Bussi，2015）。

从教科书中可以明显看出整数算术的教学随着时间的推移而不断发展。20世纪80年代，在法国，经过严密改编后，教科书和用于教师教育的书籍中经典自然数理论消失了（Chambris，2015）。自20世纪80年代以来，新加坡教科书采用了具体—图像—抽象的路径来教授整数算术。此外，模型方法——一种表征和关系可视化的工具，一直是被学生用来解决整数算术文字型应用题的主要探索方法（Kaur，2015）。

国家内部和国际之间的教科书比较研究也揭示了整数算术课程在世界各地的深度和广度。张侨平等人（2015）发现，他们研究的四套中国香港教科书在教学单元的设计上都遵循相同的课程标准，因此教科书中两位数减法的内容结构和顺序只有细微的差异。然而，万赞托和范登赫费尔-潘休曾（van Zanten and van den Heuvel-Panhuizen，2014）在对荷兰的两版教科书的研究中发现，教科书的不同编排反映了对100以内减法的不同观点，即是否做基于十的退位减法。因普拉西塔（2015）和昌斯里（2015）对泰国学校中的整数算术教学进行了研究，这些教学使用了日本数学教科书中的课程学习和开放式方法，展示了日本教科书是如何对泰国课堂中整数算术教学采用的课程材料和教学方法产生影响的。阿拉法勒克等人（2015）发现，中国、印度尼西亚和沙特阿拉伯的教科书中的引入整数比较的方式高度统一。

最后一点，教科书也有缺陷，有时书中使用的符号会产生错误的结论。例如，库珀（Cooper，2015）指出，在以色列小学数学教科书中，当25除以3时，结果是商为8余数为1，写作8(1)，即25∶3＝8(1)；类似地，当41除以5时，结果写作41∶5＝8(1)。这导致了25∶3＝41∶5的荒谬推论产生。库珀建议，若符号修改为25∶3＝8(1∶3)，将避免任何关于等价关系的错误结论。教科书也倾向于将专题视为孤立的单元，与其他单元几乎没有联系（Sowder et al.，1998）。例如，希尔德和多尔

(Shield and Dole,2013)发现教科书在解决比例推理问题的算法时,与小数、比率、比例和百分比等相关专题几乎没有或根本没有联系。

对教科书中数学内部和外部之间联系的关注以及对教科书中算法、封闭答题形式和简单关联的研究是许多文献讨论的热点。例如,2014 年国际数学教科书研究与发展会议(ICMT-2014 年)的几篇论文强调了这一问题:韦朗德(Veilande,2014)在对拉脱维亚五年级数学教科书中的整数算术问题和数学奥林匹克中的问题进行比较研究时,发现教科书中的问题通常侧重于数学运算和数学理解,而奥林匹克中的问题则侧重于数学性质和数学思维。教科书中的问题呈现和解决也是北欧数学教科书研究网络(the Nordic Network of Research on Mathematics Textbooks)开展的主要主题(Grevholm,2011)。

11.8 结束语

整数算术的教学和评估是一个相对较大的领域,不可能在一章中涵盖所有方面。因此,有必要选择一些可以解决的方面,正如我们在本章中所做的那样。

本章视角的选择受几个方面的影响。第一,在会议讨论文件(本书附录 2)中规定了核心主题,这代表了 IPC 所有成员的一致意见;第二,ICMI Study 23 关于主题 4 的讨论进展很大,在本章的开头已经展示了讨论的丰富性;第三,作者团队决定以他们在澳门所观察的课例作为会议讨论的一部分,进而对其提出建议。使用该课例将本章中关于整数算术教学和评估方面的讨论联系起来,其目的不是批评任何特定的方法或课程资源的使用,而是展示如何使用各种理论和方法来解释该课例。

参考文献

Bartolini Bussi, M. G., & Sun, X. (2015). Learning from the world: The teaching and learning of whole numbers arithmetic in the ICMI study 23. In Copirelem (Ed.), *Actes du 42e Colloque International des formateurs de mathématiques chargés de la formation des maîtres* (pp. 39 – 51). Besancon: ARPEME.

Bartolini Bussi, M. G., Sun, X., & Ramploud, A. (2013). A dialogue between cultures about task design for primary school. In C. Margolinas (Ed.), *Task design in mathematics education. Proceedings of ICMI study* 22 (pp. 549 - 558). UK: Oxford. Retrieved February 10, from https:// hal.archives-ouvertes.fr/hal-00834054v3.

Black, P. (2014). Assessment and the aims of the curriculum: An explorer's journey. *Prospects*, 44(4), 487 - 501.

Bobis, J., Clarke, B., Clarke, D., Thomas, G., Wright, R., Young-Loveridge, J., & Gould, P. (2005). Supporting teachers in the development of young Children's mathematical thinking: Three large scale cases. *Mathematics Education Research Journal.*, 16(3), 27 - 57.

Bowden, J., & Marton, F. (1998). *The university of learning*. London: Kogan Page.

Brousseau, G. (1997). *Theory of didactical situations in mathematics* 1970—1990 (F. M. Cooper, N. Balacheff, R. Sutherland & V. Warfield, Trans.). Dordrecht: Kluwer Academic Publishers.

Brousseau, G., & Sarrazy, B. (2002). *Glossaire de quelques concepts de la théorie des situations didactiques en mathématiques* (V. Warfield, Trans.). Bordeaux: DAEST, Université Bordeaux 2.

Bruner, J. S. (1960). *The process of education*. Cambridge, MA: Harvard University Press.

Cai, J. (2004). Developing algebraic thinking in the earlier grades: A case study of the Chinese elementary school curriculum. *The Mathematics Educator*, 8(1), 107 - 130.

Clarke, D., Cheeseman, J., Gervasoni, A., Gronn, D., Horne, M., McDonough, A., Montgomery, P., Roche, A., Sullivan, P., Clarke, B., & Rowley, G. (2002). *Early numeracy research project final report*. Melbourne: Australian Catholic University.

Clements, M. A., & Ellerton, N. (1995). Assessing the effectiveness of pencil-and-paper tests for school mathematics. In B. Atweh & S. Flavel (Eds.), *Galtha: Proceedings of the 18th annual conference of the Mathematics Education Research Group of Australasia* (pp. 184 - 188). Darwin: Northern Territory University.

Freeman, D., & Porter, A. (1989). Do textbooks dictate the content of mathematics instruction in elementary schools? *American Educational Research Journal*, 26(3), 403 - 421.

Gearhart, M., & Saxe, G. B. (2005). When teachers know what students know. *Theory Into Practice*, 43(4), 304 - 313.

Gervasoni, A., Parish, L., Hadden, T., Turkenburg, K., Bevan, K., Livesey, C., & Croswell, M. (2011). Insights about children's understanding of 2-digit and 3-digit numbers. In J. Clark, B. Kissane, J. Mousley, T. Spencer, & S. Thornton (Eds.), *Mathematics: Traditions and [new] practices. Proceedings of the 23rd biennial conference of the Australian Association of Mathematics Teachers and the 34th annual conference of the Mathematics Education Research Group of Australasia* (Vol. 1, pp. 315 - 323). Alice Springs: MERGA/

AAMT.

Gervasoni, A., & Sullivan, P. (2007). Assessing and teaching children who have difficulty learning arithmetic. *Educational & Child Psychology*, 24(2), 40 - 53.

Grevholm, B. (2011). Network for research on mathematics textbooks in the Nordic countries. *Nordic Studies in Mathematics Education*, 16(4), 91 - 102.

Haggarty, L., & Pepin, B. (2002). An investigation of mathematics textbooks in England, France and Germany: Some challenges for England. *Research in Mathematics Education*, 4(1), 127 - 144.

Huang, R., & Li, Y. (2017). *Teaching and learning mathematics through variation. Confucian heritage meets Western theories*. Rotterdam: Sense Publishers.

Kullberg, A. (2010). *What is taught and what is learned. Professional insights gained and shared by teachers of mathematics*. Göteborg studies in Educational sciences no 293. PhD thesis, Acta Universitatis Gothoburgensis, Göteborg.

Lo, M. L., Pong, W. Y., & Chik, P. P. M. (Eds.). (2005). *For each and everyone: Catering for individual differences through learning studies*. Hong Kong: Hong Kong University Press.

Marton, F., Tsui, A. B. M., Cjik, P. P. N., Ko, P. Y., & Lo, M. L. (2004). *Classroom discourse and the space of learning*. Mahwah: Lawrence Erlbaum Associates.

Mitchell, A., & Horne, M. (2011). Listening to children's explanations of fraction pair tasks: When more than an answer and an initial explanation are needed. In J. Clark, B. Kissane, J. Mousley, T. Spencer, & S. Thornton (Eds.), *Mathematics: Traditions and [new] practices. Proceedings of the 23rd biennial conference of the Australian Association of Mathematics Teachers and the 34th annual conference of the Mathematics Education Research Group of Australasia* (Vol. 1, pp. 515 - 522). Alice Springs: MERGA/AAMT.

Murata, A., & Fuson, K. (2006). Teaching as assisting individual constructive paths within an interdependent class learning zone: Japanese first graders learning to add using 10. *Journal for Research in Mathematics Education*, 37(5), 421 - 456.

Reys, B. J., Reys, R. E., & Chávez, O. (2004). Why mathematics textbooks matter. *Educational Leadership*, 61(5), 61 - 66.

Robitaille, D. F., & Travers, K. J. (1992). International studies of achievement in mathematics. In D. A. Grouws (Ed.), *Handbook of research on mathematics teaching and learning* (pp. 687 - 709). New York/Reston: Macmillan/National Council of Teachers of Mathematics.

Runesson, U. (2005). Beyond discourse and interaction. Variation: A critical aspect for teaching and learning mathematics. *Cambridge Journal of Education*, 35(1), 69 – 87.

Schmidt, W., McKnight, C., & Raizen, S. (1997). *A splintered vision: An investigation of U.S. science and mathematics education*. Boston: Kluwer Academic Publishers.

Schoenfeld, A. H. (2014). What makes for powerful classrooms, and how can we support teachers in creating them? A story of research and practice, productively intertwined. *Educational Researcher*, 43(8), 404 – 412.

Selter, C. (1998). Building on children's mathematics: A teaching experiment in grade three. *Educational Studies in Mathematics*, 36(1), 1 – 27.

Shield, M., & Dole, S. (2013). Assessing the potential of mathematics textbooks to promote deep learning. *Educational Studies in Mathematics*, 82(2), 183 – 199.

Sowder, J., Armstrong, B., Lamon, S., Simon, M., Sowder, L., & Thompson, A. (1998). Educating teachers to teach multiplicative structures in the middle grades. *Journal of Mathematics Teacher Education*, 1(2), 127 – 155.

Steffe, L., Cobb, P., & von Glasersfeld, E. (1988). *Construction of arithmetical meanings and strategies*. New York: Springer-Verlag.

Sullivan, P., Askew, M., Cheeseman, J., Clarke, D., Mornane, A., Roche, A., & Walker, N. (2015). Supporting teachers in structuring mathematics lessons involving challenging tasks. *Journal of Mathematics Teacher Education*, 18(2), 123 – 140.

Sun, X. (2011a). An insider's perspective: 'variation problems' and their cultural grounds in Chinese curriculum practice. *Journal of Mathematical Education*, 4(1), 101 – 114.

Sun, X. (2011b). 'Variation problems' and their roles in the topic of fraction division in Chinese mathematics textbook examples. *Educational Studies in Mathematics*, 76(1), 65 – 85.

Sun, X. (2016). *Spiral variation: A hidden theory to interpret the logic to design mathematics curriculum and instruction in Mainland China* (*in Chinese*). Singapore: World Scientific Publishing Company.

Sun, X., Neto, T. B., & Ordóñez, L. E. (2013). Different features of task design associated with goals and pedagogies in Chinese and Portuguese textbooks: The case of addition and subtraction. In C. Margolinas (Ed.), *Task design in mathematics education. Proceedings of ICMI study* 22 (pp. 409 – 418). Oxford. Retrieved February 10, from https://hal.archives-ouvertes.fr/ hal-00834054v3.

Tornroos, J. (2005). Mathematics textbooks, opportunity to learn and student achievement. *Studies in Educational Evaluation*, 31(4), 315 – 327.

van den Heuvel-Panhuizen, M., & Becker, J. (2003). Towards a didactical model for assessment design in mathematics education. In A. J. Bishop, M. A. Clements, C. Keitel, J. Kilpatrick, &

F. K. S. Leung (Eds.), *Second international handbook of mathematics education* (pp. 689 - 716). Dordrecht: Kluwer Academic Publishers.

van den Heuvel-Panhuizen, M., & Drijvers, P. (2014). Realistic mathematics education. In S. Lerman (Ed.), *Encyclopedia of mathematics education* (pp. 521 - 525). Dordrecht/ Heidelberg/ New York/London: Springer.

van Zanten, M., & van den Heuvel-Panhuizen, M. (2014). Freedom of design: The multiple faces of subtraction in Dutch primary school textbooks. In Y. Li & G. Lappan (Eds.), *Mathematics curriculum in school education, advances in mathematics education* (pp. 231 - 259). Dordrecht/ Heidelberg/New York/London: Springer.

Veilande, I. (2014). Contemporary study of 5th grade textbooks: Tasks on whole numbers and their compliance with mathematics Olympiad content. In K. Jones, C. Bokhove, G. Howson, & L. Fan (Eds.), *Proceedings of the International Conference on Mathematics Textbook Research and Development* 2014 *ICMT*-2014 (pp. 477 - 482). Southampton: Southampton Education School, University of Southampton.

Veldhuis, M., & van den Heuvel-Panhuizen, M. (2014). Exploring the feasibility and effectiveness of assessment techniques to improve student learning in primary mathematics education. In C. Nicol, S. Oesterle, P. Liljedahl, & D. Allan (Eds.), *Proceedings of the joint meeting of PME* 38 *and PME-NA* 36 (Vol. 5, pp. 329 - 336). Vancouver: PME.

Veldhuis, M., & van den Heuvel-Panhuizen, M. (2015). *Supporting primary school teachers' assessment practice in mathematics: Effects on students' learning*. https://www.ris.uu.nl/ws/ files/11827943/Veldhuis.pdf. Manuscript submitted for publication.

Vygotsky, L. S. (1980). *Mind in society*. Cambridge, MA: MIT Press.

Wang, T., Cai, J., & Hwang, S. (2015). Achieving coherence in the mathematics classroom: Toward a framework for examining instructional coherence. In L. Fang, N. Y. Wong, J. Cai, & S. Li (Eds.), *How Chinese teach mathematics. Perspectives from insiders* (pp. 111 - 148). Singapore: World Scientific.

Watson, A., & Mason, J. (2005). *Mathematics as a constructive activity: Learners generating examples*. Mahwah: Lawrence Erlbaum Associates.

Watson, A., & Mason, J. (2006a). Seeing an exercise as a single mathematical object: Using variation to structure sense-making. *Mathematical Thinking and Learning*, 8(2), 91 - 111.

Watson, A., & Mason, J. (2006b). Variation and mathematical structure. *Mathematics Teaching*, 194, 3 - 5.

Wright, R., Martland, J., & Stafford, A. (2000). *Early numeracy: Assessment for teaching and intervention*. London: Paul Chapman Publishing.

Xin, Y. P. (2007). Word problem solving tasks in textbooks and their relation to student performance. *Journal of Educational Research*, 100(6), 347 - 359.

Zazkis, R., & Leikin, R. (2007). Generating examples: From pedagogical tool to a research tool. *For the Learning of Mathematics*, 27(2), 15 - 21.

Cited papers from Sun, X., Kaur, B., & Novotna, J. (Eds.). (2015). Conference proceedings of the ICMI study 23: Primary mathematics study on whole numbers. Retrieved February 10, 2016, from www.umac.mo/fed/ICMI23/doc/Proceedings_ICMI_ STUDY_23_final.pdf.

Alafaleq, M., Mailizar, L., Wang, Y., & Fan, L. (2015). How equality and inequality of whole numbers are introduced in China, Indonesia and Saudi Arabia primary mathematics textbooks (pp. 392 - 398).

Askew, M., (2015). Seeing through place value: An example of connectionist teaching (pp. 399 - 406).

Barry, A., Novotná, J., & Sarrazy, B. (2015). Experience and didactical knowledge: The case of didactical variability in solving problems (pp. 407 - 414).

Bartolini Bussi, M.G. (2015). The number line: A 'western' teaching aid (pp. 298 - 306).

Brombacher, A. (2015). National intervention research activity for early grade mathematics in Jordan (pp. 415 - 422).

Butterworth, B. (2015). Low numeracy: From brain to education (pp. 21 - 33).

Cao, Y., Li, X. & Zuo, H. (2015). Characteristics of multiplication teaching of whole numbers in China: The application of the nine times table (pp. 423 - 430).

Chambris, C. (2015). Mathematical foundations for place value throughout one century of teaching in France (pp. 52 - 59).

Changsri, N. (2015). First grade students' mathematical ideas of addition in the context of lesson study and open approach (pp. 60 - 67).

Cooper, J. (2015). Combining mathematical and educational perspectives in professional development (pp. 68 - 75).

Ekdahl, A. L., & Runesson, U. (2015). Teachers' responses to incorrect answers on missing number problems in South Africa (pp. 431 - 439).

Gervasoni, A., & Parish, L. (2015). Insights and implications about the whole number knowledge of grade 1 to grade 4 children (pp. 440 - 447).

Inprasitha, M. (2015). An open approach incorporating lesson study: An innovation for teaching whole number arithmetic (pp. 315 - 322).

Kaur, B. (2015). The model method: A tool for representing and visualising relationships (pp. 448 - 455).

Lin, P.-J. (2015). Teaching the structure of standard algorithm of multiplication with 2-digit multipliers via conjecturing (pp. 456 – 463).

Ni, Y. (2015). How the Chinese methods produce arithmetic proficiency in children (pp. 339 – 345).

Pearn, C. (2015). Same year, same school, same curriculum: Different mathematics results (pp. 464 – 471).

Peter-Koop, A., Kollhoff, S., Gervasoni, A., & Parish, L. (2015). Comparing the development of Australian and German children's whole number knowledge (pp. 346 – 353).

Sensevy, G., Quilio, S., & Mercier, A. (2015). Arithmetic and comprehension at primary school (pp. 472 – 479).

Siu, M-K. (2015). Pedagogical lessons from *Tongwen Suanzhi*: Transmission of *Bisuan* (Written calculation) in China (pp. 132 – 139).

Wong, I. N., Jiang, C., Cheung, K.C., & Sun, X. (2015). Primary mathematics education in Macao: Fifteen years of experiences after 1999 handover from Portugal to Mainland China (pp. 480 – 487).

Yang, D.-C. (2015). Performance of fourth graders in judging reasonableness of computational results for whole numbers (pp. 268 – 275).

Zhang, Q-P., Cheung, K-C., & Cheung, K-F (2015). An analysis of two-digit numbers subtraction in Hong Kong primary mathematics textbooks (pp. 488 – 495).

Zhao, X., van den Heuvel-Panhuizen, M., & Veldhuis, M. (2015). Classroom assessment techniques to assess Chinese students' sense of division (pp. 496 – 503).

\ 第 12 章 /

如何进行整数算术的教学和评估：第 11 章述评

克莱尔·马戈里纳斯
(Claire Margolinas)

12.1 关于教学与评估的初步思考

教师要在课堂中与学生互动，也要评估学生的学习。然而，如第四工作组成员在澳门所观察的课例一样，这些看得见的行为只是教师工作的一部分，教师的工作还包括：

——不仅要设计一节课，还要设计一系列课，并且需要整体思考和设计整个数学专题(如整数算术的专题)的教学，而这通常取决于教师所选用的资源。

——选择在课堂(或一系列课)中使用的教具、启发师生思考的教科书、(可能是由其他人设计的)可用的任务(通过与同事共享、浏览互联网等方式获得)、课堂评估的题目等。

教学工作的这些方面依赖于教师自身的知识，但这些知识不容易观察到。因为这些知识是通过教师对教学活动的解释来体现的，而教学活动是教师的重新建构；同时，这些知识是通过教师在课堂中所做的事情来体现的，但所做的事情可以有多种解释。

不同的框架涵盖了教师知识的不同方面，所有的框架都考虑了学科教学知识(Shulman, 1986)。鲍尔等人(Ball et al., 2008)改进了框架，他们研究了数学教学知识对教学质量的影响(Hill et al., 2008)。因此，我的目的是阐明整数算术教学知识的某些方面，这些方面似乎对于创设引发学生兴趣的情境(Bikner-Ahsbahs et al., 2014)，进而促进学生元认知策略的发展是很重要的。

12.2 整数算术与数学教学知识

第 11 章和第四工作组会议提到了“整数算术的教学和评估”，这种表述导致整数算术被认为是单一的领域。然而，会议论文探讨了一些不同的方面：

——对数字的理解；

——位值和书面数字；

——对运算的理解；

——笔算（标准和非标准）；

——对数字事实的记忆：加法和乘法。

本主题基于所观察课例的，即对进位加法的理解。然而，连贯的整数算术教学需要系统的整数算术知识（Askew，2015）和具体的概念知识（Barry et al.，2015：关于加法问题的研究）：

——哪些子问题是相关的？

——这些子问题是如何联系在一起的？

——教授运算的重点是什么？

为了探讨与整数算术的教学和评估相关的问题，我将举三个例子，然后再回归到澳门的课例进行说明。

12.3 记忆数字事实

在小学早期阶段，学生参与各种不同的记忆活动：记忆儿歌、诗歌、数字名称、星期名称、月份名称、他们朋友的名字等。几年后，他们会记住大量的事实和规则，包括语法方面的、历史方面的和数学方面的等。

教师需要什么特殊的知识来帮助学生记忆数字事实吗？数字事实的记忆不同于儿歌的记忆吗？不同于语法规则的记忆吗？对所有的数字事实的记忆都一样吗？

让我们从第一个数字事实的记忆开始：口头计数。数字序列与所有的歌谣有一些相同的属性：有些部分是由没有关联的单词组成的（例如，一、二，再如 Humpty Dumpty）；有些部分是相类似的（例如，21 和 31 的表述是相似的），而且必须按正确的顺序说出来。然而数字单词是特殊的[1]：因为它们被用于计数，所以

[1] 数字单词指的是 one、two、three 等基数词以及 first、second、third 等序数词。——译者注

必须清楚地分开（是1、2、3，而不是123），单词的准确性和顺序至关重要。如果是基于十进制语言进行口头计数（世界上有许多语言以20为基数，也称为二十进制），那么你至少要记住十个不同的术语[1]。这些术语与其他术语（一周中的每一天、每一首歌曲等）没有什么不同，这取决于使用的语言（本书第3章）。如果幸运，你可能生活在一个基于十进制进行有规律地口头计数的国家：如10-1（11），10-2（12）等；如果不那么幸运，你将不得不记住其他更多术语，例如，英语中要记12个不同的术语，法语中要记住多达16个术语。除术语外的其他数字，有些会具备一些规律性而有些则无规律，如英语中的13是"thirteen"而不是"third-ten"，再如某个以20为基数计数的地区（如在法国是从60直到99）。教师必须意识到语言的细微差别，以便清楚什么时候必须像对待一首歌一样对待数字名称，什么时候引导学生理解数字是如何建立的。这显然是用于教学的数学知识而不是数学常识。例如，大多数法国人没有意识到他们记数是以20为基数（这与比利时、加拿大和瑞士均不同），但是教师需要知道：虽然用"soixante-dix"（60－10）表示70很奇怪，但如果想到70的写法，自然而然就知道用"soixante-et-onze"（60－11）表示71。

如果现在要记住关于加法运算和减法运算的数字事实，首先要注意的是，你不能明确知道什么时候真正进入加法运算策略的学习。例如，如果你需要说明在数字序列中，6是在5之后的，也就是说如果把5个物体和另一个物体放一起，那么总共有6个物体，这与数学式子5＋1＝6相关。无论如何，这意味着这些（＋1的）加法运算是以一种完全不同的方式学习的，如与5＋3＝8是不同的。

如果继续思考关于加法运算事实的记忆，就会发现有不同的迅速给出答案的方法（Cao et al.，2015：关于乘法表的记忆）。记住每一个加法运算事实是最先要做的。对于小于10的数字，有10×10个事实要记忆，但是如前文所述，也许不需要把＋1作为一个加法事实来记忆，因此可以去掉10个数字事实。如果知道6＋1＝7，是否必须学习1＋6＝7呢？或者是否必须知道加法交换律？我们需要在对数字事实的记忆和对数学性质的记忆之间找到一种平衡〔这是代数思维的第一要素；参见翁等人（Wong et al.，2015：对于其他代数问题的思考）〕。

回到6＋7的运算，可能你已经记住了剩余的90或45个算式的答案，或者你可以想到"六加四得十，十加三得十三"。为了快速得到结果13，你应该记住和为

[1] 术语指的是1、2、3、4、5、6、7、8、9、10。——译者注

10 的数字组合(当了解加法交换律时,只需要记住 5 个数字组合)以及利用 10 或整十数计数的步骤。因此,我们也需要在陈述性记忆和程序性记忆之间找到一种平衡。

此外,方法的选择至关重要。同样,对于 6+7 的运算,如果已经学会以 5 作为基数来计算,你会想到"6+7=(5+1)+(5+2)=5+5+1+2=13",而不是"6+7=6+(4+3)=6+4+3=10+3=13"。

这些数学思考对加法运算事实的教学和评估有很大的影响。例如,如果教师想引导学生以 5 为基数来进行加法运算,那么教师从数字教学开始就要以 5 为基数来教授所有的数字分解,如 6=5+1,7=5+2 等,这样学生就能记住这些与 5 相关的数字组合。这些结果和思维过程会被用来评估学生对加法运算结果的记忆。例如,如果学生以 5 为基数来进行加法运算,那么计算 12+13 是简单的任务,计算 16+14 是比较困难的任务,而计算 17+18 是更困难的任务。但如果学生以 10 为基数记住了加法运算结果,那么计算 16+14 应该是最简单的。

如果研究人员能帮助教师理解特殊的数学因素是如何对他们在设计教学、选择材料、突出"记忆"不同方面时的决策产生影响的,那么在数学教育中,研究人员的作用可能会对教学和评估产生很大影响。

12.4 数和式的书写

数学表达的有些方面是特定的,而有些方面是所有语言表达所共有的经验(Sensevy et al., 2015:基于列数学式子的设计)。这两种情况的共有特征是:书写可能可以避免专注于记忆事实,因此书写总是与口头记忆同步进行的。另外,书写具备与他人交流的可能性,这种交流超越了空间和时间的限制;而且书写还有形式化功能,例如,当你在书写时,可以采用一列或一行的方式有规律地组织那些无法用口头表述的对象(Goody,1986)。读和写之间有显著不同,如 216 不是读作"二一六","21"读作"二十一",但当读"216"时,需要读作"二百一十六",你听不到"二十一"(这很难理解,因为这个数字中有 21 个 10)。另一个显著的不同是我们对书写数字单词和书写阿拉伯数字的不同理解。因此,数字书写的应用应该是数学教学的一个特定部分,而不仅仅是书面的标准运算(Zhao et al., 2015)。

例如,假设用每个蛋杯盛放一个鸡蛋(Alafaleq et al., 2015:教科书中的等量问题),如果第一天吃了几个鸡蛋,那么第二天就空出了几个蛋杯,但这样很难记住鸡蛋的数量,这种情况就可以利用书写来完成任务。当教师为学生(5~6 岁)创设这种情境时,学生需要用数字来记录。根据鸡蛋的数量和现有的列数学式子的知识,学生可能很难找到合适的记录方式。

一些学生会尝试使用适当的颜色和形状来表示鸡蛋,但他们并未得到正确的鸡蛋数量。他们会意识到在面对蛋杯时,他们的记录并没有提供任何有用的信息。一个比较好的方法是利用鸡蛋的空间位置,用一个圆形代表一个鸡蛋,尝试用鸡蛋的位置绘制一张"地图";另一个比较好的方法是画一些短线段,用一条短线段代表一个鸡蛋。教师应该把这个过程看作是学生的非常有趣的符号化尝试,并鼓励这种行为,而不仅仅是考虑用数字来记录。记录数量有不同的方法,这些方法的效果取决于所处的情境。在特定的情况下,为了记录 15 件物品,即使是一个成年人也可能会用卌 卌 卌来记录。

只认可列数学式子是整数算术的一个重要部分是不够的。整个过程是如何进行的,根据教师的理解会有所不同,他们似乎把列数学式子视为一套固定的规则或者是一种数学思考的方式。我将用一个例子来说明这一点(Laparra and Margolinas, 2009)。在某一观察课堂的某一教学环节中,学生被要求解决以下问题:"假设一个盒子里红色和蓝色的正方形共有 12 个,红色正方形有 5 个,那么蓝色正方形有多少个呢?"学生在解决这个问题时遇到了一些困难:第一,他们之前没有学过减法运算;第二,这是他们第一次必须通过语言表述来解决问题。在课堂中的某个时刻,当所有学生都确信蓝色正方形是 7 个时,教师让学生通过写或画一些东西来解释他们的答案。哈姆迪画了 12 个正方形,其中 5 个正方形打了叉,7 个正方形未打叉。他对问题的表述非常准确(图 12-1)。

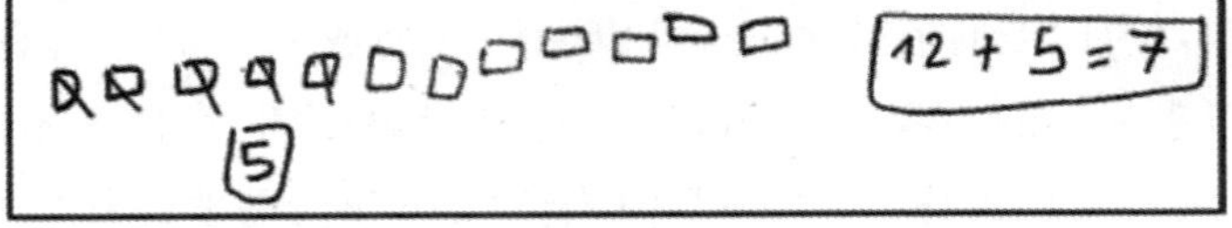

图 12-1　哈姆迪对正方形问题的表示

如果看到哈姆迪列的数学式子:12+5=7,我们可能会认为他犯了一个大错误(教师就是这么想的),但是哈姆迪是绝不可能认为十二加五等于七的。哈姆迪写的错误式子展示了他现有的符号运算知识。他按照问题中给定的数字顺序(12,5,7)写下这些数字,这也是他解题时使用数字的顺序。尽管这个数学式子的结构是正确的,也是符合语言规则的,但它的数学意义是错误的。哈姆迪知道计算结果通常写在等号后面，但他不知道如何结合他已经学过的符号（＋和＝）表示他的推理。

现在我们来思考一下弗洛里安娜采用的方法（图 12－2），虽然很难理解弗洛里安娜的求解过程，但是会发现一个非常有趣的等式：$5+x=12$。

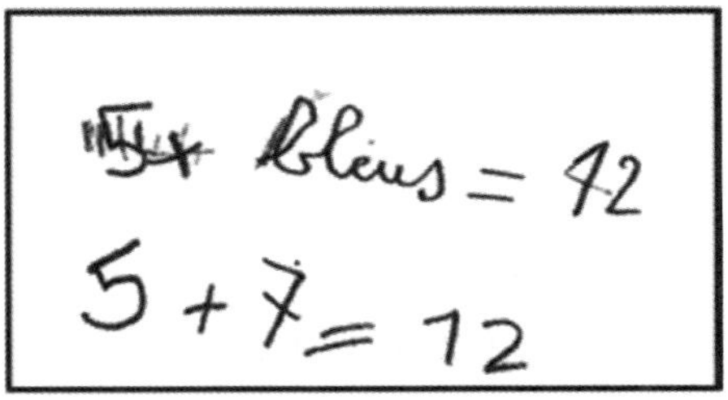

图 12－2　弗洛里安娜对正方形问题的表示

这两种方法都有各自的特点，它们揭示了评估书面列数学式子的难度。不幸的是，教师只关注书面加法运算的结果是否正确。

在数学教育中，为了在所有年级的教学中准确传达关于数与式的书写的系统知识，确实有必要开展集体工作，这对于教师教授整数算术至关重要。

12.5　加法结构领域

“加法结构领域”的表述始于韦尼奥（Vergnaud，1983，p.31），他的工作成果对于理解加法和减法运算至关重要（关于中国传统，参见第 11.4.1 节）。

韦尼奥的一个工作成果是关于减法运算——数量之间的比较只是减法的一个含义：

> 幼儿关于减法运算的第一个概念是“减少”一些初始量……
>
> 例 1：约翰有 8 颗糖果，他吃了 3 颗。他还有多少糖果？
>
> 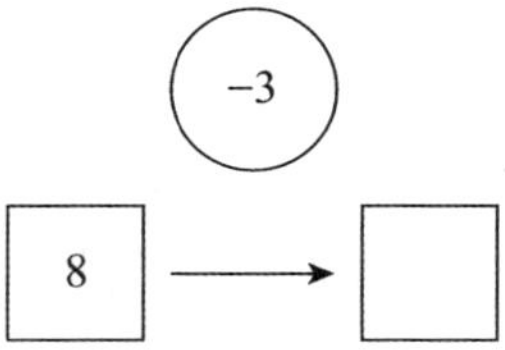
>
>
> 将这种概念记在心中，把减法理解为互补的关系就变得不那么困难了。

例 2：多萝西生日时，一张桌子周围有 8 个孩子，其中 3 个是女孩。那么有几个男孩？（Vergnaud，1983，pp.31－32）

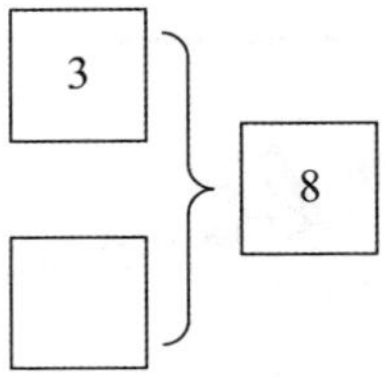

在论文的后面，韦尼奥列举了减法的其他概念，并作了举例说明。减法作为加法的逆运算，也是状态之间、比较量之间和变换之间的一种差异关系，最后他总结道："人们可以很容易地想象出，学生把减法的含义从最初的'减少'概念扩展到所有不同的情况时会遇到什么困难"（p.32）。韦尼奥指出，学生在很小的时候就能解决第一个问题，但是在小学毕业时他们才能解决更难的问题（即使同样是计算 8－3，结果也是一样的）。加法运算也存在同样的概念差异，这两种运算都需要在加法运算结构领域中重新组合。

这些区别对于教师的数学知识而言是至关重要的，因为他们必须明确提出的问题的性质，以便于进行加减运算的教学和评估。比较的优势存在争议（第 11.4.1 节，Kaur，2015；Zhang et al.，2015），尤其是在教科书中，因为它会潜移默化地对教师的观念产生影响（第 11.7 节）。

12.6 对澳门数学课例的说明

本节我将根据前面介绍的几个方面来说明澳门数学课例中教授加法运算的概况。

第一个要说明的是这节课的主题：众所周知，与减法相比，加法即使是进位加法也是非常容易的（Pearn，2015），我很想知道这所学校中经验丰富的教师会如何教授这一具有挑战性的主题[1]。即使我知道这不是由工作组做出的选择，但有一个有利于对整数算术教学和评估进行科学讨论的环境是重要的。

这节课本身非常有趣。从某种意义上说，它代表了这一类型课的教学模式，这种模式在其他国家也可以观察到：

[1] 其他工作组的另一组参与者在另一所学校观察了一堂关于减法的教学。——译者注

——这节课从口头回忆数字事实(和为十的数字组合)开始,在此期间鼓励学生非常快速地给出答案。

——随后教师引入了一种教学材料(糖果和糖果盒),学生使用这种材料进行计算并阐述了他们的想法。学生在教师的引导和帮助下列数学式子。

——这节课的核心主题是研究进位加法(以 24+9 为例)。在此之前,通过对数学情境问题和数学算式的表述(40+3、25+2、25+20)介绍了不同难度的加法问题。

——教师知道进位加法问题(24+9)有好几种可能的解题方案,她确定了三种方案,用提前准备好的数学算式展示了这几种方案。

——教师在这节课结束时的"课堂总结"中明确强调了"凑十"法。

口算阶段(第一阶段)描述了几乎所有和为 10 的数字组合(除 0+10 外),因此这一阶段的答案就是十。前五个问题是按顺序给出的(加法中的一个数字每加 1 就增加一个数字组合),因此这节课的第一阶段不是为了练习速算,而是展示和为 10 的数字组合。有趣的是,根据我的经验,教师低估学生口头计算的流畅性这一情况是很常见的(至少在法国是很常见的)。一般来说,大家都认为口述不是真正重要的(Goody,1977;Ong, 2002),尽管它有独特的了解和组织事实的模式。在这节课中,这些问题以书面句子的形式出现并分成两列,第一列数每增加 1,第二列数相应地减少 1,这一事实在某种程度上是"易察觉的"(Margolinas and Laparra,2011)。教师通常很少意识到口算和笔算有很大不同,例如,在澳门课例中,教师需要选择用口算(口头提问答案不等于 10 的问题)还是笔算来解决关于凑十的数字组合的问题。由于某种原因,即使口头速算非常有用,但是并没有被重视,而笔算也不能与计算器相媲美:毕竟相比于纸和铅笔,更容易在口袋里找到手机。

第二、三阶段使用的材料也很有趣,因为可能世界各地一些不同国家和地区也在使用这些十进制材料。这两个阶段所使用的材料具有一个不常见的特殊属性:该材料是有 2×5 个网格的糖果盒,可以在这个糖果盒中取出或放入糖果。在其他一些分类中,一组 10 个是不能分解的,因此会有很多个一和十,且如果有 10 个一,可以用 1 个十来表示。世界各地都在讨论位值的两个概念之间的区别:十是十进制数(10)中的第一组,或者十本身就是一个单位。课例中的材料显然会引出第一个概念,但使用它至少基于两个不同的原因。第一,是纯材料。对于 24+9,假设一个学生展示了两个装满 10 颗糖果的糖果盒,一个装有 4 颗糖果的糖果盒,一个装有 9 颗糖果的糖果盒。如果教师说“你不可以在没有装满一个糖果盒时就装下一个”,在这种情况下,学生只是对与十进制关系并不密切的物体进行操作;但是如果教师说“你们要以 10 为基数来对糖果进行分组,在可能的情况下,你能用你的糖果再做一个十颗的组合吗”,此时情况便有所不同。第二,教师在第二阶段和第三阶段展示了不同的解决方案,旨在引出第二个概念,因为学生使用示意图展示了将糖果重新组合成十个一组的不同方法。然而,我们不知道如何一方面考虑糖果盒、糖果和书面计数之间的关系,一方面考虑口头计数的作用。特别是当口头计数与书面计数结果不一致时(欧洲的主要语言就是这种情况:如口头表达是二十而不是两个十,而在大多数亚洲语言中口头计数是有规律的)。例如,可以数十、二十、二十三(图 11－7),用习惯的方式写为“23”,来表示“二十三”;或者可以先说二十,且直接在左边写 2 表示 2 个十(十位的位值),再说三,同时在右边写 3 表示 3 个一(个位的位值)。使用相同的材料时,两种写法(二十三和 23)都是可以的,但这与教学观点有很大不同。

简单加法问题(40＋3、25＋2、25＋20)的选择凸显了教师的选择和团队的数学知识:第一个问题,40＋3,整十数和个位数的加法运算是各个数位独立处理的;第二个问题,25＋2,第一个数的个位与第二个数的个位相加;第三个问题,25＋20,两个数都是两位数,方法是一样的,对十位也作同样的处理。因此,最后一个问题(计算 24＋9)作为这节课的核心,它的环境不仅是由教学材料组成的,也是由教师精心准备的数学知识组成的。在考虑更一般的因素(材料的存在、对材料的熟悉度等)时,这些运算也是环境(milieu)的组成部分(Brousseau,1997;Brousseau et al.,2014),但环境不仅仅是教学材料。

教师已经提前确定了计算 24＋9 的可能方案,而且引人注目的是,她已经提前准备了所有的材料(第 11.6 节)。在这种情况下,算式不能以解释解决方案的方式出现,而且课堂中容不下错误的解决方案(Ekdahl and Runesson, 2015)。学生知道答案,或者是因为其他学生说是 33,或者是因为他们一个一个地数糖果。因此,学生可能列出了正确的算式(24＋9＝33),但并不是利用十进制性质解决的。错误的解决方案可能会引发学生记起什么是十进制:当学生见到十,便对其进行分解一合成(这对于个位和十位都是正确的,依此类推)。例如,用 4 和 9 可以凑出 1 个 10:用 4＋6(9 剩下 3),或者 9＋1(4 剩下 3)。学生会得到 4＋9＝13,知道里面包含 1 个十和 3 个一,这时教师就可以陈述三种不同解决方案的算理。这显示了预先设计所有过程的弊端:可能仍然无法解释这些解决方案的推理过程。

最后一点与这节课的总结部分有关。任务设计者(Watson and Ohtani, 2015)通常会仔细描述任务的"活动"部分:要解决的问题和问题所处的环境。然而,他们通常不考虑告诉学生学到了什么、必须记住什么。如果我们采用布鲁索(Brousseau)的术语(第11.5节),任务设计者通常更关注学生参与学习的过程,而不是知识的模式化过程(Brousseau, 1992; Margolinas, 2005; Margolinas and Laparra, 2008)。澳门课例的总结部分清楚地表明了教师对学生未来的期望:学习"凑十"的数字组合并了解如何使用它们。此时,整节课便作为一个整体呈现在学生和观察者的面前。

12.7 结论与建议

第11章和第四工作组考量了教师工作中的一些重要步骤。为了完善这项工作,我把重点放在教学所需的数学知识,目的是强调研究者需要考虑他们自己对整数算术概念的理解,以及研究者自身的理解会影响他们研究和分析教师工作的方式。

如果我们认真思考第11.3.2节中提出的有趣的建议,即将封闭的问题转化为开放的问题(Sullivan and Lilburn, 2004),那么我们不仅要考虑它所暗示的角色转变,还应考虑学生可能学到的数学知识和教师所需要的数学知识。正如结论部分所显示的,澳门课例的目的是教学生利用"凑十"法计算进位加法,这对心算和笔算都是有用的。研究中所提出的开放性问题的目的是完全不同的:它包含学生做加法,并将加法作为一种运算(甚至作为一种函数,因为可以用线性函数 $y=33-x$ 来建模)。研究者面临的挑战可能是找到具有同样目的的更好的问题,这是一个非常不同的问题,即"关注日常生活"的问题(Brombacher, 2015)。

总体上,我认为我们经常低估教师所需要的知识。教师不仅要选择具有挑战性和高密度的任务,还要在一个确定的任务中评估(Gervasoni and Parish, 2015)并满足学生的不同需求(第11.3.3节)。对数学教育研究者而言,即使是在整数算术领域,即使只观察一堂课(Lin, 2015:关于乘法算法的发展),描述课堂教学中教师所需要的知识也不是一个小挑战,本书无疑是朝着这个方向迈出了非常重要的一步。

参考文献

Ball, D. L., Thames, M. H., & Phelps, G. (2008). Content knowledge for teaching: What makes it special? *Journal of Teacher Education*, 59(5), 389 - 407.

Bikner-Ahsbahs, A., Prediger, S., & Halverscheid, S. (2014). Introduction to the theory of InterestDense Situations (IDS). In A. Bikner-Ahsbahs & S. Prediger (Eds.), *Networking of theories as a research practice in mathematics education* (pp. 97 - 113). Dordrecht/Heidelberg/New York/ London: Springer.

Brousseau, G. (1992). Didactique: What can it do for the teacher. In R. Douady & A. Mercier (Eds.), *Research in Didactique of mathematics* (pp. 7 - 40). Grenoble: La Pensée sauvage.

Brousseau, G. (1997). *Theory of didactical situations in mathematics*. Dordrecht: Kluwer Academic Publishers.

Brousseau, G., Brousseau, N., & Warfield, V. (2014). *Teaching fractions through situations: A fundamental experiment*. Dordrecht/Heidelberg/New-York/London: Springer.

Goody, J. (1977). *The domestication of the savage mind*. Cambridge: University Press.

Goody, J. (1986). *The logic of writing and the organization of society*. Cambridge: Cambridge University Press.

Hill, H. C., Blunk, M. L., Charalambous, C. Y., Lewis, J. M., Phelps, G., Sleep, L., & Ball, D. L. (2008). Mathematical knowledge for teaching and the mathematical quality of instruction: An exploratory study. *Cognition and Instruction*, 26(4), 460 - 511.

Laparra, M., & Margolinas, C. (2009). Le schéma: un écrit de savoir? *Pratiques*, 143 - 144, 51 - 82. https://hal.archives-ouvertes.fr/hal-00722211.

Margolinas, C. (2005). La dévolution et le travail du professeur. In P. Clanché, M.-H. Salin, & B. Sarrazy (Eds.), *Autour de la théorie des situations* (pp. 329 - 333). Grenoble: La Pensée sauvage.

Margolinas, C., & Laparra, M. (2008). *Quand la dévolution prend le pas sur l'institutionnalisation. Des effets de la transparence des objets de savoir*. Les didactiques et leur rapport à l'enseignement et à la formation. http://hal.archives-ouvertes.fr/hal-00779656.

Margolinas, C., & Laparra, M. (2011). Des savoirs transparents dans le travail des professeurs à l'école primaire. In J.-Y. Rochex & J. Crinon (Eds.), *La construction des inégalités scolaires* (pp. 19 - 32). Rennes: Presses universitaires de Rennes.

Ong, W. J. (2002). *Orality and literacy*. London/New York: Routledge.

Shulman, L. S. (1986). Those who understand. Knowledge growth in teaching. *Educational Researcher*, 15(2), 4 - 14.

Sullivan, P., & Lilburn, P. (2004). *Open-ended maths activities: Using 'good' questions to enhance learning in mathematics*. Melbourne: Oxford University Press.

Vergnaud, G. (1983). Cognitive and developmental psychology and research in mathematics education: Some theoretical and methodological issues. *For the Learning of Mathematics*, 3(2), 31 - 41.

Watson, A., & Ohtani, M. (2015). *Task design in mathematics education*. Heidelberg: Springer.

Cited papers from Sun, X., Kaur, B., & Novotna, J. (Eds.). (2015). Conference proceedings of the ICMI study 23: Primary mathematics study on whole numbers. Retrieved February 10, 2016, from www.umac.mo/fed/ICMI23/doc/Proceedings_ICMI_ STUDY_23_final.pdf.

Alafaleq, M., Mailizar, L., Wang, Y., & Fan, L. (2015). How equality and inequality of whole numbers are introduced in China, Indonesia and Saudi Arabia primary mathematics textbooks (pp. 392 - 398).

Askew, M. (2015). Seeing through place value: An example of connectionist teaching (pp. 399 - 406).

Barry, A., Novotná, J., & Sarrazy, B. (2015). Experience and didactical knowledge: The case of didactical variability in solving problems (pp. 407 - 414).

Brombacher, A. (2015). National intervention research activity for early grade mathematics in Jordan (pp. 415 - 422).

Cao, Y., Li, X., & Zuo, H. (2015). Characteristics of multiplication teaching of whole numbers in China: The application of the nine times table (pp. 423 - 430).

Ekdahl, A.-L., & Runesson, U. (2015). Teachers' responses to incorrect answers on missing number problems in South Africa (pp. 431 - 439).

Gervasoni, A., & Parish, L. (2015). Insights and implications about the whole number knowledge of grade 1 to grade 4 children (pp. 440 - 447).

Kaur, B. (2015). The model method: A tool for representing and visualising relationships (pp. 448 - 455).

Lin, P.-J. (2015). Teaching the structure of standard algorithm of multiplication with 2-digit multipliers via conjecturing (pp. 456 - 463).

Pearn, C. (2015). Same year, same school, same curriculum: Different mathematics results (pp. 464 - 471).

Sensevy, G., Quilio, S., & Mercier, A. (2015). Arithmetic and comprehension at primary school (pp. 472 - 479).

Wong, I.N., Jiang, C., Cheung, K-C., & Sun, X.H. (2015). Primary mathematics education in Macao: Fifteen years of experiences after 1999 handover from Portugal to mainland China (pp. 480 - 487).

Zhang, Q.-P., Cheung, K.-C., & Cheung, K.-F. (2015). An analysis of two-digit numbers subtraction in Hong Kong primary mathematics textbooks (pp. 488 - 495).

Zhao X., van den Heuvel-Panhuizen, M., & Veldhuis, M. (2015). Classroom assessment techniques to assess Chinese students' sense of division (pp. 496 - 503).

第 13 章 结构和结构化活动：联结整数算术基础与数学其他领域的活动

哈姆萨·文卡特，茜比拉·贝克曼
(Hamsa Venkat, Sybilla Beckmann)
谢斯廷·拉松斯，忻燕萍，亚历山德罗·兰普劳德，陈丽敏
(Kerstin Larsson, Yanping Xin, Alessandro Ramploud, and Limin Chen)[1]

13.1 引言

本章的重点是将结构和结构化活动作为教学的关键手段，以此将整数算术与数学其他领域相联系。和其他章节一样，在这一章中，仍以 ICMI Study 23 的几个研究论文为例说明结构和结构化活动，论文主题是小学数学整数研究。ICMI Study 23 的论文是本书的主要前身。我们先在引言部分介绍专题组的研究，他们研究的重点是整数算术和数学其他领域之间的联系，并且基于这些研究的概述解释了为什么结构和结构化活动是建立联系的关键。除此之外，我们还记录了本章的重点与其他专题组和 ICMI Study 23 的会议报告中讨论的重点（在本书其他章节中也有所涉及）之间的联系。

13.1.1 会议概述

主题会议聚焦于整数算术与数学其他领域之间的联系，主要涉及如何通过结构和结构化活动建立联系。这些研究关注学生学习、教师教学和教师教育以及课程层面的结构和结构化活动，这些研究主要来自于美洲、欧洲、非洲、亚洲和大洋洲等地。此外，还包括秘鲁的 ICMI-CANP 观察员埃斯特拉·巴列霍（Estela Vallejo）的研究。

---

[1] 电子补充材料：本章的网络版本包含了补充材料。

在会议上,报告分为五个部分:第一、二部分是关于整数算术和早期代数的;第三、四部分是关于整数算术和乘法推理的,分别在学习层面和教学层面展开;第五部分是关于整数算术能力的,它与语言能力和教师的发展有关。

13.1.1.1 整数算术和早期代数

有两篇论文研究的是描述和组织结构关系的直观方法。梅洛内和兰普劳德(Mellone and Ramploud,2015)分析了在俄罗斯和中国的小学中,用来教授加法关系的"图形方程"。由于文化的差异,他们讨论了意大利学生使用该方法时需要进行的文化转换,发现结构性方法和代数方法使加法关系变得更直观。忻燕萍(Xin,2015)研究了在使用加法和乘法情境的结构模型时,学习有困难的美国学生的数学成绩显著提高,这项研究成果使人们关注了这种情境下问题的代数结构。

有两篇论文研究的是有关模式的任务。艾拉奇和古柏曼(Eraky and Guberman,2015)发现在以色列的五、六年级中,使用数值模式的学生比使用图形模式的学生更具概括能力,他们强调需要培养学生更复杂的结构性概括和阶段性概括的能力。费拉拉和吴蔼蓝(Ferrara and Ng,2015)研究了意大利的三年级学生参与的一项图形模式任务,他们认为在学习过程中,学习是学生个体和学习材料之间分配后的一种能动的结果,他们探讨了在代数思维发展的过程中学生算术意识的培养。

13.1.1.2 整数算术和乘法推理

从学习层面看,韦嫩夏诺等人(Venenciano et al., 2015)报告了夏威夷的一项研究,在该研究中发现测量的思想促进了学生对位值的理解。他们发现学生从最初关注数量的比较逐渐发展为意会到在计算中需要重组单位。拉松斯和彼得松(Larsson and Pettersson,2015)调查了瑞典学生如何解决加法和乘法混合运算中的共变问题。他们发现优秀的学生往往善于从速度关系推断距离关系,而较弱的学生往往依赖单一计算步骤且关注问题的表面意思。陈丽敏等人(Chen et al., 2015)调查了中国学生在有理数乘除的学习任务和测试任务中的表现。学习任务分为三种不同类型:计算、解决问题和提出问题。研究结果表明学生在提出问题类型任务中的表现很重要。

在教学层面上,贝克曼等人(Beckmann et al.,2015)讨论了利用乘法的量化定义,来帮助美国初中职前教师围绕"比和比例"等进行探究思考。多尔等人(Dole et al.,2015)报告了澳大利亚的一项课程研究,他们发现教师通常不知道从低年级到九年级中有多少主题给学生提供了比例推理的机会。文卡特(Venkat,2015)讨论了南非的一个教师教育项目的研究,该研究展示了将整数按比例扩大——这种具有代表性方法的使用，是如何促进教师的数学学习和数学教学的。

13.1.1.3　*整数算术能力与语言能力、教师发展的关系*

张娟等人(Zhang et al.,2015)介绍了一项关于中国幼儿的语言能力与数学技能之间关系的研究。他们发现语言能力与非正式的数学技能(如计数)的联系比语言能力与更正式的数学技能(如加法和减法)的联系更紧密。巴尔金(Baldin,2015)提供了基于教学知识框架的在职教师发展模式的数据，在巴西该模式被用来加深教师对整数算术的认识并提高教师对整数算术的实践能力。

13.1.2　工作组的讨论内容

工作组会议上的发言与讨论非常活跃，研究人员在发言讨论和思考下一步措施的过程中，建立了真正的合作与友谊。本次讨论的重点是与整数算术相关的关键数学概念发挥重要作用的情境。这些概念包括乘法与比例思维、测量、归纳以及结构化和普遍化的数学模型。有些报告的中心思想表明有必要进一步发展教师教育，以便促进对整数算术内外联系的理解，其他研究也曾涉及这一点。会议中的发言与讨论还强调了创建表征的重要性，如可以利用动作、手势、思维模型和图表等，来构建数学关系。

在总结发言和讨论的成果时，工作组确定并拓展了跨领域研究主题。工作组制作了一个概念图，将会议讨论的内容分为七个主题：论证，加法和乘法思维，结构性关系，语言，模型、建模和表征方式，一般或特殊教育，教师教育。在这些主题中，结构和结构化活动作为一个贯穿始终的主题将报告和讨论的内容组织并联系在一起，使其形成一个整体。

13.1.3　与其他工作组、小组、全体会议的联系

由于数学主题之间的联系无处不在，并且数学过程具有全面性，所以将对数学思维、学习和教学的讨论划分成不同的类别，是既困难又没有意义的。因此，第五工作组的想法与其他工作组、小组、全体会议讨论的想法有许多联系。在这里列举一些与我们的研究重点特别相关的问题。

从表面上看，争论可能在于什么时候引入早期代数。马立平在全体会议报告中(本书第18章)，表达了对在小学低年级安排学生学习代数的担忧。相反地，工作组的一些项目报告侧重于研究早期整数算术的代数结构。马立平指出，学校数学的理论核心是单位的基本概念和两个基本的数量关系(加法和乘法)。然而，正如本章中列举的一些论文所阐明的那样，一些“早期代数”的方法似乎也有助于促

进学生发展单位概念和理解算术运算的结构。因此,引起争论的可能是那些被称为“早期代数”的问题,而不是问题的实质。

“特殊需要”小组(本书第16章)的成员马利根(Mulligan)从模式的角度来研究早期代数,并报告了一项长期研究项目——模式和结构在数学学习中作用的研究。研究结果包括:(1)数学模式和数学结构的意识是可以教授的;(2)低年级学生的数学成绩与他们的意识水平有关。马利根认为数学课程应当促进学生的结构性思维。

像所有教与学存在的问题一样,整数与其他领域之间的联系必然与教师教育有关。因此,在第五工作组的发言和讨论中,教师教育问题多次被提及不足为奇。“教师教育”小组(本书第17章)的研究成果在多个方面能与第五工作组的有联系。例如,考尔讨论了新加坡使用的模型方法,该方法与梅洛内和兰普劳德(2015)讨论的“图形方程”方法、韦嫩夏诺等人(2015)提及的测量方法和贝克曼等人研究的一种比例关系方法直接相关。巴斯(Bass)的全体会议报告(本书第19章)也与“教师教育”这一主题相关,他强调了数线的作用以及可以将数字视为测量活动的结果。

我们强调了与第五工作组相关的另一篇论文,因为它表明了数学思想之间的联系有多深,每个人,甚至是专业数学家,都需要了解它们。库珀(Cooper,2015)在为第一工作组撰写的论文中,讨论了数学家(作为专业教师发展课程的指导者)如何更深入地理解带余除法及其与整数算术以外专题(包括分数和除法)的联系。

13.1.4 本章的结构

将整数算术与数学其他领域的联系作为本章的标题,清晰地表明研究的重点是在其他领域和整数算术之间建立联系的必要性和方式。即使不断有证据表明,解决问题的方法经常是局限的、碎片化的和固定的,这一重点仍然很重要。这种碎片化是由于书本中数学知识之间的割裂所造成的(Schoenfeld,1988)。因为在世界范围内的大多数数学课程中,整数算术是数学的入门课程,所以在入门课程中着重考虑数学主题的拓展以及数学主题之间的联系是尤为重要的。在这一章中,基于这一考虑,关于如何处理整数算术的传统教学内容,我们提出了更通用的建议:一方面,关注那些在整数算术领域中开始构建但最终可以拓展到整数算术领域之外的数学结构;另一方面,为教师和学生提供参与结构化活动的机会,这是一个关键的数学实践活动,这种实践活动同样可以始于整数算术领域,也可以拓展到整数算术领域之外。在本章中,我们通过文献来说明关注结构和结构化活动的意义。在正文中,我们展示并讨论了一些例子,说明关注结构和参与结构化活动也有利于整数算术领域之外的学习。这些例子中的方法适用于学生的数学学习、教师的数学教学以及教师教育课程。

13.2 数学“结构”和“结构化”

虽然人们普遍认同数学中“结构”的重要性,但却不清楚结构究竟指的是什么。斯法尔迪(Sfard,1991)将“结构”的概念与“运算”的概念进行对比,他认为“结构”是指把过程固化成“静态的结构”(p.20)。梅森等人(Mason et al.,2009)用以下术语描述数学结构:

> 数学结构是对一般化属性的识别。这些属性在具体情形中体现为元素之间的关系。(p.10)

数学属性在这个表述中非常重要,研究者认为,识别元素之间的关系本身并不是结构性思维的标志。只有当这些关系被识别为“属性的体现”时,才是结构性思维的开始。因此,尽管在“结构化”活动中,识别模式和关系是至关重要的,并被视为关注结构的重要前奏,但教学活动需要为这些关系提供关联根本属性的机会。在整数算术的背景下,论文中介绍了一系列基本性质与思想。例如,与等价性、结合性和互补性相关的思想,以及加法运算结构和乘法运算结构的性质和区别。所有性质最初都是在自然数的背景下举例说明的,但是也可以拓展到整数算术范围之外。有理数为这些拓展的研究提供了一个关键基础,拓展的研究又为研究运算性质是如何变化的提供了依据——例如乘法不是必然“变大”,除法不是必然“变小”。

考虑到将特殊关系与一般性质联系起来的重要性,结构和结构化活动的方法通常与代数思维联系在一起。因此可以预见,代数内容和代数思维是研究整数算术与数学其他领域之间联系的焦点。

基于文献,可以推断出关于数学结构的两个广泛的观点。可以根据有助于问题解决的“现成”的结构,或通过结构化活动产生的结构来区分两个观点。在数学教育中,特定方法通常倾向与其中一个观点更为一致。例如,布尔巴基学派(Bourbakian)的方法从强调结构的角度出发(Corry,1992),而“现实数学教育”(Realistic Mathematics Education)理论更强调将结构化活动作为重构数学结构的手段(van den Heuvel-Panhuizen and Drijvers,2014)。因此,基于与性质有关的基本定义来构造结构是运用结构的一个关键标志;而以一种更直接的方式对结构进行“共享”的重构，则是结构化活动的一个关键标志。梅森等人(2009)注意到，无论哪种情况都是对一般性质的认识，而不是对数学对象间的内在联系的认识，这是结构作为思维工具的存在原因与潜力。

虽然这两种观点都有支持者，但在这些观点及后续主张的实施中，也需要重视一些有价值的评论。弗赖登塔尔(Freudenthal，1973)指出，传统数学教学存在的一个主要问题是“在自上而下的教学设计策略中使用的‘教学法的颠倒’[1]，这种策略中的静态模型来源于明确的专业数学知识”(Gravemeijer and Stephan，2011，p.146)。阿蒂格(Artigue，2011)赞同这一评论，指出“学生不知道哪些需求可以通过学习数学专题获得”，伴随而来的是他们“在数学学习中几乎没有自主性”(p.21)。在教学中，用“现成”的格式呈现结构可以理解为纳入了该主张的某些元素。文卡特等人(2014)指出，在南非小学的低年级教师教育中，如果教师不能关注在示例背景下战略性地应用性质，那么可能他对性质定义(这是结构关系的关键标志)的关注是不够的。他们列举了一项关于小学低年级教师的小研究中的数据，研究者要求小学低年级教师举一些交换律的例子，其中要包括第一个数字大于第二个数字的例子，也要包括第二个数字大于第一个数字的例子。他们给出了一段摘录，描述了一位教师对 9+3 的解释：

> 根据交换律，我们可以说这与 3+9 相同。

这个解释表明该教师清楚地意识到什么是交换律，以及将交换律应用于加法运算意味着什么，但对于什么情况下可以使用交换律的认识仍不足。同样，也没有解释“在一般定义下结构性质适用的所有加法例子的全集”和“在特殊情况下结构性质适用的部分加法例子的子集”之间的区别。文卡特等人(2014)从“定义性”而不是“规划性”的角度，描述了结构性质的缺陷。他们认为研究中的发现表明将定义作为结构的唯一来源有局限性，并指出如果要灵活且战略性地处理数学性质问题，就需要把其他特征作为探究的一部分。

相比之下，其他研究人员从不同角度评论了个人再创造活动，其中包括如下观点：一些方法更多的是由于政治意识形态所产生的，而不是有效的教育，因此取决于它们是否适用于当前的政治环境(Tabulawa，2003)。回顾教育研究的重点领

[1] “教学法的颠倒”由弗赖登塔尔提出，指不经历知识的探索过程而直接学习结论的教学。——译者注

域，有很多证据表明了以下内容的有效性：

> 在对初级到中级学习者的教学中，直接有力的教学指导是有效的，而不是基于建构主义的最小化指导。……非指导性的教学不仅效果较差，而且有证据表明，当学生获得错误概念、不完整或杂乱的知识时，这种教学可能产生负面结果。(Kirschner et al.，2006，pp.83－84)

特别是在结构化活动方面，希夫特(Schifter，2011)虽然不主张直接指导，但她指出可以通过开展注意结构的任务而获取经验，来加强对结构的关注；她也强调可以在整数算术的背景下开展任务。她提供了两个解决以下案例的对比方法：

> 奥斯卡有 90 张贴纸，分给朋友 40 张。贝基也有 90 张贴纸，分给朋友 35 张。谁剩下的贴纸更多？

在第一堂课上没有进行更深入的讨论，只让学生计算奥斯卡和贝基剩下的贴纸数量，然后比较两个得数来回答问题。在第二堂课中，在确认学生都学会用减法式子 90—40 和 90—35 来表示这两种情形后，教师明确地告诉学生，希望他们可以不通过计算来回答谁剩下的贴纸更多；接着，教师组织了一场讨论，重点是比较“拿走更多”和“拿走更少”对剩下数量的影响。因此，重点是思考和阐明减法的性质，而不是减法的运算。其他学者赞同了这种广泛的“文化”观点，认为结构化技能依赖于结构化活动，也是参与结构化活动的结果(e.g. Wright et al.，2006)。然而，也有研究指出，教师至少需要事先了解整数算术结构的文化背景，并将其作为一个理论基础，如基于十进制结构体系的整数算术表示法。如果含有这些结构的人工制品的数学设想得以实现，那么就能够在数学课堂上有效地利用这些结构(Bakhurst，1991)。

在本章中，我们的研究重点是通过举例来证明两个观点。这些研究本身包含了整数算术与数学其他领域(包括有理数和度量)之间的联系，但是本章的重点是学者们在研究结构和结构化活动时的观点。本章探讨了两个观点中使用的方法，以及认识与建立模型方法上的差异。我们这样做是为了探讨两个观点的异同，可以通过结构和结构化活动来建立整数算术和代数思维之间的联系。我们还关注是否有证据表明这些方法中的哪一种可能更适合小学数学教师的教育。

13.3 结构化活动的理论基础与调查研究

在世界各地的数学课程中,模式任务和序列任务由于注重结构性和归纳性而得到推广 (Driscoll, 1999)。休伊特(Hewitt,1992)提出了将空间表征和图形表征(而不是数值表征)联系起来作为切入口,并将其一般化。他还注意到"识别模式"表征的方法:将空间排列转化为表格或数字排列,限制了特定空间结构的构造方法的切入口,从而可以在不同实例之间建立相似的新结构。艾拉奇和古柏曼(2015)研究了图形模式的序列(如排列规律的点图),发现了在直观图形模式中建立空间结构的方法。研究者注意到,大部分以色列小学生用直观图形模式进行一般性表述比用数字形式更困难。但是,他们还需要"更深入地研究构建序列的规则"(p.548),这部分至少反映了休伊特的观点,即相比于普遍的数字路径,关注空间模式的格式、模式的构建以及结构的口头表达更有助于理解结构。

我们更感兴趣的是数值、代数和空间方法与结构化活动之间的联系。费拉拉和吴蔼蓝(2015)提供了一个在直观模式任务背景下发展代数思维的理论,这个理论聚焦于两个三年级学生在人力、物力、资源交融的背景下构建数学结构的方法。他们着眼于结构的建立,而不是学生正确识别一般功能性表征的能力。通过对学生的访谈,研究者发现具体的空间结构会导致学生越来越关注部分元素的数量,或者对元素之间的排列和数量关系有了更全面的认识。费拉拉和吴蔼蓝还注意到:包括任务和任务条件在内的实物人工制品以及学生的手势和言语,都有助于学生学习整数算术和培养功能性思维。

沃伦和库珀(Warren and Cooper,2009)介绍了两种互补的表征——天平和数线,以便在对2～6年级学生的纵向研究中建立等量模型。他们在研究中提出了一个关于学习或教学路径的理论,加强了学生对相等性的一般理解。他们推测,转换有效表征是理解整数算术结构的关键点之一,这种方式可以推广到整数算术之外。他们构造了超级结构,是由多个模型嵌套和集成的,以此来说明和解释"超级结构的作用是不可低估的"(p.92)。

有一小部分工作涉及了对结构和结构化的研究。这些研究涉及不同结构的任务,以及在计算中运用结构和关系来提高效率的任务,这些任务都能让学生更加关注结构层面。在夏威夷的测量计划项目(Measure Up)中,教学方式以达维多夫(Davydov)的观点为基础,即在度量的背景下以一般概念为出发点,而不是数字的概念(Venenciano et al., 2015)。韦嫩夏诺和她的同事报告了一年级学生是通过测量不同基数的连续量，而不是通过关注十进制结构中特殊的离散数来学习和理解位值的概念。他们培养了学生关注相邻位值单位之间确定比例的能力，并强调度量单位是“在概念上和在物理上逐步认识单位的关键工具(例如，三分之几的基数是 3，十分之几的基数是 10)”(p.581)。同时指出，通过这种方法来认识测量背景下的位值，学生有机会认识“参考单位”的概念，并体验以不同的基数作为测量单位。在这项促进学生结构化活动的研究中，核心是教学任务和工具，而教学任务和工具的选择依赖于教师对结构重要性的认识。

拉松斯和彼得松(2015)的论文聚焦于区分乘法情境和加法情境，详细介绍了关于瑞典六年级学生解决两个共变问题(一个乘法问题和一个加法问题)的研究，两个问题都涉及儿童游泳的相同情境。他们发现，成功解决了两个问题的学生都能识别速度在数学上的显著特征。这些学生进一步推断出速度对游泳者之间的距离有影响，这表明他们理解了这种结构关系的相关性质。作者从与两个学生——乔纳森和马库斯(所有名字都是化名)的谈话中摘录了关于这种理解的部分：

> 乔纳森：因为他游得更快(乔纳森的一根手指在桌子上移动，同时另一根手指移动得更快)。
>
> 马库斯：如果他们同样快，那么当然会保持同样的距离(马库斯双手保持固定的距离，并以同样的速度向前移动)(p.562)。

未成功解决问题的学生没有意识到速度的重要性，或者尽管他们意识到了，但没能从速度推断出游泳者之间的距离关系。玛蒂尔达和汉娜在解决这两个问题时发现了差异，但这并没有让他们质疑自己的解决方案，他们认为两个问题都具有可加性：

> 玛蒂尔达：第一题他们是同时开始的，但是第二题不是同时开始。
>
> 汉娜：第一题两个人游得不一样快，但第二题两个人游得一样快(p.563)。

在这个研究中，在给定情况下区分数量之间结构关系的能力是成功解决数学问题的核心。

努内斯等人(Nunes et al., 2012)讨论了区分加法和乘法情境的能力，以及根据不同的加法或乘法情境对问题的数学结构进行推理的能力，并把这些能力称为数学推理。他们开展了一个历时5年的纵向研究,涉及1 680名儿童。该研究基于两个类似的问题,即计算同向或反向行进的两个人之间的距离,其中一个问题通过减法解决,另一个通过加法解决。他们发现,学生识别数学结构的能力是预测日后数学成绩的强有力因素,比算术技能、逻辑思维或工作记忆更有效。因此,建议教师在数学教学中更加重视数学结构的推理。这项研究的结果与万多里等人(van Dooren et al.,2010)的发现一致:在解决类似问题之前对问题进行分类的学生比没分类的学生更成功。这些问题均与拉松斯和彼得松(2015)研究中的问题类似,即加法和乘法共变问题,以及一种以类似形式表述的非共变问题,例如"如果煮5个鸡蛋需要8分钟,那么同时煮10个鸡蛋需要多长时间?"无论有多少鸡蛋,煮鸡蛋所需的时间都不变。先分类后解决问题的学生不仅更善于区分数学结构,也能正确解决更多的问题;而且在分类任务上,他们也比不分类解决问题的同龄人做得更好。

这一发现与埃利斯(Ellis,2007)对算术运算和量的运算的区分也相关。算术运算的目的是评估数量,而量的运算的目的是评估给定情况下数量之间的结构关系。因此,如果用这些术语来表述,那么拉松斯和彼得松研究的任务的重中之重是量的运算,而不是算术运算。这种强调识别结构相似性的导向在艾斯丘(Askew,2005)的"单词难题大书"(*Big Book of Word Problems*)的系列任务中也可以看到。埃利斯发现在课堂上推广这两种方法的任意一种时,不同类型的"归纳行为"普遍存在,这是结构化活动的进一步推进。她认为"联系"是归纳活动的一个关键,这可以从以下内容之间的联系体现:

> 两个或多个问题、情境、想法或数学对象。"联系"包括学生回忆之前的情境,创建一个新的情境,关注当前数学对象的相似性质或形式。(p.454)

这种"联系",在鼓励学生关注量的运算多于算术运算的课堂上更为普遍。

陈丽敏等人(2015)基于对学生提出问题的能力、计算和解决问题的能力的思考,在他们的研究中增加了一个新的维度。与多尔等人(2012)的早期工作一致,陈丽敏等人(Chen et al.,2015)强调学生课堂学习经验(包括计算、解决和提出情境问题)中重点的变化,以及习题集中的具体数字和数字关系,均会影响学生在问题情境中解释结构关系的方式。在计算活动中,要求学生计算由不同数字组成的8个不同类型的式子〔即把小于和大于1的数分别作为乘数(或除数)和被乘数(或被除数)]:其中,4 个是小数乘法式子(即 1.3×2.7，2.4×0.9，0.8×3.6 和 0.6×0.7),4 个是小数除法式子(即 3.6÷1.2，5.4÷0.9，0.8÷1.6 和 0.6÷0.2)。在解决情境问题的活动中,学生必须利用小数乘法和小数除法的运算解决涉及以上数学式子的 8 个文字型应用题(例如,每千克香蕉的价格为 1.3 元,买 2.7 千克该付多少钱?)。在提出情境问题的活动中,要求学生根据上述 8 个数学式子来提出问题,例如,根据数学式子 1.3×2.7 提出情境问题。

陈丽敏等人(2015)发现,学生在计算和解决情境问题的活动中能够很好地解释乘法或除法运算的结构关系,但在提出情境问题的活动中却做得不好。此外,他们还发现在这三种不同的学习活动(提出、计算和解决)中,小数乘法(除法)运算中乘数(除数)小于 1 比乘数(除数)大于 1 的结构关系更难解释。被除数小于除数的结构关系比被除数大于除数的结构关系更难解释。例如,在计算"0.8÷1.6"时,给出错误答案"2"的学生很少(7%);而在计算应用题"若 1.6 千克胡萝卜是 0.8 元,则每千克胡萝卜多少钱?"时,给出错误答案"1.6÷0.8=2"的学生较多(33%)。还有一部分学生(15%)在根据数学式子 "0.8÷1.6=0.5" 提出问题时,给了如"小华买了 0.8 千克香蕉,花了 1.6 元。每千克香蕉多少钱?"的错误答案。

综上所述,这些发现表明在埃利斯 (2007)的量的运算的分类中,侧重于解决问题的任务和侧重于提出问题的任务之间可能有区别。沃森和梅森(Watson and Mason,2005)强调了要鼓励学生举有特定约束条件或特定关系的例子,鼓励学生适应结构方式,从而摆脱由计算主导的传统数学教学方式。这一建议可能特别重要。虽然他们的研究中列举的例子涉及多个数学主题和数学水平,但也有一些例子呈现的任务和方法鼓励了学生去关注整数算术领域下的结构,以及关注整数算术领域外性质和关系的转变方式。示例包括以下任务(根据我们的目的略有调整):

写一对乘积为 100 的数字。

再写一对……

再写一对……

再写一对乘积为 100 的数字,但是其中一个数字必须在 50 到 100 之间。

再写一对乘积为 100 的数字,但是其中一个数字必须大于 100。

在这里,学生对结构关系和相等性的关注是最重要的,他们通常关注围绕乘法构建的示例。在这些任务中，为了创造更普遍的概念，学生需要注意性质转换和重构的方式。

我们要鼓励学生通过寻找一般关系，从而关注结构与量的运算。一个例子是鼓励六年级学生对特设但是错误的策略进行评价（Larsson，2015）。例如，当计算19×26时，误用20×25代替，基于像做加法一样，把1从26移到19的想法。这种计算策略是在与参加过评价的学生的交谈中了解到的。当将这个策略用到其他计算时（因此是关注量的运算而不是算术运算），一些学生不仅发现了这个策略是错误的，而且解释了策略错误的原因。学生的解释包括结构性的观点，以及对在何种情况下答案会比原来的结果大的详细说明。经过与同伴讨论，一名学生得出如下结论：

如果增大较小的乘数，减小较大的乘数，那么结果总是变大。

这位学生还说，他只研究了在整数算术背景下的方法，还没有检验有理数背景下是否正确。部分学生只是通过计算比较两个乘法式子的结果来解决问题（这时任务变为算术运算练习），这些学生锻炼了计算技能，并且可以判断出方法是错误的，但是不能给出理由。他们通常会说，当把一个因数换成另一个因数时，就变成了另一项任务。可以把这个例子与史密斯和汤普森（Smith and Thompson，2008）所区分的“数值（计算解）”和“量（概念解）”（p.107）联系起来。在关于早期代数应该关注哪些内容的讨论中，他们认为低年级时，在整数算术背景下学习的量的推理以更广泛、灵活的方式为学生之后的代数学习打下了基础；在关注量的推理时，他们认为数值推理和量的推理的界限是模糊的，并指出数值推理可以且应当作为思考数学关系的起点。

以结构为重点的数值推理是“彼得的方法”（Peter's method）的核心，斯蒂芬斯（Stephens，2004）在一项针对小学生的研究中采用了这种方法。“彼得的方法”是：将被减数加上一个数，这个数可以使得式子减10以后与原式相等，这样可以避免退位减法。研究者给学生展示了一个两位数减5的例子，先加5再减10，如43－5＝43＋5－10。如果学生在讨论这一题或类似题目时表现出了结构推理的能力，那么该能力就会延伸到除5以外的数字上，如减6，学生面临的挑战是找出要加哪个数才能再减10来计算答案，例如：

$$34-6=34+?-10。$$

研究还发现，那些不考虑被减数是多少就能解决问题的学生也可以回答“彼得的方法”为什么有效以及是如何实现的，这与一开始就计算等号左边结果的学生形成了对比。寻找数值答案而不是给予一般性解释，似乎会阻碍学生进行量的推理。虽然这是一个数值计算背景下量的推理的例子，但它的适用性使结构成了被关注的焦点。在这个意义上，该方法与拉松斯(2015)在关于评价错误计算方法的研究中讨论的方法相同。巴斯特布尔和希夫特(Bastable and Schifter，2008)把类似的活动和课堂观察描述为一种为运算从整数算术扩展到有理数领域作的准备，这些活动和课堂观察来自于对整数算术例子的研究，但需要让低年级学生去辨别相关性质和结构性质。

13.4　学生层面上的构造方法

对结构的关注体现在对一般定义的陈述和讨论、对数量之间关系的建模和表示上。虽然学生和教师使用的人工制品之间有相似之处，但他们围绕这些人工制品讨论的重点往往不同。我们将在学生和教师层面上分别讨论强调结构的研究。

梅洛内和兰普劳德(2015)利用“文化转换”的工作理念，研究了意大利学生学习一个图形方程模型的过程，该模型体现了俄罗斯和中国常用的加法关系的结构。文化转换是一个过程，在这个过程中，“不同的文化背景可能产生不同的意义和数学教育观点，不同的数学教育观点反过来又构成了不同的文化背景，促进不同的学校数学实践方式的产生”(Mellone and Ramploud, 2015, p.571)。他们认为，图形方程中部分—部分—整体模式在俄语和汉语语境中的侧重点和作用不同，这与文化和语言在意义、特性和分类上的差异有关。在他们对中国常见的“变式问题”的分析中，明确表示图形方程是解决一类变式问题的统一方式，并且图形方程可以表示加法关系的一般性质。相比之下，他们认为达维多夫(1982)提出的部分—部分—整体模型对从图形(非量化)模式转向基于代数的符号模式，起到了过渡作用。然而，多尔蒂和斯洛温(Dougherty and Slovin，2004)对这种把图形方程作为转变的“媒介”的看法与“达维多夫关联”(Davydov-linked)方法中的观点有所不同，他们认为需要同时而不是依次呈现图形和符号的结构模型，以便支持学生有意义地创造。这两种方法都强调在整数算术的背景下，从任务一开始就推动代数思维的发展，而不是将代数推迟到下一个阶段学习。

我们对意大利小学五年级学生解决以下问题的方法进行了研究，研究提供了与结构性关注和文化转换有关的实验数据，这些结构性关注和文化转换涉及源于不同背景的不同方法：

祖母一共给了她的孙子和孙女弗兰卡、尼古拉和斯特凡诺 618 欧元作为礼物。弗兰卡的钱是尼古拉的两倍,斯特凡诺比尼古拉多10欧元。弗兰卡、尼古拉和斯特凡诺各有多少欧元?

学生在小组活动中解决了这个问题。本章的重点是研究结构,而梅洛内和兰普劳德(2015)的实验数据的一个重要特征是关注了学生利用图形方程找到解决方法的方式。数据库(电子补充材料:Ramploud et al.,2017)中也记录了一个重要的课堂活动:一个小组与全班分享他们解决问题的方法。从图13-1中学生的手的动作可以明显看出尼古拉的金额(用较短的线段来表示),被当作绘制图形方程的一个单位。对我们而言,重要的不是关注算术问题,而是关注非形式化的代数问题的相关结构。表达式N×2的出现(图13-2)是转变的重要表现。在这个例子中,我们可以看到意大利受到了俄罗斯传统文化的影响,并有文化转换,俄罗斯强调量的连续表示,而中国强调数值的大小。

图13-1 学生的解决过程

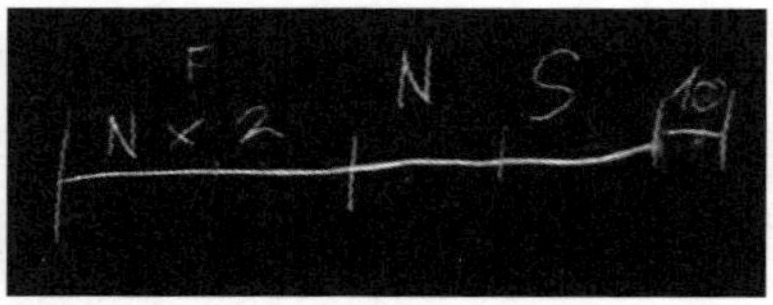

图13-2 表达式N×2

梅洛内和兰普劳德(2015)进行了文化转换——将表示加法关系的图形方程应用于意大利五年级的课堂,并报告了他们的有效成果,指出这种模型强调的是结构,而不是数值,这是为了帮助学生更自然、更灵活地使用代数语言。这一结果支持了早期研究成果并增加了文化差异的研究,他们指出在整数算术背景下,鼓励学生关注结构且关注一般性质,以此作为一种促进数值计算和过渡到形式化代数的方法(Cai and Knuth, 2011;Schifter, 2011)。

为了进一步构建跨文化课程评估体系,忻燕萍和同事开展了基于概念模型的解题(conceptual-model-based problem-solving,简记为COMPS)方法的研究(Xin, 2012),该方法与数学建模和概念模型的理论框架相一致(e.g. Blomhøj, 2004; Lesh et al., 1983)。COMPS方法强调等式模型中一般数学关系的代数表示。例如,“部分+部分=整体”是加法文字型应用题的概念模型;“单位率×单位量=乘积”(Unit Rate×Number of Units=Product)是平均分组(EG)的乘法问题[1]的

[1] 平均分组的乘法问题,即若干个含有等量元素的组的乘法求值问题。——译者注

概念模型(图 13－3)。利用 COMPS 提供的一般数学模型,就可以用代数等式建模并表示一系列涉及四种基本运算的文字型应用题,这可以用来帮助学生解决问题。

为此,忻燕萍设计了一套含有故事结构的文字型应用题(图 13－3、13－4、13－5 和 13－6),以帮助学生利用等式模型表示各种应用题,再利用代数方程求解,即求解方程中的未知量。在此过程中,解决各种文字型应用题的运算方法由模型方程(部分＋部分＝整体,因数×因数＝乘积)决定。在解决 EG 问题时(图 13－3),例如,当组数未知时(比如,丹共用 114 美元给他的朋友买礼物,如果每份礼物 19 美元,他能买多少份礼物?),模型方程($19\times a=114$)表明将乘积(114)除以已知因数(19) 就可以得到未知因数($a=6$)。在解决乘法比较(MC)问题的过程中(图 13－4),例如,当参考单位未知时(比如,帕特有 204 颗弹珠,帕特拥有的弹珠数量是鲍勃的 17 倍,鲍勃有几颗弹珠?),由模型方程($a\times 17=204$)可知,乘积(204)除以乘数(17)可得未知量($a=12$)。通过这些模型,学生无须“碰运气”选择哪种运算,也不必采用寻找“关键字眼”的策略。

如图 13－3、13－4、13－5 和 13－6,忻燕萍(2015)提出用代数表示的结构,来表示加法和乘法情境下的一般概念模型,并利用它们启发学习有困难的中小学生解决问题。实验数据表明,使用 COMPS 方法的学生在解决数学问题方面进步明显(Xin et al., 2011)。

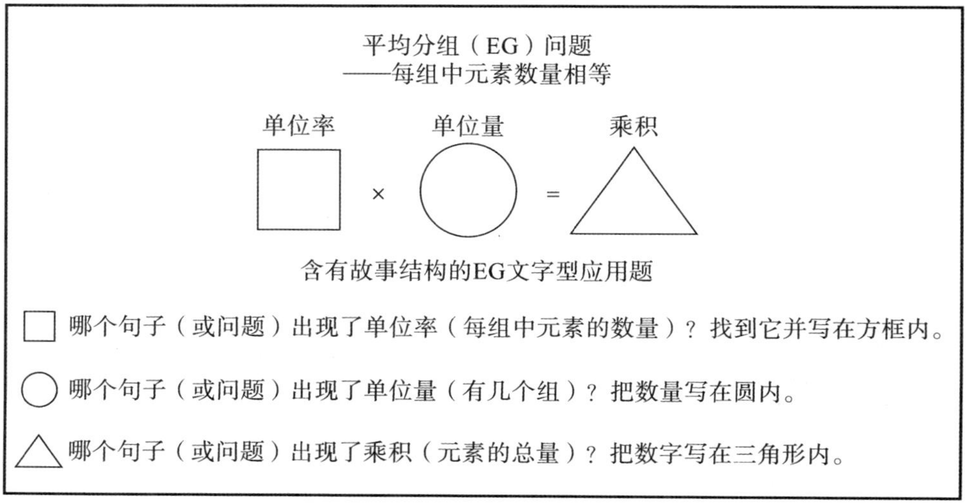

图 13－3 平均分组的乘法问题的概念模型(Xin, 2012,p.105)

乘法比较（MC）问题
——一个量是另一个量的几倍或者一部分

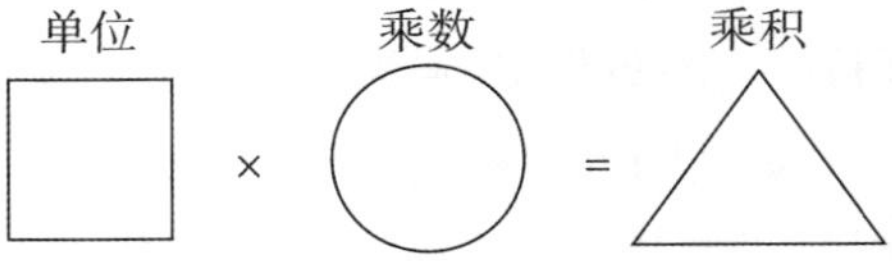

含有故事结构的MC文字型应用题

○ 哪个句子（或问题）表明一个量是另一个量的几倍或者一部分？找到被比较的两个事物（人）中，是谁（被比较的）与谁（参照单位）比较。在图中分别写出两个事物（人）。在圆内填写关系（比如说2倍，或者$\frac{1}{2}$）。

□ 哪个是参考单位？把数量写在方框内。

△ 被比较的量或事物是什么？把这个量写在三角形内。

图 13－4　乘法比较问题的概念模型(Xin，2012，p.123)

部分—部分—整体（PPW）问题
——多个部分构成整体

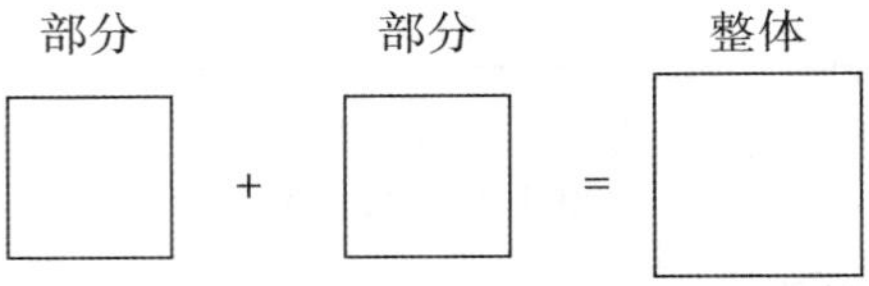

含有故事结构的PPW文字型应用题

□ 哪个句子(或问题)出现了“全部”或“合计”的数量？把这个量单独写在方程右边的大方框内。

□ 哪个句子(或问题)出现了组成整体的一部分？把这个量写在方程左边的第一个小方框内。

□ 哪个句子(或问题)出现了构成整体的其他部分？把这个量写在方程左边的第二个小方框内。

图 13－5　部分—部分—整体问题的概念模型(Xin，2012，p.47)

加法比较（AC）问题
——一个量比另一个量“多”或“少”

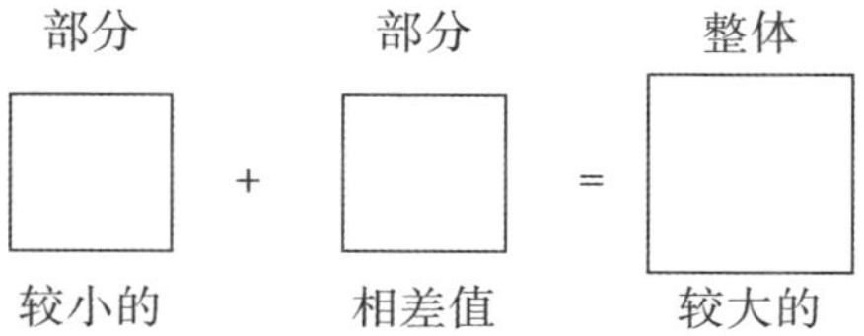

含有故事结构的AC文字型应用题

☐ 哪个句子（或问题）表明一个量比另一个量“多”或“少”？把相差的值写在中间的方框内。

谁的多（或者哪个量更大）？谁的少（或者哪个量更小）？请分别写在大方框和小方框内。

☐ 哪个句子(或问题)描述了更大的量？把这个量写在最右边的大方框内。

☐ 哪个句子(或问题)描述了较小的量？把这个数量写在最左边的小方框内。

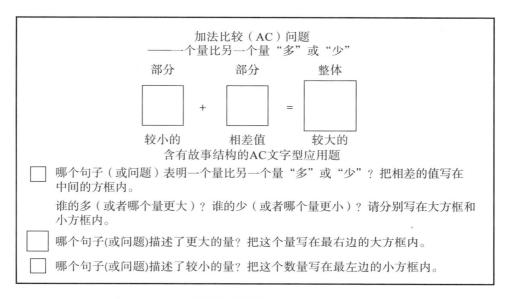

图 13－6　加法比较问题的概念模型(Xin，2012，p.67)

13.5　教师层面上的构造方法

在教师教育方面，近期的研究提出了满足教师需要的一系列方法，以便使教师在教学中更多地利用结构方法。我们讨论了几项研究，这些研究是关于教师如何使用给定的结构来推理乘法和比例关系的。本节与本书中关于教师教育的章节(第 17 章)有相似或重叠之处。

贝克曼等人(2015)在与未来的 4—8 年级教师的合作中，从乘数、被乘数和乘积的角度分析乘法结构，由于乘数和被乘数所处的地位不同，因此他们从两种不同角度，即“组数”或“每组元素个数”，来思考比例关系(Beckmann and Izsák，2015)。在他们的方法中，乘法由一个等式表示：

$$M \cdot N = P,$$

其中乘数 M 是组数，被乘数 N 是指一组中的元素个数，乘积 P 是 M 组元素的总数。在研究中，未来的教师往往采用这一定义作为首要标准。这一定义是侧重于量的，而不是纯粹的数值，因为乘数、被乘数和乘积都带有度量单位(“组数”和“个数”)。正因为是量的定义，所以乘数和被乘数的地位不同，使用定义时要求教师在情境中寻找并识别结构。因此，提出这种结构的目的是促进学生审题，并在解题时注意细节。

例如,图 13－7 和 13－8 呈现了贝克曼等人(2015)研究的未来的教师解决比例问题的两种方法。题目是:将氮和磷以 8∶3 的比例混合制成一种肥料,现在有 35 千克氮,若把它们都用于制成该种肥料,需要多少磷?教师的第一个解决方案是从“组数”的角度出发,她把肥料看作是若干组 8 千克氮和 3 千克磷的混合物,将 35 千克的氮分成若干组,每组 8 千克,那么所需磷的量就是同样组数的 3 千克磷的总量(图13－7)。

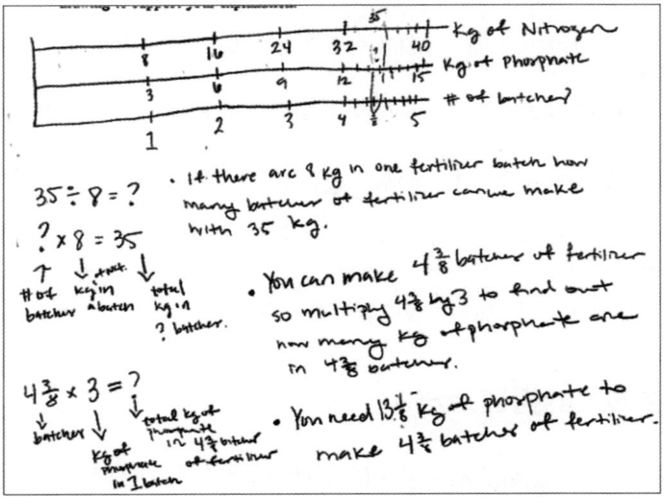

图 13－7　从“组数”角度推理比例关系

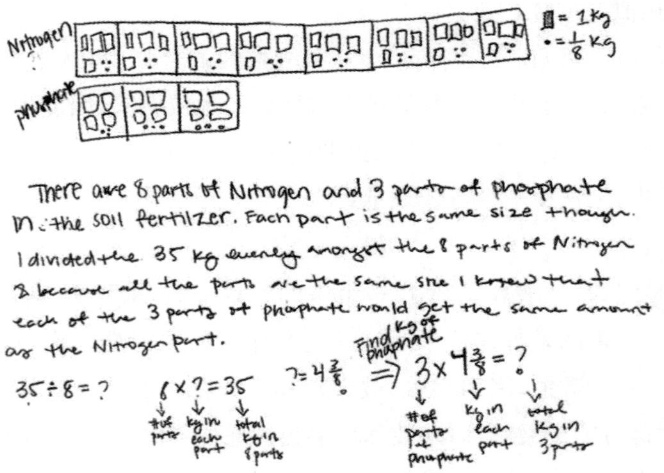

图 13－8　从“每组元素个数”角度推理比例关系

对这一问题，该教师的第二个解决方案是从“每组元素个数”的角度出发。这一次，教师将肥料视为8份氮和3份磷，每一份的质量相同。她通过将35千克的氮分成8份来确定每份的大小，那么所需磷的量就是这样大小的3份(图13-8)。

尽管贝克曼等人的研究结果是初步的，且只是一个正在研究的大型项目的一部分，但在他们的研究中，为解决比例问题，许多未来的教师也一样能从两个角度提出合理的观点。我们还注意到，研究中提出的结构也许能更好地解决这些问题。多年来，在数学教育研究中从“组数”的角度解决比例关系问题已广为人知，但直到最近人们才单独讨论了“每组元素个数”的角度(Beckmann and Izsák, 2015)。甚至人们已经认识到“组数”的角度存在局限性(Kaput and West, 1994)，并且从“每组元素个数”角度的解决问题的方法是以前就有的。例如，新加坡使用的模型方法(Kaur, 2015)本身就是从“每组元素个数”的角度出发的。通过乘法量的定义来构建比例关系时，我们发现了两种不同的比例关系的量的定义方式。

文卡特(2015)也指出，在学习了具有推广性的双数线模型后，南非在职教师在教授有关比例的内容时的表现有所改善。双数线模型是在整数背景下引入的，但也适用于小数背景的问题。在她的方法中，结构是通过乘法情境结构的关键特征来呈现的——如双数线、比例或表格——这些在教师教育方案中有介绍、讨论和使用。对在职教师的测试结果表明，对于部分教师而言，这些“结构化的”表征是有助于成功解决数学问题的工具，从而能够得到正确的答案。而对于其他教师而言，同样的结构化表征可以作为教学内容，同时给出相关解释，从而更好地帮助学生得出正确的答案。这两种教师群体都详细地教授了解决问题的过程，而大量文献表明他们教授的方式对教学是有用的。

该发现与一些基于小学数学教师知识的文献有关，在这些文献中，有大量证据表明，能自学数学的人在一定程度上也能教别人学数学。从本质上说，是因为教别人学数学的能力需要一个额外的“特有的”知识库(Ball et al., 2008)。我们工作组认同这个观点，但是从文卡特(2015)的研究中可以发现，在整数算术的背景下引入并讨论关键表征似乎是重要组成部分，这个组成部分可以促进数学教师的专业研究能力和数学教学能力的发展。在南非，教师教学中的差距是显著的，在这样的背景下，关注结构一般表征的方法被用于完善学习路径，这种方法被形容为教师的“数学教学对话”。这方面，阿德勒和龙达(Adler and Ronda, 2015)的论文是目前最新的研究成果。

多尔等人(2015)将学生在认识和运用乘法推理时遇到问题的原因归结为“小

学课程只能有限地帮助乘法结构的学习”(p.535)。多尔的团队希望通过实施在职教师发展计划来解决这个问题，他们提出并讨论了一些在澳大利亚课堂上出现的比例关系，这些比例关系来自于其他学科领域和现实生活，他们启发教师关注比例关系与加法关系的相似点与不同点。通过这种方法，研究者注意到教师对课程主题之间联系的认识发生了变化，他们以前认为这些主题是独立的。研究者也注意到教师在处理含有乘法结构的情境时能指出这些相似点。

13.6 结论、影响和未来方向

在研究核心是“结构”和“结构化活动”的论文中，人们普遍认为，为了促进早期代数思维发展，关注培养结构意识应该是整数算术研究的一个重要组成部分。此外，还有一些有用的方法——有望在整数算术的背景下发展对结构的关注的方法，这些方法可以延伸到整数算术的范围之外。有证据表明，从自然数向有理数过渡时，学生在认知上存在困难(van Hoof et al., 2013)，并伴随着“自然数偏见”[1](Ni and zhou,2005)，且后者尤为突出。我们在此总结这些方法，并关注了证据中的特定特征和阶段的重点：

——有迹象表明，涉及空间意识的情境可以为整数算术教学提供有用的跳板，使整数算术以相对“自然”且有效的方式展开，并使学生关注结构关系。

——区分加法和乘法情境，明确加法和乘法情境中的不同结构，似乎是理解这些情境中不同基本结构的重要途径。由于提出一个与给定结构相关的问题可能并不容易，因此鼓励学生联结和构造具有给定结构关系的问题似乎是需要进一步关注的重要领域。

——对教师和小学的高年级学生而言，以概括性的文字和句子或代数形式来表示“自上而下”的结构，似乎有助于他们去关注所处理的数量关系的本质。这很可能与之前遇到大量的加法和乘法情境有关(这种猜测已经得到了认可)。对幼儿来说，似乎更适合用表征基础结构的图形模型，利用相似的方法。在加法、乘法以及其他涉及结构关系的图示情境中，这些图示模型可以更有力地论述数量关系的性质。

数学教育研究者已经认识到一系列问题情境中结构关系意识的重要性。在这一章，重点是通过区分两个关键选择来发展结构关系意识。无论是使用给定的结

[1] 自然数偏见，即学生所掌握的自然数认知和运算规律，不全适用于有理数。——译者注

构还是通过参与结构化活动来构建关系，共同的核心是使学生或教师更深入地思考问题的数学结构。努内斯等人(2012)指出，这种思维可以且应当在整数算术的背景下发展，对加法和乘法关系情境的学习从数学学习的最初阶段就为学习和区分结构提供了肥沃的土壤。这两种方法都是以数值和空间的情境(更一般地说，是数学情境)为背景，基于这个背景可以认识结构或进行结构化活动。我们可以认为这些数学活动本质上与识别结构和可能存在的一般性质有关。某种程度上，这使得整数算术被认为具有连续性，并能延伸至有理数和实数算术中。更重要的是，聚焦于结构和结构化活动有助于打破整数算术领域下算术运算的"高墙"。在此之前，世界上各地的学生甚至教师，都难以攀登和爬越这道"高墙"。

参考文献

Adler, J., & Ronda, E. (2015). A framework for describing mathematics discourse in instruction and interpreting differences in teaching. *African Journal of Research in Mathematics, Science and Technology Education*, 19(3), 237 - 254.

Artigue, M. (2011). *Challenges in basic mathematics education*. Retrieved from Paris: http://unesdoc.unesco.org/images/0019/001917/191776e.pdf.

Askew, M. (2005). *BEAM's big book of word problems for years* 3 & 4. London: BEAM Education.

Bakhurst, D. (1991). *Consciousness and revolution in Soviet philosophy: From the Bolsheviks to Evald Ilyenkov*. Cambridge: Cambridge University Press.

Ball, D. L., Thames, M. H., & Phelps, G. (2008). Content knowledge for teaching: What makes it special? *Journal of Teacher Education*, 59(5), 389 - 407.

Bastable, V., & Schifter, D. (2008). Classroom stories: Examples of elementary students engaged in early algebra. In J. Kaput, D. Carraher, & M. Blanton (Eds.), *Algebra in the early grades* (pp. 165 - 184). New York: Lawrence Erlbaum Associates/National Council of Teachers of Mathematics.

Beckmann, S., & Izsák, A. (2015). Two perspectives on proportional relationships: Extending complementary origins of multiplication in terms of quantities. *Journal for Research in Mathematics Education*, 46(1), 17 - 38.

Blomhøj, M. (2004). Mathematical modelling — A theory for practice. In B. Clarke et al. (Eds.), *International perspectives on learning and teaching mathematics* (pp. 145 - 159). Göteborg:

National Center for Mathematics Education.

Cai, J., & Knuth, E. (Eds.). (2011). *Early algebraization*. New York: Springer.

Corry, L. (1992). Nicolas Bourbaki and the concept of mathematical structure. *Synthèse*, 92(3), 315 - 348.

Davydov, V. V. (1982). The psychological characteristics of the formation of elementary mathematical operations in children. In T. P. Carpenter et al. (Eds.), *Addition and subtraction: A cognitive perspective* (pp. 224 - 238). Hillsdale: Lawrence Erlbaum.

Dougherty, B. J., & Slovin, H. (2004). Generalized diagrams as a tool for young children's problem solving. In *Proceedings of the 28th conference of the International Group for the Psychology of Mathematics Education* (Vol. 2, pp. 295 - 302).

Dole, S., Clarke, D., Wright, T., & Hilton, G. (2012). Students' proportional reasoning in mathematics and science. In T. Tso (Ed.), *Proceedings of the 36th conference of the International Group for the PME* (Vol. 2, pp. 195 - 202). Taipei: PME.

Driscoll, M. J. (1999). *Fostering algebraic thinking: A guide for teachers grades 6 - 10*. Portsmouth, NH: Heinemann.

Ellis, A. B. (2007). The influence of reasoning with emergent quantities on students' generalizations. *Cognition and Instruction*, 25(4), 439 - 478.

Freudenthal, H. (1973). *Mathematics as an educational task*. Dordrecht: D. Reidel Publishing Company.

Gravemeijer, K., & Stephan, M. (2011). Emergent models as an instructional design heuristic. In K. Gravemeijer, R. Lehrer, B. van Oers, and L. Verschaffel (Eds.), *Symbolizing modeling and tool use in mathematics education* (pp. 145 - 169). Dordrecht: Kluwer Academic Publishers.

Hewitt, D. (1992). Trainspotters' paradise. *Mathematics Teaching*, 140, 6 - 8.

Kaput, J. J., & West, M. M. (1994). Missing-value proportional reasoning problems: Factors affecting informal reasoning patterns. In G. Harel & J. Confrey (Eds.), *The development of multiplicative reasoning in the learning of mathematics* (pp. 235 - 287). Albany: State University of New York Press.

Kirschner, P. A., Sweller, J., & Clark, R. E. (2006). Why minimal guidance during instruction does not work: An analysis of the failure of constructivist, discovery, problem-based, experiential, and inquiry-based teaching. *Educational Psychologist*, 41(2), 75 - 86.

Larsson, K. (2015). Sixth grade students' explanations and justification of distributivity. In K. Krainer & N. Vondrová (Eds.), *Proceedings of the Ninth Congress of European Research in Mathematics Education* (pp. 295 - 301). Prague: Charles University, Faculty of Education and ERME.

Lesh, R., Landau, M., & Hamilton, E. (1983). Conceptual models in applied mathematical problem solving research. In R. Lesh & M. Landau (Eds.), *Acquisition of mathematics concepts & processes* (pp. 263 - 343). New York: Academic Press.

Mason, J., Stephens, W., & Watson, A. (2009). Appreciating mathematical structure for all. *Mathematics Education Research Journal*, 21(2), 10 - 32.

Ni, Y., & Zhou, Y.-D. (2005). Teaching and learning fraction and rational numbers: The origins and implications of whole number bias. *Educational Psychologist*, 40(1), 27 - 52.

Nunes, T., Bryant, P., Barros, R., & Sylva, K. (2012). The relative importance of two different mathematical abilities to mathematical achievement. *British Journal of Educational Psychology*, 82(1), 136 - 156.

Schifter, D. (2011). Examining the behavior of operations: Noticing early algebraic ideas. In M.G. Sherin, V.R. Jacobs, & R.A. Philipp (Eds.), *Mathematics teacher noticing: Seeing through teachers' eyes* (pp. 204 - 220). New York/London: Routledge.

Schoenfeld, A. H. (1988). When good teaching leads to bad results: The disasters of 'well-taught' mathematics courses. *Educational Psychologist*, 23(2), 145 - 166.

Sfard, A. (1991). On the dual nature of mathematical conceptions: Reflections on processes and objects as different sides of the same coin. *Educational Studies in Mathematics*, 22(1), 1 - 36.

Smith, J. P., III, & Thompson, P. W. (2008). Quantitative reasoning and the development of algebraic reasoning. In J. Kaput, D. Carraher, & M. Blanton (Eds.), *Algebra in the early grades* (pp. 95 - 132). New York: Lawrence Erlbaum Associates/National Council of Teachers of Mathematics.

Stephens, M. (2004). The importance of generalisable numerical expressions. In B. Clarke et al. (Eds.), *International perspectives on learning and teaching mathematics* (pp. 97 - 111). Göteborg: National Centre for Mathematics Education.

Tabulawa, R. (2003). International aid agencies, learner-centred pedagogy and political democratization: A critique. *Comparative Education*, 39(1), 7 - 26.

van den Heuvel-Panhuizen, M., & Drijvers, P. (2014). Realistic mathematics education. In S. Lerman (Ed.), *Encyclopedia of mathematics education* (pp. 521 - 525). Dordrecht/Heidelberg/ New York/London: Springer.

van Dooren, W., De Bock, D., Vleugels, K., & Verschaffel, L. (2010). Just answering ... or thinking? Contrasting pupils' solutions and classifications of missing-value word problems. *Mathematical Thinking & Learning*, 12(1), 20 - 35. doi:10.1080/10986060090346 5806.

van Hoof, J., Lijnen, T., Verschaffel, L., & van Dooren, W. (2013). Are secondary school students still hampered by the natural number bias? A reaction time study on fraction comparison tasks. *Research in Mathematics Education*, 15(2), 154 - 164. doi: 10.1080/1479802.2013.797747.

Venkat, H., Askew, M., & Runesson, U. (2014). Definitional vs strategic example spaces for mental strategies. Sep 1st — 3rd. EARLI SIG 9 conference: Phenomenography and variation theory: Oxford.

Warren, E., & Cooper, T. (2009). Developing understanding and abstraction: The case of equivalence in the elementary years. *Mathematics Education Research Journal*, 21(2), 76 - 95. doi:10.1007/BF03217546.

Watson, A., & Mason, J. (2005). *Mathematics as a constructive activity: Learners generating examples*. Mahwah: Lawrence Erlbaum.

Wright, R. J., Stanger, G., Stafford, A. K., & Martland, J. (2006). *Teaching number in the classroom with 4 — 8-year-olds*. London: Sage Publications.

Xin, Y. P. (2012). *Conceptual model-based problem solving: Teach students with learning difficulties to solve math problems*. Rotterdam: Sense Publishers.

Xin, Y. P., Zhang, D., Park, J. Y., Tom, K., Whipple, A., & Si, L. (2011). A comparison of two mathematics problem-solving strategies: Facilitate algebra-readiness. *The Journal of Educational Research*, 104(6), 381 - 395.

Cited papers from Sun, X., Kaur, B., & Novotna, J. (Eds.). (2015). Conference proceedings of the ICMI study 23: Primary mathematics study on whole numbers. Retrieved February 10, 2016, from www.umac.mo/fed/ICMI23/doc/Proceedings_ICMI_ STUDY_23_final.pdf.

Baldin, Y., Mandarino, M. C., Mattos, F. R., & Guimaraes, L. C. (2015). A Brazilian project for teachers of primary education: Case of whole numbers (pp. 510 - 517).

Beckmann, S., Izsák, A., & Ölmez, I. B. (2015). From multiplication to proportional relationships (pp. 518 - 525).

Chen, L., van Dooren, W. Jing, M., & Verschaffel, L. (2015). Effect of learning context on students understanding of the multiplication and division rule for rational numbers (pp. 526 - 533).

Cooper, J. (2015). Combining mathematical and educational perspectives in professional development (pp. 526 - 533).

Dole, S., Hilton, A., Hilton, G., & Goos, M. (2015). Proportional reasoning: An elusive connector of school mathematics curriculum (pp. 534 - 541).

Eraky, A., & Guberman, R. (2015). Generalisation ability of 5th — 6th graders for numerical and visual-pictorial patterns (pp. 542 - 549).

Ferrara, F., & Ng, O.-L. (2015). A materialist conception of early algebraic thinking (pp. 550 - 558).

Kaur, B. (2015). The model method: A tool for representing and visualizing relationships (pp. 448 - 455).

Larsson, K., & Pettersson, K. (2015). Discerning multiplicative and additive reasoning in co-variation problems (pp. 559 - 566).

Mellone, M., & Ramploud, A., (2015). Additive structure: An educational experience of cultural transposition (pp. 567 - 574).

Veneneciano, L., Slovin, H., & Zenigami, F. (2015). Learning place value through a measurement context (pp. 575 - 582).

Venkat, H. (2015). Representational approaches to primary teacher development in South Africa (pp. 583 - 588).

Xin, Y.P. (2015). Conceptual model-based problem solving (pp. 589 - 596).

Zhang, J., Meng, Y., Hu, B., Cheung, S.K., Yang, N., & Jiang, C. (2015). The role of early language abilities on math skills among Chinese children (pp. 597 - 602).

\ 第 14 章 /

建立结构意识:第 13 章述评

约翰·梅森
(John Mason)

14.1 绪言

能够阅读第 13 章,我感到荣幸之至。第 13 章的视野十分开阔,涉及数学结构在小学课堂的整数背景下所发挥的不同作用,同时也对构建课堂学习任务提出了许多建议,有助于我们深入探索数学结构。

正如托尔斯和戴维斯(Towers and Davis,2002)所观察到的那样,在数学教育中,我们使用了"结构"一词两种截然不同的意义,它在词源上与"散播"和"理解"相关联。在生物学中,"结构"是皮亚杰(Piaget)遗传认识论的基础,它是指同时出现的复杂且不断进化的形式。这种形式随物而变,并且有内在联系。在建筑学中,"结构"是指静态互锁的部件。斯泰费和基伦(Steffe and Kieren,1996)认为,这两种含义的混合已经阻碍了教育研究的发展。

我在此想提出一些课堂学习任务的例子,以补充第 13 章的观点。这些例子在我看来有益于进一步探索数学结构,并能为其未来发展提供建议。首先,根据我自己的数学教学经验提供一些论述,说明可以通过关注具体对象的性质来识别关系,并实现向一般化的过渡。我之所以要提这些是因为它们能体现我的认识上的成长,即数学结构被无意地回避或绕开是因为不合适的教学选择所致。这就引出了关于注意力和结构变式的评论。然后,我在充分利用第 13 章的基础上,为未来研究和发展提出一些有潜在价值的方向。

14.2 在识别关系中察觉数学结构

在 1970 年代,随着越来越关注与数学教学和学习相关的议题,我深刻受到了米德兰数学实验(Midlands Mathematical Experiment,1964)的启发。在实验中,我发现用火柴棒、正方形和圆等形状可以构造各种图形序列,这令我感到很兴奋。因为在我看来,它们为学习者提供了多种机会,凭借某些固定关系可以扩展已有信息,想象尚未呈现的对象。它们也为学习者提供了多种表示这些关系的机会,促进了学习者用代数形式表示序列中组成具体但未知图形的元素的数量。

14.2.1 表示一般性

我设计和整合了数十个涉及图形序列的任务,这些设计的素材可以帮助幼儿到中学所有年级数学教师的教学(Mason, 1988,1996)。对我来说,重要的原则之一是学习者必须能口头描述,说明规律如何继续下去,或者说明已有的图形是否适合给定的规律。只有这样,对所求对象的计数才是有意义的。有一个图形我非常喜欢,我们可以用它来评估未来教师和实习教师的资格提升问题(图 14 - 1)。

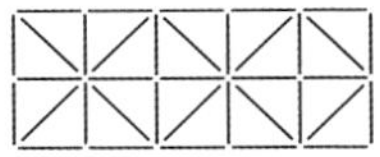

左侧是一个 5 列、2 行的单元格结构,且每个单元格给出一个对角线,此结构中共有 37 根小棒。构造 50 列、32 行这样的结构需要多少根小棒?如果是 c 列、r 行时情况如何呢?

图 14 - 1 一个小棒结构

此题选择 50 和 32 的理由是:观察答题者,使用缩放操作(将列乘 10)的情况,是在没有真正考虑情境前就开始使用,还是为了简便计算。然后,我们应当暂时停止这个看似可用的操作,并考虑是否有其他更合适或更有效的操作。因此,这个任务为研究内部任务(inner tasks)、元任务(meta tasks)以及外部任务(outer tasks)提供了可能(Tahta, 1981;Mason and Johnston-Wilder, 2004,2006)。

如果我自己使用这个任务,我会充分利用如下事实,即不同的人可能会“观察”到不同的结构。我甚至可以把这个任务扩展为“要求至少找到三种不同方式表示小棒数量,并且要说明这些表达式是在哪些不同的视角下观察到的图形构造”。这就是通过识别关系(注意力的形式之一)来寻找结构。这样做是为了促进观察方式的多样性,并能使用符号表达出这些观察视角。由于要用那些已有的、看起来却不一样的形式来表示相同的东西,这种多样性不仅自然而然地产生了代数法则,而且还可以和前面暂时停止的操作联系起来,从而加强对前者的认识。

在最初的评估中,我们发现许多教师可以在一个方向(列数)归纳出规律,但不能同时归纳行和列的规律。我建议自己画一个这样的图,并注意如何找到解决问题的有效方法(也许是先逐行,或是先逐列)。“注意你在做什么”(Watch What You Do,简记为 WWYD)这句口号,是一种提醒你怎么做的方法,并且这个方法适用于你专注于任何具体对象的时候。也就是说,为了获得结构关系的感觉,你可以从构造一个简单的具体例子开始。这也被概括为“具体操作—获得感觉—表达清楚”(Floyd et al., 1981;Mason and Johnston-Wilder,2004,2006)。

在许多不同的情境下,寻找同一种性质的多种表示最终会导致一个问题出现,即是否存在一种方法可以在等价表达式之间进行切换,而不必再用口头描述它们表达的意思。我们称其为多重表示,并将其作为一种通向代数的途径,因为当学习者有这种愿望时,他们可以自己发展和表示那些操纵字母的“法则”(Mason et al., 1985,1996)。

几年后我才明白,当玛丽·布尔(Mary Boole)谈到一条通向概括的具体途径时,她的意思是指什么(Tahta, 1972)。我称其为“追踪算术”,是指在实际进行计算时不必变动初始的一个或多个数。以小棒的题目为例,这意味着我们需要找到一种计算小棒数量的方法,但不要变动5(列)或2(行),即要用这两个数来表示。因为水平方向的小棒数量为 $5\times(2+1)$,竖直方向的小棒数量为 $2\times(5+1)$,对角线的小棒数量为 2×5,所以需要 $3\times(2\times5)+5+2$ 根小棒。分别用 r 和 c 替换没有变动的2(行)和5(列),就可以给出所需棒数的表达式 $3rc+r+c$,为了方便转换,也许我们先要将所有出现的2标记为行数、5标记为列数。要注意 r 和 c 之间的对称性。

对于“拒绝代数的人”,即那些认为代数不适合他们的学习者,人们已经证明使用追踪算术(Mason et al., 2005)是他们学习代数的一条有效途径。不用字母,而是用一朵云来代表房间外的某个人正在想的一个未知数;然后,继续让他们表示一些关系,他们惊讶地发现自己所做的其实正是代数!

进一步的发展(主要但不单是在中学)就是探索是否存在一个特定对应小棒数 S 的图形。因为 $S=3rc+r+c$,所以 $3S+1=9rc+3r+3c+1=(3r+1)\cdot(3c+1)$。因此,当且仅当 $3S+1$ 可以表示为两个数的乘积,且这两个数均是3的倍数加1时,可以构造由 S 根小棒组成的图形。此外,这种结构推理可以被一般化,可以用于任何如“$axy+bx+cy+d$”形式的式子,要对 b、c 和 d 的值进行适当调整。虽然儿童可能无法理解这种推理,但至少值得提出这样的复原问题,以便能让学习者沉浸在无处不在的、创造性的“做和复原”的主题中:无论何时,当你发现能进行某些操作时,即“做”,再问一下自己,可否或在什么情况下能复原它

(Mason,2008)。

毫不夸张地说,在开始计数之前,决定如何绘制所有的图形(即使是尚未显示的图形),是非常重要的。在其他情境中,至关重要的是要有一些预定的规则或结构来生成序列的项。例如,图 14－2 是带状图案的一部分,如果没有任何其他信息,你将无法确定如何继续扩展。但是,如果再知道它是由某一组方格图形重复生成的,并且这一组重复的方格图形至少出现了两次,那么你就只能以一种方式扩展这个带状图案了(Mason, 2014;图 14－2)。

图 14－2　带状图案的一部分

只有当你确定了带状图案是如何继续扩展下去的时候,提出类似"第 100 个单元格(或第 n 个单元格)的颜色是什么""第 100 个出现(或第 n 个出现)的浅阴影单元格的编号是多少"的问题才有意义,这些都是有关做和复原的问题。WWYD 仍然是恰当的。

学龄前儿童已经开始探索这种问题了,他们可以自己构造复杂的图形规律,并扩展自己或他人构造的图形(e.g. Papic and Mulligan, 2007;Ferrara and Sinclair, 2016)。稍大一点的儿童可以在适当的支持下计算一般情况下所求对象的数量,甚至可以将他们的思维扩展到负数(e.g. Moss and Beatty, 2006)。扎齐奇斯和利耶达尔(Zazkis and Liljedahl,2002)报告了多个研究,这些研究表明,学习者可能会觉得这样的问题不简单,但这通常可以归结为如下原因:对于把表示一般规律作为数学思维的基本部分,学习者还不熟悉。正如第 13 章所指出的,这一点与教学法有关,是与教师思考数学的方式吻合而且一致的,也就是说,教师要将数学教学视为一种创造性的工作,而不是训练学生盲目执行程序的过程。因此,有效的教学不仅仅与数学结构或者支配情境的结构关系有关,也不仅仅是与选择什么任务或考虑如何构造这些任务有关,它还与教师设计问题和与学习者互动时,教学过程的顺序和结构有关。从数学的视角和经验出发,正是这些因素赋予数学思维和答案同等重要的价值。

多年之后,我才意识到学习者的行为是多么容易被训练,以及学习者是如何(常常是无意中)试图来逃避思考(主动认知)的。例如,我以前总是按顺序展示前三个或四个图形,但后来我意识到,这会导致学习者更加关注图形是如何从一个变化到另一个的,而不是关注每个图形的内部结构(Stacey, 1989; Stacey and

MacGregor,1999,2000)。有时这种归纳的方法很有效,并且确实是解决问题的唯一方法。但是任务的主要目的是让学习者在序列中归纳一般性,并能获得表示一般性的方法,在不借助之前的图形的情况下计算出第 n 个图形所需对象的个数。这些任务的目的是发展学生的能力,因此每个课题的教学都应当与一般性表示、合理性证明紧密联系。可以提供几个零星的图形,甚至只是一个"具有普遍意义"的图形,这种方法能避免学习者落进仅靠一种特定方式就去解决任务的陷阱。

这里我有一个疑问:在不同的情境下,当学生能识别和表示一般性时,他们关注的是什么?若不能,他们关注的又是什么?

14.2.2 注意力

我花了很长时间试图弄清楚人们为什么关注某些东西,最终基于贝内特(Bennett,1966,1993)的思想,我得到了5种关于注意力的形式或结构,发现它们和万海勒(van Hiele-Geldof, 1957;van Hiele, 1986)的层次很接近。我的结论与其显著不同之处在于,在我的经验中,人们关注事物的方式是非常容易变的,观察事物的方式不是层层递进像楼梯一样可以攀爬的。我将注意力的形式描述为"抓住整体"(聚焦于一些可视的或想象的"事物")、"察觉细节"(某些细节可能作为一个整体被看待)、"识别关系"(在一个特定的情境下)、"感知性质"(从特殊例子中获取一般性质)和"基于规定的性质进行推理"五种(Mason, 2003)。

核心之处在于,人们可以在"识别关系"(仅在特定情境下,一种以结构关系的形式呈现的结构感)和"感知性质"(当概括性的结构关系被具体化时)这两者之间来回切换。我猜想许多学生在数学中很少甚至从来没有明确地感受到具体对象的性质,因此数学世界对他们而言仍然是封闭的。在英国,我用一个口号来推广这件事:"不让学习者进行数学归纳的课,就不是一节数学课"(Mason et al., 2005)。换句话说,归纳概括是数学思维的生命和灵魂,是数学思维的核心。因此,当进行图形归纳推广时,我们只为学习者提供归纳的经验。我们一直以来都在提倡,数学教学应该让学习者沉浸在归纳概括的课堂氛围中,促使学习者表达出概括性的话,并把它们作为猜想,然后证明这些猜想(经过适当修改后)是对的,让学习者自己和他人信服。这适用于任何课题和课堂,并且与达维多夫(Davydov)所倡导的方法是一致的,即在引入数之前先关注数的单位。

14.2.3 结构变式网格

结构变式这个概念产生自一个情境。在哥伦比亚通哈镇,当被问及如何教不会计算(－1)×(－1)的学习者对二次式因式分解时，我想出了“通哈序列”(Tunja sequences)(Mason，2001)。这个想法就是要让学习者自发地去扩展熟悉的序列，然后让他们使用沃森(Watson，2000)所说的“纵向、横向剖析”来解释他们的所做的事。表14－1提供了一个学生可以在整数范围内使用的简化版本。

表14－1　一个网格

3×(1+1) =3×1+3×1	3×(1+2) =3×1+3×2	3×(1+3) =3×1+3×3	…
3×(2+1) =3×2+3×1	3×(2+2) =3×2+3×2	3×(2+3) =3×2+3×3	…
3×(3+1) =3×3+3×1	3×(3+2) =3×3+3×2	3×(3+3) =3×3+3×3	…
…	…	…	…

“纵向剖析”的意思是能够通过识别，利用熟悉的自然数序列来预测每个单元格中的情况，这类似于劈木。“横向剖析”的意思是意识到为什么每个单元格中的两个计算结果总是相等的，这类似于看树桩的年轮的结构。

利用应用程式，就能在该网格中的任何一个单元格里表示出等号的两边，也就可以轻松表示出一些单元格的几个部分，然后我们就可以请学习者猜想和证明，并用结论检验其他的单元格。这种方式可以引导学习者概括，之后我们可以要求学习者自己建立一个类似的网格。在另外一天，可以改变乘数3，学习者很快就可以猜想并清晰表达算术(以一般形式表示)及代数的分配律。小学高年级或初中低年级可以使用类似的网格来阐明合并同类项和因式分解(Mason，2015)。需要注意，结构变式网格是否有效并不在于它本身的结构(尽管这一点起着重要的作用)，而在于教师的教学选择。无论是在备课还是在上课时，教师都要依据“有利于学习者主动学习”这个观点来开展数学教学。

构成算术的结构关系被呈现出来，学习者通过直接经历能清晰地表达出结构关系，然后内化成自己的东西。类似地，学习者可以用一个向左和向下扩展成负数的乘法网格来学习负数的乘法，即纵向剖析行和列并填充单元格，横向剖析识别为什么乘负数会如此。要让学习者认识到每个单元格中的计算结果都是正确的，并且左右两边的式子可以颠倒，学习者要关注特定的结构关系，并能概括出单元格中的一般规律。还有一些涉及分数运算的网格。

14.2.4 评论

我之所以呈现一些个人在理解学习障碍时的过往经历，是因为想要提供一些数学结构的具体例子，并说明从认识特定关系转变到从特殊例子中获取一般性质是如何成为学校数学教学的核心的。算术被视为研究自然数性质的最有用方法，得到具体计算的答案可以是一种副产品，而不是关注的焦点。

14.3 可能的发展方向

在我看来，如果数学家和数学教育家就如何思考数学课题达成某种共识，不论是基于他们自己的经验，还是基于与其他数学课题和整体数学思维有关的经验，那么将对数学未来的发展有很大的帮助。在提出建议前，我从第 13 章摘录了一些相关内容。

14.3.1 表示一般性

有迹象表明，涉及空间意识的情境可以为整数算术教学提供有用的跳板，使整数算术以相对"自然"且有效的方式展开，并使学生关注结构关系。

正如第 13 章所言，越来越多的证据表明，儿童可以探索、复制、扩展模式，甚至可以自己创造复杂的模式。教师几乎可以在任何其他活动中设计恰当的任务（例如，在关于北极地区的主题活动中，制作关于北极熊、企鹅、海豹或其他需要关注的事物的序列）。重要的是教学方法的多样性促进了儿童数学思维能力的发展，使儿童从重复模式规律发展到能数出可见事物的数量，再到能计数想象中的事物，最后儿童就能表示出一般性（Mason，1996）。教师如何让小学生做到这些？小学生如何自我创造？这些问题的清晰答案对教师将会很有帮助。

14.3.2 加法和乘法推理

区分加法和乘法情境，明确加法和乘法情境中的不同结构，似乎是理解这些情境中不同基本结构的一个重要途径。由于提出一个与给定结构相关的问题可能并不容易，因此鼓励学生联结和构造具有给定结构关系的问题似乎是需要进一步关注的重要领域。

第 13 章的报告研究表明，双数线和空数轴等结构有助于呈现可用于数的计算的可视的结构。除此之外，还可以使用诺米块、古氏积木和弹性训练（将乘法表示为缩放，其中重复加法是一种特殊情况；Harvey，2011）。但最重要的不是这些学具本身，而是如何使用它们。只有当人们“看到”数学被具象化时，数学才体现在实物中，因此这完全取决于教学法的选择。关于教学选择是如何影响学习者理解数学的具象的，我们还需要做更多的工作。

14.3.3 数学视野

鲍尔(Ball，1993)指出，教师数学视野(数学眼界)的重要价值在于联结数学的不同内容，加强一般数学课题之间的联系，激发学习者数学思考的本能，特别地，将某个内容应用于曾经学习过的内容。在第13章中，我们可以看出学习者几乎意识不到他们做的事情中哪些事情是符合大局的，这可能是因为教师同样不具有大局意识。这里，我引用阿蒂格(Artigue，2011)的话来说明这点，即“学生不知道哪些需求可以通过学习数学专题获得”，伴随而来的是他们“在数学学习中几乎没有自主性”(p.21)。教师可以抓住每一个机会，让学生做出有意义且常规的选择来培养学生的自主性。

学生通过认识各种数学主题，如变与不变、做与复原、自由和约束，加强数学联系，开阔数学视野(Mason and Johnston-Wilder，2004，2006)，这是教师准备教授任何课题的架构的一部分。在公开大学，我们开发了这样的架构，在后来的表现形式中被称为“SoaT”(Structure of a Topic，一个课题的结构)。它呈现了数学课题的6个方面，在一定程度上与西方心理学所承认的人类心理的3个方面相对应，即认知、情感和实施。

认知维度涉及诸如概念表象(关联、与课题产生有效关联的表象，概念表象)以及针对该课题学习者出现的典型困惑和疑惑。实施维度包括在课题中寻找专用的术语究竟是如何从可以有效地帮助学生实施技术和程序以及程序本身相关的日常用语、“内在咒语”或“喋喋不休的话(?)”中衍生出来的(Wing，2016)。情感维度与情感和动机有关，因此在愿望和倾向方面，它包括课题所能解决的各种问题和历史上引发该课题的问题，以及课题在情境中的有效性；还包括教学选择如何才能使课题所包含的语言、概念和技巧朝着积极的方向发展。

由于处于不同情况的学生群体是不同的，因此试图找到一种向学生介绍代数的完美有效方法似乎并不明智。另一种选择是去发现其他通往代数的途径(如概括结构关系并表达这些关系，追踪算术，用多个表达式表示同一事物，用代数法则表示算术公理)。在任何一节课中，关注什么内容取决于人和情境，这就是教师的艺术所在。那些以教科书为基础的课堂，是基于单一假设的学习轨迹(Simon and Tzur，2004)，这种课堂并非总能成功。成功的教学要求教师既要关注数学(课题和思维)，也要关注学习者，因为数学教学是一项充满关怀的职业。平衡对数学和学习者的关心绝非易事。众所周知，两个人共同设计一堂课，然后再各教一次，由于种种差异，他们最终所呈现的课堂完全不同。从根本上讲，问题在于教师所意识到的东西(可以使用哪些教学和数学行为)以及他们在课堂上的关注点均有所不同。这就是有效(长期)和成功(短期)教学之间的区别。

教师需要数学思考，无论是单独还是集体思考。一旦思考停止了，教师的职业精神和对学习者的关注度就会逐渐消失。

14.3.4 文字型应用题

文字型应用题的使用和滥用已被广泛讨论(Gerofsky，1996；Greer，1997；Verschaffel et al.，2000；Mason，2001a，b)。由于我们似乎不能避免碰到文字型应用题，因此明智的做法是从结构上解决它们。有人试图教会学习者分析口头陈述，查找关键字并从中找出答案，而“新加坡方法”是使用条形图刻画数量，然后用其解决问题。但是，最终都必须使学习者用心理意象理解情境，并在情境下识别、表示关系。只要能达到这个目的，可以使用任何工具和表征模型。如果学习者为了逃避思考而与题目“保持距离”，那么就无法有效地解决文字型应用题。

贝德纳茨等人(Bednarz et al.,1996)指出，在算术中是从已知到未知的，而在代数中是从未知向已知推进。但是，正如玛丽·布尔(Tahta，1972)所指出的那样，你要做的是承认自己的无知，并用某个符号表示你暂时未知的内容，然后使用另一符号表示你已知的内容。这相当于追踪算术，当你开始尝试验证某个猜测是否正确时，追踪该猜测并将其替换为符号，从而得到一些需要求解的方程。

如果将解文字型应用题视为一种游戏和探索，那么学习者就可以构造自己的问题，如更改情境和数值参数，然后他们就会乐于想象情境、识别结构关系并表示这些关系，而不是害怕解题。以一个简单的分享弹珠的题目为例：

> 如果安妮将3颗弹珠给约翰，那么他们的弹珠数量将相同。开始时，安妮比约翰多多少颗弹珠？

当然，还可能是知道安妮或约翰最后拥有的弹珠数量。但是，要关注所有可能发生变化的情况以及所有可以更改的性质：安妮送出的弹珠数量，她把弹珠送出后的结果(也许那时她拥有的弹珠数量是原来的两倍或一半，也许比约翰多5个或少6个)，参与的人数，给予和接受的次数(也许约翰后来给安妮一些弹珠，给别人一些东西,等等),动作的本质(也许安妮用她的红色弹珠交换约翰的两个蓝色弹珠)和被交换的东西(糖果、小圆片、泰迪熊、企鹅等)。学习者可以自己改变条件并尝试解决问题从而获得乐趣,不仅可以在这一个特殊例子中做,在所有的应用题中都可以做。在简单的情境下,很小的孩子也可以完成,从而引导或培养他们用数学思维进行思考。

再次强调,这不仅仅与数学结构有关(一页充满"问题"需要"做"的书该有多让人望而生畏?),也不仅仅与问题和互动的教学结构有关,而是这两者的结合,它是由教师的敏锐性所调节和维系的,教师既要敏锐地抓住培养学生数学思维的时机,也要关注学生的特殊思维。

14.3.5 教学选择

教师和年龄较大的孩子更多"自上而下"地用概括性的词句或代数式来呈现结构,这似乎有助于促使人们关注正在处理的数量关系的性质。这很有可能与先前遇到的、大量的加法和乘法的情境有关。揭示基本结构的图形模型能更好地为年幼儿童提供类似方法,在相似的情况下,这些模型可以更有助于解释加法和乘法中的数量关系,以及解释与结构相关的含有规律的情境。

第 13 章暗示了用"直接指导"这样的术语来指广泛的实践还是很含糊的。例如,他们引用基施恩等人(Kirschner et al.,2006,pp.83 - 84)的观点,大意是"非指导性教学(通常)不如强有力的指导性教学有效",但一定没有人提出"非指导性教学"。即使是备受诟病的由布鲁纳提出的"发现学习",也从来都不意味着学习者在没有任何干预或指导的情况下独自去"发现"。对于学习者受影响的意识以及元意识的微妙性和重要性(Mason, 1998),怎么强调都不为过。

"自上而下"或"直接指导"通常是指教师用一个经过处理的例子或通过一系列的指令告诉学习者应该做什么,但在进行班级授课时不必这样。相反,教师可以在呼吁学习者利用和发展自己能力的同时,引导学习者的想法,并注重对学习者的直接关注(Towers, 1998;Towers and Proulx,2013)。如果教师可以唤起学习者过去的经验,那么学习者就可以一点点地讲出来了。当教师在一个合适的时机使用这种方法时,它就是有效的(Love and Mason, 1992,1995)。是时候让学习者发挥主观能动性了,去培养他们的表达能力或阐述能力(Chi and Bassok, 1989)。让学习者尝试与同学交流和倾听其他学习者的叙述也同样重要。但似乎最重要的是,不要指令性地规定教师该怎么上一节课。相反地,教师要发展敏锐性,要注意和了解学习者思考了什么,是如何思考的,从而充分使用课堂任务。保持教学的复杂性也是至关重要的,教师应该正视并利用人类心理的复杂性,而不是像在装配线上工作一样,试图简化教学行为。梅森(Mason,1979)在贝内特(1966,1993)的系统学基础上概述了6种交互模式,为构建师生互动作出了贡献;基尔帕特里克等人(Kilpatrick et al.,2001)提出了5条数学能力的建议;舍内费尔德(Schoenfeld,2014)提出了"数学力量课堂"的5个维度;科科(Cuoco,1996)等人提出了思维习惯,可能还有许多其他人做了相关研究。研究者还需要做更多工作来简化和协调各种不同的方法,使教师在规划和进行有效教学选择时能够有所准备,与此同时要认识人类心理的复杂性,但不要将它过分复杂化。

例如,戴维斯(Davis,1996)介绍了"解释性倾听"的概念,是指教师倾听学习者的话,观察学习者在做什么,而不是听教师想听或看教师想看的东西。马拉拉和纳瓦拉(Malara and Navarra,2003)所说的"咿呀学语"是一种方法,能够使人们更敏锐地倾听,类似于一个婴儿在床上还不会说话却能发出声音。"咿呀学语"可以提醒人们注意听语言背后的内容,即学习者试图表达什么,尽管他们可能没有使用正确的术语。所以,"咿呀学语"可以成为解释性倾听的触发器。"教学张力"(Mason and Davis, 1989)一词来源于布鲁索(Brousseau,1997)的一些研究工作,表明教师越清楚、越准确地指明想让学习者表现出来某种行为,学习者就越容易表现出这种行为,从而导致学习者无法真正自发产生这种行为。这就解释了为什么解释性倾听——通过倾听学生来教学是如此重要。教师很容易陷入"训练学习者行为"的局面,没有为学习者产生"教育自己的意识"提供条件(Gattegno, 1970;Mason, 1998)。托尔斯和戴维斯(2002,p.338)写道:

> 这些注意的和试探性的课堂参与模式,与那些以问答方式和控制为导向的课堂互动模式形成了鲜明的对比,对其我们可以再次作如下描述——对于结构一词,我们已经从建筑学转变到生物学来定义它。这种教学方式的一个重要因素是它接受了课堂中一些模糊性和偶然性。

有一个关于教学选择的领域似乎并不经常被提起,那就是教学选择与让学习者参与选择有关。通过让学习者作出重要的数学选择,并且让他们构建数学对象、练习和例子,他们可以尽其所能地调动自己,而不是依靠教师提供一系列适合不同学习者的例子(Watson and Mason, 2005)。如果能让教师亲自进行有效实践,这些或其他教学策略就可能会引起广大教师的注意。

14.3.6 推理、论证和证明

"证明"是数学教育中正在再次流行的另一个数学内容。但是让学生通过数学推理来证明猜想的正确性,可能并不像直接灌输学生知识那样容易"教"。当学习者发现他们能够在数学中"确信某事"时,不是因为有人告诉他们,也不是因为他们看到了许多令人信服的例子且相信这些例子总是正确的,而是因为他们可以自己推理,推理可以加深他们对数学思维的兴趣、参与度和倾向性。如莫利纳和梅森(Molina et al.,2008;Molina and Mason,2009;Mason et al.,2009)等研究者认为的,要想探究学习者对关系的认识,尤其是对性质的认识,可以提高教师的敏锐性,使教师关注那些可能对学习者有用的例子,教师教学选择的有效性也会因此而提高,而且这关系到教师数学推理能力的发展。提醒教师把握这样的教学机会,注意在教学过程中促进推理并让学习者意识到他们的推理。这是一个要不断坚持的过程。

要想成功地进行推理,就需要认识一般性质,感知从具体例子获知的性质,而不是仅在某些特殊情境中才能识别一些关系。只有这样,学习者才有可能合理利用先前确定的性质得出新的结论。但并非所有的推理都必须是学习者的原创:开始时,教师可以引导学习者参与讨论并进行推理,使他们沉浸在推理的氛围中并自发进行推理;教师也可以向学习者展示比他们预期构造的更复杂的推理的例子,这样就可以使学习者扩展和丰富推理经验。我们永远欢迎教师这样做。

14.4 超越整数

正如戴维斯指出的(Davis, 1984),如果孩子们学习了很长一段时间的加法运算,紧接着是减法运算,再是乘法运算,然后是除法运算,最后遇到不是整数的"数",那么每当他们遇到不知道该做什么的情况时,就会回到加法上,这一点不足为奇。他们会自然而然地采取第一个可行的行动。如果孩子们学会了停下第一个行动,那么他们就有机会深入探究,找出真正涉及的内容,否则他们很可能会令教师失望。

将自然数看作一个复杂的整体,尽早纳入四种运算,并借鉴达维多夫的理念,即在单位和度量概念的背景下引入自然数,更有可能让人们把算术理解为对自然数属性的研究,而不是对答案的计算(Thompson et al., 2014)。如果同时在缩放和重复的情境中,乘法就不能被认定为与重复相同,那么人们即使还不能真正理解数学基础知识，仍然有机会重视及领会它。过于简单化的教学并不能很好地教授复杂的性质，即通过分离成分，期望学习者将它们重组成一种复杂的理解。

在课堂上，教师时时刻刻都展现他的数学的“存在”，并让学习者潜移默化地接受。教师通过亲身参与数学思考、丰富数学结构感、展示数学的“思维习惯”（Cuoco et al., 1996）、处理数学中的基础结构（如变式）（Thompson and Carlson, 2017）、丰富所能接触到的各种教学行为，保持自己的活力，从而为学习者提供一个即时和丰富的课堂，使他们有所得。未来人们所需要的是一种真正充满人文关怀的相互教育。

参考文献

Artigue, M. (2011). Challenges in basic mathematics education. Paris: UNESCO. Available from http://unesdoc.unesco.org/images/0019/001917/191776e.pdf.

Ball, D. (1993). With an eye on the mathematical horizon: Dilemmas of teaching elementary school mathematics. *Elementary School Journal*, 93(4), 373 - 397.

Bednarz, N., Kieran, C., & Lee, L. (1996). *Approaches to algebra: Perspectives for research and teaching*. Dordrecht: Kluwer Academic Publishers.

Bennett, J. (1966). *The dramatic universe*, 4 vols. London: Routledge.

Bennett, J. (1993). *Elementary systematics: A tool for understanding wholes*. Santa Fe: Bennett Books.

Chi, M., & Bassok, M. (1989). Learning from examples via self-explanations. In L. Resnick (Ed.), *Knowing, learning, and instruction: Essays in honor of Robert Glaser* (pp. 251 - 278). Hillsdale: Lawrence Erlbaum.

Cuoco, A., Goldenberg, P., & Mark, J. (1996). Habits of mind: An organizing principle for mathematics curricula. *The Journal of Mathematical Behavior*, 15(4), 375 - 402.

Davis, R. (1984). *Learning mathematics: The cognitive science approach to mathematics education*. Norwood: Ablex.

Davis, B. (1996). *Teaching mathematics: Towards a sound alternative*. New York: Ablex.

Ferrara, F., & Sinclair, N. (2016). An early algebra approach to pattern generalisation: Actualising the virtual through words, gestures and toilet paper. *Educational Studies in Mathematics*, 92(1), 1 - 19.

Floyd, A., Burton, L., James, N., & Mason, J. (1981). *EM235: Developing mathematical thinking*. MiltonKeynes: The Open University.

Gattegno, C. (1970). *What we owe children: The subordination of teaching to learning*. London: Routledge & Kegan Paul.

Gerofsky, S. (1996). A linguistic and narrative view of word problems in mathematics education. *For the Learning of Mathematics*, 16(2), 36 - 45.

Greer, B. (1997). Modelling reality in mathematics classrooms: The case of word problems. *Learning and Instruction*, 7(4), 293 - 307.

Harvey, R. (2011). Challenging and extending a student teacher's concepts of fractions using an elastic strip. In J. Clark, B. Kissane, J. Mousley, T. Spencer, & M. Thornton (Eds.), *Mathematics: Traditions & [new] practices* (pp. 333 - 339). Proceedings of AAMT 23 & Merga 34. Adelaide: AAMT and MERGA.

Kilpatrick, J., Swafford, J., & Findell, B. (Eds.). (2001). *Adding it up: Helping children learn mathematics*. Washington, DC: National Academies Press.

Kirschner, P., Sweller, J., & Clark, R. (2006). Why minimal guidance during instruction does not work: An analysis of the failure of constructivist, discovery, problem-based, experiential, and inquiry-based teaching. *Educational Psychologist*, 41(2), 75 - 86.

Love, E., & Mason, J. (1992). *Teaching mathematics: Action and awareness*. Milton Keynes: The Open University.

Love, E., & Mason, J. (1995). Telling and asking. In P. Murphy, M. Selinger, J. Bourne, & M. Briggs (Eds.), *Subject learning in the primary curriculum: Issues in English, science, and mathematics* (pp. 252 - 270). London: Routledge.

Malara, N., & Navarra, G. (2003). *ArAl project. Arithmetic pathways towards favouring prealgebraic thinking*. Bologna: Pitagora.

Mason, J. (1979, February). Which medium, which message. *Visual Education*, pp. 29 - 33.

Mason, J. (1988). *Expressing generality* (Project Update). Milton Keynes: The Open University.

Mason, J. (1996). Expressing generality and roots of algebra. In N. Bednarz, C. Kieran, & L. Lee (Eds.), *Approaches to algebra: Perspectives for research and teaching* (pp. 65 - 86). Dordrecht: Kluwer Academic Publishers.

Mason, J. (1998). Enabling teachers to be real teachers: Necessary levels of awareness and structure of attention. *Journal of Mathematics Teacher Education*, 1(3), 243 - 267.

Mason, J. (2001a). On the use and abuse of word problems for moving from arithmetic to algebra. In H. Chick, K. Stacey, J. Vincent & J. Vincent (Eds.), *The future of the teaching and learning of algebra* (pp. 430 - 437). Proceedings of the 12th ICMI study conference,

University of Melbourne, Melbourne.

Mason, J. (2001b). Tunja sequences as examples of employing students' powers to generalize. *Mathematics Teacher*, 94(3), 164 – 169.

Mason, J. (2003). Structure of attention in the learning of mathematics. In J. Novotná (Ed.), *Proceedings, international symposium on elementary mathematics teaching* (pp. 9 – 16). Prague: Charles University.

Mason, J. (2008). Making use of children's powers to produce algebraic thinking. In J. Kaput, D. Carraher, & M. Blanton (Eds.), *Algebra in the early grades* (pp. 57 – 94). New York: Lawrence Erlbaum.

Mason, J., Stephens, M., & Watson, A. (2009). Appreciating mathematical structure for all. *Mathematics Education Research Journal*, 21(2), 10 – 32.

Mason, J. (2014). Uniqueness of patterns generated by repetition. *Mathematical Gazette*, 98(541), 1 – 7.

Mason, J. (2015). www.pmtheta.com/structured-variation-grids.html.

Mason, J. & Davis, J. (1989). *The inner teacher, the didactic tension, and shifts of attention.* In G. Vergnaud, J. Rogalski, & M. Artigue (Eds.), *Proceedings of PME XIII* (Vol. 2, pp. 274 – 281). Paris: PME.

Mason, J., & Johnston-Wilder, S. (2004). *Fundamental constructs in mathematics education*. London: RoutledgeFalmer.

Mason, J., & Johnston-Wilder, S. (2006). *Designing and using mathematical tasks* (2nd ed.). St. Albans: Tarquin.

Mason, J., Graham, A., Pimm, D., & Gowar, N. (1985). *Routes to/roots of algebra*. Milton Keynes: The Open University.

Mason, J. with Johnston-Wilder, S. & Graham, A. (2005). *Developing thinking in algebra*. London: Sage (Paul Chapman).

Midlands Mathematical Experiment. (1964). London: Harrap. Seewww. stem. org. uk/elibrary/collection/3612/midlands-mathematical-experiment. Accessed May 2016.

Molina, M., & Mason, J. (2009). Justifications-on-demand as a device to promote shifts of attention associated with relational thinking in elementary arithmetic. *Canadian Journal for Science, Mathematics and Technology Education*, 9(4), 224 – 242.

Molina, M., Castro, E., & Mason, J. (2008). Elementary school students' approaches to solving true/false number sentences. *Revista de Investigación en Didáctica de la Matemática PNA*, 2(2), 75 – 86.

Moss, J., & Beatty, R. (2006). Knowledge building in mathematics: Supporting collaborative learning in pattern problems. *International Journal of Computer-Supported Collaborative Learning*, 1(4), 441 - 465.

Papic, M., & Mulligan, J. T. (2007). The growth of early mathematical patterning: An intervention study. In J. Watson & K. Beswick (Eds.), *Mathematics: Essential research, essential practice*. Proceedings of the 30th annual conference of the Mathematics Education Research Group of Australasia, Hobart (Vol. 2, pp. 591 - 600). Adelaide: MERGA.

Schoenfeld, A. (2014). What makes powerful classrooms, and how can we support teachers in creating them? *Educational Researcher*, 43(8), 404 - 414.

Simon, M., & Tzur, R. (2004). Explicating the role of mathematical tasks in conceptual learning: An elaboration of the hypothetical learning trajectory. *Mathematical Thinking and Learning*, 6(2), 91 - 104.

Stacey, K. (1989). Finding and using patterns in linear generalising problems. *Educational Studies in Mathematics*, 20(2), 147 - 164.

Stacey, K., & MacGregor, M. (1999). Taking the algebraic thinking out of algebra. *Mathematics Education Research Journal*, 11(1), 25 - 38.

Stacey, K., & MacGregor, M. (2000). Learning the algebraic method of solving problems. *Journal of Mathematical Behaviour*, 18(2), 149 - 167.

Steffe, L., & Kieren, T. (1996). Radical constructivism and mathematics education. *Journal for Research in Mathematics Education*, 25(6), 711 - 733.

Tahta, D. (1972). *A Boolean anthology: Selected writings of Mary Boole on mathematics education*. Derby: Association of Teachers of Mathematics.

Tahta, D. (1981). Some thoughts arising from the new Nicolet films. *Mathematics Teaching*, 94, 25 - 29.

Thompson, P., & Carlson, M. (2017). Variation, covariation, and functions: Foundational ways of thinking mathematically. In J. Cai (Ed.), *Compendium for research in mathematics education* (pp. 421 - 456). Reston: National Council of Teachers of Mathematics.

Thompson, P., Carlson, M., Byerley, C., & Hatfield, N. (2014). Schemes for thinking with magnitudes: A hypothesis about foundational reasoning abilities in algebra. In K. Moore, L. Steffe, & L. Hatfield (Eds.), *Epistemic algebra students: Emerging models of students' algebraic knowing* (Vol. 4, pp. 1 - 24). Laramie: University of Wyoming.

Towers, J. (1998). Telling tales. *Journal of Curriculum Theorizing*, 14(3), 29 - 35.

Towers, J., & Davis, B. (2002). Structuring occasions. *Educational Studies in Mathematics*, 49(3), 313 - 340.

Towers, J., & Proulx, J. (2013). An enactivist perspective on teaching mathematics:

Reconceptualising and expanding teaching actions. *Mathematics Teacher Education and Development*, 15(1), 5 - 28.

van Hiele, P. (1986). *Structure and insight: A theory of mathematics education*. London: Academic Press.

van Hiele-Geldof, D. (1957). The didactiques of geometry in the lowest class of secondary school. In D. Fuys, D. Geddes & R. Tichler (Eds.), 1984, *English translation of selected writings of Dina van Hiele-Geldof and Pierre M. Van Hiele*, National Science Foundation, Brooklyn College.

Verschaffel, L., Greer, B., & de Corte, E. (2000). *Making sense of word problems*. Lisse: Swets & Zeitlinger.

Watson, A. (2000). Going across the grain: Mathematical generalisation in a group of low attainers. *Nordisk Matematikk Didaktikk (Nordic Studies in Mathematics Education)*, 8(1), 7 - 22.

Watson, A., & Mason, J. (2005). *Mathematics as a constructive activity: Students generating examples*. Mahwah: Lawrence Erlbaum.

Wing, T. (2016). Learning the patter. *Mathematics Teaching*, 251, 14 - 17.

Zazkis, R., & Liljedahl, P. (2002). Generalization of patterns: The tension between algebraic thinking and algebraic notation. *Educational Studies in Mathematics*, 49(3), 379 - 402.

第三部分

论坛

\ 第 15 章 /

整数算术的传统

费迪南多·阿萨雷洛，纳迪亚·阿兹鲁，玛利亚·G.巴尔托利尼·布西，萨拉·伊内斯·冈萨雷斯·德洛拉·苏埃德，孙旭花，萧文强

(Ferdinando Arzarello, Nadia Azrou, Maria G. Bartolini Bussi, Sarah Inés González de Lora Sued, Xuhua Sun, and Man Keung Siu)

15.1 概述〔费迪南多·阿萨雷洛(Ferdinando Arzarello)〕

“传统”一词在《韦氏词典》[1]中有以下两层含义(定义 1)：

> ——历史传承而来的，具有一定特征的思想、活动、行为模式(如宗教活动或社会习俗)；
>
> ——与过去有关的，在历史上未被证实的信仰或故事。

该词典还指出，传统是“一代人通过‘口口相传’或‘手手相传’的方式把信息、信仰、习俗传给另一代人”(定义 2)，并代表“在社会态度、习俗和制度中的文化连续性”(定义 3)。

从这些定义中显而易见的是，整数的读、写、想、教和学的方式是传统的一部分。因此，研究人员和教师需要从传统的多元文化、认识论、心理学和神经学等不同角度来考虑这些因素。

部分因素与不同的文化和传统相关联，所以或多或少带有一些强烈的“当地”色彩。相比之下，其他因素似乎因其所具有的普遍性而显得更为通用。因此，所谓的“几近普遍的传统数学”(Barton, 2008, p.10)的概念可能与这些“当地”事例相冲突。由于一个合理的整数学习轨迹不可避免地要讨论其传统根源，又将“几近普遍

[1] 见电子补充材料。

的传统数学”作为其主要目标,所以其中可能存在的冲突性对于教师来说是一个重大的挑战。

本小组的讨论是基于上述背景展开的,旨在对这些不同的文化根源进行深层次分析;并综合目前研究和实践中的新发现,以明确这些教学过程的结果。

在介绍小组成员的学术成果之前,让我们先考虑一些普遍性的问题。

15.1.1 用不同的符号表示数

在历史和不同文化中,对整数的表示存在大量不同的符号系统,包括但不限于语言。

15.1.1.1 *数和文字*

用不同语言表达数的方式提出了一个复杂的问题,这个问题已经在大量研究中得到了证实。从门宁塔(Menninger ,1969)的开创性著作到最近的研究(Zaslavsky, 1973; Ifrah, 1985),都引用了毕晓普(Bishop,1991)关于数的表现形式有其数学文化内涵的论证(也见 Ascher, 1991; Selin and D'Ambrosio,2000 ; Barwell et al., 2015)。

整数的表达和书写方式是一个重要的文化特征,它可以揭示各种不同的文化因素,而在进行早期算术的教学时需要考虑这一方面。一些众所周知的例子总结如下(也见第3章)。

在许多语言中,11～20的数是根据一种特定规则拼写的,它不同于20～30的拼写规则。这些规则可能会隐藏如下这些数的数学结构:12与“twelve”(剩余二); 14与“quattordici”(意大利语,四-十); 17与“diciassette”(意大利语,十-七)。类似地,法语60～99的数是以20为基底来拼写的,这是一些凯尔特语的典型特征。例如,要说97,法国儿童必须先学会说“quatre - vingt - dix - sept”, 即“四(倍)-二十-十-七”;德国儿童要说“Siebenundneunzig”(七和九十);意大利儿童则是“novantasette”(九十-七);等等。相比之下,中文里数的语法结构更加规则,这可能为学生学习数提供了优势。一位意大利教师布鲁纳·维拉(Bruna Villa, 2006)为当地的一年级儿童开发了一种有效的学习方法,教他们如何掌握整数的机制(第15.3.3节),她的设计基于布里西奥、克莱克和乌祖利亚斯(Brissiaud,Clerc, and Ouzoulias,2002),且被她称为“小中国龙”的方法(Villa, 2006;电子补充材料: Arzarello, 2017)。儿童在接受意大利语的数字系统之前以一种类似中文的结构来表达数〔例如,11是“十-一”而不是“undici”;21是“二(乘)十-一”而不是“ventuno”〕。通过这种方式,她能够缩短掌握整数1～100(用意大利语和标准算术表示)所需的时间,并用它们进行算术运算。在第15.3.3节中,将会更详细地说明和讨论这一过程。

巴顿(Barton,2008)在他的著作中阐述了一个更加吸引人的例子,即数在毛利语中的表达方式,研究表明在同一种语言中,数的拼写方式与数学结构之间存在着巨大差异。在与欧洲接触之前,毛利语中的数与动词类似,因为它们表达了动作,例如,说"there were two persons(有两个人)"就类似在说"those persons two-ed(那些人有二)"。当涉及否定时,这种差异更加明显:"为了否定毛利语中的动词,使用了'kaore'这个词……与英语否定动词和形容词都需要使用'not'这个词不同的是,在毛利语中,否定形容词要使用'ehara'这一不同的词(p.4)。"因此,在英语翻译中,如果忽视了毛利语中数的动词特征,那么这样的数学过程也就违背了毛利语的原始内涵(第3章)。

其他研究人员已经指出,数在日常语言中的使用方式会干扰数的数学意义。在一本出色的书中(遗憾的是只有意大利语),语言学研究者卡拉·巴扎内拉(Carla Bazzanella,2011)指出,数在日常用语中的表现形式并不像典型的基数含义,而是带有强烈的不确定性和模糊性(第3章、第4章、第15.2.2节和第15.4.2节)。

15.1.1.2 **数的非语言表达**

研究人员还讨论了数在不同文化中的不同非语言表示方式(Joseph, 2011),例如,当缺少表达数的单词时,使用身体的某些部分(包括但不仅限于手指;Saxe,2014)或复杂算术计算中的空间排列将其表达出来(第4章)。

许多研究人员已经指出,儿童在使用语言和手势来感知数的时候有一些典型步骤,如利用手指进行计数和加法运算。例如,韦尼奥(Vergnaud)对皮亚杰(Piaget)的图式概念作了改编,他将其定义为特定情境下行为的不变组织(Vergnaud, 1997,p.12),并讨论了当儿童使用计数策略时,与手势相关的认知转变是如何发生的:

> 该策略的另一个特征是在语音中标记基数的方式:最后一个数的发音代表整个集合的基数,而不仅仅是最后一个对象。这种带语音的标记不仅包括重复(1,2,3,4,5,…5),还包括重音(1,2,3,4…5)。从这个例子中可以清楚地看出,语言与该策略的功能密切相关,并且在产生"感知—运动"的手势中发挥作用,该手势的组织形式取决于对象的性质和排列,以及要解决的问题,即将不变的数与给定集合相关联。(Vergnaud,1991,p.80)

对于加法策略，巴特沃思等人（Butterworth et al.，2011）描述了一种类似的、更加基于神经学立场的多步骤过程：

> 如果将两个数（如3和5）或两个不相交的集合加在一起，在最早的阶段，学习者会数两个集合中的所有元素，即先数1、2、3，再继续数4、5、6、7、8，数的过程中始终记住第二个集合中的数。在之后的阶段，学习者将接着第一组中的数字往下数，即从3开始数4、5、6、7、8。在更后面的阶段，学习者将从两个数中较大的一个开始数，即从5开始，只数6、7、8。可能在这个阶段，加法的概念就已经在学习者的长期记忆中有所体现。（p.631）

最近对民族数学和神经学的研究为语言问题及其作为算术活动的资源作用提供了一个全新的、更广泛的视角（从神经科学角度进行调查：Dehaene and Brannon，2011）。巴特沃思等人（2011）给出了一个有趣的例子，指出计数策略并不是人们用于发展算术能力的唯一方法：

> 我们在澳大利亚北部地区的两个偏远地方，对年龄在4～7岁之间、说瓦尔皮瑞语（Warlpiri）和阿宁地拉克瓦语（Anindiyakwa）的儿童进行了测试，这些儿童广泛使用空间策略，且正确率很高。而那些说英语的儿童却很少使用空间策略，他们依赖于计数枚举策略来完成加法运算。澳大利亚土著居民以其著称的视觉记忆能力能够探索被加数与加数的空间模式。这些研究结果表明，计数远非精确算术所必需的，它仅仅是提供了一种策略；并且建议数的空间模型不应该是一维的向量（如心理数字线），可以至少是二维的。（p.630）

神经学的进一步研究支持了这些与数学有着更广泛的特征相关性的主张。例如，瓦利等人（Varley et al.，2002）表明：

> 一旦这些与数学有关的资源到位，数学就可以在没有语言体系下的语法和词汇资源的情况下得以维持。正如在“心理理论”的推理任务中语法与表达之间的关系一样，语法被视为一种可以支持数学推理表达的增

> 选系统，但拥有语法既不保证也不妨碍在计算问题上的成功表现。(p.470)

蒙蒂等人(Monti et al.,2012)也指出：

> 我们的研究结果表明，处理语言的语法会引出已有的基础性语言能力，而代数运算则会调动先前处理数量表达的双侧顶叶脑区域。这种双重分离表明语言不能提供跨所有认知领域的思想结构。(p.914)

最后，一些研究指出，数的意义不仅依赖于外部符号与数的表示之间的一一对应这一离散方法，还基于近似数系统(如在无法正确识数的情况下，估计两个集合中的数目)，而这依赖于基数之间的比率而非它们之间的差别(Gallistel and Gelman,2000)。根据这些研究，这种连续的类比系统出现在我们的进化过程中，并先于离散方法而被编码在我们的大脑中。这些发现为传统和语言问题及其作为算术活动的资源作用提供了新的视角。

需要特别注意的是，在小组中有这样一些主要问题：

(1) 教师如何以数的语言和文化根源为基础进行算术任务设计？

(2) 具体的传统算术方法是否需要根据对数进行神经学研究所取得的结果而作出修正或扩展？

15.1.1.3 用文化制品表示数

在对数的符号表示的研究中，一种分析研究了计算工具(不仅限于算盘)，这些工具将数的特定表示法和完成算术运算的活动结合在一起(Ifrah,2001)。计算工具与语言紧密相连，并且可以与小学阶段所使用的教学设计相结合。许多教师将这些工具与现代技术结合使用，以在虚拟技术下的课堂环境中介绍具体的文化制品及其模拟操作。例如，辛克莱和梅祖亚宁(Sinclair and Metzuyanim,2014)使用平板电脑将这些形式进行了整合，其前提是触摸屏设备可以提供进行算术的直观体验界面。该设备还适合小学生，能让他们使用手指和手势来探索数学思想并表达自己的数学理解。此外，苏里-拉韦涅和马斯基耶托(Soury - Lavergne and Maschietto,2015)在小学阶段通过使用旧的 Pascal 机器，以实体和虚拟的方式来解决算术方面的问题。这些内容以及进一步的例子在第 9 章已有所讨论。

这类研究为小组提出了以下有趣的问题：

（1）当前技术如何体现传统实物？

（2）在技术环境中，文化根源的整合是否可以弥合“旧式”传统与“几近普遍的传统数学”之间的鸿沟？

该小组由4位学者组成[1]，在数的教学中代表不同文化传统，他们分别是纳迪亚·阿兹鲁（Nadia Azrou，亚希亚·费雷斯大学数学教师、数学教育博士）、玛利亚·G.巴尔托利亚·布西（Maria G. Bartolini Bussi，意大利摩德纳·雷焦·艾米利亚大学数学教育专业教授）、萨拉·伊内斯·冈萨雷斯·德洛拉·苏埃德（Sarah Inés González de Lora Sued，多米尼加圣母天主教大学数学教育专业教授）和孙旭花（Xuhua Sun，中国澳门大学教育学助理教授）；讨论员为萧文强（中国香港大学名誉研究员）。

15.2 不同语言下的口算和笔算：以阿尔及利亚为例（纳迪亚·阿兹鲁）

15.2.1 后殖民国家：以阿尔及利亚为例

小学阶段，将学习数及一些辅助数的学习的概念（例如，数的位值，数线和十进制），如果学习不当，则会削弱学习的效果。数和其他基本算术概念的学习会受文化，尤其是语言的影响。在有着不同国籍移民者的多元文化学校课堂中，以及在阿尔及利亚等后殖民国家，历史、文化的演变及内外力量的影响都将直接影响学校的系统，这在多元文化的班级中更为明显。

我们该如何处理这些现象呢？事实证明，学校数学的全球化有其局限性。全球化旨在统一具有不同文化和语言背景的国家的课程，并假定学习者必须服从该国的主要语言。从不同的角度来看，乌夏斯坎（Usiskin，1992）认为，差异为课程的开发和实施提供了最佳的环境；戈尔戈瑞欧和普拉纳斯（Gorgorió and Planas，2001）指出，如果语言是文化的主要载体，那么“数学课堂语言”传达了作为数学社会群体的课堂文化，以及其规范性和合法性。

对于教师而言，特别是那些以传统的、可传播的方式进行教学的教师，这显然是一项挑战。大多数教师认为“正常”的学习环境是单一语言的课堂，儿童知道学校的“规范”（通常受主导文化的影响），并且也已经掌握了教学语言。在这种情况下，教师应该承认与文化和语言多样性有关的各项问题之间的相关性，了解这些问

[1] 萨拉·伊内斯·冈萨雷斯·德洛拉·苏埃德由于身体原因无法出席此次小组讨论，但是她在这一章的讨论中也提供了相关看法。

题如何影响学习过程，并能对其进行有效的管理，以促进儿童的学习。特别地，教师应该要能够识别儿童在用非母语学习数时可能会遇到的困难，并创造机会将这些困难转化为优势。此外，我同意戈尔戈瑞欧和普拉纳斯(2001)的观点，他们认为没有一个课堂的语言资源能得到公平分配。因此，看似极为“不同”的环境可能与主流做法无关，而与所有课堂中的沟通问题有关。

我们需要进一步的研究来阐明数学语言是如何被教授的，并研究数学课堂语言、数学语言和数学知识建构过程之间的关系(Gorgorió and Planas, 2001)。然而，已经有一些见解能帮助解决教师如何通过考虑数的语言特征和文化根源来开发他们对算术基本概念的任务设计，也可通过对情况作分析来获得一些答案。

15.2.2 数的命名、位值和十进制

语言在数的命名方面存在不规则现象是很常见的，且不同语言中的不规则现象也并不相同。在欧洲，每种语言都有其自己的命名系统，并具有相应的不规则性。例如，与法语、西班牙语和意大利语类似，英语中 13～19 的数会先确定最低位值的数字，它根据数字和其他数的降序位值从左到右排列，这与书面形式相矛盾。此外，英语中的“ten”一词在十三(13)到十九(19)之间几乎与意大利语中的“ten”相同，但法语中的“ten”(“dix”)在 12～16 的数中却没有出现(如“quatorze” 14，“seize” 16)，尽管 17 被读成“dix-sept”。在阿拉伯语中，11～99 的数是从低位读到高位的，与从右到左的书面形式完全一致。在丹麦语中，70 是“halvfjerds”，是“halvfjerd-sinds-tyve”的缩写，意思是“3 个半乘 20”或者是“3 个 20 加上半个 20”$\left[\left(3+\frac{1}{2}\right)\times 20\right]$。在德语中，13～99 的数的书面形式和口头形式之间没有对应关系，且这些数的读音是按照低位到高位的顺序。在法语中，81～99 的数表示为“4 个 20”加上 1～19 的数。从这些不规则现象和差异中，可以发现不同语言与旧式数系统的历史根源之间的关系。然而，在同一种口头语言中或在从一种语言转换到另一种语言时所出现的不规则现象可能是儿童遇到困难的根源所在。研究表明，在一些亚洲国家，由于他们有固定的数的命名系统，因此儿童在位值、计数和十进制运算方面表现更好(Miura et al., 1994)。尽管如此，数的不规则现象和差异也给学生提供了机会，让他们能在教师的指导下注意到十进制数书写时的重要特征，如数字的位值制，并能对其进行反思。参照上述例子，教师可以在教学中充分利用同一语言中不规则的数的表达形式(在大多数欧洲语言中)和数在不同语言中的表达方式之间的差异。

阿尔及利亚的案例十分有趣。大约十年前，某项政治决策要求在各年级的数学教学中用拉丁字母从左到右书写公式和符号(过去用阿拉伯字母从右到左书写)，同时保留在经典阿拉伯语(从右到左)形式下的解释和名称，这种变化随后影响了儿童如何构思、理解和学习算术。因此，教师应以此为契机，让儿童认识到数学并非与文化和语言相分离，并理解数学的演变也会受到历史和政治的影响。

15.2.3 数学语境

正如哈利迪和哈桑(Halliday and Hasan，1985)所定义的那样，数学语境记录了日常语言是如何以新的方式来体现数学词汇的意义的，即使像"两倍、更少、更多"这样的词汇在日常语言中可能也有不同于数学中的含义。这些差异可能会导致一些儿童无法解决由于误解文本而引起的问题。例如，在阿拉伯语中，用于表示乘法运算的动词是"打(beat)"(因此会吓到儿童)，即"我们将 2 乘 4"是"我们用 2 去打 4"；在英语中，"多两倍"或"少两倍"之类的措辞听起来可能模棱两可。当儿童用日常用语来建构数学概念时，他们表达出来的数学概念和隐含着的逻辑关系往往是错误的，所以儿童需要学习与这些词相关的语言模式。学习数学和数学语言，即数学语境，对所有儿童来说都是挑战。教师可以通过有效地使用数学语境并以一些精心准备的方式来组织语言，即从日常用语转变为专业的数学语言，从而促进儿童的学习过程。如果学生对用语言来表达数学过程有困难，那么教师可以通过用母语解决数学问题来促进他们的数学思维(Adler，1997)。因此，强烈建议教师对学生的母语能有一定的了解，并考虑所用词汇的规范性和语境。教师的目标应该是在学生所习得的语言中来发展他们的数学表达，而要做到这一点，教师需要面对并克服将数学概念翻译成学生的母语时所遇到的困难(Schleppegrell，2007)。

15.3 从数线到两种不同文化传统之间的有效对话：意大利与中国(玛利亚·G. 巴尔托利尼·布西)

15.3.1 数线

数线是一种很受欢迎的教学工具(Bartolini Bussi，2015；电子补充材料：Bartolini Bussi，2017)。意大利教师可以从数学课程标准(MIUR，2012)中找到有关数线的具体描述。数线起初是由整数组成的，随后将其扩充到了有理数，并在三年级结束时提出了以下目标(第一次明确列出目标)：

以十进制读写整数，认识位值；能比较整数的大小并正确排序，能将其在数线上表示出来。(p.61)

能读写、比较小数的大小，并将其在数线上表示出来……(p.61)

在小学结束(五年级)时，总结并强化了如下目标：

在数线上表示已知的数，并在对科学与技术有意义的情况下使用刻度尺。(p.62)

最后一个目标暗示了可能将数线作为建模的工具，历史课程中也有类似的做法，即在小学结束(五年级)时，提出了以下目标：

使用时间轴来组织信息、知识片段、时段，并标明事件发生的次序、并发事件和事件持续的时间。(p.53)

意大利国家数学评估框架(INVALSI，2012)强调了数在数线上的表示(各个级别)。意大利数学课程的一般方法在数学课程标准(MIUR，1985)中有所体现：

必须利用学生以往的经验，如在游戏、家庭和社会生活中记数和识别数的符号的活动来促进整数概念的发展。整数的概念是复杂的，需要一种多方面的方法(顺序、基数、度量等)；且是在小学及以后基于越来越高的内化和抽象化水平而获得的。

这一观点得到了广泛认同，并在其他课程文件(e.g. MIUR-UMI，2001)中得到了证实，这些文件对最新标准(e.g. MIUR，2012)的制定有着十分重要的影响。

在数线上，顺序和量度是前提。但是，数线不能很好地将整数的其他属性(如基数、位值的表示)表现出来，因此需要单独进行教学。这样做符合多元化的方法，即通过不同的路径去探索并发展整数这一复杂概念。

相反，正如孙旭花(2015)所说，在中国，整数算术的教学似乎不太重视数线，而是逐步通过系统的方式进行对整数其他性质(如部分与整体的关系、结合律)的教学。

15.3.2 文化之间的对话：走向文化转移

关于数线的小组讨论是来自不同文化背景的学者进行真正对话的范例，讨论的重点不是确定最好的、“普遍”的选择，而是要理解数学课程是如何在自己的文化背景下发展的以及为何这样发展。朱利安(Jullien ，1996)认为，当思维进行碰撞时，每个人都会质疑自己原有的想法(p. ⅲ)。从这个意义上说，当看到意大利和中国使用的方法存在差异后，可以促使我们对内容进行文化分析(Boero and Guala, 2008)。经过仔细分析，发现文化制品能传达出当时制作过程中的许多文化。为了使用不同的文化制品来开展活动，有必要进入文化转移的过程：

> 在这个过程中，不同的文化背景产生了不同意义和数学教育观的可能性；反过来，数学教育观又以不同的方式来组织情境和学校的数学实践。(Mellone and Ramploud, 2015, p.578)

15.3.3 文化转移的案例

第一个案例涉及使用计数小棒来发展位值的概念。几年前，我们分析了中国一年级的数学教材(人教版《数学》2001年版，下同)，并注意到教材中会使用单根小棒和成捆的小棒将数和数量联系在一起。该版本教材共121页，教学时间大致从9月1日到来年1月底。先教学1～10的认识和加减法及相关问题解决，再进行10～20的数的教学。在该教材的第85页，给出了如下活动(图15-1)，这是第一次引入两位数(从11开始)的教学活动。

图15-1 人教版《数学》对数字十几的引入(课程教材研究所、小学数学课程教材研究开发中心，2005)

可见，描述时总是使用准确的量词：根、捆；“个”同时用来描述“一”和“十”，这就是位值的来源（第3章）。

如果学生能够在没有教师的帮助下给予数正确的命名，那么这个过程将会是十分快速的。因为用汉语识别数的方式是学生日常生活经验的一部分，而且有关位值的概念也十分简单明了，所以这个过程完全有可能在中国课堂中实现（第3章）。因此，在学校里就不需要专门的教学过程来教授这些知识。相比之下，在其他语言或文化背景下，在设计教学环节时就需要考虑这一专门的教学过程。例如，在意大利语中，数的命名既不规则又不简单明了。因此，让学生用一捆小棒和一根小棒来给11命名是不太可能的（意大利语是“undici”，英语是“eleven”）。在将根和捆的表示与名称、符号联系起来之前，有必要设计两个并行的教学过程。在这些名称和符号中，“一捆”表示10，是作为高阶单位的概念，学生需要先学习这些数的意大利语表示，由此才有可能将这些过程一一衔接起来。因此，意大利数学课堂所需要的教学时间要比中国的多。

基于同样的内容，意大利教师维拉提出了另一个文化转移的例子（第15.1.1.1节；电子补充材料：Arzarello，2017），同时引入了两个并行的教学过程。在一年级伊始，教师讲述了一个关于小中国龙的童话故事，这条小中国龙来到课堂中教大家如何来表达数。由此，学生学会了用两种方法来表达数：

（1）像汉语一样十分有规则地来表达数：11就是“十-一”，21就是“二十-一”；

（2）意大利语式的不规则命名：11是“undici”；21是“ventuno”。

教师引出了两个虚拟人物，一个是“小中国龙”（扮演一条龙的时候，有故事、有图画，甚至可以戴头套），另一个是“妈妈”，代表了学生日常经验中（意大利）成人的角色。为了避免歧义，教师花了数个月来帮助学生理解相关经验。通过这种方式，教师在介绍不同文化背景下观点的同时，成功地进行了位值概念的教学。

涉及文化转移的例子还包括在中国澳门濠江中学附属小学一年级观察到的解决关于蛋糕的文字型应用题，并将其引入到了意大利的课堂之中（第11章）。在这个案例中，沿用了中国课堂的教学过程，即以不同的方式将数视为一个“部分—部分—整体”的系统（OPMS的变形，Sun，2011）。意大利的学生不习惯于解决这类问题，因此在意大利的课堂中进行这样的文化转移时，需要在现有任务的基础上引入额外的任务。

还有其他变式问题的案例(e.g. Bartolini Bussi et al., 2013),经过试点研究,意大利(见第7章中的意大利PerContare项目)已经编制了一些课程材料,并且明确向教师告知了其中的文化内涵。这可能是对小组提出的最后一个问题“不同文化传统下有关文化的问题来自哪里”的解答。我们之所以能够利用文化转移来进行教学,是因为意大利的课程标准给了教师进行试点实验的自由。现在我的问题是:是否有可能在中国进行试点实验以开发新的教学活动?即使有固定的教科书,如何将文化的差异融入既定的教学方法中?

15.4 利用数和文化制品的文化根源对于拉丁美洲儿童学习整数算术的作用(萨拉·伊内斯·冈萨雷斯·德洛拉·苏埃德)

15.4.1 基于数的语言文化根源的算术学习任务设计

大多数时候,整数算术的学习与学生的实际生活环境并没有很大关系,这是因为学习任务的设计与当地的文化背景相背离。对于课堂上文化与数学之间的弱关系,丹布罗西奥(D'Ambrosio,2001)指出:

> 当教师认识到数学和文化之间的联系时,他们往往只是出于好奇而让学生参与到多元文化的活动之中。但是,这些活动所涉及的文化常常都是那些过去的文化,并且与学生所接触到的文化相距甚远。(p.308)

同时,他也指出:

> 当我们的学生经历多元文化的数学活动时,通过从这些活动中反映出的来自不同文化背景的人的知识和行为,不仅可以让他们学会重视数学,而且也可以对与自己有着不同文化背景下的人产生更多的尊重。(p.308)

教学数学,尤其是整数算术,若利用学生文化中鲜活的例子(例如,利用学生现实生活中的问题情境来引入数学概念或程序),对学生来说这些数学概念才会变得有意义。

丹布罗西奥强调:

> 我们可以通过认识到文化对学生个体身份的重要性，以及文化是如何影响学生的思维和学习的，来帮助学生充分发挥其数学潜力。我们必须让学生重视数学课堂上的多样性，并了解文化对数学的影响以及这种影响如何导致数学在使用和交流时的不同方式。通过对民族数学的研究，我们得到了这番理解。(p.308)

此外，如果把整数算术的教学与拉丁美洲的许多土著居民等隔离人口的文化相背离，情况就会变得更加复杂。在2013年的报告“跨文化公民身份：拉丁美洲土著人民政治参与的贡献”中，联合国开发计划署(the United Nations Development Programme)指出，拉丁美洲大约有5000万土著人，约占总人口的10%。然而，在秘鲁和危地马拉等国，土著人口几乎占总人口的一半；在玻利维亚，土著人口占总人口的60%以上。这些土著民族说着自己的语言，且他们中的许多人由于不说西班牙语而被边缘化。这些文化各自有其将整数概念化的方式，且目前对拉丁美洲土著文化中的数学已进行了许多研究。为了教这些土著人民的孩子，教师需要理解当地的数学方法，以便进行整数计算。根据法律要求，危地马拉所有的孩子都必须会使用玛雅语下的数系和十进制。

15.4.2 数和文字

表15-1列出了分别在玛雅语、克丘亚科拉奥语和西班牙语中1～20的名称。依据西班牙皇家语言学院，第四栏列出了由西班牙语衍生出的拉丁语词根。值得注意的是，表格中数的命名很有趣。例如，每种语言中1～10的名称之间没有任何关系。玛雅语中，11、12也是如此；然而，13～19的名称是由3～9的名称与10(lahun)的名称结合而来的。在克丘亚科拉奥语中，11～19的命名是由10(chunka)的名称和1～9的名称加上后缀“niyuk”组成的，且把10放在前面。在西班牙语中，11～15的名称和其相应数之间的关系并不明显。然而，当看到西班牙皇家语言学院的字典中所描述的这些词的拉丁语词根时，就似乎能够看出11的意义是“一和十”，12是“二和十”等。该字典中并没有包含16～19的词根，但是这些数的含义对孩子来说是较为清楚的，且更容易理解(即“十和六”，“十和七”等)。

此外，在克丘亚科拉奥语中，30是“kimsa chunka”，40是“tawa chunka”，50是“pichqa chunka”，等等，可以解释为3乘10、4乘10等。在西班牙语中，30是“treinta”，拉丁语词根是“triginta”；40是“cuarenta”，拉丁语词根是“quadraginta”；50是“cincuenta”，拉丁语词根是“quinquaginta”；等等。这样看来，对克丘亚科拉

奥的学生来说，根据数的形式来学习数的名称似乎更为容易。

表 15-1 前哥伦布时期对数的命名

数	玛雅语	克丘亚科拉奥语	西班牙语	拉丁语词根
1	Hun	Huk	Uno	Unus
2	Caa	Iskay	Dos	Duo
3	Ox	Kimsa	Tres	Tres
4	Can	Tawa	Cuatro	Quattuor
5	Hoo	Pichqa	Cinco	Quinque
6	Uac	Suqta	Seis	Sex
7	Uuc	Qanchis	Siete	Septem
8	Uaxac	Pusaq	Ocho	Octo
9	Bolon	Isqun	Nueve	Novem
10	Lahun	Chunka	Diez	Decem
11	Buluc	Chunka hukniyuq	Once	Undecim
12	Lahca	Chunka iskayniyuk	Doce	Duodecim
13	Oxlahun	Chunka kimsaniyuk	Trece	Tredecim
14	Canlahun	Chunka tawaniyuk	Catorce	Quattuordecim
15	Hoolahun	Chunka pichqaniyuk	Quince	Quindecim
16	Uaclahun	Chunka suqtaniyuk	Dieciseis	
17	Uuclahun	Chunka qanchisniyuk	Diecisiete	
18	Uaxaclahun	Chunka pusaqniyuk	Dieciocho	
19	Bolonlahun	Chunka isqunniyuk	Diecinueve	
20	Hun Kal	Iskay chunka	Veinte	Viginti

15.4.3 符号表示法在学习整数算术中的作用

布拉德福德(Radford，2014)讨论了符号表示和文化制品对认知和学习的影响，并指出：

> 从认识论与认识论角度而言，关于工具和符号的作用问题始终困扰着我们——也许由于当代科技水平较高，当下这一问题比以往任何时候都更加困扰着我们。所以，如今我们仍然试图弄清楚我们是如何通过符号和文化制品来思考和学习的。我们认为，与现实的互动在学习中起着至关重要的作用，根据个人经验而建构的意义使人们对理论建构有了更

深的理解。从这一角度看,人类的感知和行为,更广泛地说,与文化制品的互动,对于学习数学是至关重要的。(p.406)

阿萨雷洛等人(Arzarello et al., 2005)指出:

“行动即学习”的具体观点强调了将行动和语言、心理活动联系起来的重要性。虽然这种说法在理论上得到了广泛认可,但在学校的教学实施中还是存在着一定困难。(p.56)

例如,在多米尼加共和国,学习整数时所用的具体操作工具,如十进制木块和古氏积木,仅在大约20年前才被公立学校引进(全国85%的学校)。实践表明,这一方法能够促进学生和教师更好地表达数的概念和进行运算,并让教师在其专业发展中获得更高水平的成就(González et al., 2015)。以秘鲁本地学生为例,他们会使用一种曾被“奇普专员”(印加帝国的会计人员)使用的叫尤帕纳的文化制品,因为这种工具植根于这些学生的文化中,所以他们使用起来十分得心应手。关于印加人如何使用尤帕纳有几种假设。其中,基于威廉·伯恩斯(Willliam Burns)的假设,在20世纪80年代,玛尔塔·比利亚维森西奥·乌贝卢奇(Martha Villavicencio Ubillús,1990)利用尤帕纳开发了一套有序列的方法以用于全面学习十进制计数系统和基本运算;且该方法首次应用于普诺(Puno)的双语教育实验项目,目前在秘鲁的双语学校内被广泛应用。学生还可以通过在计算机、手机和平板电脑中安装应用程序来使用尤帕纳,从而进行模拟的算术运算(Rojas-Gamarra and Stepanova, 2015)。

15.5 中国算术传统及其对当前课程的影响[1](孙旭花)

15.5.1 中国算术传统

中国古人将数学运算称为算术(一种计算的艺术),它反映了中国悠久的历史及计算传统。有趣的是,中国人表达整数的传统方法是用基数而不是序数,序数指在数之前冠以一个“第”字。在某些情况下,中文里会使用基数,而英语和其他西方

[1] 这项研究项目得到了中国澳门大学研究委员会的支持。项目编号:MYRG2015 - 00203-FED。本节中的观点均来自本节作者。

语言则使用序数。例如，在英语里说“一个人住在一栋大楼的第四层”，用中文表达则会说“这个人住在四楼”，而不是“第四楼”。中文里，7 月的第 20 天会说成 7 月 20 日。

图 15－2 是世界上最早的十进制乘法表。这张表来源于约公元前 3 世纪的战国时期，是由竹简制成的。位值的概念是数字和计算工具（算筹和算盘）中最重要的原则，它可以作为常规系统（基础）以为整个算术/代数的开发提供优势。

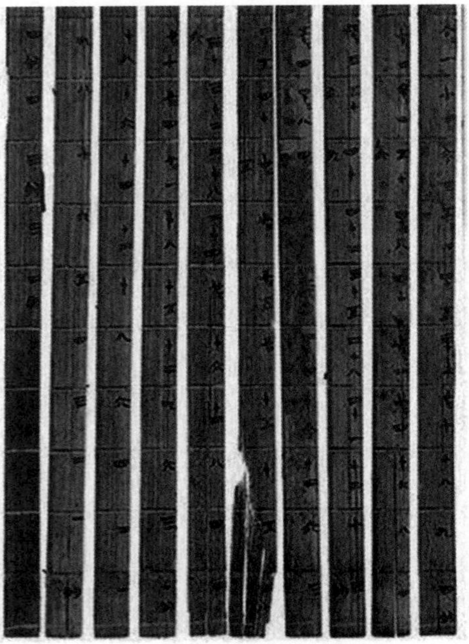

图 15－2　世界上最早的十进制乘法表

在汉语里，表示“mathematics”的术语是数学或算学，其含义是对数或运算进行研究。直到 17 世纪，利玛窦（Matteo Ricci，1552—1610）和徐光启（1562—1633）翻译了欧几里得（Euclid，约公元前 330—公元前 275）的《几何原本》后，几何才被纳入中国学校的数学课程中。《几何原本》反照了中国的计算传统，并源于当地的世界观。中国古人认为，认识世界的唯一途径是计算，这在《易经》中已有普遍反映。在《孙子算经》的序文中，也表达了这样的观点：

> 夫算者：天地之经纬，群生之元首，五常之本末，阴阳之父母，星辰之建号，三光之表里，五行之准平，四时之终始，万物之祖宗，六艺之纲纪。（英译见 Lam and Ang，2004，p.29）

《数术记遗》(约公元 2 世纪第一本有关计算和计算工具的中文书)详细记录了 14 种计算方法和 13 种计算工具。其中,只有珠算和有关二进制(与计算机有关)的计算流传了下来。所有数学书籍都基于十进制,其中位值是汉语数字和计算工具中最重要的原则(第 3 章)。

15.5.2 中国算术课程

中国数学教育以其稳固的基础教育而闻名(Zhang, 2006)。在中国的数学课堂中很少使用数线,这可能反映了中国对数的理解的一些文化趋势(Sun, 2015)。

学习整数的基本方法是与算盘(第 9 章)相结合的,算盘被视为表示位值的传统工具。对于珠算,尽管学生在市面上能够买到相关书籍,但并不需要他们掌握这一内容。然而,带有珠子的计数器(类似于算盘)作为一种文化遗产,在当下的数学课程中被广泛应用(图 15 - 3)。

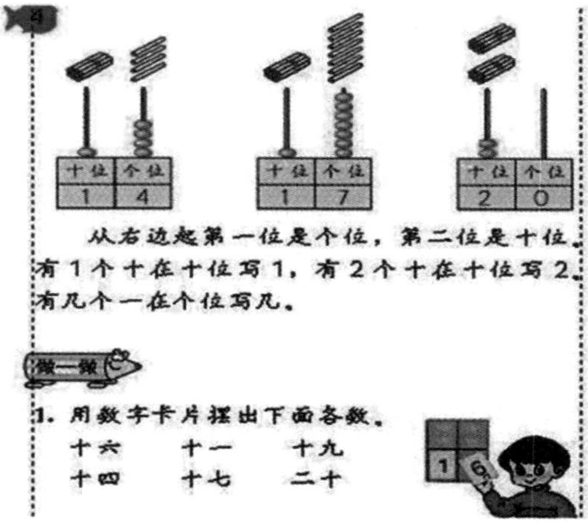

图 15 - 3 人教版《数学》中的算珠与小棒(课程教材研究所、小学数学课程教材研究开发中心,2005)

值得注意的是,中国的数学课程旨在在早期阶段发展学生的数字推理能力。在加法、减法、数这三个概念之间,除了有着紧密相连的关系之外,还有着隐性的关联,加减法的逆运算之间也有着隐含的关系($a-b=c$ 等价于 $a=b+c$)。即使是在第一节计算课中,中国数学教科书的编写者就将减法概念与加法概念联系了起来(Sun, 2011)。图 15 - 4 给出了 1+2=3、3-1=2 的范例(课程教材研究所、小学数学课程教材研究开发中心,2005, pp.20 - 21),其目的是帮助学生理解加减法和"相等"之间的关系。中国数学教科书中的典型例子就是变式问题,有关变式的更多详细信息请参见第 11 章。

图 15-4　人教版《数学》中加减法概念的关联(课程教材研究所、小学数学课程教材研究开发中心，2005)

中国数学教材编写者在所有关于加减法的章节中都使用了以下较为明确的原则，从而将加减法和数这三个核心概念联系了起来：

——1 加一个数，得到这个数的相邻数；

——再将这个相邻数减去 1，就得到了原来的数。

这种方法不仅可以促进需要死记硬背的计数和记忆，还可以促进推理。相比之下，在许多西方课程体系中，数、加法和减法的思想被彼此孤立——被放置在单独的章节中呈现。

书上呈现的例子是 1＋2＝3、3－1＝2（图 15-4），教材编写者也希望学生能够将其迁移到十和千的运算上(图 15-5)：

10＋20＝30；30－10＝20

1 000＋2 000＝3 000；2 000－1 000＝1 000

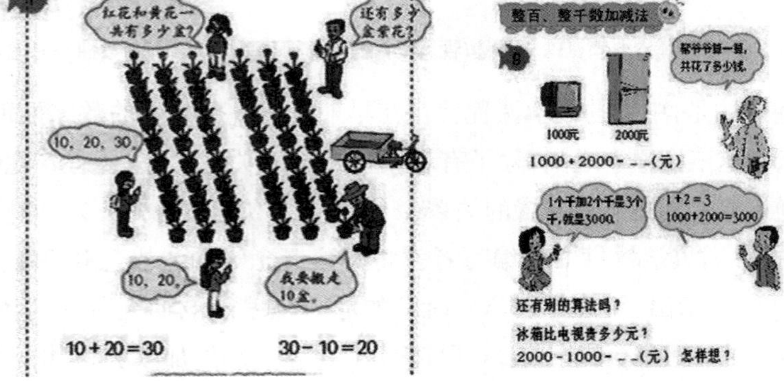

图 15-5　人教版《数学》中将计数单位拓展到十(左边)和千(右边)(课程教材研究所、小学数学课程教材研究开发中心，2005)

这种归纳概括法在中国数学课程中得到了广泛应用(Sun, 2016a, 2016b),是计数单位从十到千的变式问题的又一例证(人教版《数学》2001 年版,2005)。

中国数学课堂在对数进行教学时,避免了尽可能多地进行计数,这与西方教学不同。中国课堂对这一内容的教学强调组合/分解的方法,这可能是从古代珠算中继承而来的;且这种方法在教授 1～10(将 4, 5, 6, 7, 8, 9, 10 分解在 7 节课中)的过程中使用了七次(Sun, 2013),这样学生就能将学习数的核心方法内化于心(Sun, 2015)。这种方法旨在发展学生对结合律和交换律、数的属性,以及加减法灵活性操作的基础隐性理解。对 10 的分拆也进行了深入研究,从一开始就把 12 这样的数看作是 1 个十和 2 个一,且汉语中数的命名与这种方法相一致(见第 3 章)。对数的分拆与重组的强调自然地引申出书面的算法。

口算的速度和准确性是中国数学课程标准评价的重要内容。在课堂上也十分重视计算,因为整数被认为是"整个学科的基础"(课程教材研究所、小学数学课程教材研究开发中心,2005, p.1)。这一说法与数学课程标准相一致,即:

> 口算是学习数学的基础,对学生基本的笔算能力有非常重要的影响,能培养学生的观察能力、综合思维能力、创新能力和反应能力。

这种对计算技能的高度重视反映在对口算(心算)和笔算速度和准确性的高要求上。例如,每分钟应该完成 8～10 道 1～20 内的加减法,3～4 道 20～100 内的加减法;另外,每分钟应该完成 3～4 道 1～10 以内的乘法,1～2 道两位数的乘法,且正确率都应该达到 90%。

中国数学的发展涉及土地测量、商业贸易、建筑、政府统计和税收等问题,并在现有的课程中以简单到复杂的变式问题出现。这些问题旨在加深概念的联系及其运用,提升学生举一反三的能力(e.g. Bartolini Bussi et al., 2013; Sun, 2011, 2016a, 2016b)。第 11 章对变式问题作了进一步讨论。

15.5.3 结语

这节简短的论述突出了在传统影响下,中国和西方(美国和欧洲)课程之间的显著差异,这一主题的详细内容也可参见第 3 章。本次讨论的目的是开启不同文化之间的对话。布西、孙旭花和兰普劳德(Bartolini Bussi, Sun, and Ramploud ,

2013）认为，不同文化背景下的学者之间开展对话的真正目的不是确定最佳的“普遍”选择，而是了解自己国家数学课程的发展情况，这有助于反思在教育大背景下还未思考过的特征。

15.6 讨论（萧文强）

15.6.1 概述

这个小组中的大多数成员都谈到了这个话题的语言特点和文化特点。作为一名数学家，我将试图通过更多地关注数学背景来补充此次讨论。首先，请允许我描绘数学教与学的一般框架。

我们从一个“没有数学”的世界开始。这句话有点言过其实，因为数学在我们的世界里无处不在，在日常生活中经常出现，甚至可能我们都没有注意到它的存在。但是，如果你把自己置于一个不懂“正式数学”的幼儿的立场上，你就会明白我的意思。在学习了一些初等数学，形成了关于数学对象、概念、理论和技术的一些印象之后，我们便认识了这个世界。然后，当我们对这些数学对象、概念、理论和技术的印象进行提炼时，我们开始理解更多“正式”的数学概念。这就是巴顿所提出的“几近普遍的传统数学”（第 15.1.1.1 节）。最后，我们尝试运用所学的数学来解决不同问题。在某种意义上，“几近普遍的传统数学”在文化上是独立的；然而，当我们教授数学的时候，文化转移（第 15.3.2 节）也是一个有用的概念。

中小学要学习的基本概念相对较少，但是这些基本概念在学生的小学、中学甚至大学本科教育中却反复出现。因此，我想扩展整数算术的范围，谈谈其他的数系统。这里，我的论述与第 19 章中关于达维多夫（Davydov）方法的讨论有关。

15.6.2 数

让我们从学校教科书中经常出现的树状数图的概念开始。回顾自己的学习经历，可以看到数系统的概念并不是一下子就完整呈现出来的，而是以一种模糊的、螺旋式的方式获得的。就我个人而言，我在中学那几年就可以不费吹灰之力地使用实数，但我不知道（甚至不知道自己不知道）什么是实数，直到我在本科阶段学习这门学科并等到作为一名年轻的博士生来讲解数学时，我才对它有了足够的了解。就像人类经历获取知识的过程一样，历史上也出现了同样的进程。如图 15－6 所示，树状数图很可能出现在幼儿园、小学、中学、大学的各个阶段。

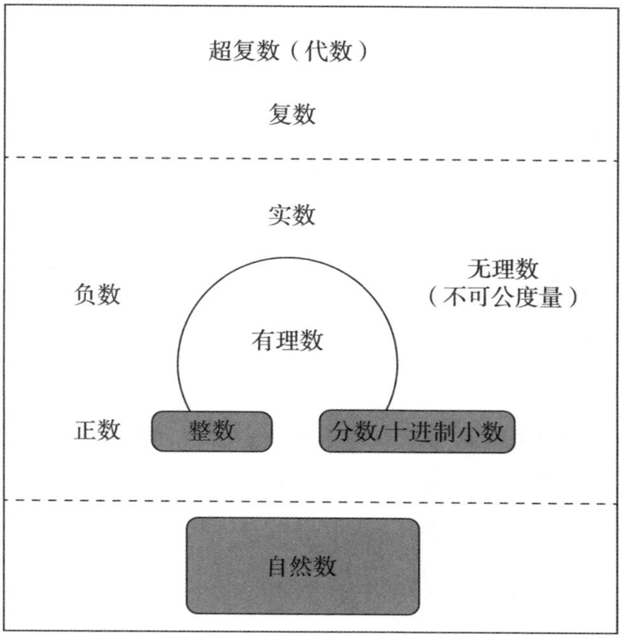

图 15－6　不同的数系统

法国数学家约瑟夫·路易斯·拉格朗日（Joseph-Louis Lagrange，1736—1813）把算术和几何称为“数学的翅膀”。另一位法国数学家亨利·庞加莱（Henri Poincaré，1854—1912）评论了实数系统的构造：

> 算术如果与几何学没有任何掺和的机会，那么除了知道整数以外，就什么也不知道了。正是为了适应几何学的要求，才发现了其他的东西。(Poincaré，2003，p.135)

15.6.3　欧几里得《几何原本》的汉语翻译

在这里，我将试图解决其他小组成员提出的关于算术和几何的问题。有小组成员提到了数系统的离散/连续和代数/几何特征，并询问为什么数线在中国课堂上没有像在西方课堂上那么突出。布西（第 15.3 节）讨论的是离散数线，请允许我将其扩展为实数线。

17 世纪初，明朝士大夫徐光启与意大利耶稣会士利玛窦合作将欧几里得的 *Elements* 译成中文，这本书的书名被定为《几何原本》（“几何原本”的字面解释是“数量的源头”）。“几何”是“geometry”的现代汉语翻译，有些人认为这种翻译是希腊语“geometria”的音译，但是却有充分的理由反驳这一说法。事实上，《几何原本》第五卷的汉语翻译中明确指出，“几何”是对“magnitude”这一术语的翻译，而对徐光启而言，它的内涵则表示中国古代数学经典中经常出现的“多少”（Siu，2011）。因此，徐光启从一开始就注意到了西方数学中量的意义和欧氏几何中的度量性质，以至于他选择了这一术语并将其作为译本标题的一部分。

15.6.4 《九章算术》

在中国古代传统中，几何学和代数或形状和数是一体的。让我们看一下约公元 1 世纪左右成书的中国数学经典《九章算术》第 4 卷的第 12 题（Chemla and Guo，2004），问题是：“今有积五万五千二百二十五步。问为方几何？”文中给出了一种求平方根的算法，图 15－7 清楚地解释了这种方法。

文中接着解释道：“若开之不尽者，为不可开，当以面命之。”可见，中国古代数学家已经知道对无理数的平方根的估算。

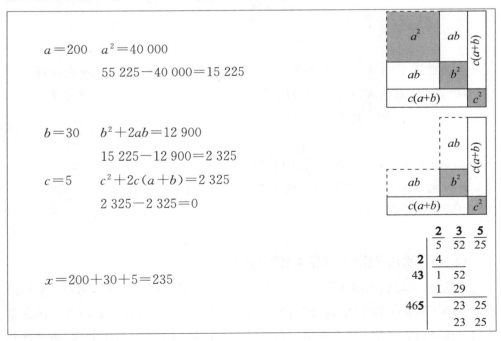

$a=200 \quad a^2=40\,000$

$55\,225-40\,000=15\,225$

$b=30 \quad b^2+2ab=12\,900$

$15\,225-12\,900=2\,325$

$c=5 \quad c^2+2c(a+b)=2\,325$

$2\,325-2\,325=0$

$x=200+30+5=235$

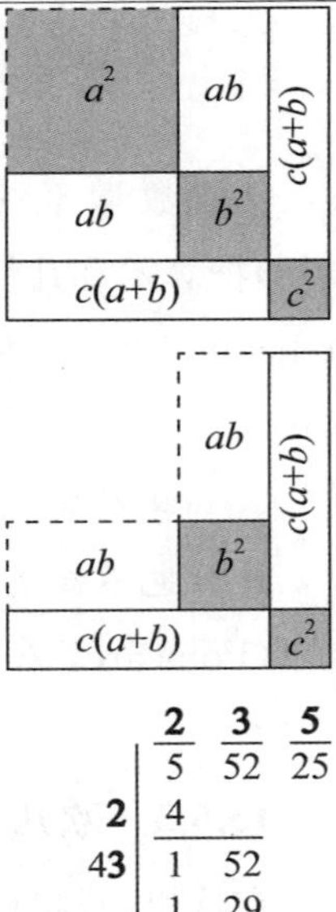


```
      2   3   5
      5  52  25
2     4
43    1  52
      1  29
465      23  25
         23  25
```

图 15－7 开方术

我再举《九章算术》中的一个例子来说明代数和几何是如何在中国古代数学传统中结合的。《九章算术》第 9 卷第 20 题说:“今有邑方不知大小,各中开门。出北门二十步有木,出南门一十四步,折而西行一千七百七十五步见木。问邑方几何?”(图 15－8)在现代数学语言中,我们可以把它作为二次方程来求解,即 $x^2+34x=71\,000$。

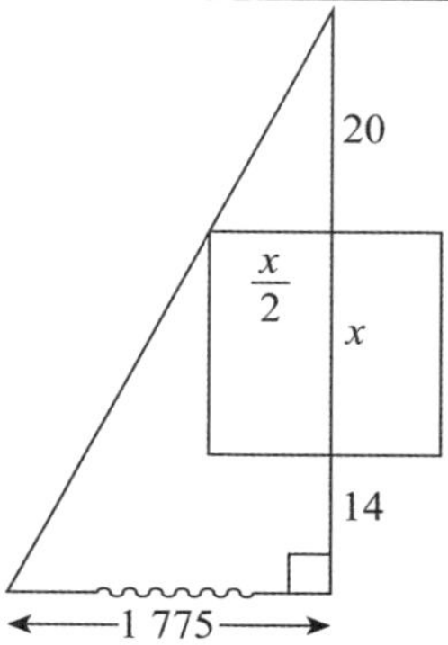

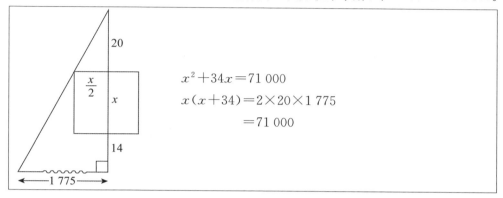

$$x^2+34x=71\,000$$
$$x(x+34)=2\times20\times1\,775$$
$$=71\,000$$

图 15－8　正方形小城和树木问题

《九章算术》中所述的方法是对开方术的推广,称之为“开带从平方”。图 15－9 更为清晰地解释了这个方法。

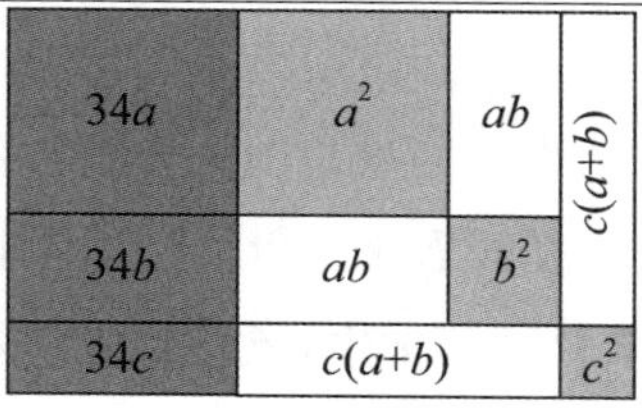

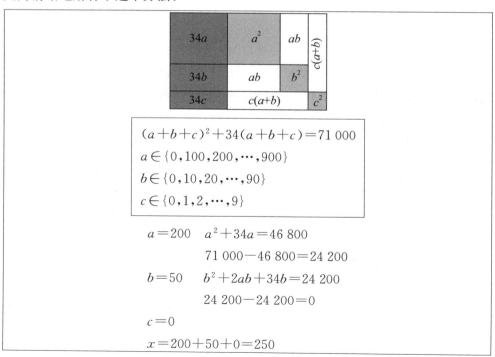

$$(a+b+c)^2+34(a+b+c)=71\,000$$
$$a\in\{0,100,200,\cdots,900\}$$
$$b\in\{0,10,20,\cdots,90\}$$
$$c\in\{0,1,2,\cdots,9\}$$

$a=200$　$a^2+34a=46\,800$

$71\,000-46\,800=24\,200$

$b=50$　$b^2+2ab+34b=24\,200$

$24\,200-24\,200=0$

$c=0$

$x=200+50+0=250$

图 15－9　开带从平方

更有趣的是在几何背景下建立方程的方式(图 15－10)。我之所以列举这些例子，目的是想让大家看到中国古代传统中的代数和几何、形状和数是如何结合在一起的。然而，在这个传统中，数线似乎并不是常见的表示方法，这可能是由于其算法性质所导致的。

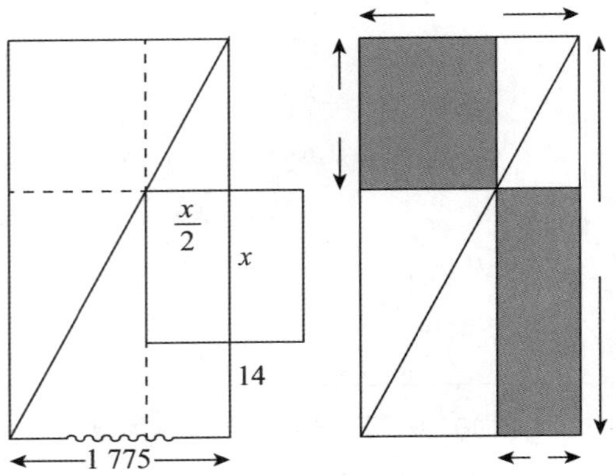

图 15－10　在几何背景下建立二次方程

15.6.5 《同文算指》

小学数学教育既重要也困难。困难是因为没有一门学科是容易的，特别地，没有一门学科比另一门要容易。在我看来，其困难性还有另一个原因，且许多人都受这一困难的影响，不仅是小学教师和学生，还包括大多数人，尤其是小学生的家长。然而，大多数人认为，他们知道什么是小学数学教育，而且知道应该如何去处理这些困难，因为他们曾经都是小学生。换言之，所有人都认为他们是这方面的专家，并不认为能从别人那里学到东西。作为这一领域的半个外行，我很荣幸能够参加 ICMI Study 23 与大家共同学习，就像中国古代经典著作《学记》中所说的“教学相长”。我特别高兴能加入第一工作组(第 5 章)，以文化作为重点内容展开研究是这个小组的主题，当然也包括传统。

我在第一工作组的陈述聚焦于《同文算指》，它是由明朝士大夫李之藻(1565—1630)与利玛窦合作汇编而成的，并首次将笔算传入中国(Siu，2015a，2015b)。“同文”字面意思是共同的文化，表示尽管数学传统不同，但对数学的共同文化根源有着深刻的理解。

徐光启在《同文算指》的序言中写道：

数之原，其与生人俱来乎？始于一终于十，十指象之屈而计诸，不可胜用也。五方万国风习千变，至于算数无弗同者，十指之赅存无弗同耳。

李之藻在利玛窦的译著《天主实义》的序言中写道：

东海西海，心同理同。所不同者，特言语文字之际。

15.7 结论

前一节引用李之藻的话深刻地阐述了小学整数教与学的基本原理和存在的问题。事实上，语言和文字包含了不同的文化意义，根据这些意义，数在不同的文化中被加工、构思，进一步体现了不同文化背景下，使用和解释数时其表征方式的不同。

数学和整数的许多基本概念都显示出数学在其作为一门通用语言与其特定的文化特性之间存在着戏剧化的二重性，这一小组的贡献也广泛说明了这一点。

这种情况给教学带来了巨大的挑战，存在着具有悖论的意味。一方面，抽象、普遍的数学概念是教学的目标；另一方面，这一目标只能通过具体的方式来实现，即通过特定的文化工具，从口头和书面文字到各种表现形式（图片、身体语言等）来阐释这些概念。这一挑战正是让数学教育工作者觉得着迷的地方，让我们觉得对这一问题进行的研究是值得的。

由于世界正面临着巨大的社会变化和经济变化，所以在这个问题上获得新的认识是至关重要的。近年来，经济全球化、通用技术的发展和有关的人力技能需求为引进统一的学校数学课程标准提供了强有力的历史性动机。然而，只有从多元文化的视角出发，我们才能了解到在数学及其文化相关性方向存在着不同的认识论和文化立场，才能认识到课程改革与各国数学文化之间的距离。任何教学计划都必须以其与学生文化的关系及其对课堂的贡献为基础，这将有助于避免学生与他们的文化背景相疏远，使他们能够以富有成效的方式进行学习。

这个小组明确指出了需要解决的关键问题，以避免在文化上拒绝创新和文化的离间，避免失去世界不同地区存在着的文化丰富性。

参考文献

Adler, J. (1997). A participatory-inquiry approach and the mediation of mathematical knowledge in a multilingual classroom. *Educational Studies in Mathematics*, 33(3), 235 - 258.

Arzarello, F., Robutti, O., & Bazzini, L. (2005). Acting is learning: Focus on the construction of mathematical concepts. *Cambridge Journal of Education*, 35(1), 55 - 67.

Ascher, M. (1991). *Ethnomathematics: A multicultural view of mathematical ideas*. Pacific Grove: Brooks/Cole Publishing.

Bartolini Bussi, M. G., Sun, X., & Ramploud, A. (2013). A dialogue between cultures about task design for primary school. In C. Margolinas (Ed.), *Proceedings of the International Commission on Mathematical Instruction Study 22: Task design in mathematics education* (pp. 549 - 558). Oxford. https://hal.archives-ouvertes.fr/hal-00834054. Accessed 20 Jan 2016.

Barton, B. (2008). *The language of mathematics: Telling mathematical tales*. New York: Springer.

Barwell, R., Clarkson, P., Halai, A., Kazima, M., Moschkovich, J., Planas, N., Setati Phakeng, M.., Valero, P., & Villavicencio Ubillús, M. (Eds.). (2015). *Mathematics education and language diversity: The 21st ICMI study*. New York: Springer.

Bazzanella, C. (2011). *Numeri per parlare*. Bari: Laterza.

Bishop, A. J. (1991). *Mathematical enculturation: A cultural perspective on mathematics education*. Dordrecht: Kluwer Academic Publishers.

Boero, P., & Guala, E. (2008). Development of mathematical knowledge and beliefs of teachers: The role of cultural analysis of the content to be taught. In P. Sullivan & T. Wood (Eds.), *International handbook of mathematics teacher education* (vol. 1, pp. 223 - 244). Rotterdam: Sense Publishers.

Brissiaud, R., Clerc, P., & Ouzoulias, A. (2002). *J'apprends les maths — CP avec Tchou*. Paris: Retz.

Butterworth, B., Reeve, R., & Reynolds, F. (2011). Using mental representations of space when words are unavailable: Studies of enumeration and arithmetic in indigenous Australia. *Journal of Cross-Cultural Psychology*, 42(4), 630 - 638.

Chemla, K., & Guo, S.C.(郭书春). (2004). *Les Neuf Chapitres: Le Classique Mathématique de la chine Ancienne et Ses Commentaires*. Paris: Dunod.

D'Ambrosio, U. (2001). What is ethnomathematics, and how can it help children in schools?

Teaching Children Mathematics, 7(6), 308 - 310.

Dehaene, S., & Brannon, E. M. (Eds.). (2011). *Space, time, number in the brain: Searching for the foundations of mathematical thought*. London: Elsevier.

Elementary Mathematics Department. (2005). Mathematics teacher manual: Grade 1 (Vol. 1). Beijing: People Education Press. [In Chinese].

Gallistel, C. R., & Gelman, R. (2000). Non-verbal numerical cognition: From reals to integers. *Trends in Cognitive Sciences*, 4(2), 59 - 65.

González, S., Valverde, G., Roncagliolo, R., & Luna, E. (2015). *Reporte final del Programa de Escuelas Efectivas PUCMM — MINERD-USAID*. Santiago de los Caballeros: Pontificia Universidad Católica Madre y Maestra.

Gorgorió, N., & Planas, N. (2001). Teaching mathematics in multilingual classrooms. *Educational Studies in Mathematics*, 47(1), 7 - 33.

Halliday, M. A. K., & Hasan, R. (1985). *Language, context, and text: Aspects of language in a social-semiotic perspective*. Oxford: Oxford University Press.

Ifrah, G. (1985). *From one to zero. A universal history of numbers* (L. Bair, Trans.). New York: Viking Penguin Inc. (Original work published 1981).

Ifrah, G. (2001). *The universal history of computing: From the abacus to the quantum computer*. New York: Wiley.

INVALSI. (2012). *Quadri di Riferimento. Primo ciclo di istruzione. Prova di Matematica*. http:// www.invalsi.it/snv2012/documenti/QDR/QdR_Mat_I_ciclo.pdf. Accessed 20 Jan 2016.

Joseph, G.G. (2011). *The crest of the peacock: Non-European roots of mathematics* (3rd ed.). Princeton: Princeton University Press.

Jullien, F. (1996). *Si parler va sans dire: Du logos et d'autres ressources*. Paris: Seuil.

Lam, L., & Ang, T. (2004). *Fleeting footsteps*. Singapore: World Scientific Publishing.

Mathematics textbook developer group for elementary school. (2005). *Mathematics*. Beijing: People's Education Press. [In Chinese].

Menninger, K. (1969). *Number words and number symbols: A cultural history of numbers*. Cambridge, MA: The MIT Press. (Translated from the German edition of 1958).

MIUR. (1985). *Programmi della Scuola Elementare, D.P.R. 12 febbraio 1985, n 104*. http:// www.edscuola.it/archivio/norme/programmi/elementare.html # MATEMATICA. Accessed 20 Jan 2016.

MIUR. (2012). *Indicazioni nazionali per il curricolo per la scuola dell'infanzia e il primo ciclo dell'istruzione*. http://www.indicazioninazionali.it/documenti_Indicazioni_nazionali/indicazioni_nazionali_infanzia_primo_ciclo.pdf. Accessed 20 Jan 2016.

MIUR-UMI. (2001). *Matematica* 2001. http://www.umi-ciim.it/wp-content/uploads/2013/10/mat2001.zip. Accessed 20 Jan 2016.

Miura, I. T., Okamoto, Y., Kim, C. C., Chang, C.-M., Steere, M., & Fayol, M. (1994). Comparisons of children's cognitive representation of number: China, France, Japan, Korea, Sweden, and the United States. *International Journal of Behavioral Development*, 17(4), 401 - 411.

Monti, M. M., Parsons, L. M., & Osherson, D. N. (2012). *Thought beyond language: Neural dissociation of algebra and natural language*. London: Psychological Science.

Poincaré, H. (2003). *Science and method*. (F. Maitland, Trans.). New York: Dover. (Original work published 1908).

Radford, L. (2014). On the role of representations and artefacts in knowing and learning. *Educational Studies in Mathematics*, 85(3), 405 - 422.

Rojas-Gamarra, M., & Stepanova, M. (2015). Sistema de numeración Inka en la Yupana y el Khipu. *Revista Latinoamericana de Etnomatemática*, 8(3), 46 - 68.

Saxe, G. (2014). *Cultural development of mathematical ideas: Papua New Guinea studies*. Cambridge: Cambridge University Press.

Schleppegrell, M. J. (2007). The linguistic challenges of mathematics teaching and learning: A research review. *Reading & Writing Quarterly: Overcoming Learning Difficulties*, 23(2), 139 - 159.

Selin, H., & D'Ambrosio, U. (2000). *Mathematics across cultures: The history of non-western mathematics*. Dordrecht: Springer.

Sinclair, N., & Metzuyanim, E. (2014). Learning number with TouchCounts: The role of emotions and the body in mathematical communication. *Technology, Knowledge and Learning*, 19(1), 81 - 99.

Siu, M. K.(萧文强). (2011). 1607, a year of (some) significance: Translation of the first European text in mathematics — Elements — Into Chinese. In Barbin, E., Kronfellner, M., & Tzanakis, C. (Eds.). *History and epistemology in mathematics education* (pp. 573 - 589). Vienna: Verlag Holzhausen.

Siu, M. K. (萧文强). (2015a). Tongwen Suanzhi (同文算指) and transmission of bisuan (笔算 written calculation) in China: From an HPM (History and Pedagogy of Mathematics) viewpoint. *Journal for History of Mathematics*, 28(6), 311 - 320.

Sun, X. (2011). Variation problems and their roles in the topic of fraction division in Chinese mathematics textbook examples. *Educational Studies in Mathematics*, 76(1), 65 - 85.

Sun, X. (2013). The structures, goals and pedagogies of 'variation problems' in the topic of addition and subtraction of 0 - 9 in Chinese textbooks and reference books. *Proceedings of the Eighth Congress of European Research in Mathematics Education* (*CERME* 8, *WG* 16), 2208 - 2218.

Sun, X. (2016a).《螺旋变式—中国内地数学课程与教学之逻辑》新加坡八方文化创作室. *Spiral variation: A hidden theory to interpret the logic to design Chinese mathematics curriculum and instruction in mainland China*. Singapore: World Scientific Publishing.

Sun, X. (2016b). Uncovering Chinese Pedagogy: Spiral variation — the unspoken principle for algebra thinking to develop curriculum and instruction of 'TWO BASICS'. *Invited paper in 13th International Congress on Mathematical Education* (*ICME*-13).

Usiskin, Z. (1992). Thoughts of an ICME regular. *For the Learning of Mathematics*, 12(3), 19 - 20.

Varley, R. A., Klessinger, N. J. C., Romanowsky, C. A. J., & Siegal, M. (2002). Agrammatic but numerate. *Nature Reviews. Neuroscience*, 3, 462 - 471.

Vergnaud, G. (1991). Langage et pensée dans l'apprentissage des mathématiques. *Revue Française de Pédagogie*, 96, 79 - 86.

Vergnaud, G. (1997). The nature of mathematical concepts. In T. Nunes & P. Bryant (Eds.), *Learning and teaching mathematics: An international perspective* (pp. 5 - 28). Hove: Psychology Press.

Villa, B. (2006). *Numeri cinesi & oltre*. http://gold.indire.it/nuovo/gen/cerca-s.php? parola=Numer i+cinesi+%26+oltre&submit=Cerca.

Villavicencio Ubillús, M. (1990). *La matemática en la educación bilingüe: el caso de Puno*. Lima: Programa de Educación Bilingüe-Puno.

Zaslavsky, C. (1973). *Africa counts: Number and pattern in African culture*. Chicago: Lawrence Hill Books.

Zhang, D. (2006). *The 'two basics': Mathematics teaching in mainland China*. [In Chinese]. Shanghai: Shanghai Education Press.

Cited papers from Sun, X., Kaur, B., & Novotna, J. (Eds.). (2015). Conference proceedings of the ICMI study 23: Primary mathematics study on whole numbers. Retrieved February 10, 2016, from www.umac.mo/fed/ICMI23/doc/Proceedings_ICMI_ STUDY_23_final.pdf.

Bartolini Bussi, M. G. (2015). The number line: A 'Western' teaching aid (pp. 298 - 306).

Mellone, M., & Ramploud, A. (2015). Additive structure: An educational experience of cultural transposition (pp. 567 - 574).

Siu, M. K. (2015b). Pedagogical lessons from *Tongwen Suanzhi* (同文算指): Transmission of *bisuan*(笔算 written calculation) in China (pp. 132 - 139).

Soury-Lavergne，S.，& Maschietto，M. (2015). Number system and computation with a duo of artifacts：The pascaline and the e-pascaline (pp. 371 - 378).

Sun，X. (2015). Chinese core tradition to whole number arithmetic (pp. 140 - 148).

\ 第 16 章 /

整数算术研究与教学的特殊需求

利芬·韦尔沙费尔，安娜·巴卡利尼-弗朗克，乔安妮·马利根，玛利亚·范登赫费尔-潘休曾，忻燕萍，布里安·巴特沃思

(Lieven Verschaffel, Anna Baccaglini-Frank, Joanne Mulligan, Marja van den Heuvel-Panhuizen, Yanping Xin, and Brian Butterworth)

16.1 概述〔利芬·韦尔沙费尔(Lieven Verschaffel)〕

在数学学习上，许多孩子存在困难或问题。尽管这些困难或问题可能会发生在学生数学学习的任何阶段，但迄今为止，研究人员和一线教师最关注的是小学数学领域，更确切地说是整数算术。尽管越来越多的研究开始关注有特殊数学学习需要的儿童的诊断和指导，但与其他学术领域(如阅读)相比，对此的研究目前仍然落后。接下来，将列出尚待研究和实践的主要问题。

首先是专业术语问题。如何定义数学学习困难、问题或障碍 (mathematical learning difficulties, problems or disabilities，以下简称 MLD) 并非易事(Berch and Mazzocco, 2007)。尽管这个领域已经奠定了扎实的基础，但是如果能在术语的使用、障碍本质和严重程度的判断上达成一致的标准，那么将有助于理解和解决 MLD，并将取得重要进展。事实上，对于 MLD 的定义，有的明确指向基于生物学上的障碍，有的强调把孩子的数学成绩和其智力间的差异视为主要判断标准，还有的仍然侧重于儿童对干预措施的反应。同样，对于 MLD 中的“数学”构成也缺乏一致的界定。在 MLD 的研究中，主导方向向来集中在算术事实的记忆以及算术过程的自动化上。减少在神经心理学方面的主要影响，增强多学科的融合，可能会给我们带来更加广阔、连贯、均衡的视野。也就是说，在思考算术学习的同时，还要考虑其他同等重要的思维方法，如空间推理与几何推理，数学关系与模式，以及其他更能对抽象和概括产生潜在作用的数学思维模式(Hord and Xin, 2015; Mulligan, 2011)。显然，除了存在 MLD 的儿童以外，还有其他一些儿童在数学教育上也需要特殊的支持，尽管他们没

有被诊断为MLD,如智力障碍儿童,听力、视力或运动障碍儿童,情绪或行为障碍儿童,长期受到不良教育或受教育不足的儿童(De Smedt et al.,2013)。

引起本领域研究者关注的第二个要点,是解读与MLD发展有关的各种认知机制。研究者已经提出了多种关于MLD的认知性解释,现有关于MLD的研究大多涉及一般领域的认知因素,如工作记忆欠佳和长期记忆中语音信息提取困难。最近在神经影像学研究成果的背景下,也有人提出MLD是由于人脑特定领域的受损而造成的,该特定领域影响数感、表示和处理数值大小的能力(Butterworth,2005;Landerl et al.,2004)。例如,MLD儿童在比较两个数值的大小和将数字在数线上表示出来方面感到特别困难,而这两者都可以衡量一个人对数值大小的理解。尽管研究者已经提出了各种认知因素来解释MLD,但现有的数据仍处于起步阶段。根据卡拉吉安纳基斯等人(Karagiannakis et al.,2014)的研究,尽管该领域内的许多分支已有所发展,但不论是出于研究目的,还是为了给数学教师提供反馈信息,始终没有一个框架或模型可用于全面、精细地解释学生的数学困难。最近,这些研究人员从多元神经认知缺陷的角度出发,在现有文献的基础上提出了MLD的分类模型,该模型描述了可能存在特定缺陷的四个认知领域。

第三,20世纪70年代对MLD的初步记载表明,MLD是由于脑部异常所致。随着现代神经影像技术的出现,研究人员已经开始着手解决这个问题。越来越多的证据表明,在数字处理和算术过程中,额顶网络处于活动状态(Ansari,2008)。目前,对MLD儿童额顶网络检测的研究正在缓慢而稳定地展开。这些少数研究一致表明,MLD儿童在额顶网络中存在结构和功能的变异,特别是在顶内沟和(前)额叶皮层中,其中,前者是支持处理数值大小的大脑回路,后者被认为在工作记忆中对维持中等程度的心算具有辅助作用。有人认为,MLD儿童的这些脑部异常可能是遗传导致的,但MLD的遗传基础在很大程度上仍然是未知的,并且尚未发现与数学能力(障碍)有关的基因。医学遗传学领域的研究表明,一些已知遗传原因的疾病,如特纳综合征和22q11缺失综合征,表现出与MLD相符的模式。此外,还有一些早期证据表明,它与自闭症谱系障碍和阿斯伯格综合征有关。

第四个也是最后一个问题:对于MLD儿童来说,什么是适当的教育干预?起初,普通的知觉运动训练是改善学习障碍的主要方式,但这种训练的效果已经大打折扣了。最有效的方法是针对MLD儿童在数学上有困难的某个部分进行干预(Dowker,2008),包括评估儿童在数学上的强项和弱项,且评估结果也被应用于改善学生的数学技能。然而,仍然存在以下几个主要问题:诊断MLD和实施具体干预的最佳时机是什么时候？MLD儿童是在常规课堂之外的个性化干预中受益更多，还是在常规课堂中受益更多？这些儿童是否需要特殊的干预，或者和不存在MLD的儿童一样接受相同的教学，他们是否已从中获益最大？更具体地说，以建构主义为导向的概念教学是否适用于有学习障碍的儿童（Xin and Hord，2013；Xin et al.，2016）？另一个问题是，在假设MLD儿童可以做什么而不是他们不能做什么时，是否真的没有盲点呢（Peltenburg et al.，2013）？最后，在对MLD儿童的改善教学中，除了数感，我们是否也关注到了数学的其他方面？例如，从空间推理发展而来的概念关系。显然，试图从所有在数学学习上存在严重困难的儿童这一角度来回答这些问题，可能不会有什么成效。

尽管在过去的几十年里，关于MLD的诊断、补救和预防的研究在迅速增长，但仍有许多工作要做。我们需要进行纵向研究以确定发展前兆，并描绘MLD的发展轨迹。当然，这些困难的神经学基础及其与课堂表现的关系还需要进一步探讨。了解MLD在行为、认知和神经生物学这些不同层面上的不同特征，将有助于进行适当的教育干预。在未来的研究议程上，补救性干预措施的设计和评估需要优先考虑，这些干预措施不仅可以解决儿童的学习困难，而且可以预防其产生。最后，除了仅集中在计数和算术层面的诊断和干预，很有必要把目光投向涉及数学思维且更有助于抽象和概括的其他方面。

ICMI Study 23中研究特殊需求方面的小组的目标是：探索和讨论上述问题，并将重点放在最后一个问题上，即针对MLD儿童的教学目标和干预措施。小组由四位学者组成，在MLD儿童和整数算术课程的特殊需求方面，他们的专业领域是互补的。四位学者分别是安娜·巴卡利尼-弗朗克（Anna Baccaglini-Frank，比萨大学），乔安妮·马利根（Joanne Mulligan，悉尼麦考瑞大学），玛利亚·范登赫费尔-潘休曾（Marja van den Heuvel-Panhuizen，荷兰乌特勒支大学）和忻燕萍（Yanping Xin，美国普渡大学）。作为在计算障碍的认知性根源及其解决方法这一领域内的世界知名领军者，布里安·巴特沃思教授（Brain Butterworth，英国伦敦大学学院）也参与了讨论。

16.2 “计算障碍”是否取决于小学教育的启蒙？[1]（安娜·巴卡利尼-弗朗克）

本节，我将解决以下问题：(1)MLD儿童是在常规课堂之外的个性化干预中受

[1] 本研究由PerContare项目支持。

益更多，还是在常规课堂中受益更多？(2)这些儿童是否需要特殊的干预？或者和不存在MLD的儿童一样接受相同的教学，他们是否已从中获益最大？(3)对于所有类别的MLD儿童，上述问题的答案都是相同的吗？

让我从最后一个问题开始回答。假设“所有类别的MLD儿童”是一个定义明确的概念(尽管我不这样认为)，我认为这个问题的答案是“否”。

首先，对于同一个儿童，在他人生的不同阶段，答案可能也有所不同。例如，在作出任何诊断之前(有些人认为，即使是在此之后)，许多人至少在最初可能会声称儿童应该在“常规”课堂上体验基于概念和以建构主义为导向的教学。但是，如果在一整年，甚至在整个小学阶段(5至6年)，由于种种原因儿童没有在数学课堂上参与讨论，对此该怎么办？例如，如果课堂文化在很大程度上以书面语言为基础，而儿童没有克服使用这种媒介的相关困难，这就是阅读障碍的一种常见情况。这样一来，这个儿童将浪费他多年的岁月，甚至更糟的是，他会对他当初未能参与讨论而心生厌恶。如果儿童经历了一段时间的特殊教育，该课堂提供了一种以更合适的方式促进他参与讨论的环境，让他体验到在数学课堂上的参与感和成就感，那么外界也许会更能意识到他在书面语言方面的困难。

然而，多年(诱导或自愿地)被排除在数学讨论之外，使得儿童(现在是青少年)从未真正进行过数学学习。如果将他放在一个“常规”课堂上，即以建构主义为导向的教学，并且该教学在很大程度上建立在学生从未构建过的概念上，这种做法仍然合适吗？他的数学肯定会永远不及格。

相对地，若将学生的困难考虑在内，并施以个性化的干预措施，那么他可能会迅速恢复信心，开始参与到数学讨论中去，并能使用不同的方式获取信息、产生信息。同时，他还会受到教师和其他参与者(甚至是“常规”教室中的参与者)的认可。纵观我在不同环境下帮助学生学习数学的经验，我目睹了许多与上述相似的典型案例。

在例子中，我提到了使用书面语言的困难。然而，还有许多其他的认知情况，例如，记忆步骤或知识的困难，概述过程的困难，逻辑推理的困难等，这些都会导致这类儿童在数学学习上的失败，并最终被排除在“常规”课堂的数学讨论之外。我认为，对于教师、临床医学者或其他教育工作者而言，至关重要的是识别这些困难并“因应解决”它们，帮助学生意识到这些困难，同时设法解决、攻克任何能处理的问题。当然，这不是一件容易的事，毕竟每名学生都是完全不同的！

回到最后一个问题，似乎还有一种情况：在某个既定的时间点，不同的学生可能具有不同的特征。例如，从认知角度来看，似乎有可能将关于MLD的现有假设重新组合，从而形成一个可用于描述学生数学（认知）学习概况的四重模型（Karagiannakis et al.，2014）。基于这一假设的研究表明，在数学测验（也用于诊断MLD）中获得相近（或相同）低分的学生，他们的个人情况实际上是不同的（Karagiannakis and Baccaglini-Frank，2014；Karagiannakis et al.，2018）。换句话说，研究表明：在认知水平上未能克服数学学习中的困难，并不总是与模型中特定领域的单一缺陷有关，也不能被认为是某几种缺陷共同导致的后果（对所有学生都一样）。这支持了这样一种观点，即探寻所有数学成绩不佳的学生的认知特征不一定是一个富有成果的研究方向。

我们可以（并且应该）问的是："为什么有些孩子无法克服其他人能够克服的数学学习困难？"原因可能包括以下几方面：学生的认知特征；身处社会而形成的"内在"倾向（如上所述）；学生以往的数学学习情况；学生及教师的情感因素；教师对教学内容的选择以及选择（或不选择）的引入方式；学校政策和教师看待MLD的态度；对MLD学生"学什么"或"学多少"的隐性或显性假设；等等。

我认为，数学教育者开展的研究应着眼于如何最大限度地减少由于儿童个人特定的学习特征而导致的数学失败，且越早越好——至少在正式教学开始之前（大多数国家是从幼儿园或一年级开始），这就是我们最近在意大利（2011—2014）所开展的为期3年的项目中试图要做到的。该项目的团队由数学教育者和心理学家组成，以符号学中介理论（Bartolini Bussi and Mariotti，2008）和具身认知理论（Gallese and Lakoff，2005）为框架，设计了相关的数学课程材料，旨在为一年级和二年级的所有学生提供"动手"（动觉—触觉）体验，包括对实物模型的操作，从而帮助学生在这些体验及随后的数学讨论中发展数学意义（包括程序）。

例如，为了帮助儿童学习"乘法表"，教师介绍了用正方形纸剪出矩形的操作方法（第7章第7.4.2节），他们学习如何将这些矩形剪切并粘贴在一起，从而找出未知的乘积；然后，只需（在笔记本上或黑板上）画图就可以将其推导出来；最终，儿童将在没有外部帮助的情况下使用它们，并作为心算策略（第7章第7.4.2节中的示例）。数学活动的一个基本环节是分享和讨论，在这个过程中，所有参与其中的学生都将贡献自己的力量（确实做到了）。

在视频的第四部分（电子补充材料：Baccaglini-Frank，2017b），教师要求学生分享计算8×6的策略，并在黑板上演示。一名学生将8分为三部分（5、2和1），他认为这样做会"容易"，因为这些数字他都知道如何计算。然后，他乘5以获得第一部分的结果，并在脑海里将第二部分识别为 6＋6＝12，将最后一部分识别为 1×6，最终得到 30＋12＋6。这名学生的水平总体处于中等偏下，但通过对他执行所建议的活动及偶尔在家里进行额外的练习，他能够跟上班级的进度。另一名学生将 8 分解为 10－2，并通过“隐形矩形”[1]来说明他的理由，“隐形矩形”这个术语在课堂上很快流行起来。这些矩形能使计算变得更容易，但随后需要将其取走。她使用“隐形矩形”将 8 视为 10 的一部分，先得出乘积 10×6（＝60），再减去 2×6（＝12）。在最后的心算（60－12）中，她犯了一个错误：起初，她忘了从 60 中拿出第二个 10，所以她得到的结果是 58，而不是 48；然后，在教师的提示下，她迅速纠正了错误。我们发现，当这两名学生在隐性地使用分配律（以前未正式出现过）时，他们似乎都非常自如。

该项目的一个重要发现是，在一年级和二年级期间使用实验材料，极大地减少了在三年级时会被归类为 MLD 的儿童数量（Baccaglini-Frank and Scorza，2013；Baccaglini-Frank and Bartolini Bussi，2015；Baccaglini-Frank，2015）。此外，有 PerContare 项目学习经验的学生能够想出各种策略来处理不同的数学情境，尤其是在计算方面，这些学生获取数字的准确性更高，策略更多样化，计算速度更快。事实上，与对照组中表现较好的学生相比，所花“成本”和自动化程度都有 3 个月的滞后。

调查结果表明，持续使用特定的课程材料可以显著减少三年级时被诊断出计算障碍的儿童数量，我们发现这与文献中声称计算障碍是一种先天性缺陷的说法存在显著矛盾。事实上，学生样本表明，计算障碍似乎取决于最初的小学教学，这完全是一种与“文化”相关的经历。当然，可以通过多种方法来解决这一困境，例如，抨击诊断测试的有效性（至少在意大利使用过）、过于笼统的诊断标准，或是没有给 MLD 一个明确的定义。事实上，令人惊讶的是，这一定义尚未在各研究小组中达成共识（e.g. Mazzocco and Räsänen，2013）。

这使我回到了之前的想法：作为教育工作者，我们应该继续研究为什么早期有过特定数学经历的学生会较少出现数学不及格的情况，我们将其称之为良性实践。我认为，应该尤其注重发展良性实践，并研究其对不同儿童样本的影响。当确定了一套良性实践后，着手探寻是否还有学生数学不及格，并研究为什么会出现这种情

[1] 根据符号中介理论（Bartolini Bussi and Mariotti，2008），“隐形矩形”可看作是一个“支点符号”，且被教师广泛使用。

况;然后根据研究成果进一步改善实践,或者同时开发专门的补救性干预措施。我个人认为,相比于全班教学,很多现在被归类为 MLD 的儿童并不可能会从个性化干预中受益更多;而全班学习提供了多种参与数学讨论的方式,并能够顾及所有学生的学习倾向,从而使得 MLD 儿童能充分利用良性实践。当然,这还是一个悬而未决的问题。

16.3 MLD 是否与缺乏对数学模式和关系的潜在认识(相比自然数意识的发展,这种认识与空间能力的关系更为密切)有关?(乔安妮·马利根)

为了解决本章引言中提到的一些问题,基于对数学"模型和结构"的认识,我将从综合性的视角对数学发展和 MLD 的潜在认知基础提出更清晰的观点。我的研究重点不是整数算术领域,而是通过及早识别模式和关系以及发展相关的空间过程,从而支持数学的一般化发展。

近年来,为了解释和描述儿童早期数学能力的巨大差异,数学教育研究越来越关注其他研究领域和跨学科研究。

早期数学能力的研究在很大程度上强调了儿童的数字能力,如计数、感数(快速准确地感知较小的数量)、数字表示、比较数值大小以及在数线上找到数的位置(De Smedt et al.,2013; Fias and Fischer,2005)。另一种则侧重于儿童对数字和数量关系的自发关注(Hannula and Lehtinen,2005),且研究发现能以此预测儿童以后的成绩。相关研究强调了知觉感数(Mc Donald,2015)和数组中组的空间结构(Starkey and Mc Candliss,2014)的关键作用;神经认知研究(Butterworth et al.,2011)也提供了儿童的数字发展与算术和空间过程之间的关联的补充性论据。数字概念取决于多个方面,如感数、数值大小的比较、数线上寻找数的位置、轴线的差异性和对称性(e.g. Dehaene,2009)。对于存在 MLD 和表现低于指定标准的学生,相关干预措施已涉及上述的某些方面,但侧重于计数和算术而非基本的数学属性。

特别是对于存在 MLD 的学生,我们仍不清楚数学能力各个组成部分之间的相对影响,以及它们在数学发展中的相互关系。此外,这些因素中的某个或某些成分对个体数学发展的影响可能会大相径庭。

最近的研究表明,空间能力的早期发展对数学发展具有积极影响(Verdine et al.,2014)。数学教育中的其他研究强调了空间推理能力从幼年起就持续发展——这些能力是可塑的,可以随着时间的推移而增强,但如果不加以强化则会减弱

(Davis,2015);空间能力也与图形和早期代数能力的发展(Clements and Sarama, 2011;Papic et al.,2011)以及与其他概念(如数量和度量)之间的关系(Mulligan et al.,2013;Mulligan et al.,2015)有关。由此提出了一些关键性问题,即是否需要为空间能力较差的学生提供差异化的教学、评估和干预计划,而不是只针对那些存在MLD的学生。

澳大利亚PASMAP项目(第7章第7.3.3节)是针对4～8岁儿童的一组相关研究,其重点是评估各种能力水平的儿童(包括MLD儿童)的数学结构(Mulligan et al., 2013)。这些研究考虑到了数学能力各组成部分的复杂性,并从更综合的视角分析了以下问题:早期数学发展的共同显著特征是什么?识别模式和结构的能力是与生俱来的,还是可以后天培养的?为什么一些MLD儿童缺乏这种能力?空间推理的作用是什么?

该项目历时十年,开发并验证了一种基于访谈的评估工具"模式与结构评估——早期数学(PASA)"(Mulligan et al.,2015),以及对模式与结构数学认知项目的评估(Xin et al.,2017)。根据从大量研究中获取的学生对PASA的回答,研究者确定并描述了五个结构发展水平:前结构水平、初期结构水平、部分结构水平、结构水平和高级结构水平(Mulligan et al.,2013)。对数学模型和结构的认识(AMPS)水平较低的学生通常处于前结构水平或初期结构水平,比如,他们难以感知较大的数集,难以识别简单模式中的重复单元,无法充分利用数组的结构特征,而是更倾向于通过他们自己的模型、绘图和解释说明来描述奇特或表面的特征。

基于对模式、计数、计数系统和乘法思维的早期研究,该研究着重于识别和描述共同特征,后来被称为AMPS。AMPS具有两个相互依存的成分:一个是认知(结构知识),另一个是元认知(一种寻找和分析模式的趋势)。AMPS包含以下结构成分:

(1) 序列:识别按一定顺序排列或重复出现的关于对象或符号的(线性)序列,即重复型、增长型的模型和数字序列。

(2) 结构化计数和分组:感数,分组计数。例如,以2或5为一组计数,或在等分的数线上计算乘法。

(3) 形状和排列:识别二维、三维的形状和图形表示的结构特征,构建度量单位。例如,共线性(水平和垂直坐标),相似和全等,以及等边、对边和相邻边,直角,平行线和垂线等属性。

(4) 等间距:将长度、其他二维或三维空间和对象划分为相等的部分,如构造度量单位。其中,分数、刻度和区间的表示都是基本的。

(5) 分割:将长度、其他二维或三维空间、对象和数量划分为不相等或相等的部分,包括分数和度量单位。

针对存在 MLD 的学生,在早期计算中采取的补救或干预措施通常侧重于数字和算术方面,而不关注模式和空间过程。然而,来自多个学科的越来越多的证据表明,也有其他有助于数字能力发展的因素。我们的研究将数字和其他数学概念的早期发展追溯到了 AMPS 的发展。PASMAP 干预研究考察了整个数学概念中模式和空间结构方面的发展,结果表明,前景/背景的区分、排列(共线或共轴)、统一和均分的分组、形状和等面积的变换和识别等特征,对于数学的发展至关重要。研究发现,通过对一些 MLD 儿童进行干预,可以改善其在上述几方面的表现(Mulligan et al., 2013)。

PASMAP 干预计划的设计考虑了对儿童 AMPS 水平的评估(PASA),且该计划可以与其他评估和干预策略结合使用。PASMAP 干预计划是为各种能力水平的学生(包括 MLD 在内)而设计和试用的,它着重于上述五种结构而展开,并且在实施上具有灵活性,因为教师可以针对 MLD 儿童最难掌握的某个数学结构进行干预。该教学方法旨在使学生朝着识别异同的方向发展,以表现和抽象核心结构要素;同时,强调使用视觉记忆来记录空间表征形式。

我认为,早期文献中所描述的数学能力的各个组成部分的发展,必然会对数学发展产生相关影响,但有一个共同的潜在线索。我不建议将组成部分简单地合并到我们称为 AMPS 的结构中去,我们的经验证据支持的是在结构特征方面的提升,而不是强调计数和算术。对儿童发展所进行的长期精细分析表明,这些 PASMAP 成分构成了一个复杂的网络,它们的共同点是能够看到本质上或最初在本质上是空间性质的模式和结构特征。因此,关注儿童对结构的发展是非常重要的,如分组和分割、成组、感数、共线性和比较数值大小。

数学中的概念关系取决于 AMPS:空间结构和模式识别可能与空间发展和数字发展有着密不可分的联系。我们最近的研究将 AMPS 的测量与早期算术的标准度量联系了起来(Mulligan et al.,2015)。利用网络资源作进一步分析(Woolcott et al.,2015),从而得到了 AMPS 结构之间的直观联系,并以此作为系谱图。然而,空间推理在 AMPS 开发和使用中的作用还没有被完全理解,我们的研究描述的只是 AMPS 的特定领域,如空间结构、分割和线性结构、二维和三维空间、模式与数量之间的关系。

我们未来的研究重点将放在评估 PASMAP 干预对 MLD 儿童在各种结构方面的影响上，并识别个体长时间在 AMPS 方面所产生的关键差异。这可能需要对早期数学发展的关键组成部分进行仔细审查，并改善跨学科合作，以为进一步的研究议题和更有效的教学创新提供依据。

16.4 我们应当揭示 MLD 学生已经知道了什么，而不是他们不知道什么（玛利亚·范登赫费尔-潘休曾）

良好的教学始于了解学生已经知道了什么。尽管这适用于所有学生，但对于 MLD 学生来说更是如此。然而，这些学生所面临的问题是，他们通常在数学考试中得分较低，导致人们自动得出这样的结论，即他们无知，无法解决要求较高的数学问题且无法期望他们可以自己想出解决方法。揭露这些偏见对 MLD 学生而言至关重要，这可能会给他们的数学教学带来新的机会。然而，最迫切的问题是，我们如何揭示 MLD 学生的实际知识。在这一节中，我将讨论一些已有的研究结果，以期使得人们重新思考对 MLD 学生所作出的假定的局限性。

我在这一领域的研究活动始于 20 世纪 80 年代初，当时我了解到一种数学教育方法，主要包括以下内容：建议从学生的常识和与情境有关的数学知识开始，为学生提供模型，最终使学生达到更一般的、正规化的理解水平；不仅限于整数算术，还包括其他数学领域；让学生在学习过程中发挥积极作用，引起学生反思，激发学生对不同解决方案的探讨和互动；不仅着眼于学习知识和技能，还旨在培养洞察力。

作为曾经的一名特殊教育教师，我对部分特殊教育学专家不认同对特殊儿童进行这种教学感到惊讶。这些教育家们认为，最好只教 MLD 学生一种固定的解决方案，否则他们会感到困惑；最好教给 MLD 学生纯数字问题，而包含上下文语境的文字叙述题对他们来说太复杂了。此外，依靠基于学生自己的非正规的解决方法是一种幻想，因为 MLD 学生根本无法自己提出解决方案（van den Heuvel-Panhuizen，1986，1996）。

为了反驳这些我认为是错误的假设，我于 1990 年在两所特殊教育学校针对轻度弱智学生进行了一项研究（van den Heuvel-Panhuizen，1996）。学生的年龄在 10.5～13 岁之间，他们的数学水平远远落后于同龄人，介于普通小学 2 年级至 4 年级之间。我选择的研究主题是“比”，对于轻度弱智学生来说，“比”通常被认为已经超出了他们的承受范围，因此学校教师之前没有向参与研究的学生教授过这一内容。为了证明这是对他们数学能力的低估，我对他们进行了测试，主要包括16个关于比的问题，且都是学生熟悉的情境，不包括比的正规表示方法。此外，我在设计测试时采纳了弗赖登塔尔(Freudenthal)的建议，利用了比的视觉根源。结果表明，存在MLD的学生在没有教授“比”的情况下，就能很好地解决这类问题，正确率在13%～64%之间。我请这些学生的教师和专家(两名特殊教育学校督学和两名特殊教育家)来预测学生的分数，结果他们大都低估了学生的分数。此外，附在测试卷上的便条纸也都清楚地显示出学生自己发现的策略和符号的痕迹。

经常听到的一种说法是，数学能力较弱的学生最好只教给他们一个固定的标准策略来应对所有情况(e.g. Gelderblom，2008，p.36：“让数学能力较弱的学生靠自己发现策略是不现实的，而是要牵着他们的手走，告诉他们必须使用哪种策略”)。这个说法促使我和我的博士生马约利金·佩尔滕伯格(Marjolijn Peltenburg)在2010年进行了一项研究，我们调查了特殊教育学生是如何解决100以内的减法问题的，发现对MLD学生进行此类问题教育的标准方法是“削减方法”。我们故意在减法测试中加入了可能会用到“添加方法”的问题，例如，像“62－58”之类的纯数字题和有添加情境的文字题。我们发现，MLD学生在没有进行任何教学的情况下自发使用了“添加方法”。不仅如此，他们在策略的运用上相当灵活，在使用“添加方法”时也很成功(Peltenburg et al.，2012)。

除了给MLD学生提供评价题，让他们可以在常规数学课程内容中展示自己的能力之外，我们还针对某个课题作了进一步研究，该课题远远超出了特殊小学教育中所教授的内容，甚至在常规小学中也不多见。在这项研究中，我们调查了MLD学生解决许多组合数学问题时所发生的情况，发现他们与普通教育中的同龄人表现得一样成功，虽然后者年龄较小，但他们对数字和运算的理解水平是相同的。此外，MLD学生同普通教育中的学生一样，通常会采用系统性的策略来寻找所有可能的组合。在这两种类型的学校中，可以观察到系统性策略的使用情况显著增加(Peltenburg et al.，2013；Peltenburg，2012，Chap.6)。

使MLD学生隐藏的数学潜能外显的另一种途径是采用更先进的技术来对他们进行评估。为此，我们将标准化测试中的一系列减法问题置于信息和通信技术(ICT)的环境中，并使用可选的辅助工具将其扩展。在某项研究中，我们使用了一个数字交互式的“100面板”，学生可以通过拖动计数器来表示要解决的问题。在另一项研究中，可选的辅助工具包括数字交互式数线。两项研究均表明，在基于ICT的测验中，正确答案的比例高于在标准化测验中的比例(Peltenburg et al.，

2010)。这个结果似乎很显然,但是对于教师来说,这项测试不仅告诉他们哪些学生正确解决了哪些问题,而且还告诉他们哪些学生使用了辅助工具以及是如何使用的,这为教师进一步指导提供了非常有价值的指示,由此帮助学生开发其"最近发展区"。此外,我们发现 MLD 学生非常清楚自己是否需要辅助工具的帮助。并且,在后来的标准化测试中犯错最多的学生,其在之前的基于 ICT 的测试中更倾向于使用辅助工具。

由于这些可选辅助工具的积极经验,欧盟资助的 FaSMEd 项目正在进一步探索这种评估方法,旨在研究在形成性评估的课堂实践中对技术的使用情况,从而使教师能够满足成绩不佳的学生的新需求。该项目中来自荷兰的团队为小学高年级的数学教育开发了数字评估环境(Digital Assessment Environment),图16-1显示了其中一个附有可选辅助工具的百分比问题,这些辅助工具可以用来解决此问题。

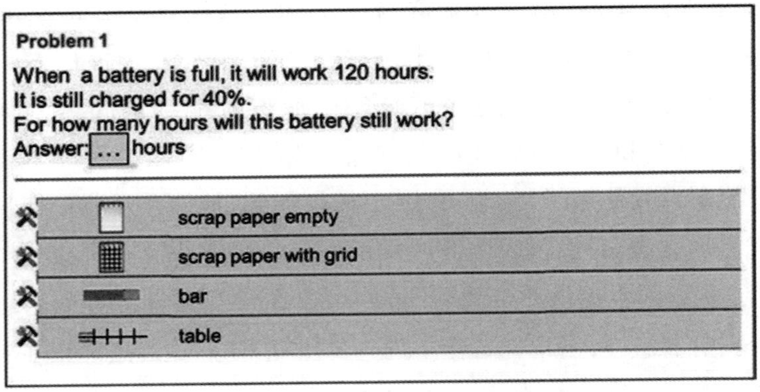

图 16-1 数字评估环境中使用可选辅助工具的百分比问题

译文:当一块电池充满电时,它可以持续工作 120 小时。现在它有40%的电量,它还能工作几小时?

16.5 基于概念模型的问题解决:建构主义数学教学法与显性策略教学的整合(忻燕萍)

"学习有障碍的学生应该接受集体教育还是单独教育"一直是一个热门话题。在这里,我使用"在数学学习上有障碍或困难(下文简称 LDM)的学生"这一术语来代表所有数学成绩排名在 35%以下的学生(Bryant et al.,2011),因此并不仅限于患有生理疾病的障碍生。考虑到这个定义的宽泛性,一个更相关的问题是:这些学生是否需要特殊的干预,或者和没有 LDM 的学生一样接受相同的教学时,他们是否已从中受益最大?特别地,基于概念和以建构主义为导向的数学教学也同样适用于学习障碍的学生吗?在很大程度上,这取决于以下两点:(1)如何为这些学生提供切合他们需要的教学策略?(2)为这些学生提供多少帮助和脚手架才能使他们理解数学概念或关系?或者从教学的角度来看,是否可以使数学对话或推理过程变得更明确,以便他们掌握概念或知识?为此,无论采取何种安排,更重要的是考虑我们所采用的教学策略是否能为他们提供所需的帮助或脚手架,以使他们能够有意义地学习数学。

整合了数学教育和特殊教育中的研究性实践成果后,忻燕萍等人(Xin,Tzur,and Si,2008)与项目团队一起开发了一款智能导师软件 PGBM-COMPS ©作为协同工作的成果(Xin,Tzur,and Si,2017),以帮助 LDM 学生解决乘法问题。智能导师软件基于三个研究性框架:在数学教育中所吸取的建构主义观点,计算机科学中的数据(或统计)学习,以及在特殊教育中概括了应用题基础结构的 COMPS(Xin,2012)。基于建构主义的学习观,我们关注一种学生自适应的教学方法(Steffe,1990),该方法根据学生的已有概念来调整学习目标和教学活动,从而促进他们乘法推理的发展。这种方法并不是基于对学习障碍学生的缺陷的考虑;相反,着重于从他们已有的知识出发,通过任务性活动促进其向高级的、更强大的认知方式转变。

PGBM-COMPS ©导师软件由两部分组成:(1)“请带我去……”(Please Go Bring Me,下文简称 PGBM)的回合制游戏,旨在培养学习者在乘法推理中构建基本思想(Tzur et al., 2013);(2)COMPS(Xin, 2012),强调理解和表示数学方程模型中的应用题结构。特别值得一提的是,PGBM 回合制游戏旨在培养学习者对基本概念的建构,如“将数字作为组合单位”。PGBM 平台游戏的基本版本是将学生“送”到一个装有 Unifix 立方体的盒子中,让学生自己制作并带回由几个立方体组成的塔楼。在进行了 2~9 次这样的“旅行”之后,提问学生带来了多少个塔楼(即组合单位),每个塔楼有多少个立方体(即单位个数)以及总共有多少个立方体(总数)。PGBM 游戏旨在促进学习者在总数和组合单位之间进行预期性的创造和区分(Tzur et al.,2013)。如果学习者要构建乘法重复计数的心理操作,那么这两个预期至关重要,而这一心理操作是乘法推理的基础。乘法重复计数在一个乘法问题中整合了两个计数序列(例如,请给我一个塔楼,每个塔楼中有 6 个立方体,如果给了我 5 个这样的塔楼,总共有多少个立方体):一个序列可以量化共产生了多少个组合单位(即塔楼),另一个序列检查组合单位(即塔楼)中相应累积的总数(即立方体的总数）。重复计数被认为是“基本的直接表示法的进阶，因为它需要更多的抽象”（Kouba，1989，p.152）。

由PGBM模式衍生出的各种活动旨在对学生现有的知识和经验不断进行评估，在此基础上，促进学生建构基本的乘法概念。学习者将沿着以下两个维度从低水平任务发展到高水平任务：(1)问题中所涉及的数字（例如，Ⅰ级为2、5或10；Ⅱ级为3或4；Ⅲ级为6、7、8或9）；(2)任务认知要求（即用心理系统操作直观物体或非直观/隐蔽的物体）。

另一方面，COMPS将乘法推理的理解推广到了数学模型层面。在这一阶段，学生不再依赖具体的模型（例如，立方体和塔楼）或绘制图片和计数符号，而是借助数学模型直接形成解决方案。COMPS强调如下三点：(1)PGBM游戏（例如，在立方体和塔楼的情境中）与符号化的数学方程模型之间的联系；(2)学生在数学方程模型中对各种乘法问题的表示；(3)由方程模型直接驱动的解决方案的发展。图16－2展示了PGBM-COMPS©中两个示例的屏幕截图：上面部分显示了该程序如何使学生在实物模型（立方体和塔楼）和数学表达式之间建立联系；下面部分显示了如何在COMPS模型中表示问题以找到解决方案。

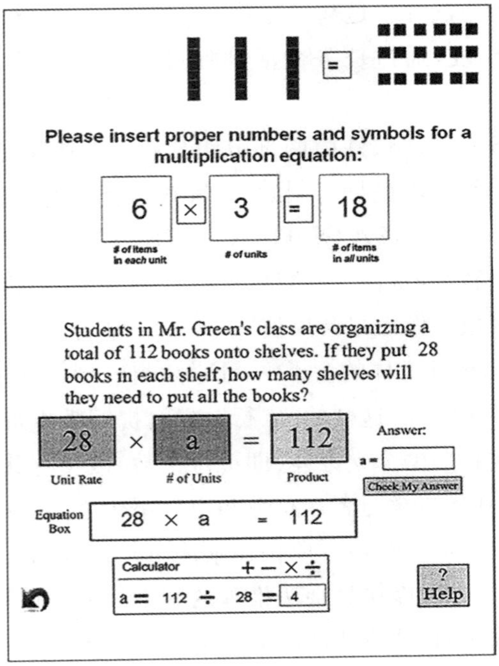

图16－2 PGBM-COMPS©中两个示例的屏幕截图（Xin，Tzur，and Si，2017）

译文：请给下列乘法算式填入恰当的数字和符号。

格林老师班上的学生要把112本书放到书架上。如果每个书架放28本书，他们需要多少个书架？

为了评估PGBM-COMPS ©的效果，忻燕萍等人(2017)将PGBM-COMPS计划与学校教师的教学(teacher-delivered instruction)在提高LDM学生乘法推理和解决问题能力的有效性方面进行了比较。结果表明，PGBM-COMPS组的改善率远高于学校教师的教学组(在由研究人员开发的乘法推理问题上，ES＝1.99；在涉及较大数字的一系列乘法和除法问题上，ES＝2.26)。此外，在斯坦福成就测验(SAT，Harcourt Assessment Inc.，2004)"数学问题解决"的子测验中也显示出了群体差异，即COMPS组的效果更好一些(ES＝1.23)。

鉴于美国《共同核心州数学课程标准》(National Council of Teachers of Mathematics，2012)要求数学老师具备更深层次的教学知识，上述研究的初步结果令人鼓舞。PGBM-COMPS ©将普通数学教育和特殊教育中的最佳实践相结合，在提高学生的乘法问题解决能力方面似乎产生了更好的效果。通过整合启发式教学(有助于概念构建)和易于理解的、基于模型的问题解决教学，PGBM-COMPS计划似乎提高了LDM学生在广义上的问题解决能力。

综上所述，我对"基于概念和以建构主义为导向的数学概念教学也同样适用于学习障碍学生吗"这一问题给出我的答案。在适当的脚手架和帮助下，LDM学生能够接受基于概念和以建构主义为导向的数学教学，PGBM-COMPS干预计划的良好结果(Xin，Tzur，and Si，2017)只是其中的一个例子。

16.6 讨论(布里安·巴特沃思)

如果你想领先，请先掌握理论。

韦尔沙费尔在向小组作介绍性发言时提出了两个基本问题。首先，他问道MLD应该解决的"数学"是由什么构成的。在这里，我想从一个非常简单的方法开始："可用于表明诊断结果是可以获得补偿的可计费ICD-10-CM编码"是由什么构成的？也就是说，哪种诊断可以确保儿童因数学学习困难而有权获得特殊帮助？我采用ICD-10〔疾病和有关健康问题的国际统计分类(第10次修订本)〕来说明，因为它是广泛使用的分类中最明确且最具体的。在编码F81.2中所使用的术语是"特定的算术技能障碍",涉及算术技能上的特定缺陷,而这不是一般智力发育迟缓或受教育不足就能解释的。这一缺陷涉及对加减乘除基本计算技能的掌握,而不是代数、三角、几何或微积分中所涉及的更抽象的数学技能。因此,在这种情况下,韦尔沙费尔所提问题的答案很简单,即算术。然而,这也存在一些问题。

请注意,ICD的定义排除了仅基于一般智力发育迟缓而引起的算术技能障碍。也就是说,儿童不会既愚笨又存在MLD。此外,在后面的论述中,又排除了"与阅读或拼写障碍有关的算术困难",即儿童不会同时存在计算障碍和阅读障碍。

空间能力

ICD-10没有提到空间能力,尽管大家都知道,特别是在早年,它与算术发展之间存在密切的联系(Rourke, 1989)。然而,该联系是如何运作的还尚不清楚。马利根关注一组特定的空间能力,特别指出,这些基础使得概念关系对于算术理解至关重要。针对这项能力中的弱点而专门设计的干预措施可以对算术的发展产生重大影响。

智力发育迟缓

智力发育迟缓并不妨碍高水平的数学技能。从对独开一窍的人的研究中可以看出,有些人智商非常低或其他认知能力有限,但他们有很强的计算能力(Butterworth,2006)。我们也知道,智商水平不能很好地预测数学能力,比如,即使智商高的人也可能会出现计算障碍(Butterworth et al.,2011)。范登赫费尔-潘休曾用独特的方法对学校中有特殊教育需求的儿童的数学能力进行了研究。如今,这些在标准测验中得分较低的儿童被归类为MLD,但由于他们的智商高而被排除在"可计费编码"之外。现在,很可能通过训练这些儿童,使他们在算术问题方面的表现达到中等水平,而所要解决的问题也要有趣得多:他们是否有概念基础和认知能力来发展自己的有效计算策略?

范登赫费尔-潘休曾对这个问题有明确的答案:"我们发现,MLD学生未经教导就自发地使用了加法策略。此外,他们在运用过程中相当灵活,并且在应用加法策略、解决组合数学问题方面也同样成功。"

韦尔沙费尔的第二个问题是"什么是对有特殊需求的儿童的适当干预",这引出了ICD-10的排除标准——"受教育不足"。当前,ICD-10并未定义该术语,因此无法确定该儿童是否因为受教育不足而被归类为MLD。巴卡利尼-弗朗克指出,这为MLD的定义提出了一个重要问题。她写道:"调查结果表明,持续使用特定的课程材料可以显著减少三年级计算障碍诊断测试呈阳性的儿童数量，这与文献中声称计算障碍是一种先天性缺陷的说法存在显著矛盾”。我将在下文论述这一点。

她还很恰当地指出，“如果课堂文化在很大程度上以书面语言为基础，而儿童没有克服与使用这种媒介有关的困难”，那么这可能会导致他在数学方面落后。她指出，最好让儿童在“特殊教育教室”里学习。这是另一个受教育不足的例子。

忻燕萍开发了一种智能辅导系统，旨在帮助所有存在“学习障碍或数学困难”的学生，她所说的学习困难是指成绩排名低于35%的学生。对她而言，这些困难的性质或其原因似乎无关紧要。她认为，为更典型的学生而开发的、基于概念和以建构主义为导向的数学教学也适用于学习障碍儿童，她的发现表明智能辅导系统比教师提供的指导更为有效。

基于理论的方法

关于MLD标准和适当干预的困惑，其根源在于缺乏理论观点，这对于理解为什么儿童在数学上未能达到预期水平至关重要。

当然，预期的水平取决于社会、经济，更重要的是政治因素，比如，教育当局(通常是政府机构)是否承认MLD为“可收费”类别。它可能是出于无知而未能做到这一点，因为数学能力是智力的代名词；或者出于懒惰，例如，如果没有父母或小组的压力，他们就不会有所行动。在英国和其他许多国家，阅读障碍之所以被承认，正是因为有组织坚持承认它。政府可能不承认MLD，因为这可能意味着要承诺给MLD儿童提供帮助。

在没有理论的情况下，可能会出于经济或政治原因而设置标准，也可能是随意设置的，例如，在标准测试中，设置为低于35%或比平均值低1、1.5、2、2.5或3个标准差，而这些标准都不能告诉你学生的需求是什么。当涉及不同的群体时，问题就更加复杂了。考虑国际比较的研究结果，如PISA 2012，在排名前十的国家中，低于2级的儿童比例约为10%，但在表现最差的国家中，这一比例在60%～75%之间。因此，就学生可以做到什么和不能做到什么而言，在中国澳门被视为MLD的学生与在印度尼西亚被视为MLD的学生有很大的不同。

应该要解决的问题是：为什么这个孩子不理解他的同学能理解的东西？这是一个理论问题。对于大约5%的学习者而言，答案是在非常基本的数字概念方面存在缺陷。也就是说，他们在考试中表现不佳，而这些考试与学校教育的适切性、社会和经济地位甚至家庭背景关系不大。这些学习者在涉及小对象集(通常是点的显示）的枚举测试中表现不佳，他们比同龄人做题速度慢且准确率较低，这是衡量个体差异的稳定指标，而且是获得算术能力难易程度的可靠预测指标（Reeve et al.，2012）。在其他较少与教育相关的非常简单的测试中也获得了类似的结论（Piazza et al.，2010）。这些测试是学习者"入门工具包"中的重要组成部分，这些学习工具可以获取我称为"数值处理"的基本数字能力，即能够估计一组物体的数量。如果学生在该能力测试上的表现不佳，则表明他在数字处理上存在先天性核心缺陷。这些测试中的表现不仅与学校教育无关，也与智力、工作记忆和读写能力无关（Landerl et al.，2004）。我们称这种特殊需求为"计算障碍"。

发现这种核心能力的不足意味着更慢和更多的重复做法是行不通的。与阅读障碍一样，需要设计专门的干预措施，最好使用实物材料，以及使用虚拟实物材料——自适应数字游戏，且教学时间要比一般发展中的学习者所需要的时间长得多（Butterworth et al.，2011）。

这种方法还揭示了计算障碍与其他神经发育障碍之间的关系。例如，阅读障碍不能成为计算障碍的原因，因为它是由于明显不同的核心缺陷所导致的，在大多数情况下是语音缺陷（Butterworth and Kovas，2013；Landerl et al.，2009）。这意味着我们必须拒绝 ICD-10 中的阅读障碍排除标准，并对这两个核心缺陷都要进行测试。

我们的方法还意味着学习者尽管具有很高的智力，或者确实具有较低的认知能力，但仍有可能出现数字能力上的核心缺陷。这并不是说 MLD 的产生没有其他原因，如教育不足（这是一个国际问题）、早产、饮食不良和家庭困难等（Benavides-Varela et al.，2016）。在这些情况下，需要采用不同的干预方法。数学教育就像许多其他事情一样，单一尺码不适合所有人，而是需要先给顾客量一下尺寸，再找一件最合身的衣服。

参考文献

Ansari, D. (2008). Effects of development and enculturation on number representation in the brain. Nature reviews. *Neuroscience*, 9, 278 - 291.

Baccaglini-Frank, A., & Scorza, M. (2013). Preventing learning difficulties in early arithmetic: The PerContare project. In T. Ramiro-Sànchez & M. P. Bermùdez (Eds.), *Libro de Actas I Congreso Internacional de Ciencias de la Educatiòn y des Desarrollo* (p. 341). Granada:

Universidad de Granada.

Baccaglini-Frank, A. E., & Bartolini Bussi, M. G. (2015). Buone pratiche didattiche per prevenire falsi positivi nelle diagnosi di discalculia: il progetto 'PerContare'. *Form@re — Open Journal per la formazione in rete*, [*S.l.*], 15(3), 170 - 184.

Bartolini Bussi, M. G., & Mariotti, M. A. (2008). Semiotic mediation in the mathematics classroom: Artifacts and signs after a Vygotskian perspective. In L. English, M. Bartolini Bussi, G. Jones, R. Lesh, & D. Tirosh (Eds.), *Handbook of international research in mathematics education* (2nd revised edn) (pp. 746 - 805). Mahwah: Lawrence Erlbaum Associates.

Benavides-Varela, S., Butterworth, B., Burgio, F., Arcara, G., Lucangeli, D., & Semenza, C. (2016). Numerical activities and information learned at home link to the exact numeracy skills in 5 - 6 years-old children. *Frontiers in Psychology*, 7(94).

Berch, D. B., & Mazzocco, M. M. M. (2007). *Why is math so hard for some children? The nature and origins of mathematical learning difficulties and disabilities*. Baltimore: Paul H. Brookes Publishing.

Bryant, D. P., Bryant, B. R., Roberts, G., Vaughn, S., Pfannenstiel, K. H., Porterfield, J., & Gersten, R. (2011). Early numeracy intervention program for first-grade students with mathematics difficulties. *Exceptional Children*, 78, 7 - 23.

Butterworth, B. (2005). Developmental dyscalculia. In J. I. D. Campbell (Ed.), *Handbook of mathematical cognition* (pp. 455 - 467). Hove: Psychology Press.

Butterworth, B. (2006). Mathematical expertise. In K. A. Ericsson, N. Charness, P. J. Feltovich, & R. R. Hoffmann (Eds.), *Cambridge handbook of expertise and expert performance* (pp. 553 - 568). Cambridge: Cambridge University Press.

Butterworth, B., & Kovas, Y. (2013). Understanding neurocognitive developmental disorders can improve education for all. *Science*, 340, 300 - 305.

Butterworth, B., Varma, S., & Laurillard, D. (2011). Dyscalculia: From brain to education. *Science*, 332, 1049 - 1053.

Clements, D. H., & Sarama, J. (2011). Early childhood teacher education: The case of geometry. *Journal of Mathematics Teacher Education*, 14(2), 133 - 148.

Davis, B. (Ed.). (2015). *Spatial reasoning in the early years: Principles, assertions, and speculations*. New York: Routledge.

De Smedt, B., Noël, M. P., Gilmore, C., & Ansari, D. (2013). The relationship between symbolic and non-symbolic numerical magnitude processing and the typical and atypical development of mathematics: A review of evidence from brain and behavior. *Trends in Neuroscience and Education*, 2, 48 - 55.

Dehaene, S. (2009). *Reading in the brain: The science and evolution of a human invention*. New York: Penguin Viking.

Dowker, A. (2008). *Mathematical difficulties: Psychology and intervention*. Amsterdam: Elsevier/Academic.

Fias, W., & Fischer, M. H. (2005). Spatial representation of numbers. In J. I. D. Campbell (Ed.), *Handbook of mathematical cognition* (pp. 43 - 54). Hove: Psychology Press.

Gallese, V., & Lakoff, G. (2005). The brain's concepts: The role of the sensory-motor system in conceptual knowledge. *Cognitive Neuropsychology*, 22, 455 - 479.

Gelderblom, G. (2008). *Effectief omgaan met zwakke rekenaars* [Effectively working with students who are weak in mathematics]. Amersfoort: CPS.

Hannula, M. M., & Lehtinen, E. (2005). Spontaneous focusing on numerosity and mathematical skills of young children. *Learning and Instruction*, 15, 237 - 256.

Harcourt Assessment Inc. (2004). *Stanford Achievement Test series: Tenth edition technical data report*. San Antonio: Author.

Hord, C., & Xin, Y. P. (2015). Teaching area and volume to students with mild intellectual disability. *The Journal of Special Education*, 49(2), 118 - 128.

Karagiannakis, G., & Baccaglini-Frank, A. (2014). The DeDiMa battery: A tool for identifying students' mathematical learning profiles. *Health Psychology Review*, 2(4), 291 - 297.

Karagiannakis, G., Baccaglini-Frank, A., & Papadatos, Y. (2014). Mathematical learning difficulties subtypes classification. *Frontiers in Human Neuroscience*, 8(57).

Karagiannakis, G., Baccaglini-Frank, A., & Roussos, P. (2018). Detecting difficulties in learning mathematics through a model-driven experimental battery. *The Australian Journal of Learning Difficulties*, 23(1), 115 - 141.

Kouba, V. L. (1989). Children's solution strategies for equivalent set multiplication and division word problems. *Journal for Research in Mathematics Education*, 20(2), 147 - 158.

Landerl, K., Bevan, A., & Butterworth, B. (2004). Developmental dyscalculia and basic numerical capacities: A study of 8 - 9-year-old students. *Cognition*, 93, 99 - 125.

Landerl, K., Fussenegger, B., Moll, K., & Willburger, E. (2009). Dyslexia and dyscalculia: Two learning disorders with different cognitive profiles. *Journal of Experimental Child Psychology*, 103, 309 - 324.

Mazzocco, M. M. M., & Räsänen, P. (2013). Contributions of longitudinal studies to evolving definitions and knowledge of developmental dyscalculia. *Trends in Neuroscience and Education*, 2(2), 65 - 73.

McDonald, B. (2015). Ben's perception of space and subitizing activity: A constructivist teaching experiment. *Mathematics Education Research Journal*, 27,(4), 563 - 584.

Mulligan, J. T. (2011). Towards understanding the origins of children's difficulties in mathematics learning. *Australian Journal of Learning Difficulties*, 16(1), 19-39.

Mulligan, J. T., English, L. D., Mitchelmore, M. C., & Crevensten, N. (2013). Reconceptualising early mathematics learning: The fundamental role of pattern and structure. In L. D. English & J. T. Mulligan (Eds.), *Reconceptualizing early mathematics learning* (pp. 47-66). New York: Springer.

Mulligan, J. T., Mitchelmore, M. C., & Stephanou, A. (2015). *Pattern and Structure Assessment (PASA): An assessment program for early mathematics (years F-2) teacher guide*. Melbourne: ACER Press.

National Council of Teachers of Mathematics. (2012). *Common core state standards for mathematics*. Reston: National Council of Teachers of Mathematics.

Papic, M. M., Mulligan, J. T., & Mitchelmore, M. C. (2011). Assessing the development of preschoolers' mathematical patterning. *Journal for Research in Mathematics Education*, 42(3), 237-268.

Peltenburg, M. (2012). *Mathematical potential of special education students*. PhD thesis, Utrecht University.

Peltenburg, M., van den Heuvel-Panhuizen, M., & Robitzsch, A. (2010). ICT-based dynamic assessment to reveal special education students' potential in mathematics. *Research Papers in Education*, 25, 319-334.

Peltenburg, M., van den Heuvel-Panhuizen, M., & Robitzsch, A. (2012). Special education students' use of indirect addition in solving subtraction problems up to 100: A proof of the didactical potential of an ignored procedure. *Educational Studies in Mathematics*, 79(3), 351-369.

Peltenburg, M., Van den Heuvel-Panhuizen, M., & Robitzsch, A. (2013). Special education students' strategies in solving elementary combinatorics problems. In A. M. Lindmeier & A. Heinze (Eds.), *Proceedings of the 37th PME conference* (Vol. 4, pp. 17-24). Kiel: PME.

Piazza, M., Facoetti, A., Trussardi, A. N., Berteletti, I., Conte, S., Lucangeli, D., et al. (2010). Developmental trajectory of number acuity reveals a severe impairment in developmental dyscalculia. *Cognition*, 116, 33-41.

Reeve, R., Reynolds, F., Humberstone, J., & Butterworth, B. (2012). Stability and change in markers of core numerical competencies. *Journal of Experimental Psychology: General*, 141, 649-666.

Rourke, B. P. (1989). *Nonverbal learning disabilities: The syndrome and the model*. New York: Guilford.

Starkey, G. S., & McCandliss, B. D. (2014). The emergence of 'groupitizing' in children's numerical cognition. *Journal of Experimental Child Psychology*, 126, 120 - 137.

Steffe, L. P. (1990). Adaptive mathematics teaching. In T. J. Cooney & C. R. Hirsch (Eds.), *Teaching and learning mathematics in the 1990s* (pp. 41 - 51). Reston: National Council of Teachers of Mathematics.

Tzur, R., Johnson, H. L., McClintock, E., Kenney, R. H., Xin, Y. P., Si, L., Woodward, J., Hord, C. T., & Jin, X. (2013). Distinguishing schemes and tasks in children's development of multiplicative reasoning. *PNA: Revista de Investigación en Didáctica de la Matemática*, 7(3), 85 - 101.

van den Heuvel-Panhuizen, M. (1986). Het rekenonderwijs op de lom-school opnieuw ter discussie [Mathematics education in special education again up for debate]. *Tijdschrift voor Orthopedagogiek*, 25, 137 - 145.

van den Heuvel-Panhuizen, M. (1996). A test on ratio: What a paper-and-pencil test can tell about the mathematical abilities of special education students. In M. van den Heuvel-Panhuizen (Ed.), *Assessment and realistic mathematics education* (pp. 233 - 255). Utrecht: CD-B Press, Utrecht University.

Verdine, B., Chang, A., Filipowicz, A. T., Golinkoff, R. M., Hirsh-Pasek, K., & Newcombe, N. S. (2014). Deconstructing building blocks: Preschoolers' spatial assembly performance relates to early mathematics skills. *Child Development*, 85, 1062 - 1076.

Woolcott, G., Chamberlain, D., & Mulligan, J. (2015). Using network analysis to connect structural relationships in early mathematics assessment. In K. Beswick, T. Muir, & J. Wells (Eds.), *Proceedings of the 39th conference of the International Group for the Psychology of Mathematics Education* (Vol. 4, pp. 321 - 328). Hobart: PME.

Xin, Y. P. (2012). *Conceptual model-based problem solving: Teach students with learning difficulties to solve math problems*. Rotterdam: Sense Publishers.

Xin, Y. P., & Hord, C. (2013). Conceptual model based teaching to facilitate geometry learning of students who struggle in mathematics. *Journal of Scholastic Inquiry: Education*, 1, 147 - 160.

Xin, Y. P., Liu, J., Jones, S., Tzur, R., & Luo, S. I. (2016). A preliminary discourse analysis of constructivist-oriented math instruction for a student with learning disabilities. *The Journal of Educational Research*, 109(4), 436 - 447.

Xin, Y. P., Tzur, R., & Si, L. (2017). *Nurturing multiplicative reasoning in students with learning disabilities in a computerized conceptual-modeling environment*. West Lafayette: Purdue University.

Xin, Y, P., Tzur, R., & Sin, L. (2017a). *PGMB-COMPS © Math World Problem Solving*

Intelligent Tutor. West Lafayette：Purdue Research Foundation，Purdue University.

Xin，Y. P.，Tzur，R.，Sin L.，Hord C.，Liu J.，& Park，J. V.（2017b）. An intelligent tutor-assisted math problem solving intervention program for students with *learning difficulties*. *Learning Didabilities Quarterly*，40(1)，4－16.

Cited papers from Sun，X.，Kaur，B.，& Novotna，J.（Eds.）.（2015）. Conference proceedings of the ICMI study 23：Primary mathematics study on whole numbers. Retrieved February 10，2016，from www.umac.mo/fed/ICMI23/doc/Proceedings_ICMI_ STUDY_23_final.pdf.

Baccaglini-Frank，A.（2015）. Preventing low achievement in arithmetic through the didactical materials of the PerContare project（pp. 169－176）.

\ 第 17 章 /

小学数学教育中关于整数算术的教师专业发展模型：跨文化概述

亚尔米拉·诺沃特娜，玛利亚·G.巴尔托利尼·布西，茜比拉·贝克曼，梅特·因普拉西塔，贝林德吉特·考尔，孙旭花，哈姆萨·文卡特，迈克·艾斯丘
(Jarmila Novotná, Maria G. Bartolini Bussi, Sybilla Beckmann, Maitree Inprasitha, Berinderjeet Kaur, Xuhua Sun, Hamsa Venkat, and Mike Askew)

17.1 概述[1]〔亚尔米拉·诺沃特娜(Jarmila Novotná)〕

本章内容源自 2015 年在澳门举办的 ICMI Study 23 上举行的教师教育全体小组会议(Novotná, 2015)。小组会议的主要目标以及本章的主要内容是探讨世界不同地区小学数学教师的教育方法，并在此基础上讨论更为广泛的文化背景以及课程传统的共性与差异。

ICMI Study 23 的重点是数学领域中的整数算术。人们普遍认为，深入理解学校数学教育至关重要，尤其是针对小学教师的整数算术。整数算术为发展理解能力和提出观点创设了重要的背景，这些理解和观点均遵守高阶数学的习惯和规范。本章的重点是介绍和讨论一些来自世界各地的实例，即从发展、讨论、应用数学模型方面关注小学数学教师的教育；重点是从更广义的角度论述不同国家和地区基于不同的文化背景而采用的多样化整数算术课程教学方法，这些不同的文化背景和结构影响了小学数学教师(甚至小学教育)的教育组织方式。在广义的课程和文化背景下，本章具体讨论以下两个问题。其一，整数算术课程中两种初步理解数字的方法：一种是数字在数线上所表示的长度或所在点的位置(更强调基数和序数)，另一种是通过数字的十进制关系(更强调基数、数值以及数字间的关系)，并用具体

---

[1] 本章由 Progres Q17(在科学与研究背景下的教师准备与教学专业)项目鼎力支持。

的例子来说明不同国家以不同方式呈现数字。其二，讨论 ICMI Study 23 会议上一些之前有人提过的观点：是更强调个人主义、非中央集中式的自主文化观下的教师学习观，还是中央集中式的集体主义教师学习观。在第二个问题上所表现出的差异会对不同文化背景下的教师教育模式产生影响；同时，也会影响教师教育在学校课程表上的安排。

本章先讨论与教师教育相关的文化领域，再探讨整数算术的教学方法，接着介绍和讨论主要的教师教育模式，并通过举例来揭示差异。最后，详细介绍小学数学教育中使用的数学模型，并用例子来强调关注长度（关注序数的模型）和十进制数（关注基数）之间的差异，同时探讨更广泛的教师教育组织形式。因此，在本章中讨论的关键问题可以总结如下：

(1) 世界各地小学教师的文化观有哪些相同点和不同点？这些差异在小学教师发展模式中如何体现？

(2) 关注早期数字关系和强调序数这两种教学方法的主要区别是什么？

(3) 在世界各地小学数学教师的发展中推广了哪些关键数学模型？在这些数学模型及其包含的小学数学教师专业发展模型中，文化和课程的差异是如何表现出来的？

小组成员由六位来自世界不同地区的学者组成，并辅以两名讨论嘉宾，他们都是在自己的国家或地区拥有丰富数学教育经验的学者。小组成员是（按字母顺序排列）玛利亚・G.巴尔托利尼・布西（Maria G. Bartolini Bussi，意大利摩德纳・雷焦・艾米利亚大学）、茜比拉・贝克曼（Sybilla Beckmann，美国佐治亚大学）、梅特・因普拉西塔（Maitree Inprasitha，泰国孔敬大学）、贝林德吉特・考尔（Berinderjeet Kaur，新加坡国立教育学院）、孙旭花（Xuhua Sun，中国澳门大学）和哈姆萨・文卡特（Hamsa Venkat，南非金山大学）。讨论嘉宾是德博拉・勒文贝格・鲍尔（Deborah Loewenberg Ball，美国密歇根大学）和迈克・艾斯丘（Mike Askew，南非金山大学）。

17.2 小学教师的学习与整数算术文化观（亚尔米拉・诺沃特娜和哈姆萨・文卡特）

亚历山大（Alexander，2009）提出了一种教育学的观点，认为教育学具有深厚的文化底蕴，同时兼具超越时间和空间的连续性：

> 教育学不限于教室环境中。只有把教学实践放在地方与国家的同心圆内，放在课堂、学校、教育系统和国家的社会情境中，它才能更好地被理解。并且，在此情境中，不断地探索教师和学生在课堂上的行为，才能更广泛地反映社会价值。(p.924)

因此，在整数算术背景下审视教师发展，需要更广泛地关注课程背景和文化意识形态，以便更全面地了解教学内容和方法，从而支撑小学数学教学。

在本次 ICMI Study 23 和以往的研究中，我们发现东西方在数学教育研究的侧重点上存在较大差异。例如，马立平(1999)指出，中国小学数学教育以教师为主导，以精心开发的标准化教科书为中心。这与更具批判性的观点形成鲜明对比，即认为教科书中固有的标准是建立在更广义的文化中的，强调以儿童的兴趣、理解为主导的个人学习主义(Triandis and Trafimow，2001)，这在许多以学习者为中心的教育文献中普遍存在。

孙旭花等人(2013)基于整数算术比较了中国和葡萄牙教科书中关于加减法的内容，指出教科书在中国教师教学中起核心作用。在各类问题中，整体与部分的关系是最重要的，10 的各种组合被视为关键概念及解决问题的工具，以便开展后续的数学教学。在十进制的数字模型中，用小棒、第纳斯木块或图标的方法表示整体和部分，这与数字式的方法并重。研究葡萄牙教科书时发现，用数线表征长度和位置这一方法在早期数字任务中占主导地位，强调了与数学运算和数量关系有关的内容。在葡萄牙教科书的示例中，加法和减法之间没有明显的联系，加减法是通过逆运算的思想进行连接的。值得关注的是，虽然中国教科书中提及了多种方法，但这些方法都依赖分解的思想，并在十进制基础上进行具体选择。贝水泽恩(Beishuizen，1993)强调，借助数线，并利用“补步思想”可以实现更高效率的求解。例如，求解 65－38，先向后退 40 步，再向前补 2 步，这在中国方法中往往没有被提及。中国方法中的“拆分思想”被视为代数运算的基础以及十进制运算的预备知识。

相比之下，现实中的数学教育更强调数线的运用，因为数线在实数计算中具有较强的前后关联(Anghileri，2006)。在整数算术背景下，教学目标和过程的差异可以从早期计数方法与思维结构中对比呈现(e.g. Schmittau，2003)。

布西和马蒂格纳(Bartolini Bussi and Martignone,2013)也指出了数学模型和结构在学校教育中的调整方式,以便探索数学模型在文化背景之外的“转换”。基于 ICMI 的研究成果可以得到一个广泛结论,即一些国家的传统较其他国家更关注教学和特定的教学工具,以及这些教学工具的发展与完善。在这些传统中,数学内容的教学过程及其学习方法具有更大的同质性和“共享”性。这些来自 ICMI Study 23 的论文的研究背景是教师对这些工具的使用和理解情况,这能反映他们对正在传播的理论和模型的认同度,从而使得对文化差异的研究显得不那么常态化。

这些论文的焦点与那些更具典型的“西方”情感的作者所撰写的论文形成鲜明对比。例如,艾斯丘(2015)提出了一个关于南非教师的案例研究,重点关注教师的行为、表征和话语是如何在位值的教学中实现连贯和统一的。类似地,唐皮耶(Tempier,2013)探讨了三位法国教师教学位值概念的异同(Chambris,2015);韦南西安诺等人(Venenciano et al.,2015)给出了一种教学方法的详细描述,该教学方法旨在鼓励儿童使用单位概念并关注单位之间的结构关系。尽管基数和位值之间的关系在这些研究中是最重要的,但是我们之所以关注这些研究,是因为它们都关注数学思想在教学中的表现。

在对文化和整数算术模型的概述中已列举了一系列案例,本节将继续介绍教师教育模型和在教师教育中的整数算术数学模型。在某些情况下,专业发展和数学模型需要各种文化和历史的支撑,并受其制约,表现在对教师发展的结构性支持上。其他国家的案例表明,在更多地方性的倡议中,通常需要建立结构性支持来采纳模型。接下来的每一个案例都提供了具体国家或地区的背景概述,这些背景与课程/教科书的标准化程度及教师的教育结构相关。其中,数据来自笔者此前的研究和在 ICMI Study 23 中所收集到的背景信息。

在 ICMI Study 23 中讨论的所有主题及其内容均与教师的教育发展密切相关。这既是有意为之,也是整数算术领域意料之中的议题。在研讨会的讨论文件中,一个基本问题是:如何有效解决教师教育和专业发展中的每个主题?为了有效地教授数学,无论是在数学方面还是在教育学方面,教师都需要具备良好的专业知识。在主题 1(整数算术:为什么和是什么)中,本课题从教师的数学知识内容这一角度展开探讨。主题 2(整数思维、学习与发展)解决了整数算术中的认知问题,重点在于将不同观点整合到更一致的观点上,并考虑其对教师教育和发展的影响。在主题3(影响整数学习的方面)中,教师教育发挥了核心作用,并说明了该主题对教师教育和发展的影响(加拿大和泰国)。在主题4(如何教授和评估整数算术)中,教师教育和发展在所有的教学过程中都或显性或隐性地有所体现,包括各种关于教学方法、教科书组织形式和人工制品的实例。该研究清楚地认识到了教师的教学或教学知识的作用,并指出无论是教师的教学经验还是教育程度,都不能解释所观察到的差异。主题5(整数及其与数学其他部分的联系)包括研究在教师教育中支持整数算术学习的途径。

17.3 各国小学教师教育(茜比拉·贝克曼)

17.3.1 美国的经验[1]

17.3.1.1 美国小学教师教育制度

综合或地方组织:小学教师教育由地方负责,每个州对教师的培训、认证和从教资格都有自己的指导方针或条例。但是,有一些颇具影响力的非政府机构在全美范围内运作并发布教师教育标准。

教师资格:小学教师通常是全科教师,如今更加关注培养专科教师。

小学数学课程:没有国家课程。自2010年以来,大多数州都采用了《共同核心州数学课程标准》。

17.3.1.2 关于美国教师所具知识的关键问题

在美国中小学教师的数学教育中,关键问题是教师如何在增加自己数学知识的同时深入学习将要教学的内容。根据美国多个数学学会联合发布的报告(Conference Board of the Mathematical Sciences,2012),教师需要了解他们将要教学的内容,以及如何将这些内容与低、高年级学生的学习联系起来。教师还应该知道数学中推理和论证的方式,以及如何在小学阶段应用推理和论证的方法,如何向学生教授这些内容。

在美国,被大多数州采用的《共同核心州数学课程标准》(Common Core State Standards Initiative, 2010)描述了幼儿园至12年级学生数学学习的标准。根据这些标准,数学资优生能够理解和使用陈述性假设,能够通过已知结论构造论点,并

[1] 该研究由美国国家科学基金会拨款资助,拨款号为DRL-1420307。本节所表达的观点仅为作者的观点,并不一定反映美国国家科学基金会的观点。

能尝试在讨论和推理中使用明确的定义。因此,即使是小学生也应该理解一定的定义,并用它们来解释和论证数学表示的有效性。

在数学教育研究中,已经对定义的几个方面进行了研究,包括学生和教师对概念意象和概念定义的区分(Edwards and Ward,2004; Tall and Vinner,1981; Tsamir et al.,2015; Vinner,1991),学生和教师对定义的认知和对定义及其替代定义的理解(Zaslavsky and Shir,2005; Zazkis and Leikin,2008),学生像数学家那般使用定义时遇到的困难(Edwards and Ward,2004),以及如何为理解定义打下基础(Bartolini Bussi and Baccaglini-Frank,2015)。在整个过程中,尤其关注教师对定义的理解以及定义在数学中的作用。

数学教育在定义方面的研究,主要考虑几何学中的定义(例如,对正方形和矩形的定义)以及与函数有关的内容(如极限)。然而,有必要在其他数学领域内使用定义。例如,如果没有乘法和分数的定义,学生怎么证明$\frac{1}{2}$乘$\frac{1}{3}$等于$\frac{1}{6}$? 数学证明应该借助乘法和分数的定义,而不是任由那些定义若隐若现。

贝克曼和伊扎克(Beckmann and Izsák,2015)这样定义$M \cdot N = P$(M、N、P为非负数):将乘数M解释为每组量相同的组数,被乘数N作为一组(或每组)中的单位个数,乘积P为M组的总数。他们认为,这种乘法的定义不仅涉及了乘法和除法,还涉及了协变量之间的比例关系和反比例关系。因此,乘法概念(e.g. Vergnaud, 1988)涵盖了乘法、除法、分数、比率和比例,并且是线性函数、变化率和斜率等关键数学课题的基础,是一个锻炼怎样从数学定义出发作论证的最佳领域。

贝克曼等人(2015)的初步结果表明,未来的中学教师可以利用乘法的量化定义设计出解决缺项比例问题的方法。在他们的研究中,还要求未来的教师在两个变量中生成方程,以联系比例关系中的协变量。例如,在笔试中,向教师出示将氮和磷酸盐以 8∶3 的比例混合制成肥料这一问题情境,要求使用数学绘图和乘法定义生成并解释如下形式的方程:

$$(\text{fraction}) \cdot P = N$$

由于N和P分别代表数量未知的氮和磷酸盐的千克数,因此是可以变化的。图 17-1 是一位教师的部分解答,该教师认为氮由 8 部分组成,总量是N千克或 1 组N,而磷酸盐由 3 部分组成,总量是P千克或 1 组P。教师给出方程"? $\cdot P = N$",并将其解释为"求 1 组N中有多少组P"。借助绘图,教师推断出

答案是 $2\frac{2}{3}$,因为“2 组完整的 P 和另外$\frac{2}{3}$组 P‘形成’或组成 1 组 N”,因此得出“$2\frac{2}{3}\cdot P=N$”。

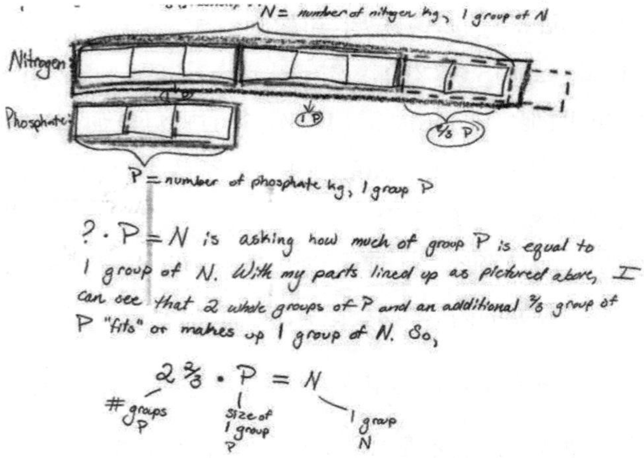

图 17 - 1　使用乘法定义和条状图来解释方程

译文:? $\cdot P = N$ 意思是多少组 P 等于 1 组 N。由上图可知,2 组 P 加上$\frac{2}{3}$组 P 组成 1 组 N。

我们关注教师如何将定义作为组织框架,用于有条理地进行数学论证。在给定的问题中,目标是解释含有两个变量的线性方程。因为没有给出该方程的系数(乘数),所以必须找到它。教师使用乘法定义作为寻找系数的工具,为此需要以多种方式灵活地考虑一个数量:她同时将磷酸盐视为 P 千克、1 组 P 或 3 部分。因此,乘法定义不仅是作为组织框架,而且也可以更深入地思考其作为协调常量和变量的工具。

教师的论证主要体现在图 17 - 1 中的绘图中。该图是条状结构图的示例,是贝克曼和伊扎克(2015)在解释乘法的数量定义如何应用于解释和推理协变量之间的比例关系时所提出的一种图或“数学图”。这些数学图形用长度表示数量,并显示数量之间的关系。例如,较长的长度意味着较大的数量;一个长度是另一个长度的 3 倍,意味着一个数量是另一个数量的 3 倍。条状图也是模型方法中的表示形式，该方法已在新加坡小学生整数算术学习中得到有效应用（Kaur，2015）。

数学中的定义具有科学上的功能，而不是日常中的功能。定义提供了一种技术力量——它们“可以将你从概念陷阱中拯救出来”（Vinner，1991，p.69）。但要使用定义，学生必须先理解它们，同时定义本身要在数学上做到精确。表示法可能是帮助学生和教师在进行数学论证时使用定义的关键工具。在教师教育中，表示法可能更为重要，正如文卡特（2015，p.587）所说：“对表示能力的关注搭建了同时关注教师的数学学习和数学教学的桥梁。”

17.3.2 新加坡：模型方法（贝林德吉特·考尔）

17.3.2.1 新加坡小学教师教育制度

综合或地方组织：由于所有教师均在新加坡唯一的教师教育机构中接受培训，因此存在通用的教师教育标准。

教师资格：全科教师。

小学数学课程：教育部的数学课程专家开发了一套通用的国家课程，并定期进行修订，以保证其实用性。

17.3.2.2 例子

当学生学习数的概念和四则运算时，新加坡的小学数学课程将重点放在定量关系上。模型方法（Kho，1987）是小学数学教学中的一项创新，是由新加坡课程开发院的小学数学项目组在 20 世纪 80 年代开发的。该方法是一种可视化的、表示关系的工具，是学生用于解决整数算术问题的关键启发式方法。

新加坡小学数学课程中，“实物—图画—抽象”（CPA）的教学法符合部分—整体模型和比较模型的概念。在这一教学方法中，学生使用具体对象；而在模型方法中，他们绘制条状图来表示具体对象。选择条状图的原因是与其他形状相比，条状图更容易被分成较小的单元。

部分—整体模型说明了物体由两个或两个以上部分组成，给出一部分后，学生就可以确定整体。有时会给出整体和某些部分，而其他部分是未知的。在进行比较、对比或描述差异时，比较模型则阐述了两个或更多数量之间的关系。

当学生使用部分—整体模型〔如图 17 - 2 中的（a）部分〕和比较模型〔如图 17 - 2 中的（b）部分〕进行表示时，问题的结构就浮现出来了，学生能够将已知与未知之间的关系可视化，并确定要使用哪种操作来解决问题。

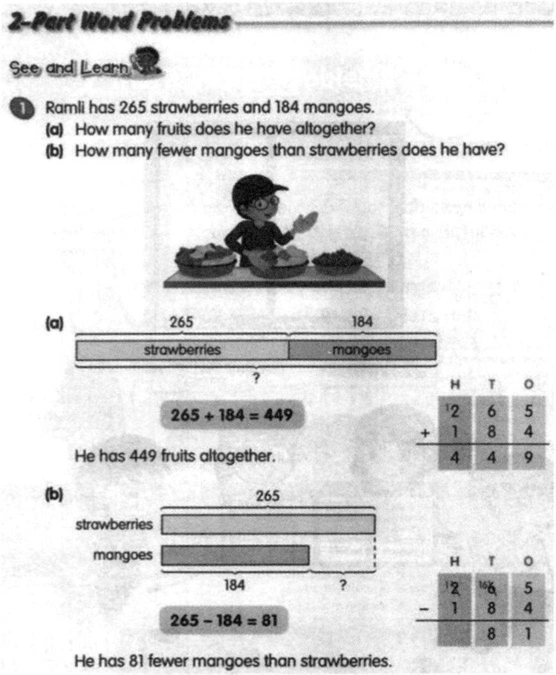

图 17-2 使用模型解决两部分文字问题(Chan and Cole ,2013a,p.4)

译文:拉姆利有 265 个草莓和 184 个芒果。

(a) 他一共有多少个水果?

(b) 芒果比草莓少多少个?

(a) 他一共有 449 个水果。

(b) 芒果比草莓少 81 个。

17.3.2.3 新加坡学校使用的小学数学教科书

在新加坡学校使用的教科书必须经教育部批准,且教科书编写者会与教育部数学专家紧密合作。因此,教科书体现了教育部预期规定的课程,随附的教师指南也明确说明了教科书中所应用的教学法。其中,模型方法是重要的教学策略(Ministry of Education,2009),从一年级开始就在教科书中对其进行了介绍。图 17-3 和 17-4 分别说明了如何在一、二年级或隐性或显性地引入模型思想。

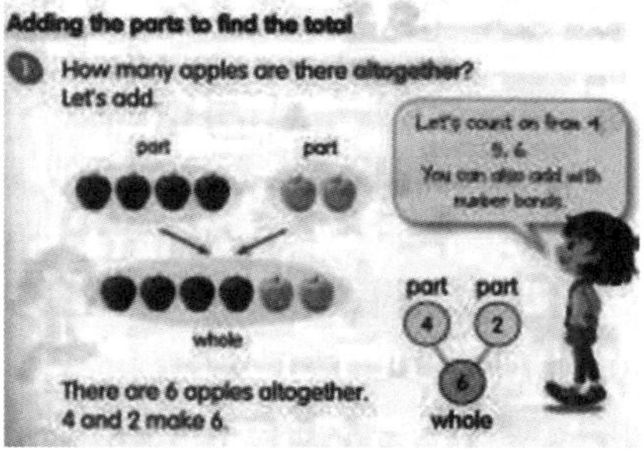

图 17-3 一年级中部分—部分—整体模型的隐性引入(Chan and Cole,2013b,p.27)

译文:一共有多少个苹果?

一共有 6 个苹果,4+2=6。

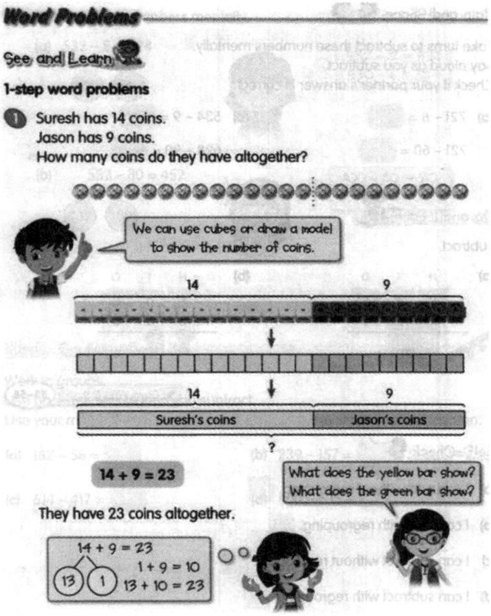

图 17-4 二年级部分—部分—整体模型的进一步介绍(Chan and Cole,2013c,p.52)

译文:苏雷什有 14 枚硬币,贾森有 9 枚硬币。他们一共有多少枚硬币?

我们可以利用小方块或者画模型图来表示硬币的数量。

黄色部分表示什么?绿色部分表示什么?

14+9=23

他们一共有 23 枚硬币。

17.3.2.4 小学数学教师为教授模型方法所做的准备工作

新加坡未来的小学数学教师在职前教育期间会在国立教育学院学习模型方法，这是他们所学数学课程的一部分。教师使用国家教育部提供的教科书，这类教科书一般都采用模型方法来帮助学生学习数学。自20世纪80年代以来，新加坡开始广泛采用这类方法，到20世纪90年代末，许多小学教师对此都已了然于心，因为他们自己在小学时就是应用这种方法解决问题的。

17.3.2.5 研究表明模型方法具有哪些效果？

在新加坡的学校里，模型方法被认为能有效帮助学生建立数感和解决算术文字型应用题。额和利（Ng and Lee，2009）在一份严谨的研究中表明，模型方法可以让学生抓住输入信息的关键，同时能够帮助他们在输入信息与输出信息之间建立联系。学生一旦在脑海中建立了这样的模型，他们就会用来“寻求并衍生出一系列的具有逻辑关系的结论，以帮助他们找到问题的解决方法”（p.291）。他们的研究同样说明了“就普通水平的学生而言，如果他们在建构相关模型时能更加仔细，也能提升他们解决涉及整数的文字型应用题的能力”（p.311）。

但当学生遇到有挑战性的问题时，如在五、六年级遇到如下问题：

> 林先生有长尺和短尺共540把。当他售出了相同数量的两种尺后，还剩下$\frac{1}{3}$的长尺和$\frac{1}{6}$的短尺。总共还剩多少把尺？（新加坡测试评估委员会，2014）

对于这类问题，学生通常很难在解决问题的过程中画出模型。同样地，他们在构建前后模型和判断基本单位时也会遇到困难（Goh，2009）。这对教师教育非常有启发。

17.3.3 南非：情境模型（哈姆萨·文卡特）

17.3.3.1 南非小学教师教育制度

综合或地方组织：南非对教师教育有国家性的标准，但都建立在一般化的层面上，而不是针对学科专业层面的。

教师资格：尽管一些更高级别的教育机构会提供“选修”课程让小学教师成为一名数学专科教师，但小学教师通常会被培养成一名全科教师。

小学数学课程：南非在教学小学数学的各个学年和凡是涉及学校数学课程的所有学年均设有国家课程；在近几年的更新迭代中，数学课程内容的范围以及调整顺序和进度的方法都有了提升。

17.3.3.2 **近期研究**

南非后种族隔离的时代背景下有着一些令人关注的问题：有一些是关于教育领域的，而另一些则是关于更广泛的社会文化领域。在教育方面，人们一直对教师的数学表现力和数学知识表示担忧。在更为广泛的社会环境中，人们赞扬在不断兴起和扩大的"中产阶级"中广泛存在的社会流动性，但这一现象随着人们对社会经济不平等程度日益加剧的担忧而出现了缓和下来的趋势，这种不平等体现在精英学校的学生和其余学生的数学表现显示出明显的差异。根据广泛报道，在入学伊始，使用"数数"这一笨拙方法的学生居多（Schollar，2008；Ensor et al.，2009），但随着标准化课程对寻求调整顺序和进度的方法的迫切，从而有效推动了更精尖的方法的发展。

近期，一项针对中年级（4～6 年级）职前教师教育的研究表明，尽管国家对教师教育的标准有一个宏观框架，但在不同课程中，数学内容和教学重点的性质和范围仍然有着很大的差异（Taylor，2011）。对小学在职数学教师而言，其教学发展的前景仍然有很大的局限且呈现碎片化的状态。基于此，Wits Maths Connect-Primary——一项为期 5 年的研究发展项目，为小学数学在职教师提供为期 20 天的教学课程。由于我们需要鼓励教师关注数量之间的结构关系，而不是把量单独看作可数的实物，因此课程更多侧重于在加法或乘法情境下能够显示出结构关系的主要模型。在其他的一些项目工作中，我们也发现了一种可以提升教师的具象与语言交际能力的方法，即让教师认识数量与数量之间的关系，或熟悉某些可以用来代表这些关系的关键模型，以此来同时发展数学能力和教学能力（Venkat，2015；Venkat et al.，2016）。我们注意到，整数算术模型所涉及并关注的是之前讨论并使用过的部分—整体模型，这也和之前提倡的新加坡方法中代表一系列加法关系的情境略有相似，即利用数线这一模型来计算缺失的值。同样地，我们也把双射线、T 形表格和面积模型用作一系列乘法情境下的模型。关于之前更早谈及的十进制模型（结构化的关系导向型）和数线模型（序数型），我们会使用结构化的部分—整体模型以及序数型的数线模型来提升人们对量与量之间关系的关注，旨在平衡基数与序数方法方面的倾向性，而这一倾向性逐渐在学年伊始的课程中显示出来(DBE,2011)。在中年级的这几年中，学生越来越惯用的算法和比较容易出错的“竖式计算”法正驱使着这样的结合，显示出学生在越来越广的数字范围内形成了有限度的量化数感(Graven et al., 2013)。

17.3.4 泰国:传统方法与开放方法[1]的较量(梅特·因普拉西塔)

17.3.4.1 泰国小学教师教育制度

综合或地方组织:泰国官方于1999年颁布了教育法，在2001年实施了针对基础教育的国家课程，并在2005年发布了针对教师教育的国家标准。尽管如此，这些标准也更多地偏重知识层面而较少关注实践和专业能力方面。

教师资格:自2004年以来，K-12的教师都被当成专科教师来培训，所培训的学科被划分为8个类别，包括数学和科学，并且在少部分院校中会为那些专业是基础教育的教师提供选修课程。

小学数学课程:在泰国，针对小学和所有其他类型学校(包括中学、高中)的数学课程，国家都设有对应的国家课程。这些课程主要侧重于以下六个方面:数与运算、测量、几何、代数、数据分析以及培养学生解决数学问题的能力。

17.3.4.2 新世纪的改革

大约十几年前，泰国《1999年教育法》中提出了“改革学习过程”的新国家议程，泰国大部分的大学所开设的职前教师和在职教师的教育项目都在努力响应这一号召。然而，大多数教师教育项目仍旧侧重于学科内容(即项目中为数学教师所设置的数学内容均为大学水平)，很少甚至没有侧重在教学知识方面(Inprasitha, 2015)。这一倾向性会对学校教师的传统授课方式产生强烈影响，例如，教师将以内容为本的方法传输给学生。

此外，就传统教学方法领域而言，大多数的泰国教师都过于依赖教科书，都把教科书作为课堂教学实践的关键教学媒介。国际教育成就评价协会(IEA)的结果显示，在20世纪80年代，超过90%的泰国数学教师都把教科书当作一种教学工具:他们把书中出现的内容都传授给学生，测试题也选自教科书。目前来说，教科书中的练习以及指导都侧重在计算能力的培养上，并关注学生是否能很快将其完成(Anderson et al., 1989)。数学教师普遍采用泰国促进科技教学研究所

[1] 这项研究由泰国高等教育委员会卓越数学中心、泰国东北部的学生数学思维发展项目、孔敬大学教育学院数学教育研究中心联合资助。

(Institute for the Promotion of Teaching Science and Technology)提供的国家教科书,或者由私人出版公司出版的教科书。

泰国教师教学数学的传统方法是教师先通过一些案例向学生讲解新知,这些案例普遍都和规则或公式有关;随后给学生一张练习纸,上面写有一些相关案例和练习(Kaewdang,2000; Khemmani,2005; Inprasitha, 2011)。正如之前提到的那样,泰国的教学方法主要以教师为中心,侧重于教师向学生传递知识(Inprasitha, 2011)。

自 2004 年以来,泰国孔敬大学教育学院启动了一项全新的数学教师教育项目,要求教师学习相关课程,总共需要修 170 学分,其中 57%的学分集中在学科教学知识课程上,43%的学分集中在大学数学课程上。自 2006 年起,通过问题来教学数学的“开放式”方法不仅在该项目中得以实施,同时也在与孔敬大学教育学院合作的学校中得以应用。接下来,我将具体阐述这一新方法。

17.3.4.3 一个关于教师如何使用这一方法来进行教学的范例

教师对学校教科书的理解会直接影响他们在课堂上如何进行数学教学。正如多西(Dossey,1992)所提到的,更好地理解数学概念对教师在教学或研究中提升和发展数学教学能力以及学习能力是非常重要的。关于对数学知识的理解是脱离教师和学生“之外”的这一说法〔Dossey,1992(引自 Plato,1952)〕,可以关联到泰国数学教师向学生传授知识的导向性(Office of the Education Council,2013)。

相比之下,从 2006 年起,在由泰国数学教育研究中心推广的课例研究项目中,开放式方法(Inprasitha et al.,2003)被用于开发丰富的数学活动中,而这些活动也都建立在开放型问题的基础上(Nohda,1991; Inprasitha,1997)。2002 年,一群实习教师在孔敬某 7 所初中完成了教学实习,他们发现这样的数学活动确实改变了师生和生生之间的互动方式。积极参加这类活动可以让学生进行思考,并以不同的方式提升他们的思考水平。这对教师来说有着深刻的意义,使得他们开始关注数学教学中的教学信念(例如,如果教师不给学生思考的机会,那么学生就不能独立思考)。

在 2003 年至 2005 年期间,开放式方法被广泛应用于孔敬约 800 所学校中,并由泰国数学教育研究中心负责培训。2006 年至 2009 年间,有 4 所参加课例研究项目的学校都实施了这种创新的教学方法,他们在课例研究三步法的基础上融入了开放式方法(图 17 - 5)。其中,项目基地学校主要使用 Gakko Tosho(Inprasitha and Isoda,2010,2014)这本日本教科书(图 17 - 6)。

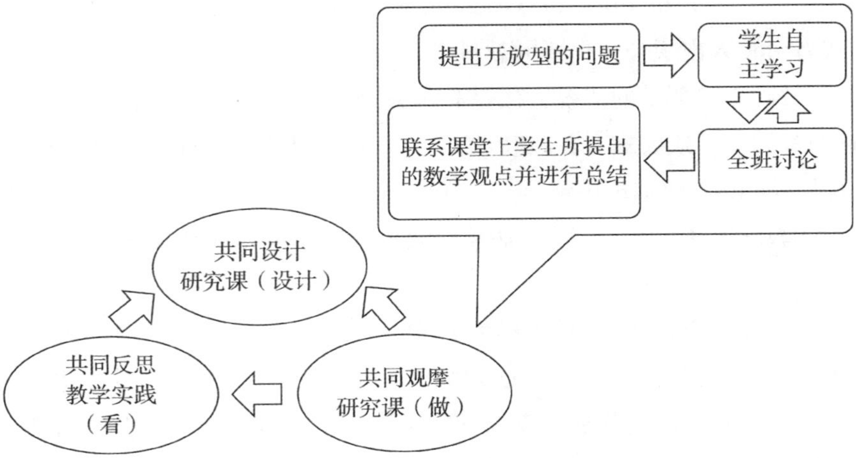

图 17-5　融入了开放式方法的课例研究（Inprasitha，2011）

17.3.4.4　**一个关于教师如何从开放式方法的四步骤中学到东西的范例**

课题：教授 9＋4。

这个单元（共 12 课时）的单元目标是理解"一共""合计"就是使用加法的意思；能用"基数 10"来进行加法计算。教科书中的内容详见图 17-6。

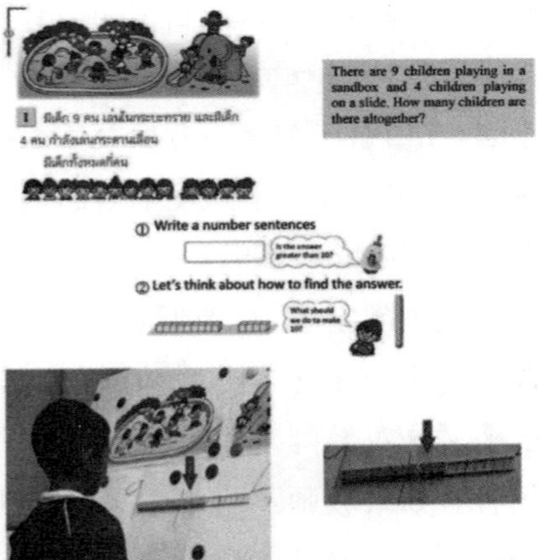

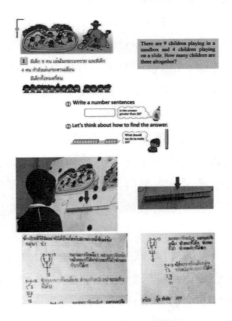

图 17-6　"9＋4"这一课的教学内容和步骤（摘自泰国《和你的朋友一起学习：小学一年级数学》）

通常来说，如果用传统的教学方法来教学 9+4，泰国教师会采用“全部一起数”或“接着一个数继续数”这样的技巧，并且侧重于得出这道题目的答案是 13。教师会习惯性地忽略对学生数感的发展，且并不基于他们的真实生活经历来教学加法。在之前的几节课上，学生已经能写出 9+4 这一算式，但他们可能不知道其含义。这是学生第一次遇到“某个加法的结果大于 10”的情况，所以对他们而言，相较于得出 9+4 的答案是 13，鼓励他们去发现 9+4 是不是比 10 大则显得更加重要。

在项目基地学校中，教师会采用教科书中的任务和步骤，如图 17-6 所示。根据步骤①，在教师解释了现实生活中关于 9+4 的情境之后，通常情况下很多学校的教师就会急着要得到答案；但在这本教科书里，旁边会有卡通人物提醒教师提问“你得出的这个结果比 10 大吗”，学生如果要回答这个问题，他们就要把 9 或 4 进行拆分来凑 10，这也就是步骤②。

这本教科书也为新手教师提供了一些比较典型的学生会有的想法，有助于教师预设学生对所给问题的回答，如图 17-7 所示。

图 17-7　学生对 9+4 的回答(摘自泰国《和你的朋友一起学习：小学一年级数学》)

一些新手教师不禁会问：为什么需要问步骤①中的问题？因为在他们看来，学生应该之前就已经知道了 9 名学生和 4 名学生总共是 13 名学生。然而，这种认知和知道 9+4 这一算式究竟意味着什么是完全不同的。一旦学生得到了启发，知道如何去凑 10，他们就会知道 4 可以被拆分成 1 和 3，而这个 1 可以和 9 放在一起凑成 10，并注意到还剩下 3(使用小木块或其他学具)。“先拆分再组合来凑 10”的方法对学生来说是一个非常有意义的工具，能够帮助他们进行更复杂的加法计算，且这一方法有着更广泛的数学价值。

因此,对教师而言,采用开放式方法教学,不仅可以拓宽他们对学生的理解,还能为学生搭建有用的桥梁,帮助他们把对真实世界的理解延伸到数学世界中。对学生而言,相比置身于新的问题情境中,学习如何独立解决给定的真实问题并积累“如何学习”的方法则更为重要。

17.3.5 中国的公开课方法[1](孙旭花)

17.3.5.1 中国澳门小学教师教育制度

综合或地方组织:通常教师教育的标准都是当地独立制定的,但其中也会有很多重叠的部分,因为大部分教师主要在澳门大学接受培训,而小部分会在内地接受培训。

教师资格:这取决于学校的传统。一些澳门学校传承了内地的传统,需要有专科教师;但也有一些学校延续了葡萄牙或英国的传统,倾向于全科教师。

小学数学课程:澳门的课程标准是由澳门教育部制定的,但学校也可以根据其教育视角和学生的能力来制定基于本校情况的“校本课程”。

17.3.5.2 一些研究发现

国际文献中心再次同时强调和讨论了数学知识、教学知识和课程知识在教学小学数学方面是非常有效的(Shulman,1986)。人们往往会忽视将这些知识进行融合,尤其是在西方传统中,因为他们认为这些知识本来就应该是融合的。东方传统中的主要代表是中国和日本,他们通过课例研究(或者是学习课例研究和学习公开课)提出,融合这些知识的需要正是教师教育所缺失的一部分,是教师教育领域最需要关心的地方,也是待解决的一个问题。对中国教师而言,上公开课是一种比较传统的,可以提升教师专业能力的方法。公开课的主要形式是一个单向的教学流程,教师先上40分钟的课,之后有半小时的讨论;相比于日本的课例研究,即需要组织、预算设定和制定时间表,中国的公开课体系则更加灵活(Sun et al.,2015)。学习研究是一种带有合作性的行为研究方法,旨在通过教学知识的联合构建来提升教师的专业水平,从而提高学生学习的有效性,让学生基于不同的理论来学习特定的学习内容。这一理论起源于中国香港,如今在一些国家中也是比较重要的实践模式,包括瑞典和文莱(Cheng and Lo,2013)。课例研究是日本的一种研究模式,主要是三位教师共同制定目标来帮助学生学习,是一种以教师为主的研究,表

---

[1] 这项研究由中国澳门大学研究委员会资助进行(MYRG2015-00203-FED)。本节中的所有观点均为作者本人的观点。

现为参与者利用现有的条件一起合作研究、设计课程，教授、观察一系列课程，并根据持续不断的讨论、反馈和专家意见来跟踪和完善干预措施。

这一小节主要聚焦中国的公开课体系，而这也是中国教师教育体系中的一个关键所在。中国公开课体系的主要原则描述如下：

——就小学教师教育而言，亚洲国家普遍认为数学教师应当具备专业的、不被外行人所知的学科知识；

——专业知识必须是可以共享的，并且可在同事间的合作中进行讨论；

——专业知识需具备可储存性和可共享性；

——专业知识需要一个可以用来验证和改进的机制。

这也就是为什么中国要求小学数学教师是专科教师而非全科教师的理由之一，而这主要源于孔子所建立的深厚的尊师传统，这和西方对待律师以及医生的传统相差无几；但在西方社会中，人们一般不会如此尊敬地对待教师。尽管这样，这种观念也与“以通过考试为目标”的教学以及学习文化相关。基于此，教师的专业知识就和学生的知识一样，需要通过上课来检验。同时，这一“以通过考试为目标”的文化很大程度上与中国庞大的人口和有限的资源相关。

在中国，如同学生都有测验一样，实习教师也有很严格的专业评估体系，这也是他们职业生涯中的一部分。中国有比较正式的教师等级，教师们一般借此来显示其专业地位，而这一等级可以通过校级公开课的评估来提升。如果用这种方法的话，教师们的专业级别就比较明确了。和其他体系相比，中国教师的工作时长(一般是一周 10 节课左右)是比较短的，但他们的研究时间却是被严格规定和管控的。对他们来说，公开课是反馈研究成果的一扇窗户，但这一专业的发展工具在当今国际研究中没有足够的代表性(在全球环境下，课例研究相较于公开课研究更广为人知；迄今为止，公开课只在中国广为人知)。公开课在教师招聘、专业评估和专业研究中处于不同地位，但都非常重要；同时，为了迎合成为专科教师(而非全科教师)的需求，其对小学教师教育的发展也至关重要。对于这一方法是如何传播到中国澳门和意大利并加以实施的，将在下文展开论述。

17.3.5.3 公开课的目标

中国教育部在 20 世纪 50 年代初就创设了公开课，最初的目的是希望能在学校里组织教师进行小组学习。公开课主要分为两大类，一类是对外公开课，一类是对内公开课。对外公开课又可以分为三类：公共开放的课程，一般会论述一些新的教育理念，如关于新课程或教科书的开展与使用、专家级的课堂教学展示；用于研究的公开课,如观摩课和同课异构;用于评估的公开课,如教师招聘、晋升以及教学竞赛中的课堂展示。这些公开课一般会经历“计划—设计—教学—反思”这一过程,并由授课教师本人或学校教研团队来完成。

对内公开课可能是单向式的,即师徒公开课;也有可能是多向式的,即校本培训公开课。多向式的公开课主要包括共同计划、共同设计、共同教学以及共同反思,一般是在师徒结对的基础上完成的。这一更加复杂的公开课体系与日本的课例研究方法非常相似。相较于对外公开课,尽管对内公开课在组织上会有更高的要求,但它对教师的专业发展更为有效。对内公开课一般会有一系列不同的目标,这些目标主要由教研组制定并落实在日常的教研活动中,以保证教学能稳定、持续地提升(Huang et al.,2011)。在这些公开课中,教师可以反思自己的教学实践,基于课堂观察来设计有新意的活动,并能让他们可以投身于“以执教者为驱动力”的研究中去。这些活动的设置是向中国内地的教师晋升标准看齐的,教师想要晋升,就需要开展研究、在教育刊物上发表教学实践类论文以及参加常规的教学评估。这种方式在中国香港被称作“学习研究”(Sun,2007; Lo,2005),在中国内地被称作“公开课”(Liang,2011; Shen et al.,2007)。并且,这一方式在其他国家也非常流行,一般用于发展和提高教师的专业性。在实践方面,教师们会先观摩同事的一节公开课,随后一起讨论这节课的优点(Miyakawa and Winsløw,2013)。

17.3.5.4 公开课在小学教师职业生涯中所起到的作用

公开课模式:

——创设了“把教学作为一种公开活动”的中国式概念,且活动是有规范和结构的,更倾向于合作精神;

——多年来对中国教师的专业发展有着很深的影响;

——对在中国学校中建立“学习共同体”起到了重要作用;

——通过实践,证明了这是一个非常有效的方法,可以让缺乏经验的新教师加入专业教师群体。

这个方法相较于课例研究来说是一种更加简单且投入成本并不高的方法。通过在教师教育中开展公开课,可以让职前教师借观摩资深教师的课堂来作为他们专业训练中的一部分。据文献记载,很多职前教师培训项目都会采取开设公开课的方法来帮助职前教师也加入到教学实践的队伍中来(Wang and Paine,2003);这种方法也用于学校的专业发展及其对教师的评估(Liang,2011)。

在中国，开设公开课是教师专业发展中的一部分，且公开课通常在学校或区县的教研组中进行。这一方法很大程度上受东方传统的影响，即将教学看作一种有规范、有标准、强调集体性的公开活动(Liang，2011；Shen et al.，2007)。

在中国，开设公开课是教育审查中的重要组成部分，因此，多年来它对教师的专业发展有着很深的影响。从生态学的角度来看，这一方法对在中国学校里建立“学习共同体”也起了很大的作用。尽管如此，和内地相比，澳门的教师很少开设公开课。

17.3.5.5　**公开课与课例研究之间的差异**

公开课通常需要：

——单向式结构(计划—设计—教学—反思)，不同于课例研究中的多向式结构；

——包含校内或教研组中的教师，不同于课例研究中是校外的教师或研究者；

——更高频率的日常练习，不同于课例研究中没有日常练习；

——更简单、成本更低，不同于课例研究的复杂过程。

17.3.5.6　**将这一方法应用到澳门的难点**

澳门被葡萄牙侵占长达 400 余年，终在 1999 年回归。澳门大体上延续了被侵占时分散执政的风格，所以当今澳门有 90%的学校都是私立学校，各有其多样化的课程。考虑到澳门的历史，许多澳门的学校受西方传统的影响，认为教学是一种有规范、有结构的私人活动，倾向于教学的自主性与自治性(Li，2003)。此外，澳门分散的、碎片化的教育体系使得在各年级和跨年级之间没有公共的课程。

因此，澳门并没有一个统一的框架可以用来指导教师和各所学校如何设计课程、任务和评价标准。伴随着沉重的教学负担(澳门教师一周要上 20 余节课)，让澳门教师投身于课程优化、参加教师专业发展等活动几乎是不可能的，因此资深教师几乎没有机会把自己的经验与新手教师分享。例如，在之前的一次采访中有位教师谈到，如果没有参观教室这一传统，教师们一般都把课堂看作他们的私人场所，倾向于单独工作，即各忙各的。

传统上，澳门的职前教师培训一般可以分为理论(学科主题、课程、教育理论和教学)与实践两部分。人们都会忽视将理论与实践相统一的重要性，正如澳门教师所认为的，理论和实践的统一本就应该在教学实践中实现。因此，在职前教师的培训课程中，没有一门课程会注重理论与实践的联系；在有关教学的文献中，也没有提出过“如何实现理论与实践的统一”这一关键问题;也没有一项研究会去验证某些具体的理论是否适合应用到课堂环境中(尽管这一问题其实是教师教育中的核心问题)。在教师教育课程中缺乏这一统一性的研究可被视为“缺失的范式”(Day, 1991,1997; Cuban,1992)。

考虑到教育学是基于文化的,因此我们认为这样的应用需要逐步适应。接下来,将具体说明意大利是如何运用公开课这一模式的。

17.3.6 意大利的公开课(玛利亚·G.巴尔托利尼·布西)

17.3.6.1 意大利小学教师教育制度

综合或自主组织:在政府规定范围内的统一组织。一些有限的选择可以由各校自主决定。

教师资格:意大利的教师一般都是全科教师,但是在部分小学会有专门教数学的专科老师。

小学数学课程:通用,有国家标准。

17.3.6.2 意大利学校体系的一些特征

意大利的数学课程都是全国集中管理的,但在实施过程中,国家的监控就相对较弱了:学校管理是独立的,一般会在二年级和五年级结束时受到国家的管控,即开展国家性的评估。教师一般都是全科教师,尽管存在少数利用学校的独立管理而对专科教师进行的测试。意大利的小学教师一般要与某个班的学生一同度过五年的时间,即整个小学阶段;学校体系全部是融合(全纳)的,所有学生,包括有特殊需求的学生,都会在主流课堂里上课。

至此,将中国内地、中国澳门与意大利关于这部分的内容作了比较,详见表17-1。

表17-1 国家和地区间的比较

	中国内地	中国澳门	意大利
语言	中文(普通话/方言)		意大利语
标准	全国性集中管理,严格执行标准	碎片化的课程	全国性集中管理,执行标准
小学教师理念	教学是公共活动	教学是私人活动	
	专科教师	全科教师	

17.3.6.3 **小学教师教育及其发展**

自1998年以来，意大利要求所有小学教师都必须取得硕士学位。尽管如此，当下大部分小学教师，尤其是年长教师，一般都只有中学学历，且普遍在在职期间很少有专业发展的经验，因此很多学校仍有教师没有经历过充分的职前准备。但是，也会有一些例外，如一些教师会和大学里的研究团队有所合作。这种情况发生在摩德纳·雷焦·艾米利亚(Reggio Emilia)，得益于当地大学教育及人文科学系的努力，以及对教育议题的积极态度，因此可以在此实行关于早期儿童教育的项目。这一项目在过去的25年里享有国际盛誉，即摩德纳·雷焦·艾米利亚经验。

17.3.6.4 **一些当地研究**

我们先前在摩德纳·雷焦·艾米利亚大学的教育及人文科学系对十几个学校进行了实验，旨在实施"课例研究式"的教学。实验的首席研究员是布西，她与亚历山德罗·兰普劳德(Alessandro Ramploud)及其他人共同协作，包括博士生、来自不同学校的博士后、教师、校长和由摩德纳·雷焦·艾米利亚"教育工作坊"协调的教育专家们。

17.3.6.5 **公开课项目**

在这样的一个大环境下，首席研究员和其他合作者在2012年发起了一个新项目，用于促进职前教师的教育和在职教师的发展，且项目灵感来源于日本的课例研究模式。首席研究员有机会参观中国、日本和泰国的课堂，因此她能接触到这些相似(但不是完全相同)模式下的不同实施方法。以下总结了意大利学校和东方学校之间最大的区别：

——意大利一般是全科教师，而东方学校一般是专科教师；

——意大利一贯实行的教育模式是一位教师在几年里都教同一批学生，而东方学校的教师一般每年都教不同的学生；

——在意大利的主流课堂里会关注有特殊需求的学生(这基于意大利的全包容型模式)；

——在意大利，课堂被认为是一个私人空间；而在东方学校里，课堂是一个公共场所，欢迎批判性的观课者。

研究组最终选择了中国的公开课模式，因为这一模式更多以学校为中心，而不是以大学为中心。教师、教育家及学校领导一起讨论得出研究目的，即推广这一由区域性教育机构负责管理的模式，且除了启动者，大学研究团队在其中没有什么特殊职能。

我们采用"'设计—观摩—再设计'(to design-to observe-to redesign，简称DOR)——一节数学课"这一标题，旨在体现中文表达中"观摩课"的关键含义。

至今，我们已经观摩了3个暑期班和一些使用DOR方法的试点班。这3个暑期班分别于2012年、2013年和2014年的9月举行，由小学教师和普通教育工作者(帮助教师组织课堂活动，课后根据某些特殊需求组织工作坊)组成。2015年12月又发起了一个公共项目，以便能更好地宣传最新成果，2016年11月还会再发起一个公共项目。

起初(2012年和2013年)，暑期班都致力于向参与者介绍其他文化(主要是中国、日本、泰国)中有哪些典型活动，旨在讨论超出"普遍"选择范围的文化因素。这方面，我们受到了朱利安(Jullien)的启发：

> 这不是关于比较哲学，也不是关于不同概念的平行讨论，而是关于一种哲学对话。在这种对话中，每个人在分享彼此的思考时，都会对自己未思考的部分进行质疑。(Jullien，2006，p. ⅲ)

这种方法非常成功：从第1个到第2个暑期班，参与人数从80名左右增长到了200多名。

接着，我们开始和一些选定的学校合作，与学校领导讨论在他们学校的数学课上实施DOR方法的可行性，并粗略总结相关结构，记录如下：

——3小时用于设计(由教师、教育工作者和实习教师共同完成)；

——1小时用于上课(课上会有观课者，包括那些负责录课的教育工作者)；

——3小时用于分析和再设计(由教师、教育工作者和实习教师共同完成)。

起初最困难的就是强制让教师注意到课堂时间的有限性(大约是45分钟或60分钟)。意大利的教师并不习惯于精心设计的短期教学过程，而是喜欢在某个特定问题上花足够长的时间来解决，且并不只是着眼于一节课的时间跨度。通过这些实验，我们希望能让他们关注对短期教学过程的精心设计。

在这种方法里，长期的教学过程是由符号式中介框架来设计和管控的(Bartolini Bussi and Mariotti，2008)。

在第3个暑期班里(2014年9月)，我们公开介绍了第一个试点班的例子，并邀请更多教师一起讨论。

关于这3个暑期班的记录和文件资料都以意大利语的形式出版了，在兰普劳德(2015)的博士论文里也有所提及。当前,更多的实验也正在进行中,数据统计见表 17-2。并且,关于其中一个教学实验的调查研究也已经发表了(Bartolini Bussi et al.,2017)。

表 17-2 实验总结

DOR 实验数量	参与学校	参与教师	参与教育工作者
67 个	41 所	205 名	8 名

此外,一些实习教师也加入到了实验中来,作为他们实习的一部分,在一些情况下也可以将实验内容用作他们硕士论文的一部分。同时,也有一些新手教师加入实验。

对于该项目的优势,我们总结如下:

——和其他国际项目接轨,比较关注文化方面的因素;

——学校领导的加入明晰了项目的目标;

——遍及全省以及其他地区;

——混合了不同教学经验的教师群体(资深教师、新手教师、实习教师和教育工作者共同参与)。

17.3.7 捷克:学校数学的关键所在(亚尔米拉·诺沃特娜)

17.3.7.1 捷克中小学教师教育制度

综合或地方组织:国内各地独立发展,每一个开展教师教育的机构都会提供由国家教育、青年和体育部所认可的独立课程。

教师资格:全科教师,但也有可能额外再获得某一门学科的教师资格。

小学数学课程:既有国家总体框架下的教育方案,也有个别的学校教育方案。

17.3.7.2 关键所在:文字型应用题案例

未来教师对于学校数学的观念和其教学策略很有可能受其家庭、学校和社会的影响(e.g. Pasch et al., 1995),且教师先前的经验对他们洞察学生认知过程的能力会产生很大影响。对学生来说,当他们遇到新的事物,如比较新奇的概念、性质、关系或困难时,就会产生认知过程,正如埃文和鲍尔(Even and Ball,2009)所说的那样:

> 这些未来的小学教师通常对数学概念的掌握程度比较弱,因此并不

> 能让他们实现其教学目标。从广义的教育层面上说,很多教育专业的学生都主张"发现学习"和"合作式的问题解决",但一旦涉及需要准备好的数学活动时,他们传统的学校数学经验就不够用了 …… 对未来的教师而言,不论是小学教师还是中学教师,建立数学内涵丰富的概念,并基于认知和互动来促进学校数学活动的开展,这也是其专业形成过程中的核心内容。(p.35)

捷克数学教育的变化很大程度上取决于教师教育的变化,这也是捷克教师教育的基本思想,且这些变化应考虑实际需要。来自实践的资源会以不同的方式获取,可以从基于数据收集所形成的关于学校的官方教育文件中获取,其中数据收集一般由教育管理部门组织;也可以从由大学及研究机构(如捷克科学院)所组织进行的研究中获取。本节所呈现的数据均取自"基础学校教学的关键和对教师教学实践的分析"(*Kritická místa matematiky základní školy, analýza didaktických praktik učitelů*)这一研究项目,该项目于2011年至2014年间在捷克实施,项目成果正逐步应用于教师教育中。这一项目的目标是发现学校数学义务教育课程中的哪些问题会让捷克学生在今后的学习中产生障碍。

本节的重点放在小学阶段,即义务教育的前五年。该项目的结果会呈现在另外两本专著中,分别由伦德尔等人(Rendl et al.,2013)和冯德罗娃(Vondrová,2015)所著。伦德尔等人在专著中收集并分析了教师们的一些观点和经验,而冯德罗娃则将这些结果在学生中作了进一步阐述和验证。

为了收集数据,我们采取了对个别受访者进行深入访谈的方法,由采访者提出开放型问题,并在必要时补充相关特定问题。

还有一些和教师一起进行的研究(Rendl et al.,2013),其研究目的是了解学校里的数学教师认为哪些方面是比较重要的,针对这几个方面他们又是如何处理的,以及学生产生学习困难的原因是什么。受访者在其教学中所使用的教科书被认作是辅助材料。从教师在整数算术方面的调查结果来看,四舍五入、估算、算术运算及文字型应用题对小学生而言是最难掌握的几个内容(Jirotková and Kloboučková,2013)。深入访谈后,受访者会被要求完成一份问卷,旨在丰富访谈内容。此外,当研究对象是学生时,在深度访谈的过程中,研究者会要求学生解决几个已经选定的问题,并向研究者描述其思维过程(Vondrová,2015)。

在此,我们仅呈现学生解决文字型应用题的结果,这也是和整数算术有直接联系的一部分(更多详尽资料请参阅 Havlíčková et al., 2015)。在小学阶段的文字型应用题方面,对学生而言较难的几部分内容是:

——理解文字的含义并抓住问题关键;

——记录问题结构、图示、方案及模型;

——一些有“反义”功能的字词,如暗示了一个和要求不一样的操作;

——在比较型问题中,其结构是什么,又该如何转化;

——一组事物的整体及其部分;

——数学中的“诡计”,即数值错误和算法错误;

——“连续”的数字运算以及任务中包含多条信息;

——文字型应用题中的分数;

——单位转换。

从教师的角度来看,阅读理解是重中之重。教师认为,学生不能找出文本中必要的信息,不能思考出问题的答案,以及不能解决在教学实践中遇到的其他类型的问题。

从问卷调查的结果来看(Havlíčková et al.,2015),教科书是教师教学过程中最为重要的辅助工具,有时教师也会使用一些别的材料(其他的教科书,收集到的问题以及自己的材料等)。问卷也显示了其他信息,且这些信息与小学数学的文字型应用题有着直接联系,包括教师认为影响学生成功解决问题的关键因素。例如,大多数参与问卷调查的教师都会把重点放在让学生可以自动化地计算出结果上,并认为这是有必要的。对于如何能成功解答文字型应用题,他们认为使用“问题类型”法并记录其不同结构是非常重要的,且几乎所有教师都指导学生在解决问题时找出能指向算术运算的关键词。他们认为,能够成功解决文字型应用题的学生有着较高的认知能力,而能力较弱的学生对此则感到困难。当谈及这两类学生的区别时,他们大多提到了这两类学生在把文字型应用题转化成具有数学结构的问题方面的差异(即数学化),系统化地解决问题的差异以及最初决定使用哪种合适的解决方法的差异;而在算术运算的速度方面,两者差异较小。

尽管调查结果都没有直接论述教师教育,但提供了一些有用的建议。教师需要好好准备,从而能够在一个学生程度多样性的环境中教学。为融合性教育做好准备,也是教师教育的重要任务之一;但教师以文字型应用题的解决情况来区分学生的能力强弱,说明了当前的做法和这一观点背道而驰(Brousseau and Novotná, 2008)。人们广泛认可教师的职前教育、在职教育都应当把重点放在结构关系上,仅关注关键词和操作过程显然是不够的(Hejný,2012)。

为了帮助学生发展数学知识并建立对数学的积极态度,教师需要很好地掌握这些数学知识及教学知识。当小学教师从学校毕业并迈入真正的教学实践时,他们不仅要和学生在一起,更重要的是能与(有经验的)同事保持互相合作和互相学习的关系。教师教育应当涉及未来教师专业发展的全方面内容,而不仅仅是了解这门学科。

这一研究结果对小学数学教师教育而言是非常重要的。未来的教师都需要接受合适的教育,从而确保他们能帮助学生解决关键问题。最后要说明的是,在学习数学的过程中,教师帮助学生解决困难的方法不仅受其数学知识和教学知识(这也是所有小学教师教育的共同内容)的影响,还会受他们个人特点的影响。

17.4 讨论(迈克·艾斯丘)

在此次会议的演讲中,出现了一些共同的主题:首先是意识到教学整数算术时,要把更多的重点放在问题解决上,而不是简单地专注于算术计算的熟练度;其次是意识到了使用具体的、带有图示的表征方式的重要性。一些感兴趣的读者可能不会对要研究这些主题感到惊讶,因为这些问题多年来一直存在于数学教育的议程里。然而,无论是在此次会议上(e.g. Mulligan and Woolcott,2015),还是在数学教育文献(e.g. Cai,2003)中,都表明教师教育组织在促进这些改变中获得了不同程度的收效。

例如,关于表征方式在课堂中的作用,此次的小组会议里就对此作了讨论,并阐述了在使用序数模型(数线)和基数模型(十进制的板、条、块)来表征整数算术时,如何建立好各种关系之间的平衡。一些来自欧洲的参会者强烈认为数线是整数算术的核心模型;而对于更多的当地学者,虽然他们没有完全摒弃数线在课堂上的使用,但显然并没有那么喜欢使用它,他们更热衷于使用基数模型。为什么会产生这样不同的观点呢?

一种观点强调了使用数线可以帮助学习者加强对主要整数的熟练程度,如把结果凑整到下一个10的倍数或把数分成若干个一位数。举个例子,如果利用数线计算24+9,那么先要从24跳6格到30,这一步强化学生要将24凑整到下一个10的倍数,同时也强化了9=6+3的关系。还有一种观点认为,使用数线能够鼓励学生进行策略性思考,从而以不同的方式解决问题。以25+9为例,先从25跳10格到35,再从35里减去1,从而鼓励学生从补偿性策略的角度来看待这类问题。

我之前在澳门看过一节公开课(第 11 章),教师在课上采用基数模型来计算 24+9,但也强化了类似的熟练度。学生提出了这样一种方法,即把 9 分成 6 和 3,这样就能把 24 加到 30;教师紧接着鼓励学生进行策略性思考,学生得出了至少三种办法。相比于利用数线的方法,这类方法的基础在于"分":除了把 9 分成 6+3 之外,24 也能被分成 23+1,得到 23+(1+9);或者把 24 分成 20+4,得到 20+(4+9)。尽管后一种方法可能在这节课上被定义成一般解法,但它会和之后学习的标准竖式计算产生联系。因此,对于基数模型来说,更注重让学生用数学的眼光来进行学习。

由此,可以看出在西方教育中更倾向于使用数线模型,以促使学生灵活、高效地解决问题。同时,也需要让他们学会使用与题目中的具体数字相关联的方法,这样他们就会用"补"的思想来解答含有 9 或者 19 的题目。通常这种灵活运用的程度和学生个体差异有关,使用数线模型有时会加深这种差异化,因为可能会出现某些高水平的新方法。相反,尽管在基数模型中鼓励采用多种方法来解决问题,但人们更多关注的是那些与问题情境中潜在的数学结构相关的策略,而不是个体差异。

会议指出,我们需要更深入地研究这两种模型是如何互补的,而不是要全球的教师教育工作者们争论哪一种是更好的表征方式,以及是否同意这样的观点。但需要强调的是,在这类研究中,需要看透其基本目标和隐含的教育哲学,这样有助于他们进行模型的选择和使用。教师教育工作者们的观点是否能达成一致也同样重要,即如何才能最好地在职前教师教育培训上让准教师们了解这两种模型,而不是从中作出取舍,或者让他们自行选择喜欢的模型,而后者在很多教师教育项目中都会发生。

这样的差别使得人们对"成为专业人士意味着什么"产生了多种观点。例如,在很多英语国家,教师教育项目比较偏向于向职前教师介绍一系列教学方法和表征方式,期待他们从专业人士的角度来决定哪一种方式最为有效。相反,在新加坡或中国上海等地,教师们会很明显地在使用哪种方法上达成共识。从某种程度上来说,这种共识的形成可能是结构环境或是历史环境所导致的。新加坡作为一个小国,只有一个教师教育机构和为数不多的教育工作者致力于培养职前教师和在职教师;而中国在精心设计课程方面有着悠久的历史,与之配套的教科书也有着悠久的历史。

在撰写本节时,英国也出现了鼓励教师向新加坡和中国上海学习教学方法及更多使用教科书的提议。虽然教师们都非常欢迎这些提议,但在某部分数学教育群体中,热情却不是那么大。反对意见包括认为这些提议淡化了英国固有的良好教学实践，认为通过“训练”让教师以某种特定的方式进行教学会对他们的专业性产生影响。

看来，在促进“更加注重问题解决、更好使用表征方式”这种方法的实施过程中所遇到的困难，不仅在于数学教育界人士是如何把这些想法贯穿于教学理念和实践中的，也在于学校教学这一层面。尽管我们并不缺少对教师变化或者缺乏变化的研究，但作为数学工作者和研究者，我们是否会充分反思自我的理念和实践需不需要改变？许多关于教师教育的研究都只是提出了“教师需要做些什么不同的事情”这一问题，那我们是否同时关注了与之并列的另一个问题，即“我们这些教师教育工作者又能做些什么不同的事情”。而只有当我们重新认识一些理念，尤其是我们的理论知识时，才能开始解决这一问题。

自从舒尔曼(Shulman)辨析了学科知识和教学知识的区别之后，就开始涌现大量关于教学知识的研究。大部分的研究都将一些不同的模型理论化，并重新梳理了学科知识和教学知识之间的区别，试图找出它们原本应该是什么样的。在一些高等教育机构里，人们会产生这样的争论：数学教学应该由哪个部门来开展实施——是教育部还是数学学院？从研究中我们可以得知，在与教学法脱节的情境下，即使学习了高等数学，对日后成为一名优秀教师也不会产生什么影响(e.g. Wilson et al.，2001)。当然，我们并不是说数学知识不重要，而是数学知识里某个特定部分更为重要。所以，对教学知识的研究有着政治层面的因素，但这项研究是否已经建立了一个完善的体系，即是否已明确应教给职前数学教师和在职数学教师哪些内容？教师教育的研究文化是否鼓励知识的积累，使之成为有效的教师教育，并在各自的工作基础上获得发展？还是说我们的文化是一种需要建立个人声誉的文化吗？正如迈克尔·毕利希(Michael Billig，2013)所论证的那样，现在许多社会科学领域的著作都有广告文化的色彩，且其中的不同理论都要在各自领域内进行“自我定位”，而不是进行理论间的互补。

因此，在美国、英国这样的国家，许多理论知识强化了其研究体系，且这些理论知识的核心在于个体的发展。知识存在于个体的头脑中，需要注重发展教师的个体知识和技能。其他教师发展的传统，如日本的课例研究(Lewis，2002)，它更多关注的是教学而不是教师。正如主题4的小组论文所阐述的那样，在这样的文化背景下，由教师来选择自己的教学方法的情况就更少了——教学的“技巧”更多掌握在教科书编写者和课程开发者手里。知识不仅存在于教师们的头脑里，同时也体现在提供给他们的资源里。

参考文献

Alexander, R. J. (2009). Towards a comparative pedagogy. In R. Cowen & A. M. Kazamias (Eds.), *International handbook of comparative education* (pp. 923 - 942). Dordrecht: Springer.

Anderson, L. W., Ryan, D. W., & Shapiro, B. J. (1989). *The IEA classroom environment study*. Oxford: Pergamon Press.

Anghileri, J. (2006). *Teaching number sense*. London: Continuum Press.

Bartolini Bussi, M. G., & Mariotti, M. A. (2008). Semiotic mediation in the mathematics classroom: Artefacts and signs after a Vygotskian perspective. In L. English, M. Bartolini, G. Jones, R. Lesh, B. Sriraman, & D. Tirosh (Eds.), *Handbook of international research in mathematics education* (2nd ed., pp. 746 - 783). New York: Routledge Taylor & Francis Group.

Bartolini Bussi, M. G., & Martignone, F. (2013). Cultural issues in the communication of research on mathematics education. *For the Learning of Mathematics*, 33(1), 2 - 8.

Bartolini Bussi, M. G., & Baccaglini-Frank, A. (2015). Geometry in early years: Sowing seeds for a mathematical definition of squares and rectangles. *ZDM Mathematics Education*, 47(3), 391 - 405.

Bartolini Bussi, M. G., Bertolini, C., Ramplous, A., & Sun, X. (2017). Cultural transposition of Chinese lesson study to Italy: An exploratory study on fractions in a fourth-grade classroom. *International Journal for Lesson and Learning Studies*, 6(4), 380 - 395.

Beckmann, S., & Izsák, A. (2015). Two perspectives on proportional relationships: Extending complementary origins of multiplication in terms of quantities. *Journal for Research in Mathematics Education*, 46(1), 17 - 38.

Beishuizen, M. (1993). Mental strategies and materials or models for addition and subtraction up to 100 in Dutch second grades. *Journal for Research in Mathematics Education*, 24(4), 294 - 323.

Billig, M. (2013). *Learn to write badly: How to succeed in the social sciences*. Cambridge: Cambridge University Press.

Brousseau, G., & Novotná, J. (2008). La culture scolaire des problèmes de mathématiques. In Sarrazy, B. (Ed.), *Les didactiques et leurs rapports à l' enseignement et à la formation. Quel statut épistémologique de leurs modèles et de leurs résultats ?* Bordeaux : AFIRSE, IUFM d'Aquitaine — Université Montesquieu Bordeaux IV, LACES — Université Victor Segalen Bordeaux 2. [CD ROM].

Cai, J. (2003). What research tells us about teaching mathematics through problem solving. In F. Lester (Ed.), *Research and issues in teaching mathematics through problem solving* (pp. 241 - 254). Reston: National Council of Teachers of Mathematics.

Chan, C. M. E., & Cole, D. (2013a). *Targeting mathematics 2B*. Singapore: Star Publishing Pte Ltd.

Chan, C. M. E., & Cole, D. (2013b). *Targeting mathematics 1A*. Singapore: Star Publishing Pte Ltd.

Chan, C. M. E., & Cole, D. (2013c). *Targeting mathematics 2A*. Singapore: Star Publishing Pte Ltd.

Cheng, E. C. K., & Lo, M. L. (2013). *The approach of learning study: Its origin and implications*. OECD CERI Innovative Learning Environments project. Retrieved from: http://www.oecd.org/edu/ceri/Eric%20Cheng.Learning%20Study.pdf.

Common Core State Standards Initiative. (2010). *The common core state standards for mathematics*. Washington, DC: Author.

Conference Board of the Mathematical Sciences. (2012). *The mathematical education of teachers II*. Washington, DC: Author.

Cuban, L. (1992). Managing dilemmas while building professional communities. *Educational Researcher*, 211, 4 - 11.

Day, C. (1991). Roles and relationships in qualitative research on teachers' thinking: A reconsideration. *Teaching and Teacher Education*, 7(5 - 6), 537 - 547.

Day, C. (1997). Being a professional in schools and universities: Limits, purposes and possibilities for development. *British Educational Research Journal*, 23(2), 193 - 208.

Department for Basic Education (DBE). (2011). *Curriculum and Assessment Policy Statement (CAPS): Foundation phase mathematics, grade R*-3. Pretoria: Department for Basic Education.

Dossey, J. A. (1992). The nature of mathematics: Its role and its influence. In D. A. Grouws (Ed.), *Handbook of research on mathematics teaching and learning* (pp. 39 - 48). New York: MacMillan.

Edwards, B. S., & Ward, M. B. (2004). Surprises from mathematics education research: Student (mis) use of mathematical definitions. *The American Mathematical Monthly*, 111 (5), 411 - 424.

Ensor, P., Hoadley, U., Jacklin, H., Kühne, C., Schmitt, E., Lombard, A., & van den

Heuvel-Panhuizen, M. (2009). Specialising pedagogic text and time in foundation phase numeracy classrooms. *Journal of Education*, 47, 5 - 30.

Even, R., & Ball, D. L. (Eds.). (2009). *The professional education and development of teachers of mathematics. The 15th ICMI study*. New York: Springer.

Goh, S. P. (2009). *Primary 5 pupils difficulties in using the model method for solving complex word problems*. MEd dissertation, National Institute of Education, Nanyang Technological University.

Graven, M., Venkat, H., Westaway, L., & Tshesane, H. (2013). Place value without number sense: Exploring the need for mental mathematical skills assessment within the annual national assessments. *South African Journal of Childhood Education*, 3(2), 131 - 143.

Havlíčková, R., Hřibková, L., & Páchová, A. (2015). Slovní úlohy jako kritické místo matematiky 1. stupně základní školy. In M. Rendl & N. Vondrová (Eds.), *Kritická místa matematiky na základní škole očima učitelů* (pp. 18 - 101). Praha: Univerzita Karlova v Praze.

Hejný, M. (2012). Exploring the cognitive dimension of teaching mathematics through schemeoriented approach to education. *Orbis Scholae*, 2(6), 41 - 55.

Huang, R., Li, Y., Zhang, J., & Li, X. (2011). Improving teachers' expertise in mathematics instruction through exemplary lesson development. *ZDM*, 43(6/7), 805 - 817.

Inprasitha, M. (1997). Problem solving: A basis to reform mathematics instruction. *Journal of the National Research Council of Thailand*, 29(2), 221 - 259.

Inprasitha, M., Narot, P., Pattanajak, A., Prasertcharoensuk, T., & Trisirirat, J. (2003). *Reforming of the learning processes in school mathematics with emphasizing on mathematical processes*. Research report submitted to the National Research Council of Thailand. Khon Kaen: Khon Kaen Karnphim. (In Thai).

Inprasitha, M., & Isoda, M. (2010). *Study with your friends: Mathematics for elementary school 1st grade*. Khon Kaen: Klungnanawittaya. (In Thai).

Inprasitha, M. (2011). One feature of adaptive lesson study in Thailand: Designing a learning unit. *Journal of Science and Mathematics Education in Southeast Asia*, 34(1), 47 - 66.

Inprasitha, M., & Isoda, M. (2014). *1st grade mathematics textbook glossary*. Khon Kaen: Khon Kaen University Publications.

Inprasitha, M. (2015, May). New model of teacher education program in mathematics education: Thailand experience. In C. Vistro-Yu (Ed.), *Proceedings of the 7th ICMI-East Asia Regional Conference on Mathematics Education*, vol. 1, pp. 97 - 104.

Jirotková, D., & Kloboučková, J. (2013). Kritická místa matematiky na 1. stupni základní školy v diskurzu učitelů. In M. Rendl & N. Vondrová (Eds.), *Kritická místa matematiky na základní škole očima učitelů* (pp. 19 – 61). Praha: Univerzita Karlova v Praze, Pedagogická fakulta.

Jullien, F. (2006). *Si parler va sans dire. Du logos et d'autres ressources*. Paris: Editions du Seuil. Kaewdang, R. (2000). *Thai educational evolution*. Bangkok: Matichon Publishers. (In Thai).

Khemmani, T. (2005). *Sciences of teaching: Knowledge for efficiency teaching and learning*. Bangkok: Chulalongkorn University.

Kho, T. H. (1987). Mathematical models for solving arithmetic problems. *Proceedings of the 4th Southeast Asian Conference on Mathematics Education (ICMI-SEAMS)* (pp. 345 – 351). Singapore.

Lewis, C. (2002). Does lesson study have a future in the United States? *Nagoya Journal of Education and Human Development*, 1(1), 1 – 23.

Li, S.P. T. (2003). The changing face of junior secondary teacher education in Macao. In R. D. Y. Koo, S. W. Wu, & S. P. T. Li (Eds.), *Education development and curriculum innovations: Perspectives and experience from Mainland China, Taiwan, Hong Kong and Macao* (pp. 51 – 75). Hong Kong/Macao: The Association for Children's Education International.

Liang, S. (2011). *Open class — An important component of teachers' in-service training in China*. http://www.math.csusb.edu/faculty/sliang/J.EDU_openclass.

Lo, M. L. (2005). *Changing the educational scene in Hong Kong through learning study*. Symposium presentation at international conference on education 'Redesigning pedagogy: Research, policy, practice', Singapore, May 30 — June 1.

Ma, L. (1999). *Knowing and teaching elementary mathematics: Teachers' understanding of fundamental mathematics in China and the United States*. Mahwah: Lawrence Erlbaum Associates.

Ministry of Education. (2009). *The Singapore model method for learning mathematics*. Singapore: Author.

Miyakawa, T., & Winsløw, C. (2013). Developing mathematics teacher knowledge: The paradidactic infrastructure of 'open lesson' in Japan. *Journal of Mathematics Teacher Education*, 16(3), 185 – 209.

Ng, S. F., & Lee, K. (2009). The model method: Singapore children's tool for representing and solving algebraic word problems. *Journal for Research in Mathematics Education*, 40(3), 282 – 313.

Nohda, N. (1991). *A study of open-approach strategy in school mathematics teaching*. (In Japanese).

Office of the Education Council, Ministry of Education of Thailand. (2013). *Analysis of a status of teachers' development and suggestions for teachers' development to students' development*. Bangkok: Prigwhan graphics. (In Thai).

Pasch, M., et al. (1995). *Teaching as decision making*. Addison-Wesley: Longman.

Plato. (1952). *The dialogues of plato*. Chicago: William Benton.

Ramploud, A. (2015). 数学 [shù xué] matematica, sguardi (d)alla Cina [⋯] ogni pensiero, nel farsi incontro all'altro si interroga sul proprio impensato (English translation: 数学 [shù xué] Mathematics, take a look to-and-fro China [⋯] every thought, when coming towards the other, questions itself about its own unthought. University of Modena and Reggio Emilia: MoReThesis., https://morethesis.unimore.it/theses/available/etd-03112015-100720/.

Rendl, M., Vondrová, N. et al. (2013). *Kritická místa matematiky na základní škole očima učitelů*. Praha: Univerzita Karlova v Praze, Pedagogická fakulta.

Schmittau, J. (2003). Cultural historical theory and mathematics education. In A. Kozulin, B. Gindis, V. S. Ageyev, & S. M. Miller (Eds.), *Vygotsky's educational theory in cultural context* (pp. 225 - 245). Cambridge: Cambridge University Press.

Schollar, E. (2008). *Final report: The primary mathematics research project* 2004 — 2007. *Towards evidence-based educational development in South Africa*. Johannesburg: Eric Schollar & Associates.

Shen, J., Zhen, J., & Poppink, S. (2007). Open lessons: A practice to develop a learning community for teachers. *Educational Horizons*, 85(3), 181 - 191.

Shulman, L. (1986). Those who understand: Knowledge growth in teaching. *Educational Researcher*, 15(2), 4 - 14.

Singapore Examinations and Assessment Board. (2014). 2012 — 2014 *Primary School Leaving Examination (PSLE) mathematics questions*. Singapore: Educational Publishing House Pte Ltd.

Sun, X. (2007). *Learning study: Multiple chances for teacher learning*. Paper presented at the World Association of Lesson Studies international conference 2007. Abstract Code: 079. http://www.worldals.org/.

Sun, X. H., Neto, T. B., & Ordóñez, L. E. (2013). Different features of task design associated with goals and pedagogies in Chinese and Portuguese textbooks: The case of addition and subtraction. In C. Margolinas (Ed.), *Task design in mathematics education. Proceedings of ICMI Study* 22 (pp. 409 - 418). Oxford, United Kingdom. Retrieved February 10, from https://hal.archivesouvertes.fr/hal-00834054v3.

Sun, X., Teo, T., & Cheung Chan, T. (2015). Application of the open-class approach to pre-service teacher training in Macao: A qualitative assessment. *Research Papers in Education*, 30(5), 567 - 584.

Tall, D., & Vinner, S. (1981). Concept image and concept definition in mathematics with particular reference to limits and continuity. *Educational Studies in Mathematics*, 12(2), 151 - 169.

Taylor, N. (2011). *The National School Effectiveness Study (NSES): Summary for the synthesis report*. Johannesburg: JET Education Services.

Tempier, F. (2013). *La numération décimale de position à l'école primaire: une ingénierie didactique pour le développement d'une ressource*. Thèse, Université Paris 7.

Triandis, H. C., & Trafimow, D. (2001). Cross-national prevalence of collectivism. In C. Sedikides & M. B. Brewer (Eds.), *Individual self, relational self, and collective self* (pp. 259 - 276). Philadelphia: Psychology Press/Taylor & Francis.

Tsamir, P., Tirosh, D., Levenson, E., Barkai, R., & Tabach, M. (2015). Early-years teachers' concept images and concept definitions: Triangles, circles, and cylinders. *ZDM Mathematics Education*, 47(3), 497 - 509.

Venkat, H., Askew, M., Abdulhamid, L., Morrison, S., & Ramatlapana, K. (2016). *A mediational approach to expanding in-service primary teachers' mathematical discourse in instruction*. ICME 13 (Hamburg) Invited plenary paper, TSG 49.

Vergnaud, G. (1988). Multiplicative structures. In J. Hiebert & M. Behr (Eds.), *Number concepts and operations in the middle grades* (pp. 141 - 161). Reston/Hillsdale: National Council of Teachers of Mathematics/Lawrence Erlbaum.

Vinner, S. (1991). The role of definitions in the teaching and learning of mathematics. In D. O. Tall (Ed.), *Advanced mathematical thinking* (pp. 65 - 81). Dordrecht: Kluwer Academic Publishers.

Vondrová, N., & Rendl, M. a kol. (2015). Kritická místa matematiky základní školy v řešeních žáků. Praha: Univerzita Karlova v Praze.

Wang, J., & Paine, L. (2003). Learning to teach with mandated curriculum and public examination of teaching as contexts. *Teaching and Teacher Education*, 19(1), 75 - 94.

Wilson, S. M., Floden, R. E, & Ferrini-Mundy, J. (2001). *Teacher preparation research: Current knowledge, gaps, and recommendations. An executive summary of the reseach report*. Washington, WA: University of Washington, Center for the Study of Teaching and Policyo. Document Number.

Zaslavsky, O., & Shir, K. (2005). Students' conceptions of a mathematical definition. *Journal for Research in Mathematics Education*, 36(4), 317 - 346.

Zazkis, R., & Leikin, R. (2008). Exemplifying definitions: A case of a square. *Educational Studies in Mathematics*, 69(2), 131 - 148.

Cited papers from Sun, X., Kaur, B., & Novotna, J. (Eds.). (2015). Conference proceedings of the ICMI study 23: Primary mathematics study on whole numbers. Retrieved February 10, 2016, from www.umac.mo/fed/ICMI23/doc/Proceedings_ICMI_ STUDY_23_final.pdf.

Askew, M. (2015). Seeing through place value: An example of connectionist teaching (pp. 399 - 406).

Beckmann, S., Izsák, A., & Ölmez, I. B. (2015). From multiplication to proportional relationships (pp. 518 - 525).

Chambris, C. (2015). Mathematical foundations for place value throughout one century of teaching in France (pp. 52 - 59).

Kaur, B. (2015). The model method: A tool for representing and visualizing relationships (pp. 448 - 455).

Mulligan, J., & Woolcott, G. (2015). What lies beneath conceptual connectivity underlying whole number arithmetic (pp. 220 - 228).

Novotná, J. (2015). Panel on teacher education (pp. 613 - 618).

Venenciano, L., Slovin, H., & Zenigami, F. (2015). Learning place value through a measurement context (pp. 575 - 582).

Venkat, H. (2015). Representational approaches to primary teacher development in South Africa (pp. 583 - 588).

第四部分

全体会议

\ 第 18 章 /

学校算术理论：整数

马立平，凯西·凯塞尔
(Liping Ma and Cathy Kessel)

18.1 绪言

在小学，关于整数算术至少有两种不同的观点。在美国，倾向于认为它只是整数四则基本运算（例如，问学生 1+1=?）。然而在中国，整数算术涉及更多内容，比如，希望学生去探索运算之间的数量关系（给出 1+1=2，那么 2−1=?），并用等式（有时相当复杂）表示这些关系（有时相当深奥）。

正如《美国小学数学结构内容之批判》（Ma，2013）一文所述，整数算术的不同观点部分归因于中国和其他几个国家在学校算术方面的理论不同[1]。虽然这一理论是中国当代学校算术的基础，但其发展的重要阶段是在欧洲和美国，并且是由 19 世纪中叶大众教育的传播所引发的。这一重大的社会变化引起了算术上的重大变化，我们将对此作简要概述[2]。19 世纪中叶的小学教科书，如《科尔伯恩的入门课：基于归纳法的算术知识》（*Colburn's First Lessons: Intellectual Arithmetic, upon on the Inductive Method of Instruction*）包含了阿拉伯数字、整数、分数的符号及其运算等内容，且都是从成人的商业算术教科书中继承而来的，如《科克尔算术》（*Cocker's Arithmetick*，1677 年首次出版），该教科书侧重于高效计算。

从学校算术开始，数学学者们开始创建一个与数学联系更为紧密的学术学科，并引入了两个重要的新特点：

[1] 基于教科书的分析指出了这一普遍差异的具体内容（Ding and Li，2010；Ding et al.，2013）。
[2] 马立平对此给出了详细介绍。

(1) 横式计算。与用于商业算术计算的竖式算法相比，横式计算可以表达更为复杂的数量关系[1]。

(2) 以欧几里得《几何原本》为模型的定义和公理系统[2]，包括将自然数定义为多个单位的组合。其中的大多数都包含“同名规则”，如“只有同名数才能相加”；有些包括附加性质或交换律、结合律和分配律，但不一定兼而有之[3]。

然而，该公理系统将算术和其他数学内容连接起来的重要性不可轻视。数学家巴特尔·范登瓦尔登(Bartel van der Waerden，1978 /2015)在评价《几何原本》的影响时写道：

> 几乎从撰写《几何原本》时起，它就对事物产生了持续和重大的影响。它是几何推理、定理和方法的主要来源，至少在19世纪非欧几里得几何学出现之前是如此。人们有时说，除了《圣经》之外，在西方出版的所有书籍中，《几何原本》是被翻译、出版和研究最多的一本书。欧几里得也许不是一个一流的数学家，但他为演绎推理和几何教学设定了一个标准，这个标准几乎没有改变，并持续了两千多年。

从美国教科书中可以看出，定义和公理系统在20世纪初几乎已完成，而它没有在美国继续发展下去的原因可能是美国对“智力训练”的重视逐渐减少和对高失败率的担忧逐渐增加(Stanic，1986；Stanic and Kilpatrick，1992)。然而，正如其他国家的教科书所显示的那样，该公理系统在美国以外的地方仍在继续发展着[4]。

---

[1] 著作丰富的教科书编写者兼翻译者查尔斯·戴维斯(Charles Davies)似乎是首位在美国小学数学教科书中提出这一变化的人，参见《通用学校算术》(*Common School Arithmetic*，1834，pp.17，33)。横式计算在后来的教科书中得到了进一步发展，如《罗宾逊的进步实用算术》(*Robinson's Progressive Practical Arithmetic*，1875)和《谢尔顿的算术全集》(*Sheldons' Complete Arithmetic*，1886)。

[2] 美国算术教科书关于这一内容的第一个例子可能是在“学校算术：分析和实践”(*School Arithmetic*：*Analytical and Practical*，Davies，1857)中，进一步的发展参见《谢尔顿的算术全集》。

[3] 例如，《普通初等算术》(*The Normal Elementary Arithmetic*，1877)指出，“无论加数的次序是怎样的，和都是相同的”(p.208)和“如果被乘数乘乘数的所有部分，所有部分乘积的结果将是真正的乘积”(p.223)。

[4] 徐斌艳指出，在1950年之后教科书发展的第一个重要时期，中国正“翻译和修改苏联的教科书”(Xu，2013，p.725)。1950年之前，中国学校的数学教科书主要受其他国家的影响。例如，日本数学家林鹤一(Tsurnichi Hayashi，1926/1933)的算术系列被翻译成中文，并于20世纪20年代至30年代期间在中国学校中使用。也有受到美国“进步主义教育”强烈影响的中国教科书，如《新主义算术课本》(Yang and Tang，1931)和《新课程标准适用·小学算术课本》(Zhao and Qian，1933)。但是，在所有这些受不同外来影响的教科书中，都可以确定学校算术理论的重要特征，如强调四个运算之间的关系。

20 世纪的学校算术有以下三种发展方式：

（1）定义和规则体系通过交换律、结合律和分配律得到扩展。

（2）增加了带有变式的典型应用题，如追及问题、蓄水池问题和工程问题（Ma，2013，附录）。

（3）改进了教学方法（Ma，n.d.）。

本章讨论第一种发展方式，并介绍学校算术理论的核心部分，即整数的定义体系和公理，这些都是从 19 世纪的美国教科书和 20 世纪的中国教科书中提炼出来的。围绕这些核心部分建立的理论解释了整数算术中的所有计算方法，有助于培养小学生处理复杂数量关系的能力。

18.2 学校算术理论的特征

和《几何原本》一样，学校算术理论也有定义、公设和定理。它提供了少量的基本定义，并说明了如何从这些定义中衍生出其他定义，以避免重复论证。其“基本规则和基本法则”类似于《几何原本》中的公设；同样地，类比得到的定理是计算的依据。但是，该理论与《几何原本》的不同之处在于，它没有明确给出类似欧几里得“公理”的内容（如“等于同一物之物相等”）。正如本章将要叙述的，学校算术理论中的公理是被隐性地假设和使用的。

这一理论与现代数学理论在以下三个方面有不同之处。

第一，遵循《几何原本》的风格，只使用文字和图表，这一形式的优点是与日常生活密切联系。该理论的教学产物即教科书，可以作为连接实践和抽象的形式数学的桥梁。

第二，和《几何原本》一样，该理论不如现代方法来得精确。本章指出并讨论了这一缺乏精确性的情况。

第三，该理论并非为了简约而故意写得非常简洁。给出少量的基本定义是简约的做法；然而，有些基本法则却是多余的。特别地，附加性质可以从其他基本法则中衍生出来。

18.3 本章的内容与结构

我们给出了整数的定义和基本法则。定义是按顺序呈现的，即派生定义出现在其所依赖的定义之后，并在附录中列出基本法则。其中，一般性定义都有编号。

本章所呈现的定义在19世纪的美国教科书中都有出现。然而,在20世纪,数学取得相应进展之后,这样明确的(有时甚至是复杂的)定义并没有提供给学生。每个定义后的教学注释中都说明了这些定义将以何种方式教授给学生,脚注中也给出了关于定义的由来和变化的历史性说明。

18.4 小学数学算术领域

18.4.1 单位

定义1:单一事物或一称为**单位**(unit)或**单位一**(unit one)。

如果把一组事物或一组单位看作一个整体或者一,那么也称为单位、单位一或一(图18-1)。

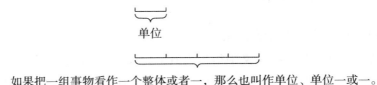

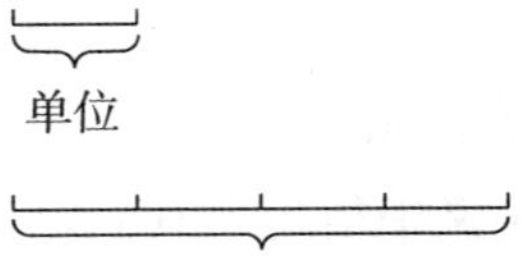
单位
如果把一组事物看作一个整体或者一，那么也叫作单位、单位一或一。

图18-1 单位的定义

一或单一事物是我们与生俱来的原始概念,单位的定义正是从这个概念中抽象出来的,这是定义体系的起点。

在这个定义中,我们看到了两类单位:第一类称为"以一为单位"的单位,第二类称为"以几个一为单位"的单位。虽然这一概念被称为"单位",但在教学中使用"单位一"和"一"这两个术语有助于将"单位"与学生概念中的"一"联系起来。

通过算术学习,学生对单位概念的理解逐步加深,我们不应该期望他们阅读或知道如上述所示的抽象定义。

随着学生继续学习小学数学,单位概念将变得更加抽象。尽管单位概念的深化贯穿整个小学数学,但是"单位"一词通常在小学中年级和高年级才被使用。在这些年级中,学生可能需要使用"单位"和"单位一"这两个术语来解决某类问题,其中有些涉及分数的乘法和除法。

18.4.2 自然数

定义2:**自然数**(number)是一个单位(一)或多个单位的组合(多)。

自然数的定义是根据单位的定义而得到的,并由此生成一组数——自然数(1、2、3等)。本章不讨论如何扩展单位的定义以生成第二组数,并进一步扩展初等数学的数字系统。自然数和正有理数这两组数共同构成了学校算术。

符号 0 有两层含义,分别作为计数法中的数位和数字。作为一个数位,它在符号系统中有着重要作用;但是,作为一个数字,0 并不是学校算术领域的一部分[1]。

这个定义产生了自然数,这是学生已经熟悉的一组数。小学生不需要学习"数"的单独定义。

定义 3:抽象数(abstract number)是其单位没有命名的数。

定义 4:具体数(concrete number)是其单位命名了的数。

将数分类为具体数和抽象数是学校算术的特定需求。在小学教师的长期努力和数学学者的协助下,创建出了抽象数和具体数这两个术语[2]。

刚入学时,大多数小学生没有抽象数的概念,如 5、6、7。相反,他们的概念中是具体数,如 5 个朋友、6 本书、7 个苹果。小学数学的一项重要任务是引导学生完成从具体数到抽象数的过渡,并能用抽象数进行计算。在此过程中,学生对具体数的原始概念是重要的教学资源[3],可以作为分析数量关系的基石。

抽象数和具体数不是学生应该知道的术语。然而,可以用它们来表示相关概念,且这些概念对于教师、课程设计者和教科书编写者来说是很重要的,有助于他们描述学生的数学发展及设计教学,帮助学生发展更抽象的思维。

定义 5:如果两个具体数的单位具有相同的名称,则称它们为**同名数**(like numbers)。

同名数的概念为学生分析数量关系提供了有力支撑。

---

[1] "小学应该从多个方面来教学 0 这个数字"是一个需要进一步讨论的问题。思考艾尔弗雷德·诺思·怀特海(Alfred North Whitehead)的一句话:关于 0 的观点是我们在日常生活中不需要使用它,没有人会出去买 0 条鱼。在某种程度上,它是所有基数中最"文明"的一个,它的使用是由于培养思维模式的需要而强加于我们的(Whitehead ,1948,p.43)。

[2] 史密斯(Smith,1925/1953,pp.11 - 12)写道:抽象数与具体数之间的区别是现代数学的事。希腊研究数论的算术家仅对前者感兴趣,而算术家自然不理会这种精细的区别。直到两个古代数字流派结合起来构成现代的初等算术之后,才认为有必要进行这种分类,而且只在小学进行分类……"抽象"和"具体"这两个术语的建立过程很慢,数学家不需要它们,而初级教师也没有足够的权威将其标准化。

[3] 例如,在沃伦·科尔伯恩(Warren Colburn)所著的《科尔伯恩的入门课:基于归纳法的算术知识》中就提供了如何使用该资源的示例。该书于 1821 年出版,几十年来一直处于"几乎被普遍使用"中(Monroe,1912,pp.424)。截至 1890 年,该书在美国已售出 3 500 000 册(Cajori,1890);在它出版 90 年后的 1912 年,仍在美国使用(Monroe,1912,p.424)。这本书的影响不仅限于美国,它还被翻译成多种语言在欧洲发行(Scientific American Supplement,No.455,September 20,1884)。传教士将其翻译成亚洲语言,并在一些亚洲国家发行。19 世纪中叶,这本书每年都会在英格兰卖出 50 000 册(Monroe,1912,p.424)。

18.5 计数法:十进制数字系统

18.5.1 数字和数

数字是用于表示数的符号,共有 9 个显性数字和 1 个非显性数字。其中,9 个显性数字中的每一个都代表不同数量的单位:

1	2	3	4	5	6	7	8	9
一	二	三	四	五	六	七	八	九

非显性数字为 0,它不代表任何单位。

数字按照顺序排列构成了数,数可以含有一个或多个数字。只有 1 位数字的数称为一位数,有 2 位数字的数称为两位数,有 3 位数字的数称为三位数,依此类推。由于只有 9 个显性数字,所以一个数位不能代表 9 个以上的单位。

虽然只有 10 个不同的数字,但每一个自然数都可以表示为数字。

18.5.2 数字的数位与单位值,位置的名称与位值

数字在一个数码中的位置称为这个数字的数位。任何数位上的最大数字都代表 9 个单位,且每 10 个单位合成 1 个新的单位,并写在左边。

不同位置的数字有不同的单位值。对于由两个或多个数字组成的数,某个数字的单位值是其右边第一个数字单位值的 10 倍。这些数位是根据它们所代表的单位的值来命名的,从右到左依次是个位、十位、百位等。由数字位置确定的单位值也称为位置值或位值。用自然数进行算术运算时,这些值为 10 的幂,即 1、10、100、1 000 等。数中的数字是根据它们的位置来命名的,即个位数字、十位数字、百位数字等。

位值计数法是数的几种表示法之一[1],它的一个关键特征是数字的位置决定了数字表示的单位值。在学校算术中,只教学一种位值计数法,即十进制。位值计数法的概念是在这个表示法的特定背景中引入的,而不是以普通的方式引入(图 18 - 2)。

两数之和是第三个数，包含了与其他两个数合起来时一样多的单位。

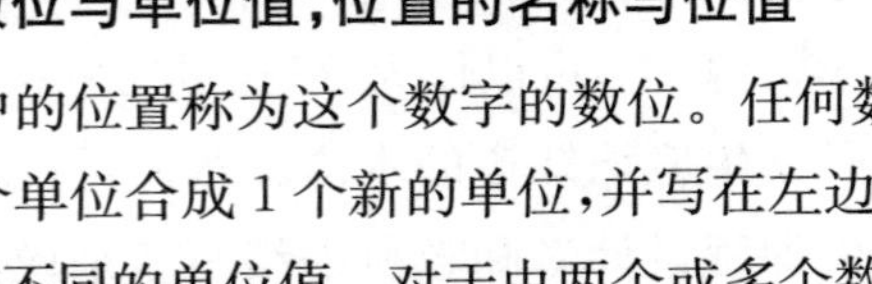

图 18 - 2 两数之和的定义

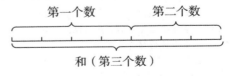

[1] 除了位值计数法,还有其他类型的计数法,如罗马计数法和中国计数法。

18.6 加法和减法

18.6.1 加法

定义 6:两个自然数[1]之**和**(sum)是第三个自然数,它所包含的单位个数,与前两个自然数中的单位放在一起一样多。

求两数之和的运算称为**加法**(addition)[2]。

"和"是学校算术中的两个基本数量关系之一,其定义是基于"单位"和"数"的定义。

由三个数形成的数量关系具有以下特征:如果这三个数中有两个是已知的,则第三个数就可以确定下来。因此,可以用这种数量关系来定义加法和减法。

虽然两数之和的定义似乎模糊不清,但它揭示了学校算术中加法和减法背后的本质。图 18-2 中的线段图以适合教学的形式表示了这个定义。

在定义了和这一数量关系之后,就可以用这个关系来定义加法。类似地,也可以定义减法。这样,使用少量的基本概念就可以明确得出和、加法与减法之间的联系。

加法的概念很可能与我们与生俱来的原始概念密切相关。当代认知科学研究者卡伦·温(Karen Wynn,1992,1995)发表了一项研究成果,证明了婴儿在出生几周后就能识别出 1、2、3,并能计算类似 1+1、2-1 的算式(National Research Council,2009,p.65)。到儿童入学时,他们可能已经形成了一系列计算加法的方法:数所有的数、接着一个数往下数或者运用已知的和(National Research Council,2001,p.169)。通常情况下,他们能够发现接着一个数往下数可以更容易地将减法计算转化为加法计算。例如,计算 8-5,从 5 开始数:6、7、8,所以剩下了 3(National Research Council,2001,p.190)。19 世纪的教科书编写者科尔伯恩在编写时可能已经注意到了这个现象:"尽管一个孩子能做各种各样涉及加减乘除的计算,但他除了加法之外,不接受其他任何运算,这是引人关注的(1821/1863,p.9)。"

教学的任务是在学生与生俱来的观念和两数之和这一抽象的数量关系之间架

[1] 自然数且不包括 0。

[2] 加法和减法是二元运算,即涉及两个输入量的计算。尽管可以计算三个或更多数的总和,但需要逐步求得这一最终结果,而在每一步中都要先计算两个数的总和。

起一座桥梁。

18.6.1.1　*加数*

定义 7：求和的两个数叫作**加数**（addends）[1]。

“加法”和“和”是理解和处理“两数之和”这一数量关系的重要思维工具，学生应该在刚开始学习加法和减法时就接触它们。图 18－3 是俄罗斯一年级数学教材中的一个例子（右边的加法 8＋2 是一个待解决的新问题），它以一种适合儿童的方式介绍了加法、加数和两数之和的定义。马立平对这部分内容在教学中的具体呈现作了详细介绍（Ma，n.d.，pp.15－16）。

图 18－3　向一年级学生介绍加法定义和术语的示例（Moro et al.，1992，p.38）（经芝加哥大学学校数学研究许可转载）

一些小学低年级的教师告诉学生，由于和大于加数，因此若一个文字型应用题的结果将会大于已知的数，我们就用加法来解决这个问题。与寻找如“剩下”“总共”“多”或“少”这类关键字的方法相比，这种方法更具概念性。然而，需要注意的是，这种方法只对一步推导出来的文字型应用题有用[2]。因此，我们需要在适当的时候引导学生注意到这一方法的局限性。并且，学生通过理解早期形成的知识具有局限性，从而获得发展新知识的经验。

18.6.1.2　*同名数加法规则*

当两个加数是具体数时，它们必须是同名数，所得到的和以及这两个加数也都是同名数。

关于同名有两个规则，即同名数规则和同类单位规则。其中，同名数规则与数量关系更为紧密地联系在一起。同名数规则似乎很简单，却很容易被忽视。并且，从整个理论的角度看，其重要性更为明显。

---

[1]　定义系统中的术语，例如，前两节中的“同名数”，本节中的“和”和“加数”，以及下一节中的“乘积”“被乘数”和“乘数”，都首次出现在过去 400 年的数学教科书中。多年来，已经对这些术语给出了各种定义。这些定义并不总是作为定义系统的一部分给出的，且在该系统中，定义的提出并不总是依赖于一些基本定义，而是作为彼此独立的定义给出的。

[2]　求解多步文字型应用题时，若结果大于已知数，则可能需要使用加法以外的运算。

在教学中，这个规则可以表述为“加数必须是同名数”或“只有同名数才可以相加”。

18.6.1.3　**同类单位值相加的规则**

在计算两数之和时，只能把同类单位值的数字相加，这个规则是解释多位数加法的一部分。例如，个位上的数字 5 和个位上的数字 3 具有相同的单位值，因此它们可以相加；个位上的数字 5 和十位上的数字 3 不具有相同的单位值，因此不能相加。该规则同时也是解释多位数乘法的重要部分。

在教学中，我们可以说“只有具有相同单位的数字才可以相加”或“只有相同的单位才可以相加”。上述表述中，忽略了“值”这个字，而这对学生来说并不要紧；同时，也忽略了数字和数字符号之间的区别。

18.6.2　减法

定义 8：如果已知和与其中一个加数，那么求未知加数的运算称为**减法**(subtraction)。

减法是加法的逆运算，意思是“解除”加法。

用“两数之和”定义减法和加法，从而将减法和加法这两个运算与一个数量关系联系了起来。然而，在减法概念的理解上，学生自发生成的减法概念和这一减法定义是不一样的。教学需要从这些概念出发，逐步引导学生看到基于加减运算的数量关系。

教师可以在算术学习的早期以适合学生的形式来引入减法的定义(Ma, n.d., pp.18 - 20)。图 18 - 4 说明了一年级学生在学习减法概念和数量关系时的两个阶段(Moro et al., 1992/1982, pp.15, 55)。

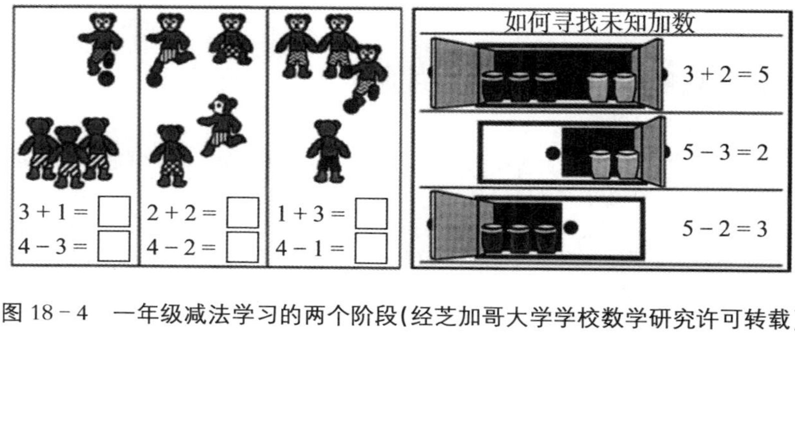

图 18 - 4　一年级减法学习的两个阶段(经芝加哥大学学校数学研究许可转载)

在学习减法的早期阶段有两种教学方法，分别是学习减法运算和引导学生关注加减法之间的关系。这两种不同的方法将对学生以后的学习产生不同的影响。

18.6.2.1　**被减数，减数，差**

定义 9：减法中已知的和称为**被减数**（minuend）；已知的加数称为**减数**（subtrahend）；未知的加数是减法运算的结果，称为**差**（difference）。

像"加数""和"一样，"被减数""减数""差"这些概念是理解和处理"两数之和"这一数量关系的重要思维工具。学生不需要记住这些定义，但他们需要借助术语来阐释定义中所描述的对象，以便描述这些术语之间的关系。例如，加法算式中的和对应于减法算式中的被减数[1]（图 18－5）。

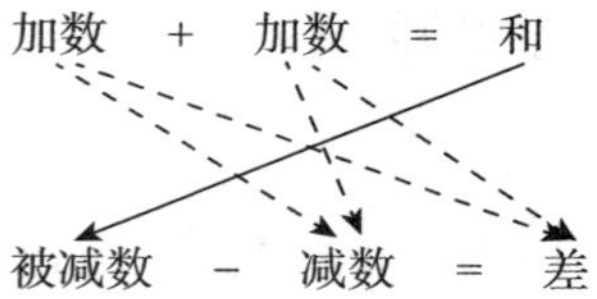

图 18－5　加法和减法各部分之间的对应关系

由于被减数大于所求的差，低年级的小学教师往往这样告诉学生：如果文字型应用题的结果将会小于问题中已知的数，那么我们就用减法来解决这个问题。但是需要注意的是，与加法一样，这种方法只适用于一步运算就可以解决的问题。

18.6.2.2　**同名数规则和同类单位规则在减法中的应用**

当被减数和减数是具体数时，它们必须是同名数；所得的差、被减数和减数也是同名数。这是减法的规则，与加法的同名数规则相对应。在教学中，这个规则可以表述为"被减数和减数必须是同名数"或"只有同名数才可以进行减法运算"。

计算差时，只有同类单位值的数字才能相减[2]。这是减法的规则，与同类单

[1]　这是两个定义依赖于一个更基本的定义的示例。减法和加法不是独立定义的，而是根据"两数之和"的关系定义的。图 18－5 说明，加法算式的各部分与减法算式的各部分之间有明确的对应关系。

[2]　由于阿拉伯数字系统中只能代表 1 个十，而不能代表 10 个一，因此不能完全用阿拉伯数字来表示借位相减的原理。例如，在 235－117 中，被减数个位上的 5 不够减。因此，第一步是将被减数中的 1 个十转换成 10 个一。下一步可以按两种方式进行：一种是从 10 中减去 7，得到 3，并与 5 相加，得到差个位上的数字(8)；另一种是将 10 个一和 5 个一相加，得到 15 个一，然后从 15 中减去 7。若没有其他约定或符号，则不能用阿拉伯数字来表示 10 个一和 15 个一。

位值相加的规则相对应。

这个规则可用来部分解释多位数减法和长除法。在教学中,我们可以说"只有具有相同单位的数字才可以相减"或"只有相同的单位才可以相减"。

18.6.3 在"两数之和"关系中未知数的三种形式

"两数之和"的数量关系涉及三个数,当两个数已知时,可以求得第三个数,且有如下三种情形:

(1) 已知两个加数,求和。(减法:已知减数和差,求被减数)

(2) 已知和与第一个加数,求第二个加数。(减法:已知被减数和减数,求差)

(3) 已知和与第二个加数,求第一个加数。(减法:已知被减数和减数,求差)

在图 18-6 中,左边的图表示"两数之和"的关系,右边是一个数在这一关系中未知的三种可能情况。学校算术中所有加法和减法的文字型应用题,无论是一步的还是多步的,凡是要求学生求另一个未知数,都是基于这三种形式。

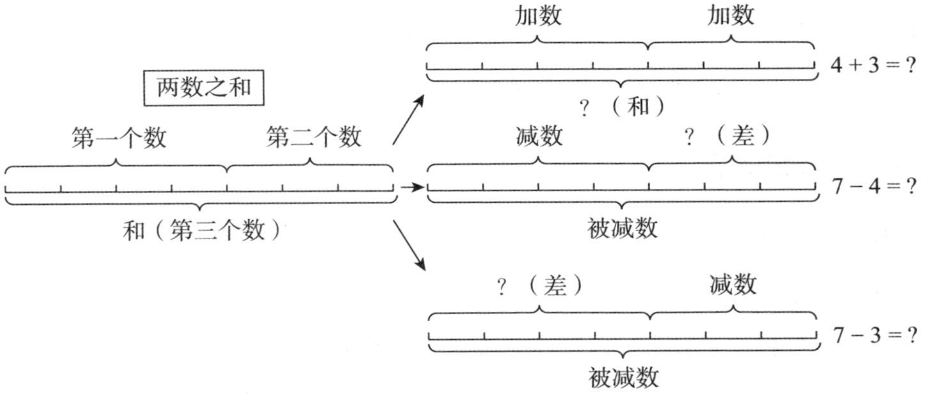

图 18-6 由数量关系"两数之和"推导出的加法和减法及其中的术语

根据《共同核心州标准》(Common Core State Standards,2010),一步加减的文字型应用题主要有四大类;而在中国,这类问题有五大类[1]。无论如何对文字型

[1] 这五类分别是求和、求剩余量、求比已知数大的数、求比已知数小的数、求差〔请参见《教学和基本算术应用问题的教学与研究》(*Research and Practice in Teaching Elementary Arithmetic Word Problems*, 1994)〕。《共同核心州标准》列出了四个主要类别,每个类别又具有三个子类别,具体取决于未知数的位置。四个主要类别分别为"增加"(结果未知,变化未知,起始量未知)、减少(结果未知,变化未知,起始量未知)、合并/分开(总和未知,一个加数未知,两个加数未知)、比较(差未知,较大数未知或较小数未知,且每种都有两种表述,即"多多少个"和"少多少个")。

应用题进行分类或命名,每一类都是这三种形式之一的直接或间接表示。这些间接表示使用了“等量代换”的方法(图 18 - 7),下面的例子说明了这一点:

詹姆斯(James)钓了 3 条鱼,亨利(Henry)钓了 5 条鱼,亨利比詹姆斯多钓了几条鱼?

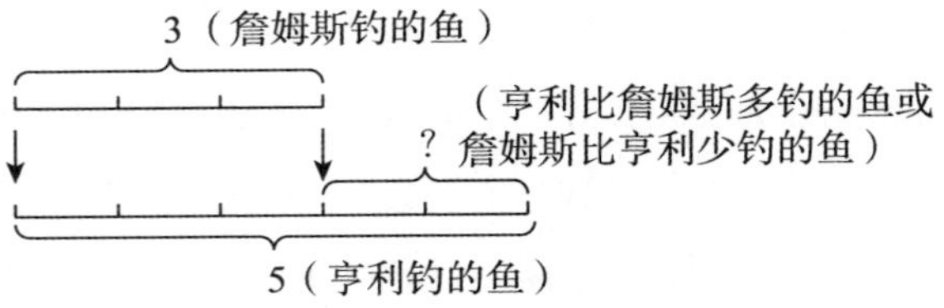

图 18 - 7 “两数之和”中涉及等量代换的例子

乍一看,这个问题不符合图 18 - 6 所示的三种情况中的任何一种。但是,如果分析问题中的数量关系,我们就会发现它对应于第二种情况。其中,蕴含着欧几里得《几何原本》中的公理 1,即“等于同一物之物相等”。

18.7 乘法和除法

18.7.1 乘法

定义 10:两个自然数的**乘积**(product)是第三个自然数,它所包含的单位个数,与第一个自然数被取另一个自然数中的单位个数那么多次一样多。求两个数乘积的运算称为**乘法**(multiplication)。(例如,4 取 3 次等于多少)

这种数量关系显然比“两数之和”更为复杂。第一,在这种关系中有一种新的单位:如图 18 - 8 所示,通过把一组单位看作一个单一的对象,第一个数的每一份就变成了“以几个一为单位”的新单位[1]。第二,与“两数之和”的关系不同,两个数的乘积涉及两种类型的单位,即“以一为单位”和“以几个一为单位”,如图 18 - 8 所示。第三,在图 18 - 8 中,第二个数决定了第一个数的份数。在各份所构成的集合中,再以一为单位就形成了第三个数,也就是积。

[1] 由定义 1 可知,这个“以几个一为单位”的量是一个单位。

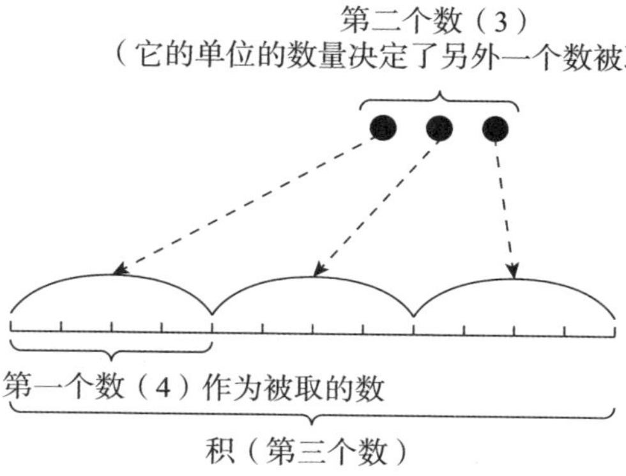

图 18－8　两数相乘的定义

上述两数乘积的定义并不等价于将乘积视为重复加法的结果；也不等同于笛卡尔积的定义，因为它涉及新单位的创建，而不是一个单位对的集合。

在教学中，乘法经常被认为是对加法的重复。当学生看到 4＋4＋4 时，若他们想到的是 4 加上一个 4 再加上一个 4，表明他们就在使用加法概念；当他们能够认识到4＋4＋4 是 3 个 4 时，则表明他们开始有了乘法概念。我们应该帮助学生尽快完成这一转变。

虽然加法概念很可能与学生与生俱来的原始概念密切相关，但乘法概念却不是。乘法学习有三个阶段：第一，能够把很多东西看作一个整体，如一个组、一个班或一篮子的东西；第二，能够想象出多个“以几个一为单位”的单位，如几个组、几个班或几篮子的东西(都是相同大小的)；第三，在分析数量关系时，能够同时掌握这两种类型的单位。

人类历史上，在加法的发展与乘法的发展之间有一个很长的缺口；对学生来说，这两者之间的过渡同样也有障碍。学校算术的教学任务之一就是帮助学生跨越这个障碍。

18.7.1.1　*被乘数、乘数和因数*

定义 11：被乘数(multiplicand)是被取的那个数。**乘数**(multiplier)是表示被乘数被取几次的数。

被乘数是乘法表达式中第一项所表示的数字，即乘法符号左边的项。被乘数是被取的数，它的每一份就形成了“以几个一为单位”的单位。对于学生来说，这是他们最早使用的“以几个一为单位”的单位。

在过去的几百年里，传统上被乘数表示为乘法中的第一项[1]，而且这种赋予被乘数首项位置的传统与其在商业算术上的作用是一致的[2]。在定义系统中，赋予被乘数首项位置与强调单位的概念是一致的。在利用重复加法引入乘法时，学生应注意到被乘数就是加数。

乘数表示为乘法表达式中的第三个项，即乘法符号右边的项，且乘数总是一个抽象数。乘法表达式读作：“被乘数被乘数乘”或“乘数乘被乘数”（例如，5×3 读作：“5 被 3 乘”或“3 乘 5”）。乘数表示乘积中有多少份被乘数。

有些人认为，区分乘数和被乘数，或像上面描述的那样阅读表达式，会给学生带来不必要的细节上的负担，但这种暂时的复杂是为了使未来的学习更简单。

当乘数和被乘数都是抽象数时，它们也被称为因数。

在学校算术方面，乘数和被乘数之间的区别在以下两种情况下是无关紧要的：其一，在分解因数中；其二，在公式中，如矩形或三角形的面积公式，立方体的体积公式。后者往往是一个过程的最后一步，但在过程开始时，却需要区分乘数和被乘数。

虽然乘数和被乘数之间的区别在小学数学中并不是一直强调的，但这是很重要的，因为它能帮助学生意识到新的单位类型，从而有助于增强对单位概念的理解。

18.7.1.2 **乘法的同名数规则**

当被乘数是一个具体数时，被乘数和乘数就不是同名数。在这种情况下，乘积和被乘数是同名数。学校算术中对数量关系的分析主要是在解决文字型应用题中来实现的。文字型应用题中的大多数数都是具体数，例如：

A. 书架上有 24 本书，比尔(Bill)又在书架上放了 6 本书。现在有多少本书？答案是 30 本书。

---

[1] 根据《牛津英语词典》，“被乘数”和“乘数”最早分别出现在 1592 年和 1542 年。在早期的算术中，乘法通常是竖着写的，被乘数写在乘数上方。分布非常广泛的教科书《科克尔算术》于 1677 年首次出版，书中说道：“乘法包括三个部分。第一，被乘数……第二，乘数……第三，积”(1677，p.32)。在 19 世纪，查尔斯·戴维斯在其教科书中重复了这种描述(Davies，1857，p.45)，且他使用了横式计算的方法，将被乘数写在乘法符号的左侧(Davies，1834，p.33)。

[2] 在商业活动中，卖方首先确定每单位的价格，然后在每次销售时计算多个单位的总价。

B. 每个书架上有 24 本书。6 个书架上有多少本书？答案是 144 本书。

问题 A 是求和，结果和加数都是同名数。问题 B 是求两个数的乘积，其中的两个具体数即 24 本书和 6 个书架，不是同名数；前者是被乘的数，是被乘数，后者是乘数，即有 6 组书，每组有 24 本；乘积是 144 本书，它和被乘数是同名数。这与乘法的同名数规则是一致的：当被乘数是一个具体数时，被乘数和乘数就不是同名数；在这种情况下，乘积和被乘数就是同名数。

虽然 6 个书架是一个具体数，但作为一个乘数，它仍然被视为一个抽象数。

18.7.2 除法

定义 12：如果已知乘积和其中的被乘数或乘数，那么求未知乘数或被乘数的运算称为**除法**(division)。

除法也是当乘积和一个因数已知时，求另一个未知因数的过程。除法是乘法的逆运算，指“解除”乘法所做的事情。

用“两个数的结果”来定义乘法和除法，即以一种类似于连接减法和加法的方式，将除法和乘法这两种运算与一个数量关系联系了起来。然而，由于被乘数和乘数可能是不同类型的数，所以可能有几种逆运算的形式。

定义 13：求未知的被乘数，叫作**等分除**(partitive division)。

例如，12 个苹果平均分给 3 个孩子。每个孩子得到多少？(把 12 分成 3 份，每份有多少)

求未知乘数的过程是**包含除**(quotitive division)。

例如，有 12 个苹果，每个孩子分 4 个苹果。有几个孩子能分到苹果？(12 里面有多少个 4 或 12 是 4 的多少倍)

求未知因数既不是包含除，也不是等分除。例如，已知矩形的面积和长，求宽。又如，两个因数的乘积是 15，其中一个因数是 5，另一个因数是多少？

18.7.2.1 被除数、除数、商、余数

定义 14：已知的乘积在除法中称为**被除数**(dividend)；已知的被乘数、乘数或因数在除法中称为**除数**(divisor)；除法运算的结果是我们要求的未知数，称为**商**(quotient)。

乘法和除法中各个术语之间的对应关系如图 18－9 所示。

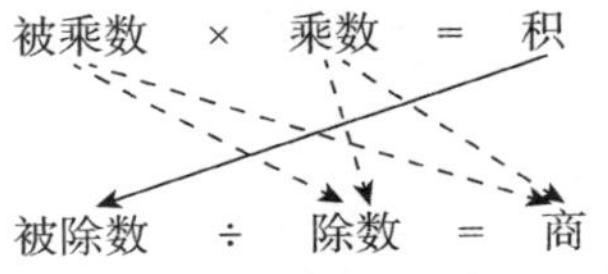

图 18－9　乘法和除法各术语之间的对应关系

被除数可以是一个乘积（其中一个因数是除数）与另外一个数（这个数小于除数）的和，后者称为余数。此时，除法的结果有两部分，即商和余数。余数是学校算术教学中的一个"临时"术语，在引入分数之后，就不再需要这个术语了。

18.7.2.2　*乘积的同名数规则在除法中的应用*

在等分除中，被除数和商都是同名数；在包含除中，被除数和除数都是同名数。同名数规则可以帮助学生识别数量关系。

18.7.3　"两数的乘积"这一数量关系中未知数的三种情况

"两数的乘积"这一数量关系涉及三个数。当其中两个数已知时，就可以求出第三个数（图 18－10）。具体有以下三种情况：

（1）已知被乘数和乘数，求乘积。（除法：已知除数和商，求被除数）

（2）已知乘积和被乘数，求乘数。（除法：已知被除数和商，求除数）

（3）已知乘积和乘数，求被乘数。（除法：已知被除数和除数，求商）

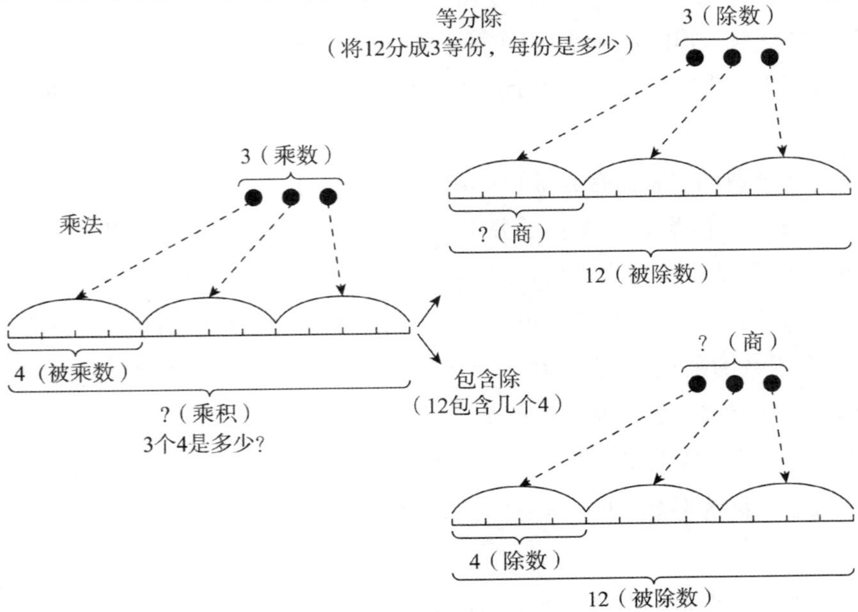

图 18－10　乘法、等分除和包含除

18.8 结论

上述整数的定义系统和基本规则构成了学校算术理论的核心，这一理论的后续内容——学校算术中分数和定理的定义系统(类似于《几何原本》中的命题)就是在此基础上建立的。

为了回应美国教师和中国教师的困惑，我们简要描述了与该理论有联系或缺乏联系的例子。

教师们从两个不同角度回答了学生在减法方面需要知道什么。在说到从十位上取 1 个十并将其化成 10 个一时，23 位美国教师中有 19 位将重点放在借位上(Ma，2010，p.2)。他们并没有正确解释借位这一方法，且认为个位上的数字和十位上的数字是独立的，而不是一个数的两个部分。相反，另外 4 位教师指出，应该让学生明白，用 1 个十去换 10 个一并不会改变被减数的数值大小。这种变换依赖于定义 2“数是单位一或单位的集合”，以及前文所描述的关于这些单位是如何被表示为“十”和“一”的。就像那些美国教师一样，部分中国教师也强调借位(p.7)。然而，大多数教师都把重点放在重组上，即将 1 个十化成 10 个一形容为“分解一个位值更高的单位”(pp.8 - 10)。这种表达描述了基于十进制表示法的一般特征，不仅可用于将 1 个十变换为 10 个一，还可用于许多其他单位的变换。例如，1 个百等价于 10 个十，1 个一等价于 10 个十分之一。

在讨论 123×645 时，许多美国教师和少量中国教师只给出了算法的过程说明。两国教师的解释分为两类，分别是其于位值制和乘法意义，且都是直接或间接地体现了分配律。2 位美国教师从十进制和乘法意义的角度解释了乘法算法的原理；另外 5 位美国教师指出，可以把计算 123×645 归结为计算 123×600、123×40 与 123×5 的和，但没有人能以任何方式证明这种转换是合理的(Ma，2010，pp.35 - 36)。这可能是因为美国教师是在某些时候遇到的分配律，也许是在代数课程中；然而，他们对此的答复并不明确。相比之下，大约三分之一的中国教师使用了类似的方法(pp.39 - 42)，不同之处在于，他们以一种更正式的方式展示了这种转化，且超过一半的人提到了分配律；其他中国教师基于数的位值制和单位进行了解释(pp.42 - 45)，这与本章中关于单位、位值制和乘数的定义相呼应；有几位教师同时提到了这两种方法(p.45)。

上述反馈与最近的研究结果是一致的。美国 2004 年和 2005 年出版的小学教科书和教师指南对分配律的说明不如中国教科书深入(Ding and Li，2010)。将要成为美国小学教师的人,有时也会把结合律和交换律混为一谈,他们在备课和教学实践中所使用的教科书在这个问题上几乎没有提供有效参考(Ding et al., 2013)。

我们可以探索更多与之相关的内容,并提供更多的细节。不过,我们最后希望强调一点,即教师的知识可以反映他们作为学生和教师时所学、所教的学校数学的实质。本章所提出的理论是从19世纪的美国教科书和20世纪的中国教科书中提炼出来的(见参考文献中所列的教科书)。从中国教师的反馈中,我们不难认识到这一理论的特点;相比之下,美国教师的反馈似乎反映出美国学校算术缺乏基本理论。在这种情况下,竟然仍有美国教师给出了概念性的解释,这一点值得我们关注;而他们的解释没有中国教师那么详细,也就不足为奇了。

附录:基本法则

加法交换律及减法的相应性质

加法交换律:两个加数交换位置,它们的和不变。例如,如果 $5+3=8$,那么 $3+5=8$,或者 $5+3=3+5$。

减法的相应性质:减数和差的位置可以互换。例如,如果 $8-5=3$,那么 $8-3=5$。

加法结合律及减法的相应性质

加法结合律:当三个数相加时,先把前两个数相加,得到的和再与第三个数相加,或者把第一个数与后两个数的和相加,其和不变。例如,$5+3+2$,有 $(5+3)+2=5+(3+2)$。

减法的相应性质:从一个数里减去两个数,第一个数与后两个数的和的差,等于第一个数与第二个数的差再减去第三个数。例如,$12-3-4$,有 $12-(3+4)=(12-3)-4$。

加法的相抵性质

两数相加,一个加数增加某个量,另一个加数减少相同的量,和不变。例如,$5+3$,有 $5+3=(5+2)+(3-2)=(5-2)+(3+2)$。

因此,如果一个加数增加(或减少)一个给定的量,而另一个加数不变,那么它们的和增加(或减少)相同的量。例如,对于 $5+3=8$,则有 $(5+2)+3=8+2$,且 $(5+3)+2=5+(3+2)$。

减法的相应性质:被减数和减数同时增加(或减少)相同的量,差不变。例如,对于 $12-7=5$,则有 $(12+2)-(7+2)=5$,$(12-2)-(7-2)=5$。

若被减数增加(或减少)一个给定的量,而减数不变,则差增加(或减少)相同的量。例如,对于 12－7＝5,则有(12＋2)－7＝5＋2,(12－2)－7＝5－2。

若被减数不变,减数增加(或减少)一个给定的量,则差减少(或增加)相同的量。例如,对于 12－7＝5,则有 12－(7＋2)＝5－2,12－(7－2)＝5＋2。

乘法交换律及除法的相应性质

乘法交换律:乘法中,乘数之间交换位置,积不变。例如,如果5×3＝15,那么3×5＝15,或者 5×3＝3×5。

除法的相应性质:除数和商交换位置,被除数不变。例如,如果 15÷5＝3,那么 15÷3＝5。

乘法结合律及除法的相应性质

乘法结合律:三个数相乘,第一个数与后面两个数的乘积相乘,等于前两个数的乘积与第三个数相乘。例如,对于 5×3×2,如果 5×(3×2)＝30,那么(5×3)×2＝30。

除法的相应性质:除以一个数后再除以第二个数,所得的结果与除以这两个数的乘积相同。例如,如果(30÷3)÷2＝5,那么 30÷(3×2)＝5。

分配律

一个数与两数的和相乘,等于把这个数分别同这两个加数相乘,再把两个积相加。例如,对于 5×(4＋3),如果 5×(4＋3)＝35,那么 5×4＋5×3＝35。同样地,如果 5×(4＋3＋2)＝45,那么 5×4＋5×3＋5×2＝45。

除法没有相应的性质。

乘法的相抵性质

若一个乘数乘一个数,另一个乘数除以一个相同的数,则积不变。例如,如果12×9＝108,那么(12×3)×(9÷3)＝108,(12÷3)×(9×3)＝108,即 12×9＝(12×3)×(9÷3)＝(12÷3)×(9×3)。

因此,如果一个乘数扩大(或缩小)一个给定的量,而另一个乘数不变,那么它们的积也扩大(或缩小)相同的量。例如,如果 12×9＝108,那么(12×3)×9＝108×3,12×(9×3)＝108×3,(12÷3)×9＝108÷3,12×(9÷3)＝108÷3。

被除数和除数同时乘或除以一个相同的数,商不变。例如,如果 36÷4＝9,那么(36×2)÷(4×2)＝9,(36÷2)÷(4÷2)＝9。

如果被除数扩大(或缩小)一定的量,而除数不变,那么商就扩大(或缩小)相同的量；如果被除数不变，除数扩大（或缩小）一定的量，那么商就缩小（或扩大）相同的量。例如，对于 24÷6＝4，则有（24×2）÷6＝4×2，（24÷2）÷6＝4÷2；24÷（6×2）＝4÷2，24÷（6÷2）＝4×2。

致谢 非常感谢布西（Maria G.Bartolini Bussi）、斯法德（Anna Sfard）、孙旭花和乌瑟斯金（Zalman Usiskin）对本章的早期版本进行了周全的评述；非常感谢布鲁克希尔基金会（Brookhill Foundation）为本章的撰写所提供的支持。本章是卡内基基金会（Carnegie Foundation）为提高教学质量而支持的一个较大项目的成果，且马立平在 2001～2008 年期间是该基金会的一名资深学者。

参考文献

Cajori, F. (1890). *The teaching and history of mathematics in the United States*. Washington, DC: Government Printing Office.

Ding, M., & Li, X. (2010). A comparative analysis of the distributive property in U.S. and Chinese elementary mathematics textbooks. *Cognition and Instruction*, 28(2), 146 - 180.

Ding, M., Li, X., & Capraro, M. (2013). Preservice elementary teachers' knowledge for teaching the associative property of multiplication: A preliminary analysis. *Journal of Mathematical Behavior*, 32, 36 - 52.

Ma, L. (in preparation). *Book manuscript*.

Ma, L. (2013). A critique of the structure of U.S. elementary school mathematics. *Notices of the American Mathematical Society*, 60(10), 1282 - 1296.

Ma, L. (2010). *Knowing and teaching elementary mathematics: Teachers' understanding of fundamental mathematics in China and the United States*. New York: Routledge. (Original work published 1999).

Ma, L. (n. d.). *One place addition and subtraction*, http://lipingma.net/math/One-place-number-addition-and-subtraction-Ma-Draft-2011.pdf.

Ministry of Education of the People's Republic of China. (2001). 义务教育数学课程标准 [Mathematics curriculum standards for compulsory education (experimental version)]. Beijing: People's Education Press.

Monroe, W. (1912). Warren Colburn on the teaching of arithmetic together with an analysis of his arithmetic texts: I. The life of Warren Colburn. *The Elementary School Teacher*, 12(9), 421 - 426.

National Council of Teachers of Mathematics. (1989). *Curriculum and evaluation standards for school mathematics*. Reston, VA: Author.

National Governors Association Center for Best Practices, Council of Chief State School Officers. (2010). *Common core state standards for mathematics*. Washington, DC: Author.

National Research Council. (2001). *Adding it up: Helping children learn mathematics* (J. Kilpatrick, J. Swafford, & B. Findell (Eds)). Mathematics Learning Study Committee, Center for Education, Division of Behavioral and Social Sciences and Education. Washington, DC: National Academy Press.

National Research Council. (2009). *Mathematics learning in early childhood: Paths toward excellence and equity* (C. T. Cross, T. A. Woods, & H. Schweingruber (Eds.)). Center for Education, Division of Behavioral and Social Sciences and Education. Washington, DC: National Academies Press.

Song, S. (1994). 宋淑持 [*Research and practice in teaching elementary arithmetic word problems*]. Shanghai: Shanghai Education Press.

Smith, D. E. (1925/1953). *History of mathematics* (Vol. Ⅱ). New York: Dover Publications. Stanic, G. (1986). Mental discipline theory and mathematics education. *For the Learning of Mathematics*, 6(1), 39 - 47.

Stanic, G., & Kilpatrick, J. (1992). Mathematics curriculum reform in the United States: A historical perspective. *International Journal of Educational Research*, 17(5), 407 - 417.

van der Waerden, B. (1978/2015). Euclid. *Encyclopedia Britannica*. Retrieved from http://www.britannica.com/biography/Euclid-Greek-mathematician.

Whitehead, A. N. (1948). *An introduction to mathematics*. London: Oxford University Press. Wynn, K. (1992). Addition and subtraction by human infants. *Nature*, 358, 749 - 750.

Wynn, K. (1995). Origins of numerical knowledge. *Mathematical Cognition*, 1(1), 35 - 60.

Xu, B. (2013). The development of school mathematics textbooks in China since 1950. *ZDM Mathematics Education*, 45(5), 725 - 736.

参考教科书

Anonymous. (1886). *Sheldons' complete arithmetic, with oral and written exercises*. New York/Chicago: Sheldon & Company.

Brooks, E. (1877). *The normal elementary arithmetic*. Philadelphia: Sower, Potts & Co..

Cocker, E. (1677/1745). *Cocker's arithmetic*. London: R. Ware, C. Hitch, and F. Hodges.

Colburn, W. (1821/1863). *Colburn's first lessons: intellectual arithmetic, upon the inductive method of instruction*. Boston: Houghton, Osgood and Company.

Davies, C. (1834). *The common school arithmetic*. Hartford: H. F. Summer & Co..

Davies, C. (1857). *School arithmetic*. New York: A. S. Barnes & Co..

Fish, D. (1875). *Robinson's progressive practical arithmetic*. New York/Chicago: Ivison, Blakeman, Taylor & Co..

Hayashi, T. et al. (1926/1933). 算术 [Arithmetic series, 4 vols.] (Y. J. Huang, Trans.). Shanghai: The Commercial Press.

Hoyt, F., & Peet, H. (1920). *Everyday arithmetic, primary book*. Boston: Houghton Mifflin Company.

Jury, M., O'Connell, J., & Shallow, E. (1912). *Graded exercises in arithmetic, sixth year—First half*. New York/Cincinnati/Chicago: American Book Company.

Moro, M. I., Bantova, M. A., & Beltyukova, G. V. (1992). *Russian grade* 1 *mathematics* (9th Ed., R. H. Silverman, Trans.). Chicago: University of Chicago School Mathematics Project. (Original work published 1982).

Prince, J. (1899). *Arithmetic by grades, for inductive teaching, drilling and testing, book number five*. Boston: Ginn & Company.

Yang, Y. Q., & Tang, S. G. (1931). 新主义算术课本 [The new ideology arithmetic series, 4 vols]. Shanghai: Shanghai World Publishing House.

Zhao, L.Q., & Qian, X. Q. (1933). 新课程标准适用·小学算术课本 [The new curriculum standard arithmetic series, 4 vols]. Shanghai: Chung Hwa Book Company.

第 19 章

量、数、数字名称和实数线

海曼·巴斯
(Hyman Bass)

19.1 导言

本文的阐述是基于达维多夫(Davydov)的《教学中的概括种类:学校课程结构中的逻辑和心理问题》,该书在 1972 年首次以俄文出版,并于 1990 年译成英文。

> 在设计数学课程时,我们从这样的事实出发,即应当帮助学生在量这一概念的基础上建构完备的实数概念,这是一年级至十年级整个学科教学的最终目标。数(自然数、实数),是更具一般化的数学本体中的特定对象。(Davydov, 1990, p.167)
>
> 在我们的教学中,教师根据孩子以前学到的知识,把数作为表示一般数量关系的特例来介绍,即将其中的一个数作为度量工具,从而计算出其他数。(Davydov, 1990, p.169)

19.2 量的两个概念:记数和度量

数和运算包括两个方面,分别是概念(数是什么)和定义(我们如何命名和表示数)。从概念上讲,数来源于经验中对某种物体的量感——记数(类或集合)、距离、面积、体积、时间、速率等。事实上,在孩子入学之前,他们已经获得了量感,并能大致比较大小以及记数。数在本质上不附属于一个量,而是由一个量度量另一个量得到的,这个用于度量的量被视为“单位”:需要多少(可数或不可数)单位能构成这个给定的量?这涉及一个度量框架,在这个框架中,常常通过部分与整体之间的关系来讲解分数，整体则扮演着单位的角色，而我们必须选择好单位，并对其加以具体描述。在离散（可记数的）的背景中，整数常常是通过将单个对象集作为单位来区分的，因此无须刻意去考虑单位的概念及其可能的变化。这种选择如此自然，经常被认为是理所当然的，以至于所选度量单位的概念也无须经过明确的讨论。如果一开始就在这种离散的背景下专门学习数，再介绍分数，那么从概念上讲，分数似乎是与整数完全无关的、新的、更复杂的一类数。这可能使得我们很难看到这两种数最终是如何在同一实数线上连续表示的。实际上，这种整合需要我们从连续线性度量的角度（而不是离散的、可记数的）来看整数在数线上的位置。

与整数的十进制不同，分数具有自己的符号表示法，这进一步加强了两者的区别。数的运算同样有概念模型，但是为了构造“计算方法”，需要将数用符号表示。例如，要计算两个数的总和，并不是要问和“意味着什么”。相反，若在计数系统 S 中给定了两个数 A 和 B，和的计算则是在相同的计数系统 S 中用“$A+B$”的结构来表示的。这就是为什么“2＋11”尽管从逻辑上正确回答了“什么是‘5＋8’”，但是不能回答“计算‘5＋8’为什么等于13”。同时，尽管这个记号法很重要，但如果不强调其与基础概念之间的联系，就会使量与它们所对应的数的名称混为一谈，这不仅是错误的，还可能会引起误解。

整数的发展存在以下两种可能的途径。

记数

在有限集的离散背景下介绍作为基数的整数，将增加量作为不相交的集合的基数，并经历枚举和集合的比较。（基于离散量的模型）

度量

在一般情况下，人们会把经验中某种物体的数量和增加量作为不相交的集合，或把两个量拼接起来得到总量（合并和分解）。这样不仅能比较量的大小（哪一个更多），还能体会隐含的特征：较大的量等于较小的量加上增加量。这些可以在量被赋予数值之前完成，并且用符号表示其中的关系。

任选一个单位来引入数，附加到一个量上的数就等同于构成给定量所需单位的多少。在一组单位被精确度量后，整数就以量的形式表示出来了。

达维多夫（1975）详细阐述了度量的方法。本章的第一个目的就是讨论该度量方法，并列举其中一些值得关注的优点。特别要指出的是，这个度量方法从一开始就利用“连续”数线创造出了合乎逻辑的几何背景,且学校数学中所有的数都处于此背景下。

本章的第二个目的是讨论整数(和有限小数)的十进制表示法及其运算,强调其非凡的作用以及为数学和科学所带来的进步。我还将描述一个特殊的教学模型[1]用于引入位值,该模型不仅为位值概念的理解提供了活动背景,而且产生了“智力需求”(Harel,2003,2007),即基于层次分组创造了不同版本的数字符号。

19.3 关于实数线的发展的启示

19.3.1 两种表述

我将在此基于度量情境提出发展数的一些建议。最重要的是,这种方法可以为各年级学生学习实数线提供一个有效的情境。完全依赖于离散的计数模型会导致我所描述的数线的“构造表述”,即新的数类以及它们的符号和运算都是在内部没有充分联系的情况下增加的。在这一表述中,整数及其名称和十进制的符号表征占了主导地位。后来增加的新数类是分数、负数、若干无理数,最后是无限小数。引入这些新数类的过程可能会带来“移民压力”,导致学生难以把新的数类融入连续的情境中。尤其是数线作为一个连贯的数的全集,附带一致、稳定的算术运算,本可以清晰地将其展现给学生,但事实却并非如此。

在“度量表述”中,数线,至少作为一个几何连续体,被认为是进行线性度量的“场所”。使用数线的前提是孩子们有一定的数学积累,他们不仅会离散计数,还有一种度量连续量的感觉。对于几何数线,我们可能会把它比喻成一条无限长的线,灵活却没有弹性,然后用线段来“度量”线性量。这样,甚至可以在此类度量值取得数的名称之前,就对其进行大小比较。下面这个实例就利用了这个比喻:地板上有两辆沿着一条带子行驶的玩具车,通过检查每辆玩具车停止的位置,让学生思考两辆玩具车从起点出发后各开了多远。为了比较两个物体度量值的大小,且二者相距较远,人们于是采用了标准度量单位,两个度量值可以参照它来进行比较。由此,整数量就以该单位迭代复合的形式出现。

通过选择一对有序点,我们称其为 0 和 1,即在数线上指定了“定向单位”,那么线性度量值的单位就是它们之间[0,1]这一段,这样我们就可以在数线上定位数。从 0 到 1 的方向也指定了数线的正方向(它本质上有一个线性规则,即:给定任意

[1] 这是基于鲍尔(Deborah Ball)和准教师在模拟小学课堂时所做的教学工作。

三个点,其中一个点位于另外两个点之间),因此通过把[0,1]这一段在正方向上并列摆放,整数(直至所有实数)就都可以在数线上被定位。

由于基数是测量的一个特殊情境,则整数的记数方法当然可以用"度量"一词来解释。然而记数只是其中一个(不连续的)情境,并且必须确保"单位"一词具有一般概念。当学生之后以组为单位来记数时,就能识别离散情境中的其他单位。在更为一般的整数连续度量情境中,人们用一些学具如古氏积木来粗略地表示整数。最终,整数(作为基数)就这样被完美地概念性同化了,并以它们自己的方式成为(抽象的)本体。

分数通常是基于度量而发展起来的,从一开始就被认为是部分—整体的关系,并适用于度量多种物体,如圆形的食物、丝带的长度、装有糖或牛奶的容器、物品的集合、时间段等。与整数相比,在命名分数时,常常会用到"的"。此外,我们能直接比较整数的大小;而对于分数,我们更倾向于先问"谁的几分之几",即关注单位(或整体)的大小。

19.3.2 运算和实数线

在记数和度量领域中,加法和减法在概念上似乎是相似的,加法对应于组合(量的合成和分解),减法对应于取走或比较。

乘法更微妙,也更复杂。乘法模型是重复添加一些固定量,就好像将记数这个方法应用于大小固定的组,且每组有固定的单位量。这个模型有一个问题,即它掩盖了乘法的交换性。有时,会使用矩形块来解决乘法问题,且最终会演变成使用面积模型。从度量的角度来看,面积模型的问题在于乘数及其乘积有不同的度量单位(如长度和面积),因此给 $a \cdot b+c$ 这样的表达式赋予意义是有问题的。其中的一个解决方案是进行连续重复的加法,即缩放(放大和缩小),这样做的好处是保持所涉及量的类型一致。这些都是复杂的概念问题,这里不作论述。

这里我只想说,从量(度量)的角度来看,只有当它们是同一类量时,我们才能组合(简化)加法表达式(我们不组合苹果和橘子,除非把它们合并成更大的类别,如"水果"),并用一个公共单位来表示量,而和或差都是该单位所表示的量。解决分数问题时,像$\frac{3}{5}$这样的量被理解为 3 个$\frac{1}{5}$,后者重新标明了一个单位。在进行分数加法时我们要找到"公分母",即用一个公共单位来度量两个量,从而便于简化。类似地,在多位数加法中,统一将加数以十进制表示,确保了每一数位在进行加法运算时所添加的数字都有相同的十进制单位。

另一方面，乘法和除法中度量单位不受限制，而是简单地进行类似的运算，从而产生复合单位，如千米/小时、英尺·磅、磅/平方英寸、课·小时。

一旦数被命名并表示了（以十进制或分数表示），我们就为该符号体系中的运算开发算法。十进制体系的强大之处在于，你只要知道如何进行一位数的运算（“基本事实”）以及如何确定符号的位置，你就可以进行任何一组整数的加法、减法和乘法运算。这使得孩子们获得了非凡的计算能力，这是一个重大的历史发展。

一旦产生了分数和整数，就有了有理数，它们稠密地分布在数线上：在任意两点之间都有一个有理数。像$\sqrt{2}$这样的无理数，表明数线上仍有许多点需要命名。利用逼近的思想，可以非正式地说明如何通过无穷小的数最终在数线上实现表示出所有的点。此外，我们也可以非正式地下一个结论，即运算可以连续地扩展到所有实数，并保留算术的基本规则。数线的这种综合性为高等数学（如微积分）奠定了基础。

19.4 达维多夫课程

教育家及维果茨基（Vygotsky）学派心理学家达维多夫与他的苏联同事于20世纪60年代至70年代期间，基于度量开发了一套课程（1990）。

为了发展数的概念，达维多夫课程将数的教学推迟到一年级后期。早期的课程集中于“数值前”的材料上，即物体的属性，如颜色、形状和大小；然后是量，如长度、体积、面积、质量和离散物体的量（例如，事物的集合，但尚未使用数来列举“多少”）。

根据达维多夫的说法，数的发明解决了一个根本问题，即获取给定量（长度、体积、质量、面积、离散物体的量）并能在不同时间或地点将其再现。莫西埃（Moxhay，2008）通过描述以下活动来说明这一点。

在一张桌子上有一张纸条，要求学生到另一张桌子那儿去（在另一个房间），并从提供的纸条上剪下一段与原先那张纸条长度完全相同的纸条，但是不允许将原先那张纸条带到另一张桌子上。在达维多夫的实验中，孩子们有时只是走到另一张桌子旁，随意剪下一段纸条，希望它的长度与原来的一样。此时，孩子们觉得似乎无法完成任务（除非运气好）。

达维多夫和他的同事解释说，解决方案可能涉及第三个对象（如绳子），先将它剪成恰好等于纸条的长度，再把这中间对象（绳子）带到另一张桌子上，即用绳子摆出新纸条所需的长度。此时，中间物的长度等于要复制的纸条的长度。课程中所使用的方法向孩子们展示了如何拿给定的第三个物体去度量，如一块木头；并且，如果它比纸条长，则在上面做标记以显示纸条的长度。该解决方案与利用绳子的解决方案相同，孩子们只是执行了一系列不同的操作而已。但是，如果唯一可用的中间对象（木块）的长度比纸条短，那就会变成一个有趣的情况，因为孩子们可以将木块作为一个单位重复放置（每次用铅笔在纸条上做标记），并数出放置该木块的次数；接着，将这一"单位"（连同数）带到另一张桌子上，并将它放到纸条上，通过木块的放置次数来复制纸条的所需长度，从而得到原始纸条的长度。请注意，只有使用最后一种方法，即选择一个单位并数出需要多少个这样的单位，数的名称才会出现。

尽管这是一个特殊的问题，孩子们可以通过一些特殊发现来解决，但它能"从根本上"引导他们解决所有类似的问题。如果孩子们在集体中明晰了他们所进行的活动的意义，那么他们应该能够解决所有类似的问题（至少一开始是这样）。因此，达维多夫认为儿童能够实现再度创作，简单地说，重新发明数字以作为人类的工具，从而可以在不同地点或时间再现任何量。值得注意的是，在离散的记数情境中，这个活动将会失去其作用，因为在离散情境中更容易获得"方便携带"的单位，虽然也是看不见的、隐性的。

达维多夫认为，让学生反思并意识到通过这样的活动得到想法的过程是很重要的。他将这一活动发展为一个集体过程，即教师指导学生互相提问，例如，你是怎么做到的？你为什么要这么做？你的方法有效吗？这是解决问题的最好方法吗？

19.4.1 达维多夫课程中的代数

在达维多夫课程中（Schmittau，2005），学生利用视觉和触觉来学习标量，如真实物体的长度、面积、体积和质量，这是他们第一次接触实数。例如，在一年级早期，发现儿童可以通过在较小量上加上（或从较大量中减去）原始两个量之间的差值，从而使两个不相等的量相等。他们确定，如果 A 大于 B，则 $A=B+C$，其中 C 是 A 中关于 B 的补充量。教学中，会引导学生用一个"长度"模型来将他们的结果图示化，并用等式与不等式表示（图 19-1）。

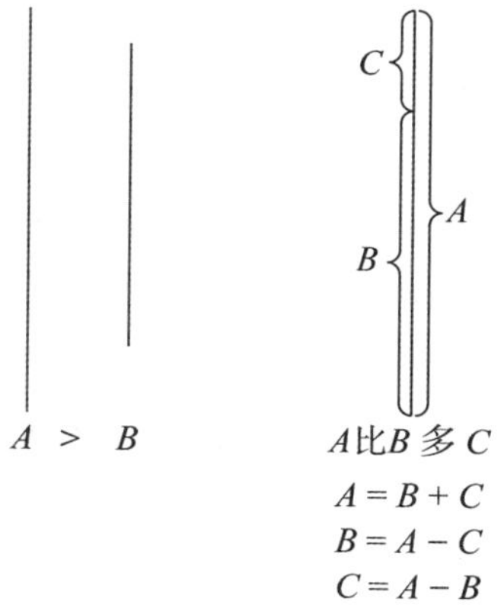

图 19－1　达维多夫课程中的练习

以下问题大约出现在一年级中期，给学生提供了另一个解决该问题的图示化例子：N 个苹果放在桌子上的碗里，R 个人进入房间，每个人都拿了一个苹果。还剩下多少个苹果？学生起初会分析问题的结构，即把它看作部分—整体的结构，其中 N 是整体，R 是部分，并把问题中的定量关系表示如下：

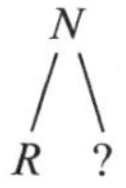

除了很早就引入的关于等量和关系的代数形式之外，还有其他值得注意的特征，而这与符号“＝”的本质有关。当用数的形式介绍等式时，第一个练习通常采用“8＋4＝____”的形式，结果学生养成了读“＝”的习惯，如“计算左边的内容，并将答案写在右边”。因此，导致他们确信等式 8＋4＝12，但质疑 12＝8＋4 的真实性。此外，他们可能会将“12”填入“8＋4＝____＋7”中的横线上。我希望这些常见的混淆能通过达维多夫课程中量的平衡方法来解决，当然，其他课程也有办法做到这一点。

19.4.2　位值

> 高斯(Gauss)：科学史上最大的灾难是阿基米德(Archimedes)未能发明位置计数法。(Bell，1937，p.256)

达维多夫强调了量是最基础的概念，数的概念是后来由于一个量被另一个量

(单位)度量而产生的,由此出现了为数提供名称和记号的问题。虽然量的概念在某种意义上属于原始性认知,但与之相反的是,数的命名是一种文化建构,并已经在历史上通过许多不同的方式实现了(例如,ICMI Study 13,2006)。但是数的命名不仅仅是一种文化习俗,它本身就是一项概念性的技术,对科学的进步有着巨大的影响。目前在学术领域普遍使用的是印度—阿拉伯体系的(十进制)位值计数法,历史上,这一方法在相对较晚的时期才站稳脚跟,它使得即使是年幼的孩子也能获得一种就算是古希腊的数学天才也无法获得的数量力量(见上面高斯的话语)。

罗杰·豪(Howe,2011)评判了美国的小学课程:"位值……被视为一个词语问题:个位、十位、百位,它是按顺序而不是按概念来描述的。"如何促进儿童和他们的教师对位值概念产生深刻的理解?我在这里介绍鲍尔的一个方法,它现在也是我们大学教师教育计划的一部分。让准教师体验这个序列有几个目的,其中之一就是了解计数系统的结构和意义,此处即指十进制。该方法之所以适用于此,是因为它的设计呼应了达维多夫(1975,1990)、布鲁索(Brousseau,1986)等人的想法,即他们喜欢在数学问题情境中引入一个概念,并在解决问题中需要学生去发现这个概念。

案例中的问题是"分组计数一个大型集合的基数"。所要数的数非常大,因此需要有一些具有结构化的方法来记录,并且让每个参与记数的人都能使用这种方法,以便能够连贯地组合不同的记录。正是这种需求促成了分组的思想,从而形成了类似于位值的层级结构。

这里介绍的是为大约25名小学实习教师开设的方法课(这项活动是小学生在很长一段时间内所要做的缩影)。大约一半的实习生和教师坐在地板上围成一个圈,其他人观察并记录。教师坐在地板上,并从一个容器中倒出2 000多根木棒。首先,她邀请实习生们猜一猜或估一估有多少根木棒。经过一番猜测之后,她问道:"我们怎么才能知道有多少根木棒呢?"有人建议数一数,于是记数便开始了。每名实习生从一堆中一根根地拿出木棒,并把它们进行排列;每个人手里的木棒很快就变得相当多,使得他们觉得有必要在某种程度上将其进行整合。经过一番讨论,出现了把木棒分组的想法(见第9.2.2节)。需要注意的是,由于记数的规模较大,因此分组并不是作为一个数学建议被提出的,而是作为实际需要产生的。同时,有了可用的橡皮筋之后,就出现了所谓的"捆"。由此产生的问题是:"一捆应该有多少根木棒?"他们考虑了几种选择(如2、5、10、25、60),选小的值被认为效率不高因而不值得做,而选更大的值则认为难以处理。尽管如此,很明显必须要做出一个选择，而这并不是出于数学上的强迫(这为以后在位值制中考虑 10 以外的基数开辟了空间)。更重要的是，每个人的选择应该是相同的，否则就没有统一的方法来计算最后合并成的集合。教师最终鼓励大家达成共识，即把 10 根木棒捆在一起。

记数继续进行，只要有 10 根散开的木棒，实习生们就会把它们捆成 1 捆。无论何时，实习生们都有几捆木棒，加上最多 9 根零散的木棒。然而，这一大摞东西还是太多了，实习生们再次面临同样的问题，这一次困扰他们的是“捆”而不是“根”。随后，与前面类似的讨论是关于对“捆”的分组，从而形成了“捆绑包”或“大捆”，这样的名称便由此出现。那么，问题又出现了：“一个‘大捆’里应该有多少个‘捆’?”原则上，这一选择可以独立于第一次的选择。但最终决定，将 10 捆作为 1 个大捆，且这是有一定数学价值的。于是，它们又可以用橡皮筋绑在一起。如此，每个实习生都有少量的几大捆木棒，加上最多 9 捆木棒和 9 根零散的木棒。

最后，当一堆木棒都分完后，实习生们将各自手里的木棒汇聚在一起。他们将许多零散的木棒每 10 根一捆，直到最多剩下 9 根零散的木棒。相应地，这几捆木棒被再次捆绑成大捆，直到最多剩下 9 捆。最后得到 20 多个大捆，将其制成 2 个“超大捆”，每个超大捆由 10 个大捆组成。这样，原来的一堆木棒被分成 2 个超大捆，4 个大捆，7 个捆和 6 根木棒。因此，这个庞大集合所代表的数可以通过一个只由 4 个小小的数字组成的序列来表示，即(2,4,7,6)，分别表示超大捆、大捆、捆和零散根的数目。通过构造，1 捆木棒的根数是 10；1 个大捆中木棒的根数为 $10^2=100$；在超大捆中，木棒的根数是 $10^3=1\,000$。因此，非常简明的“编码”(2,4,7,6)告诉我们，木棒的总根数是 $2\,000+400+70+6=2\,476$(以十进制表示)(图 19－2)。

图 19－2　做成捆

这一活动通过使用合适的学具，模拟了用于记录数字的位值系统的发明过程。此外，它显著且切实地展示了该系统在信息浓缩方面的力量：4 个小小的数字足以说明这个在感知上非常大的量。活动过程中，教师可以提出一些问题，比如，用“根”和“捆”表示特定的数，如何识别各种捆绑类型所代表的数？如何模拟将要与儿童进行的各种互动？

需要进一步注意的是，捆绑的木棒仍然代表了真实的数量，因为它们可以拆解以重现原始的木棒。这与数的其他物体表示法形成了对比，如第纳斯木块（第9.3.1.2节），它不能分解成10个小立方体；相反，它需要进行交换。

这些以10为基准的物体为算术运算提供了具体的模型。由此，可以扩展出其与符号化的十进制计数法的对应关系，从而为算术计算提供具体意义。

19.5 结论

正如达维多夫所说的那样，我认为在度量的基础上介绍数更能支持连续实数线的发展。此外，我认为它促进了从整数到分数的平稳过渡，并且初步体现了代数思维。最后，通过描述一个由鲍尔开发的教学活动，模拟了位值概念的发展。

致谢 非常感谢鲍尔批判性的反馈，为本章提出的想法和观点提供了有益的框架，且本章只呈现了部分内容。

参考文献

Bell, E.T. (1937). *Men of mathematics*. New York: Simon & Schuster.

Brousseau, G. (1986). Fondements et méthodes de la didactique des mathématiques. *Recherches en Didactique des Mathématiques*, 7(2), 33 - 115.

Davydov, V. V. (1975). Logical and psychological problems of elementary mathematics as an academic subject. In L. P. Steffe (Ed.), *Children's capacity for learning mathematics* (pp. 55 - 107). Chicago: University of Chicago.

Davydov, V. V. (1990). *Types of generalization in instruction: Logical and psychological problems in the structuring of school curricula*, *Soviet studies in mathematics education* (vol. 2, pp. 1 - 223). Reston: National Council of Teachers of Mathematics. (Original published in 1972).

Harel, G. (2003/2007). The DNR system as a conceptual framework for curriculum development and instruction. In R. Lesh, E. Hamilton, & J. Kaput (Eds.), *Foundations for the future of mathematics education* (pp. 263 - 280). New York: Lawrence Erlbaum Associates.

Howe, R. (2011). The greatest calamity in the history of science. Editorial, *ICMI Newsletter* 18 (Ed. J. C. de Silva).

Leung, F.K.S., Graf, K.D., & Lopez-Real, F.J. (Eds). (2006). *Mathematics education in different cultural traditions: A comparative study of East Asia and the West: The 13th ICMI*

Study. New York: Springer.

Moxhay, P. (2008). *Assessing the scientific concept of number in primary school children*. Paper presented at ISCAR 2008, San Diego.

Schmittau, J. (2005). The development of algebraic thinking: A Vygotskian perspective. *ZDM Mathematics Education*, 37(1), 16 - 22.

\ 第 20 章 /

计算能力低下：从大脑到教育

布里安·巴特沃思(Brian Butterworth)

20.1 导言

克罗内克尔(Leopold Kronecker)提出了广为人知的本体论观点："上帝创造了整数，其他的一切都是人的工作。"这并不是一个可以检验的假设。当克罗内克尔提出这个论断的时候，他可能还不是一个超自然现象的信奉者。他生为犹太人，却在去世前一年皈依基督教。他显然相信只存在整数以及由整数构成的数，其中包括有理数，但不包括实数、π、更一般的超越数和无穷大。所有的这些数，在数学上可能都是有用的，但并不真实存在。

如果确实是上帝创造了整数，那我们是怎样认识整数的？自柏拉图(Plato)时代以来，这个问题一直困扰着众多哲学家。但是，如果对克罗内克尔的观点加以形象化地引申，他的意思是"我们的数学知识取决于我们对整数的了解"。由此，我们将他的本体论主张重述为认识论主张；更进一步地说，将上帝重述为进化的过程。也就是说，我们对整数的认识是否有进化论的基础？在这里，我们需要从包含负数的"整数"中后退一步，将范围限制在正整数上。

现在人们普遍认为，进化赋予了大脑表示和辨别数字的功能。需要明确的是，当我谈论数字时，我指的不仅仅是我们熟悉的符号——计数数词和阿拉伯数字，还包括表示集合中有多少物体的任何数字表征，更正式的说法是集合的基数，包括未命名的心理表征。以上证据来自各种来源。

当物体的其他方面受控制时，婴儿就能注意到所见物体的数目变化。在这一类型的第一个实验中，5～6 个月的婴儿能够观察到连续的 2 个点之后出现了 3 个点，以及连续的 3 个点之后出现了 2 个点；然而，他们不能观察到从 4 个点到 6 个点的变化，以及从 6 个点到 4 个点的变化(Starkey and Cooper, 1980)。点的数量越多，婴儿则需要点的变化满足 2∶1 的比才能注意到圆点数量的变化(Xu and

Spelke, 2000)。最新的研究显示,婴儿能够将声音的数量和屏幕上物体的数量相匹配(Izard et al., 2009; Jordanand Brannon, 2006),表明婴儿对数字的心理表征是相对抽象的 ,即独立于表达的方式。

也有证据表明,至少在年龄较大的儿童中,此能力在各种测量方法下存在个体差异;且对双胞胎的研究表明,这种差异至少在一定程度上是具有遗传性的(Geary et al., 2009; Piazza et al., 2010; Reeve et al., 2012)。有些研究进一步证实了遗传因素的影响:即使一般的认知能力是正常的甚至是优越的,某些异常基因如特纳氏综合征,也会影响数字能力的发展,包括一些非常基本的能力,如选择两个数字中的较大者,或给出数组中点的个数(Bruandet et al., 2004;Butterworth et al., 1999; Temple and Marriott, 1998)。

另一项证据来自对其他物种的研究。在这些测试对象中,许多物种的数字能力表现明显好于人类婴儿。例如,黑猩猩能够将正确的数字与至少 10 个随机显示的点相匹配 (Matsuzawa, 1985; Tomonaga and Matsuzawa, 2002)。即使展示的是新奇的元素,猴子也能选出两者中数量更多的那一个;且它们表现出和人类非常相似的"距离效应",即数字之间的差值越大,它们就越有可能正确选出数值更大的那一个(Brannon and Terrace, 1998)。众所周知,80 多年前,人们就发现了鸟类擅长完成数字任务。并且,数字能力在大象、猫、老鼠、蝾螈甚至鱼身上都得到了体现(Agrillo et al., 2012)。

对脑损伤患者的神经心理学研究揭示了大脑中支持算术运算的复杂网络。额叶受损会影响解决新问题的能力,而顶叶(通常是左顶叶)的损伤则影响常规任务的完成,或影响其回忆以前学过的知识(Cipolotti and van Harskamp, 2001; Butterworth, 1999: Chap.4)。神经影像学表明,顶叶是由非常简单的任务而激活的,比如,选择两个数字中的较大者或用更多的点表示数字(Dehaene et al., 2003; Pinel et al., 2001)。事实上,左右顶叶中的小区域(顶叶内沟)是处理数量的特殊区域(Castelli et al., 2006)。这些区域是大脑神经网络的一部分,涉及顶叶和额叶;每当我们进行数值计算时,不论问题是常规的还是新奇的,这些区域几乎都会被激活(Andres et al., 2011)。这些发现将大脑中的数字处理过程和算术计算过程联系了起来(Butterworth and Walsh,2011)。我将回到"大脑结构与功能的个体差异是否与个体算术能力的差异有关"这一问题的叙述上。

各种环境因素都可能与较低的数学成绩有关,包括社会经济水平、少数民族地位及性别因素,这些因素可能会被认为是社会因素,而不是遗传因素(Royer and Walles, 2007)。虽然很难评估质量较差或不恰当的教学所产生的影响 ,但研究表明,英国引入的一项细致的新型国家小学数学策略，其对学生在计算方面的能力影响很小，甚至不显著(Gross et al., 2009)。需要指出的是，即使是非常简单的、对以往教育经验依赖相对较小的任务，如比较两个一位数的大小或列举一组数量较小的对象，也存在较大的个体差异(Reigosa-Crespo et al., 2012; Wilson and Dehaene, 2007)。

综上所述，本文提供的各类证据表明，影响数字能力和计算的特定因素在导致低计算能力方面产生了巨大的独立影响。以上观点得到了一些研究结果的支持，即学习者的低成就与其智商和工作记忆有关。在吉尔里(Geary)和他的同事所进行的一项纵向研究中，理解集合中的数量和估计数字在数线上的位置这两个测试是预测数学成绩高低的重要项目，影响了约50%的样本。此外，在数学学习障碍方面，影响了约7%的样本(Geary et al., 2009)。在一份含有1 500对同卵和1 375对异卵的7岁双胞胎样本中，科瓦什(Kovas)和他的同事发现，大约30%的遗传变异与数学有关(Kovas et al., 2007)。在另一项基因研究中，通过研究阅读障碍者的直系亲属，发现数字能力是一个单独的因素(Schulte-Korne et al., 2007)。事实上，最近的研究表明，计算障碍源于此领域特定能力的核心缺陷(Butterworth, 2005; Rubinsten and Henik, 2009; Wilson and Dehaene, 2007)。

那么，一个显而易见的问题出现了：我们与生俱来的数字能力是如何与学习者的算术能力相联系的？

20.2 与生俱来的能力

对入学前三年的孩子们来说，他们数字能力的发展是从整数开始的，这对教师来说已不足为奇。然而，最近在对人类(和许多其他物种)先天机制的研究中，提出了两个不涉及整数的基本"核心系统"。有人认为，在这两个核心系统方面的缺陷可能导致计算能力的低下。

1. 持续跟踪注意对象的机制。有时，又被称为"对象跟踪系统"(OTS)，且最多只能跟踪4个对象。它被认为是"数感"的基础，即在没有连续枚举的情况下，对1～4个对象进行精确估计(Feigenson et al., 2004)。有人提出，该机制将枚举的对象保存在个体的工作记忆中，并以"数字内容"的形式表示出来(Carey, 2009; Le Corre and Carey, 2007)。

2. 对近似数字进行模拟表示的一种机制，即所谓的"模拟数字系统"(ANS)。对不同数值大小的内部表示，可以被认为是在"心理数线"上激活

> 的高斯分布。它通常是借由涉及点阵(或其他对象)的任务来进行测试,且任务中的数量通常较大,无法在给定的时间内准确枚举。一个常见的任务是比较两个点阵,还出现了将结果与第三个点阵作比较的加法和减法任务。个体差异是通过心理测量函数来描述的,如韦伯分数,即表示个体能够准确分辨出的两个点阵之间的最小比例差异。(Feigenson et al., 2004)

让人十分感兴趣甚至兴奋的是,许多研究表明,在衡量近似数处理能力的任务中,无论是儿童还是成人,他们的表现都与其算术成绩显著相关(Barth et al., 2006; Gilmore et al., 2010; Halberda et al., 2008,2012)。但众所周知,相关性并不是原因,也没有人给出这一关系的合理解释。

从算术学习的角度来看,两种核心系统都存在着各种各样的问题。第一种核心系统的上限为 4。数字系统的一个关键属性是对其元素的有效操作总是在同一个系统中产生另一个元素,如加法。如果 3 是一个元素,那么应该在该系统中产生 3+3 这一元素;但它不能,因为它的上限是 4。为了解决这个问题,有人提出可以将被追踪对象的数量与儿童听到的数字联系起来,使他们能够从这些经验中推广出超过限制的数字(Carey, 2009; Le Corre and Carey, 2007)。但问题是,对象跟踪系统的设计目的是尽可能详细地跟踪特定的对象,而不是抽象地"远离"它们(Bays and Husain, 2008)。

众所周知,第二种核心系统只处理近似的量,而一般学校算术所处理的是精确的量。而且,整数算术从近似到精确的转变,仍然难以理解。

虽然我们确信这些系统存在于人类婴儿和其他物种的大脑中,但我们认为,算术发展的基础是与之完全不同的核心系统。我们提出了一种机制,它可以表示一批对象的"数量",即该批对象的精确数量而不是近似数量,且达到了发育中的大脑所能达到的上限。在一次开创性的探索中,格尔曼(Gelman)和加利斯泰尔(Gallistel)将这些表示称为"数子(numeron)",认为计数学习是一个学习如何将数词一致地映射到"数子"上的过程(Gelman and Gallistel, 1978)。基于此,我认为人类继承了"数字模块"(number module),用它来处理集合和发展数字能力。并且,计算能力发展中的一些弱点也可归结为该模块的缺陷(Butterworth,1999,2005)。

我们已经证明,一种基于数字模块的神经网络计算机模拟利用了我们称之为的"数字编码",并准确模拟了加法的"尺寸效应"。这是一种精度和速度都是加数的函数,即加数越大或者它们的和越大,检索或计算所需的时间就越长(Butterworth et al., 2001; Zorzi et al., 2005)。

在下一节中，我将简要介绍我们所进行的一些研究，这些研究强调了整数能力在随后的算术发展中的重要性，其中涉及一个非常简单的测试，即儿童能多快、多准确地列举出一组点并说出答案。

20.3 对幼儿园到小学五年级算术发展的纵向研究

这是由里夫(Robert Reeve)及其实验室的成员在澳大利亚墨尔本进行的一项研究，样本包括159名5.5～6.5岁的儿童，其中男孩95名。这些儿童就读于澳大利亚一个大城市的中产阶级郊区中的七所私立学校之一。在研究开始时，他们刚刚结束了第一年的正式教育。作为一项大型研究的一部分，这些儿童在6年里接受了7次单独采访，且每次都会进行一系列测试，包括本章提及的一些测试。其间，儿童测试时的平均年龄分别为6岁(5.5～6.5岁)、7岁(6.5～7.5岁)、8.5岁(8～9岁)、9岁(8.5～9.5岁)、9.5岁(9～10岁)、10岁(9.5～10.5岁)、11岁(10.5～11.5岁)(Reeve et al.,2012)。在这里，我将重点关注该研究的两个方面：通过点计数的速度和准确性来衡量数量处理能力，以及与年龄相适应的算术准确性。

使用聚类分析方法，将每个年龄段的点计数能力分为三类，即快速(31%)、中等(50%)和缓慢(19%)，且这一分类在研究期间的多次测试中都相对稳定。也就是说，虽然每一个类别中的儿童随着年龄的增长而有所进步，但都倾向于停留在原来的分类中。

事实证明，在幼儿园建立的这一分类可以预测儿童在至少11岁之前与其年龄相适应的算术能力。表20-1是10～11岁儿童在三位数计算方面的情况。

表20-1 10～11岁儿童在计算三位数减法、乘法和除法方面的准确性

	建立于小学的点计数分类					
	缓慢		中等		快速	
	平均值	标准差	平均值	标准差	平均值	标准差
减法	46.67	7.38	81.25	2.90	90.65	2.58
乘法	60.56	6.53	85.10	2.15	87.07	3.57
除法	41.67	7.02	75.62	2.88	84.86	2.97

最近的分析表明，从幼儿园到二年级，这一分类是学生一位数加法所用策略的主要预测因素：在幼儿园，快速类别中的儿童更有可能从记忆中回忆答案，并能拆分表示超过10的和；而缓慢类别中的儿童在二年级才能回忆答案并学会拆分，且

他们会这样做的时间不足 30%。

20.4 低计算能力的神经和遗传基础

这是一项对 8～14 岁的 104 对同卵双胞胎和 56 对同性异卵双胞胎所进行的研究，其中，利用了分子遗传学方法进行接合性评估(Ranpura，et al.，2013)。我们对研究中的所有双胞胎都进行了脑部扫描，以及 40 组关于认知和数值的测试。通过因素分析的方法，我们提取了 4 个因素，其中数值处理因素的影响最大，占比为 24%。测试结果包括三个定时计算中的成绩(加、减、乘)、点计数的速度和标准化的 WOND 数值运算成绩(Wechsler，1996)。第二个因素(19%)涉及一般智力和工作记忆的测量；第三个因素(12%)涉及处理速度和智商；第四个因素(9%)涉及实践操作和对手指感觉的测试。因素分析表明，核心数字能力和算术能力之间有较好的关联，而与一般的认知和表现结果并不相关。

我们重复了其他研究的做法，发现低计算能力或计算障碍儿童的大脑中，在数量处理的兴趣这一区域上，他们在大脑灰质上存在差异(Isaacs et al.，2001)，如图 20－1 所示。

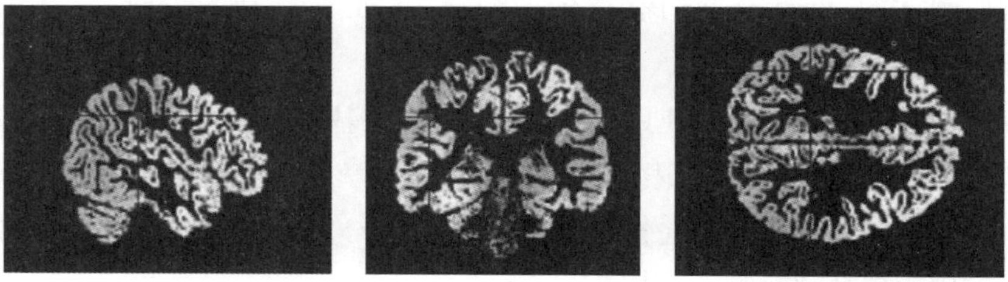

图 20－1　基于体素的形态测量学(脑结构成像)所识别出的与核心数字能力相关的左顶叶簇(35 个体素，峰值为 MNI －48，－36，34，pFWE－校正<0.05)

我们还可以通过比较同卵和异卵双胞胎来说明能力和灰质密度的遗传力：如果同卵双胞胎之间的一致性显著高于异卵双胞胎，表明存在遗传因素。

1. 灰质密度具有中度遗传性($h^2=0.28$)，但常见的环境因素和独特的环境因素也具有显著性。共同的环境(c^2)通常被认为是家庭背景和学校教育，并共同作用于上述两类双胞胎中；独特的环境(e^2)指只作用于其中一类双胞胎的特有因素。

2. 算术能力和点计数都是可遗传的，如表 20－2 所示。

3. 点计数与算术能力和兴趣区域之间的联系是可遗传的。我们利用另一种分析遗传力数据的方法，即“交叉孪生、交叉性状相关”，发现点计数与定时加法之间的相关性在很大程度上是可遗传的，其中50%以上的相关性可归因于遗传因素（$h^2h^2r_G=0.54$，$rho=0.76$，$p<0.05$）。此外，兴趣区域、算术能力和点计数之间的联系也是可遗传的。

表20-2 算术能力和点计数的遗传力

	h^2	c^2	e^2
	遗传因素	共同的环境	独特的环境
定时加法	0.54	0.28	0.17
定时减法	0.44	0.38	0.18
定时乘法	0.55	0.31	0.15
点计数	0.47	0.15	0.38

20.5 对数学教育的启示

干预的起点应该是要认识到一些儿童在最初就存在相应的劣势，即处理集合及其数量问题的能力不佳。当然，从逻辑和发展的角度来看，这是算术的基础。正如我们所阐述的，低计算能力有遗传的部分，这证实了上述的相关遗传学研究（e.g. Kovas et al.，2007）。

我们可以在诊断评估中使用点计数，因为这些基于数量的评估比算术测试更少地依赖教育经验，从而最大限度地减少了来自教学和学习动机方面的干扰，更减少了可能导致低数学成绩的家庭压力和环境压力。获得准确的评估结果是选择恰当的干预措施的基础。

早期对设计新的教学干预措施的尝试是基于神经科学上的发现，以及经验教师的最佳实践（e.g. Butterworth and Yeo，2004；Griffin et al.，1994）。这些干预措施的重要限制是需要详细的教学计划并进行一对一的教学，因此较难在一般的数学课堂上实施，因为数学课堂上实施的是一整套与年龄相适应的课程，而并没有考虑到那些需要更多关注和练习的发育不完全的儿童。从理论上讲，需要一种针对个别学生的个性化辅导方法。实际上，即使是一小部分公立学校的学生也很难负担得起这样的教育成本。在英国，采用一对一的教学方法来对排名在最后10%的5～7岁儿童进行有效干预，据估计每位学习者的成本约2 600英镑。

其结果是，许多学生在中学时仍艰难地进行着基础算术的计算（Shalev et al.，2005）。有效的早期辅导对今后计算能力的提升有很大影响，虽然投入成本非常昂贵,但将会获得 12～19 倍的效果(Gross et al., 2009)。

我曾提出,向个别学生提供个性化教学的一个方法是利用信息技术。个性化的自适应学习技术方法模拟了特殊教育所需要的教师指导,它侧重于解决数量问题(Butterworth and Yeo,2004; Rasanen et al., 2009; Wilson et al., 2006)。这一方法的效果远远超出了目前用于数字教学的教育软件,而后者主要针对大部分学生。这些商业软件只是让学生练习已知的内容,并在此基础上提高解题的自动化水平及效率,但它并不能促进学生的理解,也不能解决许多学生在处理数量问题上的能力缺陷问题,尤其是针对存在计算障碍的儿童。并且,很少有商业软件是基于良好的教学方法的。

当然,从评估到教育补救并没有明确的道路,所以我们的软件试图采用来自最优秀的实践者〔如约(Dorian Yeo)〕的想法(Butterworth and Yeo, 2004),并建立了相应的教学原则,包括:

1. 建构主义——为达到目标而建构行动(Harel and Papert, 1991);

2. 信息反馈(Dayan and Niv, 2008);

3. 通过对比实例来学习概念,通过关注不变量来概括概念(Marton and Pong, 2007);

4. 直接关注显著的属性(Frith, 2007),而这需要确保屏幕上的所有内容都与当下正在处理的任务相关;

5. 最近发展区——使每个任务都具有足够的挑战性(Vygotsky, 1978);

6. 使用内部的而不是外部的强化(Laurillard, 2012)。

拉瑞兰德(Diana Laurillard)和哈桑(Baajour Hassan)开发了遵循这些原则的一款游戏,如图 20－2 所示。

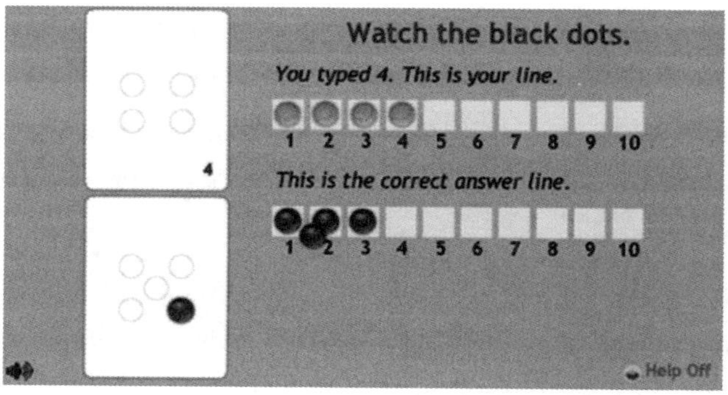

图 20－2　Dots2Track(详细说明见正文)

这款游戏的任务是在屏幕上输入圆点的数目。在第1级，圆点像多米诺骨牌一样排列。出现错误时，学生的点数则在上面的一条线上，而正确的点数则在下面的一条线上，即体现了原则2和原则3。通过增加或减少学生选择的数字，让其有机会得到正确答案（原则1）；屏幕上的所有内容都是相关的（原则4）；游戏是自适应的，游戏难度随着游戏者反馈的准确性和反应速度而增加（原则5）；唯一的奖励就是能得到正确答案（原则6）。有研究者提供了初步的数据来说明这款游戏的有效性（Butterworth and Laurillard，2010）。

即使学习者在数字处理上存在遗传方面的缺陷，并反映在大脑结构和功能上，但这并不意味着他一生的计算能力都很差。正如阅读障碍学习者的语音训练案例（Eden et al.，2004）所显示的那样，在足够长的时间内，正确的干预可能会将数字能力提升到正常水平，并将大脑调整到一个更为正常的结构，而这就需要一项尚未开展的纵向研究。

20.6 结论

本章我指出了遗传学研究是基于神经行为的研究，神经行为研究能识别数字性的表现形式即集合中物体的数量，并作为算术发展的基础能力。如果学生在这方面的能力较弱，教学时可使用几组真实或虚拟的物体，并将其与口头和书面数字联系起来，直到学生能够流利、自信地使用数字，从而提升其算术能力。这将为发展算术提供坚实的基础。

参考文献

Agrillo, C., Piffer, L., Bisazza, A., & Butterworth, B. (2012). Evidence for two numerical systems that are similar in humans and guppies. *PloS One*, 7(2), e31923. doi: 10.1371/journal.pone.0031923.

Andres, M., Pelgrims, B., Michaux, N., Olivier, E., & Pesenti, M. (2011). Role of distinct parietal areas in arithmetic: An fMRI-guided TMS study. *NeuroImage*, 54(4), 3048-3056. doi: http://dx.doi.org/10.1016/j.neuroimage.2010.11.009.

Barth, H., La Mont, K., Lipton, J., Dehaene, S., Kanwisher, N., & Spelke, E. (2006). Non-symbolic arithmetic in adults and young children. *Cognition*, 98(3), 199 – 222.

Bays, P. M., & Husain, M. (2008). Dynamic shifts of limited working memory resources in human vision. *Science*, 321(5890), 851 – 854. doi:10.1126/science.1158023.

Brannon, E. M., & Terrace, H. S. (1998). Ordering of the numerosities 1 to 9 by monkeys. *Science*, 282, 746 – 749.

Bruandet, M., Molko, N., Cohen, L., & Dehaene, S. (2004). A cognitive characterization of dyscalculia in turner syndrome. *Neuropsychologia*, 42, 288 – 298.

Butterworth, B. (1999). *The mathematical brain*. London: Macmillan.

Butterworth, B. (2005). Developmental dyscalculia. In J. I. D. Campbell (Ed.), *Handbook of mathematical cognition* (pp. 455 – 467). Hove: Psychology Press.

Butterworth, B., & Laurillard, D. (2010). Low numeracy and dyscalculia: Identification and intervention. *ZDM Mathematics Education*, 42(6), 527 – 539. doi: 10. 1007/s11858-010-0267-4.

Butterworth, B., & Walsh, V. (2011). Neural basis of mathematical cognition. *Current Biology*, 21(16), R618 – R621. doi:10.1016/j.cub.2011.07.005.

Butterworth, B., & Yeo, D. (2004). *Dyscalculia guidance*. London: nferNelson.

Butterworth, B., Granà, A., Piazza, M., Girelli, L., Price, C., & Skuse, D. (1999). Language and the origins of number skills: Karyotypic differences in Turner's syndrome. *Brain & Language*, 69, 486 – 488.

Butterworth, B., Girelli, L., Zorzi, M., & Jonckheere, A. R. (2001). Organisation of addition facts in memory. *Quarterly Journal of Experimental Psychology*, 54*A*, 1005 – 1029.

Carey, S. (2009). Where our number concepts come from. *Journal of Philosophy*, 106(4), 220 – 254.

Castelli, F., Glaser, D. E., & Butterworth, B. (2006). Discrete and analogue quantity processing in the parietal lobe: A functional MRI study. *Proceedings of the National Academy of Sciences of the United States of America*, 103(12), 4693 – 4698.

Cipolotti, L., & van Harskamp, N. (2001). Disturbances of number processing and calculation. In R. S. Berndt (Ed.), *Handbook of neuropsychology* (Vol. 3, 2nd ed., pp. 305 – 334). Amsterdam: Elsevier Science.

Dayan, P., & Niv, Y. (2008). Reinforcement learning: The good, the bad and the ugly. *Current Opinion in Neurobiology*, 18(2), 185 – 196. doi: http://dx. doi. org/10. 1016/j. conb. 2008. 08.003.

Dehaene, S., Piazza, M., Pinel, P., & Cohen, L. (2003). Three parietal circuits for number processing. *Cognitive Neuropsychology*, 20, 487 - 506.

Eden, G., Jones, K., Cappell, K., Gareau, L., Wood, F., Zeffiro, T., et al. (2004). Neural changes following remediation in adult developmental dyslexia. *Neuron*, 44, 411 - 422.

Feigenson, L., Dehaene, S., & Spelke, E. (2004). Core systems of number. *Trends in Cognitive Sciences*, 8(7), 307 - 314.

Frith, C. D. (2007). *Making up the mind: How the brain creates our mental world*. Oxford: Blackwell Publishing.

Geary, D. C., Bailey, D. H., Littlefield, A., Wood, P., Hoard, M. K., & Nugent, L. (2009). Firstgrade predictors of mathematical learning disability: A latent class trajectory analysis. *Cognitive Development*, 24, 411 - 429.

Gelman, R., & Gallistel, C. R. (1978). *The child's understanding of number*. Cambridge, MA: Harvard University Press.

Gilmore, C. K., McCarthy, S. E., & Spelke, E. S. (2010). Non-symbolic arithmetic abilities and mathematics achievement in the first year of formal schooling. *Cognition*, 115(3), 394 - 406.

Griffin, S., Case, R., & Siegler, R. (1994). Rightstart: Providing the central conceptual prerequisites for first formal learning of arithmetic to students at risk for school failure. In K. McGilly (Ed.), *Classroom learning: Integrating cognitive theory and classroom practice* (pp. 25 - 50). Boston: MIT Press.

Gross, J., Hudson, C., & Price, D. (2009). *The long term costs of numeracy difficulties*. London: Every Child a Chance Trust/KPMG.

Halberda, J., Mazzocco, M. M. M., & Feigenson, L. (2008). Individual differences in nonverbal number acuity correlate with maths achievement. *Nature*, 455, 665 - 668. doi: 10. 1038/nature07246.

Halberda, J., Ly, R., Wilmer, J. B., Naiman, D. Q., & Germine, L. (2012). Number sense across the lifespan as revealed by a massive internet-based sample. *Proceedings of the National Academy of Sciences*, 109(E28), 11116 - 11120. doi:10.1073/pnas.1200196109.

Harel, I., & Papert, S. (1991). *Constructionism: Research reports and essays*, 1985 - 1990. Norwood: Ablex Publishing Corporation.

Isaacs, E. B., Edmonds, C. J., Lucas, A., & Gadian, D. G. (2001). Calculation difficulties in children of very low birthweight: A neural correlate. *Brain*, 124, 1701 - 1707.

Izard, V., Sann, C., Spelke, E. S., & Streri, A. (2009). Newborn infants perceive abstract numbers. [10.1073/pnas.0812142106]. *Proceedings of the National Academy of Sciences*, 106(25), 10382 - 10385.

Jordan, K. E., & Brannon, E. M. (2006). The multisensory representation of number in infancy. *Proceedings of the National Academy of Sciences of the United States of America*, 103(9), 3486 - 3489.

Kovas, Y., Haworth, C., Dale, P., & Plomin, R. (2007). The genetic and environmental origins of learning abilities and disabilities in the early school years. *Monograph of the Society for Research in Child Development*, 72(3), 1 - 144.

Laurillard, D. (2012). *Teaching as a design science: Building pedagogical patterns for learning and technology*. New York/London: Routledge.

Le Corre, M., & Carey, S. (2007). One, two, three, four, nothing more: An investigation of the conceptual sources of the verbal counting principles. *Cognition*, 105(2), 395 - 438. doi: 10.1016/j. cognition.2006.10.005.

Marton, F., & Pong, W. Y. (2007). On the unit of description in phenomenography. *Higher Education Research & Development*, 24(4), 335 - 348.

Matsuzawa, T. (1985). Use of numbers by a chimpanzee. *Nature*, 315, 57 - 59.

Piazza, M., Facoetti, A., Trussardi, A. N., Berteletti, I., Conte, S., Lucangeli, D., et al. (2010). Developmental trajectory of number acuity reveals a severe impairment in developmental dyscalculia. *Cognition*, 116(1), 33 - 41.

Pinel, P., Dehaene, S., Rivière, D., & Le Bihan, D. (2001). Modulation of parietal activation by semantic distance in a number comparison task. *NeuroImage*, 14, 1013 - 1026.

Ranpura, A., Isaacs, E., Edmonds, C., Rogers, M., Lanigan, J., Singhal, A., ... Butterworth, B. (2013). Developmental trajectories of grey and white matter in dyscalculia. *Trends in Neuroscience and Education*, 2(2), 56 - 64. doi: http://dx.doi.org/10.1016/j.tine.2013.06.007.

Ranpura, A., Isaacs, E. B., Edmonds, C., Rogers, M., Lanigan, J., Singhal, A., ... , Butterworth, B. (submitted). *The neural and genetic basis of low numeracy*.

Räsänen, P., Salminen, J., Wilson, A., Aunio, P., & Dehaene, S. (2009). Computer-assisted intervention for children with low numeracy skills. *Cognitive Development*, 24, 450 - 472.

Reeve, R., Reynolds, F., Humberstone, J., & Butterworth, B. (2012). Stability and change in markers of core numerical competencies. *Journal of Experimental Psychology: General*, 141(4), 649 - 666. doi:10.1037/a0027520.

Reigosa-Crespo, V., Valdes-Sosa, M., Butterworth, B., Estevez, N., Rodriguez, M., Santos, E., ... Lage, A. (2012). Basic numerical capacities and prevalence of developmental dyscalculia: The Havana survey. *Developmental Psychology*, 48(1), 123 - 135. doi: 10.1037/a0025356.

Royer, J. M., & Walles, R. (2007). Influences of gender, ethnicity, and motivation on mathematical performance. In D. B. Berch & M. M. M. Mazzocco (Eds.), *Why is math so hard for some children? The nature and origins of mathematical learning difficulties and disabilities*. Baltimore: Paul H. Brookes Publishing.

Rubinsten, O., & Henik, A. (2009). Developmental dyscalculia: Heterogeneity might not mean different mechanisms. *Trends in Cognitive Sciences*, 13(2), 92 - 99.

Schulte-Körne, G., Ziegler, A., Deimel, W., Schumacher, J., Plume, E., Bachmann, C., et al. (2007). Interrelationship and familiality of dyslexia-related quantitative measures. *Annals of Human Genetics*, 71(2), 160 - 175.

Shalev, R. S., Manor, O., & Gross-Tsur, V. (2005). Developmental dyscalculia: A prospective six-year follow up. *Developmental Medicine and Child Psychology*, 47(2), 121 - 125.

Starkey, P., & Cooper, R. G., Jr. (1980). Perception of numbers by human infants. *Science*, 210, 1033 - 1035.

Temple, C. M., & Marriott, A. J. (1998). Arithmetical ability and disability in Turner's syndrome: A cognitive neuropsychological analysis. *Developmental Neuropsychology*, 14, 47 - 67.

Tomonaga, M., & Matsuzawa, T. (2002). Enumeration of briefly presented items by the chimpanzee (Pan troglodytes) and humans (Homo sapiens). *Animal Learning and Behavior*, 30, 143 - 157.

Vygotsky, L. S. (1978). *Mind in society: The development of higher psychological processes*. Cambridge, MA: Harvard University Press.

Wechsler, D. (1996). *Wechsler objective numerical dimensions (WOND)*. London: The Psychological Corporation.

Wilson, A., Dehaene, S., & Joliot, F. (2007). Number sense and developmental dyscalculia. In D. Coch, G. Dawson, & K. W. Fischer (Eds.), *Human behavior, learning and the developing brain: Atypical development* (pp. 212 - 238). New York: The Guilford Press.

Wilson, A., Revkin, S., Cohen, D., Cohen, L., & Dehaene, S. (2006). An open trial assessment of 'the number race', an adaptive computer game for remediation of dyscalculia. *Behavioral and Brain Functions*, 2(20). doi:10.1186/1744-9081-2-20.

Xu, F., & Spelke, E. (2000). Large number discrimination in 6-month-old infants. *Cognition*, 74, B1 - B11.

Zorzi, M., Stoianov, I., & Umilta, C. (2005). Computational modelling of numerical cognition. In J. I. D. Campbell (Ed.), *Handbook of mathematical cognition* (pp. 67 - 84). Hove: Psychology Press.

附录

附录 1
在澳门大学举办的 ICMI Study 23 和能力与网络项目(CANPs)

尤里科·山本·鲍尔丁(Yuriko Yamamoto Baldin)
圣卡洛斯联邦大学(Universidade Federal de São Carlos，Brazil)
邮箱:yuriko.baldin@uol.com.br

韦罗妮卡·萨伦吉(Veronica Sarungi)
教育发展研究所(Institute for Educational Development)
阿迦汗大学(The Aga Khan University，Tanzania)
邮箱:veronica.sarungi@aku.edu

引言

在澳门大学举办的ICMI Study 23不仅是第一次侧重于小学数学的ICMI研究，而且还是第一次将CANPs中(ICMI对发展中国家倡导的数学教育项目)的代表们召集在一起。截至2015年6月在澳门举行ICMI Study 23时，已经实施了四项CANP项目，且第五个项目正在准备当中。此部分将在ICMI Study 23会议期间作介绍，包括各CANP代表、观察员和其中一名协调员的经历以及会议结束后所产生的影响。第一部分介绍代表和观察员的感想，第二部分介绍IPC主席兼总协调员对ICMI Study 23是如何影响2016 CANP5的论述。

强化并关联CANPs

每个CANP的代表都被邀请参加会议，但由于签证问题，CANP1的代表无法前来参会。因此，在澳门大学和ICMI的大力支持下，最终CANP2、CANP3、CANP4和CANP5的代表参加了会议。代表们被分配到他们各自选择的工作小组中，从而确保其他参会者能有机会与他们互动，了解CANP观察员所报告的相关国家和地区的情况。此外，在规模较小的非正式会议中，代表们之间也能相互交流，他们也有机会与ICMI主席阿萨雷洛(Ferdinando Arzarello)教授进行正式会谈，并首次分享各CANP项目的经验。因此，ICMI Study 23的主要贡献之一是使CANPs能够在其他区域建立关系网。由于在澳门建立的联系，因此已提交并被ICME-13接受的一份小组提案将重点讨论CANPs。除了建立相应的关系网之外，此次会议还帮助代表们提高了他们的个人能力，也将对他们各自所代表的机构、国家和区域协会产生影响。

CANP2(Zumbado Castro Marianela，哥斯达黎加)

ICMI Study 23能帮助哥斯达黎加在教育改革这一历史性时刻进行定位，并将其与在整数领域正在开展的全球性工作相连接，让我们看到不同地区在处理和分析整数问题时所用方式的差异。得益于澳门大学的赞助，不同CANP的代表有机会分享他们各自关于整数学习的经验及每个关系网的发展。这是一次独特而宝贵的经验，有助于加强与该主题有关的全球性数学教育研究。

CANP3(Mongkolsery Lin,柬埔寨)

参加 ICMI Study 23 是一次收获丰富且具有专业性的经历,让我能有机会与数学教育领域中的许多知名人士以及其他 CANP 项目的代表会面并展开讨论。我从他们身上收获颇丰,不仅在我所参加的小组中收获了相应的知识,也学会了如何组织研讨会。小组中的每个成员都分享了与主题会议相关的有用经验,结束会议回程后,我也与柬埔寨的同事们分享了这些经验,我们发现某些方法确实适用于柬埔寨中学数学的教学。最后,我要感谢澳门大学赞助我参加这次盛会。

CANP4(Veronica Sarungi,坦桑尼亚)

在十月份的会议上,我向东非数学教育和研究网络(the East African Mathematics Education and Research Network)工作委员会的成员分享了澳门大学网站上的资源,该委员会的成员是肯尼亚、乌干达、坦桑尼亚、卢旺达这四个东非国家各大学和教师教育计划的代表。此外,在会议期间获得的算术经验和相关资源都应用到了小学低年级在职教师的个人工作中,因为提高学生早期的计算能力也是坦桑尼亚的教学重点。

CANP5(Vallejo Vargas Estela,秘鲁)

ICMI Study 23 让我看到了富有成效的讨论是如何产生有趣、有价值的成果的。通过观察 ICMI 专题研究中开展的各项工作,让我明白了讨论的重要性。此外,将讨论引向事先制定好的特定目标也至关重要,以免造成讨论的分散及无法集中,这是我之后参加 CANP5 时要牢记的。同样,我确信将 ICMI 专题研究(尤其是 ICMI Study 23)的出版物翻译成西班牙语后,可以很好地帮助职前教师和在职教师的专业发展,这与 CANP5 的目标直接相关。参加 ICMI Study 23 和 CANP 的观察员会议是一次很好的经历,让我特别关注到了各 CANP 代表的兴趣所在,看到了整个数学教育界在帮助发展中国家的数学教学方面所取得的进展。

来自大湄公河次区域的其他观察员

有三名观察员分别来自柬埔寨、老挝和泰国,它们是参与 CANP3 项目的部分国家。三名观察员获得了泰国孔敬大学数学教育研究中心和教育学院的支持，并将全体性的会议和工作小组的各项会议都录制成视频。除了与数学和数学教育方面的学者会面外，ICMI Study 23 还为每名观察员提供了更多了解其他地区的参会者并与他们进行交流的机会；也为各个 CANP 代表提供了会面的机会，借此讨论彼此之间的关系网及各自所做的工作。以下是三名观察员的个人感想。

Visa Kim (柬埔寨)

在 2015 年 6 月 6 日于澳门大学举行的 ICMI Study 23 中，我了解到了更多关于 CANP 项目的内容，见到了每位 CANP 代表。代表们汇报了自 CANP 会议以来在各自区域内所做的工作，如研讨会的成果，关系网中的相关事务，以及对未来的展望和后续活动的计划。会议期间，蒙哥马利(Mongkolsery)教授提到了 2015 年 11 月在泰国针对 CANP3 的成员国所开展的后续活动。我非常感谢能成为 CANP 的一员，并参加此次 ICMI Study 23。

Chanhpheng Phommaphasouk(老挝)

我在老挝川圹的康开教师培训学院工作，这是我第一次参加 ICMI 研究会议。我是老挝的代表，也是“大湄公河次区域”小组的成员。我从不同国家的学者那里学到了很多，他们分享了小学数学教育中杰出专家的相关经验和知识，还包括未来的研究主题。在整个会议期间，我参加了许多会议，听了许多数学家、数学教育家的演讲，这些对我来说都很有用处。在所有 CANP 观察员都参与的简短讨论中，来自亚洲、非洲和拉丁美洲的与会人员分享了各个地区的合作经验，ICMI 主席阿萨雷洛教授也对如何在各个地区继续开展合作提出了建议。

Weerasuk Kanauan (泰国)

我是泰国的一名博士生，我有幸能以观察员和 CANP 代表的身份参加此次 ICMI Study 23，并很荣幸能见到以前在研讨会和学术论文中看到的学者。我从一些国家的代表那里了解到了数学教育的相关研究，并与来自其他 CANP 地区的成员分享了如何加强数学教育的经验。这次会议启发了我在数学教育方面的工作，希望将来还能参加类似的研究会议。

ICMI Study 23 的影响：关于秘鲁 CANP5 在整数算术方面的活动

以下内容来自鲍尔丁(IPC 主席，CANP5 的总协调员)：

> 2016 年 2 月 1 日至 12 日，我担任了 CANP5 的总协调员。这次活动汇集了来自玻利维亚、厄瓜多尔、巴拉圭和秘鲁的数学家、数学教育家和教育部代表，活动总目标是提高各地区的数学教学质量，并将通过建立一个合作关系网来实现这一目标。

在选择作为 CANP5 讨论项目的主要主题中，关于教师的初始教育和继续教育问题是主要关注点，因为它引起了所有参与者对其他主题的隐性关注。各国代表团为说明将教师教育作为主题的合理性，拟定并提交了国家性报告，报告中指明了在小学教育中讨论这一重要内容的需求，特别是关于算术素养，且被认为是国家在这一领域所关注的问题。

我作为第五工作小组的撰稿人参加了 ICMI Study 23，并发表了一篇文章，介绍了巴西在小学阶段关于整数算术的专业发展课程。我很荣幸能参加 ICMI Study 23，并与大家一起分享在小学数学教育中那些杰出专家的经验和知识，这也让我能以更深刻的视角去执行 CANP5 的科学性计划。澳门大学慷慨赞助了 CANP2、CANP3、CANP4 和 CANP5 的代表来参加此次会议，并在 ICMI 主席阿萨雷洛教授的协调下，组织了一场特别的 CANP 会面。我非常确定，这一经验对 CANP2、CANP3 和 CANP4 的代表能在关系网中完善自己的工作是必不可少的；并且对于 CANP5 的代表而言，能使她在 CANP5 期间作出更大、更有意义的贡献。

由于 CANP5 的目标之一是开发足够的教学材料以支持小学教师的教育，因此我相信，新组建的 CANP5 关系网在不久的将来会得益于 ICMI Study 23。最后，感谢 ICMI Study 23 的协调员布西(Maria G. Bartolini Bussi)和孙旭花在 ICME-13 中报告了这一研究，并提及了相关 CANP 活动，从而让大家看到发展中国家从早期就开始为改善数学教育而做出的不懈努力。

结论

各 CANP 代表和观察员感谢此次能受邀并获得赞助，从而能参加在澳门大学举办的 ICMI Study 23,因而让他们收获了丰富而有启发性的经历,而这将对他们产生深远的影响。希望 CANP 代表的互动能丰富这项独特的 ICMI 研究,就像此次会议对 CANP5 产生的积极影响一样。总而言之,通过澳门大学、教育暨青年局、澳门特别行政区和 ICMI 的慷慨支持,ICMI Study 23 扩大了每个 CANP 项目的内容,提高了其效能,促进了关系网的发展,并最终改善了数学教育。

附录 2
ICMI Study 23：小学整数教与学(讨论文件)

ICMI Study 23 国际程序委员会

ICMI Study 23：相关介绍及主办理念

该文件宣布了国际数学教学委员会将会进行的一项新研究，ICMI Study 23 首次针对所有人探讨了小学数学教学(包括学前)，同时考虑了包括社会文化多样性和制度约束在内的国际性观点。设计第一个关于小学教学的研究，其中的一个挑战在于小学数学的复杂性。因此，研究选择了一个特定的重点，并将其作为关键点和驱动性问题，并辅以一些与之相关的问题。整数算术领域广泛，包括运算、关系以及文字型应用问题的解法，它是所有小学数学课程的核心内容，对这一关键核心领域的研究是今后数学学习的基础。但是，这一领域内相关基本概念和技能的教学原则和主要目标远未得到广泛认同，且各国之间的实践差异较大。ICMI Study 提供了对小学数学这一核心领域的元层次分析，为衡量各国之间的差距和探索未知领域提供了基础，并提供了从不同国家和背景的实践经验中学习的机会。

整数是每种文化日常语言中的一部分，但在学校引入整数的最合适年龄方面存在不同观点。在某些国家，儿童在学龄前就已经开始接触整数，几乎所有六岁以前的儿童都接受过学前教育。经济合作与发展组织(OECD)报告说，总体而言，参加学前教育对 15 岁的学生来说会有更好的学习效果(OECD PISA FOCUS, 2011)。在某些国家和地区，小学包括一至六年级，而其他国家是一至五年级，且小学生的入学年龄也可能因国家的不同而有所差别。由此，本研究着眼于在早期年级所进行的整数教学，即正规学校系统教学整数的时期，这样，学前教育也就包括在内。

2014年1月，在柏林举办的关于ICMI Study 23的IPC会议上商定了四项原则。

第一，确定文化的多样性，并将这种多样性是如何影响早期关于整数的引入方式的作为重点。该研究将寻求尽可能多的国家的作者的成果，尤其是那些文化特征鲜为人知却影响了整数教与学的国家。为了更好地理解相关作者所做研究的不同背景，大会的每位申请者都将被要求准备一份特定格式的背景资料。

第二，寻找更好的方法让政策制定者(即有责任为每个孩子提供上学和学习算术机会的人)能够参与进来。为了完成这个特定的目标，需要征集具有(潜在)强烈影响的有关实践示例的文稿和带字幕的视频片段。

第三，考虑到某些国家有特殊的教室和教师，甚至是特殊学校；而在另一些国家，有特殊需求的学生仅接受普通教育。因此，决定收集针对所有学生的教学经验，包括有特殊需求的学生。

第四，考虑到为了教授基础数学，在数学和教与学方面都需要教师具备健全的专业知识，因此决定也将重点放在教师教育和专业发展上。

为了契合这套复杂的原则，IPC制定了一组主题，并将其作为研究会议的组织框架。

这份讨论文件介绍了研究的背景、挑战和目标，指向对研究中五个主题的描述。由于研究会议将围绕对每个主题的讨论而进行(包括一些总结性会议)，因此每份文稿都应提交到最合适的主题下。最后，讨论文件概述了研究会议的组织情况、时间和地点及相关时间说明。

ICMI Study 23：研究背景

尽管各国为儿童提供了不同的设施和学习机会，但所有国家都规定小学为义务教育。数学是所有初等教育的核心之一，并在各国要求培养与之相应的公民这一背景下，数学课程的内容和质量对各国而言都很重要。

在国际文献中，关于小学数学的文献有很多。其中，尤其是在西方国家，认知和发展方面的心理学家研究了通常发生在儿童早期(3至8岁)的数学思维过程，且研究通常在实验环境中进行，其间，儿童会受到适当的刺激(如观察一一对应现象、计数、测量等)。皮亚杰(Piaget)的理论在许多国家都颇具影响力，尽管也遭到了一些批评。神经科学家也一直在研究“数感”的出现，而在这方面目前仍然缺少与数学教育专家展开认真而深入的跨学科研究(UNESCO，2013)。

ICMI Study 23:主要挑战

由ICMI前任主席米歇尔·阿蒂格(Michèle Artigue)编写并由联合国教科文组织委托撰写的最新文件(UNESCO,2012)从政治角度讨论了基础数学教育的主要挑战,其中谈道:

> 我们生活在一个深受科学技术影响的世界。科学技术的发展从未如此之快,也从未对我们的社会产生过如此重要和直接的影响,无论其发展水平如何。当今世界在健康、环境、能源、发展等方面所面临的主要挑战既是科学上的挑战,也是人类的挑战。为了应对这些挑战,需要科学家们能够想象出我们几乎看不见的未来,并最终能成功战胜这些挑战;与此同时,还需要充分了解这些挑战。关于对拟定的改革方案的商议,不应局限于一定数量的科学精英中,而应让大众广泛参与。现在,没有人会怀疑,如果没有绝大多数人的支持和贡献,就不可能实现积极、可持续、平等的发展。因此,没有人会怀疑,智慧共享即大众全民素质教育,特别是全民科学教育,包括数学和技术教育,是我们唯一可以作的投资。在当前的形势下,情况更是如此。如果没有这样的教育,商议并实现全民参与都是徒劳的。

根据这些想法,ICMI承认这是有史以来第一次适时开展的一项国际研究,该研究特别侧重早期数学教育,即基本和基础的数学。在ICMI的其他研究中也曾探讨过小学数学教育,但在大多数情况下,针对中学数学教育的探讨占主导地位。当涉及基础过程时,就需要可靠的认识论基础。对其他领域内的结果展开分析,这可能是参与ICMI的附加价值。对认识论的分析是专业数学家〔如克莱因(Felix Klein)、史密斯(D.E. Smith)、弗赖登塔尔(Freudenthal)〕的经典研究中的一部分,这些工作在ICMI的历史中发挥了重要作用(ICMI 2008),并从整体上考虑了数学教学。这里值得一提的是克莱因(第一任ICMI主席)在1923年所写的简短文字,在官网上被用作关于ICMI历史的题词(ICMI 2008)。

> 我认为,从最初的基础教育到最高水平的专业研究,整个数学教学领域都应该形成一个有机的整体。我越来越清楚地感受到,如果没有这种

普遍的观点，即使是最纯粹的科学研究，也会因与正在发生的各种活跃的文化发展相隔绝而面临困境，就像被关在地窖里而无法获得阳光的植物。

如果不关注教师的角色和责任，就无法研究学校数学教学。一直以来，ICMI都将注意力放在数学教师的教育和专业发展上；而针对小学的研究，更一般地，针对早期教育的研究，值得被特别关注。数学家和数学教育家都知道算术的复杂性及其对数学的基础价值。但是，小学教师或在提供严格专业发展的环境中工作，且在这一环境中，他们是知识渊博且受人尊敬的专业人员，是所教数学内容方面和教学法上的专家；又或是不被提供这样的环境。

在某些体系中，教授整数算术可以被视为几乎任何受过教育的成年人都可以胜任的工作，无须进行专门培训。可能有些人将整数算术视为简单直观的工具，只涉及向儿童展示如何应对日常生活中的简单问题以及如何计算。而在某些体系中，小学数学教师则被视为专家，且在其他体系下是通才。由于这两种模式都显示出各自的优点和缺点，因此本研究的目的不是深入研究有关早期教育中专家与通才教师的教学争论。需要强调的是，在有关教学整数算术的有效方法的研究中，我们已能获取很多知识；但对于不精通基础数学和特定教学方法的教师而言，则无法实践这些知识。有效的教师教育可能需要文化的支持，即期望教师是受过高等教育的专业人员（专家）。

ICMI Study 23：研究目的

本研究的目的是，基于已有的大量理论和研究、社会文化的多样性和相关制度的约束，创造并分享关于实现整数算术全民教与学的可持续发展的内容。特别地，IPC认可了以下关于早期整数算术的特定目标：

- 召集ICMI中不同地区和国家的学者代表，以针对整数算术这一主题制定研究目录，并提供有关整数算术的最新参考文献。
- 有助于了解并更好地理解、解决整数算术在不同情况下所面临的挑战；收集整数算术领域中的各个关注点，并对此进行反思。
- 促进多学科和跨学科的研究（包括与其他机构和科学团体的合作），从而促进整数算术的研究与发展；以整数算术为主题，传播数学教育方面的学术成果，如研究内容、研究方法、研究理论、研究发现和结果、相关实践和课程。
- 通过确定和预测整数算术新的研究需求，为未来铺平道路；培养研究人员、教师教育者、政策和课程开发人员和分析人员、数学和教育领域的广泛从业人员对整数算术的兴趣。

- 促进并协助国际、区域间或机构间的共同商议和共同行动。

ICMI Study 23:研究主题

ICMI Study 23 将围绕五个主题展开,这五个主题为数学教学中早期关于整数的研究作了补充。尽管预计到各个主题之间将会产生联系,且这一联系会受到关注,但关于各个主题的稿件将根据该主题的具体关注点和问题来区分。

五个主题分别是:

(1) 整数算术:为什么和是什么。

(2) 整数思维、学习与发展。

(3) 影响整数学习的方面。

(4) 如何教授和评估整数算术。

(5) 整数及其与数学其他部分的联系。

主题 1 和主题 2 从文化—历史—认识论的角度和神经认知的角度在基础方面作了论述,其中尤其需要基础方面关于对实践的影响的报告(包括学生、教师这一微观层面以及课程选择这一宏观层面)。

主题 3 和主题 4 针对教与学,尽管有时很难将这两个方面分开,这一点可以通过以下事实得到证明:在某些语言和文化中(如中国、日本、俄罗斯),这两个词会合成一个。

主题 5 论述了整数算术在关联其他类型的数(如有理数)和其他数学领域(如代数、几何、建模)方面的有用性。

我们简短地概述了每个主题,并附以示例性问题,以便在所要提交的文稿中能对此作一番讨论。其中,贯穿所有主题的首要问题涉及教师的教育和发展:

> 如何基于教师的教育和专业发展对每个主题展开探讨?

整数算术:为什么和是什么

本主题将探讨整数算术中关于文化—历史—认识论的问题,以及其与过去、现在和未来的实践之间的关系。

数感是通过日常经验来构建的，其中文化和语言起着主要作用。因此，民族性数学关注在日常谈话中所使用的不同语法结构（例如，毛利语中将数字作为动作；澳大利亚原住民对数字的空间处理）。长久以来，整数表征并对其进行简单计算的方式（例如，利用手指或其他身体部位；利用文字；利用工具，包括机械计算器和电子计算器；利用书面算法）丰富了整数的含义。

十进制对我们当前理解整数算术至关重要。数学史充分记录了位值制长期且艰巨的发展过程（例如，位值在中国和印度的引入，通过阿拉伯文化向欧洲传播，0的创造，心算策略），表明了深入研究位值的必要性，以及十进制对理解整数算术的促进作用。

在整个历史中，不同文化对上述问题（及其他问题）的思考方式不同。除了在实际活动中使用数字外，在历史学和教育学研究中，有证据表明，对整数性质、关系和运算的探索也为向学生介绍典型的数学过程（如概括、定义、证明）铺平了道路。

一些参考文献可以在 ICMI Study 10、ICMI Study 13、ICMI Study 16、ICMI Study 19 中找到。

以下可能涉及的问题将有助于进一步阐明该主题。

- 整数算术的教学目标是什么？
- 若将数学方面的观点（如当前相关数学家团体所践行的）与教育学方面的观点相结合，则在发展整数算术的过程中涉及哪些核心数学思想？
- 在你的文化中，整数表征和运算的显著特征是什么？数字的语法结构是什么？表征和使用数字的方式是如何影响计算或问题解决的？这些特征如何与十进制相互作用？
- 数学实践和思维习惯在整数算术教与学中的作用是什么？整数算术的教与学如何支持数学实践和思维习惯的发展？
- 在你的课程体系中有多强调十进制这一内容？
- 计算器具对今后的数学学习和其他领域的学习有多重要？心算呢？计算速度呢？
- 政策、教育环境和体系是如何支持或不支持“教学整数算术需要详细的专业知识”这一文化的？
- 在古代东方和西方，整数算术的主要历史特征及其起源分别是什么？是什么因素导致了这些历史特征？它们对数学课程的发展又有什么影响？

• 你的课程体系中是如何体现对整数算术的结构特征及其扩展内容的理解的？

整数思维、学习与发展

该主题将解决整数算术早期教学中认知和神经认知方面的问题与过去、现在和将来可能的教学实践之间的关系。

在进入认知和神经认知领域之前，数感这个概念在数学教育文献中已经使用了数十年，两者有相似之处，也有不同之处。（神经）认知科学家关注儿童的自发性，即专注于其环境中的数字；关注在可视化和结构化的过程中，儿童在快速并准确感知较小数量方面的发展；关注儿童比较数值大小的能力和在数线上找到数的能力。已有模型描绘了儿童在计数原理和非正式计数策略方面的一些非正规的知识，并建构出如何发展更正规、更抽象的算术概念和程序的模型。

最近的关注点是发展性计算障碍，这是由于大脑中涉及数学运算的部分功能受损而导致数学上的学习困难，而一般心理功能并未受损。

近期的讨论涉及具体化的认识论，并产生了由许多研究者共同得到的结果，即尽管数学可能是社会性建构的，但这种建构却根植于身体和经验之中，并受其影响。这一结果可以在 OECD 2010 和 UNESCO 2013 中找到一些参考资料。

以下可能会涉及的问题将有助于进一步阐明这一主题。

• 数感在多大程度上是天生的？又在多大程度上受到社会文化和教育的影响？整数算术的先天性基础与儿童的整数算术发展之间有什么关系？

• 我们可以从关于整数算术的（神经）认知研究中学到什么？这些发现是否实质上证明了在数学教育界中已经存在（并且已经存在很长一段时间）的相关见解，还是提出了关于儿童真正需要的任务和教学方法的新见解和建议？如何整合在整数算术的概念和技能方面关于基础和发展的不同观点？

• 个体的手指计数方法对儿童乃至年龄较大的学习者和成年人的心理、数量表征方式和算术能力有什么具体影响？

• 如何使基于适当表征（如数线）或基于可操作的现代技术设备（触摸屏）的实施框架用于分析、设计教学方法？

• 分析数学思维的多模式性质（如身体动作和手势的作用）的适切方法是什么？

• 表现出的认知方法与较旧的方法之间有什么关系？例如，蒙特梭利

(Montessori)或皮亚杰的教育法，这些方法在世界范围内对小学数学产生了很大的影响。

- 如何将实施框架中的相关工具与社会文化方面的观点进行整合，并对比那些在运用或使用实施框架时受阻的方法？
- 为了探索关于整数算术的(神经)认知基础，该如何进行教师教育？

影响整数学习的方面

本主题将探讨影响整数算术学习的积极因素和消极因素。

社会文化影响枚举计数、算法、表示法，以及表征形式或模型(如数线)。因此，学生的语言和文化可以在学校或非正式场合或帮助或阻碍他们构建整数算术。一方面，利用数学历史上的工具(如计数棒、不同类型的算盘、古代机械计算器的复制品)可能会有效地促进学生对整数算术的学习，因为这些工具明确体现了当地文化。另一方面，利用专门设计的工具可以呈现文献中所展示的有效学习过程(如包括触控工具在内的技术工具)。

从学校实践到国际研究，整数算术的低成就是各层面讨论的主要焦点。相关文献表明，这可能取决于一些非常不同的方面：背景变量(如边缘化的学生，移民和难民学生，脆弱民主国家的教育)，制度变量(如学校和校外的语言不同)，学习障碍(计算困难，聋哑学生和盲人的感官障碍)，影响因素(如自信、焦虑、动机、性别问题)，教学上的障碍(如过于有限的方法，比如将加法与减法分开教学，或仅将乘法作为重复加法的情况)，认识论上的障碍(与人类构建整数算术的历史过程有关)。

对此，在ICMI Study 17和ICMI Study 21中可以找到一些参考资料；而与背景有关的一般性问题，可以参考UNESCO 2010。

以下可能会涉及的问题将有助于进一步阐明这一主题。

- 与整数、运算和文字型应用题相关的哪些语言上的特征可能会对学习产生积极或消极的影响？这些特征如何在正式或非正式的环境中反映出来？
- 对边缘化的学生而言，或更一般地，在有困难的情况下，学习整数算术时会面临哪些主要挑战？
- 有感官障碍(视觉障碍和听觉障碍)的学生在学习整数算术时会面临哪些主要挑战？
- 计算困难的学生在学习整数算术时会面临哪些主要挑战？
- 在您的国家或地区，有特殊需求的学生是否已在普通学校或特殊教育学校注册入学？为有特殊需求的学生而特别制定的策略在多大程度上有助于他们学习整数算术？

• 在您的国家或地区，是否有证据表明关于教学障碍或认知障碍的文献对课堂实践产生了影响？

• 哪些工具（历史上的或新的技术）可用于丰富所有学生的课堂活动，或帮助整数算术成绩不佳的学生？是否有证据表明使用传统操作（包括根植于本地文化的操作）、虚拟操作、科学技术（包括最近开发的多点触控技术）是有效的手段？是否有关于各种工具比较的课堂研究？

• 针对上述问题的教师教育可以采取哪些策略？

如何教授和评估整数算术

本主题将探讨教学和评估整数算术的一般方法和特定方法。整数算术在各个国家的数学标准中都有出现，也出现在特定的国际研究中（如学习者视角的国际课堂教学研究，涉及16个国家）。在一些国家或地区，相关独立研究机构还制定了与整数算术有关的教学和评估项目，并在某些情况下受到了国际上的广泛认可（如荷兰的现实数学教育，美国的NCTM课程和评价标准，俄罗斯的达维多夫数学课程，法国的教学情境理论）。在民族性数学的趋势下，一些对当地文化和传统而言比较敏感的项目也已经发展起来了（如在澳大利亚、拉丁美洲、美国和加拿大）。自1991年以来，每两年在布拉格举行一次基础数学教学研讨会。

一些需要重点关注的内容可能是：整数算术的教科书和未来的教具（如多媒体、电子书），用以处理整数算术中特定元素的工具（如操作技术），某些领域的特定策略（如文字型应用题、中国传统的变式问题、新加坡的模型方法、关于文字型应用题及其与实际生活之间关系的文献），根植于当地文化的实例，以及国家课程中关于元认知方面的问题（如早期数学思维过程中的方法）。

近年来，地方性和学校层面的评价深受国际研究结果（如OECD PISA，TIMSS）的影响，这很可能会产生受评价驱动的课程。20世纪90年代进行了ICMI的评价研究（ICMI Study 6），但其相关性及在国际研究中的影响力可能需要进一步深入。

在ICMI大会和区域性会议记录中可以找到有关该主题的一些参考资料。
以下可能会涉及的问题将有助于进一步阐明这一主题。

• 与基于观念的政策相比，与整数算术教学有关的基于证据的政策有何重要性?

- 如何将预期的课程体现在教科书和其他教具中?
- 使用技术教学整数算术带来了哪些变化(如果有的话)?
- 您对位值制发展的理解有多深?在(您的)课堂中,何时会对位值制的关键特征进行更深入的探索?
- (您的)课堂中,是如何促进从数字的计数或加法视角向数字的比率/乘法/度量视角过渡的?
- 儿童如何在校外学习整数算术的概念和运算?教师如何利用学生在校外获得的知识?
- 在您的学校中,有哪些已证明的方法可以有效地教学整数算术中的相关内容?如数感、基数、顺序、运算(如重新组合的减法)、问题解决、估算、表达、心算等。
- 问题解决的情境:它应该是现实的吗?应该是真实的吗?总是要这样吗?传统文字型应用题的定位是什么(如果有的话)?(真实世界)情境在整数算术中的作用是什么?情境总是有必要的吗?
- 在教学整数算术时,如何培养学生对数学学习的积极态度?
- 在学习整数算术期间,教师如何促进学生元认知策略的发展?
- 教师在教学和评价整数算术时会面临哪些主要挑战?
- 哪些创新的评价方法能用于评价整数算术的学习成果?由于 PISA 或 TIMSS 等国际研究的大众吸引力,使得整数算术的评价发生了哪些变化(如果有的话)?

整数及其与数学其他部分的联系

该主题将从整数算术与更广泛的其他数学领域的相互关系方面论述整数算术。这些关系包括算术和代数思维(如寻找解决问题的模型和策略)、几何或空间思维(如三角形数、正方形数、数线)、有理数和度量(如达维多夫关于算术的课程)、统计素养(如均值、中位数、众数、统计图表)。

有证据表明,整数算术最早的构成有助于将数学作为一个相互联系的概念网络,从而支持数学的学习;反之亦然,将整数算术置于广泛的数学领域中,可以更好地促进数学理解。

有关该主题的一些参考资料可以在 ICMI Study 9、ICMI Study 12、ICMI Study 14、ICMI Study 18 中找到。

以下可能会涉及的问题将有助于进一步阐明该主题。

• 如何通过整数算术的教与学来帮助学生理解其他相互联系的数学思想，并促使学生将数学视为一种连贯的知识体系？

• 在您的国家或地区的课程标准和教科书中，整数算术和其他数学主题之间的关联程度如何？它们又是如何联系的？例如，整数算术和度量，整数算术和基础统计，算术、整数算术和代数等之间的关系。

• 在您的国家或地区，是否会对用以解决文字型应用题的符号法和非符号法进行比较？以十进制为基础的算术与多项式计算之间的关联程度如何？算术/运算性质的规则在多大程度上用作代数的学习？

• 在您的国家或地区，整数算术与教师教育计划中所强调的其他数学主题之间的关联程度如何？

• 整数算术和其他数学领域中特定主题之间的关联会如何促进学生更好地理解这些主题？

• 哪些学习条件可以帮助学生在整数算术和其他数学主题之间建立联系？

• 将整数算术与其他数学领域联系起来的做法在哪些方面有助于数学思维的发展？

• 如何通过整数算术与其他数学领域的联系来改善数学思想的交流？

• 如何利用技术在整数算术和其他数学主题之间建立联系？

• 如何通过在整数算术教学中使用表征方式来与其他数学领域建立联系？例如，数线的使用能在多大程度上显示出整数算术与分数算术之间的联系？

ICMI Study 23 会议

ICMI Study 23 旨在使全球的教师、教师教育者、研究人员和政策制定者能够共享各项研究、实践、项目和分析结果。尽管报告将成为项目的一部分，但仍然会针对相关领域中的重大问题而组织大家进行集体工作，这些所做的工作最终将成为研究成果中的一部分。

我们计划针对各项主题建立工作小组，以此来组织这次会议，这些工作小组将在会议期间举行平行会议。在每个工作小组中，IPC 将基于所提交的论文组织小组讨论，确保每名小组成员都仔细阅读了其所在工作小组的论文。并且，还将组织观看一些视频片段，以分享有关整数算术的有意义实践。因此，大家将有足够的时间来讨论提交的论文，以及未来可能的一些合作计划。

会议语言为英语。但是，英语母语人士以及与会专家将竭尽全力确保每个与会人员都可以积极参与讨论。

地址和日期

该研究会议将在中国澳门举行，由澳门大学主办（2015 年 6 月 3 日至 6 月 7 日），会议于 6 月 3 日上午 9 点开始，并于 6 月 7 日下午 2 点结束。报到时间是 6 月 2 日，离程将安排在 6 月 7 日晚上。

如有需要，主办方将竭尽全力协助参会者办理签证。

参与

按照 ICMI Study 的常规做法，只有提交的论文被接受了，才能受邀参加研究会议。论文将被审核并根据质量进行筛选，筛选标准包括本研究未来的发展潜力，主题之间是否有明确的联系，并确保观点之间的多样性。受邀参加者的数量将限制为 100 人左右。

然而，邀请参加会议并不意味着组织者会提供财政支持，与会人员应自行承担相关费用。我们正在寻求资金帮助以提供部分支持，以使非富裕国家的与会者能够参加会议，但这样的资助名额可能不多。有关获得此类资助的更多信息将很快公布在 ICMI Study 的官网上。

ICMI Study 23 的成果

ICMI Study 23 的第一个成果是会议论文集的电子版（有 ISBN 号），将会最先公布在会议网站上，随后将在 ICMI 网站上公布，其中包含所有被接受的论文。

ICMI Study 23 的第二个成果是关于整数算术的视频库，这些视频将托管于会议网站上，可以的话，之后也会公布在 ICMI 官网上。

第三个成果是 ICMI Study 研究卷，包括论文、视频片段和研究会议上的讨论及其成果。但是，所有与会者应明白，我们不保证所有被接受的论文都会出现在此研究卷中。该卷将被 Springer 作为新的 ICMI 研究系列出版，且 IPC 将商议研究卷的框架、编辑人员、编辑过程和具体内容。尽管可能会根据会议期间的讨论结果而作出一些更改，但预计本研究卷的组织将遵循讨论文件中的各项章程。关于此次会议及其成果的报告将在 2016 年 7 月 24 日至 31 日在德国汉堡举行的第 13 届国际数学教育大会上发表，希望该研究卷也能在2016年出版。

ICMI Study 23 论文征集

会议邀请各方人员提交多种类型的论文：关于理论或文化—历史—认识论的论文（与课堂实践、课程或教师教育计划有深厚的联系）、讨论政策和实践方面的论文、与课程相关的讨论文件、实证研究报告以及明确的有关课堂或教育实践的视频。为了确保讨论的丰富多彩，鼓励拥有不同经历或有着不同文化传统的、来自不同国家的作者参加。

IPC鼓励尚不习惯此类会议的人员提早提交相关文件（参见下面的截止日期），以便获得最终定稿的帮助（此类帮助包括文稿主题的选择和论文结构的设计，而不涉及对英文的编辑）。IPC通过这种方式开创了帮助国际数学教育界新手（包括从业者）的新的传统。这意味着若IPC认为该论文具有为研究作出贡献的潜力，将会支持其撰写论文的过程（见下文）。

收到参加大会的邀请并不意味着将在大会期间对提交的论文作正式汇报，也不意味着该论文必将出现在大会结束后所出版的研究卷中。

投稿

ICMI Study 23官网将定期更新有关研究和研究会议的信息，并将以预备会议的形式分享给受邀参加会议的人员。

欢迎以下两种提交方式：

根据模板用英语（会议语言）撰写的论文（最多8页）。

带有英文字幕的视频片段（5～8分钟），并根据模板准备论文（最多6页），随之附上作者声明，即已收集到由视频入镜者签名的知情同意书。视频中需要有英文字幕，以帮助非母语者能理解并参与互动。出于隐私原因，必须在发送视频之前对视频入镜者进行模糊处理。

文件以以下名称保存：姓_名。

可接受的扩展名如下：

论文：.doc；.docx；.odt 以及一份 .pdf 形式的备用文件。

视频：.mp4；.3gp。

在这两种提交方式中，所有作者都必须尽可能完整地填写文件内容表以帮助读者理解其中的内容,并据此对文件内容作相应解释。

模板、文件内容表、知情同意书和个人信息表可以从ICMI官网上下载。

不允许同一第一作者提交两篇论文。

有关提交论文或提交“视频+论文”的技术方法将很快在研究网站上公布。

截止日期

2014年8月31日:需要我们提供帮助来完成论文的人须在2014年8月31日之前提交一份临时表格,并附上适当的表格(协助表格)以寻求帮助。他们的论文将很快得到审查,且作者将会在9月30日前收到反馈信息,即拒绝、待修订或已接受。在第二种情况下,IPC成员将作为导师来帮助他们完成最终的定稿,然后这篇论文将进入标准的审查过程。协助表格可以从研究网站上下载。

2014年9月15日:不需要帮助的人员必须在2014年9月15日之前提交作品,(可能的话)越早提交越好。

2015年2月:审核提交的作品,2015年2月将作出是否被邀请参加大会的决定,并在2月底之前发出通知。

有关签证、费用和住宿的细节将在网页上公布。

可以通过以下方式咨询更多信息:

电子邮件:icmiStudy23@gmail.com

国际程序委员会成员

玛利亚・G.巴尔托利尼・布西(Maria G. Bartolini Bussi)	教育与人文科学系	摩德纳・雷焦・艾米利亚大学,意大利	bartolini@unimore.it	联合主席
孙旭花(Xuhua Sun)	教育学院	澳门大学,中国	xhsun@umac.mo	联合主席
贝林德吉特・考尔(Berinderjeet Kaur)	国际比较研究中心	国立教育学院,新加坡	berinderjeet. kaur @nie.edu.sg	
哈姆萨・文卡特(Hamsa Venkat)	数学教育中心	金山大学,南非约翰内斯堡	hamsa. venkatakrishnan@wits.ac.za	
乔安妮・马利根(Joanne Mulligan)	教育学院	麦考瑞大学,澳大利亚悉尼	joanne.mulligan@mq.edu.au	

（续表）

亚尔米拉·诺沃特娜（Jarmila Novotna）	教育学院	查尔斯大学，捷克布拉格	jarmila.novotna@pedf.cuni.cz	
利芬·韦尔沙费尔（Lieven Verschaffel）	教育与心理学院	鲁汶大学，比利时鲁汶	lieven. verschaffel @ppw.kuleuven.be	
梅特·因普拉西塔（Maitree Inprasitha）	教育学院	孔敬大学，泰国	inprasitha@hotmail.com	
茜比拉·贝克曼（Sybilla Beckmann）	数学系	佐治亚大学，美国佐治亚州	sybilla@math. uga. edu	
萨拉·伊内斯·冈萨雷斯·德洛拉·苏埃德（Sarah Inés González de Lora Sued）		天主教大学，多米尼加共和国圣地亚哥—德洛斯卡瓦列罗斯	sarahgonzalez@pucmmsti.edu.do	
罗杰·豪（Roger E. Howe）	数学系	耶鲁大学，美国康涅狄格州纽黑文	howe@math. yale. edu	ICMI 联络人
费迪南多·阿萨雷洛（Ferdinando Arzarello）	数学系	都灵大学，意大利都灵	ferdinando. arzarello@unito.it	ICMI 主席
亚伯拉罕·阿卡维（Abraham Arcavi）	科学教育系	魏茨曼科学研究所，以色列雷霍沃特	abraham.arcavi@weizmann.ac.il	ICMI 秘书长

References (Limited to Documents from ICMI or Other International Bodies)

ICMI Studies (list), http://www.mathunion.org/icmi/Conferences/icmi-studies/introduction/.

ICMI (2008). *The first century of the international commission on mathematical instruction*.

History of ICMI, by Fulvia Furinghetti & Livia Giacardi, retrieved from http://www.icmihistory.unito.it. (last visited March 23, 2014).

OECD EDUCERI (2010). *Dyscalculia primer and resource guide*, by Anna J. Wilson, retrieved from http://www.oecd.org/edu/ceri/dyscalculiaprimerandresourceguide.htm. (last visited on

March 23, 2014).

OECD PISA FOCUS (2011). *Does participation in pre-primary education translate into better learning outcomes at school?*, retrieved from http://www.oecd-ilibrary.org/education/doesparticipation-in-pre-primary-education-translate-into-better-learning-outcomes-atschool_5k9h362tpvxp-en;jsessionid=eos7dj2qr9bgo.x-oecd-live-02. (last visited on March 23, 2014).

UNESCO (2012). *Challenges in basic mathematics education*, by Michèle Artigue, retrieved from http://unesdoc.unesco.org/images/0019/001917/191776e.pdf. (last visited March 23, 2014).

UNESCO (2013) *Educational neuroscience: more problems than promise?*, by Ilkka Tuomi, retrieved from http://www.unescobkk.org/resources/e-library/publications/article/educational-neurosciences-more-problems-than-promise-education-policy-research-series-discussion/. (last visited March 23, 2014).

附录 3
电子补充材料

玛利亚·G.巴尔托利尼·布西,孙旭花
(Maria G. Bartolini Bussi and Xunhua Sun)

在 ICMI Study 23 的讨论文件中,特别要求了要提交带有英文字幕的视频片段(附录 2)。这样做有两个依据:其一,由于可视化的数据不仅能记录言语互动和书面表达,还能记录手势和眼神,因此这类数据在许多研究中变得愈发重要;其二,视频数据分析比长时间地对互动质量、课堂组织以及授课过程的快慢进行口头解释要有效得多。因此,为了重构或清晰说明整个过程,视频片段一般都配有简短的文字说明。

大会整理收集了所有在会上播放的视频片段及其简短文字说明,本书和会议记录中提供了关于这一内容的更多细节。会议记录(孙旭花,考尔,诺沃特娜. ICMI Study 23 的会议记录:小学数学中的整数研究,2015)可在网上免费获取。

所有视频都是遵循不同国家的隐私条例而收集的,这些视频仅限个人使用。数学教育者可以将它们用于研究,但不能通过社交媒体在互联网上共享。

视频片段的完整列表如下,并标注了片段所在的相关章节。

第 7 章

彼得·古尔德(Peter Gould, 2017):从数字到数词

古尔德的口头计数序列延伸到了 12 或 13。他似乎在心里构建了一条从 1 到 10 的数线来辨认大于 3 的数字,但对于大于 5 的数字的位置却并不清晰。例如,当

被要求辨认“6”时，古尔德被反复询问它是否上下颠倒了，接着他把“6”回答成了“5”。古尔德能一直数到10之后的数字，但他不能将“1”到“10”的所有数字都清楚辨认出来，他似乎只能轻松辨认出前三个数字。而对于其他的数字，古尔德的策略都是在心里构建一条带有数字顺序的数线，再从自己已知的数字位置开始数。尽管古尔德辨认数字的方法在三年级学生中是一种非典型的方法，但这也揭示了从数字到数词的转换途径。

安娜·巴卡利尼-弗兰克(Anna Baccaglini-Frank, 2017a)：二年级学生用矩形图来解释他们计算乘法时的思维策略

在PerContare项目中，7岁的学生学会借助矩形图来思考(和演示)乘积(最多可达10×10)。矩形纸板被划分成了一个个1平方厘米的方格并标明了尺寸，而这些方格就表示要乘的数字，旨在通过借助矩形图并协调身心操作的方法来培养学生计算未知乘积的能力。到了学年末，许多学生不再需要借助矩形图就可以进行计算。这个视频由马可(Marco)制作(耗时7年8个月)，内容是当学生被教师要求计算7×8时所使用的思维(和高度可视化)策略，同时配以详细而完整的言语描述。

第9章

费迪南多·阿萨雷洛(Ferdinando Arzarello, 2017)：“中国龙”如何帮助一年级学生计数

一位名叫布鲁纳·维拉(Bruna Villa)的意大利教师为一年级学生设计了一种有效的学习方法，用来教他们如何掌握整数。她的设计是基于她所命名的“小中国龙”方法，即在学习意大利语的数字之前，学生根据类似汉语的整齐结构来学习数字〔例如，11是“十和一”，而不是“undici”(意大利语中的“11”)；21是“两个(倍)十和一”，而不是“ventuno”(意大利语中的“21”)〕。通过这种方式，就能缩短学生掌握1～100所有整数(意大利语和标准算术表示法)所需的时间，并且学生也能对这些数字进行计算。

玛利亚·G. 巴尔托利尼·布西(Maria G. Bartolini Bussi, 2017)：西方二年级对数线的几种用法

数线沿袭了欧几里得的传统，用线段来表示数字，并在17世纪转变为欧洲的一种教学辅助手段。而现在,无论是在游戏(如在南欧特别流行的“鹅棋盘”游戏)还是在日常工具(如像刻度尺和秤这样能直接读数的测量仪器)的使用中,数线都与学生的日常经验息息相关。视频显示,二年级学生在地板上跳来跳去,他们竟是在构建一个大尺寸的数线。但即使是在成人的指导下,学优生与学困生之间也会出现不同的小插曲。

梅特·因普拉西塔(Maitree Inprasitha, 2017):课例研究与开放式教学法的结合:教学整数算术的创新

开放式教学法最先由泰国孔敬大学教育学院推出,它使泰国的教学范式得以转变,即从传统的、教师向学生传授内容的教学模式转变为开放式教学。这一视频案例展示了课例研究中一年级学生是如何通过开放式教学法的四步骤在数学活动中获得对整数算术的本质理解的。在一年级“十进制和位值制”中设计了一个学习单元,目的是关注“如何学习”,而不仅仅是内容的学习,这样就可以通过问题解决的途径来鼓励学生自学。这四个视频片段的内容分别是:提出了一个开放式的问题;通过问题解决来学习;全班进行讨论和方法比较;通过联系学生的数学想法进行总结。

托马斯·罗特曼(Thomas Rottmann, 2017):整数学习的难点及其相应的教学策略:以奥勒(Ole)为例

短片介绍了比勒费尔德大学计算障碍儿童咨询中心的职前教师对奥勒(二年级)所进行的初步诊断式面谈和部分单独辅导的内容,此类干预的重点是让学生在计算加减法时使用非计数计算策略。短片主要是为了论证一种方法,即通过系统化和间接性地使用思维策略来替代具象学具,从而帮助学生发展心理表象。人们将这一内化过程描述为“四阶段模型”,该模型在学具使用并逐渐将其替代的过程中需要用到言语描述,同时也可以呈现出从实物操作到相关思维活动的过渡。

韦罗妮卡·萨伦吉(Veronica Sarungi, 2017):斯瓦希里语的流行数字歌《我会数数》

短片里呈现的是斯瓦希里语流行的数字歌。虽然没有字幕,但附了文字整理稿。

怎么唱	斯瓦希里语	译文	备注
这些都唱两遍*	Naweza kuhesabu namba	我会记数	
	moja, mbili, tatu	一，二，三	
这些都唱两遍	Nne, tano, sita, saba, nane, tisa, kumi	四，五，六，七，八，九，十	
这些都唱两遍	Vidole vya mikono yangu	我手上的手指	"vidole"的意思是手指，"mikono"的意思是手
	Jumla yake kumi	(它们的)总数是十	"jumla"的意思是总数
这些都唱两遍	Huku tano na huku tano	这儿是五，这儿也是五	
	Jumla yake kumi	(它们的)总数是十	

* 一首歌每行的歌词都唱两遍是一种常见的唱法。通常，第一遍是由教师（或领唱者）领唱，第二遍是所有人一起唱。但是，对于这首非常受欢迎且广为人知的歌曲而言，即便没有领唱者，每行也会重复唱两遍（即：所有人每行都唱两遍）。

第11章

孙旭花(Xuhua Sun，2017a)：公开课"9和一位数的进位加法"

这一视频案例说明了一年级学生在首次接触进位加法时是如何学习的。课堂情境是"运动时间"，教师要求学生用学具（小圆片）来表示5＋9＝14，并体现出计算策略。学生被分成四组来讨论实现这种计算可能的方法，而教师则在各小组之间来回走动，观察、倾听学生的策略并和他们一起讨论。之后，教师选取部分学生到讲台前面来解释他们的方法。从中，教师发现了三种不同的进位策略：

$$5+9=4+1+9=4+(1+9)=14;$$
$$5+9=5+(4+5)=4+(5+5)=14;$$
$$5+9=(10-1)+5=(10+5)-1=14.$$

孙旭花（Xuhua Sun，2017b）：ICMI Study 23 上的公开课“两位数与一位数的进位加法”

这一视频案例说明了一年级学生是如何用进位的方法进行加法运算的。课堂情境是“聚会时间”。教师要求学生用学具（糖果）来表示 24＋9＝33，并体现出计算策略。学生被分成四组来讨论实现这种计算可能的方法，而教师则在小组之间来回走动，观察、倾听学生的策略并和他们一起讨论。之后，教师选取部分学生到讲台前面来解释他们的方法。从中，教师发现了三种不同的进位策略：

$$23+(1+9)=33;$$

$$20+(4+9)=33;$$

$$(24+6)+3=33。$$

第 13 章

亚历山德罗·兰普劳德，玛丽亚·梅洛内和 R. 穆纳里尼（Alessandro Ramplond，Maria Mellone，and R. Munarini，2017）：添加式结构——基于文化转换的教育经验

短片呈现的是一节意大利五年级课堂上关于某个练习题的解决方法：祖母给她的孙子们弗兰卡（Franca）、尼古拉（Nicola）和斯特凡诺（Stefano）共 618 欧元。其中，弗朗卡得到的金额是尼古拉的 2 倍，斯特凡诺得到的金额比尼古拉多 10 欧元。三人分别得到多少欧元？

教师将全班学生分成小组来共同完成这道练习题并集体改错，完成后，让各小组向全班展示不同的解决方案。在这个案例中，教师对图形方程模型的反思和对其有意义的使用（俄语和汉语）方面给了我们启发，让我们能更有意识地去探究这种方法的作用。事实上，即使不能在意大利传统的学校课程中有所体现，根据现有的经验，我们也能意识到会有这样的一个契机能与小学生共同探寻某种算术方法，而这一方法更加关注算术的结构特征而非数字特征。实际上，我们观察到，在所建立的图形方程模型情境中，学生可以自然、灵活地使用代数语言。

第15章

费迪南多·阿萨雷洛(Ferdinado Arzarrello,2017):“中国龙”如何帮助一年级学生计数

(见第9章所列材料)

玛利亚·G.巴尔托利尼·布西(Maria G. Bartolini Bussi, 2017):西方二年级对数线的几种用法

(见第9章所列材料)

第16章

安娜·巴卡利尼-弗朗克(Anna Baccaglini-Frank,2017b):二年级使用矩形图来计算乘法的策略

教师要求学生分享他们计算8×6的策略,并在黑板上演示。一名学生把8分成5、2和1,他把5看作第一部分,又在脑海中将第二部分的乘法转换成加法,记为6+6=12,并把最后一部分记为1×6,所以他最终得到30+12+6。另一名学生将8看成10−2,并通过“隐形矩形”来描述她的推理,这些矩形图能使计算变得更容易,但随后需要将其取走。她借助“隐形矩形”把8看作10的一部分,得到10×6(60),再减去2×6(12)。

图书在版编目（CIP）数据

打好基础：小学整数教与学：国际数学教育委员会第23届专题研究 / (意) 玛利亚 · G.巴尔托利尼 · 布西，孙旭花主编；孙旭花等译. -- 上海：上海教育出版社，2023.9
ISBN 978-7-5720-2036-0

Ⅰ.①打… Ⅱ.①玛… ②孙… Ⅲ.①小学数学课－教学研究 Ⅳ.①G623.502

中国国家版本馆CIP数据核字(2023)第163714号

责任编辑　李　达　周明旭　王雅凤
装帧设计　金一哲

Dahao Jichu Xiaoxue Zhengshu Jiao Yu Xue
打好基础：小学整数教与学
——国际数学教育委员会第23届专题研究
玛利亚 · G. 巴尔托利尼 · 布西　孙旭花　主编
孙旭花　巩子坤　黄兴丰　等译

出版发行　上海教育出版社有限公司
官　　网　www.seph.com.cn
地　　址　上海市闵行区号景路159弄C座
邮　　编　201101
印　　刷　启东市人民印刷有限公司
开　　本　700 × 1000　1/16　印张 33.25　插页 2
字　　数　600 千字
版　　次　2023年9月第1版
印　　次　2023年9月第1次印刷
书　　号　ISBN 978-7-5720-2036-0/G · 1828
定　　价　80.00 元

如发现质量问题，读者可向本社调换　电话：021-64373213